The Early Modern World
Texts and Studies

Band 1

Herausgegeben von
Markus Friedrich, Jürgen Sarnowsky
und Johann Anselm Steiger

Sarah Lehmann

Jrdische Pilgrimschafft und Himmlische Burgerschafft

Leid und Trost in frühneuzeitlichen Leichenpredigten

Mit 4 Abbildungen

V&R unipress

Bibliografische Information der Deutschen Nationalbibliothek
Die Deutsche Nationalbibliothek verzeichnet diese Publikation in der Deutschen
Nationalbibliografie; detaillierte bibliografische Daten sind im Internet über
http://dnb.d-nb.de abrufbar.

Umschlagabbildung: Caspar Heunisch: Jrdische Pilgrimschafft und Himmlische Burgerschafft.
Leichenpredigt auf Valentin Daniel Körnacher. Nürnberg [1683]. Bayerische Staatsbibliothek
München, Res/4 Or.fun. 259,9, urn:nbn:de:bvb:12-bsb10905953-3.
Druck und Bindung: CPI books GmbH, Birkstraße 10, D-25917 Leck
Printed in the EU.

Vandenhoeck & Ruprecht Verlage | www.vandenhoeck-ruprecht-verlage.com

ISSN 2626-3718
ISBN 978-3-8471-0926-6

Inhalt

Vorwort

Jede Dissertation ist eine besondere und herausfordernde Aufgabe. Die vorliegende Untersuchung wurde im Frühjahr 2017 von der Fakultät für Geisteswissenschaften der Universität Hamburg als Dissertation angenommen und für die Drucklegung geringfügig überarbeitet. Ganz herzlich bedanke ich mich bei all jenen, die mich auf diesem langen Weg begleitet haben. Mein aufrichtiger Dank geht an Professor Dr. Jürgen Sarnowsky und Professor Dr. Johann Anselm Steiger, deren wertvolle Anregungen und kritische Rückfragen mein Denken bereicherten. Ihr anhaltendes Interesse an dem Thema *Trauer und Trost in Leichenpredigten* hat mich immer wieder bestärkt. Ihnen und Professor Dr. Markus Friedrich, der freundlicherweise in der Prüfungskommission mitgewirkt hat, verdanke ich es auch, dass die vorliegende Arbeit in der Reihe *The Early Modern World. Texts and Studies* erscheinen kann – vielen Dank dafür. Dem Verlag V&R unipress möchte ich für die freundliche und aufmerksame verlegerische Betreuung danken.

Den Mitgliedern des Graduiertenkollegs *Interkonfessionalität in der Frühen Neuzeit* der Universität Hamburg danke ich für immer neue Anstöße, hervorragende Unterstützung und waches Engagement.

Ebenfalls sei an dieser Stelle allen Weggefährtinnen und Weggefährten, Freundinnen und Freunden für ihre vielseitige Unterstützung gedankt – insbesondere Dominique Franke. Elke und Ingwer Biehl danke ich von Herzen für ihre unverminderte Neugier an der Frühen Neuzeit und für ihre großzügige Förderung der Drucklegung. Meine Familie hat mich immer mit stetem Rückhalt begleitet. Theo und Gregor haben das Promotionsverfahren miterlebt. Dass sie nicht verzweifelt sind, hat im wesentlichen Maße zum Gelingen der Arbeit beigetragen. Ihnen widme ich dieses Buch.

Hamburg, im Sommer 2018
Sarah Lehmann

I. Einleitendes

A. Thema und Forschungsstand

Sterben, Tod und die Bewältigung von Trauer sind seit jeher Prozesse, die den Menschen im tiefsten Inneren bewegen. Und mehr noch: Es sind Prozesse, von denen aus betrachtet das Leben erst greifbar und sinnvoll wird. In vielen Kulturen schlägt sich die Betrachtung des Todes in unterschiedlichsten Ausdrucksformen nieder: Totenklagen, Kondolenzbriefe, Denkmäler auf Friedhöfen und städtischen Plätzen sowie literarische Werke sind sprachliche und bildhafte Formgebungen von Trauer und Leid einerseits und der Furcht vor dem Tod andererseits. Auch in dem Zeitalter des Barock, als eine bedeutende Epoche des Christentums von der Katastrophe des Dreißigjährigen Krieges, Pestepidemien und konfessionellen Spaltungen geprägt, ist die Beschäftigung mit Tod und Sterben zentraler Gegenstand kultureller, religiöser und gesellschaftlicher Phänomene. Geburt, Leben und Tod – Diesseits und Jenseits – sind besonders auch in der barocken Frömmigkeit und Redekultur von großer Bedeutung. Als Medium dieser Frömmigkeit ist die Predigtliteratur von überaus hohem Quellenwert, spiegelt die Predigt doch das (kirchliche) Leben und das fromme oder auch unfromme Verhalten der Gemeinde. Gehen wissenschaftliche Bemühungen der gedanklichen und sinnfälligen Erfahrung von Trauer, Leid und Trost in der Frühen Neuzeit nach, bietet sich eine Predigtgattung an, die in ihrer Relevanz für die Erforschung des Barockzeitalters und seiner medialen Ausprägungen noch nicht genügend Beachtung gefunden hat: die Leichenpredigt.

Die Erforschung dieser Textgattung hat besonders mit der bibliographischen Erschließung von Leichenpredigten protestantischer Provenienz Aufschwung genommen. Neben dem Katalog der Stolberg'schen Leichenpredigtsammlung,[1] ist an diesen, der Forschung sehr zuträglichen Nachschlagewerken in der von Rudolf Lenz und Eva-Maria Dickhaut herausgegebenen Reihe *Marburger Per-*

---

[1] Katalog der fürstlich Stolberg-Stolberg'schen Leichenpredigten-Sammlung. Bd. 1–4. Leipzig 1927–1935.

sonalschriften-Forschungen gearbeitet worden.[2] Die Marburger Forschungen sind, auch in der Veröffentlichung der Reihe *Leichenpredigten als Quelle histo-rischer Wissenschaften*,[3] die Vorträge der Personalschriften-Symposien enthält, und der durch sie initiierten Arbeiten, ausgesprochen ergebnisreich.

Die längst noch nicht abgeschlossene Erfassung der Leichenpredigten bietet der Forschung die Chance, diese Quellengattung und ihre Aussagen zur Sozial-, Frömmigkeits-, Predigt- und Mentalitätsgeschichte überhaupt sachgerecht nutzen zu können.[4] Zunächst waren es vorrangig die Familien- und Ahnenfor-scher, die sich der Gattung aus einer genealogischen Perspektive näherten.[5] In den 60er und 70er Jahren des 20. Jahrhunderts dann erschienen die ersten wichtigen Monographien zum Thema (protestantische) Leichenpredigt. Rudolf Mohr setzte sich in seiner Marburger Dissertation intensiv mit frömmigkeits- und sozialgeschichtlichen Aspekten von Leichenpredigten auseinander.[6] Die Habilitationsschrift Eberhard Winklers konnte – in der Untersuchung von Lei-chenpredigten bedeutender Theologen von Luther bis Spener – einen wichtigen und grundlegenden Beitrag zur protestantischen Predigt- und Theologiege-schichte leisten.[7] Die Studie von Winfried Zeller *Leichenpredigt und Erbau-ungsliteratur*[8] hat auf den bedeutungsvollen frömmigkeitsgeschichtlichen Zu-sammenhang zwischen Leichenpredigt, Gebets- und *ars moriendi*-Literatur sowie dem Kirchenlied hingewiesen. 1975 veröffentlichte Rudolf Mohr die kleinere Studie *Der Tote und das Bild des Todes in den Leichenpredigten*,[9] die ebenfalls eine nennenswerte Ausnahme innerhalb der sonst zu beobachtenden Vernachlässigung der Textgattung ›Leichenpredigt‹ aus historisch-theologi-

---

2 Marburger Personalschriften-Forschungen. Hrsg. bis Bd. 50 v. Rudolf Lenz, ab Bd. 51 v. Eva-Maria Dickhaut. Marburg [u. a.] 1978 ff.

3 Leichenpredigten als Quelle historischer Wissenschaften. Hrsg. bis Bd. 4 v. Rudolf Lenz, ab Bd. 5 hrsg. v. Eva-Maria Dickhaut. Marburg [u. a.] 1975 ff.

4 Nach dem zweiten Weltkrieg wurden verschiedene Regionalbestände aufgenommen und einzelne Untersuchungen durchgeführt. Bibliographisch erfasst sind diese von Fritz Roth, der innerhalb eines genealogischen Projektes die Leichenpredigten katalogisierte und ihre Per-sonalteile auswertete: Restlose Auswertungen von Leichenpredigten und Personalschriften für genealogische und kulturhistorische Zwecke. Bd. 1–10. Boppard 1959–1980.

5 Vgl. dazu etwa Franz Blanckmeister: Leichenreden – Lügenreden? In: Sachsenspiegel. Altes und Neues aus dem Sachsenlande 4 (1895), S. 82–83; Armin Tille: Leipziger Leichenpredigten. In: Mitteilungen der Zentralstelle für deutsche Personen- und Familiengeschichte 2 (1906), S. 65–127. Siehe auch den Überblick bei Rudolf Lenz: Leichenpredigten. Eine Bestandsauf-nahme. Bibliographie und Ergebnisse einer Umfrage. Marburg 1980.

6 Rudolf Mohr: Protestantische Theologie und Frömmigkeit im Angesicht des Todes während des Barockzeitalters. Hauptsächlich auf Grund hessischer Leichenpredigten. Marburg 1964.

7 Eberhard Winkler: Die Leichenpredigt im deutschen Luthertum bis Spener. Rostock, Univ., Habil.-Schr. 1965.

8 Winfried Zeller: Leichenpredigt und Erbauungsliteratur. In: *Leichenpredigten als Quelle historischer Wissenschaften* 1 1975, S. 66–81.

9 Rudolf Mohr: Der Tote und das Bild des Todes in den Leichenpredigten. In: Ebd., S. 82–121.

schem Blickwinkel ist. Weitere Studien näherten sich dieser Gattung aus musikwissenschaftlichen, literaturwissenschaftlichen und medizinhistorischen Blickwinkeln.[10] Die letzten Jahrzehnte haben eine Fülle von Forschungen zum Thema ›Trauer‹ hervorgebracht.[11] Der unlängst von Seraina Plotke und Alexander Ziem herausgegebene Sammelband *Sprache der Trauer*[12] widmet sich dem Problem, wie Trauer sprachlich ausgedrückt werden kann, in einem interdisziplinären Kontext. Beleuchtet werden die vieldimensionale Versprachlichung und Konzeptualisierung von Trauer »unter besonderer Berücksichtigung der historischen Perspektive«.[13] Erstaunlicherweise findet sich unter den Beiträgen keine Analyse frühneuzeitlicher Leichenpredigten. Zwei Beiträge befassen sich mit der Gattung der neulateinischen Trauerdichtungen, den Epicedien.[14] Elisabeth Reber fasst ihre *Untersuchungen zur Trauerartikulation in den neulateinischen Epicedien für Johannes Buxtorf den Jüngeren (1599–1664)* unter der Überschrift *Gefühle nach Maß* zusammen. Die Verfasserin macht deutlich, dass die Gelegenheitsdichtung nicht – wie lange von der Forschung behauptet – in standardisierten Mustern leere Phrasen zusammenbringt,[15] sondern eine große Vielfalt unterschiedlicher Verbalisierungen der Trauer zu beobachten ist. Das Fazit der Au-

---

10 Etwa Wolfgang Reich: Die deutschen gedruckten Leichenpredigten des 17. Jahrhunderts als musikalische Quelle. Leipzig 1962; Trauerreden des Barock. Hrsg. v. Maria Fürstenwald. Wiesbaden 1973; Otto Döhner: Krankheitsbegriff, Gesundheitsverhalten und Einstellung zum Tod im 16. bis 18. Jahrhundert. Eine historisch-medizinsoziologische Untersuchung anhand von gedruckten Leichenpredigten. Frankfurt am Main [u. a.] 1986. Eine Bibliographie zur Leichenpredigtforschung findet sich etwa in Rudolf Lenz: *Bestandsaufnahme* 1980, S. 1–110 und Ders.: De mortuis nil nisi bene? Leichenpredigten als multidisziplinäre Quelle unter besonderer Berücksichtigung der Historischen Familienforschung, der Bildungsgeschichte und der Literaturgeschichte. Marburg 1990 (Marburger Personalschriften-Forschungen 10), S. 165 ff. Außerdem veröffentlich die Forschungsstelle für Personalschriften Marburg eine fortlaufend aktualisierte Bibliographie zur Leichenpredigten-Literatur: http://www.personalschriften.de/daten-banken/bibliographie.html (zuletzt aufgerufen am 17.08.2018).
11 Eine Übersicht findet sich etwa bei Birgit Stolt: »Laßt uns fröhlich springen!« Gefühlswelt und Gefühlsnavigierung in Luthers Reformationsarbeit. Eine kognitive Emotionalitätsanalyse auf philologischer Basis. Berlin 2012, S. 17 f.
12 Seraina Plotke/Alexander Ziem (Hrsg.): Sprache der Trauer. Verbalisierungen einer Emotion in historischer Perspektive. Heidelberg 2014 (Sprache – Literatur und Geschichte. Studien zur Linguistik/Germanistik 45).
13 Ebd., Einführenden Bemerkungen der Herausgeber, S. 1–15.
14 Dietmar Till: Poetik der Trauer. Zwei Spielarten des Epicediums um 1700. In: Ebd., S. 175–206; Elisabeth Reber: Gefühle nach Maß. Untersuchungen zur Trauerartikulation in den neulateinischen Epicedien für Johannes Buxtorf den Jüngeren (1599–1664). In: Ebd., S. 207–244.
15 Eine Wende in dieser falschen Annahme dürfte sicherlich auch Segebrechts Studie über das Gelegenheitsgedicht herbeigeführt haben. Vgl. Wulf Segebrecht: Das Gelegenheitsgedicht. Ein Beitrag zur Geschichte und Poetik der deutschen Lyrik. Stuttgart 1977.

torin, diese Trauerartikulation übersteige »die heutigen Möglichkeiten öffentlicher Anteilnahme bei Weitem«,[16] überrascht dann jedoch in Anbetracht der zunächst diese Möglichkeiten eingrenzenden Überschrift. Der Spannung, die zwischen der Rede von der maßvollen Trauer und der Artikulation derselben besteht, geht die vorliegende Arbeit nach. Doch soll der Versuch unternommen werden, aufzuschlüsseln, wie diese zunächst unüberwindbare Spannung in den Leichenpredigten aufgelöst und sodann innerhalb der Trostargumentationen fruchtbar gemacht wird.

Viele kleinere Studien widmen sich in unterschiedlichen Eingrenzungen den Trostmechanismen in Leichenpredigten. Marion Kobelt-Groch und Judith P. Aikin etwa konzentrieren sich auf Leichenpredigten für Kinder.[17] Robert Kolb schließlich betrachtet den hermeneutischen Umgang mit der Heiligen Schrift in Leichenpredigten der Wittenberger Reformation und leistet damit einen wichtigen Beitrag zum Verständnis des Seelsorge und Dogmatik vereinenden Profils, in denen sich die Leichenpredigten entwickeln.[18] In diesem Zusammenhang ist die Erschließung der Wurzeln der Gattung ›Leichenpredigt‹, die zurückreichen zu den frühen literarischen Verarbeitungen der Klage um den Tod eines Menschen, unabdingbar.[19] Joachim Soffel und seine Arbeit zu dem Rhetor Menandros und seiner Theorie der epideiktischen Beredsamkeit, die über das Bestehen der antiken Welt hinaus die rhetorische Schule bestimmen sollte,[20] ist dabei ebenso erkenntnisreich, wie Rudolf Kassels *Untersuchungen zur griechischen und römischen Konsolationsliteratur*.[21] Beide Arbeiten zeigen die Motive und Traditionen auf, in denen Trost zu spenden überhaupt möglich war.

---

16 Elisabeth Reber: *Gefühle nach Maß* 2014, S. 239.
17 Marion Kobelt-Groch: Das eigene Kind zu Grabe getragen. Väter und Mütter als Mitgestalter von Leichenpredigten. In: Leichenpredigten als Medien der Erinnerungskultur im europäischen Kontext. Hrsg. v. Eva-Maria Dickhaut. Stuttgart 2014 (Leichenpredigten als Quelle historischer Wissenschaften 5), S. 127–145; Judith P. Aikin: Albertine Antonie Gräfin von Schwarzburg-Rudolstadt [...]. Eine Wöchnerin liest die Leichenpredigt ihres neugeborenen Kindes. In: Blätter der Gesellschaft für Buchkultur und Geschichte 16/17 (2013), S. 82–91.
18 Robert Kolb: »[...] da jr nicht trawrig seid wie die anderen, die keine hoffnung haben«. Der Gebrauch der heiligen Schrift in Leichenpredigten der Wittenberger Reformation (1560–1600). In: Eva-Maria Dickhaut: *Erinnerungskultur* 2014, S. 1–25.
19 Zu den griechischen poetischen Totenklagen und den römischen Prosa-Leichenreden vgl. etwa Sibylle Rusterholz: Rostra Sarg und Predigtstuhl. Studien zu Form und Funktion der Totenrede bei Andreas Gryphius. Bonn 1974 (Studien zur Germanistik, Anglistik und Komparatistik 16), S. 15 f.; Maria Fürstenwald: Andreas Gryphius ›Dissertationes funebres‹. Studien zur Didaktik der Leichabdankungen. Bonn 1967 (Abhandlungen zur Kunst-, Musik- und Literaturwissenschaft 46), S. 1.
20 Joachim Soffel: Die Regeln Menanders für die Leichenrede in ihrer Tradition dargestellt, herausgegeben, übersetzt und kommentiert. Meisenheim/Glan 1974 (Beiträge zur klassischen Philologie 57).
21 Rudolf Kassel: Untersuchungen zur griechischen und römischen Konsolationsliteratur. München 1958 (Zetemata 18). Weiter sind zu nennen Johannes Bauer: Die Trostreden des

Die umfangreichere Erschließung des Quellenmaterials offenbart jedoch auch die großen Lücken der Forschung. Abgesehen von einigen Textausgaben, die Germanisten erarbeiteten,[22] sind Editionen von Leichenpredigten auf theologischem Gebiet selten. Eine neue Orientierung und Initiative in der Leichenpredigtforschung bilden die kritische Ausgabe der Leichenpredigten Johann Gerhards[23] und der Band *Gregor Strigenitz (1548–1603). Ein lutherischer Kirchenmann in der zweiten Hälfte des Reformations-Jahrhunderts*,[24] die von Johann Anselm Steiger herausgegeben wurden.[25] Weiterhin jedoch ist die predigt-, theologie- und frömmigkeitsgeschichtliche Bedeutsamkeit der Leichenpredigten – trotz der Aktualität der in ihr besprochenen Themen – noch nicht eingehend erforscht. Aufschlussreich sind etwa die sozialgeschichtlichen Arbeiten von Norbert Haag,[26] der umfangreich Aspekte der lutherischen Theologie darstellt, und Sabine Holtz,[27] die eine enge Orientierung Tübinger Predigten an der Lebenswelt der Hörer feststellt.[28] Innerhalb der Verflechtungen von *doctrina* und *pietas*, die etwa auch Elke Axmacher in ihrer Untersuchung zu Martin Moller[29] und Alexander Bitzel in seiner Abhandlung zu den Trostschriften Sigismund Scherertz'[30] aufzeigen, lassen sich sowohl Bestrebungen der Seelsorge wie auch Besonderheiten der dogmatischen Theologie des Barockluthertums aufzeigen.

Gregorius von Nyssa in ihrem Verhältnis zur antiken Rhetorik. Diss. Marburg 1892; José Esteve-Forriol: Die Trauer- und Trostgedichte in der römischen Literatur. Untersucht nach ihrer Topik und ihrem Motivschatz. Diss. München 1962 sowie Horst-Theodor Johann: Trauer und Trost. Eine quellen- und strukturanalytische Untersuchung der philosophischen Trostschriften über den Tod. München 1968 (Studia et testimonia antiqua 5).

22 *Trauerreden des Barock* 1973.

23 Johann Gerhard: Sämtliche Leichenpredigten nebst Johann Majors Leichenrede auf Gerhard. Kritisch hrsg. u. kommentiert v. Johann Anselm Steiger. In Verbindung mit Alexander Bitzel u. Ralf Georg Bogner. Stuttgart-Bad Cannstatt 2001 (Doctrina et pietas Abt. 1; 10).

24 Gregor Strigenitz (1548–1603). Ein lutherischer Kirchenmann in der zweiten Hälfte des Reformations-Jahrhunderts. Eine Gedenkschrift zum 400. Todestag. Mit einem Faksimile der Leichenpredigt auf Strigenitz und einer Bibliographie seiner Druckschriften. Mit einem Geleitw. v. Hans Christian Knuth hrsg. v. Johann Anselm Steiger. Neuendettelsau 2003 (Testes et testimonia veritatis 2).

25 Siehe auch Andreas Gryphius: Gesamtausgabe der deutschsprachigen Werke. Bd. 9: Dissertationes funebres oder Leichabdankungen. Hrsg. von Johann Anselm Steiger. Tübingen 2007 (Neudrucke deutscher Literaturwerke. N. F. 51).

26 Norbert Haag: Predigt und Gesellschaft. Die lutherische Orthodoxie in Ulm 1640–1740. Mainz 1992 (Veröffentlichungen des Instituts für Europäische Geschichte Mainz 145).

27 Sabine Holtz: Theologie und Alltag. Lehre und Leben in den Predigten der Tübinger Theologen 1550–1750. Tübingen 1993 (Spätmittelalter und Reformation. Texte u. Untersuchungen 3).

28 Vgl. ebd., etwa S. 98, 140, passim.

29 Elke Axmacher: Praxis Evangeliorum. Theologie und Frömmigkeit bei Martin Moller (1547–1606). Göttingen 1989 (Forschungen zur Kirchen- und Dogmengeschichte 43).

30 Alexander Bitzel: Anfechtung und Trost bei Sigismund Scherertz. Ein lutherischer Theologe im Dreißigjährigen Krieg. Göttingen 2002 (Studien zur Kirchengeschichte Niedersachsens 38).

An diesen Forschungen setzt die vorliegende Arbeit an, da hinsichtlich der barocken Homiletik – besonders im konfessionellen Vergleich – nach wie vor Nachholbedarf herrscht.[31] Grundlegende Untersuchungen zur römisch-katholischen Barockpredigt haben Maximilian Neumayr und Urs Herzog bereits vorgelegt.[32]

Die katholische Leichenpredigt konnte indes lange nicht das wissenschaftliche Interesse der protestantischen Predigt erreichen. Dies wandelte sich, auch dank der Bemühungen Dieter Breuers, in den 1980er Jahren.[33] Es war deutlich geworden, dass die katholische Kirche diese Gattung differenzierter nutzte, als bis dahin angenommen.[34] Schon 1975 referierte Friedhelm Jürgensmeier über *Die Leichenpredigt in der katholischen Begräbnisfeier.*[35] In einem historischen Abriss der Gattung von ihren christlichen Anfängen bis zur Reformation weist Jürgensmeier auf eine große Anzahl katholischer Leichenpredigten hin.[36] Franz Eybl, der sich der katholischen Barockpredigt insgesamt verstärkt widmete,[37] kommt 1991 zu dem Schluss, dass »im katholischen Bereich der Druck einer

---

31 Ausnahmen bilden die etwa die Arbeiten von Sabine Holtz: *Theologie und Alltag* 1992 und Wolfgang Sommer: Die lutherischen Hofprediger in Dresden. Grundzüge ihrer Geschichte und Verkündigung im Kurfürstentum Sachsen. Stuttgart 2006.

32 Maximilian Neumayr: Die Schriftpredigt im Barock. Auf Grund der Theorie der katholischen Barockhomiletik. Paderborn 1938; Urs Herzog: Geistliche Wohlredenheit. Die katholische Barockpredigt. München 1991.

33 Dieter Breuer: Das Ärgernis der katholischen Literatur. Zur Geschichte einer Ausgrenzung. In: Europäische Barock-Rezeption. Bd. 1. Hrsg. v. Klaus Garber. Wiesbaden 1991, S. 455–463.

34 Dies zeigt sich etwa auch an den Katalogen deutschsprachiger katholischer Predigtsammlungen und Heiligenpredigten. Vgl. Katalog gedruckter deutschsprachiger katholischer Predigtsammlungen. 2 Bde. Hrsg. v. Werner Welzig. Wien 1984/87 (Österreichische Akademie der Wissenschaften, Phil.-hist. Klasse, Sitzungsberichte 430 u. 484); Lobrede. Katalog deutschsprachiger Heiligenpredigten in Einzeldrucken aus den Beständen der Stiftsbibliothek Klosterneuburg. Hrsg. v. Werner Welzig [u.a.]. Wien 1989 (Österreichische Akademie der Wissenschaften, Phil.-hist. Klasse, Sitzungsberichte 518). Die Anthologie Predigten der Barockzeit gibt erstmals in Auswahl Predigten zeichengetreu wider, darunter auch Leichenpredigten protestantischer und katholischer Provenienz: Predigten der Barockzeit. Texte und Kommentar. Hrsg. v. Werner Welzig. Wien 1995 (Österreichische Akademie der Wissenschaften, Phil.-hist. Klasse, Sitzungsberichte 626).

35 Friedhelm Jürgensmeier: Die Leichenpredigt in der katholischen Begräbnisfeier. In: *Leichenpredigten als Quelle historischer Wissenschaften* 1 1975, S. 122–141.

36 Ebd., bes. S. 134.

37 Vgl. etwa die Arbeiten Predigt – Sammlung – Literaturprogramm. Zu Florentius Schillings Predigtsammlung »Amaradulcis« (1658). In: Gegenreformation und Literatur. Hrsg. v. Jean-Marie Valentin. Amsterdam 1979 (Daphnis 8, H. 3/4), S. 299–346; Gebrauchsfunktionen barocker Predigtliteratur. Studien zur katholischen Predigtsammlung am Beispiel lateinischer und deutscher Übersetzungen des Pierre de Besse. Wien 1982 (Wiener Arbeiten zur deutschen Literatur); Abraham a Sancta Clara. Vom Prediger zum Schriftsteller. Tübingen 1992 (Frühe Neuzeit 6).

deutschsprachigen Leichenpredigt zur Regel« wurde.[38] Im selben Jahr streift Urs Herzog in seiner ausführlichen systematischen Untersuchung der katholischen Barockpredig mehrere Male die Gattung ›Leichenpredigt‹.[39] Solcherlei Hinweise scheinen jedoch weitgehend ignoriert worden zu sein.[40] Lange Zeit blieb es vor allem die Ordens- und Klostergeschichte, die in ihrer Arbeit auf Leichenpredigten zurückgriff,[41] bis Birgit Boge und Ralf Georg Bogner schließlich 1999 den Band *Oratio Funebris* vorlegten.[42] Die Aufsatzsammlung und Quellenbibliographie nähert sich der Gattung aus verschiedenen Perspektiven und schließt mit einem Katalog katholischer Leichenpredigten. Die Beiträge des Bandes können aufzeigen, dass Leichenpredigten wichtiger Teil des katholischen Funeralschrifttums sind. Die Beobachtung der Herausgeber, die katholischen frühneuzeitlichen Leichenpredigten seien »sowohl theologisch als auch rhetorisch stark überhöht« und könnten daher »kaum konkrete lebens- und familiengeschichtliche Daten« bieten, wird die vorliegende Arbeit ebenso zu prüfen haben, wie die Annahme, katholische Leichenpredigten seien »in viel geringerem Ausmaß als die meisten zeitgenössischen lutherischen Texte der Gattung von der homiletischen Exegese eines einzelnen Bibelwortes geprägt.«[43] Freilich strebt der Band von Boge und Bogner in seinem Charakter als Aufsatzsammlung keine systematische Darstellung der Gattung an. Doch öffneten die behandelten Themen als Einstieg den Weg in weitere Forschungen zur katholischen Leichenpredigt. 2002 etwa, beim Vierten Marburger Personalschriften-Symposion, erhielten auch Referate über die katholische Leichenpredigt einen Platz. Wäh-

---

38 Franz Eybl: Die gedruckte katholische Barockpredigt zwischen Folklore und Literatur. Eine Standortbestimmung. In: Les livres religieux et ses pratiques. Der Umgang mit dem religiösen Buch. Studien zur Geschichte des religiösen Buches in Deutschland und Frankreich in der frühen Neuzeit. Hrsg. v. Franz Erich Bödeker [u. a.]. Göttingen 1991 (Veröffentlichungen des Max-Planck-Instituts für Geschichte 101), S. 221–241, hier S. 231.

39 Urs Herzog: *Geistliche Wohlredenheit* 1991, Sachregister.

40 Vgl. dazu Birgit Boge/Ralf Georg Bogner: Leichenpredigtforschung auf Abwegen? Zu den Gründen für die bisherige Ignoranz gegenüber einer Gattung frühneuzeitlicher katholischer Gebrauchsliteratur. In: Oratio Funebris. Die Katholische Leichenpredigt der frühen Neuzeit. Zwölf Studien. Mit einem Katalog deutschsprachiger katholischer Leichenpredigten in Einzeldrucken 1576–1799 aus den Beständen der Stiftsbibliothek Klosterneuburg und der Universitätsbibliothek Eichstätt. Hrsg. v. dens. Amsterdam [u. a.] 1999 (Chloe 30), S. 3–8.

41 Gerda Maier-Kren: Die bayerischen Barockprälaten und ihre Kirchen. In: Beiträge zur Geschichte des Bistums Regensburg 3 (1969), S. 123–324; Wilhelm Liebhart: Leichenpredigten aus schwäbisch-bayerischen Klöstern als historische Quelle. Beispiele aus den Klöstern und Stiften Augsburg/St. Ulrich und Afra, Indersdorf und Kühbach. In: Jahrbuch des Vereins für Augsburger Bistumsgeschichte 36 (2002), S. 303–339; Klaus Schreiner: Gedruckte Kasualpredigten aus Ensdorf. In: Literarische Klosterkultur in der Oberpfalz. Hrsg. v. Manfred Knedlik u. Alfred Wolfsteiner. Kallmünz 1997, S. 173–188.

42 Birgit Boge/Ralf Georg Bogner: *Oratio Funebris* 1999.

43 Dies.: Katholische Leichenpredigten des 16. bis 18. Jahrhunderts. Einige vorläufige Thesen zur Geschichte von Produktion und Distribution einer Gattung der religiösen Gebrauchsliteratur der frühen Neuzeit: In: Dies.: *Oratio Funebris* 1999, S. 317–340, hier S. 319.

rend Philippine Casarotto *Katholische Leichenpredigten auf die Habsburgerkaiser* im Kontext der kaiserlichen Exequien und der Gattungsgeschichte analysiert,[44] beschäftigt sich Harald Tersch mit der *Konstruktion der Biographie in
der katholischen Leichenpredigt* und kann neben Merkmalen der Gattung im
katholischen Bereich auch einige interkonfessionelle Erkenntnisse darlegen.[45] In
Sachen katholische Frömmigkeit des Barockzeitalters jedoch herrscht ein auf-
fälliger Rückstand. Dabei könnten die Arbeit des Theologen Franz Loidl zu den
Werken von Abraham a Sancta Clara[46] sowie volkskundliche Forschungen etwa
von Elfriede Moser-Rath,[47] Hubertus Rauscher[48] oder auch die Arbeit Peter
Brechts zum Barockprediger Ignatius Ertl[49] in ihren Ansätzen zu interdiszipli-
närer Zusammenarbeit und Erkenntnisgewinn anregen.

Die vorliegende Studie setzt an den bisherigen Forschungen zur Leichenpredigt der Frühen Neuzeit an und möchte die Defizite der Predigtforschung
verringern. Zunächst soll die barocke (Leichen)Predigt insgesamt genauer betrachtet werden.[50] In der Einbettung des Vorhabens in den größeren Zusammenhang von ›Leid und Trost‹ soll die Bedeutung der Leichenpredigt für die
Frömmigkeit des Barockzeitalters genauer herausgestellt und beurteilt werden.
Von großem Interesse ist dabei die Überschneidung von Homiletik und der
Erforschung des Gelegenheitsschrifttums, in der sich die Leichenpredigten
entfalten. Die Einbeziehung der katholischen Leichenpredigten soll zudem die
bisher noch nicht genügend beachtete katholische Tradition der Predigten zum
Tod stärker hervorbringen. Auch in dem 2014 von Eva-Maria Dickhaut herausgegebenen Band *Leichenpredigten als Medien der Erinnerungskultur im
europäischen Kontext* fehlt etwa eine Auseinandersetzung mit katholischen

---

44 Philippine Casarotto: Katholische Leichenpredigten auf die Habsburgerkaiser 1519–1792.
     Bestandsaufnahme und Gattungsmerkmale. In: *Leichenpredigten als Quelle historischer
     Wissenschaften* 4 2004, S. 459–476.
45 Harald Tersch: Florentius Schillings »Totengerüst«. Zur Konstruktion der Biographie in der
     katholischen Leichenpredigt. In: Ebd., S. 303–346.
46 Franz Loidl: Menschen im Barock. Abraham a Sancta Clara über das religiös-sittliche Leben
     in Oesterreich in der Zeit von 1670 bis 1710. Wien 1938.
47 Elfriede Moser-Rath: Predigtmärlein der Barockzeit. Exempel, Sage, Schwank und Fabel in
     geistlichen Quellen des oberdeutschen Raumes. Berlin 1964 (Fabula 5).
48 Hubertus Rauscher: Die Barockpredigten des Jesuitenpaters Wolfgang Rauscher in volks-
     kundlicher Sicht. Diss. München 1973.
49 Peter Brecht: Der Barockprediger Ignatius Ertl (1645–1713). Ein Beitrag zur Geschichte der
     süddeutschen Barockliteratur. Diss. München 1967.
50 Die Mahnung, sich der barocken Leichenpredigt und der Predigt insgesamt verstärkt zu
     widmen, durchzieht schon die Fachliteratur des 20. Jahrhunderts. Vgl. etwa Ignaz Zingerle:
     Predigtliteratur des 17. Jahrhunderts. In: Zeitschrift für deutsche Philologie 24 (1892), S. 44–
     64 u. S. 318–341, hier S. 44; Benno Hubensteiner: Vom Geist des Barock. Kultur und
     Frömmigkeit im alten Bayern. München 1967, S. 15; Wilfried Barner: Barockrhetorik. Un-
     tersuchungen zu ihren geschichtlichen Grundlagen. Tübingen 1970, S. 82; Urs Herzog:
     Geistliche Wohlredenheit 1991, S. 9.

Leichenpredigten,[51] dabei könnte eine multikonfessionelle Perspektive die Forschung stark bereichern. Ziel ist es, verschiedene Phänomene, Aspekte und Kontexte der Rede von Leid und Trost in ausgewählten lutherischen und katholischen Leichenpredigten zu beleuchten, die bedeutend für die Erforschung inter- und transkonfessioneller Prozesse sind.

B. Interkonfessionalität

Dazu nutzt die Untersuchung einen neuartigen Ansatz, der nicht wie bisher die im Interesse stehende Konflikthaftigkeit der konfessionellen Spaltungen der Frühen Neuzeit in den Vordergrund rückt, sondern in einem interkonfessionellen, systematischen Vergleich katholischer und lutherischer Leichenpredigten nach überkonfessionellen Gattungskohärenzen oder gegebenenfalls auch nach konfessionellen Spezifika fragt. Einen ersten Schritt dazu leistete etwa Johann Anselm Steiger in einem exemplarischen Vergleich zwischen einer römisch-katholischen Trauerrede und einer lutherischen Leichenpredigt.[52] Steiger zeigt, dass die Gattung neben gemeinsamen Grundelementen konfessionelle Spezifika in der rhetorischen Struktur und den inhaltlichen Argumentationsstrategien aufweist und stellt zudem die Leichenpredigten in einem vollständigen Durchgang exemplarisch vor. Erst in einem solchen Vergleich der Leichenpredigten können Aussagen, die in Arbeiten zu protestantischen Leichenpredigten getroffen wurden, auf ihre Gültigkeit hinsichtlich der katholischen Tradition geprüft werden.[53]

Die Erkundung inter- und transkonfessioneller Phänomene in der Frühen Neuzeit ist neuerdings durchaus vielfältig und divers.[54] Die beobachteten Pro-

---

51 Eva-Maria Dickhaut: *Erinnerungskultur* 2014.
52 Johann Anselm Steiger: Oratio panegyrica versus homilia consolatoria. Ein exemplarischer Vergleich zwischen einer römisch-katholischen Trauerrede (Wolfgang Fuchs) und einer lutherischen Leichenpredigt (Johann Gerhard). In: Birgit Boge/Ralf Georg Bogner: *Oratio Funebris* 1999, S. 103–130.
53 Sicherlich gelten Aussagen zur protestantischen Leichenpredigt auch für die katholische Leichenpredigt. Rudolf Lenz etwa hat allgemeingültige methodische Hinweise zu der historischen Auswertung von Leichenpredigten gegeben. Vgl. dazu die Arbeit Gedruckte Leichenpredigten (1550–1750). I Historischer Abriß. II Quellenwert, Forschungsstand. III Grenzen der Quelle. In: *Leichenpredigten als Quelle historischer Wissenschaften* 1 1975, S. 36–51, bes. S. 43 ff.
54 Dabei stehen Aspekten der Irenik, Toleranz und Konversion im Mittelpunkt. Exemplarisch sei auf den Sammelband Interkonfessionalität – Transkonfessionalität – binnenkonfessionelle Pluralität. Neue Forschungen zur Konfessionalisierungsthese. Hrsg. von Kaspar von Greyerz [u. a.]. Gütersloh 2003 (Schriften des Vereins für Reformationsgeschichte 201) hingewiesen. Außerdem Dagmar Freist/Matthias Weber (Hrsg.): Religion und Erinnerung. München 2015 (Jahrbuch des Bundesinstituts für Kultur und Geschichte der Deutschen im

zesse, die als inter-, trans- oder binnenkonfessionell bezeichnet werden können, sind der Versuch, das zunehmend in die Kritik geratene sogenannte Konfessionalisierungsparadigma zu ergänzen. Für die Deutung der Entstehung der frühneuzeitlichen Konfessionen hat das Paradigma der Konfessionalisierung, maßgeblich von den Frühneuzeithistorikern Wolfgang Reinhard und Heinz Schilling in den 1980er Jahren formuliert, wichtige Impulse geliefert: Es erweiterte die Deutung einer Abfolge von Reformation und reaktionärer Gegenreformation um eine Sicht, welche die weitgehende zeitliche und inhaltliche Parallelisierung dieser Vorgänge betonte.[55] Reinhard und Schilling legten ein gesellschaftsgeschichtliches Erklärungsmodell vor, welches die Bildung der Konfessionen mit der Verdichtung von Staatlichkeit und der langfristigen Modernisierung und Säkularisierung in Zusammenhang brachte.[56]

Die Kritik an der Konfessionalisierungsforschung formuliert vielfach den Einwand, die Konfessionalisierung sei zu eng mit gesellschaftlichen und politischen Prozessen verbunden und verliere dadurch den Blick für die alltägliche, individuell-religiöse Erfahrung. Weiterhin vertrete das Paradigma der Konfessionalisierung ein teleologisches Geschichtsbild, das in der funktionalistischen Beschränkung auf soziale und politische Veränderungsprozesse nicht vermag, Phänomene konfessionalisierter Religion differenziert genug zu erfassen.[57]

östlichen Europa 23); Friedrich Vollhardt (Hrsg.): Toleranzdiskurse in der Frühen Neuzeit. Berlin [u. a.] 2015 (Frühe Neuzeit 198); Johannes Paulmann [u. a.] (Hrsg.): Unversöhnte Verschiedenheit. Verfahren zur Bewältigung religiös-konfessioneller Differenz in der europäischen Neuzeit. Göttingen [u. a.] 2016 (Veröffentlichungen des Instituts für Europäische Geschichte Mainz. Abteilung für Universalgeschichte 108). Auch Untersuchungen zu den Grenzen der Konfessionalisierung und zu Inter- und Transkonfessionalität wurden bereits vorgelegt. Vgl. etwa Thomas Kaufmann: Einleitung: Transkonfessionalität, Interkonfessionalität, binnenkonfessionelle Pluralität. Neue Forschungen zur Konfessionalisierungsthese. In: Kaspar von Greyerz: *Interkonfessionalität* 2003, S. 9–15; Anton Schindling: Konfessionalisierung und Grenzen von Konfessionalisierbarkeit. In: Die Territorien des Reichs im Zeitalter der Reformation und Konfessionalisierung. Land und Konfession 1500–1650. Bd. 7. Bilanz – Forschungsperspektiven – Register. Hrsg. von dems. u. Walter Ziegler. Münster 1997 (Katholisches Leben und Kirchenreform im Zeitalter der Glaubensspaltung 57), S. 9–44.

55 Dazu Wolfgang Reinhard: Gegenreformation als Modernisierung? Prolegomena zu einer Theorie des konfessionellen Zeitalters. In: Archiv für Reformationsgeschichte 68 (1977), S. 226–252.

56 Schilling gewann seine Erkenntnisse in der Erforschung der zunächst lutherischen dann reformierten Grafschaft Lippe, während sich Reinhard mit dem südfranzösischen Katholizismus und der Verwaltung der Papstkirche beschäftigte. Siehe dazu Harm Klueting: »Zweite Reformation« – Konfessionsbildung – Konfessionalisierung. Zwanzig Jahre Kontroversen und Ergebnisse nach zwanzig Jahren. In: Historische Zeitschrift 277 (2003), S. 309–341.

57 Hierzu siehe Luise Schorn-Schütte: Konfessionalisierung als wissenschaftliches Paradigma? In: Perspectum. Ausgewählte Aufsätze zur Frühen Neuzeit und Historiographiegeschichte anlässlich ihres 65. Geburtstages. Hrsg. von ders. Berlin 2014 (Historische Zeitschrift/Beihefte N. F. 61), S. 281–298, hier S. 285 ff. Zur Genese und Kritik des Paradigmas siehe auch Ute Lotz-Heumann: The Concept of »Confessionalization«: A Historiographical Paradigm in Dispute. In: Memoria y Civilización 4 (2001), S. 93–114. Exemplarisch für die Kritik an der

Außerdem scheitere das Paradigma daran, die Deutungshorizonte im Inneren der Konfessionen sinnvoll zu erschließen und konzentriere sich zu sehr auf konfessionstrennende Phänomene.[58] Die neuere Forschung betrachtet Konfessionalisierung von einer zuvor als notwendig erachteten Verknüpfung mit Staatsbildung und Modernisierung losgelöst und berücksichtigt stärker Austausch- und Grenzphänomene.[59] Daran anknüpfend konzentriert sich die vorliegende Arbeit auf römisch-katholische und lutherische Leichenpredigten und untersucht diese auf ihre Deutung von Trauer, Leid und Tod sowie der seelsorglichen Anwendung verschiedener Trostargumente. Dabei bezieht sich die Analyse auf Forschungsergebnisse des Graduiertenkollegs *Interkonfessionalität in der Frühen Neuzeit* der Universität Hamburg: Unter dem bewusst weit gefassten Begriff ›Interkonfessionalität‹ werden alle Phänomene verstanden, die Äußerungen, Kontakt und Austausch über die eigene konfessionelle Position hinaus betreffen. Dabei kann die Bezugnahme sowohl positiv, etwa im Fall von Konsens und der Aneignung fremder Glaubensformen, als auch negativ im Sinne von Polemik und Abgrenzung verstanden werden. Diese Begriffe dürfen jedoch nicht den Eindruck erwecken, Interkonfessionalität erschöpfe sich in Konsens oder Ablehnung. Zwischen diesen Extrempunkten gibt es eine Vielzahl von interkonfessionellen Bezugnahmen. Die Termini ›trans- bzw. überkonfessionell‹ beziehen sich dagegen auf Gemeinsamkeiten zwischen den Konfessionen. Diese können aufgrund gemeinsamer jüdisch-christlicher Tradition oder unbeabsichtigt ohne Austausch bestehen (implizite Transkonfessionalität) oder aber durch Adaption von Glaubensformen und Praktiken fremder Konfessionen im Sinne von positiver Interkonfessionalität (explizite Transkonfessionalität). Vorliegende Arbeit zeigt, dass Inter- bzw. Transkonfessionalität nicht statisch zu denken ist, sondern die jeweiligen Prozesse auch Rückwirkungen, Schärfungen und Weitentwicklungen der eigenen Position, mithin dynamische Dimensionen beinhalten. Der Nutzen dieser Erkenntnisse liegt in der Analyse von Phänomenen zwischen den Konfessionen und damit in der Erforschung der Frühen Neuzeit, ihrem religiösen Profil und ihrer Medien in spezifischen Kontexten.

Verbindung von Sozialdisziplinierung und Konfessionalisierung, sowie der etatistischen Fokussierung des Paradigmas ist Heinrich R. Schmidt: Sozialdisziplinierung? Ein Plädoyer für das Ende des Etatismus in der Konfessionalisierungsforschung. In: Historische Zeitschrift 265 (1997), S. 639–682.

58 Vgl. Anton Schindling: *Konfessionalisierung* 1997, S. 12.

59 Vgl. Thomas Brockmann/Dieter J. Weiß: »Konfessionsbildung« und »Konfessionalisierung« – Einleitung. In: Das Konfessionalisierungsparadigma – Leistungen, Probleme, Grenzen. Hrsg. v. dens. Münster 2013 (Bayreuther Historische Kolloquien 18), S. 1–22, S. 10–12.

C.   Zur Anlage der Arbeit

Die Untersuchung findet ihren Ausgangspunkt in dem von den Leichenpre-
digten aufgezeigten Leid des Menschen und endet mit den Argumenten des
Trostes und der Paränese. Die Absicht, den Trauernden in dem Moment des
Abschieds Trost zu spenden, ist den Leichenpredigten beider Konfessionen
gemein.[60] Doch stellt sich zuvörderst die Frage, wie die Trauer innerhalb der
Predigten artikuliert wird. Was wird von den Leichenpredigern unter ›Trauer‹
verstanden? Wie bewerten die Prediger die Trauer? Welche Möglichkeiten ihrer
Versprachlichung bestehen? In interkonfessioneller Perspektive stellt sich die
Frage, ob ein genuin menschliches, überkonfessionelles Gefühlserleben, das die
Existenz des Menschen seit jeher geprägt hat, in gemeinsamen Mustern abgebildet oder innerhalb konfessionell gefärbter, zugespitzter Bilder vor Augen
gestellt wird. Zudem ist zu fragen, welche sozialen Normen der Trauerempfindung und -veräußerlichung sich in den Worten der Prediger erfassen lassen.

In einem zweiten Schritt wird der Versuch unternommen, das Leid der von
den Leichenpredigten angesprochenen Gläubigen genauer zu untersuchen. Die
Erkenntnis Irene Dingels, die lutherische Leichenpredigt habe »den Verstorbenen [...] verdrängt« und sei daher »gegenwartsbezogen«,[61] ist in Anbetracht der
Tatsache, dass auch lutherische Leichenprediger stets den Toten, dessen Per-
sönlichkeit und Individualität in ihre theologischen Ausführungen einbeziehen,[62] etwas voreilig.[63] Dennoch kann an der Gegenwartsbezogenheit der Leichenpredigten – und dies auch in der katholischen Tradition – nicht gezweifelt
werden. Eine Predigt, welche die Lebenden trösten, mahnen oder unterrichten
will, muss auf das Hier und Jetzt bezogen sein. Überkonfessionell nehmen die

---

60 Siehe dazu etwa die katholischen zeitgenössischen Rhetoriken des Carolus Paiot: Tyroci-
    nium Eloquentiae, Sive Rhetorica Nova, Et Facilior [...]. Wien 1672, S. 369–371 und Otto
    Aicher: Iter Oratorium, Quo Intra Septem Dies Tota Ars Rhetorica Absolvitur: Praeceptis, &
    Exemplis, instructum [...]. Salzburg 1675, S. 272 f. Der protestantische Homiletiker Andreas
    Hyperius nennt in De formandibus concionibus sacris seu de interpretatione populari
    scripturae sacrae libri duo (1553) im Anschluss an 2 Tim 3,16 und Röm 15,4 doctrina (Lehre),
    redargutio (Widerlegung), institutio (Unterweisung), correctio (Zurechtweisung) und
    consolatio (Trost) als genera einer Predigt. Vgl. auch Hans Martin Müller: Art. Homiletik. In:
    Theologische Realenzyklopädie 15 (1986), S. 526–565, hier S. 534.
61 Irene Dingel: Spuren reformierter Konfessionalität in Leichenpredigten auf Angehörige des
    schlesischen Adels. In: Die Reformierten in Schlesien. Vom 16. Jahrhundert bis zur Alt-
    preußischen Union von 1817. Hrsg. v. ders. u. Joachim Bahlcke. Göttingen [u.a.] 2016
    (Veröffentlichungen des Instituts für Europäische Geschichte Mainz 106), S. 15–30, hier
    S. 16.
62 Zu diesem Ergebnis kommt auch Rudolf Mohr: Der Tote 1975.
63 Womöglich hat die Tatsache, dass sich biographische Informationen im 17. Jahrhundert zu
    einem von der lutherischen Predigt losgelösten Lebensbericht entwickeln, zu dieser An-
    nahme geführt.

Leichenprediger das Leben mit all seinen Beschwernissen ernst und versuchen, die Hinterbliebenen aus dem Schatten des Todes heraus und ins Leben zurückzuführen. Die Annahme, wonach das katholische Begräbnis sowie die Leichenpredigt und Frömmigkeit im Angesicht des Todes nur auf den Toten und dessen postmortales Geschick gerichtet sei, müsste in diesem Zusammenhang überdacht werden.[64]

Häufig sprechen die Prediger vom »Leiden« des Menschen als einem Oberbegriff, der weniger den Anlass als vielmehr die subjektive Seite des Leidens in den Mittelpunkt ihrer Ausführungen rückt. Diese zusammenfassende Redeweise soll nach den Erscheinungsformen des Leides analysiert werden, um in einem solchen Vorgehen die Muster der Argumentationen und darauf aufbauend die Zusammenhänge zwischen den tröstlichen und erbaulichen Aussagen und der *praxis pietatis* herausstellen zu können.

In einem zweiten Hauptteil werden zunächst die Trostargumente untersucht, die die Leichenprediger in der Trauer applizieren und, in einem nächsten Schritt, im Angesicht des Todes fruchtbar machen. Sodann werden die Aussagen untersucht, die sich auf das Leid der Lebenden beziehen. Wie trösten oder mahnen die Leichenpredigten die Lebenden im Moment des Todes? Welche Motive verarbeiten die Prediger, um ihre Gemeinde in Glauben und Zuversicht zu stärken? Werden die erbaulichen Aussagen konfessionsübergreifend oder konfessionell zugespitzt verwendet? Welche Bedeutung kommt den Grundfunktionen der Funeralrhetorik, *laudatio*, *lamentatio* und *consolatio*, zu?

D.   Die untersuchten Quellen

Begibt sich die Untersuchung auf das Feld der lutherischen und wenig erforschten katholischen Leichenpredigt, so kann keine vollständige Untersuchung angestrebt werden. Ziel ist eine differenzierte Darstellung der Gattung innerhalb und über die Grenzen der Konfessionen hinaus. Angesichts der Fülle von Leichenpredigten, die in dem behandelten Zeitraum produziert wurden, gilt es also, exemplarisch Fälle aufzuzeigen, in denen die Rede von Leid und Trost mit den jeweiligen Prozessen der Interkonfessionalität vereinbar ist. Die Auswahl der Quellen folgt dem Anliegen, die Schilderungen und Wirkabsichten der lutherischen und katholischen Leichenprediger überschaubar zu machen und

---

64 Vgl. etwa Jürgen Bärsch: Ordo Exsequiarum und ›ehrliches Begräbnis‹. Eine vergleichende Analyse katholischer und protestantischer Begräbnisordnungen der frühen Neuzeit aus liturgiewissenschaftlicher Sicht. In: Liturgisches Handeln als soziale Praxis. Kirchliche Rituale in der Frühen Neuzeit. Hrsg. v. Jan Brademann u. Kristina Thies. Münster 2014 (Symbolische Kommunikation und gesellschaftliche Wertesysteme. Schriftenreihe des Sonderforschungsbereichs 496, Bd. 47), S. 307–322.

gleichzeitig die Wesenszüge des behandelten Ausschnitts differenziert herauszuarbeiten. Im Mittelpunkt steht die Analyse der konfessionellen Anschauungen und theologischen Debatten, die nicht nur in den Leichenpredigten dokumentiert, sondern durch diese zugespitzt und rezipierbar vermittelt werden.[65]

Das Hauptinteresse richtet sich auf Leichenpredigten, die im 17. Jahrhundert gehalten und in den Druck gegeben wurden. Katholische Predigten dieser Zeit, die Gegenstand der Untersuchung sind, stammen etwa von dem Benediktiner und Professor der Universität Salzburg Roman Müller (1600–1671),[66] dem Regensburger Franziskaner-Minorit Melchior Breitter († 1634),[67] dem durch seine schriftstellerische Tätigkeit bekannt gewordenen Pfarrer in Lauingen Georg Pistorius († 1686)[68] und dem Wiener Barnabiten Florentius Schilling (1. H. 17. Jhd.).[69] Birgit Boge und Ralf Georg Bogner zogen aus der statistischen Auswertung von 469 katholischen Leichenpredigten die Erkenntnis, dass diese Gattung »unverkennbar maßgeblich vom Jesuitenorden getragen« werde.[70] Auch in der vorliegenden Arbeit werden zahlreiche Leichenpedigten untersucht, deren Autoren der Societas Jesu angehörten. Unter ihnen etwa der weniger bekannte Ernst Bidermann (1620–1688),[71] der wortgewandte Prediger und Professor für Theologie in Bamberg Philipp Kisel (1609/1610–1681)[72] sowie Wolfgang Schallerer (1617–1676)[73] und Nikolaus Staudacher (1660–1736).[74] Als Autoren, die keinem Orden angehörten, kommen etwa der Biberbacher Anton Ginther (1655–ca. 1724)[75] und der Predigtschriftsteller Johann Lorenz Helbig (1662–1721)[76] zu Wort. Aufgrund ihrer Bedeutung für die Gegenreformation und also die Erneuerung und Intensivierung des katholischen Glaubenslebens

---

65 Zu Leichenpredigten als literarisches Kommunikationsmittel, das in einem engen Verhältnis zu Struktur, Beständigkeit und Wandel von Kultur und Gesellschaft steht, siehe etwa Birgit Boge/Ralf Georg Bogner: *Leichenpredigtforschung* 1999, 5; Birgit Boge: Nekrolog als Handlungsanleitung für weibliches Wohlverhalten. In: Dies./Ralf Georg Bogner: *Oratio Funebris* 1999, S. 131–169, S. 141; Henning Luther: Predigt als Handlung. Überlegungen zur Pragmatik des Predigens. In: Zeitschrift für Theologie und Kirche 80 (1983), S. 222–243.

66 Vgl. DBA I 873,176–180; II 924,297.

67 Vgl. zu Breitter Bibliographie der württembergischen Geschichte. Im Auftr. der Württembergischen Kommission für Landesgeschichte bearb. v. Wilhelm Heyd. Fortges. v. Theodor Schön. Bd. 3. Stuttgart 1907, S. 332.

68 Vgl. DBA I 961,176–177.

69 Vgl. Franz M. Eybl: »*Amaradulcis*« 1979; Waldemar Posch: Biographische Notizen zu P. Don Florentius Schilling, dem Vorläufer von Abraham a Santa Clara. In: Beiträge zur Wiener Diözesangeschichte 28 (1987), S. 17–20.

70 Birgit Boge/Ralf Georg Bogner: *Thesen* 1999, S. 321.

71 Hofprediger in Innsbruck.

72 Vgl. DBA I 653,264–265; 653,260–261; II 707,409.

73 Hofprediger in München. Vgl. DBA 338,250–252.

74 Vgl. DBA 362,399–401.

75 Vgl. DBA I 392,165–168.

76 Vgl. Elfriede Moser-Rath: Art. Helbig, Johann Lorenz. In: Killy/Kühlmann 5 (2009), S. 233 f.

werden auch Jakob Feucht (1540–1580)[77] und der zum Katholizismus konvertierte Martin Eisengrein (1535–1578)[78] konsultiert. Daneben werden Leichenpredigten von Matthias Sittard (1522–1566),[79] dem bedeutenden Jesuiten Georg
Scherer (ca. 1539–1605)[80] und dem bei Zeitgenossen überaus populären Au-
gustiner-Eremiten Ignaz Ertl (1645–1713)[81] in die Untersuchung einbezogen.
Ausnahmslos stammen die hier besprochenen Leichenpredigten von Autoren,
die ihre Heimat im oberdeutschen bayerisch-österreichischen Raum hatten.[82]

Zu den bedeutenden und renommierten lutherischen Leichenpredigern
zählen der Wittenberger Professor und Generalsuperintendent Abraham Calov
(1612–1686),[83] der Lissaer Theologe und Kirchenlieddichter Zacharias Herrmann (1634–1716)[84] sowie Johann Heermann (1585–1647), Prediger im schlesischen Köben.[85] Zahlreiche Leichenpredigten wurden von dem Leipziger Superintendenten Polycarp Leyser (1586–1633)[86] und dem kursächsischen Oberhofprediger Johann Andreas Lucius (1625–1686) verfasst.[87] Daneben werden die
Prediger Martin Geier (1614–1680),[88] Heinrich Wiedeburg († 1648),[89] Gottfried
Bleyl (2. H. 17. Jhd.) und Johann Christoph Syring (2. H. 17. Jhd.) auf ihren
Umgang mit Leid und Trost hin befragt. Auch der Diakon und Prediger in Hof,
Johann Schmauß (1656–1694)[90] und der Dichter und Theologe Andreas Hein-

---

77 Rektor der Universität Ingolstadt, Weihbischof des Fürstbistums Bamberg. Vgl. DBA I
    315,355–364; II 363,118–122; III 237,265–266.
78 Vgl. zum Kontroverstheologen Eisengrein Luzian Pfleger: Martin Eisengrein 1535–1578. Ein
    Lebensbild aus der Zeit der katholischen Restauration in Bayern. Freiburg 1908 (Erläute-
    rungen u. Ergänzungen zu Janssens Geschichte d. Dtsch. Volkes; Bd. 6, H. 2 u.3).
79 Hofprediger und Beichvater von Kaiser Ferdinand I. Vgl. Klaus-Bernward Springer: Art.
    Sittard, Matthias. In: Biographisch-Bibliographisches Kirchenlexikon 10 (1995), Sp. 573–
    575.
80 Vgl. Robert Pichl: Art. Scherer, Georg. In: Killy/Kühlmann 10 (2011), 308 f.
81 Vgl. Elfriede Moser-Rath: Art. Ertl, Ignatius. In: Killy/Kühlmann 3 (2008), S. 321 f.
82 Auch dies deckt sich mit dem Befund von Birgit Boge/Ralf Georg Bogner, vgl. *Thesen* 1999,
    S. 319.
83 Vgl. Johannes Wallmann: Art. Calov, Abraham. In: Killy/Kühlmann 2 (2008), S. 335 f.
84 Vgl. DBA I 148,309; III 385,178.
85 Vgl. Irmgard Scheitler: Art. Heermann, Johann. In: Killy/Kühlmann 5 (2009), S. 127–129.
86 Vgl. Markus Hein/Helmar Junghans (Hrsg.): Die Professoren und Dozenten der Theologi-
    schen Fakultät der Universität Leipzig von 1409 bis 2009. Leipzig 2009 (Beiträge zur Leipziger
    Universitäts- und Wissenschaftsgeschichte, Reihe A, Bd. 8), S. 234 f.
87 Vgl. Wolfgang Sommer: *Hofprediger* 2006.
88 Kursächsischer Oberhofprediger, Vorgänger von Johann Andreas Lucius. Vgl. etwa Joachim
    Hahn: Zeitgeschehen im Spiegel der lutherischen Predigt nach dem Dreißigjährigen Krieg.
    Das Beispiel des kursächsischen Oberhofpredigers Martin Geier (1614–1680). Leipzig 2005
    (Jahrbuch für deutsche Kirchengeschichte 9).
89 Generalsuperintendent, Oberhofprediger und Kirchenrat in Wolfenbüttel. Vgl. DBA I
    1365,2.9.
90 Vgl. DBA I 1112,113–115; II 1156,391.

rich Bucholtz (1607–1671)[91] haben Leichenpredigten verfasst, die in der vorliegenden Arbeit berücksichtigt werden. Außerdem werden etwa Predigten von David Sieber (1630–1699),[92] Pfarrer in Schwäbisch Hall, und dem Obersuperintendenten des Fürstentums Lüneburg Joachim Hildebrand (1623–1691)[93] untersucht. Ein Blick auf die Wirkungsstätten ergibt einen hohen Anteil von Predigern aus dem mitteldeutschen Raum und damit dem Kerngebiet der Reformation. Daneben kommen auch Prediger zu Wort, die in dem von Pest, Plünderungen und Gegenreformation geprägten Schlesien tätig waren.

Die Stellung der frühneuzeitlichen Leichenpredigten im Grenzgebiet von Erbauungsliteratur, Gelegenheitsschrifttum und Dogmatik macht es notwendig, die Untersuchung um geeignete Quellen verschiedener Provenienz zu erweitern, die zu Lebzeiten der Prediger populär und weit verbreitet waren. Dieses Procedere dient dazu, das theologische Umfeld, in welchem die Leichenpredigten enstanden sind, zu erschließen und die frömmigkeits-, dogmen- und mentalitätsgeschichtliche Bedeutung der Leichenpredigten herausstellen zu können. Zu den wichtigen dogmatischen Gesamtdarstellungen des Luthertums zählen etwa das *Compendium locorum theologicorum* Leonhard Hütters (1563–1616)[94] und die *Loci Theologici* von Johann Gerhard (1582–1637), welche 1610–1622 entstanden sind.[95] Überdies wird das Werk Martin Luthers immer wieder herangezogen, um aufzeigen zu können, dass die Epoche des Barock die gestaltende Hochkultur des Protestantismus und eigentliches Erbe der Reformation ist.

Aus katholischem Umfeld werden etwa Schriften des bedeutenden Jesuiten Robert Bellarmin (1542–1621)[96] und des italienischen Theologen Giovanni Bellarini († 1630/1637)[97] auf ihre theologisch-dogmatischen Aussagen hin be-

---

91 Vgl. Ulrich Maché: Art. Bucholtz, Andreas Heinrich. In: Killy/Kühlmann 2 (2008), S. 261–263.
92 Vgl. Baden-Württembergisches Pfarrerbuch. Hrsg. im Auftr. des Vereins für Kirchengeschichte in der Evangelischen Landeskirche in Baden u. des Vereins für Württembergische Kirchengeschichte. Bd. II/2: Die Kirchen- und Schuldiener. Bearb. v. Otto Haug. Stuttgart 1981, Nr. 2524.
93 Vgl. DBA I 536,318–328.
94 Compendium locorum theologicorum ex Scripturis Sacris et Libro Concordiae. Lateinisch/Deutsch/Englisch. Kritisch hrsg., komment. u. mit einem Nachwort sowie einer Bibliographie sämtlicher Drucke des Compendium versehen v. Johann Anselm Steiger. 2 Bde. Stuttgart-Bad Cannstatt 2006 (Doctrina et pietas Abt. 3; 2). Zu Hütter vgl. Walter Sparn: Art. Hütter (Hutterus), Leonhard. In: Religion in Geschichte und Gegenwart 3 (⁴2000), Sp. 1967f.
95 Loci Theologici [...]. Hrsg. v. Eduard Preuß. 9 Bde. Berlin [u.a.] 1863–1875. Vgl. zu Gerhard den Artikel von Inge Mager. In: Killy/Kühlmann 4 (2009), S. 175–177.
96 Vgl. Gustavo Galeota: Art. Bellarmini, Roberto. In: Theologische Realenzyklopädie 5 (1980), S. 525–531.
97 Vgl. etwa die biographischen und bibliographischen Angaben in Nouvelle biographie universelle depuis les temps les plus reculés jusqu'à nos jours, avec les renseignemens bibliographiques et l'indication des sources a consulter. Hrsg. v. Jean Chrétien Ferdinand Hoefer. Bd. 5. Paris 1855, S. 221.

fragt. Außerdem werden die Lehrentscheidungen des Tridentinums als eine wichtige Quelle katholischer Identität herangezogen. Um die Schriftexegese der Leichennprediger im Horizont der Auslegungstradition darstellen zu können, werden zudem Bibelkommentare, etwa des jesuitischen Exegeten Cornelius a Lapide (1567–1637)[98] oder des Diakons in Jena Jakob Stöcker (1572–1649)[99] in die Untersuchung einbezogen. Schließlich wird verschiedenen seelsorglichen und erbaulichen Schriften Beachtung geschenkt. Darunter finden sich etwa das *TrostBuch* des katholischen Theologen Kaspar Ulenberg (1548–1617)[100] oder die antimelancholischen Schriften *Wider den Melancholischen Teuffel* des lutherischen Predigers Simon Musäus (1521–1576)[101] und *Der Geistliche Seelen=Artzt* des Katholiken Johann Giendder (2. H. 17 Jhd.).[102]

Darüber hinaus sollen die Medien Beachtung finden, die in engem Verhältnis zu den Leichenpredigten stehen und die für den interkonfessionellen Vergleich der Predigten im Horizont der Rede von Leid und Trost fruchtbar gemacht werden können: Emblem- und Gesangbücher, geistliche Lyrik und Drama.[103] Dadurch soll auch einer Konzentration auf den protestantischen Raum, etwa innerhalb der Erforschung der Gelegenheitsdichtung,[104] entgegengetreten werden. Auch voreilig gezogene Schlüsse, die auf konfessioneller und medialer Einseitigkeit beruhen, sollen in der vorliegenden Arbeit kritisch überprüft

---

98 Vgl. Fernando Domínguez: Art. Cornelius a Lapide. In: Lexikon für Theologie und Kirche 2 (1994), Sp. 1313.

99 Vgl. DBA I 1231,131–132.

100 TrostBuch Für die krancken vnd sterbenden. Oder Bericht/ wie man die Krancken vnd sterbenden ermanen/ trösten […] vnd ihnen zum seligen sterben behilfflich sein soll; mit vielen dazu dienlichen andechtigen Gebeten […]. Köln 1603. Zu Ulenberg vgl. Irmgard Scheitler: Art. Ulenberg, Kaspar. In: VL16 6 (2017), Sp. 359–369.

101 Nützlicher Bericht/ vnnd Heilsammer Rath aus Gottes Wort/ wider den Melancholischen Teuffel […]. [Nürnberg] 1569. Ediert in: Johann Anselm Steiger: Medizinische Theologie. Christus medicus und theologia medicinalis bei Martin Luther und im Luthertum der Barockzeit. Mit Edition dreier Quellentexte. Leiden [u.a.] 2005 (Studies in the history of Christian traditions 121), S. 212–256. Zu Musäus siehe Ernst Koch: Art. Musäus, Simon. In: VL16 4 (2015), Sp. 526–533.

102 Der Geistliche Seelen=Artzt/ Versehen mit General=Artzney/ Wieder alle erdenckliche Melancholey/ Auf den jetzigen Welt=Stand gerichtet; Auß dem Grund Göttlicher H. Schrifft/ der Heiligen Vätter Lehr und Sententzen/ außerlesenen Sprichwörtern […] Medicinali-schen Haupt=Regeln […] Durch nützlich Recipe Vorgeschrieben […]. Mit vielen schönen Emblematischen Kupffern geziert […]. Regensburg 1700 ([1]1696).

103 Zur lohnenden Erforschung inter- und transkonfessioneller Phänomene in diversen Textgattungen vgl. etwa Johann Anselm Steiger: Interkonfessionalität im Schwank. Bemerkungen zu Johann Peter Hebels Kalendergeschichten. In: Ordentliche Unordnung. Metamorphosen des Schwanks vom Mittelalter bis zur Moderne. Festschrift für Michael Schilling. Hrsg. v. Bernhard Jahn [u.a.]. Heidelberg 2014 (Euphorion 79), S. 251–264.

104 Etwa die grundlegende Untersuchung von Hans-Henrik Krummacher: Das barocke Epicedium. Rhetorische Tradition und deutsche Gelegenheitsdichtung im 17. Jahrhundert. In: Jahrbuch der deutschen Schillergesellschaft 18 (1974), S. 89–147.

werden. Wenn etwa Elisabeth Blum feststellt, dass in evangelischen Kirchenliedern der Rubrik ›Tod und Sterben‹ eine »Tröstung der Hinterbliebenen […]
selten« zu finden sei,[105] so kann dies für die geisltichen Lieder, die in den hier
untersuchten lutherischen und katholischen Leichenpredigten verwendet werden, nicht behauptet werden.

---

105 Elisabeth Blum: Tod und Begräbnis in evangelischen Kirchenliedern aus dem 16. Jahr-
     hundert. In: Studien zur Thematik des Todes im 16. Jahrhundert. Hrsg. v. Paul Richard
     Blum. Wolfenbüttel 1983 (Wolfenbütteler Forschungen 22), S. 97–110, S. 98.

II. »Jrdische Pilgrimschafft ...« – Trauer und das Leben des Christenmenschen im Spiegel barocker Leichenpredigten[106]

A. Die Trauer um den Verstorbenen

1. Trauer und *humanitas*

Häufig beginnen die Prediger ihre Leichenpredigten mit einer *lamentatio*, die in Verbindung und gegenseitiger Bedingung mit Elementen der *laudatio* zu den traditionellen Exordialformeln der Trostschriften gehört:[107] »Wenn Todes=Fälle sich ereignen [...] so gehet solches ohne Klagen/ ohn Weinen und Trauren nicht ab.«[108] Heinrich Ernst Fischhaupt (1639–1708), der 1696 die Leichenpredigt auf Anna Sophia von Münchhausen hält, sieht die Trauer in der menschlichen Natur verwurzelt. Der lutherische Prediger steigt in eine *concessio doloris* ein,[109] indem er zunächst biblische *exempla* der Trauerklage vor Augen stellt:

> Der Abraham beweinete seine getreueste Saram, Gen. XXIII, 2. Der Joseph seinen alten Vater den Jacob/ Gen. L, 1. Der David seinen Kern=Freund den Jonathan, 2. Sam. I, II. Die Wittwe zu Nain ihren einigen Sohn/ Luc. VII, 13.[110]

Ähnlich leitet Tilemann Dürr (1. H. 17. Jhd.) in seiner 1665 gehaltenen Leichenpredigt im *exordium generale* von biblischen Trauerexempeln, die er steigernd aneinanderreiht, zur gegenwärtigen klagevollen Trauergemeinde über.[111]

---

106 Teile dieses Kapitels wurden veröffentlicht in Sarah Lehmann/Sarah Stützinger: »Wir haben hier keine bleibende Stadt.« Leid und Trost in Leichenpredigten über den Hebräerbrief. In: Daphnis 45, H. 1/2 (2017), S. 156–200.

107 Vgl. Peter von Moos: Consolatio. Studien zur mittellateinischen Trostliteratur über den Tod und zum Problem der christlichen Trauer. 4 Bde. München 1971/72, hier Bd. 1, C 86 ff.

108 Im Folgenden werden die Leichenpredigten unter Nennung des Autors, des Verstorbenen sowie dem Druckjahr zitiert. Ist das Druckjahr nicht erschlossen, wird das Sterbejahr genannt. Heinrich Ernst Fischhaupt: LP auf Anna Sophia von Münchhausen (gest. 1696), fol. B 1r.

109 Siehe dazu Peter von Moos: *Consolatio* Bd. 3, T 211 ff.

110 Heinrich Ernst Fischhaupt: LP auf Anna Sophia von Münchhausen (gest. 1696), fol. B 1r.

111 Vgl. Tilemann Dürr: LP auf Maria Oesterhelt Finck (gest. 1665), fol. A 2r.

Je größer nun die Freud und Trost ist/ je schmertzlicher ist desselben Verliehr= und Beraubung/ daß es wohl und recht heisset: was hertzet das schmertzet/ was liebet das betrübet.[112]

Innerhalb dieser Ausführungen verbindet Dürr den zum Menschen notwendig gehörenden Affekt der Liebe mit dem ebenso dem Menschen inhärenten Affekt der Trauer, was an den biblischen Vorbildern der Trauer verdeutlicht wird: das Klagen Davids um seinen Freund Jonathan (vgl. 2Sam 1,11 f.), das Weinen Josephs um seinen Vater Jacob (vgl. Gen 50,1) und schließlich das »grössese Leid«, »tieffeste Seufftzen« und »die heisseste Thränen« über den Tod eines Ehegatten,[113] die der Prediger an der Trauer Jacobs um Rahel abbildet (vgl. Gen 35,20).[114] Nun kann Dürr den Blick auf die Trauergemeinde und besonders auf den betrübten Witwer lenken:

Ach wer wolte/ ja wer solte mit jhme/ zu gleich auch seinem hertzl. und Mutterlossen jungen Söhnlein/ als einen holdseligen Ehe=Pfläntzlein nicht ein hertzliches Mitleiden haben? Jch/ ich selbst/ so ich weitere Wort hiervon machen solte/ würde mein Hertz so betrüben/ daß ich vor Thränen und Seufftzen kein Wort reden könte.[115]

In der Leichenpredigtsammlung *Allgemeines Klaghauß Oder/ Catholische Leichpredigen* kommt der Prediger Georg Pistorius auch auf die Natürlichkeit der Trauer zu sprechen, die er ebenfalls mit der Liebe verbindet – wenn auch zugleich mit den ersten Worten einschränkend:

Eines Theils zwar erforderert/ vnd bringt gleichsamb die Natur bey solchen Fällen Trawrigkeit vnd Weinen mit sich: weil die liebe Kindlein von Hertzen kommen/ vnd widerumb zu Hertzen gehen: Was hertzt/ daß schmertzt [...].[116]

Auch der katholische Prediger führt darauf folgend biblische *exempla* an, um die Trauer liebender Eltern zu rechtfertigen:[117] Davids Betrübnis über die prophetischen Worte Nathans, die den Tod seines Kindes verkünden (vgl. 2Kön 12,16),

---

112 Ebd., fol. A 2v.
113 Ebd.
114 Vgl. ebd.
115 Ebd., fol. A 3r.
116 Georg Pistorius: Allgemeines Klaghauß Oder/ Catholische Leichpredigen Bey Begräbnussen der Kinder/ Jüngling/ Jungfrawen/ Ehe: Männeren/ Weiberen/ Kindtbetheren/ Wittiben/ Alten/ Obrigkeiten/ KriegsOfficieren/ Presthafften/ Armen/ Bawren/ Ehehalten/ Handels: vnd Handwerckleuthen/ Reisenden/ Frembdling/ Taglöhnern/ Pfarrherrn/ vnd Fürstl. Personen. Auch Vil andere Discurs von Andenck: Ankündigungen/ Gedächtnuß/ Vorbereitungen/ vnd Underschid guten vnd bösen Todts/ vom Fegfewr/ etc. welche bey allen LeichConducten, vnd sonsten an Sonn: vnd Feyrtägen nutzlich zugebrauchen. Alles Auß Göttlicher Schrifft/ heiligen Vättern vnd Lehrern mit vilen Denckwürdigen Exempeln zur Lehr vnd Underweisung zusammen beschriben [...]. Dillingen 1663, S. 1.
117 Vgl. ebd., S. 1f.

die Sunemiterin, deren Kind in ihren Armen stirbt (vgl. 2Kön 4,27) und Hagar, die den Tod ihres Sohnes nicht ertragen kann (vgl. Gen 21,15).

Die Exempel biblischer Trauer, die Prediger beider Konfessionen in den Leichenpredigten vor Augen stellen, zeigen den Adressaten, wie sich das Schicksal des Verstorbenen und der Hinterbliebenen mit dem, was Abraham, Joseph oder David geschehen ist, parallelisieren und damit tröstlich erfahren lässt. Dieses Einholen der Zuhörer oder Leser der Leichenpredigt in die Textwelten der Bibel öffnet eine tröstende und hoffnungsspendende Leidgemeinschaft mit den biblischen Figuren.[118] Darüber hinaus bieten die biblischen Vorbilder auch Modelle, um der Trauer Ausdruck zu verleihen. Veränderungen der Mimik und Gestik, wie Schreien, Klagen, Weinen oder Sich-zu-Boden-legen sowie das Anlegen spezieller Trauergewänder[119] beinhalten Sprach- und Bildformen des Trauerns, die der Erlebniswelt des Trauernden einerseits aufgeschlossen sind, dieser aber andererseits auch Wege des Mitteilens aufzeigen. In diesem Zusammenhang bieten die *exempla* den Predigern auch die Möglichkeit, Trauer innerhalb der christlichen Lehre billigen zu können. Das Eingehen auf die Trauer besonders zu Beginn der Leichenpredigten, sei es im Einstimmen in die Klage oder in dem Zuspruch des Beileids, stellt den Kontakt zu den Adressaten her und bereitet den Weg zur Linderung oder Überwindung des Schmerzes vor. Die Prediger beider Konfessionen nehmen die Trauer der in der Kirche Anwesenden auf, gehen auf sie ein und nutzen sie für den Fortgang ihrer Ausführungen. Doch werden in diesem Vorgehen Unterschiede deutlich, die nicht allein das Wesen der Trauer betreffen, sondern vielmehr die Wahrnehmung des Menschen als Ganzes. Zunächst stimmen die Prediger konfessionsübergreifend in die Natürlichkeit der Trauer ein: Es »müßte ein steinhartes Hertze seyn/ dem dieser Todes=Fall nicht Thränen auß den Augen pressen und zum Trauren verursachen solte«,[120] sagt Heinrich Ernst Fischhaupt. Der Lutheraner greift zur Veranschaulichung der Überzeugung, wonach sowohl die Liebe und aus ihr resultierend auch die Trauer zum Menschen als fühlendes Wesen gehöre, die Redewendung auf, der Mensch sei nicht aus Stein und eben darum für heftige

---

118 Dazu mehr weiter unten, bes. Kap. III.A.2.3.

119 Vgl. etwa Johann Lorenz Helbig: Traurige Gedancken Zur Nutzlichen Zeit=Vertreibung. Oder: Hundert Discursen Von Den vier letzten Dingen des Menschens/ Welche Bey den Leich=Begängnussen als Predigten/ und zu Haus als Betrachtung=Materi dienen können. Dann Hundert Leich=Predigten [...]. Samt Einem Anhang Zwölff Leich=Predigten von dem Fegfeuer [...]. Nürnberg 1704, S. 482: »Dessen haben wir ein Exempel an dem Jacob/ welcher/ als er seinen liebsten Sohn/ den Joseph/ verloren/ mein wie hat er sich nicht bekümmert? [...] wie hat er nicht zu Gott geseufftzet/ seine Augen gen Himmel erhoben/ seine Hände gewunden/ die helle Thränen vergossen/ traurige Reden geführet/ den Nahmen Joseph zum öffteren mit kläglicher Stimm widerholet/ [...] seine Trauer=Kleider angelegt/ sich mit schwehren Gedancken geplagt.«

120 Heinrich Ernst Fischhaupt: LP auf Anna Sophia von Münchhausen (gest. 1696), fol. B 2v.

Gefühlsregungen empfänglich.[121] Ähnlich formulierte es schon Luther 1539 in einem Trostbrief, wenn er die Trauer als ein Zeichen der Liebe für den Nächsten gar einfordert:

> [...] wie denn naturlich vnd billich ein mensch sich sol betruben, sonderlich in so nahen blut vnd fleisch, Denn gott hat vns nicht geschaffen, das wir nichts fulen solten, oder stein vnd holtz seyn, Sondern wils haben, das wir die todten beweynen vnd klagen soln, Sonst were es ein zeychen, als hetten wir keine liebe [...].[122]

Die Notwendigkeit des Trauerns sehen lutherische Leichenprediger – und darin ganz mit Luther übereinstimmend – in der von Gott so geschaffenen Natur des Menschen begründet. Daraus resultierend können sie das Wehklagen, Weinen und Seufzen positiv als ein Zeichen der Liebe deuten. Polycarp Leyser kommt in der Leichenpredigt auf Regina Schröter auf eben dieses Wesen des Menschen zu sprechen. Ein betrübtes Herz sei demnach nicht allein natürlich, sondern entsprechend Röm 12,15 auch »billich vnd Christlich«:[123]

> Denn Gott den Menschen nicht ohne affecten vnd bewegnis des Hertzens geschaffen hat [...] sondern das Hertz hat seine Bewegung/ bald zur Frewd/ bald zum Leid/ nach dem es demselben wol oder vbel gehet. Wenns einem wol gehet/ so ist das Hertz leicht vnd wolgemuth/ wenns vbel zugehet/ wenn es in Noth vnd Gefahr kömpt/ so ist es natürlich/ daß es sich betrübet/ darüber seufftzet/ was das Hertz voll ist/ durch den Mund klaget/ die Augen das Hertzwasser die Threnen heraus geben/ vnd man an allen Gliedmassen des Menschen es fast sehr spüret.[124]

Wie bereits weiter oben gezeigt wurde, erkennen auch katholische Prediger die Trauer aus Liebe als ein der Natur des Menschen eigenes Verhalten an. Aber – und hier eröffnet sich eine völlig andere Einschätzung des menschlichen Wesens und damit der Trauer und gewiss der Linderung dieses Affektes – sie deuten den allgemeinen Gedanken der Naturnotwendigkeit menschlicher Trauer meist negativ auf die Gefallenheit des Menschen: Der Mensch empfinde Trauer, so Florentius Schilling, weil er »mit Menschlicher Schwachheit umbfangen«.[125] »Wolan aber [...] wir wöllen vns auff den heutigen Tag selbst vberwinden/ vnnd mehr die

---

121 Vgl. auch den Trostbrief Luthers an Kaspar Heidenreich 1545, WA BR 11,76,10f. (Die Adressaten der Briefe und Titel der jeweiligen Schriften werden nur bei der ersten Zitation angeführt): »Non enim saxa sumus nec esse debemus.«

122 WA BR 8,485,7–11 (Brief an Katharina Metzler 1539).

123 Polycarp Leyser: LP auf Regina Schröter (gest. 1630), fol. A 4v.

124 Ebd., fol. A 4r/v.

125 Florentius Schilling: Todten=Gerüst/ Das ist: Wolgegründte Ehren=Gedächtnuß/ Hochadelicher Cavalliern/ Herren und Frauen/ Deren Hoch=Adeliches Herkommen/ Christlöbl. Thaten und seel. Tod in unterschiedlichen Leich=Predigten mit angenehmen Verfassungen der Welt zum Tugend=Spiegel vorgestellet worden [...]. (Bd. 2). Sulzbach, Nürnberg 1676, S. 116.

rechte Vernunfft zum frolocken/ als die schwache Natur zum trawen anhören.«[126] Nach diesen Worten eines jesuitischen Leichenpredigers erscheint die Trauer in der *fragilitas* der menschlichen Natur begründet. Dem Affekt der Trauer stellt er die Vernunft gegenüber, die in der Überwindung des schwachen Selbst zur Beherrschung der Trauer führe. Die Vernunft oder der Verstand sollen also dazu eingesetzt werden, die Trauer gänzlich zu überwinden.

> Ob nun schon dergleichen Leydwesen von der Natur selbsten in den Eltern verursacht wird/ dann wann sie der Sinnlichkeit die Vernunfft vorziehen/ und verständig darvon urtheilen wollen/ finden sie Ursach genug von ihrem Trauren abzulassen [...].[127]

Johann Lorenz Helbig, der 1704 seine *Traurige Gedancken Zur Nutzlichen Zeit-Vertreibung* gemeinsam mit Exempelpredigten veröffentlicht, sieht ebenfalls die Vernunft als ein Mittel die Trauer geradezu auszuschließen, auch wenn er sie in der Natur des Menschen begründet erkennt. Aus diesem gar abwertend anmutendem Verständnis der Trauer folgen dann auch die Argumente katholischer Leichenprediger, die der Trauer geradezu überfallartig und antithetisch den Affekt der Freude entgegenstellen. Die bereits weiter oben erwähnte Passage des Georg Pistorius weist schon durch die einleitenden Worte auf eine Einschränkung hin,[128] die der Prediger sogleich mahnend anfügt: »Aber anders Theils lehret vns vnser Christliche Glaub/ daß man solchen Elteren mehr Glückwünschen/ vnd sich erfreuen/ als trawren solle.«[129] Gleich zu Beginn der Leichenpredigt kommt Pistorius nicht wie zu erwarten wäre einwilligend oder mitfühlend auf die Trauer der Eltern zu sprechen, sondern eröffnet seine Ausführungen mit der Spannung zwischen Trauer und Freude, die er darauf folgend immer wieder aufgreift und für seine Troststrategie nutzt:

> Ob ich frölich oder trawrig seyn solle/ weiß ich nit? Ob ich mit den Eltern dises verstorbenen Kinds ein Mitleyden haben/ oder vilmehr gratulieren vnd Glück wünschen solle/ stehe ich an. [...] Bey gegenwärtiger Begräbnuß dises Kindlens/ gib ich vber disen Zweiffel den Außschlag/ vnd sag: daß man sich vilmehr erfreuen/ als trawen; vil mehr den Eltern Glückwünschen/ als ein Mitleyden mit jhnen haben solle.[130]

Dass eine gemäßigte Freude über den Tod angemessener sei als trauern und klagen, schließen katholische Leichenprediger zuvörderst aus Argumenten, die der Trauer angesichts der Unumkehrbarkeit des Totes keinen Nutzen zusprechen oder aber dem Klagen das Lob des Verstorbenen entgegensetzen. So sagt Florentius Schilling, die Trauer nütze den Toten nichts, sondern schade nur den

---

126 Anon.: LP auf Magdalene von Bayern (gest. 1628), S. 3.
127 Johann Lorenz Helbig: *Traurige Gedancken* 1704, S. 482 f.
128 Georg Pistorius: *Klaghauß* 1663, S. 1.
129 Ebd., S. 2.
130 Ebd., S. 1.

Lebenden. »Wo das Leben löblich/ der Tod köstlich/ und die Glory vermuth-
lich«[131] gebe es keinen Grund den Verstorbenen zu beweinen:

> Einer frommen Seel mit wehklagen zur verhofften Glory das Geleit geben? Einer wegen
> Christlöblichen Lebens berühmten Person erhaltenen Wolstand mit nassen Augen
> betrauren? [...] fort/ fort mit der Bekümmernuß [...].[132]

Schilling mahnt seine Zuhörer, die Trauer zu beenden, denn die Verstorbene
»hat nichts begangen/ was zu beweinen«, aber »viel begangen/ welches zu
loben.«[133] Dass katholische Leichenpredigten das Lob des Verstorbenen über die
Trauer erheben, mag auch in der engen Anlehnung der Gattung an die durch den
humanistischen Einfluss vermittelte antike Rhetorik liegen.[134] Die katholische
Leichenpredigt stützt sich grundlegend auf das Lob des Verstorbenen, wobei das
häufige Fehlen der vom Predigtteil losgelösten Personalia durch die Verflechtung von Trauerklage, Tugendlob und der Schilderung des Lebens des Verstorbenen im Hauptteil der Predigt ausgeglichen wird.[135] Daher kann Roman Müller
auch seine Leichenpredigt auf die Äbtissin Johanna von Wolckenstein mit der
antithetisch aufgebauten rhetorischen Frage beginnen, ob die Verstorbene nun
»zu einem kläglichen Trawr= oder zu einem löblichen Ehrnspiegel beygesetzt
vnd vorgestellet wird.«[136] Ein ähnlicher Zusammenhang findet sich, wenn die
Vorreden und Dedikationen der Leichenpredigten genauer betrachtet werden.
1664 fügt der Karmeliter Andreas a Sancta Theresia († 1682)[137] einer Leichenpredigt eine Zuschrift bei, die den Druck der Predigt folgendermaßen begründet:

---

131 Florentius Schilling: *Todten=Gerüst* 1676, S. 118.
132 Ebd., S. 119.
133 Ebd., S. 120.
134 Vgl. dazu und für die katholische Predigt allgemein Johann Baptist Schneyer: Geschichte
der katholischen Predigt. Freiburg 1969, hier S. 270; Hans Martin Müller: *Art. Homiletik*
1986, hier S. 535; Philippine Casarotto: *Katholische Leichenpredigten* 2004; Franz M. Eybl:
Art. Leichenpredigt. In: Historisches Wörterbuch der Rhetorik 5 (2001), Sp. 124–145;
Birgit Boge/Ralf Georg Bogner: *Oratio Funebris* 1999; Friedhelm Jürgensmeier: *Die Leichenpredigt* 1975.
135 Innerhalb der rhetorischen Gliederung ist die Leichenpredigt eine Untergattung der Lobrede, was ihre enge Verwandtschaft zu anderen Untergattungen demonstriert. Besonders
die strukturelle Beziehung zu der sich schnell entfaltenden Heiligenpredigt wird in der
Betonung der *laudatio* deutlich. Beide, Leichenrede und Heiligenpredigt, dienen nicht nur
der *memoria*, sondern bieten auch Verhaltensmodelle zur *imitatio*. Siehe dazu Franz M.
Eybl: Art. *Leichenpredigt* 2001, bes. Sp. 134. Zur Heiligenpredigt siehe Werner Welzig: Zur
Amplifikation in der barocken Heiligenpredigt. In: *Lobrede* 1989, S. 753–802; Maria Kastl:
Das Schriftwort in Leopoldspredigten des 17. und 18. Jahrhunderts. Untersuchungen zur
Heiligenpredigt als lobender und beratschlagender Rede. Wien 1988 (Wiener Arbeiten zur
deutschen Literatur 13), S. 4. Siehe auch dies.: Heiligenlob als moralische Belehrung. In:
Jahrbuch für Volkskunde N. F. 9 (1986), S. 167–174.
136 Roman Müller: LP auf Johanna von Wolckenstein 1657, S. 2.
137 Vgl. DBA I 25,119–120; 1265,271.

Dann ob schon die außgesprochene Wort ein lebendige Stimm seynd/ vnd die auff das Papier gebrachte Schrifften ein stumme Red/ so verbleiben doch die todte auff dem Papier ligende Wort länger/ als die lebendige in dem Lufft verschwindende Stimm/ wie der Poet sagt: Owen. lib. 3. ep. 208. Sic verbum vox viva licet, vox mortua scriptum: Scripta diu manent, non ita verba diu.[138]

Ebenso formuliert Ignaz Ertl, zur Verewigung des Lobes erachte er es als nötig, der Nachwelt die Taten und Tugenden des Verstorbenen – »mit unauslöschlichen Buchstaben vermittels der Druck=Presse tieff eingeätzet«[139] – schriftlich vor Augen zu stellen.

Die katholische Leichenpredigt weiß natürlich um die Trauer der Hinterbliebenen und nimmt diese auch zum Anlass den Weinenden Trost und Hoffnung zu spenden, wie weiter unten zu zeigen sein wird.[140] Die Einwilligung in die Trauer, das Mitleiden oder Rechtfertigen der Trauer bezieht sich jedoch, anders als in lutherischen Leichenpredigten, häufig nicht auf die Trauernden, sondern auf den Verstorbenen, dessen Lebenswandel eine solche Klage verdient. Gegenüber lutherischen Leichenpredigten lassen sich dann auch Passagen herausstellen, die der Trauer zudem deutlich negativ gegenüberstehen. Der bereits erwähnte Florentius Schilling schließt die Trauer aus dem christlichen Leben und Glauben gar aus, wenn er sagt, die »Bekümmernuß kann ihre Regalien, den unbußfertigen eines bösen Namens/ den Gottlosen eines argen Lebens/ den Sündern eines übeln Tods hinterlassen.«[141] Andere Prediger mahnen, dass eine angesichts der löblichen Tugenden des Verstorbenen unangemessene Trauer gar missgünstig oder töricht sei.[142] Gewiss will die katholische Predigt auch trösten, doch ist es häufig die *laudatio* des Verstorbenen, die der Trauer Ausdruck verleiht und den Leitfaden für die *consolatio* bildet: Die Leichenpredigt erweist sich dann als ein Medium, das »dem Todten [...] ein Traur=vnd=Todten=Bühne; den Lebendigen ein Schuel wol zu sterben« und »denen/ so über disen Fall trauren wöllen/ [...] ein Anlaß zum Mitleyden« gibt.[143]

Lutherische Leichenprediger besprechen auch das Verhältnis von Trauer und Freude, wenn sie die Hinterbliebenen mit Paulus sprechen lassen (Kol 1,24): ›Nv frewe ich mich in meinem Leiden‹.[144] Doch wird in diesem Bibelvers nicht die völlige Überwindung der Trauer angesprochen, sondern eine Gleichzeitigkeit

---

138 Andreas a Sancta Theresia: LP auf Nikolaus Zrínyi 1664, Zuschrift, fol.)(3r/v.
139 Ignaz Ertl: LP auf Athanasius von Gars 1715, fol A 2v.
140 Siehe dazu Kap. III.
141 Florentius Schilling: *Todten=Gerüst* 1676, S. 120.
142 So Anon.: LP auf Magdalene von Bayern (gest. 1628), S. 2 oder Johann Lorenz Helbig: *Traurige Gedancken* 1704, S. 483.
143 Marcellian Dalhover: LP auf Albrecht Sigmund 1685, fol. B 1r.
144 Etwa Caspar Hermann Sandhagen: Trostschrift. In: Joachim Hildebrand: LP auf Salentin Justus Nikolaus Sinold gen. Schütz 1681, fol. K 1r–2v, hier fol. K 2r.

von Trauer und Trost, von Trübsal und Freude. Angesicht des Verlustes ist die Trauer eine natürliche Reaktion und da der Mensch in Kummer nicht zur Freude neigt, kann der Prediger dies auch nicht einfordern, sondern vielmehr durch eine trostspendende Predigt die Trauernden stärken und aufrichten:

> Jch verlange nicht/ daß sie ihren Todten nicht beweine wessen ich und andere uns nicht einmahl enthalten können: sondern daß Sie in ansehen des beständigen Glaubens [...] mit dem Apostel spreche: Jch freue mich in meinem Leiden.[145]

Johann Christoph Syring formuliert es ähnlich, wenn er im *exordium* seiner Leichenpredigt sagt, dass es wichtig sei, die Trauernden in »Creutz und Leiden trösten und aufrichten [zu] können.«[146] Das Einfühlen in die Trauer, mithin das Bewusstmachen des Verlustes, scheinen notwendige Voraussetzungen, um Trost annehmen zu können. Erst in der Begegnung mit der Trauer kann der Mensch Trost erfahren, mithin die tröstlichen Worte der Heiligen Schrift auf sich selbst applizieren.

2.   Die Mahnung zum Maßhalten in der Trauer

Neben dieser zur Trauer auffordernden Haltung stehen aber auch in lutherischen Leichenpredigten einschränkende Gedanken. So ruft Caspar Hermann Sandhagen (1639–1697)[147] dazu auf, »daß wir Christen durch unmässiges Trauren über unsere Todten/ unsern Glauben von derer Glückseligkeit und künfftigen frölichen Aufferstehung nicht mögen bey dem ungläubigen Hauffen verdächtig machen«.[148] Christian Engel († 1682)[149] mahnt, »die hochbetrübten Leyd=tragenden« sollten »nicht gar zugenaw sehen auff die tieffe Hertz wunde [...]; sondern vielmehr auff das liebreiche Hertz Gottes«[150] und der Prediger David Sieber rät, »den traurigen Todes=Fall [...] Christlich=gebührend= und erlaubter Weis zu beklagen und zu beweinen.«[151] Wiewohl die Trauer als Lie-

---

145 Ebd.
146 Johann Christoph Syring: LP auf Katharina Ehrengard von der Wense 1699, S. 3.
147 Vgl. Martin Friedrich: Art. Sandhagen, Caspar Hermann. In: Biographisch-Bibliographisches Kirchenlexikon 16 (1999), Sp. 1388–1391.
148 Caspar Hermann Sandhagen: Trostschrift. In: Joachim Hildebrand: LP auf Salentin Justus Nikolaus Sinold gen. Schütz 1681, fol. K 2v.
149 Zu Engel vgl. etwa Pfarrerbuch der Kirchenprovinz Sachsen. Hrsg. vom Verein für Pfarrerinnen u. Pfarrer in der Evangelischen Kirche der Kirchenprovinz Sachsen e.V. in Zusammenarbeit mit dem Interdisziplinären Zentrum für Pietismusforschung der Martin-Luther-Universität Halle-Wittenberg in Verbindung mit den Franckeschen Stiftungen zu Halle (Saale) u. der Evangelischen Kirche der Kirchenprovinz Sachsen. Bd. 2: Biogramme Br–Fa. Leipzig 2004, S. 456.
150 Christian Engel: LP auf Catharina von Krosick 1662, fol. A 2v.
151 David Sieber: LP auf Georg Friedrich Seufferheld 1687, S. 5.

besregung gebilligt wird, erfüllt sich die rechte christliche Trauer im Maßhalten. In den weiter oben genannten Passagen zweier Trostbriefe Luthers,[152] die das Trauerverhalten ihrer Adressaten grundsätzlich billigen und gar einfordern, führt der *consolator* seine Gedanken über das Trauern weiter aus: »Non enim saxa sumus nec esse debemus, sed modus est in rebus«[153] und »das wir die todten beweynen vnd klagen soln [...]. Doch das es eine masse habe [...]«.[154]

Der *locus classicus*, der die Forderung der Trauer nicht hemmungslos nachzugehen begründet, findet sich in 1Thess 4,13. Eine wichtige, für das Trauerverständnis der hier untersuchten Leichenpredigten bedeutende Auslegung stammt von Augustinus. Dieser legt den genannten Vers nicht im Sinne eines Trauerverbots aus, sondern verteidigt eine maßvolle, der christlichen Auferstehungshoffnung angemessene Trauer:

> Non tantum ait: ›ut non contristemini‹, sed: ›ut non sic contristemini, quemadmodum gentes quae spem non habent‹. Necesse est enim ut contristemini, sed ubi contristaris, consoletur te spes.[155]

Doch duldet er Trauer nicht allein als in der Schwäche der menschlichen Natur begründet, vielmehr erkennt er darin ein Zeichen menschlicher Liebe und kann die Trauer damit positiv bewerten: »Hinc itaque necesse est ut tristes simus, quando nos moriendo deserunt quos amamus [...].«[156] Die Trauer soll gemäßigt, nicht aber gänzlich beseitigt werden. Paulus' Worte stehen daher nicht absolut, als ein Verbot der Trauer, sondern als ein einschränkender Vergleich gegenüber denen, »die keine Hoffnung haben.«

> Hie verbeut er nicht das trawren, denn am ende wird er sagen: Mit solchen worten troestet euch under eynander, und dieweyl er troestet und heyst troesten, so wird er trawrigkeit gefunden haben, und weret nicht, das sie da sey [...].[157]

Wie Luther in seinen Leichenpredigten, die er anlässlich der Bestattung des Kurfürsten Friedrich dem Weisen 1525 und 1532 zum Tod Johann von Sachsens hielt, in 1Thess 4,13 und Sir 38,16–24 ein Nebeneinander, mithin ein Zugleich von maßvoller, der christlichen Lehre angemessener Trauer und der Einwilligung in die Trosterfahrung erkennt, pendeln auch die lutherischen Leichenpredigten des Barockzeitalters immer wieder zwischen *lamentatio* und *conso-*

---

152 Vgl. WA BR 11,76,10f. und WA BR 8, 485,7–11.
153 WA BR 11,76,10f.
154 WA BR 8,485,10–12.
155 Aurelius Augustinus: Sermo 173, 3. In: Ders.: Opera Omnia. Bd. 5. Ed. Novissima, Emendata et Auctior, acc. Jacques Paul Migne. Paris 1865 (Patrologiae cursus completus. Series Latina 38), Sp. 939.
156 Ders.: Sermo 172, 1, 1. In: Ebd., Sp. 936.
157 WA 17/1,202,11–14 (Erste Predigt, gehalten bei der Bestattung Kurfürst Friedrich des Weisen 1525).

latio. So willigt Christian Engel in die Trauer der in der Kirche Versammelten ein, indem er sagt:

> Wir alle haben deßwegen mit jhnen sampt vnd sonders nicht allein ein hertzliches Mitleiden/ nach der anweisung S. Pauli Rom. 12. Sondern [...] haben Uhrsach bitterlich zu weinen vnd hertzlich betrübt zu sein. Syr. 38.[158]

Das Erkennen und Aufgreifen der Trauererfahrung bereitet die *consolatio* seiner Predigt vor.[159] Ähnlich nutzt Michael Hetzenraht (1. H. 17. Jhd.) das Zusammenspiel von Trauer und Trost, wenn er sagt: »Djs exempel lehret/ daß man den betrübten sol trost zusprechen/ Syr. 7. Laß den betrübten nit ohne trost/ 1. Thess. 5. Tröstet die kleinmütige/ traget die Schwachen.«[160] Hierhin verortet der Prediger auch Sir 38,17: »Wann einer stirbt/ so beweine vnd klage jhn/ etc. vnd tröste dich auch wider.«[161] Wie Jacob über den Tod Rahels ohne Zweifel sehr betrübt und bekümmert gewesen sei, aber »in seinem trauren maß vnd bescheidenheit hat wissen zu halten«,[162] solle der Trauernde Maß halten, damit die Trauer im Menschen nicht »nimis vivax«[163] und ihn überwältigend aufsteigt.

Katholische Leichenprediger argumentieren ebenfalls mit den genannten Schriftbelegen. So etwa Johann Hesselbach (1580–1668):[164]

> Diesem löblichen Exempel der Eltesten sollen wir auch folgen/ vnnd die betrübten trösten/ dann Syrach spricht: Laß die Weinenten nicht ohne Trost/ klag vnd trawere mit den Trawrigen. Vnd S. Paulus schreibt: Tröstet die Kleinmütigen.[165]

Allerdings deutet Hesselbach die wichtige Stelle 1 Thess 4,13 in seiner Auslegung anders als Augustinus und die lutherischen Leichenprediger: »Zum andern [...] sollen gedencken/ das alles vergebens/ wann sie sich vmb jhre Kinder zu todt

---

158 Christian Engel: LP auf Catharina von Krosick 1662, fol. A 2r. Zu Röm 12,15 und dem »weisen Mann Syrach« siehe auch Heinrich Wiedeburg: LP auf Margaretha Heil (gest. 1630), fol. A 4r: »Laß die Weinenden nicht ohne Trost/ Sondern trawre mit den Trawrigen/ Welches auch der heilige Apostel Paulus wiederholet/ vnnd sagt: weinet mit den Weinenden. Vnnd solches wird auch die rechte ohngeferbte Christliche Liebe [...] mit sich bringen.«

159 Vgl. ebd., fol. A 3v.

160 Michael Hetzenraht: LP auf Christine Wilhelmi 1623, S. 11.

161 Ebd., fol. C 1v.

162 Ebd.

163 WA BR 11,114,22 (Brief an Andreas Osiander 1545).

164 Vgl. DBA I 529,441; III 389,331.

165 Johann Hesselbach: Leichpostill Auff allerley Ständt vnnd Zufäll der Verstorbenen Personen gericht. Das ist: Außlegung vnd Erklärung etlicher Sprüch vnnd Historien H. Göttlicher Schrifft/ nach der alten Catholischen Römischen Kirchen vnd der H. Vätter Lehr vnd Meynung/ welche bey den Begräbnussen vnnd Besingnussen [...] von den Predigern sehr nutzlich können proponirt, vnd von dem Volck betrachtet werden [...]. Würzburg 1628, S. 413.

gremeten [...].«[166] Hier klingt eine in katholischen Leichenpredigten häufig aufzuspürende negative Haltung gegenüber der Trauer an, die – auch im scheinbaren Gegensatz zu der geäußerten Natürlichkeit der Trauer – die Mahnung zum Maß in die Schöpfungsordnung des Menschen hineinstellt. Zwar könne der Mensch seine natürliche Veranlagung, seine *passiones*, nicht gänzlich unterdrücken, seine Vernunft aber soll den Affekt zumindest partiell bewältigen, dass der Mensch sich nicht »zu todt gremt«. Daher können katholische Leichenprediger die Trauer nicht nur als unnütz bezeichnen, da sie den Toten nicht zurückholen könne.[167] Vielmehr schade sie auch den Lebenden, da sie Leib und Seele zerstöre, ja sogar zum Tod führe.[168] Als wichtiger theologischer Lehrer, der große Bedeutung für die Trostliteratur der Frühen Neuzeit bekommen sollte,[169] mahnt schon Johannes Gerson (1363–1429)[170] um 1400 in seiner Schrift *Traité de consolation sur la mort de ses amis* vor der schädlichen Wirkung der Trauer:

> La septieme consideration est du domage que faipleur et tristesse a la personne qui l'a; car c'est une chose qui naturellement corrumpt la sante d'un chascun et corporelle et espirituelle, et aucuneffois donne la mort. Pourquoy dit le saige: ›plusueurs sont mors par tristesse . . .‹ (Eccli. 30,25).[171]

Einer der wichtigsten jesuitischen Exegeten des Barock, Cornelius a Lapide, überschreibt seine Auslegung von Sir 38,16–24 mit den Worten *De luctu mortuorum moderando, et cauenda tristitia.*[172] Zunächst geht der Theologe kurz darauf ein, dass der Tod von Eltern, Verwandten oder Freunden laut zu beweinen sei, schließlich kämen sie nie wieder zurück in dieses Leben. Damit stellt sich der Exeget gegen den »empfindungslosen« Apathiebegriff der Stoiker.[173] Das Ideal der Apathie bedeutete ein Freisein von Beunruhigung, mithin ein affektfreies

---

166 Ebd., S. 415.

167 Vgl. ebd., S. 414.

168 Vgl. ebd., S. 415.

169 Zu Gerson siehe Christoph Burger: Art. Gerson, Johannes. In: Theologische Raelenzyklopädie 12 (1984), S. 532–538; Bernd Moeller: Frömmigkeit in Deutschland um 1500. In: Archiv für Reformationsgeschichte 56 (1965), S. 5–31. Zu Gersons Trost in Anfechtung siehe Ute Mennecke-Haustein: Luthers Trostbriefe. Gütersloh 1989 (Quellen und Forschungen zur Reformationsgeschichte 56), S. 141–160.

170 Vgl. zu Gerson auch Herbert Kraume: Art. Gerson, Johannes. In: VL 2 (1980), Sp. 1266–1274.

171 Johannes Gerson: Consolation sur la mort des amis. In: Ders.: Oeuvres complètes. Bd. 7,1: L'oeuvre francaise. Introduction, texte et notes par Mgr. Glorieux. Paris 1966, Nr. 312, hier 320.

172 Cornelius a Lapide: Ecclesiasticvs Iesv Filii Sirach. Illvstratvs Accvrato Commentario [...]. Lyon 1633, Pars II. Commentarij in Ecclesiasticum. Cap. XXXVIII, Tertia Pars Capitis, S. 309–315.

173 Ebd., S. 310: »Soici insensiles«.

»Unbeeindrucktsein durch das Äusserliche«.[174] A Lapide schließt sich in seinem Kommentar den schon früh geäußerten Einwänden gegen die stoische Apathie an. So bemängelt Laktanz diese »inhumana virtus«, da sie in der Vorstellung einer mitleidlosen Seele die Gemeinschaft der Menschen bedrohe.[175] Daran schließt sich die christliche Kritik am Apathieideal an, wie sie etwa Augustinus oder Thomas von Aquin äußern: Das Abtöten jeglicher Gefühle mache den Menschen kalt und in sich verschlossen.[176] Cornelius a Lapide stellt dagegen dar, dass schon immer der Tod einer geliebten Person beweint und beklagt wurde, wie er mit den biblischen Vorbildern Abraham, Jacob und Joseph sowie der Trauer Augustinus' um seine Mutter zu beweisen sucht: »Hunc enim planctum exegit communis fidelium humanitas, pietas et charitas.«[177] An mehreren Stellen greift er auf einen Trostbrief des Paulinus von Nola († 431)[178] zurück, den dieser dem trauernden Pammachius sandte.[179] Auch Paulinus lobe die Tränen der Liebe Abrahams (vgl. Gen 23,2), die Tränen der Vaterliebe, die Joseph vergoss (vgl. Gen 50,1) und die Tränen Davids (vgl. Ps 6,7).[180] So seien auch die Tränen der Trauernden »sanctae et piae«, wenn sie aus Liebe vergossen würden.[181] Mit den Versen Sir 38,17f. (›Propter delaturam amare fer luctum illius uno die et consolare propter tristitiam, et fac luctum secundum meritum ejus uno die, vel duobus, propter detractionem‹) kommt Cornelius a Lapide auf das rechte Maß der Trauer zu sprechen. Demnach sei es die christliche Auferstehungshoffnung, die eine übermäßige Trauer verbiete, wie Paulus in 1 Thess 4 warne.[182] Doch lässt der Exeget hier die wichtige und von Augustinus herausgestellte Einschränkung des Apostels außer Acht, der zufolge die Trauer im Vergleich zu denen, die keine Hoffnung haben, thematisiert wird. Auch die abschließende Aufforderung

---

174 Stefan Dienstbeck: Die Theologie der Stoa. Berlin 2015 (Theologische Bibliothek Töpelmann 173), S. 262.

175 Lucius Caelius Firmianus Lactantius: Diuinarum Institutionum, lib. VI, 10, 11. In: Ders.: Opera Omnia. Rec. Samuel Brandt et Georg von Laubmann. Pars I. Wien 1890 (Corpus Scriptorum ecclesiasticorum Latinorum 19), S. 516.

176 Zu Thomas siehe Klaus Held: Idee einer Phänomenologie der Hoffnung. In: Interdisziplinäre Perspektiven der Phänomenologie. Neue Felder der Kooperation: Cognitive Science, Neurowissenschaften, Psychologie, Soziologie, Politikwissenschaft und Religionswissenschaft. Hrsg. v. Dieter Lohmar u. Dirk Fonfara. Dordrecht 2006 (Phaenomenologica 177), S. 126–141, hier S. 138; Zu Augustinus siehe Catherine Newmark: Passion – Affekt – Gefühl. Philosophische Theorien der Emotionen zwischen Aristoteles und Kant. Hamburg 2008 (Paradeigmata 29).

177 Cornelius a Lapide: *Ecclesiasticvs Iesv Filii Sirach* 1633, S. 310.

178 Vgl. DBA 289,348–356.

179 Zu den Briefen siehe Paulinus von Nola: Epistulae. Briefe. Übers. u. eingel. v. Matthias Skeb. 3 Bde. Freiburg im Breisgau [u. a.] 1998 (Fontes Christiani 25). Zu Pammachius siehe Bd. 1, S. 6f. Brief abgedruckt ebd. S. 300–355.

180 Vgl. Cornelius a Lapide: *Ecclesiasticvs Iesv Filii Sirach* 1633, S. 310.

181 Ebd.

182 Ebd., S. 311.

Paulus' an die Gemeinde, mit dieser Hoffnung zu trösten (Vers 18), erwähnt Cornelius a Lapide nicht: dabei belegen sie doch gerade ein Dasein von Trauer, ja sie würdigen die Trauer sogar. Dagegen zitiert der Jesuit erneut den Trostbrief an Pammachius:

> et scriptura divina, quae producere nos lacrimas quasi evaporando dolore permittit, terminos quoque designato praescribit tempore, cum dicit amaritudinem luctus uno ferendam die.[183]

Zwar gestatte die Heilige Schrift Tränen als Ausguss des Trauerschmerzes, doch müsse die Bitterkeit der Trauer nur kurz ertragen werden, so Paulinus von Nola. Die Wortwahl des *consolator* stellt eine Trauer vor Augen, die weder zum Menschen gehörig, noch sonderlich positiv erscheint. Dies begründet er und mit ihm Cornelius a Lapide anschließend in der Schwäche des Menschen (*infirmitas*) und seiner Gebrechlichkeit (*fragilitas*).[184] Der Kommentar des jesuitischen Theologen scheint an dieser Stelle einen Unterschied zwischen den Tränen als äußeren und sichtbaren, jedoch vorübergehenden Zeichen und der Trauer als Erfahrung des Menschen zu machen, worauf später noch einmal eingegangen wird.

Im darauf folgenden Absatz kommt der Exeget mit Sir 38,19 ausführlich auf die Gefahren der Trauer zu sprechen: Sie sei überwältigend und kraftraubend und werfe den Menschen in Krankheit, Schwäche und Dummheit.[185] Dass die Trauer sowohl seelische als körperliche Kräfte des Menschen niederringe, wird mit der Humoralpathologie begründet: »vita est in calido et humido: at tristitia frigida est et sicca«.[186] Die diesem Modell zugrundeliegenden und die Schriften des *Corpus Hippocraticum* zusammenfassenden Lehren des griechischen Arztes und Anatomen Galenos von Pergamon sahen das ausgewogene, individuell unterschiedliche Verhältnis der vier Körpersäfte (Blut, gelbe Galle, schwarze Galle und Schleim) als Grundvoraussetzung für die *sanitas*. Jeder dieser Säfte entsprach zwei der vier Elementarqualitäten kalt, warm, trocken und feucht und einem der vier Elemente Feuer, Erde, Wasser und Luft.[187] Die vier *humores* wurden außerdem für das äußere Erscheinungsbild und den Charakter des Menschen verantwortlich gemacht.[188] Das Zusammenspiel von menschlicher

---

183 Ebd.
184 Ebd.
185 Vgl. ebd., S. 312.
186 Ebd.
187 Vgl. Wolfgang U. Eckart: Geschichte der Medizin. Fakten, Konzepte, Haltungen. Heidelberg ⁶2009 (Springer-Lehrbuch o. Nr.), S. 45. Für die Deutungen und Wahrnehmungen der Säftelehre siehe auch Michael Stolberg: Homo patiens. Krankheits- und Körpererfahrung in der Frühen Neuzeit. Köln 2003.
188 Vgl. Wolfgang U. Eckart: *Geschichte der Medizin* 2009, S. 45. So hatte der Choleriker ein

Physiologie, Wesensart und Habitus ermöglichte ein allumfassendes Körper- und Krankheitskonzept, dass die inneren sowie äußeren Umstände des Leibes einbezog. Solcherlei Vorstellungen des menschlichen Körpers, der von einem Strömen und Fließen der Säfte im Körper und über seine Grenzen hinweg geprägt ist, werden von den Leichenpredigten beider Konfessionen aufgegriffen, um die Trauer- und Schmerzerfahrung zu versprachlichen. Die Verse Sir 38,21f. fasst Cornelius a Lapide dann recht kurz zusammen, wenn er schreibt, da man nun einmal mit der Trauer nichts gegen den Tod machen könne, sei es nur richtig, das Herz vor der Traurigkeit zu schützen, die letztlich alle Kräfte absorbiere.[189]

Übermäßiges Trauern ist nutzlos und gefährlich, gegen Gottes Ratschluss (vgl. Hiob 1,21) und dem christlichen Glauben angesichts der Auferstehungshoffnung unangemessen, so ließe sich die Kritik katholischer Leichenpredigten und exegetischer Kommentare zuspitzen. Dass in einem spannungsreichem Gegensatz dazu zutiefst pathetische, panegyrische *lamentatio*-Passagen das Bild der katholischen Leichenpredigten prägen, lässt sich nicht allein durch unterschiedliche geistig-geistliche Strömungen der Zeit, von »stoisch-humanistischer Verurteilung, Geringschätzung und Negierung der Trauer einerseits und ihrer letztlich in augustinischer Tradition stehenden Rechtfertigung andererseits«,[190] erklären. Auch ist es die gattungsgeschichtliche Entwicklung, auf die bereits eingegangen wurde, die eben dieses Nebeneinander von Klage – allerdings bezogen auf den Toten und selten auf die Trauernden – und Trost im Sinne einer *concessio doloris* in der Leichenpredigt vereint.

In dieser Wertung der Trauer katholischer Theologen wird ein von der lutherischen Sicht differierendes Bild des Menschen deutlich. In einer psychologischen Ordnung, die unter dem Dach des Glaubens als theologische Tugend dem Affekt die *ratio* überordnet, wird der Affekt als niedere körperlich-sinnliche Strebekraft abgewertet. Die *ratio* kann, durch die Hilfe der Leichenpredigten und ihrer Argumente des Trostes und der Vernunft, den aufbegehrenden Affekt überwinden, mithin ihn gleichsam wie eine Krankheit beseitigen.[191] Darin gründet auch die Spannung zwischen der Trauer als ein der *natura* des Menschen entspringender Affekt und der Freude im Sinne des Glaubens, mithin eine Spannung von *natura* und *fides*. Diesen Widerstreit von Freude und Trauer kennt auch die lutherische Anthropologie, die ähnlich den Affekt der Trauer dem *homo exterior*, die Freude im Sinne von Trost dem *homo interior* zuordnet.[192]

Übermaß an gelber Galle, der Melancholiker an schwarzer Galle, der Sanguiniker an Blut und bei dem Phlegmatiker überwog der Schleim.

189 Vgl. Cornelius a Lapide: *Ecclesiasticvs Iesv Filii Sirach* 1633, S. 313.
190 Ute Mennecke-Haustein: *Luthers Trostbriefe* 1989, S. 112.
191 Vgl. ebd., S. 134.
192 Vgl. Martin Geier: LP auf Rachel von Rechenberg (gest. 1677), S. 37: »Schmäckt es gleich

Doch ist die Differenz innerer, geistlicher Mensch und äußerer, natürlicher Mensch mit jener Unterscheidung von *fides* und *natura* nicht gleichzusetzen: Die lutherische Unterscheidung sieht den ganzen Menschen, sein körperliches und geistliches Wesen, einmal in seinem kreatürlichen Sein *coram mundo*, einmal in seiner geistlichen Existenz *coram Deo*.[193] Die Trauer entspringt demnach dem leiblichen Geschöpf Mensch, das er auch als Glaubender ist.[194] Der Mensch kann also, in der Sphäre des Äußerlichen Trauer empfinden und zugleich, als geistlicher Mensch, Trost empfangen. Luther formuliert dies folgendermaßen:

> [...] daß solches nicht sollte dem alten Adam wehe tun, ist nicht müglich; er läßt sich auch in dem nicht trösten, er ist zu schwach, den Puff zu vertragen; aber der inwendige Mensch findet noch Trost und Arznei, daß er sich labe und stärke [...].[195]

In dieser Sicht gründet auch die lutherische Affektenlehre: Die Affekte sind, in der Veränderten Einschätzung der menschlichen *natura*, Medien der »geistlichen Erfahrung und des geistlichen Lebens«[196] und damit auch der Trauer- und Trosterfahrung. Der Affekt macht das Erkannte – den Trost – erst lebendig und applizierbar, er ist Voraussetzung für das Wachstum des *affectus fidei*, der sich wiederum aus der Trostannahme entwickeln kann.[197]

Auch lutherische Theologen suchen die schwierige Gleichzeitigkeit von Trauer und Trost in dem Gedanken des Maßhaltens aufzulösen. In seinem *Spiegel Christlicher HaußZucht Jesus Sirachs* bezieht sich der Jenaer Diakon Jakob Stöcker in einer Predigt auf Sir 38,16–25.[198] Entgegen der Auslegung des jesuitischen Exegeten versteht sich Stöckers Erklärung nicht als Beitrag zur wissenschaftlichen Debatte. Vielmehr lobt Stöcker den praktischen Nutzen

---

herbe und widerwärtig/ folget auch gleich ein zimlich grummen drauf/ der alte Adam windet sich [...].«

193 Vgl. dazu etwa Reinhold Gallinat: Der »natürliche Mensch« nach Luther. In Lutherjahrbuch 42 (1975), S. 33–51; Eberhard Jüngel: Exkurs »Innerer Mensch«. In: Ders.: Zur Freiheit eines Christenmenschen. München 1978, S. 116–120.

194 Vgl. Ute Mennecke-Haustein: *Luthers Trostbriefe* 1989, S. 32f.

195 WA BR 3,497,10–13 (Brief an Herzog Johann Friedrich 1525).

196 Karl-Heinz zur Mühlen: Art. Affekt. In: Theologische Realenzyklopädie 1 (1977), S. 598–612, hier S. 606.

197 Vgl. Johann Anselm Steiger: Christus pictor. Der Gekreuzigte auf Golgatha als Bilder schaffendes Bild. Zur Entzifferung der Kreuzigungserzählung bei Luther und im barocken Luthertum sowie deren medientheoretischen Implikationen. In: Golgatha in den Konfessionen und Medien der Frühen Neuzeit. Hrsg. v. dems. u. Ulrich Heinen. Berlin [u. a.] 2010 (Arbeiten zur Kirchengeschichte 113), S. 93–127, hier S. 104.

198 Jakob Stöcker: Spiegel Christlicher HaußZucht Jesus Sirachs des heiligen vnd weisen Lehrers/ Darinnen alle gottselige Bürger vnnd Hausgenossen Gottes/ in welchem Beruff/ Orden/ oder Stande die leben/ sich zu ersehen/ wie sie sich gegen Gott/ Gottes Wort/ Priestern/ Eltern/ Ehegemahl/ Kindern [...] vnd jederman verhalten sollen. Jn hundert vnd ein vnd siebentzig Predigten erkleret vnd ausgelegt/ in der Stadtkirchen zu Jehna [...]. Jena 1616, Bl. 389r–391v.

dieser apokryphen Schrift, wie Luther ihn in seiner Vorrede zum Buch Sirach beschreibt:[199]

> Es ist ein nuetzlich buch, fur den gemeinen man, Denn auch alle sein vleis ist, das er einen burger odder hausuater Gottfuerchtig, from vnd klug mache, wie er sich gegen Gott, Gotts wort, Priestern, Eltern, weib, kindern, eigen leib, gueter, knechten, nachbarn, freunden, feinden, oeberkeit vnd jederman, halten sol, das mans wol mocht nennen, Ein buch von der Hauszucht, odder von tugenden eines fromen haus herrn, welchs auch die rechte geistliche zucht ist vnd heissen solt.[200]

Sirach lehre, den Tod des Nächsten »bitterlich« zu beweinen und zu beklagen.[201] Daher, so Stöcker, sei es die »Liebe in deinem Hertzen«, die »dich selber lehren [wird] wie du trawren solt«.[202] Ähnlich wie schon Luther sieht Stöcker die Gefahr der Trauer darin, dass sie den Menschen überfällt und geradezu erstickt.[203] Darin findet sich der eigentliche Kern des genuin lutherischen Gedanken, in der Trauer müsse Maß gehalten werden: Über die Schwächung des Affektes hinaus mahnen sie, auch im kreatürlichen Schmerz die geistliche Existenz im Glauben an Gott zu bewahren. Dieser Glaube kann, so Luther, dann schon tröstlich sein, mithin durch die Heilige Schrift erfahrbar werden: »da er allenthalben in der Schrift uns sagen läßt, es sei nicht Zorn, sondern eitel Gnade«.[204]

3.   Die Sprache der Trauer

Die Leichenpredigten beider Konfessionen können innerhalb verschiedener Konzeptualisierungen die Trauer als einen Resonanzraum nutzen, der sich über den Wirkungskatalog von *lamentatio*, *laudatio* und *consolatio* sowohl dem trauernden Subjekt als auch dem Verstorbenen zuwendet. Dabei nutzen die Theologen Topoi, die zunächst eng verwandt scheinen und einen gemeinsamen Sprachraum nahe legen. Die Trauer über den Verlust eines geliebten Menschen wird von den Predigern konfessionsübergreifend als ›Schmerz‹ beschrieben. Es ist besonders die Schilderung des verletzten trauernden Körpers, mithin der metaphorische Gebrauch einer Wunde, in welcher die Erfahrung mit Tod und Trauer formuliert wird. Der Tod verursacht »ein grosses Hertzenleid/ und druckt

---

199 Vgl. ebd., fol. B 2r.
200 WA DB 12,146,16–22 (Vorrede auff das Buch Jesu Syrach 1545).
201 Jakob Stöcker: *Spiegel Christlicher HaußZucht* 1616, Bl. 390r.
202 Ebd., Bl. 391r.
203 Vgl. ebd. In seiner dritten Psalmenvorlesung zu Ps 90 betont Luther, dass Menschen angesichts des Todes in Trauer und Schrecken verfallen. Allerdings sei es wichtig, sich nicht in dieser Anfechtung zu verlieren. Vgl. WA 40/III 539, bes. 24–27 (Enarratio Psalmi XC 1534/35).
204 WA BR 7,399,16–19 (Brief an Hans Reineck 1536).

ihnen eine tiefe Wunden in ihr Hertz«,[205] schreibt der katholische Theologe und Predigtschriftsteller Johann Lorenz Helbig und der Lutheraner Joachim Hildebrand lässt eine Witwe in der Parallelisierung mit Hiob selbst sprechen:

> Gott/ der mich mit seinen Schützen hatte ümgeben/ hat/ in dem er Sie von meiner Seiten gerissen/ mir eine Wunde über die andere gemacht/ eine Hertzwunde [...]. Wunden thun wehe am Leibe und schmertzen/ noch mehr aber die Hertz=Wunden an der Seelen.[206]

Diese Zeilen des Superintendenten Hildebrand erheben den ganzen Körper zum Raum des Ausdrucks der Trauer. Der Leib schmerzt ebenso wie die Seele. Die Trauer ist demnach ein Schmerz, der den ganzen Menschen in seiner leiblich-seelischen Einheit bedrückt, wenngleich die geistlich-innere Wunde schwerer auf dem Menschen laste. Dass die Trauer den ganzen Menschen einhüllt, formuliert auch Helbig, wenn er die Trauer Jacobs um Joseph in einem breiten Spektrum von Körperzeichen aufzeigt: »was hat er nicht für traurige Gestalt und Minen gemacht? [...] seine Augen gen Himmel erhoben/ seine Hände gewunden/ die helle Thränen vergossen [...] seine Trauer=Kleider angelegt [...].«[207] Nahezu plastisch zugespitzt geht die Trostschrift Caspar Hermann Sandhagens, die der Leichenpredigt Hildebrands beigegeben ist, auf den Trauerschmerz ein:

> So hat denn Gott wiederum dero Eingeweide durchsuchet/ und einen Theil davon hinweg gerissen/ und zwar zu der Zeit/ da die grosse Wunde/ so Sie durch den Tod ihres sel. Eheherren entfangen/ noch nicht einmahl ihre gantze Narbe gekriegt hatte.[208]

Auch der Lutheraner Jacob Hahn (1659–1699), der 1680 eine Leichenpredigt auf Anna Dorothea von Borstel hält, stellt die Trauer geradezu in sich bewegenden, lebendig-anatomischen Bildern vor Augen:

> Die Alten haben eine solche wohlgerathene Ehe=Zertrennung zu nennen pflegen eine Hertz=zerschneidung/ damit anzuzeigen/ wie es ohne sondere hefftige Schmertzen nicht könte abgehen/ wenn einem sein Hertz solte entzwey geschnitten werden/ also daß ein Theil blutig auff der Erden fiele/ das ander aber blutig im Leibe bliebe; also konte es ohne hefftigen Schmertzen auch nicht abgehen/ wenn zweene Christliche Ehegatten/ so sich hertzlich geliebet/ und ein Hertz in zweyer Leiber gewesen/ durch den zeitlichen Tod getrennet würde/ also daß ein Theil auff der Erden bliebe/ das andere Theil unter der Erden verscharret würde.[209]

---

205 Johann Lorenz Helbig: *Traurige Gedancken* 1704, S. 484.
206 Joachim Hildebrand: LP auf Salentin Justus Nikolaus Sinold gen. Schütz 1681, fol. B 1r.
207 Johann Lorenz Helbig: *Traurige Gedancken* 1704, S. 482.
208 Caspar Hermann Sandhagen: Trostschrift. In: Joachim Hildebrand: LP auf Salentin Justus Nikolaus Sinold gen. Schütz 1681, fol. K 1r.
209 Jacob Hahn: LP auf Anna Dorothea von Borstel (gest. 1680), fol. B 1v/B 2r.

1661 veröffentlicht der Zittauer Pfarrer Michael von Lanckisch (1620–1674)[210] eine Monographie zu Verlobungs- und Hochzeitsbräuchen, welche die Trauer von Witwern und Witwen ebenfalls innerhalb des Topos von Eheleuten als ein Herz beschreibt:

> Wie fest aber die Göttliche Majestät dieses Eheband verknotet und verknüpffet/ so findet sich dennoch ein Mittel/ dadurch dieses zerrissen wird: Dieses geschicht nu lethi telo, durch des Todes Pfeil und Sense/ welcher [...] Eheleute [...] trennet/ daher wird solche bittere Trennung [...] eine Zerschneidung zweyer Herzen genennet/ da ein Theil getödtet/ das andere halbe aber zwar lebend doch Schmerz-fühlend und gleichsam blutend gelassen wird.[211]

Über die konfessionellen Grenzen hinweg nutzen die Leichenprediger dieses Bild, um ihre Ausführungen zu illustrieren. Der Katholik Helbig bezieht sich zunächst auf 1 Kor 11,3 (›volo autem vos scire quod omnis viri caput Christus est caput autem mulieris vir caput vero Christi Deus‹). Demnach verliere eine Frau ihr Leben, wenn ihr Mann stirbt: »Drum wundre nicht/ wann mit dem Mann auch stirbt das Weib/ Dann niemand leben kan/ wann sein Haupt ist vom Leib.«[212] Weiter spielt Helbig auf Gen 2,23 an, wenn er sagt, das »Weib ist aus einer Ripp des Mannes/ welche dem Hertzen nahe ist/ erschaffen worden«, so dass die Frau das Herz des Mannes »seyn solle«.[213] Lebensfähig sei der Mensch nur in der Einheit beider Glieder.[214] Auch der Lutheraner Tilemann Dürr bezieht sich auf den Genesis-Schöpfungsbericht[215] und nutzt daneben Eph 5,23 (›Denn der Man ist des Weibes heubt/ Gleich wie auch Christus das Heubt ist der Gemeine/ vnd er ist seines leibes Heiland‹) und Mal 2,14 (›Vnd so sprecht jr/ Warumb das? Darumb/ das der Herr zwischen dir vnd dem Weib deiner Jugent gezeuget hat/ die du verachtest/ So sie doch deine Gesellin/ vnd ein weib deines Bunds ist‹), um die enge Verbindung von Ehegatten aufzuzeigen und die Trauer zu rechtfertigen. Die Trauer Jacobs um Rahel beweise, dass der Tod eines Herzensteils das größte Leid verursache, denn, so »heist es recht«:[216]

> Es ist kein grösser Schmertzen
> Als wann zwey treue Hertzen

---

210 Vgl. DBA I 740,188–192.

211 Michael von Lanckisch: Neupolierter Mahl=Schatz/ Das ist: Außführliche und Nüzliche Betrachtung des Mahlschazzes/ Welchen verlobte Personen einander vor= bey= oder nach dem Verlöbnüsse zu reichen pflegen [...] Mit sondern Fleisse Aus Gottes Worte/ alter und neuer Kirchen=Lehrer/ auch Politic: Philolog: und Philosophorum Schriften/ zugleich mit allerhand Historien/ Denk=Sprüchen/ Sinn=Bildern/ Reimen und nachdenklichen Reden und Lehren/ ausgearbeitet [...]. Bautzen, Dresden 1661, S. 741.

212 Johann Lorenz Helbig: *Traurige Gedancken* 1704, S. 414.

213 Ebd.

214 Vgl ebd.

215 Vgl. Tilemann Dürr: LP auf Maria Oesterhelt Finck (gest. 1665), fol A 2r.

216 Ebd., fol A 2v.

Allhier auff dieser Erden
Müssen getrennet werden.[217]

Hier wird ein Trauerbild deutlich, das den Menschen als Ganzes einschließt und diese Konstitution zum Ort der Trauer und der seelsorglichen Absicht erhebt. Auch Jakob Stöcker zeigt in seiner Erklärung von Sir 38 diese Einheit auf, wenn er mit Bezug auf Sir 30 die Gesundheit des Leibes als einen auch in der Schwere der Trauer zu wahrenden Schatz erkennt.[218] Der jesuitische Exeget Cornelius a Lapide weist, ausführlicher als Stöckel dies tut, in der oben genannten Auslegung auf die den Körper schwächenden Kräfte der Trauer hin. Die Gefahr bestehe demnach darin, dass ein an Leib und Seele geschwächter Körper nur schwerlich durch »attentione et diligentia« die Trauer dämpfen, letztlich also der Verstand nicht über den Affekt siegen könne.[219] Das Leiden des ganzen Körpers stellt auch Heinrich Ernst Fischhaupt vor Augen, wenn er den Verlust eines Kindes mit dem Abschneiden eines Fingers vergleicht und der Tod einer Ehefrau im Horizont von Gen 2,23 gar »eine Ribbe auß der Seiten/ ja die Halbscheit des Hertzens hinweg« reiße.[220]

Das Sprechen über die Trauer, mithin das Einfangen der zutiefst persönlichen Erfahrung scheint, so legt es die Verwendung der sprachlichen Bilder nahe, auch einem rhetorisch geschickten Prediger nicht leicht zu fallen. Entzieht sich der Trauerschmerz den Möglichkeiten einer beschreibenden Darstellung, so ist der Prediger auf eine metaphorische Schmerzvermittlung durch Bilder der Wunde und des blutenden Herzens, also auf die Ausdruckskraft des menschlichen Körpers angewiesen.[221]

Allein wer weiß/ wo einen der Schuh drücke/ als der in anhat? Sie wird manches gefühlet haben/ welches Jhr und Jch nicht wißen. Auch ein kleines Sand=Körnlein in einen Schuh mag einem ungewohnten Fuß des Wanderers große Beschwerlichkeit machen. Jch weiß eben dergleichen nicht zuerzehlen [...] Jch weiß nichts dazu zusagen [...].[222]

Das Verstummen der Zunge in der Trauer und das Unaussprechliche angesichts der Erfahrung mit dem Tod, ist nicht nur ein in den Leichenpredigten verarbeitetes Motiv. Besonders die barocke Casuallyrik verarbeitet den Widerspruch zwischen Schweigen und Sprechen-Müssen. Dies wird auch in Lehrbüchern der

---

217 Ebd.
218 Jakob Stöcker: *Spiegel Christlicher HaußZucht* 1616, Bl. 389r.
219 Cornelius a Lapide: *Ecclesiasticvs Iesv Filii Sirach* 1633, S. 312.
220 Heinrich Ernst Fischhaupt: LP auf Anna Sophia von Münchhausen (gest. 1696), fol. B 2r.
221 Vgl. dazu auch Hiob 6,2f.: ›Wenn man doch meinen Kummer wägen und mein Leiden zugleich auf die Waage legen wollte! Denn nun ist es schwerer als Sand am Meer; darum sind meine Worte noch unbedacht.‹ Hiob ist angesichts der Schwere seines Leides geradezu sprachlos und findet in dieser metaphorischen Überbietung zurück zur Sprache.
222 Johann Schmauß: LP auf Maria Rosina von Waldeck 1687, S. 29.

Poetik reflektiert, etwa bei Julius Caesar Scaliger (1484–1558):[223] »Quomodo nobis dicendum simul et silendum? Hoc dolor, illud officium, utrumque defuncti virtus persuadet«.[224] Dass über die Mediengrenzen hinweg Motive und Topoi genutzt werden, verweist auf den großen Einfluss von Rhetorik und Poetik auf die Produktion von Leichenpredigten und Epicedien[225] und mehr noch lässt die Verwendung von gemeinsamen Motiven die Verwandtschaft und Abhängigkeit zwischen den einzelnen Gattungen der Casualschriften, der *consolatio*-Literatur und der literarischen Genera der Funeralrhetorik deutlich werden. Ein *Trauer-Gedicht* für Susanna Magdalena Martini etwa eröffnet die *lamentatio* mit dem spannungsreichen Verhältnis von Sprache und Trauer:

> Was hör ich? ist die todt/ ist die nicht mehr im Leben/
> Die mich auff viele Art selbst als Ihr Kind geschätzt.
> Die meinem liebsten Schatz das Leben hat gegeben?
> Ach! Schmertzens=volle Post! so mir die Seel verletzt.
> Die Feder will nicht fort/ die Dinte will nicht fließen/
> Ein schwartzer Trauer=Dunst umnebelt mein Gemüth/
> Die Thränen wollen sich fast Ströhme-weiß ergiessen.[226]

Auch ein Epicedium von Gottfried Zäh klagt, man höre »hier und dar nichts als ein seufzend Ach«, was der Verfasser in der folgenden Zeile gleich sinnfällig werden lässt: »So muß aus Mund und Aug Ach! Klag/ und Thränen wallen.«[227] Das Widerholen der *exclamatio* »Ach« weist auf die Sprachlosigkeit Zähs angesichts von Tod und Trauer. Ähnlich steigt auch Samuel Sommer in die *lamentatio* seines Trauergedichtes ein, wenn er angesichts der »grossen Schmertzen« seines Herzens, die ihn »gar zu tode quelen« und »entseelen«,

---

223 Vgl. DBA 189,68–69.

224 Julius Caesar Scaliger: Poetices libri septem. Sieben Bücher über die Dichtkunst. Hrsg., übers., eingel. u. erläut. v. Luc Deitz u. Gregor Vogt-Spira. Unter Mitwirk. v. Manfred Fuhrmann. Bd. 3: Buch 3, Kapitel 95–126. Stuttgart-Bad Cannstatt 1995, Kap. 121 (168a).

225 Gegenüber einer solchen dynamischen Beziehung von Rhetorik und Poetik gehen zahlreiche Arbeiten von einer disziplinären Dominanz der Beredsamkeit über die Dichtung aus. Vgl. dazu etwa Joachim Dyck: Ticht-Kunst. Deutsche Barockpoetik und rhetorische Tradition. Tübingen ³1991 (Rhetorik-Forschungen 2); Ludwig Fischer: Gebundene Rede. Dichtung und Rhetorik in der literarischen Theorie des Barock in Deutschland. Tübingen 1968 (Studien zur deutschen Literatur 10); Wilfried Barner: *Barockrhetorik* 1970. Die Beispiele der vorliegenden Arbeit weisen jedoch auf den dynamischen Spielraum, in denen Dichtkunst und Rhetorik angewendet werden. Vgl. dazu einführend Dietmar Till: Affirmation und Subversion. Zum Verhältnis von ›platonischen‹ und ›rhetorischen‹ Elementen in der frühneuzeitlichen Poetik. In: Zeitsprünge. Forschungen zur Frühen Neuzeit 4/3 (2000), S. 181–210.

226 Christian Maximilian Spener: Trauer=Gedicht. In: Heinrich Georg Neuss: LP auf Susanne Magdalena Martini (gest. 1699), fol. E 2r.

227 Gottfried Zäh: Epicedium. In: Johann Baptist Renz: LP auf Adolf Zobel (gest. 1689), S. 54f., hier S. 54.

seiner Sprachlosigkeit dreimal mit einem (an)klagenden »O« Ausdruck verleiht.[228] Das Motiv des Schweigens angesichts Trauer begegnet dem Leser der Leichenpredigt und ihrer Beigaben in verschiedenen Zusammenhängen: Zunächst beteuern Prediger und Dichter selbst von der Trauer dermaßen affiziert zu sein, dass Sprechen unmöglich sei, während jedoch diese Bekundung selbst schon Teil des Sprechens über die Trauer ist.[229] So klagt der Lutheraner Heinrich Ernst Fischhaupt:

> Traurig/ wie ichs gestehen muß/ und es nicht verhelen kann/ bin ich selber vor meine wenige Person/ und beklage diesen Todes=Fall von Grund meines Hertzens.[230]

»Ach mich unglückseeligen Redner! Wie geschicht mir auff gegenwärtig=hoher Trauer-Cantzel? Ich weiß ja nicht/ wer ich seye/ und wie mir seye«,[231] sagt der Augustiner-Eremit Ignaz Ertl, während Matthias Sittard auf die Spannung zwischen nicht Reden-Können und Sprechen-Müssen eingeht, zugleich die *virtus* des Verstorbenen und das *officium* des Predigers selbst vereinend:[232]

> Wiewol ich in disem vnserm/ vnd aller frommen Christen hertzen/ vnd der gantzen Kirchen Jhesu Christi/ gemainem laidt vnd trawren für aigenem betrübnuß schwerlich reden kann/ oder auch gebürlich zu reden waiß […]. Jedoch/ Dieweil wir allsampt Gott dem Herrn/ den gehorsam schuldig/ vnnd vns seinem (allweg gerechten) hailigen willen ergeben […] Vnd ich auch auß erforderung meines obligenden diensts vnd ampts/ in dieser Christlichen versammlung/ der Ordnung nach/ Predigen soll […].[233]

Hier klingt ein Motiv der gesteigerten Trauerrechtfertigung an, das, entgegen des christlichen Maßgedankens, die Empfindung des Schmerzes geradezu verlangt: Die Trauer steht in direktem Verhältnis zur Wertschätzung des Verstorbenen. In diesem Sinne sind auch die folgenden Worte eines jesuitischen Predigers zu verstehen:

> Mein Person belangend/ so offt ich an jhre vilfältig Heroische Tugendten dencke/ so bleibt mir dieser maiste Schmertz vbrig/ daß ich weder jhrer Würdigkeit/ noch meinem Ambt nach genugsamb loben kan […].[234]

Das Paradox des sprechenden Schweigens liegt in einer Problematik begründet, die Heinrich Ernst Fischhaupt folgendermaßen beschreibt: »Ach! meine

---

228 Samuel Sommer: Epicedium. In: Christoph Preunel: LP auf Veronika Sommer (gest. 1658), fol. K 3r/v, hier fol. K 3r.

229 Siehe dazu Elisabeth Reber: *Gefühle nach Maß* 2014, S. 228 f.

230 Heinrich Ernst Fischhaupt: LP auf Anna Sophia von Münchhausen (gest. 1696), fol. B 2v.

231 Iganz Ertl: LP auf Athanasius von Gars 1715, fol. A 4r.

232 Hier zeigt sich schon, worin die Aufgabe des Leichenpredigers besteht: »gebürlich zu reden«.

233 Matthias Sittard: LP auf Ferdinand I. (gest. 1665), fol B 4r/v.

234 Anon.: LP auf Magdalene von Bayern (gest. 1628), S. 3.

Schmertzen sind grösser/ denn ich sie ausreden kann.«[235] Die Darstellung von Trauer und Klage, das In-Worte-Fassen des eigentlich nicht Sagbaren, bringt die Sprache an ihre Grenzen. Trotz der rhetorischen Bemühungen, die Trauer greifbar zu machen, bleibt doch »der daraus entstandene Schmertzen so groß/ daß/ wenn vnsere Augen Threnen=Quellen weren/ wir nicht genug den Jammer vnd Schmertzen [...] beklagen könten«.[236] Der Trauerschmerz verschließt sich einer sprachlichen Artikulation und verweigert sich einer darstellenden, empirischen Schilderung durch das Medium der Sprache. So kommt der lutherische Prediger Polycarp Leyser schließlich zu der Erkenntnis, der »Jammer ist so viel gewesen / daß man ihn nicht aussprechen mögen«.[237] Die Unmöglichkeit das Leid unmittelbar zu vermitteln ist jedoch nicht Folge eines rhetorischen Versagens. Ganz im Gegenteil, das Beharren auf der *ineffabilitas* der Trauerempfindung ist eine Möglichkeit ihrer Repräsentation innerhalb eines bestimmten Zeichensystems. Das Nicht-Aussprechen-Können des Trauerschmerzes in deskriptiv-kognitiven Darstellungen zeugt selbst schon von der tatsächlichen emotionalen Qualität der Trauer und weist auf die metaphorische Schmerzvermittlung durch Bilder der Wunde, der Waffe und durch die Ausdruckskraft des menschlichen Körpers. Florentius Schilling, der Wiener Barnabit und Vorgänger des großen Abraham a Santa Clara (1644–1709),[238] der in seinem *Catholisch Todten-Gerüst* eine Sammlung von Musterpredigten veröffentlicht, geht auf die auch im Schweigen artikulierte Trauer ein:[239]

Jst etwan unter diesen Hochadelichen Cavalliern der aufgeopfferten Adelichen Iphingeniae Hertzbetrübter Vatter/ welchen der Kunstreiche Timanthes, weilen er dessen gefastes Hertzenleid mit Farben nicht genugsam könnte entwerffen/ mit artlichen Farben das bestürtzte Angesicht/ als mit einem Schleyer verborgen?[240]

Der Tod als heimtückischer Dieb des Lebens überfällt nicht nur den Toten und hüllt ihn in Schweigen, er fällt auch über den Kirchenraum her und lässt die Gemeinde verstummen. Das Selbstverständnis des Predigers, mit der Leiche ein »zucht spiegel/ erinnerung vnd gedenckzaichen für augen«[241] zu stellen, zwingen jedoch zu einer Sprachlichkeit, die aus der Trauer hinaus und in die Stille hinein

---

235 Heinrich Ernst Fischhaupt: LP auf Anna Sophia von Münchhausen (gest. 1696), fol. B 1v.
236 Ebd., fol. B 3r.
237 Polycarp Leyser: LP auf Catharina Behr (gest. 1632), fol. B 2v.
238 Zu Abraham a Sancta Clara vgl. Franz M. Eybl. In: Killy/Kühlmann 1 (2008), S. 10–14.
239 Vgl. dazu etwa Franz M. Eybl: »*Amaradulcis*« 1979; Waldemar Posch: *Biographische Notizen* 1987.
240 Florentius Schilling: *Todten=Gerüst* 1676, S. 97. Siehe dazu Ralf Konersmann: Der Schleier des Timanthes. Perspektiven der historischen Semantik. Frankfurt am Main 1994, bes. S. 13; Claudia Benthien: Barockes Schweigen. Rhetorik und Performativität des Sprachlosen im 17. Jahrhundert. München [u.a.] 2006, S. 284.
241 Matthias Sittard: LP auf Ferdinand I. (gest. 1565), fol. B 4v.

spricht: »Dazu vns dann auch die gegenwertige Leich selbs/ wiewol still-schweigend vnd on rede/ starck ermanet«.[242] Der Beichtvater Kaiser Ferdinands, Matthias Sittard, nutzt den Topos des Verstummens in einer mehrfachen und paradoxen Funktion: Einerseits verknüpft der Prediger Tod und Sterben mit der Sprachlosigkeit und denkt die Fähigkeit zu Sprechen in den Bereich von Leben und Lebendigkeit.[243] Andererseits drückt er auf der affektiven Ebene auch die Trauer durch eine Sprachlosigkeit aus. Die Trauer scheint selbst ihm als Prediger – der sich *per officium* durch Sprachgewalt und Beredsamkeit auszeichnet – das Einholen des Schmerzes in sprachlich verbale Darstellungen zu verbieten. Der Leichenprediger befindet sich folglich in einer schwierigen Situation, sowohl als rhetorisch geschickter Redner, als auch als Prediger. Er will den Kirchenraum in Worte hüllen, die der alltäglichen, aber auch überwältigenden und sprachlos machenden Erfahrung mit Tod und Trauer eine Sprache verleiht und damit die Gemeinde trösten und der rechten Sterbekunst unterweisen. Und er will den Toten lobend ehren und besonders in dieser Leichenpredigt über Hebr 13,14 die Vergänglichkeit irdischen Lebens und diesseitiger Werte vor Augen führen. Im weiteren Verlauf der Leichenpredigt lässt Sittard dann den Toten selbst in einen das Schweigen sprengenden Dialog mit der Gemeinde treten:

> Was ich dir nun sag (mein frommer Christ) dasselb predigt widerumb mir vnd dir die gegenwertige todte Leich/ mit stillschweigender zungen. Sie ist wol ein stummer Pre-diger/ der kain wort redt/ das dir in die ohren klingt/ vnnd dennoch mit nichts reden gewaltiger vnd krefftiger redt/ weder tausent geschwätzige Redner vnd Züngler.[244]

Nicht der Prediger, sondern der verstorbene Kaiser spricht und mahnt »Hodie mihi cras tibi«.[245] Der Tote wird zum verstummten Prediger, der allerdings nicht aus der Vergangenheit, sondern in dem Kirchenraum der Gegenwart mit »stillschweigender zungen« zu der Trauergemeinde spricht. Auch hier lässt Sittard die Grenzen zwischen stumm und beredt, zwischen Jenseits und Dies-seits, besonders aber zwischen absent und präsent verschwimmen.[246]

Mit dem Topos der Unsagbarkeit des Schmerzes begründet sich der Vorrang der Körpersprache beim Trauern. Wenn die Stimme im Leid versagt, verleiht der Körper dem Unsagbaren Ausdruck. Ist die Sprache in der Ohnmacht der Trauer gefangen, sind es die Augen, gen Himmel gewendet, die Hände, empor gestreckt

---

242 Ebd.
243 Vgl. Claudia Benthien: »Itzt nun die Zunge fault«. Der Tod als ›Stumm-Macher‹ in Andreas Gryphius' Lyrik und Trauerspielen. In: Memoria Silesiae. Leben und Tod, Kriegserlebnis und Friedenssehnsucht in der literarischen Kultur des Barock. Zum Gedenken an Marian Szyrocki (1928–1992). Hrsg. v. Mirosława Czarnecka [u.a.]. Wroclaw 2003 (Acta Univer-sitatis Wratislaviensis 2504), S. 227–240, hier S. 230.
244 Matthias Sittard: LP auf Ferdinand I. (gest. 1565), fol. C 2r.
245 Ebd.
246 Vgl. Claudia Benthien: *Barockes Schweigen* 2006, S. 128.

oder der gesamte Körper, auf den Boden nieder gesunken, die für den Mangel der Sprache einstehen.

> Sehet wie euer Frauenzimmer weinent vnd weheklagent herumb stehen/ als wie bleiche vnbewegliche auß Marmor gehauete Bilder/ gleichsam ob hette sie der Schmertz auß Fleisch in bitter schwitzende Stein verwandelt.[247]

Diese Sprachwelt des Michael a Sanctis Angelis (2. H. 17. Jhd.), Prior im Wiener Karmelitenkloster, verwendet, wie ähnlich auch schon Luther, das Motiv des »versteinerten Menschen«. Doch während Luther darin die Natürlichkeit der Trauer erkennt und darauf zur Trauer mahnt, ist es für den katholischen Theologen die Macht der Trauer selbst, die den Menschen zu einem leblosen Stein verwandelt. Der Trauernde ist nicht mehr fühlender und vernünftiger Mensch. Der Gedanke, dass die Trauer den ganzen Menschen, seinen Leib ebenso wie die Seele, betrifft, lässt sich auch über die Leichenpredigten hinaus in weiteren Gattungen, wie medizinischen Traktaten, theologischen Auseinandersetzungen oder seelsorglichen Ratgebern finden. Die Exempelsammlung des italienischen Mediziners und Botanikers Johannes Jacobus Manlius (2. H. 16. Jhd.),[248] die vielerlei »Exempla, Similitudines, Sententiae, Consilia, bellici apparatus, Stratagemata, Historiae, Apologi, Allegoriae« nicht allein aus der Theologie, sondern auch der Rechtsgelehrsamkeit, Medizin und Künste vereint, berichtet, wie die Trauer den Körper dermaßen affiziert, dass das Herz wie ein »dürre bieren« verdorrt.[249] Die lebenswichtige Feuchtigkeit wird durch die Trauer ausgetrocknet, was auch schon Cornelius a Lapide vor dem Hintergrund der Humoralpathologie zu beweisen suchte. Auch der Superintendent Simon Musäus weist in seinem antimelancholischen Traktat auf die Einheit von Leib und Seele hin, die in dieser Verbundenheit »guts vnnd böses leiden«.[250] Wird die Seele von Trauer gemartert, »so verdorret vnd verwelcket auch der leib«, wie Musäus mit Prv 17,22 (›Ein frölich Hertz macht das Leben lüstig/ Aber ein betrübter Mut vertrocket das gebeine‹) und Ps 38,7 f. (›Jch gehe krum vnd seer gebücket/ Den gantzen tag gehe ich trawrig. Denn meine Lenden verdorren gantz/ Vnd ist nichts gesundes an meinem Leibe‹) ausführt.[251] Der Körper also nimmt in den Ausführungen der Prediger eine Doppelrolle ein: Er ist der Ort der Trauer und des Leides, von ihm gehen Affektimpulse aus. Zudem wird er zum Referenzpunkt für die Leichenpredigt und den Prediger, wenn die Sprachwelt des Leibes benutzt wird, das Gesagte geradezu in die Adressaten einzuschreiben.

Neben der Sprache des Leibes, ist auch die akustische Ebene des Klagens,

---

247 Michael a Sanctis Angelis: LP auf Maria Anna von Bayern (gest. 1665), S. 18.
248 Vgl. DBA 253,37–38.
249 Johannes Manlius: Locorvm Commvnivm Collectanea [...]. O. O. 1590, S. 753.
250 Simon Musäus: *Wider den Melancholischen Teuffel* 1569, fol. B 1v.
251 Ebd.

Schreiens und Stöhnens Teil des reichen Spektrums von Trauergebärden und körpersprachlichen Zeichen. Die Trauer sei so groß, dass »uns um Trost sehr bange wird/ dasz wir müssen winseln wie ein Kranig und Schwalbe und girren wie eine Taube/ dasz wir müssen ruffen: Herr ich leide Noth lindere mirs«,[252] führt der Lutheraner Johann Christoph Syring im Anschluss an Jes 38,14 aus.[253] Die Trauer verschließt sich der darstellenden Sprache, wie die *tractatio* der Predigtperikope Jes 38,12 f. von Johann Andreas Lucius' anschaulich und geradezu mit rhythmischer Klanglichkeit bekennt: »für großer Angst und Schmertzen« können die Betroffenen »nicht viel oder deutlich reden«, sondern »ächzen und lechzen/ girren und klagen/ heulen und weinen« wie die Tauben.[254]

Hinterlässt der Tod des Nächsten eine Wunde, so muss der Leichenprediger, ungeachtet seines Selbstverständnisses als *consolator* oder *laudator*, diese Wunde schmerzlich berühren.[255] Die Leichenpredigt werde »Zung vnd Red/ Geblüet vnd Gemüet« einnehmen und das »Trawer=Gedächtnuß/ als frische Wunden« erneuern, weiß der Katholik Roman Müller.[256] Ähnlich erkennt der lutherische Prediger Fischhaupt, dass seine *lamentatio* und *concessio doloris* zu Beginn der Predigt die Trauer der Anwesenden zunächst vergrößere:

> Verzeyht mit gnädigst/ O Durchleuchtigste Fürsten/ wann ich Ewerer Durchleuchtigkeiten schmertzhaffte Wunden auff ein newes anrühre mit Erzehlung demnach je kein Wunden ohne schmertzliche Anrührung kan geheilet werden.[257]

Anders als der katholische Prediger nutzt er eben diese Einsicht, um seine Predigt von der *lamentatio* in die *consolatio* zu führen: »Die Leid=tragende mit guten Trost zu versehen/ und sie damit in ihrer hertzens Bekümmerniß zu erlaben und zu erquicken«, versteht er als das Ziel seiner Predigt.[258] Die Spannung zwischen Schweigen und Reden, also zwischen den Wunden der Trauer und der schmerzlichen Linderung des Schmerzes, stellt der Lutheraner Jacob Hahn in einem Gleichnis dar:

> Ein Kauffmann/ welcher in der See durch Schiffbruch umb ein grosses Gut und wehrten Schatz gekommen/ und nachmahls solchen Ort/ da der Verlust geschehen/ wieder

---

252 Johann Christoph Syring: LP auf Katharina Ehrengard von der Wense 1699, S. 1.

253 Ganz ähnlich auch Heinrich Ernst Fischhaupt: LP auf Anna Sophia von Münchhausen (gest. 1696), fol. B 2r: »Deßwegen winseln und wehklagen sie: Herr! Ich leide Noth/ lindere mirs doch/ Esa. XXXIIX, 14«.

254 Johann Andreas Lucius: LP auf Sophie Löbe (gest. 1664), fol. A 2v.

255 An dieser Stelle muss auch die Tatsache beachtet werden, dass die Rhetorik gerade darauf abzielt, die Adressaten auf einer emotionalen Ebene zu erreichen und darin die Intensivierung des Affektes begründet liegt.

256 Roman Müller: LP auf Johanna von Wolckenstein 1657, S. 1.

257 Anon.: LP auf Magdalene von Bayern (gest. 1628), S. 19.

258 Heinrich Ernst Fischhaupt: LP auf Anna Sophia von Münchhausen (gest. 1696), fol. B 2v.

fürbey fähret/ kan denselbigen ohne Thränen/ und sonderlichen Schmertzen/ in Betrachtung/ was er daselbst verlohren/ nicht wol anschawen.[259]

Der Prediger befürchte, mit dem Druck der Leichenpredigt die Herzwunde »wiederum blutend« zu machen,[260] doch erkenne er in der Apotheke des göttlichen Wortes die »Artzeney«, welche die Wunden letztlich verbinde und die Hinterbliebenen tröste.[261] Jedoch sind sich die lutherischen Prediger bewusst, dass die Trauer nicht wie eine Erkrankung geheilt oder ausgemerzt werden könne. Trauern und Trost empfangen verstehen sie als einen Prozess, der auch Zeit benötigt: Die »Hertzens=Wunde« könne »so leichtlich nicht verbunden/ und so bald nicht [...] geheilet werden«,[262] wie eine Verletzung müsse der Trauerschmerz erst vernarben.[263]

Einen weiteren Aspekt der Trauersprache, den Widerspruch zwischen Schweigen und Sprechen innerhalb einer den katholischen Leichenpredigten eigenen Panegyrik aufnehmend, bringt Ignaz Ertl in den folgenden Worten zum Ausdruck:

> Mein allzeit höchst=verbundene Schuldigkeit treibet mich zwar einerseyts zur Red an/ aber mein Trauer=müthige Schwachheit/ haltet mich zum Stillschweigen zuruck. Eine schwähre Sach ist es/ den inneren Hertzens=Schmertzen mit Stillschweigen verbergen: Dificile est tacere, cum doleas, spricht Cicero. Hingegen fallet nicht weniger schwehr/ jenen gnug Lob zu sprechen/ zu dessen unsterblichen Lob so gar die Stein im hiesigen Kirchen=und Closter=Gebäu nicht schweigen werden: Quia, si hi tacuerint, lapides clamabunt. So rede ich dann/ und zwar in der Bitterkeit meiner Seelen: Loquar amaritudine animae meae.[264]

Der Prediger verbindet die biblischen Worte aus Lk 19,40 (›quibus ipse ait dico vobis quia si hii tacuerint lapides clamabunt‹) und Hiob 10,1 (›taedet animam meam vitae meae dimittam adversum me eloquium meum loquar in amaritudine animae meae‹) sowie eine klassische Sentenz Ciceros,[265] um zunächst seine eigene Trauer vor Augen zu stellen, die er jedoch in Angesicht des Lobes zu überwinden sucht. Es ist besonders die den Formgesetzen einer Trauerrede folgende *laudatio*, die in der Erinnerung an den Toten den Trauerschmerz

---

259 Jacob Hahn: LP auf Anna Dorothea von Borstel (gest. 1680), fol. A 2v.
260 Ebd., fol. A 3v.
261 Ebd., fol. H 4r.
262 Heinrich Ernst Fischhaupt: LP auf Anna Sophia von Münchhausen (gest. 1696), fol. B 1v.
263 Vgl. Caspar Hermann Sandhagen: Trostschrift. In: Joachim Hildebrand: LP auf Salentin Justus Nikolaus Sinold gen. Schütz 1681, fol. K 1r. Zum Topos *remedium temporis*, der sich schon in der frühen Antike herausbildete und von den stoischen *consolatores* breit verarbeitet wurde, siehe besonders die Ausführungen zum Trost in den Leichenpredigten.
264 Ignaz Ertl: LP auf Athanasius von Gars 1715, fol. B 1v.
265 Marcus Tullius Cicero: Pro P. Svlla Oratio. Ed. with introduction and commentary by D. H. Berry. Cambridge 1996 (Cambridge Classical Texts And Commentaries 30), X, 31.

vermehrt und ihn geradezu für den Fortgang der Predigt zu nutzen vermag. Die Leichenpredigt, die Marcellian Dalhover (2. H. 17. Jhd.)[266] 1685 auf den Fürstbischof Albrecht Sigismund von Bayern hält, ist durchzogen von Trauerklagen, Schmerzensbildern und *exclamationes*, die dem Prediger dazu dienen, den Verstorbenen und in einer doppelten Redesituation seine Ämter als Geistlicher und Fürst des Heiligen Römischen Reiches ehrend zu gedenken und zu loben:

> Spriche nun einest erschrockene Zungen/ vnd bringer herfür alles das jenige/ was wegen Bitterkeit verdrüssig/ wegen grosses Schadens häßlich/ wegen grosses Schmertzens vnbeliebig/ wegen höchster Traurigkeit schmertzlichst![267]

Je größer die Verdienste und Ehren der Verstorbenen, desto schmerzreicher sei die ihnen gewidmete Leichenpredigt, hebt der Benediktiner Dominikus Renner (1634–1691)[268] hervor: »O Hertzschneydende Wort! Je mehr liebreichers süsses Wort/ Mutter/ vorhero ware; je bitterer vnd kläglicher ist es bey jetzigen Umbständen anzuhören.«[269] Die hier beschriebene Trauer richtet sich besonders auf die Tugenden des Verstorbenen, die der Prediger einerseits nicht genug loben kann, andererseits aber seine lobenden Worte eben diese Trauer über den Verlust verstärken können:

> O verdrüssiger Schmertzen! Du machest mir das Hertz blutten; eben/ da die betrübtiste Zung soll sprechen. Verzeyhe mir Hochfürstliche Dienerschafft [...] wann ich den bittern Zäher=Bach noch grösser wird auffreissen/ vnd mit völligem Guß das schmertzende Augen=Wasser wird schiessen lassen.[270]

Wenn auch viele katholische Prediger den Affekt der Trauer in der Schwachheit der menschlichen Natur verwurzelt sehen und dieser die *ratio* als Möglichkeit der Überwindung des Affektes gegenüberstellen, so lassen sie doch das Vergießen von Tränen zu, ja fordern es sogar und können darin in einem steigernden Wechselspiel *lamentatio* und *laudatio* auf einander beziehen. In dieser Eigenart der katholischen Leichenpredigt mag auch die Begründung für den weiter oben erwähnten Widerspruch zwischen der Trauer als menschlicher Erfahrung und Tränen als Mittel des Ausdrucks und zugleich der Überwindung des Schmerzes liegen. Die Tränen sind »sanctae et piae«,[271] wenn sie zur Entfaltung der *laudatio* des Verstorbenen dienen. Die Trauer pendelt zwischen der Klage über den Verlust und dem Lob des Verstorbenen, und mehr noch: In Anbetracht der Unsicherheit des Heils ist ein Gedächtnis des Toten im Gebet und

---

266 Vgl. Manfred Knedlik: Art. Dalhover, Marcellian. In: Biographisch-Bibliographisches Kirchenlexikon 20 (2002), Sp. 355–357.
267 Marcellian Dalhover: LP auf Albrecht Sigmund 1685, S. 4.
268 Zu Renner siehe DBA I 1023,13.
269 Dominikus Renner: LP auf Catharina Kümpfler 1686, S. 3.
270 Marcellian Dalhover: LP auf Albrecht Sigmund 1685, S. 3.
271 Cornelius a Lapide: *Ecclesiasticvs Iesv Filii Sirach* 1633, S. 310.

die »Vergießung heiliger Tränen um Erlösung«[272] die rechte christliche Haltung.[273] Dieser Umstand und die aufgezeigte Einstellung katholischer Leichenprediger zur Trauer spiegelt sich auch in den *Castra doloris*. Freilich der sozialen Oberschicht vorbehalten waren sie zeremonieller Mittelpunkt des katholischen Trauerapparates.[274] In der dekorativen, repräsentativen und erbaulichen Funktion kommt den Totengerüsten auch eine der Fürbitte und dem Seelenheil dienende liturgische Funktion zu.[275] Neben den Architekturen selbst bezeichnet der Terminus auch jene Texte, die Trauergerüste und deren Inschriften in Wort und Bild beschreiben und darin Festbeschreibung und Lyrik verbinden.[276] *Castra doloris* erschienen als Seperatdrucke,[277] als Anhänge von Leichenpredigten oder wurden – und darin zeigt sich die enge Verwandtschaft beider Gattungen hinsichtlich ihres Repräsentationscharakters, dem Bewahren vergänglicher Funeralelemente und der Erinnerung des Verstorbenen – zum Mittelpunkt der Leichenpredigt selbst.

> Denn wa ich gegengesetztes hohe Todten=Gerüst/ wie wol durch mehr rauchende vnnd haiß trueffende/ als hell leüchtende Wachsfackeln [...] ansihe/ bewegt sich freylich ein jnnerliche Sympathia oder mitleidende Beystimmung [...].[278]

Roman Müller verbindet in dieser Passage das *Castrum doloris* mit seiner eigenen Befindlichkeit. Die Einwilligung in die Trauer wird durch die mit Fackeln in ein Lichtspiel getauchte Architektur sinnlich unterstützt. Das Ohr hört die Worte des Predigers, das Auge staunt über das Totengerüst und die Fackeln verströmen Wärme und Duft, während womöglich eine Kerze in der Hand des Trauernden zugleich die Haut berührt. Es scheint, die Trauer wird geradezu allen Sinnen zugänglich und erfahrbar gemacht.

---

272 Ute Mennecke-Haustein: *Luthers Trostbriefe* 1989, S. 104.
273 Vgl. ebd.
274 Zum *Castrum doloris* siehe etwa Liselotte Popelka: Castrum doloris oder »Trauriger Schauplatz«. Untersuchungen zu Entstehung und Wesen ephemerer Architektur. Wien 1994 (Veröffentlichungen der Kommission für Kunstgeschichte/Österreichische Akademie der Wissenschaften 2); dies.: Trauer-Prunk und Rede-Prunk. Der frühneuzeitliche Trauerapparat als rhetorische Leistung auf dem Weg zur virtuellen Realität. In: Birgit Boge/Ralf Georg Bogner: *Oratio Funebris* 1999, S. 9–80.
275 Harald Tersch: *Florentius Schillings »Totengerüst«* 2004, S. 337.
276 Vgl. Georg Schrott: Trauer- und Festdekorationen in den bayerischen Klöstern des 17. und 18. Jahrhunderts. Kunstgeschichtliche Hinweise aus der Personalschriftenforschung. In: Studien und Mitteilungen zur Geschichte des Benediktinerordens und seiner Zweige 109 (1998), S. 275–290, hier S. 278f.
277 Vgl. etwa Castrum Doloris [...] Domini Leonardi, [...] Monasterii Benedicto-Burani Abbatis [...]. Tegernsee 1758; Apparatus Funebris, Quo [...] Domini Bedae [...] Monasteri Wessofontani Abbatis [...] Perennaturae Devotionis Monumentum Moestissimi Filii Parentarunt [...]. Augsburg 1760.
278 Roman Müller: LP auf Johanna von Wolckenstein 1657, S. 1.

Wo dieser Ertz=Englische Tempel mit schwartz=verfinsterter Liuree deß Todtes be-
schattet jnniglich trauret/ wo hie beygefügtes Todtengerüst/ auff welchem brinnende
Wachs=Kerzen/ vnd Fackeln/ deren abfallende Tropffen so viel haisse Zähren mir
vorkommen [...] wo so viel Hoch=Adeliche Cavalliern mit verdeckten Gesichtern/
bestürtzten Gedancken/ vnd mitleydenden Gerberden klagen [...].[279]

Das *Castrum doloris* wird von den Leichenpredigern als äußeres, sinnlich
wahrnehmbares Medium der Trauer genutzt, die sich in Tränen und Wehklagen
äußert. Daher finden sich immer wieder Hinweise der Prediger auf das tropfende
Wachs der Kerzen, das sie mit den Tränen der Hinterbliebenen parallelisieren:

So sihe ich dann wieder in diesem Tempel Hochadeliche Herren und Frauen/ welche
mit den lydigen Visiren deß Tods vergestaltet trauren und wehklagen? So sihe ich dann
wider die brennende Fackeln/ aus deren Feurigen Augen die zarten Wachstropffen/ als
so viel mitleidende heissen Zäher auf die Erden trieffen und verdorren?[280]

Der Benediktiner Dominikus Renner verweist sogar auf die alleinige Wirkung
des *Castrum doloris*, wenn er sagt: »Ohne mein Mitleydende Wortbrechung wird
[die Trauer] mit beygestzten Todten=Gerüst fürs Angesicht gestellet/ vnd sowohl mit Wax= als Augen=Trähnen bewisen«.[281]

B. Das Leben des Christenmenschen

1.   Die Reisemetaphorik der Heiligen Schrift: Reise als Sinnbild des Lebens

Die Spannung zwischen Leben und Tod, zwischen Trauer, Leid und Hoffnung,
wird besonders dann offenbar, wenn die Leichenprediger die christliche Existenz im Horizont der biblischen Reise- und Pilgermetaphorik deuten. Georg
Pistorius, katholischer Prediger in Lauingen an der Donau, nutzt Gen 47,9
(›respondit dies peregrinationis vitae meae centum triginta annorum sunt parvi
et mali et non pervenerunt usque ad dies patrum meorum quibus peregrinati
sunt‹), um in einer Leichenpredigt seiner Sammlung *Klaghauß* zu erklären, »wie
daß vnser Leben auff diser Welt ein stäte Pilgerfahrt/ vnd wir Pilgram seyen«.[282]
Das Thema dieser Leichenpredigt wird von Pistorius amplifiziert, indem er

---

279 Florentius Schilling: Catholisch Todten=Gerist. Daß ist/ Wolgegründte Ehrn=Gedächtnuß
     Hochadelicher Caualliern/ Herrn/ vnd Frawen/ Deren Hochadeliches Herkommen
     Christlöbl. Thatten/ vnd seel. Todt in vnderschiedlichen Leichtpredigten mit angenemmen
     Verfassungen der Welt zum Tugendt=Spiegel vorgestellet werden [...]. (Bd. 1). Wien 1668,
     S. 1.
280 Florentinus Schilling: *Todten=Gerüst* 1676, S. 97. Vgl. auch Roman Müller: LP auf Johanna
     von Wolckenstein 1657, S. 1.
281 Dominikus Renner: LP auf Stephan Malgarita 1676, S. 2.
282 Georg Pistorius: *Klaghauß* 1663, S. 139.

zunächst Belege der Vulgata sammelt: Neben König David (Ps 38,13 Vulg.) habe auch Salomon (1Chr 29,15) für sich erkannt, dass er wie seine Vorfahren ein Pilger und Fremdling sei. Auf die »Vätter vnd Heilige deß alten Testaments« weise auch Paulus, wenn er diese als Gäste und Fremdlinge auf Erden bezeichnet (Hebr 11,13), was Petrus ebenso mahnend bezeuge: ›Charissimi, obsecro vos tamquam Aduenas et Peregrinos‹ (1Petr 2,11).[283] Pistorius fasst die genannten Schriftbelege in einer Erkenntnis zusammen, die im Horizont von Hebr 13,14 zum Grundstein seiner folgenden Ausführungen wird: Da der Mensch Heimat und Vaterland im Himmel habe, könne er in diesem Leben keinen Ort der Sicherheit und des Verweilens finden.[284] Die dem Menschen fremde Welt wird von Pistorius als eitel, elend und böse skizziert, was er den Adressaten in lebhaften, greifbaren Bildreihen vor Augen stellt. Wie ein Pilger nur kurz in einer Herberge verweile, bleibe der Mensch auch nur zeitweise in dieser Welt und werde stets an den Tod erinnert, wenn »einer dem anderen weichen vnd platz machen muß«.[285] Die kalte, ungastliche Herberge sucht den Menschen mit Speis und Trank, mit Tanz und Wollust zu blenden, doch am Ende sei »die Zech thewr« zu bezahlen:[286]

> Aber wann der Todt kombt [...] da sagt man erst: [...] Bezahle was du verzehret: du wirst fragen: wie vil bin ich dann schuldig/ was muß ich bezahlen? Man wird sagen/ die ewige Pein vnd Qualen: du wirst repliciren: soll ich dann für diese eitele Ding vnd Wollust die ewige Pein leyden? O daß ich nie in dise Herberg kommen wäre/ verflucht sey der Tag/ daran ich gebohren! aber man wird sagen: Jetzt ist nimmer Zeit zur Buß/ du hast gessen vnd truncken/ darumb mußt du bezahlen [...].[287]

Der Prediger mahnt seine Zuhörer zur rechten *ars vivendi*, die ihren Höhepunkt in der Erkenntnis findet, dass diese Welt eine baufällige Herberge sei, die stets drohe einzufallen und alles unter sich zu begraben.[288] Auch zeitliche Güter seien eitel und nutzlos, wenn die Herberge dieser Welt verlassen werden müsse. So wie der Mensch nichts in diese Welt gebracht habe, so könne er entsprechend 1Tim 6,7 auch nichts mitnehmen. Alles was in der Welt zu finden sei, müsse der Mensch anderen hinterlassen,[289] was der katholische Prediger mit einem Gleichnis des jesuitischen Theologen Robert Bellarmin zur Sprache bringt:

---

283 Ebd.
284 Vgl. ebd., S. 140.
285 Ebd.
286 Ebd.
287 Ebd., S. 141.
288 Vgl. ebd.
289 Vgl. Bar 3,19.

> Betrachtet [...] der Bäpsten/ Kayseren/ Königen/ vnd anderer Sitz: [...] welche selbige mit grosser Mühe vnd Arbeit eroberet/ aber [...] darvon verstossen worden/ als sie sich recht gesetzt haben: gestern saß einer darauff/ der stirbt heuten.[290]

Pistorius folgert, ein Fremdling auf dieser Welt solle das »Zeitlich verachten/ vnd dem Ewigen vnd Himmlischen nachtrachten«.[291] Die Verachtung der Welt, deren Eitelkeit der Prediger immer wieder vor Augen stellt, lenkt den Blick auf die eigentliche Heimat des Pilgers, das Vaterland im Himmel. Was hier bei dem Leichenprediger anklingt, stellt ein Emblem aus den *Lacrymae virtutum heroicarum*, die zum Tod der Anna Catharina Constanze von Polen 1651 vom Jesuitenkolleg der Residenzstadt Düsseldorf in den Druck gegeben wurden, noch deutlicher vor Augen.[292] Die *pictura* der vierten *Elegie* zeigt eine Deutung der antiken und später christlich interpretierten *bivium*-Situation.[293] Das Bild des Herakles, der an der Schwelle zur Jugendzeit in Konfrontation mit den Verkörperungen der Tugend und des Lasters die Wahl seines Lebensweges trifft,[294] symbolisiert insbesondere der Pythagoras von Samos zugeschriebene Buchstabe Y.[295] In der Abbildung der Weggabelung wurde das Y als *littera mystica* zum Symbol des menschlichen Lebens,[296] das mit dem biblischen Bild der schmalen Himmelspforte und ihrer moralischen und eschatologischen Bedeutung christlich interpretiert wurde: Nur wenige gelangen auf den engen Weg zum ewigen Leben, während die Pforte, die zur Verdammnis führt, vielen weit offen steht.[297] Die Vorstellungen des Menschen am Scheideweg war in Exempel- und Predigtliteratur weit verbreitet und fand auch Niederschlag in emblematischen Darstellungen.[298]

---

290 Ebd., S. 141.

291 Ebd., S. 139.

292 Lacrymae Virtutum Heroicarum, Affvsae Tvmvlo Serenissimae Principis, Annae Catharinae Constantiae, [...] Principi Philippo Wilhelmo [...]. Quando Heroicas Divinae Mentis Exvvias, Colonia Agrippina Dusseldorpium, in PP. Societatis Iesu Templum, [...] Pompa Funebri moestus cum universa Patria Princeps Maritvs extulit [...]. Köln 1651.

293 Ebd., fol. C 1v.

294 Die Fabel gibt Xenophon wieder in Memorabilia II c. 1 § 21–33. In: Ders.: Erinnerungen an Sokrates. Griechisch/Deutsch. Übers. u. hrsg. v. Peter Jaerisch. Mit Literaturhinweisen v. Rainer Nickel. Düsseldorf [u.a.] 2003 (Tusculum Studienausgaben o. Nr.). Siehe dazu Wolfgang Harms: Homo viator in bivio. Studien zur Bildlichkeit des Weges. München 1970 (Medium aevum. Philologische Studien 21), S. 40–49.

295 Vgl. Eva Schlotheuber: Die Autobiographie Karls IV. und die mittelalterlichen Vorstellungen vom Menschen am Scheideweg. In: Historische Zeitschrift 281 (2005), S. 561–591, hier S. 569.

296 Vgl. dazu Klaus Schreiner: Litterae mysticae. Symbolik und Pragmatik heiliger Buchstaben, Texte und Bücher in Kirche und Gesellschaft des Mittelalters. In: Pragmatische Dimensionen mittelalterlicher Schriftkultur. Hrsg. v. Christel Meier [u.a.]. München 2002 (Münstersche Mittelalter-Schriften 79), S. 277–337.

297 Vgl. Mt 7,13f.

298 Vgl. Eva Schlotheuber: *Die Autobiographie* 2005, S. 574.

Das Emblem des Düsseldorfer Jesuitenkollegs zeigt Anna Catharina auf dem schmalen steinigen Weg zum himmlischen Licht. Der breite, zum dunklen Höllenfeuer führende Weg ist leer, denn die Verstorbene hat sich bereits entschieden, den richtigen, mithin tugendhaften Weg zum Heil entlang zu schreiten. Das in den Himmelsweg eingestochene Motto *Usque In Finem* weist darauf, dass Anna Catharina den Weg der Tugend, der in der erklärenden *subscriptio* als *temperantia* näher bestimmt wird, durchschritten hat. Die *ars vivendi*, die Pistorius in seiner Leichenpredigt der falschen, Wollust verfallenen Lebensführung gegenüberstellt,[299] mahnt den Menschen zur rechten Entscheidung über seinen künftigen Lebensweg, der vom Ende, also vom Tod her, begriffen wird. Dies wird in dem Emblem auf Anna Catharina sinnfällig, wenn auch nicht die Mahnung im Vordergrund steht, sondern das Lob der tugendhaften Frau.

Das biblische Bild des schmalen Lebensweges zur himmlischen Pforte nutzt auch der lutherische Prediger David Sieber in der Leichenpredigt auf Georg Friedrich Seufferheld. Sieber exegiert Jes 53,8 (›Er ist aber aus der Angst vnd Gericht genomen/ Wer wil seines Lebens lenge aus reden‹), ein Vers, der nach Sieber für alle fromme Christen gelte, die in ihrem beschwerlichen Lebensweg mit Christus verglichen werden können.[300] Dass der fromme Christ in dieser Welt nicht ohne Leid und Anfechtung sein könne, beweisen die Gleichnisse, mit denen das menschliche Leben verglichen wird. In ihnen wird das zeitliche Angstkreuz in reichen Bildern vor Augen gemalt. Für Sieber weisen diese *parabolae* auf die Trübsal des menschlichen Lebens, da es als »Wallfahrt und Wanderschafft«,[301] »immerwährender Kampff und Streit«,[302] »Threnen und Jammerthal«[303] und »dolor et labor«[304] bezeichnet wird. Die Wanderschaft des menschlichen Lebens, das »wallen und wandern«, bezeichnet Sieber ähnlich wie Pistorius mit Gen 47,9 als »wenig und bös«.[305] Nicht allein das ungewisse Umherirren in dieser fremden Welt, auch die Kürze des menschlichen Lebens, das immer vom Tod umringt ist, macht der Prediger zum Mittelpunkt seiner Ausführungen. Unterstützend nutzt Sieber darauf folgend die Wirkung eines Kirchenliedes. Die affektiv gefärbte Ausdrucksweise des Kirchenliedes wird nicht allein im Singen, sondern auch im Lesen zum Träger des Wortes und bietet darin ein hohes Maß an Selbstidentifizierung und damit Verinnerlichung der Verkündigung.[306] Indem die Worte des Liedes das Gehör ebenso wie das Herz

---

299 Georg Pistorius: *Klaghauß* 1663, S. 141.
300 David Sieber: LP auf Georg Friedrich Seufferheld 1687, S. 9 f.
301 Ebd.
302 Ebd., S. 11.
303 Ebd.
304 Ebd.
305 Ebd., S. 10.
306 Zur Verbindung von (Leichen)Predigt und Kirchenlied siehe den Exkurs Intermedialität.

treffen, werden sie zum wichtigen Bestandteil der *consolatio*. David Sieber zieht die erste Strophe eines Trostgebetes der literargeschichtlich bedeutungsvollen *Meditationes sanctorum Patrum* des Pfarrers, Liederdichters und Erbauungsschriftstellers Martin Moller (1547–1606)[307] heran:[308] *Ein Trostgebete/ damit ein betrübet Hertze/ in allerley Creutze vnd Anfechtung dieser letzten müheseligen zeit/ sich gantz lieblich trösten/ vnd an dem süssen Namen Jesu Christi/ sehnlich ergetzen kann. Aus dem alten Hymno: Iesu dulcis memoria etc.:*[309]

> Ach Gott wie manches hertzelydt/
> Begegnet mir zu dieser Zeit.
> Der schmale Weg ist Trübsal voll/
> Den ich zum Himel wandeln soll.[310]

Die Wanderschaft des menschlichen Lebens erscheint hier in enger gedanklicher Beziehung zu dem biblischen Bild des schmalen, nur schwerlich beschreitbaren Lebensweges[311] und den Worten aus Apg 14,22 (›Das wir durch viel trübsal müssen in das reich Gottes gehen‹). Fremdheit in dieser Welt, Kreuz und Anfechtung, *vanitas* und die wahre Heimat des Menschen: Die Zeilen des Gebets machen die Klage- und Trostmotive des lutherischen Predigers sinnfällig und verankern den Sitz der Leichenpredigt mitten im Leben, als Seelsorge und evangelische Verkündigung an den Lebenden. Ein ähnlicher Zusammenhang zeigt sich in den Funeralschriften, die zum Tod des Nördlinger Superintendenten Johann Marcellus Westerfeld 1678 gedruckt wurden. Sowohl die Leichenpredigt von Johannes Heinrich Epplinus (2. H. 17. Jhd.)[312] als auch die dem Verstorbenen und dessen Familie gewidmeten Epicedia greifen das biblische Reisemotiv auf. Darin stehen Leichenpredigt und Trauergedichte nicht allein in einem inhaltlichen Zusammenhang. Vielmehr wird deutlich, wie mit verschiedenen Motiven und Sinnbildern Mediengrenzen überschreitend argumentiert, unterrichtet und getröstet werden kann. Die unterschiedlichen Medien gehen in ihrer jeweiligen affektiven Wirkung eine Synthese ein, die den Trost- und Verkündigungscharakter der Funeraldrucke intensiviert. Schon in der Leichenpredigt werden verschiedene Medien genutzt, um den Leichtext Ps 73,23 (›Du leitest mich nach deinem Rat/ Vnd nimpst mich endlich mit ehren an‹) amplifizierend auszulegen. In der Parallelisierung mit Assaph werden die Leiden des

---

307 Zu Moller vgl. Elke Axmacher: *Praxis Evangeliorum* 1989.
308 David Sieber: LP auf Georg Friedrich Seufferheld 1687, S. 10.
309 Martin Moller: Meditationes sanctorum Patrum (Teil I). Schöne/ Andechtige Gebet/ Tröstliche Sprüche/ Gottselige Gedancken/ Trewe Bußvermahnungen/ Hertzliche Dancksagungen/ vnd allerley nützliche vbungen des Glaubens. Aus den heyligen Altvätern [...]. Görlitz 1593 (¹1584), S. 60v.
310 Ebd.
311 Vgl. Mt 7,14.
312 Vgl. DBA I 287,72.

Verstorbenen und eines jeden Christen auf der Wallfahrt des Lebens vor Augen gestellt. »Krumme/ zuweilen lange und wunderliche Wege«[313] habe der Verstorbene auf dem Weg vom »Exilio ins rechte Vatterland« gehen müssen.[314] Allein Gott, sein »Gleits-Mann«, habe ihn vor dem Verderben »schädliche[r] Irrwege« bewahrt.[315] In der *applicatio* der Leichenpredigt kommt Epplinus zum »heilsamen Gebrauch und Unterricht« seiner Ausführungen.[316] Auf den Wegen des Lebens, die den Menschen oft in dunklen Zweifel und Ratlosigkeit stürzen, sei allein die »Weisheit Gottes« das Licht auf dem Pfad, sie ist »Ratgeber« und »ein Tröster in Sorgen und Traurigkeit«, wie der Prediger mit Weish 7,10 und 8,9 mahnt.[317] Mit dem unter Zeitgenossen hoch geschätzten Lied *Durch Adams Fall ist ganz verderbt menschlich Natur und Wesen* von Lazarus Spengler, dessen letzte Strophe Epplinus verarbeitet, fasst der Prediger seine Worte in einer eingängigen Dichtung zusammen, die das Trost und Hoffnung spendende Moment der Gewissheit der Verheißung eindrücklich vor Augen stellt:[318]

Mein Füssen ist dein heilig Wort ein brennende
Lucerne
Ein Licht/ daß uns den Weg weißt fort/ so dieser
Morgensterne
Jn Uns auffgeht/ so bald versteht
der Mensch die hohen Gaben/
Die Gottes Geist den'n g'wiß verheißt/
die Hoffnung darein haben.[319]

Die in einem Separatdruck erschienenen Epicedia[320] greifen den Gedanken der Wanderschaft des menschlichen Lebens, besonders in der Spannung von Hier und Dort, mithin von »Walfahrt=Stand« und »Wolfahrt=Land«, ebenfalls auf:[321]

---

313 Johannes Heinrich Epplinus: LP auf Johann Marcellus Westerfeld 1678, S. 20.
314 Ebd., S. 40.
315 Ebd., S. 20.
316 Ebd., S. 41.
317 Ebd., S. 44.
318 Vgl. Martin Arneth: Durch Adams Fall ist ganz verderbt.... Studien zur Entstehung der alttestamentlichen Urgeschichte. Göttingen 2007 (Forschungen zur Religion und Literatur des Alten und Neuen Testaments 217), S. 9.
319 Johannes Heinrich Epplinus: LP auf Johann Marcellus Westerfeld 1678, S. 44. Vgl. Ps 119,105: ›Dein Wort ist meines fusses Leuchte/ Vnd ein Liecht auff meinem wege.‹; 2Petr 1,19: ›Wjr haben ein festes Prophetisch wort/ Vnd jr thut wol/ das jr drauff achtet/ als auff ein Liecht/ das da scheinet in einem tunckeln ort/ Bis der Tag anbreche/ vnd der Morgenstern auffgehe in ewren hertzen.‹
320 Piceae Ferales semper virides, quas ad tumulum Theologi theophilesatu, numerisque; omnibus consummatissimi, [...] Joh. Marcelli Westerfeldii [...] postquam inter cunas et feretrum LXVIII annos numerasset [...]. Nördlingen [1678].
321 Johann Georg Bittelmaier: Epicedium. In: Ebd, fol. A 3v–4v, hier fol. A 4v.

> Hjer das müde Pilger-Land/
>> Wem doch solt es Freude geben:
> Unbestand ist unser Stand/
>> Eine Walfahrt ist diß Leben.[322]

Diese Verse gehen zunächst auf die Gefahren und Sorgen ein, die einen jeden Christenmenschen auf seiner Wanderschaft des Lebens bedrängen und ängstigen. Sodann stellt der Verfasser den Tod als Eingang in das rechte Vaterland vor Augen, um damit die Adressaten zu trösten und zugleich auf ihrem noch zu bewältigenden Lebensmarsch zu stärken. Die Antithese von unstetem Sein auf Erden und Ruhe des himmlischen Jerusalems vertieft den *consolatio*-Gedanken:

> Jn deim Leben wanderst du
>> Mit Elia voll Beschwerden
> Von hier nach der andern zu/
>> Weil du lebest hier auf Erden;
> Jezund wirstu sicher wohnen
>> Bey Gott und der Engel=Thronen.[323]

Das unruhige und kurze Dasein in dieser Welt wird insbesondere in den Leichenpredigten augenscheinlich, die sich Hebr 13,14 zum Leichtext oder Thema wählen.[324] Dieser Vers, der in der Spannung von Hier und Dort die flüchtige Endlichkeit allen Seins aufgreift, war in der Frühen Neuzeit nicht allein in Leichenpredigten beliebt. Auch in dogmatischen Abhandlungen, sowie in Dichtung und Emblematik war das Suchen der bleibenden Stadt ein zentrales Bild. Als emblematische Darstellung zu diesem beliebten Vers sei auf das Emblembuch des lutherischen Theologen Daniel Cramer (1568–1637)[325] verwiesen, dessen Embleme überkonfessionell genutzt und adaptiert wurden.[326] Cramer bildet etwa einen Wandersmann ab, der seine Herberge unter großer Anstrengung mit sich zieht. Der schmale Weg führt zum Himmelstor, welches erhaben auf einem

---

322 Ebd., fol. A 3v.
323 Ebd., fol. A 4v.
324 Während die katholischen Prediger ihre Leichenpredigten oftmals unter ein der Schrift entlehntes »überschrift- oder mottoartiges Leitwort« stellen, ohne dieses jedoch Vers für Vers auszulegen, bestimmt der Leichtext lutherischer Leichenpredigten die *dispositiones* des Hauptteils. Siehe dazu Werner Welzig: Vom Nutzen der geistlichen Rede. Beobachtungen zu den Funktionshinweisen eines literarischen Genres. In: Internationales Archiv für Sozialgeschichte der deutschen Literatur 4 (1979), S. 1–23, hier S. 3; Philippine Casarotto: *Katholische Leichenpredigten* 2004; Johann Anselm Steiger: *Oratio panegyrica* 1999, bes. S. 111.
325 Vgl. zu Cramer den Artikel von Wolfgang Harms. In: Killy/Kühlmann 2 (2008), S. 496.
326 Vgl. Sergiusz Michalski: Die lutherisch-katholisch-reformierte Rivalität im Bereich der Bildenden Kunst im Gebiet von Danzig um 1600. In: Konfessionalisierung in Ostmitteleuropa. Wirkungen des religiösen Wandels im 16. und 17. Jahrhundert in Staat, Gesellschaft und Kultur. Hrsg. v. Joachim Bahlcke u. Arno Strohmeyer. Stuttgart 1999 (Forschungen zur Geschichte und Kultur des östlichen Mitteleuropa 7), S. 267–286, hier S. 277.

Berg prangt.[327] Das Streben des Pilgers, die Heimat im Himmel zu erreichen, wird durch ein geflügeltes Herz offenbar. Die *inscriptio* »Non habemus durabilem civitatem, sed futuram inquirimus« wird durch »Emigrandum est« erweitert. In der *subscriptio* werden *pictura* und *inscriptio* zusammengeführt: »Absque domo domus est, patria haec non patria, eundum est: Sperno hoc, spero aluid: non volo vile Bonum«. Die in dem Emblem gezeigte spannungsreiche Gleichzeitigkeit des Lebens des Menschen im Hier und der wahren Heimat im Vaterland, wird in der Erklärung Cramers unter dem rechten Glauben vereint:

> Ein Gasthaus vnnd ein Bilgerschafft
>   Haben wir auff dieser Welt:
> Das Vatterland im Himmel hasst/
>   Dahin seys alls gestellt.[328]

Auch der *Emblematische Parnassus* von Wolfgang Laurentius Woyt (1672–1739) zeigt in einem Emblem einen Wanderer, der vor einem Wirtshaus sitzend aus einem Krug trinkt.[329] Das Motto *Ad breviter hic commorandum* und der Kommentar, »Wir haben hier keine bleibende Stätte/ sondern die zukünfftige suchen wir. Drum eile/ daß dich der Regen nicht erwische«, weisen auf das unstete Dasein des Menschen in der Wanderschaft des Lebens.

Im Eingang der Leichenpredigt auf Valentin Daniel Körnacher, die mit dem Titel *Jrdische Pilgrimschafft und Himmlische Burgerschafft* den Fortgang der Predigt bereits als *lemma* heraushebt, weist der Superintendent Caspar Heunisch (1620–1690)[330] mit intertextuell aufeinander bezogenen Schriftbelegen auf die Wanderschaft des Menschen im Leben hin und leitet seine Ausführungen daran anschließend in die *explicatio*. Der »Königliche Prophet David« habe nicht nur sich selbst als »Pilgrim« bezeichnet, sondern in Ps 39,13 im Namen aller Gläubigen gesagt »Wir sind Fremdlinge und Gäste für dir/ wie unser Vätter alle«[331] und auch Petrus nenne die bekehrten Christen »Fremdlinge und Pilger/

---

327 Daniel Cramer: Emblemata Sacra. Hoc est, Decades Quinque Emblematum Ex Sacra Scriptura, De dulcissimo Nomine et Cruce Jesu Christi, figuris aeneis incisorum. Pars Prior [...]. Frankfurt am Main 1624, Nr. 37, S. 161.

328 Ebd., S. 160. Die Belege emblematischer Darstellungen zu Hebr 13,14 ließen sich zahlreich erweitern. Siehe dazu Arthur Henkel/Albrecht Schöne (Hrsg.): Emblemata. Handbuch zur Sinnbildkunst des XVI. und XVII. Jahrhunderts. Stuttgart 1967, bes. Sp. 983–986.

329 Wolfgang Laurentius Woyt: Emblematischer Parnassus: Worauf die Musen, ihre Blumen-Lese/ zu allerhand Freuden und Trauer-Kräntzen halten/ um/ den Lob-werthen Tugend-Chor/ durch angenehme Rosen; Hergegen/ Das ungezähmte Laster-Thun mit wildem Dorn- und Distel-Flor zu krönen [...]. Jn dreyen verschiedenen Theilen verfaßten/ auf allerley Begebenheiten/ zweymal/ nemlich Geist- und Weltlich-applicirten [...] Sinn-Bildern [...] ausgefertigt. Zweyter Theil. Augsburg 1748 (¹1728), Tafel 10, Bild 08.

330 Vgl. DBA 170,67.

331 Caspar Heunisch: LP auf Valentin Daniel Körnacher (gest. 1683), S. 6f.

in seiner I. Epist. am 2.«[332] Wie ein Fremdling und Reisender sei der Mensch nicht dazu erschaffen, ewig in der Herberge dieser Welt zu bleiben: »sondern Gott setzte den Adam in das Paradeiß/ in den schönen Lustgarten/ da er sich aber versündigte/ hat er denselben müssen räumen/ und einen Exulanten auf dieser schnöden Welt geben/ im I. B. Mos. am 3.«[333] Ähnlich sieht auch der Leichenprediger Johann Jacob Müller (2. H. 17. Jhd.) den Sündenfall als Wurzel der menschlichen Ruhelosigkeit. Der Prediger parallelisiert die Vertreibung aus dem Paradies mit der Pilgerschaft des Christen und kann sodann die Beständigkeit und Ruhe des Paradieses der Unbeständigkeit des Lebens antithetisch gegenüberstellen. Müller orientiert sich an der alttestamentlichen Wüstenwanderungserzählung aus dem Exodus und deutet diese – ähnlich wie den Hebräerbrief – neu im Horizont der christlichen Existenz als Pilger und Fremdling. Dadurch kann er nicht allein den Leichtext Hebr 13,14 intertextuell mit dem Alten Testament lesen, sondern auch Hebr 3–4 in die *tractatio* einbeziehen:

> O wehe uns armen Menschen-Kindern! ach/ mit was Schimpff und Schaden sind damals schon unsere erste Eltern zu Exulanten gemacht/ und billich flüchtig worden; dahero kombt es noch auf den heutigen Tag/ daß wir auch alle kein bleibende Statt haben; darumb/ weilen wir Alle in und mit Adam gesündiget und das beständige Palatium verschertzet haben […] und hat ihme keiner kein Privilegium einzubilden von jener harten Sententz: Pulvis es Tu! du bist Erden/ und zu Erden must du werden. Das macht/ daß aus dem edlen Stand der Unsterblichkeit ein Exilium: aus dem lieblichen Paradiß die Welt für uns zur Wüste.[334]

Die Reisemetapher des Hebräerbriefes wird von den Predigern dazu genutzt, das vergängliche Wesen der Welt vor Augen zu stellen. Alles, was der Mensch in dieser Welt besitzt und genießt, wird vergehen, wie der Pfarrer Friedrich Schickhart (2. H. 17. Jhd.) mit Verweis auf Sir 14,20f. mahnt: »All vergänglich Ding muß ein Ende nehmen/ und die damit umbgehen fahren auch dahin.«[335] Ähnlich sagt Heunisch, ein Pilger »reiset […] fort/ und lässet alles dahinden/ nimt nichts mit sich«, ebenso wie der Mensch im Tod alles verlassen müsse.[336] »Zugeschweigen daß in diser Welt keine wahre und vollkomene Freud zu finden/ welche nicht mit vilem Creutz/ Elend und Widerwärtigkeit versaltzen ist«:[337] Die Lebensreise des Menschen sei voller Unruhe, Arbeit und Sorgen, wie Hiob müsse er »immer im Streit seyn auf Erden«, so Friedrich Schickhart (vgl. Hiob 7,1f. und 14,1f.).[338] Mit David klage der Mensch über die das Gewissen beschwerenden

---

332 Ebd., S. 7. Vgl. 1Petr 2,11.
333 Ebd., S. 7.
334 Johann Jacob Müller: LP auf Felix Wilhelm von Breitschwerdt 1680, S. 10.
335 Friedrich Schickhart: LP auf Felix Wilhelm von Breitschwerdt (gest. 1680), S. 8f.
336 Caspar Heunisch: LP auf Valentin Daniel Körnacher (gest. 1683), S. 8.
337 Friedrich Schickhart: LP auf Felix Wilhelm von Breitschwerdt (gest. 1680), S. 17.
338 Ebd., S. 21.

Sünden: »Herr/ deine Hand war Tag und Nach schwehr auf mir/ daß mein Safft vertrocknet/ wie es im Sommer dürr wird/ Psalm. 32. v. 4.«[339] Unter der Schwere des von Gott aufgeladenen Kreuzes leide der Mensch, so »daß ihme der Schweiß ausgehet/ und der Hertz=Bändel brechen möchte«.[340] Doch bleibe es nicht bei dieser bitterlich sauren Lebensreise,[341] sondern mit dem Tod habe der Mensch »auch einen Gang zu thun/ der macht ihm erst die rechte Sprüng/ und treibt ihn von einem Gemach/ von einer Stuben/ von einer Kamer in die andere.«[342]

Dass der Mensch auf dieser Welt nur ein Fremdling sei und keine sichere Wohnung, sondern lediglich ein Herbergszimmer habe, sei die Ursache des unsteten und unglücklichen Sein des Menschen, dessen Herz und Sinn stets nach der Heimat trachten, schreibt Petrus Wolfgang Meder 1683 in seinem Epicedium für den Schweinfurter Bürgermeister Valentin Daniel Körnacher.[343] Dieses Trachten nach der Geborgenheit in der Heimat nutzt auch Johann Schmauß in der Leichenpredigt auf Maria Rosina von Waldeck, wenn er, den *vanitas*-Gedanken einwebend, sagt, dass des Menschen Herz nicht an diese »kalte/ hungerige/ mörderische und vergifftete Herberg dieser Welt«[344] hängen möge, deren Wesen zwar »Fleisch und Blut annehmlich fürkommt/ und doch nichts anders als ein liederlicher Plunder« sei.[345] Die zeitlichen Güter, Ruhm, Reichtum oder Schönheit, würden dem Reisenden zu einer schweren Last und Bürde, so dass er klagen müsse: »Meine Sünde gehen über mein Haupt/ wie eine schwere Last/ sind sie mir zu schwer worden/ Psal. Xxxviii, v. 5.«[346] Die Bildwelten des bedrängten Pilgers werden in der Leichenpredigt von Friedrich Schickhart mit dem Leben eines jeden Christen parallelisiert:

> Massen unser Hertz ohne das immer den Jrrweg will/ Psalm. 94. v. 10. und zur Verführung gar geneigt ist; daher auch kommet/ daß ihrer vil des rechten Weegs verfehlen [...]. Mancher thut auf diser seiner Lebens=Reise einen grossen Sünden=Fall/ und stolpert einmal über das andere [...]. Mancher gerathet unter seine Feinde [...]. Die größte Gefahr aber haben wir vor dem höllischen Strassen=Räuber/ dem leidigen Teuffel selbsten/ der ist und heißt ein Mörder von Anfang/ Joh. 8. v. 44.[347]

Eben diese Irrwege und Stolpersteine macht Johann Schmauß zum Ausgangspunkt und Zentrum seiner Predigt, wenn er im *exordium* mit Ps 37,5 (›Befelh

---

339 Ebd., S. 22.
340 Ebd., S. 22 mit Verweis auf Ps 32,4 und Mt 11,20.
341 Vgl. ebd., S. 22.
342 Ebd.
343 Petrus Wolfgang Meder: Epicedium. In: Caspar Heunisch: LP auf Valentin Daniel Körnacher (gest. 1683), S. 63.
344 Johann Schmauß: LP auf Maria Rosina von Waldeck 1687, S. 23.
345 Ebd.
346 Ebd.
347 Friedrich Schickhart: LP auf Felix Wilhelm von Breitschwerdt (gest. 1680), S. 23.

dem Herrn deine wege/ vnd hoffe auff jn/ Er wirds wol machen‹) zur eigentlichen *tractatio* des Leichtextes Hebr 13,14 hinführt. Als besten und einzigen Ausweg aus den »verirrte[n] und verwirret Wege[n]«[348] des Pilgers, mithin als Erlösung von der schweren, bedrückenden Last des Reisebündels, stellt Schmauß Gott als Reisegefährten vor Augen. Alle »Creutzes= und betrübte Trauer=Wege/ die deinem Herzen Kummer und Qvaal/ großes Nachsinnen und Sorgen machen«,[349] solle der Angefochtene auf Gottes »breiten Rücken« abwälzen.[350] Schmauß bezieht sich im Folgenden auf Martin Luther, der in der Auslegung zu Ps 55,23 (›wjrff dein anligen auff den Herrn/ der wird dich versorgen/ Vnd wird den Gerechten nicht ewiglich in Vnruge lassen‹) eben dieses Bild aufgenommen und wider die Anfechtungen des Lebens stellte:

> Ach wer dis werffen wol lernen koendte, der wuerd erfaren, das es gewis also sey. Wer aber soelchs werffen nicht lernet, der mus bleiben ein verworffen, zuworffen, vnterworffen, ausgeworffen, abgeworffen vnd vmbgeworffen mensch.[351]

Schmauß nutzt diesen Gedanken sowohl mahnend als auch den trauernden und angefochtenen Christen in der Kirche Trost spendend. Das Werfen und Abwälzen der Wegeslast auf den Reisegefährten begegnet auch außerhalb der Leichenpredigten immer wieder als Trost in der Anfechtung und Stärkung des Glaubens, wie lutherische Trostschriften und Gebetbücher der Zeit eindrücklich beweisen.[352]

2. »Unser Leben ist gleich wie ein Schiffahrt«[353]

Der Reiz von unendlicher Weite, Abenteuer aber auch unbekannter Gefahr erhob das Seewesen schon in der antiken Dichtung zur Metapher und Allegorie des Lebens, worin sich eine lange Tradition begründen sollte:[354] Das Schiff des Le-

---

348 Johann Schmauß: LP auf Maria Rosina von Waldeck 1687, S. 4.
349 Ebd., S. 5.
350 Ebd., S. 4.
351 WA 48,53,6–9 (Bibel- und Bucheinzeichnungen zu Psalm 55).
352 So u.a. Paul Jenisch: Seelenschatz/ Das ist: Gründtlicher Bericht aus Gottes wort/ Christenlich zu leben/ vnd seliglich zusterben [...]. Jena 1595, hier S. 188: »Wer seine Sorge nicht auff Gott wirft/ sondern auff sich bleiben leßt/ der kan keinen wahren Trost haben: Sondern zaget/ zitteret/ vnd ist immer vnrühig vnd müß letstlich zu boden gehen [...]. Hergegen sein die [...] welche jhre Sorge auff den herrn werffen: vnerschrocken/ keck vnd mütig/ in [...] todes Noth vnnd Gefahr.« Ähnlich auch Salomon Glassius: Selecta Scripturae Divinae Davidicae Davidischer Schrifft=Kern. oder Geistreiche und Heilsame Betrachtungen [...]. Nürnberg 1658, hier S. 305.
353 Diese traditionsgeschichtlich bedeutende Sentenz stammt von Luther. Siehe WA TR 5,628,25 (Gleichniß eines Christen Lebens).
354 Vgl. Titus Heydenreich: Tadel und Lob der Seefahrt. Das Nachleben eines antiken Themas

bens wird von allerlei Sturmwinden hin und her bewegt und endet seine Fahrt stets im Hafen der Todesstunde.[355] Durch christliche Allegorisierung erlangt die Seefahrt in der Spätantike neue Bedeutung, wenn das Bild des Christen, der in allen Bedrohungen und irdischen Anfechtungen in Glaube und Vertrauen auf dem Schiff der Kirche den »Hafen der himmlischen Heimat« erreicht, gepriesen wird.[356] Dieser Gedanke führt zu dem von den Kirchenvätern so zahlreich christlich gedeuteten Mythos des Odysseus:[357] Der an den Mastbaum seines Schiffes gefesselte und sich so vor den Verlockungen der Sirenen gerüstete Homerische Held galt als Allegorie des standhaften Christen.[358] Ambrosius formulierte dieses Sinnbild folgendermaßen:

> Bene autem navigant, qui in navibus Christi crucem sicut arborem praeferunt atque inde explorant flabra ventorum, ut corpora sua dirigant ad sancti spiritus gratiam, in ligno domini tuti atque securi, nec permittunt naves suas vago fluctu errare per maria, sed ad portum salutis et ad consummationem gratiae cursus sui directione contendunt, ut fida statione potiantur, quo dissolutae cursus suos possint in resurrection reparae, ubi naufragium timere non possint.[359]

Wie im Sturm die Fahrt eines Schiffes durch Mastbaum und Antenne gesichert wird, so sichert die Kraft des Kreuzes die Fahrt der Kirche in den Hafen des Heils. Der Mastbaum des Kreuzes verankert das Heilsversprechen in der Kirche, mithin ein Heilsversprechen, welches an das standhafte Festhalten am Glauben an das Kreuz geknüpft ist. Die Rezeption antiker Autoren führte auch im Mittelalter zu einer Kontinuität vieler schifffahrt- und meeresbezogener Motive. In seinem enzyklopädischen Kompendium *De rerum naturis libri XXII* stellt etwa Hrabanus Maurus allegorische Verwendungsmöglichkeiten der Seefahrt zusammen, als deren Quelle allein die Heilige Schrift dienen soll.[360] Die seefahrtbezogenen Stellen der Bibel erhielten eine metaphorische Bedeutung, die in den folgenden Jahrhunderten nicht allein in Predigten, sondern darüber hinaus auch in Emblematik und Dichtung von Bedeutung sein sollte.

Das Bild des Meeres, des fließenden Wassers und der kräftigen Wellenberge nutzen auch die Leichenprediger des Barock als ein Sinnbild der immerwährenden Wanderschaft des Menschen im steten Dahinfließen der Zeit. Der Jesuit

---

in den romanischen Literaturen. Heidelberg 1970 (Studien zum Fortwirken der Antike 5), S. 55f.

355 Vgl. ebd., S. 56.

356 Ebd., S. 57.

357 Vgl. dazu Hugo Rahner: Griechische Mythen in christlicher Deutung. Freiburg im Breisgau 1992 (Herder-Spektrum 4152), S. 281–328 sowie ders.: Symbole der Kirche. Die Ekklesiologie der Väter. Salzburg 1964.

358 Vgl. Titus Heydenreich: *Tadel und Lob* 1970, S. 56.

359 Ambrosius von Mailand: Explanatio Psalmorum 47,13. In: Ders.: Opera Omnia. Tomus 1, Pars 1. Paris 1845 (Migne Patrologia Latina. Bd. 14), S. 1151.

360 Titus Heydenreich: *Tadel und Lob* 1970, S. 85.

Ernst Bidermann erkennt im Leben des Christenmenschen eine stete Wanderschaft und Flucht, die er mit der Rastlosigkeit des Wassers parallelisiert. Es sei eine »vnannembliche Zugab« zum »Edlen Geschenck deß Lebens«, dass es »dahin rinnete/ wie ein flüchtiger Wasserstrom«.[361] Ähnlich wie schon der Vorsokratiker Heraklit erkennt der Leichenprediger im fließenden Wasser ein Symbol der ständigen Veränderung der Wirklichkeit. Wie das Wasser unaufhörlich fließt, so gibt es auch in diesem Leben keinen Stillstand.[362] Bidermann stellt das Bild der einer ruhigen See gleichenden Unsterblichkeit antithetisch dem Land des Todes gegenüber, darin »wir vns […] wol keinen gedancken mehr einiges Stillstandes/ einiger beharlichkeit/ vnd gewißheit machen«.[363] Ungewissheit und stete Getriebenheit stellen dem Menschen beharrlich die Losung des Todes vor Augen. Wie die vom Wind aufgewühlten Wellen des Meeres nacheinander brechen und sich verlieren, so vergehe auch ein menschliches Leben nach dem anderen, »gleich als seheten sie jenen ernstlichen Befelch von dem Finger Gottes in dem Meersand verzeichnet: vsque huc venies, et non procedes amplius, et hic confringes tumentes fluctus tuos.«[364] Alles was er Mensch besitze, »alle […] Perlein vnd Meer=Muschlen/ alle Corallen/ vnnd Agstein«, würde ihm an dem »Uffer confiisciert vnd abgenommen«.[365] Neben diesem Gedanken der Eitelkeit beschreibt der Prediger auch die verschiedenen Lebensstufen des Menschen im Horizont des tobenden, aufbrausenden Meeres:

> Eines verliert sich nach dem anderen nach der Kindheit die Knabheit/ nach diser die blüende Jugend/ nach der Jugend die Mannliche Jahr/ vnd also fortan ein Alter nach dem anderen wie die hinfliessende Wellen […].[366]

Der Tod hole den Knaben ebenso wie den Greis, nach und nach werden sich alle »an dem verschraiten Meerschriffen deß Todts verstossen.«[367]

Der Wiener Barnabit Florentius Schilling stellt in einer Leichenpredigt, die 1668 in seiner Sammlung mit dem Titel *Catholisch Todten=Gerist* im Druck erscheint und als »Tugendt=Spiegel«[368] den Lebenden zu »denckwürdiger Erinnerung«[369] gegeben ist, die Flüchtigkeit und Unruhe des menschlichen Lebens

---

361　Ernst Bidermann: LP auf Ferdinand Karl von Österreich (gest. 1662), fol. A 2r.

362　Vgl. bes. die Fragmente 12, 49a und 91 des Heraklit. In: Heraklit von Ephesus: Fragmente. Griechisch/Deutsch. Hrsg. v. Bruno Snell. München [10]1989 (Sammlung Tusculum o. Nr.). Zum Niederschlag des *panta rhei* in Philosophie, Dichtung und Literatur siehe Ute Seiderer (Hrsg.): Panta rhei. Der Fluß und seine Bilder. Ein kulturgeschichtliches Lesebuch. Leipzig 1999 (Reclams Universal-Bibliothek 1677).

363　Ernst Bidermann: LP auf Ferdinand Karl von Österreich (gest. 1662), fol. A 2r.

364　Ebd., fol. A 2v. Vgl. Hiob 38,11.

365　Ebd.

366　Ebd.

367　Ebd.

368　Florentius Schilling: *Catholisch Todten=Gerist* 1668, Titelblatt.

369　Ebd., fol. A 2v.

vor Augen. Wie sich auf dem Meer von den »widerwärtigen/ vnd vngestümmen Winden« ein Schaum bilde, der sich jedoch ebenso schnell wieder verliere, werde der Mensch geboren »vnd verschwind zugleich«.[370] Die Sinnbilder des Lebens und des Menschen, die Schilling für seine Ausführungen nutzt,[371] wirken in ihrer Zuspitzung auf den Tod wie ein kräftiges *memento mori:*

> Dieß Wasser ist der Mensch: Omnes morimur, et quasi aquae delabimur in terram quae non revertuntur. Das Wasser gehet Thal ab/ eylt zu seinem Centro, vnd der Mensch zur Erden.[372]

Das Eilen des Menschen vergleicht Schilling mit Verweis auf Hiob 9,26 (›pertransierunt quasi naves poma portantes‹) mit einem Schiff, welches eilt, »ehe das Obs vbereinander sich mähfleckig wird/ verfault«, jedoch »wann es im besten Lauff begrieffen/ ligt/ scheitert es zu Zeiten. Auff diesem Rennschiff/ schifft der Mensch.«[373]

Ausgehend von Sir 43,26 und mit Verweis auf Gregor den Großen, vergleicht auch Georg Pistorius das menschliche Leben mit einer Schifffahrt.[374] Wie ein Schiff auf dem Meer werde der Mensch stets voran bewegt und das Lebensschiff unaufhaltsam und unerschütterlich dem Tode entgegen getrieben. Schon die Form eines Schiffes sei dem Leben des Menschen ähnlich: Der schmale und spitze Bug gleiche dem »Anfang vnseres Lebens«, dieser sei »gar schlecht/ nackend vnd ellend/ vnd mit Weinen«.[375] Wie sich ein Schiff in der Mitte weit ausbreitet, habe auch das »Leben/ da es in der Jugend vnd Mitten auch am aller vollkommesten ist/ das Ansehen/ als sey es etwas/ breitet sich offt weit auß/ vnd dunckt sich etwas zu seyn«.[376] Pistorius lässt hier eine *vanitas*- und *memento mori*-Symbolik anklingen, die er sodann weiter ausführt:

---

370 Ebd., S. 267. Vgl. Weish 5,15.
371 Vgl. ebd., S. 266: »Dieß vor vnsern Augen stehende Todtengerist [...] stellet vns vor ein Blum/ gegenwertig vns ein Hew/ zeigt vns ein Schaum/ last vns sehen ein Fewerfuncken/ führt vns zu Gemüth einen Rauch/ erinnert vns eines Schattens/ predigt vns von einem Wachs/ von einem Laub/ von einer Aschen/ zeigt vns an ein rinnendes Wasser/ einen schnell lauffenden Currier/ ein fahrendes Schiff/ vnd ein in wenig Jahren bestehende müheseelige Wanderschafft.«
372 Ebd., S. 268. Vgl. 2Kön 14,14.
373 Ebd.
374 Georg Pistorius: *Klaghauß* 1663, S. 122. Vgl. Gregor der Große: Opera. Bd. 4: Registrvm Epistvlarvm, Teil 4: Libri I–VII. Hrsg. v. Dag Norberg. Turnhout 1982 (Corpus Christianorum Series Latina 140), libri VI, epist. 6: »Vita nostra naviganti similis est: Is enim, qui navigat, stet, sedeat, jaceat, semper vadit, quia impulsu navis ducitur: Sic et nos vigilantes, sive dormientes, per momenta temporum quotidiè ad finem tendimus.«
375 Georg Pistorius: *Klaghauß* 1663, S. 122. Vgl. Hiob 1,21.14,1.
376 Ebd.

> Aber dises Schiff des Lebens ziecht sich bald widerumb in die Enge/ vnd endet sich/ wie
> es angefangen/ dann wie [...] Salomon sagt/ haben alle Menschen einen Eingang zum
> Leben/ deßgleichen auch einen Außgang.[377]

Das menschliche Leben, scheinbar voll Freude, Ruhm und schönen Dingen,
blende den Menschen und täusche ihm Herrlichkeit und Wohlgestalt vor. Doch
nehme der Mensch im Tode nichts von diesen Dingen mit.[378] Die Mitte des
Lebens, alles was darin vom Menschen erarbeitet, besessen und genossen werden könne, sei wie die »zergängliche Eitelkeit eines vorgehenden« Traumes.[379] So
verschmälere sich der Weg des Lebens auch wiederum eng dem Ende zu, wie ein
spitz zulaufendes Schiffsheck: »Ob wir schlafen oder wachen/ reden oder
schweigen/ so langen wir doch alle Augenblick zu dem End.«[380] Die Unbeständigkeit des Menschen in dieser Welt führt Pistorius weiter aus, wenn er zunächst
das stets fließende, hin und her strömende Meer mit dem ständigen Wandel des
Diesseits vergleicht:

> Also ist auch vnsers Lebens Schiffart villen Veränderungen vnderworffen: heut gehet
> vns wol/ morgen vbel; heut trawrig/ morgen frölich; heut reich/ morgen arm; heut in
> Ehren/ morgen veracht; heut gesund/ morgen kranck.[381]

Das unveränderlich Erscheinende befinde sich in einem ständigen Fluss. Und
mehr noch, die Schifffahrt des Lebens »auff dem Meer diser Welt« sei von vielen
Gefahren und Bedrohungen umgeben.[382] Pistorius reiht zahlreiche Belege der
Heiligen Schrift sowie christlicher und paganer Autoren aneinander, um seine
Ausführungen stützen und amplifizieren zu können. Die Spannung zwischen
unveränderlich und fließend, zwischen dem sicher geglaubten Leben und dem
unausweichlichen Tod, die Pistorius von Beginn der Leichenpredigt an aufbaut,
führt er in einem eindrücklichen Bild vor Augen: Die Schiffsleute des Lebensschiffes seien dermaßen großer Gefahr ausgesetzt, dass man nicht sicher sagen
könne, ob sie lebendig oder tot seien.[383] Der Lebende ist dem Tode näher als dem

---

377 Ebd., S. 122f. Vgl. Weish 7,6.
378 Vgl. Koh 5,14.
379 Georg Pistorius: *Klaghauß* 1663, S. 123.
380 Ebd., S. 124.
381 Ebd.
382 Ebd., S. 125.
383 Vgl. ebd., S. 124. Wahrscheinlich kommt dieser Gedanke von Bias von Priene. Vgl. etwa
     Pierre Boaistuau (Verf.)/Lorenz Rothmund (Übers.): Theatrvm Mvndi, Das ist/ Schauw-
     platz der Welt: Darinnen von ellend vnd arbeitseligkeit deß Menschen [...] gehandelt wirt.
     [...] Erstlich von H. Petern Boaysteau/ genannt Launay/ in Frantzösischer Sprach be-
     schrieben. Nun aber auß gemelter sprach in vnser gemein Teutsch trewlich vbergesetzt vnd
     gebracht Durch Laurentium Rotmundum Sangallensem [...]. Basel 1607, S. 98. Michael
     Steinmayr, Abt des Prämonstratenser-Chorherrenstift Osterhofen, vermehrt in seiner
     Predigtsammlung *Marianische Schatz=Cammer* Belege antiker Autoren, die das Leben im
     Horizont des tosenden Meeres deuten. Neben Bias habe auch Aristoteles die Gefahr der

Leben. Wenn das Schiff des Lebens in der Flut der Welt untergehe, durch Wasserwogen in Not gerate,[384] von großen und unbekannten Tieren geängstigt[385] oder an den Felsen der Sünde zerbrochen werde, ertrinkt der Mensch im Meer des Verderbens: »Es sey ausser Zweiffel/ der leyde die aller grewlichste Wassergefahr/ welcher in dem Gumpen [=Tümpel] der Sünden ersauffet«.[386] Pistorius macht das Sinnbild der *navigatio vitae* auf dem aufbrausenden Meer insbesondere in einer Mahnung fruchtbar:

> Dann gleichwie erstlich die/ so auff dem Meer Schiffbruch leyden/ allenthalben mit Wellen vnd Wasser vmbgeben; also der verdambten Seelen mit dem Abgrund vnd Flammen deß höllischen Fewers. Darnach wie die/ so Schiffbruch leyden/ die Händ vnd Füß außstecken/ ob sie ein Baum/ Gestreuß/ oder Felsen/ daran sie sich halten/ vnd saluiren möchten/ ertappen/ auch vmb Hülff schreyen; aber alles vmbsonst. Also werden die Verdampten in alle Ewigkeit vmbsonst vnd vergebens vmb Erledigung vnd Ringerung jhrer Peinen vnd Qualen ruffen vnd suchen/ dann da ist kein Hülff mehr. Vnd wie drittens die/ so schiffbruch leyden/ endtlich in jhrem Leben selbsten verzagen/ also werden die Verdambten in ewiger Verzweifflung jhres Heyls seyn vnd bleiben.[387]

Wer ohne Schiffbruch der Seele das Lebensmeer überqueren und im Hafen der »ewigen Glory« anlegen wolle, den mahnt der Prediger zu »H. Beicht vnd Communion«, Gebet sowie Frömmigkeit und Gerechtigkeit.[388] Die katholische *ars moriendi* wird von Pistorius zum Kern der kurzweiligen und fröhlich anmutenden Schifffahrt des Lebens, ist dieses doch unter dem Stern der Eitelkeit nichts als stetes Rinnen zum Tode.[389]

Spitzen die bisher vorgestellten katholischen Leichenprediger die Schiffs- und Meeresmetaphorik besonders auf die letzte Stunde des Menschen zu, nutzen dagegen lutherische Theologen die Bilder der tosenden Wellen und aufbrausenden Winde, um den Leidtragenden auf der Lebensreise Trost zu spenden und ihren Glauben und ihr Vertrauen auf Gott zu stärken. Das Trauergedicht, welches Caelestinus Schröer der Verstorbenen Regina Schröter widmet, geht ausführlich auf das Leben ein. Dieses sei voll »klagen/ heulen« und »weh«.[390] Und doch sei

---

Schiffsfahrenden erkannt, wenn er sagt, diese würden doppelt sterben, da ihr Leben niemals sicher sei, bis sie an den Port gelangen. Ähnlich erkenne auch Seneca das Leben als eine Schifffahrt zwischen Leben und Tod. Vgl. Michael Steinmayr: Marianische Schatz=Cammer. Mit Zwölff guldenen Credentz=Schalen bereichet. Das ist: Zwölff Monatliche Abends=Predigen Von der Krafft/ Verdienst/ vnd Nutzbarkeit deß Allerheiligisten Rosen-Crantzes/ Vorgestellt durch Zwölff Päschi […]. Fünffter Thail. München 1690, S. 170.

384 Vgl. Ps 92,4 Vulg.
385 Vgl. Ps 103,25 Vulg.
386 Georg Pistorius: *Klaghauß* 1663, S. 125. Zu *Gumpe* siehe Grimm: DWb, Bd. 9, Sp. 1097.
387 Ebd.
388 Vgl. ebd., S. 126.
389 Zur *ars moriendi* vgl. Kap. III.B.2.7.
390 Caelestinus Schröer: Epicedium. In: Polycarp Leyser: LP auf Regina Schröter (gest. 1630), fol. D 4r/v, hier fol. D 4v.

dieses Leben hoch zu achten, da es »wie denn sonst alles in der Welt von Gott«[391] bereitet sei. Darum kann der Verfasser dem »Meer der Trawrigkeiten«[392] die himmlische Ruhe des Heimathafens nicht allein entgegenstellen, sondern sie schon im Leben als Trost greifbar machen.

Die häufige Dreiteilung der Epicedien in *lamentatio, laudatio* und *consolatio* bietet den Verfassern viele Möglichkeiten meeresbezogene Sinnbilder anzuwenden. So vergleicht Caspar Graff in seiner *Ode Jambica*, die der Leichenpredigt auf Veronica Sommer beigegeben ist, Wind und Wellen der Seefahrt mit Angst und Pein des christlichen Lebens:

> Die Zähren sind das Meer/
> Die Sorg/ Angst/ und Beschwer
> > Sind tausend grimme Wellen/
> Die sich mit grossen krachen
> Stets unser Schiff und Rachen
> > Bemühen zu zerschellen.[393]

Der wilden See, in der die Trauergemeinde noch Gefahren ausstehen müsse, sei Veronica Sommer bereits entkommen. Graff nutzt auch das klassische Element der *laudatio*, das er mit dem lutherischen *sola fide* verknüpft: Die Standhaftigkeit der Verstorbenen ist deshalb lobenswert, da sie auch in der Widerwertigkeit des Lebensmeeres stets an ihrem Glauben festhielt:

> Sie hat wie Sie gesolt
> Allein auff Gottes Huld
> > Und Christus herbes Leiden
> Die Segel lassen fliegen
> Und sich nichts lassen biegen
> > Noch von demselben scheiden.[394]

Auch in emblematischen Darstellungen finden sich die Bilder des tosenden Meeres. Ein Emblem des lutherischen Theologen und Dichters Laurentius Wolfgang Woyt etwa zeigt in der *pictura* ein Schiff, das im Meer vom Wind getrieben auf schroffe Felsen und Sandbänke zusegelt. Das Motto *Mit ängsten durch zu kommen* wird in der *applicatio* auf das Leben eines Christenmenschen gedeutet:

---

391 Ebd.
392 Ebd.
393 Caspar Graff: Ode Jambica. In: Christoph Preunel: LP auf Veronika Sommer (gest. 1658), fol. H 3r–4v, hier fol. H 3r.
394 Ebd., fol. H 3v.

Wie die Meeres=Wellen sind/ und der ungestümme Wind; also ist allhier auf Erden/ unser Lauff voller Beschwerden. Und kan die Seele auch wohl an einer Sünden=Klippe auf ewig Schiffbruch leyden.[395]

Die zuerst 1693 in Augsburg erschienene und mehrfach aufgelegte *Emblematische Gemüths=Vergnügung*, die als Enzyklopädie emblematische Muster für bildende Künstler und Kunsthandwerker versammelt, zeigt in einem »Sinn-Bild« ein den Hafen erreichendes Schiff. Das Motto *Spes proxima* wird nicht weiter kommentiert, das Emblem bleibt in der Funktion als Mustervorlage mehrdeutig. Doch ließe sich das Sinnbild leicht auf das Lebensschiff, das nach stürmischer Fahrt den Hafen des Heils erreicht, deuten.[396]

Auch die lutherischen Leichenpredigten stellen den Hafen als sicheres Ziel der Schiffsfahrt und bleibende Heimat der Schiffsleute heraus. Bereits Luther hatte dieses Bild in seinem *Gleichniß eines Christen Lebens* mit der tröstlichen Verheißung des ewigen Lebens parallelisiert:

> Denn gleich wie die Schiffleute fur ihnen haben den Port, nach und zu welchem sie ihre Fahrt richten [...] da sie sicher und aus aller Gefahr sind; also ist uns die Verheißung des ewigen Lebens auch geschehen und gethan, daß wir in derselben gleich wie in einem Port fein sanft und sicher ruhen sollen.[397]

Mehr noch als den sicheren Hafen des ewigen Lebens, den zu erreichen das Ziel einer jeden Lebensreise sei, versichert Luther seine Adressaten auch in der Gefahr der Seefahrt des verheißenen Heils. Der Reformator weiß um die schwere Last der Lebensreise, wenn er sagt, das Schiff dieser Reise sei »schwach« und würde durch »große, gewaltige, fährliche, ungestüme Winde, Wetter und Wellen« bedroht werden.[398] Daher rät Luther, stets dem Steuermann zu vertrauen:

> So bedürfen wir wahrlich wol eines verständigen, geschickten Schiffmannes und Patrons, der das Schiff mit seinem Rath und Verstand also regiere und führe, daß es nicht irgend, entweder an ein Steinklippe anstoße oder gar versaufe und untergehe.[399]

---

395 Laurentius Wolfgang Woyt: Emblematischer Parnassus: Worauf die Musen, ihre Blumen=Lese/ zu allerhand Freuden und Trauer=Kräntzen halten/ um/ den Lob=werthen Tugend=Chor/ durch angenehme Rosen; Hergegen/ Das ungezähmte Laster=Thun mit wildem Dorn= und Distel=Flor zu krönen [...]. Jn dreyen verschiedlichen Theilen verfaßten/ auf allerley Begebenheiten/ zweymal/ nemlich Geist= und Weltlich=applicirten [...] Sinn=Bildern [...] ausgefertigt. Erster Theil. Augsburg 1747 ([1]1727), S. 31, Tafel 15, 178 u. Kommentar S. 125.

396 Emblematische Gemüths=Vergnügung bey betrachtung 715 der curieusten und ergözlichsten Sinnbildern mit ihren zuständigen Teutsch= Lateinisch= Französ= und Italianischen beyschrifften. Augsburg 1693, Tafel 3, Bild 3.

397 WA TR 5,628,25–29.

398 Ebd., 29–31.

399 Ebd., 31–33.

Schutz finde der Glaubende also bei dem Reisegefährten, der den Menschen im Unglück den rechten Weg weist. Dieser Gefährte kann allein Gott sein, »der das Schiff nicht alleine will, sondern auch kann regieren und erhalten«.[400] Gott habe auch verheißen, dass er in der größten Not des Lebens, in Krankheit, Leid und Trauer dem Menschen beistehe, dass er »unversehret und unzubrochen, ganz ans Ufer und an Port kommen möge.«[401]

Auch die lutherischen Leichenprediger bedienen sich Sinnbilder, die im Horizont des Meeres und der Schifffahrt die Vergänglichkeit und Mühe des menschlichen Lebens ausmalen. Der Wolfenbütteler Superintendent Heinrich Wiedeburg formuliert im Anschluss an Weish 5,10–12, dass das Leben vorüber fahre, »wie ein Schiff auff den Wasserwogen« und keine Spur oder »Ban in der Flut« hinterlässt.[402] »Wie ein Strom nimmer stille stehet [...] ists mit vnserm Leben auch gethan/ das stehet nimmer stille/ sondern es ist in perpetuo fluxo.«[403] Mit diesen Worten erinnert der Prediger im Horizont des fließenden Meeres an die Kürze des menschlichen Lebens. Die dahingeflossenen Tage seien nicht wieder zu bringen und jede Stunde, die »so schnell/ ja auch so verborgen« vergehe, könne die Letzte sein.[404] Daraus folgert Wiedeburg eine Mahnung, die das lutherische *sola fide* ebenso wie das *solus Christus* im Leben der Gläubigen, sei es noch so vergänglich und mühselig, verankert:

> Was wil sich denn anderst gebühren/ denn das wir alle Tage vnd Stunden [...] vns wol durchforschen/ ob vnser Leben auch recht beschaffen/ das Christus in vns/ vnd wir in Christo verharren/ vnd bleiben können?[405]

Wer Christus, den »Herzog des Lebens«, durch den Glauben in seinem Herz wohnen lasse, dem schaffe der Gottessohn »ein newes Hertze/ [...] einen gewissen Geist/ newen Muth/ newe Sinne« und einen »newen Willen«.[406] Was Wiedeburg hier formuliert, kann schon Luther in seinem Gleichnis mit Gott als dem Schiffsherren parallelisieren. Wer glaubt, dem stehe der »Regent« Gott stets bei:

> Er hat aber verheißen, daß er uns will beystehen, wenn wir ihn nur um Regierung und Hülfe, Schutz und Schirm fleißig bitten und mit Ernst anrufen; und so lange wir diesen Schiffherrn bey uns haben und behalten, so hats kein Noth, und kommen aus allem

---

400 Ebd., 34f.
401 Ebd., 36f.
402 Heinrich Wiedeburg: LP auf Margaretha Heil (gest. 1630), fol. B 3v.
403 Ebd.
404 Ebd., fol. C 3r.
405 Ebd.
406 Ebd., fol. C 2r. Wiedeburg spricht hier geradezu von einem »Neukreationsprozess«: Wer Christus im Glauben in seinem Herz wohnen lasse, wird neuer Mensch, der auch im mühevollen Leben stets sicher und ruhig wandeln kann.

Unglück, daß uns die grausamen Winde und Wellen nicht schaden noch bedecken können.[407]

Ähnlich wie Wiedeburg mahnt Luther, den »Schiffherrn und Regenten« nicht »muthwilliglich ausm Schiff« zu werfen.[408] Wer nicht glaubt, könne sich im Unglück nicht auf die Zusage Gottes verlassen und müsse in seinem »Schiff umkommen und verderben«.[409] Der Hafen der Sicherheit, das himmlische Jerusalem, ist allein im Festhalten an Christus ohne Schiffbruch zu erreichen. Ein Gedanke, den die Kirchenväter in ihrem Bild des Kirchenschiffes auf den Mastbaum als das Symbol des Leidens Christi zugespitzt hatten.

3.   Weitere *parabolae* des menschlichen Lebens

3.1.   Das Jammertal der Welt

Im Jahr 1698 verstirbt Katharina Ehrengard von der Wense, nachdem »sie nun etliche Jahre her fast mit steter Kranckheit behafftet gewesen.«[410] Die Leichenpredigt, die der Holdenstedter Prediger Johann Christoph Syring hielt und ein Jahr später »auf Begehren« in den Druck gab,[411] durchschreitet in einer zweifachen *partitio* den Vers Joh 16,33 (›In der Welt habt ihr Angst/ aber seid getrost/ ich habe die Welt überwunden‹): »Erstlich wie Christus denen frommen Christen andeutet/ daß sie in der Welt Angst haben werden« und darauf, wie sie in Christus auch im größten Leid kräftigen Trost hätten.[412]

> Es hatte Christus seinen lieben Jüngern angedeutet/ wie sie in Jhm Frieden hätten/ damit sie nun aber nicht etwa gedencken möchten/ als redete Er von dem irdischen oder eusserlichen Friede und andeuten wolte/ daß Sie in guter Ruhe und Friede in der Welt leben würden/ so fährt er weiter fort und sagt: In der Welt habt ihr Angst.[413]

Syring beginnt den ersten Teil seiner Auslegung mit den Worten Christi, die den Jüngern schwere Trübsale und große Angst ankündigen. Dass dies auch erfüllt worden sei, belege Paulus, wenn er in 1Kor 4,9–13 die Apostel als die »Allergeringsten« bezeichnet, die gar »dem Tode übergeben« seien. Was Christus seinen Jüngern andeutete, gelte nach Mk 13,37 und Eph 2,20 der »gantzen Christlichen Kirche und allen frommen und recht gläubigen Christen«:[414]

---

407 WA TR 5,628,38–41.
408 Ebd., 42.
409 Ebd., 42; 629,1.
410 Johann Christoph Syring: LP auf Katharina Ehrengard von der Wense 1699, S. 9.
411 Ebd., Titelblatt.
412 Ebd., S. 4.
413 Ebd., S. 5.
414 Ebd., S. 6.

Wie diese Worte Christi an Jhnen sind erfüllet worden/ also werden sie auch noch an uns erfüllet/ denn wir ja vieler und mannigfaltiger Wiederwertigkeit/ Traurigkeit/ Creutz/ Bekümmernis/ Sorge/ Angst/ Gefahr/ ja allerley Schwachheit und Krankheit müssen unter worffen seyn/ biß wir unsere sterbliche Hütten ablegen und zur Himmlischen Freud und Seeligkeit gefordert werden.[415]

Die Verstorbene sei viele Jahre in dieser angst- und gefahrvollen Welt gefangen gewesen.[416] Mit den Worten »Wir unter dessen« führt Syring seine Ausführungen in die *applicatio*: Die Adressaten der Leichenpredigt müssen noch Angst empfinden, sie stehen ganz in der Trübsal der Welt und müssen jeden Tag neues Unglück erfahren:[417] »Auswendig« sei »Streit/ inwendig Furcht«.[418] Erneut lässt Syring die Vorbilder der Heiligen Schrift sprechen, um dem Leid der Trauergemeinde Sprache zu verleihen. Mit Davids Klage in Ps 38,18 (›Denn ich bin zu leiden gemacht/ Vnd mein schmertzen ist jmer fur mir‹) und Hiobs Worten in Hiob 6,2 f. (›Wenn man meinen jamer wöge/ vnd mein Leiden zusamen in eine Wage legte. So würde es schwerer sein/ denn sand am meer‹) verbalisiert der Prediger das Leid des Lebens.[419] Diese Verse der Heiligen Schrift nutzen viele lutherische Leichenprediger, wenn sie das Wesen der Welt aus Sicht des darin geängstigten Menschen beschreiben. So zieht der Superintendent Polycarp Leyser aus dem Psalm Davids die Erkenntnis, dass »kein Mensch zu finden sey/ der nicht auch Schmertzen im Leben empfunden«.[420] Eine Leichenpredigt Georg Wolff Wenners (1. H. 17. Jhd.) nutzt die Klage Davids aus Ps 38 zur Erklärung des Leichtextes Ps 73,25 f. (›Wenn ich nur dich habe/ so frage ich nichts nach Himel vnd Erden. Wenn mir gleich Leib vnd Seele verschmacht/ So bistu doch Gott alle zeit meines hertzen Trost/ vnd mein Teil‹) und verbindet damit aufeinander bezogen verschiedene Kapitel der Bibel.[421] Es ist besonders der Psalter, der den Predigern die Möglichkeit bietet, das erlebte Leid der Gemeinde in eine Sprachwelt einzubetten, die den Adressaten zugänglich ist.[422] Der Psalter ist laut Luther ein »mit lebendiger Farbe« gemaltes Bild der Christenheit:[423] Wie ein Spiegel machen die Worte des Psalters menschliche Erfahrungen sinnfällig und

---

415 Ebd.
416 Vgl. ebd., S. 9.
417 Vgl. Mt 6,34.
418 Johann Christoph Syring: LP auf Katharina Ehrengard von der Wense 1699, S. 6. Vgl. 2Kor 7,5.
419 Vgl. ebd., S. 7.
420 Polycarp Leyser: LP auf Catharina Behr (gest. 1632), fol. A 2v.
421 Vgl. Georg Wolff Wenner: LP auf Anna Barbara Lips 1648, S. 5.
422 Zur großen Bedeutung des Psalters bei Luther siehe Günther Metzger: Gelebter Glaube. Die Formierung reformatorischen Denkens in Luthers erster Psalmenvorlesung, dargestellt am Begriff des Affekts. Göttingen 1964 (Forschungen zur Kirchen- und Dogmengeschichte 14), bes. S. 55 f.
423 WA DB 10/I 104,5–9 (Vorrede auff den Psalter 1545).

treffen in dieser Ansprache das Innerste des Menschen.[424] Auch Hiob wird von den Predigern immer wieder als biblisches Vorbild des leidvollen Daseins in der Welt genutzt. »Der Teuffel/ die Welt/ Freunde und Feinde nagen und plagen/ quälen und ängstigen« den Menschen, sagt etwa Balthasar Kupfer (1607–1671)[425] das Waagschalen-Gleichnis Hiobs nutzend.[426] Johann Schmauß, Theologe und Prediger in Hof, verknüpft die biblische Pilgermetaphorik mit dem Bild des mühevollen Lebens nach Hiob 6,2 f.: Der Weg des Lebens sei »mit eitel Scheer=Messern beleget/ und mit lauter Dornen bestreuet«, das leidvolle Leben würde auf dem Weg zur himmlischen Heimat zu einer schweren Last, die den Menschen bedrückt.[427]

Die Leiden Christi auf das menschliche Leben beziehend, findet auch David Sieber in der Heiligen Schrift Bilder, um das Leid der Gemeinde in Worte zu fassen. Zunächst exegiert der Prediger den Leichtext Jes 53,8 (›Er ist aus der Angst und Gericht genommen/ wer wil seines Lebens Länge ausreden‹). Demnach rede der Prophet »von niemand anderst/ als von unserm Hochverdienten Herrn und Heiland Christo Jesu«,[428] der »in seiner Passion der aller Verachtest und Unwerthest gewesen/ voller Schmertzen und Kranckheit.«[429] Sieber schreitet mit den Zuhörern die Orte der Passion Christi ab, er spricht die Zuhörer geradezu in die Textwelten der Schrift hinein und macht das Gesagte sicht- und erlebbar. Die parallele Aneinanderreihung der Leiden Christi in immer gleichen Satzgliedern vertieft das Gesagte und fängt den Hörer mit jeder Station immer fester ein:

> Durch die Angst und durch das Gericht wird allhier gemeinet und verstanden/ die Angst und das Creuz=gericht/ welches über ihn ergangen in Horto [...] da er mit dem Tod gerungen und blutigen Schweiß geschwitzet/ da er wie ein armes/ elendes/ zerquetschtes Erden-würmlein sich hin und her gewältzet und geseufzet [...]. Es wird dadurch gemeinet/ die Angst und das Creutz=Gericht/ welches über ihn ergangen in Palatio [...] da er fälschlich angeklagt/ schmählich verspottet schändlich verspeiet/ und schmerzlich in sein heiliges Angesicht ist geschlagen worden. Es wird dadurch gemeinet die Angst und das Creutz=Gericht/ welches über ihn ergangen in Pilati Praetorio [...] da er auf mancherlei Weiß verklaget und verspottet/ mit stachlichten spitzigen Dornen gekrönet/ und dermassen gepeitschet und gegeiselt worden/ daß das rosinfarbe Blut Hauffenweis über seinen heiligen Leib ist geflossen und geschossen. Es

---

424 Vgl. Ps 90,8.
425 Zu Kupfer vgl. Christian Wilhelm Spieker: Beschreibung und Geschichte der Marien- oder Oberkirche zu Frankfurt an der Oder. Ein Beitrag zur Kirchen- und Reformations-Geschichte der Mark Brandenburg. Mit 5 lithographirten Blättern. Frankfurt an der Oder 1835, S. 318 f.
426 Balthasar Kupfer: LP auf Johannes Philipp Lüdeke 1670, fol. B 3r.
427 Johann Schmauß: LP auf Maria Rosina von Waldeck 1687, S. 8.
428 David Sieber: LP auf Georg Friedrich Seufferheld 1687, S. 7.
429 Ebd., S. 8.

wird dadurch gemeinet die Angst und das Creutz=Gericht/ welches über ihn ergangen in monticulo, auf dem Berge Golgatha/ der er mit dreien spitzigen Nägeln an Stammen deß Creutzes genagelt [...] und daran schmählich ertödet worden/ daß er geseufzet und geruffen/ Eli, Eli, lama asabthani.[430]

Den Höhepunkt erreicht der Passus in dem Ausruf Christi (Mt 27,46): ›Mein Gott/ mein Gott/ Warumb hastu mich verlassen?‹ Die scheinbare Einsamkeit und Verlassenheit auf der Lebensreise sind häufig wieder kehrende Motive, die besonders von den lutherischen Leichenpredigern stets in einem Sachzusammenhang von Diesseits, Wanderschaft und Trübsal verarbeitet werden.[431] Nach diesem langen Exordium kommt der Leichenprediger zur Hauptlehre seiner Ausführungen: Jesaja rede zwar eigentlich und »primario« von dem Messias, doch gelten seine Worte »secundario« auch allen frommen Christen, die darin mit Christus verglichen werden können.[432] »Gleich wie nun Christus der Herr viel und manchmahl im Angst= und Creutz=Gericht gestecket«, seien auch fromme und gläubige Christen dieser Zeit Leid, Traurigkeit, Tränen und Elend unterworfen.[433] Dies bezeugen die hellen und klaren Worte der Heiligen Schrift:[434]

Der Gerechte muß viel leiden sagt David/ Psalm. 34. v. 20. Du Herr speisest dein Volk mit Threnen=brot/ und tränckest sie mit grossem Maaß voll Threnen [...]; Angst und Noth ist ihr täglich Brot/ Psalm. 80. v. 6. Welchen der Herr liebet/ den straffet er [...] Prov. 3. v. 12.[435]

Wer Christus nachfolgen wolle, der müsse das Kreuz dieser Welt auf sich nehmen und sich darin gänzlich dem Willen Gottes ergeben, paraphrasiert Sieber die Schrift weiter.[436] Auch die Spannung zwischen dem Hier und dem Dort der zukünftigen Heimat im Himmel zieht der Prediger aus der Schrift: »Durch viel Creutz und Trübsalen müssen wir in das Reich Gottes/ in die zukünfftige Herrligkeit deß Ewigen Lebens eingehen/ Actor. 14. v. 22.«[437] Die gerade im Leid erlebte Gleichzeitigkeit zwischen der bedrückenden Nähe Gottes einerseits und der beängstigenden Abwesenheit Gottes andererseits, die der Prediger bereits im Bild des Gekreuzigten auf Golgatha aufwarf, kommt nun erneut zur Sprache: »Proximus Deo, plenissimus flagellis, Je näher Gott/ je grösser Ruth.«[438] Hier klingt ein Gedanke an, der in den frühneuzeitlichen Leichenpredigten häufig zu

---

430 Ebd., S. 8.
431 Siehe den Exkurs Hiob.
432 Vgl. David Sieber: LP auf Georg Friedrich Seufferheld 1687, S. 8.
433 Ebd., S. 9f.
434 Zum lutherischen Schriftverständnis siehe Kap. III.B.2.5.
435 David Sieber: LP auf Georg Friedrich Seufferheld 1687, S. 10.
436 Vgl. ebd. Sieber nutzt hier Mk 8,34; 2 Kor 10,5; Gal 5,24; Mt 16,24.
437 Ebd. Weiter verweist Sieber auf Röm 8,29 und 2 Tim 3,12.
438 Ebd.

finden ist:[439] Gerade der fromme, gottliebende Mensch muss leiden in dieser Welt. Neben der tröstlichen Botschaft dieses, besonders auf Ps 34,20 bezogenen Bildes lassen sich darin auch die *parabolae* des menschlichen Lebens erkennen. »Leid«, »Ungemach«, »Unglück«,[440] »Traurigkeit« und »Creutz«[441] sowie »Hertzens-Angst«,[442] »Leibes-Schmertzen«[443] und »Todes-Noth«[444] sind Begriffe und Sinnbilder, die das Leben des Christenmenschen beschreiben. Die Leichenpredigtsammlung *Schola Mortis* des bedeutenden Theologen und geistlichen Dichters Johann Heermann sammelt die biblischen Bilder des Lebens in einer Leichenpredigt mit dem Titel *En Nunctia Laeta! Sepulcra Quieta. Der Fromme nach dem Todt/ Empfindet keine Noth*:[445]

> So lange diß Leben wäret/ findet sich bey dem menschen Mühe vnd arbeit/ Unruhe vnd Beschwerlichkeit. Seine Tage sind wie eines Tagelöhners. Er muß gehen/ stehen/ sitzen/ rennen vnd lauffen/ reiten vnd fahren/ arbeiten vnd sich abmergeln […]. Dannenhero klaget vnd sagt der weise Mann Syrach: Es ist ein elend jämmerlich Ding vmb aller Menschen Leben.[446]

In diesem Passus stützt sich Heermann auf Verse der Heiligen Schrift, die in vielen Leichenpredigten überkonfessionell das Leben dieser Welt vor Augen stellen: Ps 90,10; Hiob 7,1 und 14,1 sowie Sir 40,1–4. Die Leichenpredigtsammlung des katholischen Theologen Johann Lorenz Helbig reiht die Bilder der Welt in der Gegenüberstellung von Jenseits und Diesseits aneinander, um darin den Weg des Menschen fassen zu können:

> Von diesen unseeligen/ trübseeligen/ müheseeligen/ armseeligen/ unglückseeligen/ gefährlichen und beschwerlichen zu dem ewigen glückseeligen Leben/ von dieser schnöden Welt zu dem Himmel/ von der Mühe und Arbeit zu ewiger Ruhe/ von den falschen Menschen zu dem treuen Gott/ und von der That der Trübsal zu den himmlischen Freuden.[447]

---

439 Andreas Heinrich Bucholtz: LP auf Arend Möller 1663, fol. B 2v, B 3r; Zacharias Herrmann: LP auf Rosina Keil (gest. 1687), S. 15.
440 Petrus Böswetter: LP auf Adam Erdmann von Zedwitz 1660, fol. B 1r.
441 Johann Christoph Syring: LP auf Katharina Ehrengard von der Wense 1699, S. 6.
442 Johann Andreas Lucius: LP auf Sophie Löbe (gest. 1664), fol. A 2r.
443 Ebd.
444 Ebd.
445 Johann Heermann: Schola Mortis: Todes=Schule: Das ist: Ander Theil Christlicher LeichPredigten: Darinnen wir Sterbliche/ Selig zu sterben richtig vnterwiesen; wider Noth vnd Todt kräfftig getröstet; vnd für Sicherheit trewlich gewarnet werden. Leipzig, Breslau 1628, S. 255.
446 Ebd., S. 259.
447 Johann Lorenz Helbig: *Traurige Gedancken* 1704, S. 483.

Gerade in dieser antithetischen Einheit von Hier und Dort, die sich etwa auf Apg 14,22 bezieht, offenbart sich der Zustand des menschlichen Lebens.[448] Die Herrlichkeit der himmlischen Heimat ist nicht allein ein Trostargument lutherischer und katholischer Prediger. Der Pastor der lutherischen Gemeinde in Lissa, Zacharias Herrmann, hält 1687 eine Leichenpredigt auf Rosina Keil.[449] Der Leichtext Ps 73,25 f., ein sehr beliebter Bibelvers der frühneuzeitlichen lutherischen Leichenpredigten,[450] wird zunächst auf das Leben der Verstorbenen gedeutet. Dazu bedient sich der Prediger solcher Schriftbelege, die auf das Leiden der Welt eingehen und dieses im Kontrast zu der Ruhe und Herrlichkeit des himmlischen Jerusalems deuten:

> Ob wol wir Menschen mit unserm Leiden den Himmel und die ewige Seeligkeit nicht verdienen/ sondern Christus mit seinem aller=unschuldigsten Leiden uns solches verdienet hat [...] so bereitet uns gleichwol Gott der Herr durchs Creutz zur ewigen Herrlichkeit/ wie S. Paulus bezeuget im 8. Cap. der Epistel an die Römer/ da er sagt: Welche Gott zuvor versehen hat/ die hat Er auch verordnet/ daß sie gleich seyn sollen dem Eben=Bilde seines Sohnes/ nemblich/ hier im Leiden/ und dort in der Herrlichkeit.[451]

Die Wirkung der Paränese und Tröstung erhält innerhalb der Spannung des Hier und Dort ihre eigentliche Kraft. Obgleich der leidende Kreuzträger die Seligkeit nicht verdienen und durch keinerlei Werke aus eigener Kraft erwerben könne, wie Herrmann zunächst mahnend festhält, so darf der glaubende Mensch gewiss sein, hernach in die Herrlichkeit erhoben zu werden, wie der Prediger mit 2 Tim 2,12 und Röm 8,17 ausführt.[452] Dieser Passus des lutherischen Predigers kann als interkonfessionelle Bezugnahme gedeutet werden. Während die römisch-katholische Kirche an einem Bedingungszusammenhang zwischen einem an göttlichen Geboten orientierten christlichen Lebenswandel und der Heilserlangung festhält und damit die Antwort auf die Heilsfrage offen lässt,[453] ist für Luther die Gewissheit der Gnade Gottes allein im Eintreten Christi für die Sünden der Menschen offenbar.[454] Das Heilswirken Christi bedarf keines

---

448 Vgl. David Sieber: LP auf Georg Friedrich Seufferheld 1687, S. 10; Zacharias Herrmann: LP auf Rosina Keil (gest. 1687), S. 4.

449 Zacharias Herrmann: LP auf Rosina Keil (gest. 1687).

450 Vgl. u. a. Heinrich Ernst Fischhaupt: LP auf Anna Sophia von Münchhausen (gest. 1696); Georg Wolff Wenner: LP auf Anna Barbara Lips 1648; Balthasar Eder: LP auf Philipp Persius 1644; Abraham Calov: LP auf Dorothea Kunad 1655; Simon Struve: LP auf Johannes Schönermarck 1645; Gottfried Glück: LP auf Helena Susanna aus dem Winkel (gest. 1686).

451 Zacharias Herrmann: LP auf Rosina Keil (gest. 1687), S. 3.

452 Vgl. ebd., S. 4.

453 Vgl. dazu das Dekret über die Rechtfertigung des Tridentinums, Kap. 9: »cum nullus scire valeat certitudine fidei, cui non potest subesse falsum, se gratiam dei esse consecutum.« In: Denzinger, Nr. 1534.

454 Vgl. BSELK 176, 14–22 (Apologie der Confessio Augustana 4).

menschlichen Zutuns, allein das Vertrauen auf die um Christi willen verheißene Barmherzigkeit kann die Rechtfertigungsgnade ergreifen. Die Gewissheitsfrage also ist in beiden Konfessionen auf die Rechtfertigungs- und Gnadenlehre bezogen. Doch können lutherische Leichenprediger, wie etwa Herrmann, die Heilsgewissheit von einer menschlichen Mitverwirklichung – die doch immer unsicher und ungenügend bleiben muss – lösen und sie allein an das allmächtige Erbarmen Gottes binden.[455]

Im Gegenüber von Hier und Dort zeuge auch die Heilige Schrift, so der lutherische Prediger aus Lissa weiter, von den Leiden der Heiligen, »die nunmehr im Himmel triumphiren«:[456] »Sie sind kommen aus grossen Trübsal«[457] und »durch viel Trübsal eingegangen ins Reich Gottes«.[458] In der *applicatio* dieser Ausführungen kommt Herrmann auf die Leiden der Verstorbenen zu sprechen, denn auch sie habe viel Angst in dem Jammertal der Welt erdulden müssen.[459] Ähnlich gewinnt auch Johann Andreas Lucius das Bild der Welt aus der Betrachtung der zukünftigen Stadt: »Da wird kein Leid/ keine Sünde/ keine Krankheit/ und Schwachheit/ keine Schmertzen/ Noth oder Tod mehr seyn.«[460]

Die Welt, so ließe sich mit den Worten der Leichenprediger beider Konfessionen sagen, ist voller »Wiederwertigkeit«.[461] Darunter versammeln die Prediger Bilder von Sorge und Betrübnis ebenso wie leibliche und geistliche Anfechtungen. Das elende Leben sei voller »Schmertzen/ Weinen vnd Klagen [...] daß etlichen besser wär/ wann sie nie gebohren wären«, summiert Georg Pistorius seine Gedanken zum menschlichen Leben.[462] Auffällig ist, dass katholische Prediger besonders in Leichenpredigten für Kinder die Schlechtigkeit der Welt vor Augen führen. So fragt beispielsweise Georg Pistorius in seiner Leichenpredigtsammlung, warum Gott »die kleine Kinder noch im Stand der Unschuld absondern thut«.[463] Das Thema der Leichenpredigt nimmt dabei die tröstliche Antwort auf diese Frage vorweg und bildet zugleich den Leitfaden der Argumentationsführung: Nach Weish 4,14 (›placita enim erat Deo anima illius propter hoc properavit educere illum de medio iniquitatum‹) schützt der frühe Tod Kinder vor der Niederträchtigkeit der Welt, die Pistorius mit 1Joh 5,19 (›scimus quoniam ex Deo sumus et mundus totus in maligno positus est‹) zu

---

455 Vgl. dazu etwa Stephanus Pfürtner: Luther und Thomas im Gespräch. Unser Heil zwischen Gewissheit und Gefährdung. Heidelberg 1961 (Thomas im Gespräch 5), S. 34f.
456 Zacharias Herrmann: LP auf Rosina Keil (gest. 1687), S. 4.
457 Ebd. Vgl. Off 7,14.
458 Ebd. Vgl. Apg 14,22.
459 Ebd. Das besonders auch das Kirchenlied diese Bilder der Welt vor Augen stellt, soll in dem Exkurs Intermedialität aufgezeigt werden.
460 Johann Andreas Lucius: LP auf Andreas Ganzland (gest. 1663), fol. E 2r.
461 Friedrich Weise: LP auf Johann Rittmeyer (gest. 1698), fol. H 1r.
462 Georg Pistorius: *Klaghauß* 1663, S. 9. Vgl. Gen 3,6; Weish 7,3 u. Mt 26,24.
463 Ebd., S. 5.

belegen sucht.[464] Der heranwachsende Mensch laufe Gefahr durch »Boßheit« und »Heuchlerey« der Welt zur Sünde verführt und in den ewigen Tod getrieben zu werden.[465] Im Horizont von Weish 4,10–14 erkennt auch Helbig die Schlechtigkeit der Welt,[466] die er in einer Auseinandersetzung mit dem ewigen Frieden nach dem Tod näher bestimmen kann.[467] Der Gefahren dieser Welt für ein Kind erinnert auch Helbig, wenn er mit Vergil ein der Natur entlehntes Sinnbild anführt:

Qui legitis flores et humi nascentia
    fraga,
Fridigus, O pueri! fugite hinc, latet
    anguis in herba.[468]

Helbig nutzt das Bild der Schlange, die in der Bibel ein Symbol für Tod und Unheil, besonders aber für die Macht der Sünde ist. Als listiges, den Menschen verführendes Tier wird sie in Gen 3,1–14 zum Mittelpunkt der Rede vom Sündenfall, der in der Vertreibung aus dem Garten Eden endet, und an vielen Stellen der Heiligen Schrift mit dem Satan gleichgesetzt.[469] Das Gift der Schlange verbindet Helbig nun mit den Sünden der »Unkeuschheit/ der Uppigkeit/ des Zorns/ Fluchens und Schwöhrens/ deß Ungehorsams« sowie der »Trunckenheit«.[470] Auch wenn der Prediger an dieser Stelle nicht wörtlich die Mahnung zur Buße und Reue ausspricht, dürfte die Nennung der Sünden den Adressaten dennoch das Bild der drohenden Höllenstrafen vor Augen gestellt haben.[471]

In einem rhetorischen Streifgang durch einen dicht bewachsenen Garten meditiert auch der Franziskaner Melchior Breitter das Wesen des menschlichen Lebens. Es sei kein »Wurtz= oder Lustgarten« und »kein Wisen« auf der Erde »so Schön/ Lieblich/ vnd Holdselig jemaln geziert«, ohne dass darin auch »mancherley stechende Distel/ spitzige Dorn/ brennende Nessel/ vnd anders dergleichen Vnkraut« zu finden sei.[472] Diesen Garten parallelisiert Breitter dann mit dem »Gebäw der gantzen Welt«:[473]

Dises ist ein mächtiger weiter Garten/ darinnen sich von schönen wolriechenden Blümlein allerley Art/ Sorten/ vnd Geschlecht sehen lassen [...]. Aber ach/ wievil

---

464 Vgl. ebd.
465 Ebd., S. 6.
466 Johann Lorenz Helbig: *Traurige Gedancken* 1704, S. 489.
467 Ebd., S. 483.
468 Ebd., S. 493. Vgl. Publius Vergilius Maro: Bvcolica, III. Ekloge, Z. 92f. In: Ders.: Opera. Vol. I. Apparatv Critico in Artivs Contracto Itervm Regensvit Otto Ribbeck. Reprograf. Nachdr. der Ausgabe Leipzig 1894. Hildesheim 1966, S. 18.
469 Vgl. Weish 2,23f.; Off 12,9–15 u. 20,2.
470 Johann Lorenz Helbig: *Traurige Gedancken* 1704, S. 493.
471 Dieser paränetische Gebrauch der Gefahren der Welt, verkörpert in der Schlange, findet sich schon in der Heiligen Schrift, etwa Prv 23,32.
472 Melchior Breitter: LP auf Maria von Bayern (gest. 1608), fol B 1r.
473 Ebd., fol. B 1v.

Vnkraut/ wievil Neßlen/ Distlen/ vnd Dorn/ wachsen auch darneben vnd darunter auff: Wievil vngehorsame/ halsstärrige/ mutwillig/ keinnützige Buben findet man auch darinnen. Da sind Gotslästerer/ Flucher/ vnd Schälter/ Marter vnd Wundenhansen/ Spiler vnd Rasler/ Fresser vnd Sauffer/ [...] Dieb/ Rauber/ [...] Verleumbder/ Nachreder/ Ehrabschneider.[474]

Breitter nutzt keinen der sonst üblichen Begriffe für das Wesen der Welt, die innere und äußere Leiderfahrungen des Menschen beschreiben (Trübsal, Traurigkeit, Angst, Kreuz, Gefahr usw.). Dagegen versenkt er sich ganz in der sozialen Dimension des Zusammenlebens in der Welt und klagt die schlechte Gesellschaft im Weltgebäude an. Der Grund dafür erschließt sich im weiteren Verlauf der Leichenpredigt: Die »liebliche«, »wolriechende«[475] Blume der Verstorbenen liegt, mit der Sichel des Todes abgemäht, ausgetrocknet und matt vor den Augen der Trauergemeinde.[476] Nicht etwa Disteln und Unkraut mäht der Tod im Garten der Welt, sondern »dise safftreiche Blumen«.[477] Der Prediger nutzt das Bild des Gartens also, um auf den Trauerfall überzuleiten, diesen in *vanitas*-Gedanken einzuweben und dann in einer zweifachen *partitio* Hebr 9,27 zu erklären. Dass die Verstorbene stets ein Gott gefälliges Leben voller christlicher Tugenden im einzig wahren katholischen Glauben geführt hat, sucht der Prediger im letzten Teil der Leichenpredigt zu beweisen.[478] In diesem Schritt geht er erneut in den Garten der Welt zurück und erfreut sich rückblickend an der schönen, im Leben geblühten Blume der Verstorbenen.[479]

Der Gedanke, dass besonders der fromme Mensch in dieser Welt leiden muss, begegnet dem Hörer und Leser auch in katholischen Leichenpredigten. In der Leichenpredigt zu Weish 4,14 lenkt Anton Ginther seine Ausführungen auf die Glaubens- und Tugendstärke der Verstorbenen, die auch in leidvoller Krankheit,[480] in schwerer Drangsal des Lebens[481] und in dem letzten Todeskampf »nach dem Göttlichen Willen« lebte und handelte.[482] Die stets Gott ergebene, fromme Seele wurde mit großen, gefährlichen und gar tödlichen Beschwernissen beladen und »hat dennoch« an ihrem heroischen Gemüt und ihren Tugenden festgehalten.[483] Als emblematisches Sinnbild nutzt Ginther hier die Arche Noah: Das *lemma* »Surgit furgentibus undis«[484] überträgt der Katholik auf die Verstorbene,

---

474 Ebd., fol. B 2r.
475 Ebd., fol. B 2v.
476 Vgl. ebd. Vgl. Jes 40,6f.
477 Ebd.
478 Vgl. ebd., fol. E 1v.
479 Vgl. ebd., fol. D 4v–F 2v.
480 Vgl. Anton Ginther: LP auf Maria Elisabeth Theresia von Neuhaus (gest. 1691), S. 8.
481 Vgl. ebd., fol. B 2r.
482 Ebd., fol. B 1v.
483 Vgl. ebd.
484 Ebd.

erhob sie sich doch umso mehr zu Gott, je heftiger die Trübsale der Welt auf sie einschlugen.[485] Der in Ps 34,20 geäußerte Gedanke vom leidenden, frommen Christen wird hier zum Grundpfeiler der *laudatio*. Während lutherische Prediger mit diesem Bibelvers zunächst das Jammertal der Welt und die Leiden des Menschen aufzeigen und anerkennen, sodann die Schriftworte auf die Hinterbliebenen tröstend applizieren, nutzen katholische Leichenprediger wie etwa Breitter und Ginther das Motiv des Psalters, um darin das Lob des Verstorbenen zu artikulieren. Erst die *laudatio* der Tugenden macht den Trost der Hinterbliebenen möglich, hängt davon doch entscheidend das Heil des Verstorbenen ab.

3.2. *Militia Christiana*

Die Leichenpredigt Anton Ginthers nutzt ein weiteres Sinnbild, das ähnlich umfassend wie die bisher aufgezeigten *parabolae* die Leiderfahrung in der Welt beschreibt: das Bild des streitenden und kämpfenden Christen.[486] Im Widerstreit von Gott und Welt nimmt der Mensch die Position des *miles Christianus* ein, der den Anfechtungen von Tod und Teufel,[487] Sünde und Hölle ausgesetzt ist. In »schwärem Streit« und hartem »Kampf« befinde sich der Mensch im Leben wie auch im Sterben.[488]

Angst und Not des Lebens deutet auch die *Schola Mortis* Johann Heermanns im Sinne der biblischen Sentenz ›Muß nicht der Mensch immer im Streit sein auf Erden‹ (Hiob 7,1). Demnach streite zunächst der Teufel wider den Christen, er sei »Feind vnd Widersacher«, ein »starcker Gewapneter«, und »Fürst vnd Gott der Welt«.[489] Nicht allein am Tage, auch Nachts »suchet« er »welchen er verschlinge«.[490] In der Aneinanderreihung und Verschränkung biblischer Verse, etwa Mt 13,25; 1Petr 5,8; Lk 11,21; Joh 14,30; 1Kor 4,4; Off 12,9 und Lk 22,31, tritt Heermann geradezu in den Hintergrund: Nicht der Prediger spricht, sondern Gott selbst. Auch die Welt streite mit »Fleischeslust/ Augenlust/ vnd hoffertigem Leben« wider den Menschen.[491] Sie »jaget vnd plaget« den frommen Christen, klage ihn an und verfolge ihn (vgl. 1Kor 4,13).[492] Schließlich kämpfe das »eigen Fleisch vnd Blut« wider den Menschen. Diesem Feind, der nicht aufhöre den

---

485 Vgl. ebd., fol. B 2r.
486 Vgl. ebd., fol. B 1v.
487 Interessant ist auch die künstlerische Umsetzung dieses Bildes, so etwa in Albrecht Dürers Stich *Ritter, Tod und Teufel*. Siehe dazu Heinrich Theissing: Dürers Ritter, Tod und Teufel. Sinnbild und Bildsinn. Berlin 1978 (Gebr.-Mann-Studio-Reihe).
488 Anton Ginther: LP auf Maria Elisabeth Theresia von Neuhaus (gest. 1691), S. 8.
489 Johann Heermann: *Schola Mortis* 1628, S. 267.
490 Ebd., S. 267 f.
491 Ebd., S. 268.
492 Ebd.

Menschen zu »liebkosen«, bis dieser sich »in Sünde/ vnd durch die Sünde in alles Unglück bringe«,[493] könne man nicht entfliehen: »Du mußt ihn stets mit vnd bey dir tragen/ außqueicheln/ nähren vnd erhalten/ ja in deiner Schoß schlaffen lassen.«[494] Auch die Leichenpredigtsammlung des katholischen Theologen Johann Lorenz Helbig klagt mit Hiob 7,1 »militia est vita hominis super terram«:[495] Die »argen und bösen« Feinde Teufel, Welt und eigenes Fleisch überwinden gar die meisten Menschen und halten sie in ihrer Macht gefangen.[496]

Das dem Begriff des Kampfes eigene kriegerische Moment hebt der lutherische Prediger Polycarp Leyser deutlich hervor, wenn er die Macht der vier Hauptfeinde der Christen, Satan, Welt, Fleisch und Tod an ihr »grosses Heer« bindet, das gegen den Menschen zieht »vnd wider die Frommen streitet.«[497] Der Satan, so Leyser mit Eph 6,11, sei nicht allein, sondern greife mit »viel Tausent« bösen Geistern den Menschen an.[498] Auch die Welt sei so groß, dass sie unterschiedliche Heere führe, die gegen den Menschen streiten: Ketzer und Schwärmer wollen dem Glauben der Frommen zusetzen und wider den Menschen streitet das Heer der »Tyrannen vnd Verfolger der Christlichen Kirchen«.[499] Der fromme Christ befinde sich stets in der Konfrontation von Heuchlern und »Maul=Christen« zur Rechten und von Gottlosen, Fluchern, Lügnern und Mördern zur Linken.[500] Und auch der Mensch selbst wird zum Schauplatz des Kampfes, wenn »vnser eigen verderbtes Fleisch« mit bösen Affekten, Begierden und Lüsten »wider den Geist« streite und das Gewissen mit allerlei Sünden quäle.[501] Mit Paulus nennt Leyser den Tod »vnseren letzten Feind« (vgl. 1 Kor 15,26).[502] Das Heer dieses Feindes bestehe aus Jammer und Elend, »allerley Kranckheiten vnd Schwachheiten/ allerley Noth/ vnd endlich« dem Tod selbst.[503]

Die wichtigsten biblischen Grundlagen der Rede von der *militia Christiana*[504] auf den Leichtext Ps 16,8 f. (›Jch hab den Herrn allezeit fur augen/ Denn er ist mir zur Rechten/ Darumb werde ich wol bleiben. Darumb frewet sich mein Hertz/ vnd meine Ehre ist frölich/ Auch mein Fleisch wird sicher ligen‹) beziehend, betitelt Heinrich Georg Neuss (1654–1716)[505] seine Leichenpredigt für Susanna

---

493 Ebd., S. 269.
494 Ebd., S. 268.
495 Johann Lorenz Helbig: *Traurige Gedancken* 1704, S. 483.
496 Ebd.
497 Polycarp Leyser: LP auf Johann Ilgen 1633, fol. B 1v.
498 Ebd.
499 Ebd.
500 Vgl. ebd., fol. B 2r.
501 Ebd.
502 Ebd.
503 Ebd.
504 Etwa Eph 6,11–17; 1 Tim 1,18 u. 6,12; 2 Tim 4,6–8.
505 Zu Neuss vgl. Ulrich Rose: Art. Neuss, Heinrich Georg. In: Biographisch-Bibliographisches Kirchenlexikon 6 (1993), Sp. 655.

Magdalena Martini mit *Der rechte Kampf der Gläubigen.* Paulus lehre, wie alle Gläubigen »rechtschaffene Streitter des Herrn Jesu Christi« sein müssen.[506]

> Der Herr und König dessen Kriege wir führen/ ist der Herr Jesus/ der uns mit seinem Blute aus der Welt erkaufft und geworben/ der uns auch soldet und erhält/ daß wir sollen sein eigen seyn/ und in seinem Reich unter ihm leben/ ihm dienen/ und seine Kriege führen/ mit Waffen der Gerechtigkeit.[507]

Dieser Passus macht zweierlei deutlich: Zunächst kann der Mensch nicht alleine im Streit sein, die Stärke des christlichen Ritters liegt nicht in ihm selbst, sondern in Christus. Christi Blut ist die Fahne, auf die der Christ bereits in der Taufe geschworen hat (Röm 6,3)[508] und unter der das Heer der Christen gegen die Welt streitet. Weiter deuten die Worte an, wie das Bild des streitenden Christen zutiefst tröstlich sein kann, nämlich dann, wenn »der rechtschaffene Streitter« mit David sagt: »Ich habe den Herrn allezeit für Augen«.[509] Die Feinde des Menschen sind auch für Leyser der Teufel, die Welt und das eigene Fleisch.[510] Der Feind Gottes, der Teufel, versuche den Menschen mit »Fleisches=Lust/ Augen=Lust/ und hoffärtige[m] Leben« zu blenden, zur Sünde zu verführen, in sein Reich zu locken und von Gott zu trennen.[511] Hinter allen Feinden des Menschen steht also der listige, boshafte und gewaltige Herr der Welt, der Teufel, wie der Prediger mit Off 12,9 und Eph 6,12 ausführt.[512]

3.3. Bilder der Vergänglichkeit

Wenn Leichenpredigten in der Spannung zwischen Leben und Tod stehen, so stehen sie auch in der Spannung zwischen Zeitlichkeit und Ewigkeit. Die Betrachtung der Vergänglichkeit der Welt kann dabei das Bindeglied sein, in welchem sich sowohl die Nichtigkeit irdischer Güter, ja die *vanitas* des Seins in der Welt selbst, als auch die wahre und einzig bedeutende Heimat der Christen im Himmel, die Welt Gottes, verbinden. Der Dominikaner Matthias Sittard etwa führt aus, das Leben sei »ein dampf/ fluß/ rauch vnnd wasserblasse«,[513] während der Stuttgarter Superintendent Johann Jakob Müller die Vergänglichkeit der Welt in einem sprachgewaltigen, auf das Buch des Predigers Salomo zurück-

---

506 Heinrich Georg Neuss: LP auf Susanne Magdalena Martini (gest. 1699), S. 8. Vgl. 2Tim 2,5 u. 2,15.
507 Ebd.
508 Ebd.: »Wie wir denn auch zu solchem Ende seinem Blut-Fähnlein in der Heil. Tauffe geschworen«.
509 Ebd., S. 11.
510 Vgl. ebd., S. 8.
511 Ebd.
512 Vgl. ebd., S. 9.
513 Matthias Sittard: LP auf Ferdinand I. (gest. 1565), fol. C 2r.

greifenden Satz zusammenfasst: »Summa/ unser zeitliches Leben ist nichts als ein Praeteritum, ein wie der Wind hingeflogenes/ vergängliches und nunmehr leeres Nichts.«[514] Johann Schmauß dagegen nutzt die biblische Naturallegorese, um seine Gemeinde in den Weltgarten der Eitelkeit zu führen:

> Ist doch alles das Zeitliche zeitlich/ und währet nicht ewig/ haben wir doch durchaus nicht eine bleibende Stadt. Wer lachet nicht/ wenn er siehet/ daß Kinder draußen in denen Gärten […] herum gehen/ und Pappel=Blumen/ nachdem sie nunmehro verblühet/ und mit eitel lichten und leichten Federn umgeben zuseyn scheinen/ zusammen reißen […] und meinen ewig! was sie haben; es mag aber leicht ein Windigen hinein blasen […] so ist sie dahin und stehet der Blumen Leib […] bloß da/ wenn der Wind darüber gehet/ so ist sie nicht mehr da/ Psal. ciii,16.[515]

So wie die »Pusteblume« vom Wind zerweht wird, so vergehe auch das Wesen der Welt, mahnt Schmauß mit 1Kor 7,31.[516] Die bisher gezeigten Sinnbilder der *vanitas* vereint auch die Leichenpredigt *Die girrende Taube Jesu* von Johann Andreas Lucius. Die aneinander gereihten, sich steigernden Bilder scheinen zunächst als wahllose Demonstration von Bibelkenntnissen, doch wird gerade darin der Gedanke der Nichtigkeit und Eitelkeit des Lebens sinnfällig. Alles was der Prediger mit seinen Worten sichtbar macht, ist Ausdruck der Vergänglichkeit:

> So gar flüchtig und nichtig ist unser Leben/ ehe ein Tag vergehet/ kans aus werden/ und zum Ende lauffen. Es wird weggeräumt/ wie eine Hirten=Hütte/ es reisst ab/ wie ein Weber=Faden […]. Es fährt dahn/ wie ein Schatten/ es verschwindet/ wie ein Rauch/ es fleugt davon/ wie ein Vorgel/ es vegeht wie ein Geschwätz/ es läufft dahin/ wie ein Strohm/ es verwelcket/ wie ein Gras/ und fällt ab/ wie eine Blume/ wie die Schrifft offt unser Leben also abmalet […].[517]

Auf eine ganz andere Weise macht der katholische Prediger Anton Ginther das Wesen des Lebens sinnfällig, wenn er eine im Oktober 1691 gehaltene Leichenpredigt in die graue und wolkenverhangene Herbstzeit einbettet. So wird die Gemeinde aus der Trauerfeier hinaus in die gegenwärtige Wirklichkeit geführt:

> Wo ist dann heutiges Tags schon abermahl ein Nebel verhanden? Mein Gott! ich sihe bey gegenwärtiger Herbst=Zeit vast nichts anders/ als einen immerwährenden Nebel […]. Sagt mir her/ Werthiste und Hoch=betrübte Zuhörer! ist dann das menschliche Leben was anders/ als eben ein Nebel? Lese man zurück das Wörtlein Nebel, so wird

---

514 Johann Jacob Müller: LP auf Felix Wilhelm von Breitschwerdt 1680, S. 15.
515 Johann Schmauß: LP auf Maria Rosina von Waldeck 1687, S. 24.
516 Vgl. ebd.
517 Johann Andreas Lucius: LP auf Sophie Löbe (gest. 1664), fol. C 4v/D 1r.

klar und wahr herauß kommen Leben: Vapor est ad modicum parens, sagt die Göttliche Wahrheit durch den Mund deß H. Jacobi.[518]

Eine zeitgenössische Zusammenstellung überkonfessionell verwendeter Sinnbilder des Lebens findet sich etwa in dem *Manuale Ministrorum Ecclesiae* des Württembergischen Hofpredigers Felix Bidembach (1564–1612).[519] Das erstmals 1603 veröffentlichte homiletische und liturgische Handbuch richtet sich an angehende Kirchendiener und junge Prediger.[520] Die Sammlung für die Predigtpraxis reicht von einer Auslegung der Perikopentexte der Evangelien und Episteln, über Passionspredigten, Texte für Trauerfälle und Hochzeiten, bis hin zu seelsorglichen Ratschlägen für Kranke und Sterbende. Unter den Sprüchen zu Leichenpredigten versammelt Bidembach auch amplifizierende »similitudines […] et comparationes«, mit denen die Heilige Schrift das Leben vor Augen stellt, mithin die »miseria, instabilita[s], et brevita[s] vitae humanae«:[521] Das Leben sei ein Nichts nach Ps 39,7 und 144,4, wie der Wind ziehe es stets dahin (Hiob 7,7), es rausche hinweg wie ein Wasserstrom (Ps 90,5), verdorre wie Blumen und Gras (Ps 103,12.15; Jes 40,6–8; Hiob 14,2) und vergehe wie Dampf (Jak 4,14) und Rauch (Ps 102,4).[522] Es sind besonders Bilder des Vergehens und Verhauchens materiell flüchtiger Substanzen wie Luft, Dampf und Rauch, aber auch das augenscheinliche Werden, Vergehen und Fließen in der Natur, in denen sich das Wesen der Welt spiegelt. Darüber hinaus bilden die Prediger an der zerstörerischen Kraft des Windes das jammervolle Dasein des Menschen ab. Die *Schola Mortis* Heermanns etwa klagt, mit Ps 103,16 ein *memento mori* einstimmend, wie sehr das Leben durch den Wind der Krankheit zerblasen wird: »O wie bald aber ists durch den starcken Wind leiblicher Kranckheit vmbgefallen […].«[523] Und auch das Leben selbst sieht der Prediger im Horizont von Hiob 7,7 als schnell und flüchtig wie der Wind.[524] Ähnlich rühmt der Wolfenbütteler Hofprediger und Superintendent Heinrich Wiedeburg Hiobs »schöne Gleichnüsse« des Lebens.[525]

---

518 Anton Ginther: LP auf Maria Elisabeth Theresia von Neuhaus (gest. 1691), S. 1. Vgl. Jak 4,14.
519 Zu Bidembach vgl. DBA I 99,55–57; III 77,428.
520 Vgl. Felix Bidembach: Manuale Ministrorum Ecclesiae, Handbuch/ darinnen folgende sieben Stück begriffen: I. Evangelia vnd Episteln […]. II. Passio Christi […]. III. Fünffhundert zu Leichpredigten außerlesene Text […]. IV. Hundert außerlesene Text zu Hochzeitpredigten. V. Bericht/ wie mit Krancken vnd Sterbenden zuhandeln. VI. Bedencken/ wie den Melancholicis zurahten. VII. Bericht/ wie mit den Maleficanten, so zum Tode verurtheilet/ zuhandeln. Für die jünge angehende Kirchendiener im Hertzogthumb Würtemberg zugerichtet […]. Leipzig 1619 (¹1603), Vorrede fol.)(2v/3r.
521 Ebd., S. 456.
522 Vgl. ebd., S. 456–459.
523 Johann Heermann: *Schola Mortis* 1628, S. 256.
524 Vgl. ebd., S. 168.
525 Heinrich Wiedeburg: LP auf Margaretha Heil (gest. 1630), fol. B 3v. Auch das Buch der

Sehr ausführlich und als Leitfaden seiner Predigt nutzt der Katholik Johann Lorenz Helbig das Windgleichnis. Der Vers Hiob 7,7 bildet als Thema der Leichenpredigt den Ausgangspunkt der Rede von den »Glücks=und Unglücks=Fälle[n] dieses Lebens«.[526] Zunächst sei der Wind keine »res permanens [...] sondern er ist res transiens«, worin Helbig das menschliche Leben abgebildet sieht, welches nie in Stillstand verharre, sondern sogleich mit der Geburt dem Tode zueile.[527] Die meist nur kurzwährende Dauer des windigen Wetters parallelisiert Helbig sodann mit der Kürze des Lebens.[528] Der Prediger führt seine Gedanken weiter zur Kraft des Windes, wenn er sagt: »nichts destoweniger hat dieses zarte Element/ nachdem es bewegt wird/ einen solchen Gewalt/ daß es hohe Thürne/ Mauren/ Häuser/ Bäum etc. umwerffe.«[529] Die Schiffs- und Meeresmetaphorik aufgreifend zeigt Helbig die Gewalt des Windes auf, der selbst das große Meer beunruhigen und mächtige Schiffe in die Tiefen des aufbrausenden Meeres versenken könne.[530] Auch darin ließe sich das gegenwärtige Leben spiegeln, seien doch »die Unglücke/ Schaden Beschwerungen und Widerwärtigkeiten dieser Welt« ihrem Wesen nach gleich dem stürmischen, zerstörerischen Wind.[531]

Gemeinsam ist den aufgezeigten *similitudines* und *comparationes* die Unbeständigkeit des Lebens in dieser Welt. Das Leben ist leer und kaum gegenständlich greifbar, so ließe sich der hebräische Originalwortlaut zum *Vanitas vanitatum* aus Koh 1,2 fassen.[532] Die Nichtigkeit des menschlichen Lebens wird

---

Weisheit verzeichne »schöne Glossen« über die Flüchtigkeit des Lebens, so Wiedeburg, ebd., fol. B 3r. Vgl. Weish 5,10–12.

526 Johann Lorenz Helbig: *Traurige Gedancken* 1704, S. 570.
527 Ebd.
528 Vgl. ebd.
529 Ebd.
530 Vgl. ebd.
531 Ebd.
532 Besonders im Buch Kohelet finden sich viele Belege für die Verbindung von Eitelkeit mit Windhauch (Koh 1,2.14.17; 2,11.17; 4,4 u. ö.), das auf das hebräische Primärnomen הֶבֶל hævæl zurückgeht. Diese onomatopoetische Wortbildung, den Lufthauch durch seine weichen Konstanten und entsprechende Vokalschwäche nachbildend, bezeichnet in seiner Grundbedeutung verwehten Lufthauch und bezieht sich metaphorisch auf etwas Vorübergehendes, Wertloses und Leeres. Siehe dazu Oswald Loretz: Qohelet und der alte Orient. Untersuchungen zu Stil und theologischer Thematik des Buches Qohelet. Freiburg 1964, hier S. 223. An dieser Stelle kann nicht weiter auf die Wortherkunft und seine Bedeutungswandlungen eingegangen werden, doch lohnt ein vertiefender Blick auf die verschiedenen Übersetzungen und damit einhergehenden Verschiebungen der Verwendungsbereiche von hævæl. Vgl. Alexander Achilles Fischer: Skepsis oder Furcht Gottes? Studien zur Komposition und Theologie des Buches Kohelet. Berlin 1997 (Zeitschrift für die alttestamentliche Wissenschaft/Beihefte 247); Konrad Ehrlich: הֶבֶל-Metaphern der Nichtigkeit. In: »Jedes Ding hat seine Zeit...«. Studien zur israelitischen und altorientalischen Weisheit. Diethelm Michel zum 65. Geburtstag. Hrsg. v. Anja A. Diesel [u. a.]. Berlin 1996 (Zeitschrift für die alttestamentliche Wissenschaft/Beihefte 241), S. 49–64.

auch dann der Gemeinde aufgezeigt, wenn die Leichenprediger das Wesen der Welt als Schlaf oder Traum bezeichnen. Die bekannte Ode *Vanitas! Vanitatum Vanitas!* von Andreas Gryphius (1616–1664)[533] bringt diesen Gedanken in hoher rhetorischer Kunstfertigkeit zur Sprache:

> Was sind doch alle sachen/
> Die vns ein hertze machen/
> Alls schlechte nichtigkeit?
> Waß ist der Menschen leben/
> Der jmmer vmb mus schweben/
> Als eine phantasie der zeit?[534]

Mit einer rhetorischen Frage die *vanitas*-Gedanken einleitend,[535] formulieren diese Zeilen das Problem der Nichtigkeit des Lebens. Als »Phantasie« ist das Leben gar unwahr: Jeder Moment des Daseins ist bereits vergangen. In diesen Horizont lässt sich auch die Leichenpredigt von Johann Lorenz Helbig einordnen, welche die reichen schlafenden Männer aus Ps 75,6 (Vulg.) auf die Eitelkeit und Nichtigkeit des Lebens bezieht: »Das menschliche Leben ist wie ein Schlaff/ und was wir im Leben besitzen/ seynd lauter Träum«.[536] Wie in einem schönen Traum gebe es auch im Leben Annehmlichkeiten: Reichtum, Ehre, Vergnügen und Heiterkeit. Doch wird der Tag kommen, an dem der Mensch erwacht und der Traum ein Ende hat:

> Es ergeht uns Menschen eben also/ wir geniessen eine Zeitlang dieser Welt/ etliche die Reichthum/ andere die Ehr/ Vorzug/ Gewalt und die Herrschafft/ etliche gute Tag/ Essen/ Trincken/ Ruhe und ihre Gemächlichkeit/ andere allerhand Uppigkeiten/ fleischliche und dergleichen Wollüsten; Es nimmt aber dieses bald ein End [...] es kommt der Tod/ wecket den Menschen vom Schlaff auf [...].[537]

Am Ende der Nacht sind alle Träume vergangen, meist sogar der Erinnerung nicht mehr zugänglich. Der Schlaf des Lebens, so Helbig, ende im Tod, wenn »die Augen aufgehen« und der Mensch nichts in seinen Händen halte.[538] Wie der Traum nur der Phantasie zugänglich ist, so blende das Leben den Menschen mit

---

533　Vgl. Eberhard Mannack: Art. Gryphius, Andreas. In: Killy/Kühlmann 4 (2009), S. 483–490.

534　Andreas Gryphius: Teutsche Reim=Gedichte Darein enthalten I. Ein Fürsten=Mörderisches Trawer=Spiel/ genant. Leo Armenius. II. Zwey Bücher seiner Oden III. Drey Bücher der Sonneten Denen zum Schluß die Geistvolle Opitianische Gedancken von der Ewigkeit hinbey gesetzet seynn Alles auff die jetzt üb= vnd löbliche Teutsche Reim=Art verfasset. Frankfurt am Main 1650, S. 99–102, hier S. 99f.

535　Zu der Funktion dieser rhetorischen Frage im Kirchenlied siehe Lukas Lorbeer: Die Sterbe- und Ewigkeitslieder in deutschen lutherischen Gesangbüchern des 17. Jahrhunderts. Göttingen 2012 (Forschungen zur Kirchen- und Dogmengeschichte 104), S. 173.

536　Johann Lorenz Helbig: *Traurige Gedancken* 1704, S. 547.

537　Ebd., S. 547f.

538　Ebd., S. 548.

Freude und Ehre: »Wann sie aber aufwachen […] werden sie finden/ wie sie betrogen worden«.[539] Das Wesen des Lebens liegt also in Betrug am Menschen und Unwahrhaftigkeit. Ehre, Würde und »Hoffart«[540] – dies alles gaukelt dem Menschen falsche Versprechungen vor, bis dieser im Tod das wahre Wesen der Welt erkennt (vgl. Hiob 1,21). Darum kann Helbig sagen, es sei besser »wann uns öffters von dem Tod traumet«.[541] Die Erkenntnis der falschen und leeren Verheißungen des Lebens solle den Mensch zur rechten *ars moriendi*, mithin zur rechten *ars vivendi* leiten, die zu Gott und den Heilsgütern, allen voran zum ewigen Leben führe.[542] Helbig fasst seine Ausführungen mit folgendem Sinnbild zusammen:

> Es seynd die Träum gleichwie die Figuren in einem Spiegel/ welche sich gantz lebhafft aufführen/ wann man aber recht darnach sieht/ so findet man/ daß es nichts als ein eitele zergäng= und veränderliche Figur/ welche vergehet und zu nichts wird/ so bald man vom Spiegel hinweg tritt: Also ist auch alles auf der Welt ein Betrug […].[543]

Vergeblich und gefährlich sei es die Figuren in dem Spiegel zu ergreifen. Der Spiegel drohe zu zerbrechen und mit ihm alle Figuren. Das Leben und die weltlichen Güter sind wie Glas, das im Moment des Ergreifens zerbricht, warnt auch Georg Pistorius.[544] Die Leichenpredigt Helbigs führt die Gemeinde dann in die Heilige Schrift, genauer mit Elia in die Wüste:[545] Unter einem Wacholderstrauch findet der Prophet den ersehnten Schatten in der kargen und heißen Landschaft.[546] Diesen Wacholder mit seinen spitzen Dornen, die nur wenig Schatten bieten, vergleicht Helbig im Anschluss an Albertus Magnus mit den Wollüsten dieser Welt, »welche auch keinen rechten Schatten oder Vergnügung des Gemüths machen/ sondern allezeit die stechenden Dörner der Anfechtung und Unruhe mit untermengen«.[547] Die Eitelkeit des Lebens und aller weltlichen Dinge stellt Helbig hier in den Kontext des leidvollen, unruhigen Daseins in der Welt. Aus dem Wesen des Lebens, das Helbig durch Anfechtung und heuchlerische Güter bestimmt sieht, folgert er nun nicht, wie zu erwarten wäre, eine Mahnung nach den wahren Gütern der Gnade und Verheißung Gottes zu trachten. Vielmehr warnt er im Sinne des *contemptus mundi* vor der Wertlosigkeit und Vergänglichkeit des Lebens: »wie nemlich alles zergänglich/ zu

---

539 Ebd.
540 Ebd.
541 Ebd., S. 547.
542 Siehe dazu die Ausführungen zur *ars moriendi*.
543 Johann Lorenz Helbig: *Traurige Gedancken* 1704, S. 549.
544 Vgl. Georg Pistorius: *Klaghauß* 1663, S. 17. Leichenpredigt mit dem Thema »Wie sich auff die Jugendt vnd langes Leben nit zuverlassen«.
545 Vgl. Johann Lorenz Helbig: *Traurige Gedancken* 1704, S. 548f.
546 Vgl. 1Kön 19.
547 Johann Lorenz Helbig: *Traurige Gedancken* 1704, S. 548f.

Aschen/ ja zu nichts werde/ und wie Wasser dahin fliesse und vergehe.«[548] Die folgenden Worte des katholischen Predigers, die nochmals das Vergehen irdischer Güter aufzeigen, können in ihrer Wirkmächtigkeit und Bildhaftigkeit kaum übertroffen werden:

> Was ist die Ehre? ein blosse Einbildung dessen/ der sie zu haben vermeint/ so wohl deren/ die solche ihm erweisen. Was ist die fleischliche Lieb? ein mit Gall und Gifft vermengtes Honig/ was ist die Schönheit? ein mit zergänglichen Farben angestrichendes Fell oder ledener Sack/ welcher mit allerhand Unflath angefüllet ist; dann bilde dir ein/ dem schönsten unter den Menschen würde die Haut von dem Angesicht abgezogen/ was meinstu würde dieses für ein abscheuliche/ unflätige/ mit Blut und Eyter überzogene Gestalt seyn? Ja das abgezogene Häutlein selbsten würde dir ein Greul anzusehen seyn/ welches du doch anjetzo so mächtig liebst/ so hoch achtest.[549]

Dass die Welt und das Leben flüchtig sind, auch wenn die schönen Güter dem Menschen wie in einem Traum Beständigkeit und Ruhe vorgaukeln, erkennen auch die lutherischen Prediger. So fragt etwa ein der Leichenpredigt Johann Baptist Renz' (1658–1722)[550] beigegebenes Trauergedicht, ob denn »nichts beständigs auf der Welt« sei, beantwortet diese rhetorische Frage jedoch mit der Erkenntnis, dass ein Suchen nach Beständigkeit umsonst sei.[551] Die Leichenpredigt auf Rachel von Rechenberg, die der Dresdner Oberhofprediger Martin Geier verfasste, rekurriert auf den biblischen *locus classicus* des *vanitas*-Topos: »Vanitas vanitatum, et omnia vanitas!«,[552] lautet die kurze, aber nicht weniger eindringliche Einsicht nach Koh 1,2 und 12,8. Eine Permanenz »zeitlicher Ehre/ menschlicher Gunst/ vergänglicher Gütter und irdischer Glückseligkeit« verneint auch Zacharias Herrmann.[553] Allerdings – und darin lässt sich eine lutherische Zuspitzung des *vanitas*-Topos erkennen – spiegelt er diese Erkenntnis in den Worten der Heiligen Schrift, mithin in dem Exempel Assaphs in Ps 73,25 f.: »Herr/ wenn ich nur dich habe/ so frage ich nichts nach Himmel und Erden. Wenn mir gleich Leib und Seele verschmacht/ so bist du doch/ Gott/ allezeit/ meines Hertzens Trost und mein Theil«:[554] Erst der Blick auf Gott lässt die Eitelkeit des Lebens und weltlicher Güter offenbar und erfahrbar werden. In dieser Fokussierung gründet dann die Mahnung, nicht im flüchtigen Zeitlichen Vertrauen und Sicherheit zu suchen. Modestinus Wedmann (1562–1625), Pre-

---

548 Ebd., S. 549.
549 Ebd., S. 573.
550 Vgl. DBA I 1023,227–230.
551 Christian Lauginger: Epicedium. In: Johann Baptist Renz: LP auf Adolf Zobel (gest. 1689), S. 57.
552 Martin Geier: LP auf Rachel von Rechenberg (gest. 1677), S. 27.
553 Zacharias Herrmann: LP auf Rosina Keil (gest. 1687), S. 11.
554 Ebd., S. 9. Zugleich Leichtext der Predigt.

diger in Erfurt,[555] bettet seine *applicatio* in den Horizont von Hebr 13,14. Verwundert stelle er fest,

> das jhrer so viel befunden werden/ die jr Hertz vnnd Datum setzen auff dis zeitliche/ gegenwertige/ nichtige vnd flüchtige Leben/ vnd das jhr Hertz sey/ das jhre Heuser weren jmmerdar/ vnd jhre Wohnung für vnd für/ vnd haben grosse Ehr auff Erden/ ja das sie leben/ als hetten sie mit dem Tode einen Pact vnnd Concordat […] vnnd heimlichen Verstand mit der Hellen gemacht/ vnnd die Lügen ist jhr Zuflucht/ vnnd heucheley jhr Schirm.[556]

Auch der lutherische Prediger erkennt in Falschheit und Verlogenheit Wesensmerkmale des Lebens. Angesichts des nur kurzen, flüchtigen Daseins in der Welt sei es besser, ein »stoltzes/ hohes/ vppisch Hertz« ließe »seinen Pfawen mut wol sincken«.[557] Es ist das Bild des stolzen und hochmütigen Pfaus mit seinem imposanten Gefieder, das Wedmann in seiner Predigt zeichnet. Der farbenprächtige Schwanz des Pfaus ist seit je her das Symbol der Unbeständigkeit von Ruhm und Schönheit[558] und damit der Eitelkeit weltlicher Güter und des Lebens insgesamt. Ähnlich nutzt der wortgewandte Augustinermönch Abraham a Sancta Clara dieses Tier, um mit Verweis auf Gen 3,19 an die falsche Schönheit, die letztlich die Eitelkeit des Lebens nur in bunten Farben überstrahlt, zu erinnern:

> Was wilst nun, O Staub! viel prangen,
> Was machst du so grossen Staub?
> Kommst herein in Stoltz gegangen
> Was hebst über sich die Haub?
> Ach, wie thut dein Hoffart stincken!
> Deine Feder lasse sincken/
> Und nur deine Füß beschau,
> Du verwegner stoltzer Pfau.[559]

Wedmann stellt nun die flüchtige, kurzweilige Herberge des Lebens der bleibenden Stadt gegenüber. Der lutherische Prediger lässt nicht bei den *vanitas*- und *contemptus mundi*-Gedanken bewenden, die das Leben aus sich heraus charakterisieren. Erst im Spiegel der bleibenden Stadt im Himmel ist das Leben

---

555 Zu Wedmann vgl. Martin Bauer: Evangelische Theologen in und um Erfurt im 16. bis 18. Jahrhundert. Beiträge zur Personen- und Familiengeschichte Thüringens. Neustadt an der Aisch 1992 (Schriftenreihe der Stiftung Stoye 22), S. 327.
556 Modestinus Wedmann: LP auf Anna von der Sachsen (gest. 1607), fol. B 4r.
557 Ebd., fol. D 1v.
558 Vgl. Johann Adam Breysig: Wörterbuch der Bildersprache oder kurzgefaßte und belehrende Angaben symbolischer und allegorischer Bilder und oft damit vermischter konventioneller Zeichen. Zugleich Versuch eines Zierathwörterbuchs. Mit 3119 lithographirten Monogrammen und einer Charte. Leipzig 1830, S. 640 u. ö.
559 Abraham a Stancta Clara: Mercurialis Oder Winter-Grün, Das ist: Anmuthige und Kurzweil-volle Geschichte und Gedichte Worinnen Unterschiedliche sittliche Lehr-Puncten und Sehr reicher Vorrath Biblischer Concepten zu finden […]. Nürnberg 1733, S. 197.

in dieser Welt für Wedmann entzifferbar.[560] Ähnlich ermahnt auch Caspar Heunisch seine Schweinfurter Gemeinde:

> Darum hüte dich/ liebes Hertz/ und verliebe dich nicht in solche nicht=bleibende Dinge/ stelle dein Datum nicht darauff. Was wilt du nach dem Schatten greiffen? Er weicht und fleucht. Jn diesem allen ist keine bleibende Statt/ du fehlest und wirst offt betrogen/ wenn du darnach gaffest.[561]

Ein ähnliches Vorgehen lässt sich in der Leichenpredigt auf Maria Rosina von Waldeck aufzeigen. Der Prediger Johann Schmauß führt eine Strophe aus dem Kirchenlied *Jesu, meine Freude* des Dichters bekannter Kirchenlieder und weltlicher Gedichte Johann Franck an.[562] Dem Lieddichter Franck ist es mit diesem Text gelungen, in Weiterführung von Ps 73,28 (›Aber das ist meine Freude/ das ich mich zu Gott halte/ vnd meine zuuersicht setze auff den Herrn Herrn/ Das ich verkündige allein dein Thun‹) der Eitelkeit der Welt das Vertrauen auf Gott entgegenzustellen und zu einer in ihrer Kraft kaum zu übertreffenden Darstellung der vorübergehenden, leeren und nichtigen Welt zu führen. Schmauß greift eben diese Energie des Liedes auf und sagt:

> Ey/ wolan! demnach/
> Gute Nacht O Wesen/
> daß die Welt erlesen/
>   mir gefällst du nicht.
> Gute Nacht/ du Stoltz und Pracht/
> dir sey ganz/ du Laster=Leben/
> gute Nacht gegeben.[563]

Die Nichtigkeit der Welt, die Eitelkeit von Ruhm, Schönheit und Macht sowie die *vanitas* des Lebens sind folglich Motive, die konfessionsübergreifend in prächtigen, gesteigerten Sinnbildern umschrieben und für die Lehre und die *consolatio* der Leichenpredigten fruchtbar gemacht werden.[564] Doch sind unterschiedliche Zuspitzungen sichtbar, die sich aus konfessionell differenten Formulierungen und rhetorisch-stilistischen Mitteln als auch aus sachlich-

---

560 Vgl. Modestinus Wedmann: LP auf Anna von der Sachsen (gest. 1607), fol. D 2r.
561 Caspar Heunisch: LP auf Valentin Daniel Körnacher (gest. 1683), S. 14.
562 Vgl. dazu etwa Markus Rathey: Kommentar zu Jesu, meine Freude. In: Liederkunde zum Evangelischen Gesangbuch. Heft 16. Hrsg. v. Wolfgang Herbst u. Ilsabe Seibt. Göttingen 2011, S. 59–64. Zu Franck, einem bedeutenden Dichter seiner Zeit, dessen Lieder auch heute einen weiten Raum in protestantischen Gesangbüchern einnehmen, siehe Hugo Jentsch: Art. Franck, Johann. In: Allgemeine Deutsche Biographie 7 (1877), S. 211 f.
563 Johann Schmauß: LP auf Maria Rosina von Waldeck 1687, S. 27.
564 Zur emblematisch gesteigerten Sprache vgl. Martin Opitz: Buch von der deutschen Poeterei. Abdr. der 1. Ausg. (1624). Halle 1876, S. 35: »Man muß volle/ ansehnliche vnd hefftige reden hervorbringen/ vnd ein Ding nicht bloss nennen/ sondern mit prächtigen hohen worten vmbschreiben.«

lehrhaften Differenzen ergeben. Matthias Sittard, Beichtvater und Leichprediger Kaiser Ferdinands, führt in einer Flut anklagender, zermürbender Fragen seine Adressaten geradezu in eine angstgeladene Sprachlosigkeit:

> Wie lang wolt jr Menschen kinder [...] an disem vergencklichen kott hangen? Der eytelkait nach jagen? der stolzen Welt ankleben? [...] alle ermanung in windt schlahen? alle warnung verachten? Gottes Zorn mit Hoffart vnd sündlichen lastern mehren?[565]

Sittard, der sich mit der Wahl des Pronomens »jr« von den Adressaten eindeutig als Sprecher, mithin als Autorität zu unterscheiden sucht, lässt keinen Raum für Antworten oder Nachsinnen und führt den erstarrten Zuhörer in seine *conclusio*: »Dadurch sich dann der Mensch selbst sol zwingen/ mit dem hertzen von der Welt zu weichen«,[566] die er an späterer Stelle erneut in die Mahnung steigert, den eigenen Willen zu verleugnen und die Welt zu verachten.[567] Das appellative Moment seiner Leichenpredigt sind *contemptus mundi*-Motive, die das Elend des Daseins zum Mittelpunkt der Predigt und zum Spiegel der Selbstbetrachtung machen. Auch wenn die katholischen Leichenpredigten an das Vertrauen auf das Evangelium und die Zuversicht auf das, was kommen wird erinnern,[568] sind doch die Absage an das Irdische, der Selbstzwang und das Verleugnen des Selbst immer auch grundlegende Elemente der Leichenpredigten und besonders der *vanitas*-Gedanken.

Dass Christen das Zeitliche nicht achten sollen, vielmehr ihrer wahren Heimat im Himmel gedenken mögen, ist in beiden Konfessionen ein zentraler Gedanke. Das Ziel der flüchtigen Lebensreise liegt in der himmlischen Ewigkeit. Eine konfessionell übergreifende Gemeinsamkeit besteht in der Einschätzung der irdischen *vanitas* als das Gegenüber zum ewig Göttlichen. Dieses Verhältnis wird in den *contemptus mundi*-Gedanken ebenso offenbar, wie in den Mahnungen des *memento mori*. Die *vanitas* mag dabei als das diese beiden Pole verbindende Element gelten.[569] Die Spannung, die sich innerhalb der *vanitas*-Topik zwischen Vergangenheit, Gegenwart und Zukunft entfaltet,[570] wird jedoch ganz verschieden aufgelöst. Die lutherischen Leichenpredigten mäßigen diese Spannung allein in einer Betrachtung des Lebens im Horizont des himmlischen Jerusalems. Das Unsichtbare der Zukunft wird so zu einem Spiegel des gegen-

---

565 Matthias Sittard: LP auf Ferdinand I. (gest. 1565), fol. D 2r.

566 Ebd., fol. C 2r.

567 Vgl. ebd., fol. D 1r.

568 Vgl. ebd.: »Wenn wir das haben/ so fälen wir nit/ wie auch Gott in seiner verhaissung vnd zusagung nit fälet/ sondern alles was er versprochen/ erfüllen wirdt.«

569 Siehe zum *vanitas*-Topos allgemein Ferdinand van Ingen: Vanitas und Memento mori in der deutschen Barocklyrik. Groningen 1966.

570 Vgl. etwa Johann Jacob Müller: LP auf Felix Wilhelm von Breitschwerdt 1680, S. 15: »Summa/ unser zeitliches Leben ist nichts als ein Praeteritum, ein wie der Wind hinge-flogenes/ vergängliches und nunmehr leeres Nichts.«

wärtig Sichtbaren. Dagegen scheinen katholische Leichenpredigten diese Spannung besonders in ihrer Darstellung der Eitelkeit des Lebens fruchtbar zu machen. Darin formulieren die Prediger ihre Mahnung zum Weltverzicht, die allerdings im Leben verhaftet und an das Leben – als katholische *ars vivendi* – gebunden bleibt: Besonders ein tugendhaftes Leben gibt dem auf Gott ausgerichteten Dasein Sinn.

In den Gedanken zum Wesen des Lebens, wie sie die katholischen und lutherischen Leichenprediger in den Bildern der Pilgerreise und der Seefahrt ebenso wie in den *parabolae* und *vanitas*-Gedanken ausdrücken, wird auch ein Bild vom Menschen gemalt. Die Gedanken der Prediger über das Leben führen die Adressaten der Leichenpredigten in die Weltherberge, in der der Mensch Trübsal und Jammer gar räumlich durchschreiten muss. Dabei werden sowohl die Ebene der persönlichen Erfahrungen des Menschen offenbar, als auch die gesellschaftlichen Beziehungen, in die er eingebunden ist. Dies wird besonders an dem Bild der Herberge deutlich: sie blendet den Menschen mit Tanz und guten Speisen, doch ist dies eine betrügerische Gesellschaft. In der Gleichzeitigkeit von Leben und Tod, wie sie die Rede vom Wesen der Welt vor Augen stellt, wird die Verflechtung von Noch-Nicht und Schon-Jetzt gerade am und im Menschen offenbar, ist der Lebende dem Tode doch näher als dem Leben.

C.   Der Mensch in den Leichenpredigten

1.   Der Mensch im Spiegel der Urgeschichte

Wenn die barocken Leichenpredigten trösten und stärken, des Verstorbenen lobend gedenken oder in der *ars moriendi* unterrichten wollen, stellt sich zunächst die Frage nach dem Wesen desjenigen Menschen, den die Prediger mit ihren Worten erreichen möchten. Dieses Bild des Menschen ergibt sich häufig vor dem Spiegel der Schöpfungsgeschichte, wie ihn etwa Johann Leonhard Ritter (1592–1641)[571] nutzt. Geschaffen wurde der Mensch zum Ebenbild Gottes »in vollkommener Weißheit/ Heiligkeit/ vnd Gerechtigkeit/ wahrer Erkendtnuß Gottes/ vnnd stät wehrender Gesundheit«.[572] Diese »edlen vnnd herrlichen Gaben« zierten den ersten Mensch »mit hohen fürtrefflichen Farben«.[573] Doch wurde dieses schöne Bild durch List und Betrug des Teufels und »die leidige Sünde/ als wie durch einen schädlichen Reiff oder Milthaw jämmerlich verder-

---

571 Vgl. DBA I 1042,279–280.
572 Johann Leonhard Ritter: LP auf Anna Dorothea Stäntzkhi 1630, fol. B 2v.
573 Ebd.

bet.«[574] In diesem Passus stellt Ritter das Wesen des Menschen zunächst gegenüber dem ersten Menschen vor Augen: Nicht Weisheit, sondern Unwissenheit (vgl. Ps 49,13), nicht Gesundheit, sondern Krankheit (vgl. Hiob 14,1) und nicht die Erkenntnis Gottes, sondern Entfremdung und Feindschaft zwischen Gott und seinem Geschöpf (vgl. Gen 3,23 f.; 2Kor 5,19) bestimmen den Menschen in dieser Welt. Doch habe »vnser Heiland Jesus Christus [...]« den Menschen »durch das Wasserbad im Wort/ vnd mit seinem Rosinfarbenen thewren Blut wider abgewaschen vnd gereinigt.«[575] Was Ritter hier dem sündhaften Wesen des Menschen tröstlich gegenüberstellt, ist nicht die Wegnahme der Sünde. Gottes Vergebung hat den Menschen der lutherischen Rechtfertigungslehre zufolge nicht von der Sünde befreit, ebenso wenig von der Distanz zu Gott. Als Gerechtfertigter bleibt der Christ Sünder: *simul iustus et peccator.*[576] Der Gedanke Ritters und die daraus entwickelte Paränese, dass der Mensch auf Gott angewiesen bleibt,[577] ist nur dann recht zu verstehen, wenn das lutherische Taufverständnis mitgedacht wird:[578] In der Taufe geht Gott mit den Menschen einen Gnadenbund ein, rechnet die Sünde um Christi willen nicht zu und reicht seinen Sohn selbst als Gabe,[579] wie schon Luther 1519 in seinem *Sermon von dem heyligen hochwirdigen Sacrament der Tauffe* formuliert.[580] Das »Ersauffen« der Sünde[581] in der roten Flut des Blutes Christi[582] kann jedoch in diesem Leben nicht

---

574 Ebd.

575 Ebd.

576 Erstmals nutzt Luther diese Wendung in der Römerbriefvorlesung 1515/16: WA 56,70,9 f. u. 272,17. Vgl. Friederike Nüssel: Allein aus Glauben. Zur Entwicklung der Rechtfertigungslehre in der konkordistischen und frühen nachkonkordistischen Theologie. Göttingen 2000 (Forschungen zur systematischen und ökumenischen Theologie 95), S. 75. Zur Interpretation der Formel, die an dieser Stelle nicht erfolgen kann, siehe Eberhard Jüngel: Das Evangelium von der Rechtfertigung des Gottlosen als Zentrum des christlichen Glaubens. Eine theologische Studie in ökumenischer Absicht. Tübingen 1998, S. 183–190; Wilfried Joest: Ontologie der Person bei Luther. Göttingen 1967, S. 265–269.

577 Vgl. Johann Leonhard Ritter: LP auf Anna Dorothea Stäntzkhi 1630, fol. B 2v.

578 Vgl. WA 2,732,9–12 (Ein Sermon von dem heiligen hochwiirdigen Sakrament der Taufe 1519): »Alßo vorstehstu wie eyn mensch unschuldig, reyn, an sund wirt yn der tauff, und doch bleybit voll vill poßer neygung, das er nit anderß reyn heyst, dan das er angefangen ist reyn tzu werden, und der selben reynickeit eyn zeichen und bund hatt [...].«

579 Thomas Hohenberger: Lutherische Rechtfertigungslehre in den reformatorischen Flugschriften der Jahre 1521–1522. Tübingen 1996 (Spätmittelalter und Reformation. Texte u. Untersuchungen 6), S. 77.

580 Vgl. WA 2,730,20 f.: »Das hilfft dir das hochwirdig sacrament der tauff, das sich gott daselbs mit dyr vorpindet und mit dyr eyns wird eyns gnedigen trostlichen bunds.« Und weiter WA 2,731,14–17: »Und ob yhemant viele yn sund, ßo haben wir eynen fuersprecher fur gott, Jhesum Christum, der eyn vorgebung worden ist unßer sund. Dasselb geschicht alles yn der tauff, da wirt unß Christus geben, wie wir hoeren werden ym folgenden sermon.«

581 WA 2,728,10.

582 Vgl. die siebte Strophe von Luthers Tauflied:
    Das Aug allein das wasser siht,

vollkommen geschehen, ihre letzte Gültigkeit erreicht die Taufe erst am Jüngsten
Tag:

> Die bedeutung, und sterben odder ersauffen der sund, geschicht nit volnkomen, yn
> dißem leben, biß der mensch auch leyplich sterb und gantz vorweße zu pulver. Das
> sacrament odder tzeychen der tauff ist bald geschechen, wie wir vor augen sehen, aber
> die bedeutung, die geystliche tauff, die erseuffung der sund, weret die weyl wir leben,
> und wirt aller erst ym tod volnbracht, da wirt der mensch recht yn die tauff gesenckt,
> unnd geschicht, was die tauff bedeut.[583]

Die dem Menschen in der Taufe zugesprochene Gerechtigkeit ist fremde Gerechtigkeit und der Mensch ist unfähig aus sich heraus sündlos zu leben. Die
Rechtfertigung besteht also in der dem Menschen äußeren Gerechtigkeit Christi
und ist daher nicht von Mensch zu Mensch verschieden oder gar durch
menschliches Zutun in ihrer Intensität beeinflussbar. Luther etwa macht dies in
seiner Kritik an einer übermäßigen Marienverehrung deutlich:

> Also ist nun [ein] abbruch unnd schade, das man mit der tieffen eer der mutter gotts
> Christi eer und erkantniß geschwecht hat, so wir doch von Christo Christen haissen,
> das wir an jm allain hangen sollen unnd sollen gotes kinder und erben sein, unnd so
> seind wir gleich als vil als die muter gotes selbs [...]. Sunst geschicht ain abbruch dem
> hailigen blut Jhesu Christi, dann durch das blut seind wir all zumal gerainigt von
> sünden und gesetzt in die himelischen guetter. Ist dem also, so seyn wir ja gleich als
> hailig als sy, aber das sy ain groessere gnad hat, das ist nit auß jrem verdienst ge-
> schehen, sonder auß gotes barmhertzigkait. Dann wir kinden ia nit alle gotes mutter
> sein, sunst ist sy uns gleich, so wol durch das blut Christi zu gnaden kommen als wir.[584]

Der Mensch bleibt auf Gott angewiesen, mithin muss er sich immer wieder der
Heilszusage Gottes vergewissern lassen, da »diß gantz leben nit anders, dan eyn
geystlich tauffen an unterlaß biß yn denn todt«.[585] Vor diesem Hintergrund wird
deutlich, warum Johann Leonhard Ritter mahnt, »mit rechte[r] erkendnuß
Gottes/ vnd wahren Glauben an Jesum Christum« zu leben.[586] Aus der bleiben-

---

wie Menschen Wasser giessen:
Der Glaub im Geist die krafft versteht
des Blutes Jhesu Christi,
Und ist für im ein rote Flut,
von Christus Blut geferbet,
die allen Schaden heilen thut
von Adam her geerbet,
auch von uns selbs begangen.
Dazu etwa Philipp Wackernagel: Das deutsche Kirchenlied von der ältesten Zeit bis zu
Anfang des XVII. Jahrhunderts. 5 Bde. Leipzig 1864–1877. Hier Bd. 3 1870, Nr. 43.
583 WA 2,728,10–16.
584 WA 10/III,315,6–316,4 (Sermon von der Geburt Mariä 1522).
585 WA 2,728,16f.
586 Johann Leonhard Ritter: LP auf Anna Dorothea Stäntzkhi 1630, fol. B 2v.

den Unvollkommenheit des Menschen, der als Gerechtfertigter zugleich Sünder ist und bleibt, ergibt sich das Bild des Menschen in lutherischen Leichenpredigten: Das Sein des Menschen bestimmt sich vom Rechtfertigungsgeschehen her als Handeln Gottes am Menschen.[587] Im Glauben an Christus kann der Mensch die ihm geltende Gerechterklärung und zugleich sein anhaltendes sündiges Wesen ohne Christus erkennen:[588] »Du must gleuben vnd bekennen/ das alle dein wesen sey vnrein vnd vngerecht/ ausser Christo vnd in dir selbs« formuliert Luther in der *Kirchen-Postilla*.[589] Die Wahrnehmung des Menschen steht immer in Bezug zu Gott, »er gibt jederman leben vnd athem«, erinnert Michael Hetzenraht mit Apg 17,25.[590] Dass damit nicht der Mensch als Individuum übergangen wird, zeigt das Vertrauen in »wort und verheissung Gottes«:[591] Die Taufe »wircket vergebung der Sünden, erlöset vom Todt und Teuffel und gibt die ewige seligkeit allen, die es gleuben«.[592] Damit wird die Hoffnung auf Auferstehung auf die persönliche Ebene des Einzelnen übertragen und darin der Mensch an sich, in seinen Ängsten und in seiner individuellen Beziehung zu Gott, erfasst. Diese besonders in lutherischen Leichenpredigten hervorgehobene Existenz des Gläubigen, die das Werden von Geburt und Taufe bis in den Tod nicht ohne Gott denkt, findet sich etwa auch in Polycarp Leysers Leichenpredigt auf den Leipziger Juristen Johann Ilgen:

> Denn wir sind in Friede erschaffen/ haben Friede mit Gott im Gewissen/ vnd mit allen Creaturen gehabt. Die Liebe ist im menschlichen Hertzen eingepflantzet gewesen/ vnd hetten wir im Paradiß eitel Liebe/ Fried vnd Frewde zu hoffen gehabt/ dann das Reich Gottes ist Gerechtigkeit/ vnd Friede vnd Frewde in dem heiligen Geist/ Röm. 14. Allein so bald der Mensch gesündiget hat/ ist der Friede gebrochen worden/ vnd feindschafft zwischen Gott vnd Menschen [...] entstanden [...].[593]

Der Prediger bindet die Beziehung zu Gott in die Rede vom Wesen des Menschen ein. Zunächst in enger, liebevoller Gemeinschaft mit dem Schöpfer, fiel der Mensch durch den Sündenfall in eine Distanz zu Gott, die sich in der Vertreibung

---

587 Vgl. dazu die Thesenreihe Luthers zur Disputatio de homine, These 35: »Quare homo huius vitae est pura materia Die ad futurae formae suae vitam.« In: Gerhard Ebeling: Lutherstudien Bd. 2/I: Disputatio de homine. Text und Traditionshintergrund. Tübingen 1977, S. 23 und die Anm. S. 45.

588 Vgl. Friederike Nüssel: *Allein aus Glauben* 2000, S. 58.

589 Martin Luther: Kirchen Postilla das ist: Auslegung der Episteln vnd Euangelien/ an Sontagen vnd furnemesten Festen. [...]. Auffs new corrigirt/ vnd gebessert. Wittenberg 1547, S. 64.

590 Michael Hetzenraht: LP auf Christine Wilhelmi 1623, S. 10.

591 Vgl. BSELK 516, 20f. (Luthers Kleiner Katechismus: Was gibt oder nützet die Tauffe?).

592 Ebd.

593 Polycarp Leyser: LP auf Johann Ilgen 1633, fol. A 4v/B 1r. Vgl. dazu auch Wilfried Joest: *Ontologie* 1967, bes. S. 351f., wo von dem menschlichen Leben als »Weg zum Ziel eschatologischer Vollendung« gesprochen wird.

aus dem Paradies manifestierte und nun allen Menschen in der Mühe und Arbeit des Lebens (vgl. Ps 90,10), der irdischen Existenz als Pilger und der Sterblichkeit sinnfällig wird.

Diese unstete irdische Existenz thematisiert Georg Pistorius in einer Musterpredigt zum Tod eines Kindes, die seiner Leichenpredigtsammlung des Jahres 1663 beigegeben ist. Die große elterliche Trauer über den Tod ihres Kindes[594] versucht die Predigt mit dem Titel *Wie es den Kinderen besser sey/ bald sterben/ als lang leben*[595] (Koh 7,1) zu lindern. Seine Trostargumente versammelt Pistorius ausgehend von Gedanken über das Wesen des Menschen:

> Dann wir in Sünden empfangen/ vnd Kinder deß Göttlichen Zorns gebohren werden: Kommen auff die Welt mit Schmerzen/ Weinen vnd Klagen: von welchen der H. Augustinus sagt: Lacrymae Infantium sunt testes nostrae miseria [...]. Vnd vermeldet Seneca daß auß disen Klagen man schliessen könne/ was die Natur vns für ein ellendes Leben mit sich bringe.[596]

Schon der Beginn des Lebens weise auf das Wesen des Menschen: In dem Weinen des Neugeborenen offenbare sich das göttliche Verhängnis, demzufolge der Mensch zu Weinen und Klagen gemacht sei. Wie das Leben beginne (vgl. Weish 7,3), so werde es weitergehen und schließlich – mit Blick auf den unbarmherzigen Tod – auch enden. Pistorius paraphrasiert aneinanderreihend Belege der Vulgata, die ausgehend von Ps 50,7 (›ecce in iniquitate conceptus sum et in peccato peperit me mater mea‹) und Eph 2,3 (›in quibus et nos omnes aliquando conversati sumus in desideriis carnis nostrae facientes voluntates carnis et cogitationum et eramus natura filii irae sicut et ceteri‹) das Sein des Menschen in Sünde und Bosheit vor Augen stellen.[597] Aus der Wurzel der Ursünde wird der Mensch wachsen. Dieses Wachsen, mithin das Sein des Menschen in der Welt, beschreibt der Prediger sodann mit Adjektiven der Bibel: Der Mensch sei »na-

---

594 Die Trauer von Eltern billigt Pistorius selbst an anderer Stelle: *Klaghauß* 1663, S. 6. Er zitiert Latinus Pacatus Drepanius: »Instituente natura plus fere filios quam nosmet ipsos diligimus.« Vgl. Ders.: Panegyricus Latini Pacati Drepani Ductus Theodosio. In: In praise of later Roman emperor. The Panegyrici Latini. Introd., transl., and historical commentary. C. E. V. Nixon and Barbara Saylor Rodgers. With the Latin text of R. A. B. Mynors. Liverpool 1987, S. 647–674, hier S. 656.

595 Georg Pistorius: *Klaghauß* 1663, S. 7.

596 Ebd., S. 9. Vgl. Aurelius Augustinus: Opera. Enarrationes In Psalmos 101–150. Pars 3: Enarrationes In Psalmos 119–133. Hrsg. v. Franco Gori. Wien 2001 (Corpus Scriptorum Ecclesiasticorum Latinorum. Bd. 95/3), S. 178: »Poterat ridere prius puer qui nascitur; quare a fletu incipit vivere? Ridere nondum novit; quare plorare iam novit? Quia coepit ire in istam vitam.« Lucius Annaeus Seneca: Ad Polybium de consolatione IV, 3: »Non vides qualem nobis uitam rerum natura promiserit, quae primum nascenzium hominum fletum esse voluit? Hoc principio edimur, huic omnis sequentium ordo consentit.« In: Ders.: Philosophische Schriften. Lateinisch/Deutsch. Bd. 2: Dialoge VII–XII. Hrsg. v. Manfred Rosenbach. Darmstadt 1971, S. 241–291, hier S. 250.

597 Vgl. Georg Pistorius: *Klaghauß* 1663, S. 9.

ckendt vnd bloß [Hiob 1,21]«, »vngeschickt vnd vnwissend [Ps 48,13]«, »sterblich vnd Ellend [Hiob 14,1]« und schließlich, so der Prediger, »von Natur« aus »also zum Bösen geneigt [Gen 8,21].«[598] Pistorius also sieht die Ursache des sterblichen und leidvollen irdischen Daseins in der menschlichen Natur. Lutherische Prediger betonen zunächst häufig, dass Gott den Menschen gerade nicht so geschaffen habe, sondern Liebe, Frieden und Freude die von Gott gewollte Natur des Menschen sei.[599] Gott schuf den Menschen zu seinem Ebenbilde und zum ewigen Leben.[600] Erst die Sünde, wie etwa der Lutheraner Johann Quandt (1651–1718)[601] – und darin mit den katholischen Predigern übereinstimmend – herausstellt, habe die Natur des Menschen verderbt und von Gott entfernt.[602]

Zur Amplifikation seiner Ausführungen greift Pistorius auf eine Exempelgeschichte zurück, von der Plinius Secundus d. Ä. in seiner *Naturalis historia* berichtet:

> Wie daß zu Sagunt ein vnmündiges Kindlen gebohren/ vnd auß Mutter Leib herfür kommen/ doch sich gleich gewendt/ vnd sich wider in der Mutter Leib hinein verkrochen. Darauff im selbigen Jahr die Statt Sagunt von dem Hannibal gantz verhergt worden: Als ob dises Kind gleichsamb das Verderben seines Vatterlandt vorgesehen/ vnd doch nit ansehen wollen.[603]

Der Mensch, so Pistorius, sei so vielen Gefahren und Unglücksfällen unterworfen, dass es besser sei nicht geboren zu werden, als in dieses Leben hinein zu wachsen.[604] In einer Leichenpredigt zum Tod »einer Ehefrawen/ oder Kindbetterin«[605] greift Pistorius aus gegebenem Anlass erneut auf die Rede von der Geburt zurück. Ausgehend von dem Bibelvers ›mulier cum parit tristitiam habet‹ (Joh 16,21) stellt der Prediger zunächst die weibliche Natur vor Augen. Schon bei den »Heiden« sei »das Weibsbild ein Zeichen der Schwachheit gewesen«, was der Apostel Petrus anzeige, wenn er Frauen als schwächere Gefäße bezeichnet (›infirmiori vaso‹, 1Petr 3,7).[606] Diese Schwachheit und Gebrechlichkeit sei besonders in der Geburtsstunde offenbar: »Wie vil Zufäll muß

---

598 Ebd.
599 Vgl. etwa Polycarp Leyser: LP auf Johann Ilgen 1633, fol. A 4v/B 1r.
600 Vgl. Johann Quandt: LP auf Reinhold Heinrich von Kohlen 1698, S. 8: »daß er [...] hätte [...] ewiglich leben können«.
601 Vgl. DBA I 989,220–222.
602 Vgl. Johann Quandt: LP auf Reinhold Heinrich von Kohlen 1698, S. 8f.
603 Ebd., S. 8f. Vgl.: Plinius Secundus d. Ä.: Naturalis historiae libri XXXVII, liber VII, 35. Anthropologie. Lateinisch/Deutsch. Hrsg. u. übers. v. Roderich König in Zusammenarb. mit Joachim Hopp u. Wolfgang Glöckner. München 1975, S. 34: »Est inter exempla in uterum protinus reversus infans Sagunti quo anno deleta ab Hannibale est.«
604 Vgl. Georg Pistorius: *Klaghauß* 1663, S. 9.
605 Vgl. Georg Pistorius: *Klaghauß* 1663, S. 54.
606 Ebd.

manche Fraw außstehen/ wie offt wird jhr ohnmächtig/ wie offt erkrancken sie«.[607] »Dahero wann die Propheten ein grosses Elend vnd Jammer verkündigen vnd zu verstehen geben wollen/ haben sie die Gleichnuß einer gebährenden schwangeren Frawen angezogen«,[608] folgert Pistorius und sammelt alttestamentliche Belege, in denen von Geburtsschmerzen als infralapsarische Phänomene die Rede ist: Ps 47,7 (›horror possedit eos ibi dolor quasi parturientis‹), Jes 21,3 (›propterea repleti sunt lumbi mei dolore angustia possedit me sicut angustia parientis corrui cum audirem conturbatus sum cum viderem‹), Jes 26,17 (›sicut quae concipit cum adpropinquaverit ad partum dolens clamat in doloribus suis sic facti sumus a facie tua Domine‹), Jer 4,31 (›vocem enim quasi parturientis audivi angustias ut puerperae vox filiae Sion intermorientis expandentisque manus suas vae mihi quia defecit anima mea propter interfectos.‹), Jer 6,24 (›audivimus famam eius dissolutae sunt manus nostrae tribulatio adprehendit nos dolores ut parturientem‹), Hos 13,13 (›dolores parturientis venient ei ipse filius non sapiens nunc enim non stabit in contritione filiorum‹) sowie Mi 4,9 (›dolores parturientis venient ei ipse filius non sapiens nunc enim non stabit in contritione filiorum‹). Die in diesen Versen genutzten Begriffe *dolor* und *angustia* umschreiben also, Pistorius zufolge, das Sein des Menschen in dieser Welt.

Auch lutherische Leichenprediger nutzen Joh 16,21, um das Wesen des Menschen vor Augen zu stellen. So berichtet etwa der Wittenberger Professor Abraham Calov von der großen Trübsal des Menschen, die »durchs Hertz gehet/ das dadurch constringiret/ beängstiget [...] wird/ darüber man gedrucket und gepresset wird/ ja darüber man bißweilen sich gar zu boden werffen/ und auff der Erden krümmen muß.«[609] Dieses Bild des leidenden, zu Boden gezwungenen und von Schmerzen gequälten Menschen parallelisiert Calov mit den Schmerzen einer Gebärenden.[610] Ähnlich erkennt der Prediger Michael Hetzenraht, dass »die H. Schrifft/ wann sie wil sagen von einer vberauß grossen not/ angst/ traurigkeit vnd gefahr/ so braucht sie das gleichnus von einem gebärenden weib« und belegt dies mit Jes 13,8 und 37,3 sowie dem Vers aus dem Johannesevangelium.[611]

Die Bedingung der Möglichkeit, die Rede über die Geburtsschmerzen auf die Leiden des Menschen hin zu deuten, liegt in der Deutung der Ursünde, wie sie lutherische und katholische Prediger in den Leichenpredigten vorlegen. Pisto-

---

607 Ebd.
608 Ebd., S. 54f.
609 Abraham Calov: LP auf Dorothea Kunad 1655, fol. A 2v.
610 Vgl. ebd. Ähnlich auch Gottfried Bleyl: LP auf Johann Siegmund von Vogt und Sägewitz (gest. 1686), S. 9.
611 Michael Hetzenraht: LP auf Christine Wilhelmi 1623, S. 8f. Siehe auch Sebastian Friedrich Brunnemann: LP auf Anna Sybilla von Eickstät (gest. 1699), S. 14.

rius sieht in der »Sünd der Evae vnserer allerersten Mutter«, nicht allein »die Ursach der Weiber Gebrechligkeit«, sondern den Grund allen menschlichen Elends.[612] Mit der Vertreibung aus dem Paradies haben Adam und Eva und werden alle Menschen nach ihnen »bitter Ellend« leiden müssen.[613] Auch der Lutheraner Hetzenraht, der in seiner Predigt den Bericht um Benjamins Geburt und Rahels Tod aus Gen 35,16–20 auslegt, führt diesen Zusammenhang aus:

> Dje Schmertzen nun der gebärenden betreffend/ so sein sie dem weiblichen geschlecht von Gott vfferlegt/ wie zu sehen ist Genes. 3. [...]. Da sollen nun alle gotselige matronen mercken/ daß solches herkomme wegen der sünde/ dann so bald das weib die vbertrettung eyngeführt/ da kam der Herr zu Adam vnd sprach/ Dieweil du solches gethan hast. vnd gleich darauff zum weib [...].[614]

Die Sünde der ersten Eltern also brachte das Leid über und in den Menschen. Darauf beruht das Gleichnis der Geburtsschmerzen, wenn diese überkonfessionell als Folgeerscheinung der Erbsünde angesehen werden. Doch offenbart sich innerhalb der Ausführungen mit Blick auf die *applicatio* eine konfessionell zugespitzte Anwendung von Joh 16,21. Der katholische Theologe Pistorius macht das Bild der Gebärenden besonders in der Mahnung fruchtbar, die schwere Geburt der Frau, mithin das Leid des Menschen, sei die rechte Gelegenheit zum Üben der Tugenden, von denen Pistorius Glaube, Hoffnung, Liebe und Geduld nennt.[615] Die Gefahren des Lebens geben dem Menschen Ursache, »frömmer« zu werden und sich dazu durch »Beicht vnd Communion« zu bereiten.[616] Während die lutherischen Leichenpredigten mahnen, dass jeder Christ mit tiefer Gewissheit daran festhalten muss und soll, dass Gott ihm die Sünden um Christi willen vergebe,[617] stellt das Tridentinum fest, dass niemand wissen könne, ob er die Gnade Gottes erlangt habe.[618] Außerdem lehrt das Konzil, die anfängliche Rechtfertigungsgnade (*gratia prima*) sei von Mensch zu Mensch verschieden[619] und könne durch gute Werke vermehrt werden (*gratia secunda*):

---

612 Georg Pistorius: *Klaghauß* 1663, S. 55.
613 Ebd.
614 Michael Hetzenraht: LP auf Christine Wilhelmi 1623, S. 9.
615 Vgl. Georg Pistorius: *Klaghauß* 1663, S. 56f.
616 Ebd., S. 57.
617 Vgl. etwa Johannes Heinrich Epplinus: LP auf Johann Marcellus Westerfeld 1678, S. 10f. oder Caspar Heunisch: LP auf Valentin Daniel Körnacher (gest. 1683), S. 18.
618 Vgl. dazu das Dekret über die Rechtfertigung des Konzils von Trient, Kap. 9.: »Nam sicut nemo pius de Dei misericordia, de Christi merito deque sacramentorum virtute et efficacia dubitare debet: sic quilibet, dum seipsum suamque propriam infirmitatem et indispositionem respicit, de sua gratia formidare et timere potest [...], cum nullus scire valeat certitudine fidei, cui non potest subesse falsum, se gratiam Dei esse consecutum.« In: Denzinger, Nr. 1534. Vgl. auch die Konones über die Rechtfertigung, Kan. 13–15. In: Ebd., Nr. 1563–1565.
619 Vgl. das Dekret über die Rechtfertigung des Konzils von Trient, Kap. 7: »[...] iustitiam in nobis recipientes unusquisque suam, secundum mensuram, quam Spiritus Sanctus partitur

»Sic ergo iustificati [...] in ipsa iustitia per Christi gratiam accepta, cooperante fide bonis operibus [...], crescunt atque magis iustificantur [...]«.[620] Die bereits vorhandene Rechtfertigungsgnade kann der Mensch also intensivieren, was eigens unter dem Anathem betont wird:

> Si quis dixerit, iustitiam acceptam non conservari atque etiam non augeri coram Deo per bona opera, sed opera ipsa fructus solummodo et signa esse iustificationis adeptae, non etiam ipsius augendae causam: anathema sit.[621]

Unter der Bedingung, dass die *gratia prima* kein Verdienstobjekt sein kann, hält das Tridentinum die tröstliche Lehre fest, dass der Gerechtfertigte durch gute Werke die unverdienbare Gnade mehren, den Eintritt in das ewige Leben erlangen und die Vermehrung der Himmelsglorie verdienen kann (*gratia secunda*).[622] Deutlich betont das Konzil den Vorrang der göttlichen Gnade vor allen menschlichen Werken: Ohne die zuvorkommende Gnade könne sich der sündige Mensch nicht »durch freie Zustimmung und Mitwirkung« auf Gott zubewegen.[623] Die römisch-katholische Kirche räumt also dem Menschen in Bezug auf Gott einen auch nach dem Sündenfall dem Ruf Gottes zustimmenden oder widersprechenden freien Willen ein:

> Si quis dixerit, liberum hominis arbitrium a Deo motum et excitatum nihil cooperari assentiendo Deo excitanti atque vocanti, quo ad obtinendam iustificationis gratiam se disponat ac praeparet, neque posse dissentire, si velit, sed velut inanime quoddam nihil omnino agere mereque passive se habere: anathema sit.[624]

Demnach wirkt der Mensch willentlich beim Empfang der Rechtfertigungsgnade mit und kann diese Gnade im Leben mittels guter Werke, vollbracht aus freiem Willen, komplettieren. Die lutherische Lehre dagegen löst den Zusammenhang zwischen Rechtfertigung und christlichen Lebenswandel auf. Das Vertrauen, die

---

singulis prout vult [...], et secundum propriam cujusque dispositionem et cooperationem.« In: Denzinger, Nr. 1529.

620 Dekret über die Rechtfertigung des Konzils von Trient, Kap. 10. In: Denzinger, Nr. 1535.

621 Kanones über die Rechtfertigung, Kan. 24. In: Denzinger, Nr. 1574.

622 Vgl. Kanones über die Rechtfertigung, Kan. 32.: »Si quis dixerit, hominis iustificati bona opera ita esse dona Dei, ut non sint etiam bona ipsius iustificati merita, aut ipsum justificatum bonis operibus, quæ ab eo per Dei gratiam et Jesu Christi meritum (cujus vivum membrum est) fiunt, non vere mereri augmentum gratiae, vitam aeternam et ipsius vitae aeternae (si tamen in gratia decesserit) consecutionem, atque etiam gloriae augmentum: anathema sit.« In: Denzinger, Nr. 1582.

623 Dekret über die Rechtfertigung, Kap. 5:»Declarat praeterea, ipsius iustificationis exordium in adultis a Dei per Christum Iesum praeveniente gratia sumendum esse, hoc est, ab eius vocatione, qua nullis eorum exsistentibus meritis vocantur, ut qui per peccata a Deo aversi erant, per eius excitantem atque adiuvantem gratiam ad convertendum se ad suam ipsorum iustificationem, eidem gratiae libere assentiendo et cooperando, disponantur [...].« In: Denzinger, Nr. 1525.

624 Kanones über die Rechtfertigung, Kan. 4. In: Denzinger, Nr. 1554.

Rechtfertigungsgnade *sola fide* zu erlangen und der Gedanke, dass *solus Christus* das Heil bewirkt, machen menschliche Bemühungen zum Heilsgeschehen unnötig, wie es etwa in der *Confessio Augustana* formuliert wird:

> Item docent, quod homines non possint iustificari coram Deo propriis viribus, meritis aut operibus, sed gratis iustificentur propter Christum per fidem, cum credunt se in gratiam recipi et peccata remitti propter Christum, qui sua morte pro nostris peccatis satis fecit. Hanc fidem imputat Deus pro iustitia coram ipso. Roma. 3. et 4.[625]

Vor diesem Horizont wird deutlich, warum die lutherische Lehre den in Bezug auf das Gottesverhältnis freien Willen des Menschen ablehnte: Es ist nicht die mit dem freien Willen gegebene Fähigkeit der Hinwendung zu Gott, die über den Gnadenzuspruch entscheidet. Die Unwissenheit, ob das menschliche Tun vor Gott genügen würde, bringe das Gewissen in große Verzweiflung, wie es etwa Luther selbst erfahren musste:

> Ego autem, qui me, utcunque irreprehensibilis monachus vivebam, sentirem coram Deo esse peccatorem inquietissimae conscientiae, nec mea satisfactione placatum confidere possem, non amabam, imo odiebam iustum et punientem peccatores Deum, tacitaque si non blasphemia, certe ingenti murmuratione indignabar Deo.[626]

Es ist gerade das Vertrauen darauf, dass dem Menschen um Christi willen seine Sünde nicht angerechnet wird, das die lutherische Lehre der katholischen Aussage vom menschlichen Zutun zur Heilserlangung entgegenstellt. Dies bedeutet nun nicht, dass Luther und ihm folgend die lutherischen Theologen des Barock »gute Werke« generell ablehnen. Doch sind diese Werke, wenn sich der Mensch seiner ihm in Christus zugesprochenen Rechtfertigung gewiss sein kann, nicht auf das eigene Heil gerichtet, sondern allein auf seinen Mitmenschen. Es ist der Glaube, der, so Luther in seiner *Kirchen Postilla*, zu guten Werken treibt:

> Wenn du nu also gleubest vnd frölich bist in Gott deinem Herrn [...] da ist kein zwang noch Drang/ eitel frölicher wille vnd lust wol zuthun/ es sey das werck gering oder köstlich/ klein oder gros/ kurtz oder lang.[627]

---

625 BSELK 56, 13–15 (Confessio Augustana 4).

626 WA 54,185,21–25 (Vorrede zum ersten Band der Gesamtausgaben seiner lateinischen Schriften 1545).

627 Martin Luther: *Kirchen Postilla* 1547, S. 75r. Vgl. dazu auch Ders.: *Von der Freiheit eines Christenmenschen* 1520: »Und ob er nu gantz frey ist, sich widderumb williglich eynen diener machen seynem nehsten zu helffen, mit yhm faren und handeln, wie gott mit yhm durch Christum handlet hatt, und das allis umbsonst, nichts darynnen suchen denn gottliches wolgesallenn, und alßo denckenn ›Wolan meyn gott hatt mir unwirdigen vordampten menschen on alle vordienst, lauterlich umbsonst und auß eytel barmhertzickeit gebenn, durch und ynn Christo, vollen reychtumb aller frumkeit und selickeit, das ich hynfurt nichts mehr bedarff, denn glauben, es sey also. Ey so will ich solchem vatter, der mich mit seynen uberschwenglichen gutternn alßo ubirschuttet hatt, widerumb frey, froelich und umbsonst

Der Katholik Anton Ginther stellt dagegen einen Gott gefälligen Lebenswandel in den Horizont der Rede von einem Verdienst:

> Jst dann nicht der Mensch erschaffen nach dem Ebenbild der Allerheiligsten Drey-faltigkeit? Dise unendliche Drey=Einige Gottheit verehrte unsere Hoch=Wohlge-bohrne Fräulen immer in ihrem Hertzen/ wie auch die erschaffne Dreyheit Jesus/ Maria/ und Joseph/ sambt denen dreyen Theologischen Tugenden deß Glaubens/ Hoffnung/ und der Liebe. Mit welchen ermelten drey Königlichen Tugenden beglaitet sie vor den Thron und Richterstuel deß Allerhöchsten getretten; Wer soll nun nicht glauben/ daß sie nicht auch ein barmhertziges Urthel erhalten habe?[628]

Gewiss hebt Georg Pistorius auch hervor, der Christ möge »an Gottes Hilff vnd Beystandt nit zweifflen«[629] und erinnert andernorts daran, dass allein die »Zu-flucht zu Gott« menschliches Leid ertragbar mache.[630] Dagegen jedoch kann der Lutheraner Hetzenraht predigen, dass alle im leidvollen Dasein verhafteten Christen sich damit trösten sollen, dass

> ob wol/ wegen der sünden solches jhnen zukomt/ so ist jedoch dieselbe jhnen verzihen/ durch den/ der vom weib geboren ist/ Galat. 4. nemlich durch Jesum Christum/ so sie in glauben an denselbigen in warer standhafftigkeit verbleiben/ es wird jhm kein schmertz/ keine not noch tod schaden/ sterben sie/ so sterben sie seliglichen/ sie kommen zur freud/ zu solcher freud/ da kein schmertz/ kein geschrey ja auch der tod nicht mehr seyn wird/ Apoc. 21.[631]

Überkonfessionell mahnen lutherische und katholische Prediger die Gemeinde also zu Glauben und Vertrauen. Doch wird in den lutherischen Leichenpredigten die frohe Botschaft der Auferstehung und die Gewissheit des verheißenen Heils, wie es das Ende des Verses Joh 16,21 (›Wenn sie aber das Kind geboren hat/ dencket sie nicht mehr an die angst/ vmb der freude willen/ das der Mensch zur welt geboren ist‹) nahelegt, in den Mittelpunkt gerückt, während die katholi-schen Prediger dazu mahnen, die rechten Mittel zu ergreifen, um sich das Ver-dienst Christi zuzueignen. Darin jedoch wird eine individuelle Ungewissheit in der Heilsfrage aufgeworfen, da sich der Mensch nie sicher sein kann, ob sein Zutun vor Gott genügen werde.

---

thun was yhm wolgefellet, Unnd gegen meynem nehsten auch werden ein Christen, wie Christus mir worden ist, und nichts mehr thun, denn was ich nur sehe yhm nott, nuetzlich und seliglich seyn, die weyl ich doch, durch meynenn glauben, allis dings yn Christo gnug habe‹.« WA 7,35,25–36,2.

628 Anton Ginther: LP auf Maria Elisabeth Theresia von Neuhaus (gest. 1691), S. 13.
629 Ebd.
630 Georg Pistorius: *Klaghauß* 1663, S. 44.
631 Michael Hetzenraht: LP auf Christine Wilhelmi 1623, S. 15.

2.   Leib und Seele

Der Frage nach der Beschaffenheit des Menschen geht Polycarp Leyser in seiner Leichenpredigt auf die 1632 verstorbene Anna Bernoul nach. Der Mensch bestehe aus »zweyen Stücken«, »eine[r] vernünfftige[n] Seele vnd [einem] Leib«.[632] Doch habe die Sünde den ganzen Menschen, also »Leib vnd Seel verdorben«.[633] Ähnlich äußert sich der lutherische Prediger Adam Herold (1659–1711):[634]

> Der menschliche Cörper ist ein zerbrechlich Hauß/ welches/ wenn es nicht durch die Sturm=Winde und Erdbeben äusserlicher Zufälle und Anstöße der Krankheiten übern Hauffen geworffen/ doch von sich selbst wurmstichig wird und einfallen muß/ als eine baufällige leimerne und irrdene Hütten. Die alte Sentenz nach dem Sünden=Fall bleibt feste: du bist Erde und mußt zur Erden werden.[535]

Die von Herold verwendeten Bibelstellen 2Kor 5,1 (›Wjr wissen aber/ so vnser jrdisch Haus dieser Hütten zubrochen wird/ das wir einen Baw haben von Gott erbawet/ ein Haus/ nicht mit henden gemacht/ das ewig ist im Himel‹) und Hiob 4,19 (›Wie viel mehr die in den leimen Heusern wonen/ vnd welche auff Erden gegründet sind/ werden von den Würmen gefressen werden‹) sowie der Verweis auf die Strafrede Gottes in Gen 3, ergeben ein Bild vom Körper, welches in zeitgenössischen Leichenpredigten und darüber hinaus in weiteren Gattungen oft verwendet wird:[636] der Leib des Menschen als baufällige Hütte. Der irdische Leib, eine Hütte aus Lehm und Erde, wird nicht ewig sein, er ist sterblich und wird wieder zu dem Stoff, aus dem er geschaffen wurde. Die Unterscheidung von Leib und Seele liegt im Schöpfungsvorgang begründet, wo Gen 2,7 zufolge der Leib von Gott mit der Seele ausgestattet wurde: ›Vnd gott der Herr machet den menschen aus dem Erdenklos/ vnd er blies jm ein den lebendigen Odem in seine Nasen/ Vnd also ward der Mensch eine lebendige Seele.‹ An dieses grundsätzliche Wesen des Menschen knüpfen die katholischen und lutherischen Prediger an, wenn sie die Vergänglichkeit des Leibes der Unsterblichkeit der Seele gegenüberstellen.[637] So formuliert etwa der Superintendent Heinrich Wiedeburg:

---

632 Polycarp Leyser: LP auf Anna Bernoul (gest. 1632), fol. A 2v.
633 Ebd.
634 Zu Herold vgl. DBA I 523,149–178; II 568,244.
635 Adam Herold: LP auf Johannes Altwein (gest. 1698), S. 10.
636 Ähnlich auch Matthias Sittard: LP auf Kaiser Ferdinand I. (gest. 1565), fol. D 2v. Zur Verwendung dieses Bildes etwa in Sterbe-und Ewigkeitsliedern vgl. Lukas Lorbeer: *Die Sterbe- und Ewigkeitslieder* 2002, S. 495f. Zur barocken Dichtkunst vgl. exemplarisch Sigmund von Birken: Werke und Korrespondenz. Hrsg. v. Klaus Garber. Bd. 5: Todten-Andenken und Himmels-Gedanken oder Gottes- und Todes-Gedanken. Hrsg. v. Johann Anselm Steiger. Teil 1: Texte. Teil 2: Apparate und Kommentare. Tübingen 2009 (Neudrucke deutscher Literaturwerke N. F. 59), hier Teil 1, Gedicht 21, Z. 25.
637 Vgl. die lutherische zeitgenössische Dogmatik Leonhard Hütters: *Compendium*, Locus

Justinus Martyr mahlets vns mit einem schönen bekanten Gleichnis für Augen/ was die Seele sey in dem Menschlichen Leibe/ in der Bawfälligen Hütten/ daß seyn die gläubigen Christen in der Welt. [...] Die Seel wohnet zwar in dem leibe/ Aber sie ist nicht leiblich/ Also wohnen die Christen zwar in der Welt/ aber sie seynd nicht weltlich. Das Fleisch ist der Seelen zuwieder/ vnd streitet wieder die Seele/ Also ist die Welt den Christen zuwieder/ vnd verfolget sie. [...] Die Seele ist im Leibe gleichsam eingesperret/ vnnd erhelt doch den Leib/ Also seynd die Christen in der Welt/ als in einem kercker/ vnd erhalten doch die Welt. Die Seele wohnet in einer jrdischen vnd zerbrechlichen Hütten/ vnd ist doch nicht jrdisch vnnd vergänglich/ Also wohnen die Christen auff der vergänglichen Erden/ aber sie seind nicht jrdisch/ sondern himlisch vnd vnsterblich.[638]

Der vergängliche Leib ist diesem Verständnis zufolge das Gefäß der unsterblichen Seele. Der Passus Wiedeburgs erinnert an den Schöpfungsvorgang, in dem die Seele in die Hülle des Leibes ›geblasen‹ wurde, als auch an die Trennung von Leib und Seele durch den zeitlichen Tod:[639] Der Leib, das verlassene Gefäß der Seele, zerfällt zu Erde (vgl. Gen 3,19) und wird von Würmern zerfressen.[640]

Ein weiteres Bild, das den Leib als Hülle der Seele vor Augen stellt, ist etwa die Vorstellung eines Kleides: Nach Hiob 10,11 wurde der Mensch von Gott mit ›haut vnd fleisch angezogen‹. Wiedeburg nennt es ein »vnflätig Kleid«[641] und identifiziert den Leib des Menschen im Horizont von Röm 13,12 (›Die nacht ist vergangen/ der Tag aber her bey komen. So lasset vns ablegen die werck der Finsternis/ vnd anlegen die waffen des Liechtes‹) und Kol 3,9 (›Ziehet den alten Menschen mit seinen wercken aus‹) mit der Sünde.[642] Mit dem Tod solle dieses »Sünden Kleid«[643] endgültig abgelegt und der vergängliche Leib das Unverwesliche und Unsterbliche anziehen, wie es Paulus in 1Kor 15,53 beschreibt.

Die Bilder des Leibes als Haus und Kleid der Seele verbindet der biblische *locus classicus* 2Kor 5,1–4 mit der christlichen Auferstehungshoffnung: Das Zerfallen der irdischen Hütte integriert Paulus in die Sehnsucht nach der himmlischen Behausung, mithin die Sehnsucht nach einem Bekleidet-Werden mit der neuen unsterblichen Hülle. Die Aussicht auf das Abstreifen der irdischen

---

XXIX, 6. Für die römisch-katholische Lehre vgl. etwa Giovanni Bellarini: Doctrina Sacri Concilii Tridentini et Catechismi Romani [...]. Lyon 1646, S. 327.

638 Heinrich Wiedeburg: LP auf Margareta Heil (gest. 1630), fol. E 3r/v.

639 Vgl. Leonhard Hütter: *Compendium*, Locus XXIX,1: »Mors corporis nihil est aliud, quam dissolutio unionis Naturalis, qua corpus ab anima separatur.«

640 Vgl. Adam Herold: LP auf Johannes Altwein (gest. 1698), S. 10.

641 Heinrich Wiedeburg: LP auf Margareta Heil (gest. 1630), fol. C 3r.

642 Vgl. Lukas Lorbeer: *Die Sterbe- und Ewigkeitslieder* 2002, S. 494.

643 Johann Rist: *Ach Gott/ wen komt die liebe zeit*, Str. 1, 3. In: Ders.: Neue himmlische Lieder (1651). Kritisch hrsg. u. kommentiert v. Johann Anselm Steiger. Musik v. Andreas Hammerschmidt, Michael Jacobi, Jacob Kortkamp, Petrus Meier, Hinrich Pape, Jacob Praetorius, Heinrich Scheidemann, Sigmund Theophil Staden. Kritische Ed. der Notentexte v. Konrad Küster. Berlin 2013, S. 359.

Hütte mit all ihrer Trübsal und die Verheißung des sicheren und beständigen Hauses des Auferstehungsleibes erklärt das Verlangen nach der himmlischen Hütte, wie sie schon in den Ausführungen der Leichenprediger zur Reisemetaphorik der Heiligen Schrift gezeigt werden konnte.[644] Der Superintendent Martin Geier formuliert diesen Gedanken folgendermaßen:

> Hingegen die klugen Himmelskinder sehen auf das unsichtbare; wir wissen/ sagen sie mit Paulo (2 Corinth. 5,1) so unser irrdisch haus dieser hütten zubrochen wird/ daß wir einen bau haben von Gott erbauet/ ein haus/ nicht mit händen gemacht/ das ewig ist im himmel. Und über demselben sehnen wir uns nach unserer behausung/ die im himmel ist. Christen sehen nicht auf das sichtbare/ wen ein so gebrechlicher/ schwer faulender/ riechender/ grober und unnützer leib ins grab gelegt/ und ein unansehnlich saamkorn in die erde geworffen wird/ (1. Corinth. 15,36. feqq.) sondern sie sehen auf das unsichtbare/ auf die bevorstehende erndte: Psal. 126,5. Sie wissen/ daß dem leiben Gott bei der erschaffung des menschen nicht so wohl um den leib und dessen sichtbare schönheit/ als um die unsichtbare seele und derer ähnligkeit gegen Gott/ sei zu thun gewesen [...].[645]

Nicht auf den schwachen und vergänglichen Leib, sondern auf die *bona invisiblia* von Gottes Gnade und Verheißung solle der Mensch seine Augen richten. Das baufällige Haus wird einstürzen, doch Gottes Bau im Himmel wird ewig währen.[646]

Johann Gerhard kommt in seiner Leichenpredigt auf Melchior Bischoff, der er 2Kor 5,1–10 zugrunde legt, auf diesen Zusammenhang zu sprechen und führt darin das Bild der irdischen Leibeshütte aus. Der Apostel nenne unseren Leib aus vier Gründen ein »jrrdisch Hauß«:[647] Zunächst, »weil Gott der Herr den Adam/ von welchem wir alle herkommen/ anfangs auß einem Erdenkloß formiret/ Genes. 2.«[648] Daher könne Hiob sagen, der aus Leim gemachte Mensch (vgl. Hiob 10,9) wohne in Lehmhäusern (vgl. Hiob 4,19).[649] Der zweite Grund sei die Tatsache, dass der Mensch aus den Gaben der Erde lebe, sie erhalte den Menschen

---

644 Siehe Kap. II.B.1.
645 Martin Geier: LP auf Rachel von Rechenberg (gest. 1677), S. 30.
646 Vgl. ebd., S. 31. Dies war schon für Luther ein Trostargument in der Trauer: »Die Gottlosen kehren den Rücken ad invisibilia irae Dei, quae impendent eis, und die Schnauzen ad visibilia et apparentia, und wühlen drinnen, wie die Säu; darumb überfällt sie auch zuletzt der Zorn plötzlich und unversehens. Aber wir mussen uns kehren mit dem Angesicht ad invisibilia gratiae et non apparentia solatii und derselben hoffen und warten, wie sie uns promissa est und unser wartet, den Rucken aber von den visibilibus, daß wir gewohnen dieselbigen zu lassen und davon abzuscheiden, wie St. Paulus sagt: Non contemplantibus nobis, quae visibilia, sed quae invisibilia sunt.« WA BR 6,392,21–29 (Brief an Lorenz Zoch 1532).
647 Johann Gerhard: LP auf Melchior Bischoff 1615, fol. B 1v. In: Ders.: *Sämtliche Leichenpredigten*, S. 129–160.
648 Ebd.
649 Vgl. ebd.

durch Nahrung und Arznei: »ex quibus constamus, ex illis etiam nutrimur.«[650] Die dritte Grundlage des paulinischen Bildes erkennt Gerhard in dem Umstand, dass der Mensch seine Herberge auf der Erde habe.[651]

Endliche/ ratione ultimae resolutionis, weil vnser leib einmal widerumb muß zur Erden werden/ von welcher er genommen ist/ Genes. 3. Dann nach dem trawrigen Sündenfall vnserer ersten Eltern/ ist es mit vns dahin kommen/ daß die Sünde vnnd der Todt [...] in vnserm Leibe wohnen [...].[652]

Der Leib ist das elende, zerbrechliche Haus, in dem die Seele keine Ruhe finden kann. Die Unsicherheit der irdischen Behausung und der Kampf (vgl. Hiob 7,1) mit Teufel, sündiger Welt und eigenem Fleisch bedrängen die Seele.[653] Ruhe und Sicherheit kann es erst in der himmlischen Wohnung geben, denn was »vnsichtbar ist/ das ist ewig«, wie Gerhard mit 2Kor 4,17f. ausführt.[654]

Um das noch nicht sichtbare Handeln Gottes am Menschen zu veranschaulichen, verwendet Martin Geier das Sinnbild von Saat und Ernte. In Joh 12,24 spricht Christus: ›Warlich/ warlich/ Jch sage euch/ Es sey denn/ das das Weitzenkorn in die erden falle/ vnd ersterbe/ so bleibts alleine. Wo es aber erstirbet/ so bringets viel Früchte.‹ Nur der Tod führt demnach zur Verherrlichung Jesu, mithin die Auferweckung aus dem Tod. Paulus nutzt das Bild des Saatkorns im Horizont seiner Rede von der allgemeinen Totenauferstehung: Das Saatgut fällt in die Erde, stirbt und bringt auf diese Weise Früchte, wird also von Gott im Frühling belebt. So werde auch der Tote bei der Auferstehung einen neuen, sicheren und schönen Leib bekommen (1Kor 15,36–38).[655] Dieses Gleichnis war über Leichenpredigten hinaus auch in anderen Textgattungen beliebt. Sigmund von Birken (1626–1681)[656] etwa verarbeitet es in einem Trauergedicht für Jacob Gräßl innerhalb der *vanitas*-Topik aus Ps 103,15 (›Ejn Mensch ist in seinem Leben wie Gras/ Er blüet wie eine Blume auff dem felde‹):

Gräßel! doch du tröstest mich:
    dich seh ich
      järlich wieder grün auffschoßen.
Mein gebein, das man begräbt,

---

650 Ebd., fol. B 2r.
651 Vgl. ebd.
652 Ebd.
653 Vgl. ebd.
654 Ebd., fol. B 1v.
655 Vgl. Eduard Lohse: Exegetische Studien zur Theologie des Neuen Testaments. Bd. 1: Die Einheit des Neuen Testaments. Göttingen 1976, S. 60.
656 Vgl. Klaus Garber: Art. Birken, Sigmund von. In: Killy/Kühlmann 1 (2008), S. 558–564.

neu-belebt,
wird im letzten Lenzen sproßen.[657]

Nicht erst in der Rede von Tod und Sterben ist der Leib als irdische, baufällige
Hütte ein in den Leichenpredigten verwendetes Bild. Schon im Leben ist der Leib
der schwächere Bestandteil des Menschen, was in den Gleichnissen des Hauses
und befleckten Kleides deutlich wird. Johann Lorenz Helbig etwa parallelisiert in
seiner katholischen Leichenpredigtsammlung *Traurige Gedancken* das Bild des
einfallenden Hauses mit den Gebrechen des menschlichen Leibes:

> Wann ein altes Hauß/ wo die Balcken durchsichtig/ die Sparren [=Holz zur Befestigung
> der Dachlatten] zerbrochen/ die Wände durchlöchert/ und der gantze Bau sich gesetzt/
> oder eingelegt wird/ hat man keine Ursach dieses zu bedauren [...]. Also wann ein alter
> baufälliger Mensch/ welcher wegen Kranckheit und hohen Alters nicht mehr recht
> höret und siehet/ nicht mehr arbeiten oder gehen kan/ welcher an allen Gliedern
> schwach und unvermöglich ist/ wann/ sage ich/ ein solcher erlebter Mensch stirbt/ ist es
> eben nicht so hoch zu bedauren [...].[658]

Etwas gräulicher noch als die bisher gezeigten Exempel wird die Hinfälligkeit des
Leibes von dem Dominikaner Matthias Sittard hervorgehoben: Der Mensch sei
»doch nichts als madenseck vnd würmässe«[659], ja die leibliche Hütte sei sogar
»vnraine[r] kott«.[660]

In seiner *laudatio* auf die Äbtissin von Kühbach kommt der katholische
Prediger Dominikus Renner auch auf die Standhaftigkeit der Äbtissin zu sprechen. Der Leib Maria Katharinas sei zwar oftmals schwach, im Inneren aber sei
sie stark wie eine Löwin gewesen:[661] »Die weibliche Zartigkeit ist nur im Leib«,
das Herz aber von männlicher »Stärcke vnd Tapfferkeit« erfüllt, so Renner.[662] In
einem ähnlichen Horizont nutzt der Franziskaner Marcellian Dalhover das in
katholischen Leichenpredigten weit verbreitete Sinnbild der Perle.[663] Dem per-
sonifizierten Tod wird von dem Prediger im Anschluss an 1Kor 15,55 (›ubi est
mors victoria tua‹) seine Niederlage vor Augen gestellt:

---

657 Sigmund von Birken: Auf Herrn Jacob Gräßels Absterben. Der Mensch, wie Gras. Psalm
    103.15. In: Ders.: *Todten-Andenken* Teil 1, Gedicht 272, Str. 8, Z. 71–76.
658 Johann Lorenz Helbig: *Traurige Gedancken* 1704, S. 481.
659 Matthias Sittard: LP auf Kaiser Ferdinand I. (gest. 1565), fol. D 2r.
660 Ebd., fol. D 2v.
661 Dominikus Renner: Catharina Kümpfler 1686, fol. C 2r.
662 Ebd., fol. C 2v.
663 Etwa ebd., fol. A 3r; Michael a Sanctis Angelis: LP auf Maria Anna von Bayern (gest. 1665),
    S. 9; Roman Müller: LP auf Johanna von Wolckenstein 1657: *Inauris Aurea Et Margaritum
    Fulgens. Proverb. 25. Oder Guldenes Ohren=Gehenck vnd glentzende Perlen*, S. 27f. Dort
    auch der Hinweis auf den Hymnus *Urbs beata Jerusalem*. Siehe dazu den Exkurs Inter-
    medialität.

Du hast nur die Schale/ vnd Muschel; das kostbahre Perl ist/ wie wir ungezweifflet vns trösten/ übernommen in die Perl=Truhe deß sigprangenden Himmels. Du hast den sterblichen Leibe [...]; die unsterbliche Seele förchtet nit deinem Poltz/ vnd Bogen.[664]

Dass das Bild des baufälligen, irdischen Leibes eine pejorative Konnotation aufweist, wird besonders deutlich, wenn der Leib als Höhle, Käfig oder Kerker der Seele bezeichnet wird. Der Tod erscheint dann als ein Aufbrechen des Kerkers, mithin eine Befreiung der Seele von den Fesseln des Leibes und damit von dem Kreuz des Lebens.[665] Der Topos des Leibes als *carcer animae* war schon in der heidnisch-antiken Literatur, besonders auch in der *consolatio* weit verbreitet.[666] In der Patristik lebte diese Tradition, häufig kombiniert mit Ps 141,8 (Vulg.), fort, wenngleich Hieronymus und Augustinus nicht den Körper, sondern die *corruptio* der Erbsünde als Gefängnis erkannten.[667] Im Zeitalter des Barock war das Kerkergleichnis in Dichtung[668] und Musik[669] ebenso weit verbreitet, wie in Trostliteratur und Leichenpredigten.[670] Der Benediktiner Roman Müller etwa nutzt das Gleichnis des Käfigs, um die Auflösung von Leib und Seele zu beschreiben. Demnach habe Gott

die letste Aufflösung bestimmet/ von welcher besser zu geschweigen/ als wenig zu sagen/ vnd zaigt offt mehr Verwunderung/ die Gehaimbnuß deß stillschweigens; Es ist genug daß ich disen mildseeligen Hintritt ein Aufflösung genennet. Das gefangene Vögelein [...] fliegt nach freyem Lufft/ die gebundene Seel zum Himmel.[671]

Die Seele sei, »so lang sie in dem sterblichen Leib wohnet«,[672] in großer Angst und Betrübnis gefangen, weiß auch der lutherische David Sieber. Sie sei gar so »voll Jammers/ Psalm. 88. v. 4.« und »biß in den Tod« betrübt (vgl. Mt 26,38), dass sie sich nur schwer trösten lasse (vgl. Ps 77,3).[673]

---

664 Marcellian Dalhover: LP auf Judas Thaddaeus Mayr 1698, S. 7.
665 Dies konnte Lukas Lorbeer auch als wichtigen Teil der Bitten um das ersehnte Ende herausstellen. Vgl. Lukas Lorbeer: *Die Sterbe- und Ewigkeitslieder* 2002, S. 343 u. 497.
666 Vgl. Peter von Moos: *Consolatio* Bd. 3, Nr. 826.
667 Vgl. ebd.
668 Für Belege siehe etwa Sigmund von Birken: *Todten-Andenken* Teil II, S. 552, Anm. 171.
669 Vgl. Lukas Lorbeer: *Die Sterbe- und Ewigkeitslieder* 2002, S. 497.
670 Vgl. etwa den Trostbrief Birkens an Thomas Damman, der das Aufschließen des Leibgefängnisses und die Freiheit im ewigen Bau des Himmels beschreibt: »Der Tod war der Schlüßel, der das Gefängnis ihres Leibes und der Seele die Thür öffnete, in die himmlische Freiheit ein zugehen.« Sigmund von Birken: *Todten-Andenken* Teil 1, Trostbrief 5, Z. 174.
671 Roman Müller: LP auf Johanna von Wolckenstein 1657, S. 30.
672 David Sieber: LP auf Georg Friedrich Seufferheld 1687, S. 14.
673 Ebd.

3.   Der Mensch in der Angstpresse und Kreuzschule des Lebens

Die Rede von der Gefangenschaft der Seele im Leib und also die Rede von der Gefangenschaft des Menschen in der bedrohlichen, gefährlichen Welt, wird auch dann amplifiziert, wenn die Prediger die Lebenslast als ›Joch‹ bezeichnen.[674] »Das leidige Creutz«, welches Gott allen Menschen aufgeladen habe,[675] lasse den Menschen »als unter einem Joch [...] ziehen und schaffen«, klagt der lutherische Prediger Friedrich Schickhart.[676] Der ebenfalls lutherische Johann Schmauß geht in seiner Auslegung der Worte Jesu in Mt 11,29 f. (›Nemet auff euch mein Joch Das Creutz ist gar ein leichte Last/ denen/ die das Euangelium schmecken vnd fülen./ vnd lernet von mir/ Denn/ ich bin Senfftmütig/ vnd von hertzen Demütig/ So werdet jr Ruge finden fur ewre Seele. Denn mein Joch ist sanfft/ vnd meine Last ist leicht‹) auf Christi Joch ein. Dem Bibelvers zufolge sei dieses Joch sanft und leicht zu tragen, doch werde es in der Nachfolge Christi zu einer Last, die der geduldige Christ auf sich nehmen solle, wozu Jesu selbst in Mt 16,24 (›Da sprach Jhesus zu seinen Jüngern/ Wil mir jemand nachfolgen/ der verleugne sich selbs/ vnd neme sein Creutz auff sich vnd folge Mir‹) auffordere.[677] Schmauß deutet also die *peregrinatio* des gläubigen Menschen als das Tragen vom Joch Christi. »Allerley Schmach/ Hohn und Spott«[678] begegne dem Menschen auf seiner gesamten Lebensreise und erst nach dem Tod sei er davon befreit, woran Schmauß die Gemeinde mit Röm 8,18 erinnert.[679]

Die Leichenpredigt des lutherischen Theologen und Dichters Andreas Heinrich Bucholtz, die er 1662 auf Arend Möller hielt, legt unter dem Titel *Heilsame Last der Kinder Gottes* den überaus beliebten Vers Ps 68,20 f. (›Gelobet sey der Herr teglich/ Gott legt vns eine Last auff/ Aber er hilfft vns auch‹) aus. Zunächst geht der Prediger auf das Wörtchen »uns« ein: Darin nämlich sei das erfüllt, was den gläubigen Kindern Gottes in Ps 34,20 verheißen wird: Denen, die »Gott den Herrn ehren/ fürchten und lieben/ leget derselbe [...] eine Last auff.«[680] Auf die Frage nach dem Wesen dieser Last antwortet Bucholtz, diese sei nach den Worten der Heiligen Schrift »eine zeitliche Straffe oder Züchtigung«[681] und belegt dies mit Prv 3,12 (›Denn welchen der Herr liebet/ den strafft er‹), Jes

---

674 Das Alte Testament, etwa Lev 26,13 u. Jer 27,8, verwendet den Begriff ›Joch‹ besonders für die Knechtschaft, worin sich die Einschätzung der Welt als Gefängnis des Menschen spiegelt.

675 Vgl. Ps 68,20 (›Gelobet sey der Herr teglich/ Gott legt vns eine Last auff/ Aber er hilfft vns auch‹).

676 Friedrich Schickhart: LP auf Felix Wilhelm von Breitschwerdt (gest. 1680), S. 22.

677 Vgl. Johann Schmauß: LP auf Maria Rosina von Waldeck 1687, S. 11.

678 Ebd.

679 Ebd.

680 Andreas Heinrich Bucholtz: LP auf Arend Möller 1663, fol. B 2r.

681 Ebd., fol. B 2v.

13,1 (›Djs ist die Last vber Babel‹) und 17,1 (›Djs ist die Last vber Damascon‹) sowie Hebr 12,6 (›Denn welchen der Herr lieb hat/ den züchtiget er‹).[682] Die Last des »zeitlichen Unglücks und der Widerwertigkeit« nenne Christus »das Creutz [...] da er Luc. XIV. 27. spricht: Wer nicht sein Creutz träget und mir nach folget/ der kan nicht mein Jünger seyn.«[683] Auch nenne die Bibel die Sünde eine Last, wenn etwa David in Ps 33,5 klagt ›Meine Sünde gehen vber mein heubt/ Wie eine schwere Last sind sie mir zu schwer worden.‹ Doch komme, so Bucholtz, diese Sündenlast nicht von Gott, warne er doch gerade davor, sich vor der Sünde zu hüten und diese Last abzulegen.[684] Die von Gott auferlegte Last sei eine Kreuzeslast, mithin Angst (vgl. Joh 16,33), Leid (vgl. Ps 34,20), Trübsal (vgl. Apg 14,22; 2Kor 4,8), Verfolgung (vgl. 2Tim 3,12) und Züchtigung (vgl. Hebr 12,6).[685]

Neben dem Leben an sich kann auch der Leib, wie bereits oben ausgeführt wurde, als Joch der Seele erscheinen. Die drückende Last der Sünden wird von den lutherischen Predigern immer wieder vor Augen gestellt. Johann Schmauß etwa führt in seiner Leichenpredigt auf Maria Rosina von Waldeck im *exordium* mit Ps 37,5 (›Befehl dem Herrn deine wege/ vnd hoffe auff jn/ Er wirds wol machen‹) zur eigentlichen *tractatio* des Leichtextes Hebr 13,14 hin. Als besten und einzigen Ausweg aus den Irrwegen des Pilgers, mithin als Erlösung von der schweren, bedrückenden Last des zu tragenden Reisebündels, stellt Schmauß Gott als Reisegefährten vor Augen. Der Prediger nutzt hier ein Motiv, das seine Kraft aus der Antithetik von drückender Last der Anfechtung[686] und Leichtigkeit der Gott befohlenen Wege bezieht. Die Lasten der Pilgerschaft, die dem menschlichen Herz »Kummer und Qvaal/ großes Nachsinnen und Sorgen machen«,[687] seien »Mühe und Arbeit/ Schweiß und Fleiß/ unruhige und Schlaff=lose Nächte/ bittere Thränen« und stetes »Hände=ringen«.[688] Diese Last solle der angefochtene Wanderer auf Gottes »breiten Rücken« abwälzen.[689] Das Motiv des Werfens und Abwälzens der Wegeslast, des Jammers und der Unruhe

---

682 Vgl. ebd.
683 Ebd. Zur theologischen und ikonographischen Verknüpfung von Kreuz und Last, sowie weiterer traditioneller Sinnbilder in der Kreuzstabkantate Johann Sebastian Bachs siehe auch Renate Steiger: Gnadengegenwart. Johann Sebastian Bach im Kontext lutherischer Orthodoxie und Frömmigkeit. Stuttgart-Bad Cannstatt 2002 (Doctrina et pietas Abt.1; 2), S. 113f.
684 Andreas Heinrich Bucholtz: LP auf Arend Möller 1663, fol. B 2v/B 3r. Vgl. Ez 18,30f.: ›Bekeret euch von aller ewer vbertrettung/ Auff das jr nicht fallen müsset/ vmb der missethat willen. Werfft von euch alle ewre vbertrettung/ da mit jr vbertreten habt/ vnd machet euch ein new hertz vnd newen Geist.‹
685 Vgl. ebd., fol. B 3r.
686 Zur Deutung der Anfechtung bei Luther und in der lutherischen Dogmatik siehe Alexander Bitzel: *Anfechtung und Trost* 2002, bes. S. 100–110.
687 Johann Schmauß: LP auf Maria Rosina von Waldeck 1687, S. 5.
688 Ebd.
689 Ebd., S. 4.

begegnet auch außerhalb der Leichenpredigten als Trostargument in der Anfechtung und Stärkung des Glaubens, wie lutherische Trostschriften und Gebetsbücher der Zeit eindrücklich beweisen.[690] Auch Schmauß greift diesen Gedanken auf, sowohl mahnend als auch den trauernden und angefochtenen Christen in der Kirche Trost spendend. Die »schwere/ und mehr als Centner=schwere Last«[691] des mühevollen Lebens kann der Mensch nicht allein tragen, sie würde ihn umwerfen[692] und zu Boden ringen.[693] Die Existenz des Glaubenden in dieser Welt, wie sie von den Predigern so bildreich etwa mit der Reisemetapher beschrieben wird, kann nicht ohne Anfechtung sein; schon für Luther gehört die *tentatio* zum Glauben dazu. Doch nicht nur dies: Nur die *tentatio* führt zu rechter Erkenntnis und nur dort, wo die *tentatio* heftig ist, kann der Glaubende das Wort Gottes als ein solches erfahren, das den Leidtragenden tröstet und aufrichtet.[694]

Dem Wesen der Anfechtung geht die Leichenpredigt auf Anna Sybilla von Eickstät nach, die der Stettiner Prediger Sebastian Friedrich Brunnemann (2. H. 17. Jhd.) 1699 hielt und noch im selben Jahr in den Druck gab. Die Verstorbene, so Brunnemann, sei »so lange Sie in dieser Zeitlichkeit bey uns war [...] vielen Bekümmernissen/ Creutz und Leiden« unterworfen gewesen, dass es ihr vorkam, »als lege Sie im Tode«.[695] Darin sei die Verstorbene eine »rechte Christin« gewesen,[696] könnten doch gläubige Kinder Gottes nicht ohne Anfechtung in dieser Welt sein.[697] Auch David Sieber erkennt mit Luther, dass der rechte Christenmensch ein guter Kreuzträger sei und spiegelt diese Erkenntnis in den biblischen Erzählungen von dem »Angst= und Creutz=Gericht«, das Abel, Noah, Jacob, Joseph und Moses erleiden mussten.[698] »Eine fromme Seele ist nicht

---

690 So u. a. Paul Jenisch: *Seelenschatz* 1595, S. 188: »Wer seine Sorge nicht auff Gott wirfft/ sondern auff sich bleiben leßt/ der kan keinen wahren Trost haben: Sondern zaget/ zitteret/ vnd ist immer vnrühig vnd müß letstlich zu boden gehen [...]. Hergegen sein die [...] welche jhre Sorge auff den herrn werffen: vnerschrocken/ keck vnd mütig/ in [...] todes Noth vnnd Gefahr.« Ähnlich auch Salomon Glassius: *Selecta Scripturae Divinae Davidicae* 1658, S. 305.

691 Johann Schmauß: LP auf Maria Rosina von Waldeck 1687, S. 8.

692 Vgl. das Zitat Luthers in WA 48,53,6–9.

693 Siehe dazu auch Paul Jenisch, der sagt, wer die Last nicht auf Gott wälzt, würde unter dieser »verderben vnd vmbkommen«. Paul Jenisch: *Seelenschatz* 1595, S. 188.

694 Vgl. Luthers Vorrede zum ersten Band der Wittenberger Ausgabe der deutschen Schriften 1539, WA 50,658,29–661,8 hier 660,1–4: »Zum dritten ist da Tentatio, anfechtung. Die ist der Pruefestein, die leret dich nicht allein wissen und verstehen, sondern auch erfaren, wie recht, wie warhafftig, wie suesse, wie lieblich, wie mechtig, wie troestlich Gottes wort sey, weisheit uber alle weisheit.«

695 Sebastian Friedrich Brunnemann: LP auf Anna Sybilla von Eickstät (gest. 1699), S. 11f.

696 Ebd., S. 12.

697 Vgl. ebd.

698 David Sieber: LP auf Georg Friedrich Seufferheld 1687, S. 12.

ohne Trübsalen in der Welt« summiert Zacharias Herrmann.[699] Es sei Gott selbst, der dem Menschen viel Leid zusende und ihn große Angst erfahren lasse.[700] Eben darin werden die Worte aus Ps 34,20 offenbar: »der gerechte muß viel leiden.«[701] Dass gerade diejenigen viel Leid erdulden müssen, die Gott am nächsten sind, sei an

> dem wohlgeplagten Hiob, an dem verfolgten David, an dem unter Löwen liegenden Daniel, am unschuldigen Joseph, an dem armen und blinden Tobia, an der geschmäheten Sara, an der hochbetrübten Hanna, an der weinenden Mutter Gottes Maria, an dem angefochtenen Apostel Paulo, und vielen anderen mehr zu sehen.[702]

Auch David Sieber weist auf die *claritas* der Heiligen Schrift, die mit »hellen und klaren Sprüchen« die Leiden der Christen bezeugt.[703] Neben dem von lutherischen Leichenpredigern oft zitierten Ps 34,20[704] nutzt Sieber in einer intertextuellen Aneinanderreihung Belege sowohl des Alten als auch des Neuen Testamentes, die auf das Leid des gläubigen Menschen in der Nachfolge Christi eingehen (Ps 80,6; Prv 3,12; Mt 16,24; Apg 14,22; Röm 8,29; 2Kor 10,5; Gal 5,24).[705]

Der bereits erwähnte Prediger Brunnemann legt seiner Leichenpredigt Ps 94,19 (›Jch hatte viel Bekümmernisse in meinem hertzen/ Aber deine Tröstung ergetzeten meine Seele‹) zugrunde. Die »Hertzens=Bekümmerniss[e]/ Creutz und Anfechtungen«[706] des Menschen würden dermaßen an Leib und Seele zehren, dass sie fast den »Lebens=Safft vertrockne[n]«.[707] Auch hier wird, ähnlich wie schon in den Deutungen der Trauer, die Wichtigkeit der *humores* gemäß der Humoralpathologie hervorgehoben.[708] Heftige Gemütsbewegungen, wie die Trauer über den Verlust eines geliebten Menschen oder Leid des Herzens in der Anfechtung, führen dieser medizinischen Konzeption zufolge zu einem Vertrocknen der lebenswichtigen Feuchtigkeit. Das der Exempelsammlung Johannes Jacobus Manlius' entnommene Bild des vertrockneten, einer »dürren Birne« gleichenden Herzens,[709] nutzt Brunnemann an dieser Stelle, um die ermündenden Kräfte der *tentatio* aufzuzeigen: In der Anfechtung sei der Mensch

---

699 Zacharias Herrmann: LP auf Rosina Keil (gest. 1687), S. 15.
700 Vgl. ebd.
701 Ebd.
702 Ebd.
703 David Sieber: LP auf Georg Friedrich Seufferheld 1687, S. 10.
704 Etwa Petrus Böswetter: LP auf Adam Erdmann von Zedtwitz 1660, fol. B 1r; Heinrich Heckenberg: LP auf Apolonia Eggeling 1634, fol. D 3v; Andreas Heinrich Bucholtz: LP auf Arend Möller 1663, fol. B 3r.
705 Vgl. David Sieber: LP auf Georg Friedrich Seufferheld 1687, S. 10.
706 Sebastian Friedrich Brunnemann: LP auf Anna Sybilla von Eickstät (gest. 1699), S. 11.
707 Ebd., S. 12.
708 Siehe weiter oben Kap. Trauer.
709 Vgl. weiter oben Kap. Die Sprache der Trauer.

dem Tode nah, da Angst und Trübsal »alles Leben« und »alle Kraft« verzehren.[710] Was genau David meint, wenn er klagt ›Jch hatte viel Bekümmernisse in meinem hertzen‹, beantwortet Brunnemann mit folgenden Worten:

> Jn seiner Sprache braucht er ein solches Wort/ welches Gedancken bedeutet/ und wird dasselbe Wort nur noch einmahl in heiliger Schrift gebrauchet/ als im 139. Psalm/ da er zu Gott dem Herrn saget: Erforsche mich Gott/ und erfahre mein Hertz/ prüfe mich und erfahre meine Gedancken/ oder wie ichs meine. Allhier bedeutet es kümmerliche/ traurige und sorgfältige Gedanken.[711]

Es waren also traurige Gedanken, die das Herz Davids beschwerten, sich gleichsam an sein Herz hefteten und nur schwerlich »daraus gehoben werden konten.«[712] Wie ein »Höllen=Brandt« wüten diese Gedanken im Herzen.[713] Dass die Bekümmernisse jedoch nicht allein das Herz des Menschen einnehmen, sondern auch der Leib des Menschen in dieser Angstpresse leiden muss, beweise David selbst, wenn er spricht: »Wann du einen züchtigest üm der Sünden willen/ so wird seine Schöne verzehrt wie von Motten«:[714]

> Jch gehe krumm und sehr gebückt/ meine Lenden verdorren gantz/ und ist nichts gesundes an meinem Leibe/ mein Hertz bebet/ meine Krafft hat mich verlassen/ und das Licht meiner Augen ist nicht bey mir; Jch bin zu Leyden gemacht/ und mein Schmertz ist immer für mir.[715]

Die den Menschen in seiner Ganzheit anfechtenden, traurigen Gedanken haben, so Brunnemann weiter, ihren Ursprung in der Sünde. Diese ergreife das Herz des Menschen, mithin »die Burg des Lebens«,[716] die zugleich der »Berg des Leidens« sei.[717] Vom Herzen ausgehend ergreift die Sünde alle Glieder des Menschen und tobt im Inneren umher, ›dem Tode frucht zubringen‹ (Röm 7,5).[718] An die Sünde hänge sich der Zorn Gottes,

> wie das Feuer an die Stoppeln/ glimmet und brennet im Hertzen wenns angehet/ davon eitel Angst und Schmertz enstehet; da hebt das Hertz an zu welcken/ schmachten und abzunehmen; Und bey dieser Hertzens=Angst sind grosse/ schwere und bewegliche

---

710 Sebastian Friedrich Brunnemann: LP auf Anna Sybilla von Eickstät (gest. 1699), S. 11.
711 Ebd., S. 14.
712 Ebd.
713 Ebd.
714 Ebd., S. 16. Vgl. Ps 39,12.
715 Ebd. Vgl. Ps 38,7f.
716 Ebd. Ähnlich sieht auch der Augustiner Ignaz Ertl das Herz als Quelle und Ursprung des Lebens, von ihm bekommen alle Glieder des Leibes ihre Stärke. Vgl. Ignaz Ertl: LP auf Athanasius von Gars 1715, fol. B 2v.
717 Sebastian Friedrich Brunnemann: LP auf Anna Sybilla von Eickstät (gest. 1699), S. 17.
718 Ebd.

Zufälle/ Jammer/ Trübsal/ Schwermuth/ Traurigkeit/ Bekümmernis/ die den Zustand des gantzen Leibes zugleich bestürmen [...].[719]

Auch der Oberhofprediger Martin Geier führt diesen Gedanken, die Kleid-Metaphorik nutzend, aus:

Manch weibesbild trägt einen herrlichen haubtschmuck/ auch glatt anliegende kleider/ aber niemand fühlets/ wo sie die nadeln stechen/ die kleider reiben/ oder dermassen einzwängen/ daß ihnen drüber übel werden muß. Also gehets auch mit äusserlichem wohlstande/ sonderlich bei einem gewissenhaften Christen: niemand bildets ihm ein/ daß demeselben was solte fehlen. Aber die fromme seele fühlet dennoch mehr als ihr lieb ist [...].[720]

Dass Gott sie wegen ihrer Sünde mit »Zucht=leiden« belegt habe, führe die fromme Seele in Leid und Trübsal, so Geier, das Bild des einzwängenden Kleides auf die Seele des Menschen allegorisierend.[721]

Es sind die das Gewissen anklagenden Sünden und Gottes scharfer Blick (vgl. Hiob 7,19), die den Menschen Angst leiden lassen. Friedrich Schickhart verwendet in diesem Zusammenhang das Motiv der Unruhe. Wie der Titel seiner Leichenpredigt *Geistliche Reiß-Beschreibung* vermuten lässt, erläutert der Lutheraner das Wesen des Menschen innerhalb der Rede von der Pilgerreise zur himmlischen Wohnung: Da der Mensch in seiner kläglichen Leibeshülle und in dem Weltgebäude gefangen sei, seine Heimat aber stets im Himmel ›suche‹ (vgl. Hebr 13,14), sei die Lebensreise voll »Unruhe/ Arbeit/ Sorg und Widerwärtigkeit«.[722] Schickhart räumt ein, dass es unmöglich sei, alle Dinge »erzehlen [zu] können/ die einen Menschen in dieser Welt verunruhigen.«[723]

Es verunruhiget ihn die Sünd/ wann er dieselbe betrachtet/ oder sie sonsten in seienm Gewissen anfanget afzuwachen/ und ihn zu treiben/ daß er mit David zu klagen hat: Herr/ deine Hand war Tag und Nacht schwehr auf mir/ daß mein Safft vertrocknet/ wie es im Sommer dürr wird/ Psalm. 32. v. 4. Es verunruhiget ihn das leidige Creutz/ welche ihme Gott als eine schwehre Last aufladet/ Ps. 68. v. 30.[724]

Und es beunruhigt den Pilger die stete Gefahr, einem Straßenräuber oder Mörder zum Opfer zu fallen und »geplündert oder gar ermordet« zu werden.[725] Im Anschluss an Joh 8,44 sieht Schickhart den »höllischen Strassen=Räuber/ de[n] leidigen Teuffel selbsten« als die größte Gefahr,[726] trachte dieser doch

---

719 Ebd., S. 19.
720 Martin Geier: LP auf Rachel von Rechenberg (gest. 1677), S. 9.
721 Ebd.
722 Friedrich Schickhart: LP auf Felix Wilhelm von Breitschwerdt (gest. 1680), S. 21.
723 Ebd.
724 Ebd., S. 21 f.
725 Ebd., S. 23.
726 Ebd.

danach den Menschen seines Glaubens und seiner Hoffnung zu berauben.[727] Die *tentatio* treibt den Menschen auf der Pilgerschaft durch diese heimatlose Welt.[728] Wie ein Schiff im Meer auf- und abgetrieben wird, von großen Wellen umspült und bedrängt, so treibt der Mensch im Meer des Lebens und wird von allen Seiten angegriffen und umkämpft.[729] Es ist ein innerlicher und äußerlicher Kampf oder,[730] wie Johann Heermann in seiner *Schola Mortis* weiß, »Leid vnd Leiden an Seel vnd Leib«:[731] »Weil der Mensch das Fleisch antregt/ mus er Schmertzen haben/ vnd weil seine Seele noch bey ihm ist/ mus er Leide tragen.«[732] Das Leben erscheint dann als ein ständiger Kampf und ein an Leib und Seele reißender Sturm. Der Angefochtene steht zwischen Satan und Christus, zwischen Angefochten-werden und Christus Verbunden-bleiben.[733]

Der Lutheraner Christian Engel vergleicht die Anfechtungen des brüllenden Teufels (vgl. 1 Petr 5,8), der verführerischen Welt (vgl. Röm 16,18) und des eigenen Fleisches (Gal 5,17) mit einem nie still stehenden Uhrwerk.[734] In diesem Uhrwerk komme es dem Menschen vor, als würde Gott ihn »aus einer Presse in die ander« schicken und ihn damit so stark pressen, dass fast »kein eintziges Blutströpfflein« mehr übrig bliebe, sagt der Stendaler Prediger Jacob Hahn in seiner *tractatio* des Leichtextes Ps 25,17 f. (›Die angst meines hertzen ist gros/ Füre mich aus meinen Nöten. Sihe an meinen jamer vnd elend/ Vnd vergib mir alle meine sünde‹).[735] Den von Dornen der *tentatio* gesäumten Pilgerweg stellt Hahn dann in dem bekannten Kirchenlied *Freu dich sehr, o meine Seele* vor Augen, dessen dritte Strophe er zitiert:

> Gleich wie die Rosen stehen
> Unter Dornen spitzig gar :
> Also auch die Christen gehen
> Jn lauter Angst und Gefahr
> Wie die Meeres Wellen sind/

---

727 Vgl. ebd.

728 Vgl. auch Johann Anselm Steiger: Der Mensch in der Druckerei Gottes und die imago dei. Zur Theologie des Dichters Simon Dach (1605–1659). In: Daphnis 27 (1998), S. 263–290, hier S. 276.

729 Vgl. zu diesem Bild etwa schon Luther in seinen Trostbriefen: WA BR 4,226,9–13 (Brief an Wenzeslaus Link 1528).

730 Vgl. 2 Kor 7,5. Diese Unterscheidung ist schon bei Luther zu finden. Etwa WA BR 4,275,19 f. (Brief an Nikolaus von Amsdorf 1527): »foris pugnae, intus pavores«.

731 Johann Heermann: *Schola Mortis* 1628, S. 163.

732 Ebd. Vgl. Hiob 14,22.

733 Dazu vertiefend Gerhard Ebeling: Luthers Seelsorge. Theologie in der Vielfalt der Lebenssituationen an seinen Briefen dargestellt. Tübingen 1997, bes. S. 407 f.

734 Christian Engel: LP auf Catharina von Krosick 1662, fol. B 3v: »Drumb vergleichet ein Christlicher Theologus des Menschen Leben mit der Unruh an einem Uhrwerck [...] so weder Tag noch Nacht ruhet.«

735 Jacob Hahn: LP auf Anna Dorothea von Borstel (gest. 1680), fol. C 2v.

> Also ist alhier auf Erden
> Unser Lauf voller beschwerden.[736]

Die mit der Presse parallelisierte *tentatio* drückt den Menschen unter der Last von leiblichen und geistlichen Widerwärtigkeiten.[737] In diesen Anfechtungen sehen die lutherischen Prediger jedoch kein zu verhinderndes Übel, sondern die *tentatio* entspringt gerade dem Glauben und bewirkt – wie es das antike Bild der Palme, die unter großer Last besser wachsen kann,[738] belegt – eine Stärkung des Glaubens.[739] Nichts desto weniger bleibt diese Anfechtung ein großes Schrecken. Die Rede über die traurigen Gedanken als ein alles verzehrender »Höllen=Brandt«[740] und »Ofen des Elendes«[741] macht deutlich, dass die innerlichen und äußerlichen Anfechtungen »ein Vorgeschmack der ewigen Verdammnis«[742] seien. Doch steht hier nicht die Androhung von Höllenstrafen im Vordergrund, nicht ein durch Angst hervorgerufenes größeres Schrecken, sondern das Auffangen des gedrückten Kreuzträgers in seinem Glauben. Die Ansicht, dass Gott mit den Anfechtungen seine Liebsten »züchtigt« und sie damit immer wieder zu sich zurück ruft, prägt besonders auch der Psalter: Der von Gott beladene Mensch wendet sich an den, der ihn beladen hat und findet in Gott die Zuversicht seines Glaubens, wie etwa Ps 55,23 (›Wjrff dein anligen auff den Herrn/ der wird dich versorgen/ Vnd wird den Gerechten nicht ewiglich in Vnruhe lassen‹) beschreibt.[743] Die in diesen Äußerungen enthaltene Spannung zwischen der tröstlichen Gewissheit des Glaubens einerseits und der alltäglichen Erfahrung

---

736 Ebd., fol. D 2v. Vgl. Lüneburgisches Gesangbuch/ Darinn 2000. so wol alte als neue geistreiche Lieder/ Aus den besten Autoren gesamlet/ und mit vielen neuen wolgesetzten Melodeyen und Kupffern gezieret/ nebst angefügtem Gebetbüchlein […]. Lüneburg 1686, Nr. 1658, S. 974.

737 Vgl. dazu Zacharias Herrmann: LP auf Rosina Keil (gest. 1687), S. 19: »O wie verschmachtete doch ihr Leib für denen grossen langwierigen Schmertzen/ und ihre Seele für Traurigkeit!« Ähnlich Johann Andreas Lucius: LP auf Sophie Löbe (gest. 1664), fol. C 1r: »Also ist nun auch Hiskias/ theils durch die verzehrende Hitze der Kranckheit/ theils durch die Bekümmernüß und Anfechtungen gantz ausgemergelt […]«.

738 Vgl. Die Attischen Nächte des Aulus Gellius. Zum ersten Male vollst. übers. u. mit Anm. vers. v. Fritz Weiss. Leipzig 1875, S. 185. Für zeitgenössische Sammlungen von Emblemata siehe Arthur Henkel/Albrecht Schöne: *Emblemata* 1967, Sp. 192. Dort auch antike Belege.

739 So etwa Zacharias Herrmann: LP auf Anna Maria Dominik (gest. 1686), S. 22.

740 Sebastian Friedrich Brunnemann: LP auf Anna Sybilla von Eickstät (gest. 1699), S. 11. Ähnlich und mit Verweis auf Sir 2,15 und 1Petr 4,12 Zacharias Herrmann: LP auf Anna Maria Dominik (gest. 1686), S. 9: »Solche Angst und Trübsal ist der Hitze oder dem Feuer gleich/ das da alles außtrocknet und verzehret.«

741 Johann Andreas Lucius: LP auf Sophie Löbe (gest. 1664), fol. C 2r.

742 Johann Baptist Renz: LP auf Adolf Zobel (gest. 1689), S. 16. Ähnlich auch Sebastian Friedrich Brunnemann: LP auf Anna Sybilla von Eickstät (gest. 1699), S. 21f. Schon für Luther war das Schrecken des Gewissens ein Vorgeschmack der Hölle. Vgl. WA 1,161,2–7 (Die sieben Bußpsalmen 1517).

743 Siehe für weitere Belege des Psalters Johann Anselm Steiger: *Druckerei Gottes* 1998, S. 276.

des Lebens andererseits findet sich in der lutherischen Formulierung *simul iustus et paccator*. Es ist der Glaube selbst, der die Anfechtung erweckt und dadurch, in der Konfrontation mit dem Leben, den Glauben wiederum wahrt und nährt. Die Erkenntnis der bleibenden Unvollkommenheit des Menschen aber, der als Gerechtfertigter zugleich Sünder ist, drängt auf das Gewissen und offenbart die menschliche Wirklichkeit. Diese Wirklichkeit greifen die lutherischen Leichenpredigten in ihren Ausführungen zur Kreuzschule des Lebens auf.

Die katholischen Leichenpredigten wissen ebenso von den Anfechtungen des Menschen zu berichten. So geht etwa Georg Pistorius in seiner Musterpredigtsammlung innerhalb des überkonfessionell verbreiteten[744] Sinnbildes der Rose auf das »Ellendt« des Menschen ein.[745] Zunächst stelle »dises Blumerwerck« den Sündenfall der ersten Eltern vor Augen, »durch welchen die Erd vns vnendlich vil Distel vnd Dorn der Sterbligkeit vnd alles Ellendts gebracht«.[746] Pistorius bezieht sich an dieser Stelle auf Basilius den Großen, welcher im Anblick der Rose eine traurige Ermahnung seiner eigenen Sündhaftigkeit erfährt:

> Florida quidem est rosa, sed tristiciam infligit. Nam quotiescunque florem hunc videro, peccati mei admoneor, propter quod terra, ut spinas ac tribulos proferat, condemnata est.[747]

Die Sünde der ersten Eltern hatte also nicht allein auf die menschliche Natur Einfluss, sondern auch auf die Natur im Allgemeinen, deren Schönheit, Anmut und Wohlgeruch durch den Sündenfall in Disteln und Dornen verkehrt wurde. Und ebenso ist dem Menschen in seinem Leben Freude mit Schmerz verbunden. Daher lehre Ambrosius, so Pistorius weiter, dass die Rose der Spiegel des menschlichen Lebens sei.[748] Der Mensch könne in noch so großem Reichtum, hohem Ansehen, freudiger Glückseligkeit oder guten Werken leben – »semper spina proxima est«.[749] In keinem Winkel der Welt, in keiner Stadt und keinem Stand sei ein Mensch zu finden, den nicht die Dörner des »Ellendts« umgeben, denn

---

744 Vgl. etwa den *Kirchen Calender* des lutherischen Theologen und geistlichen Dichters Martin Behm (1557–1622): Kirchen Calender/ Das ist Des Jahres vnd der zwölff Monaten Natürliche vnd Geistliche Erklerung/ Darauß ein frommer Christ lernen kan/ wie er Gottes Wercken fein nachdencken/ vnd sich in die Zeit recht schicken soll [...]. Auffs new vbersehen [...]. Wittenberg 1625, S. 458 f.

745 Vgl. Gerog Pistorius: *Klaghauß* 1663, S. 22.

746 Ebd.

747 Basilius Caesariensis: De Paradiso, Sermo. In: Opera Omnia. Iam recens per Wolfgangum Musculum partim locis aliquot castigata, partim luculentis accessionibus aucta [...]. Secundus Tomus. Basel 1565, S. 124–127, hier S. 125.

748 Vgl. Gerog Pistorius: *Klaghauß* 1663, S. 22. Ambrosius von Mailand: Exaemeron 3, cap. 11, 48. In: Ders.: Opera. Pars prima. Hrsg. v. Karl Schenkel. Prag [u. a.] 1897 (Corpus Scriptorum Ecclesiasticorum Latinorum. Bd 32/1), S. 91.

749 Ebd. Vgl. Ambrosius von Mailand: *Exameron* 3, cap. 11, 48, Z. 14 f.

die Ehren diser Welt seynd vermischt mit Mißgunst/ die Rechthumben mit Furcht/ der gute Geruch mit vbel reden/ der Wollust mit Schmertzen: der Leib ist vilen Gebrechen/ die Seel aber vilen Sorgen vnterworffen.[750]

Ganz ähnlich erkennt auch der Bamberger Weihbischof Jakob Feucht in seiner von erbaulichem Charakter geprägten *Postilla Catholica Evangeliorum des Sanctis totius Anni* die Allgemeinheit des menschlichen Leidens. In einer Predigt am »Feyertag des H. Apostels Mathie«[751] deutet der Prediger ausgehend von Mt 11,28 das tägliche Elend des Christen. Er glaube nicht, dass »ein Mensch zu finden«,[752]

der nicht albereit jetzund/ mit etlicher mühe vnd arbeit/ mangel oder beschwernuß beladen sey/ also daß er nit gern derselbigen ohne verzug ledig [...] seyn wolt. Einer hat mangel an der Seel/ der ander am Leib einer am Ewigen der ander am zeitlichen Leben.[753]

Feucht zufolge sei es gar nicht nötig, die Zeugnisse der Heiligen Schrift zu sammeln, die von Mühe und Trübsal des Menschen in der Welt berichten. Es genüge allein das Wort Gottes, das er an Adam und Eva im Paradies richtete und das »schmertzen vnd kummer«, »arbeit« und »schweiß« weissagte (Gen 3,16–19).[754]

Vnd diß alles [...] ist nit allein vber Adam vnd Evam sonder auch vber vns Menschen alle ervolget/ wie noch heutigs tags die tägliche erfarung mit sich bringet/ vnd keiner vnder euch in abrede stehen kan.[755]

Auch für Feucht ist also die Sünde der ersten Eltern der Grund für das Elend des Menschen, denn, so der katholische Prediger weiter, sie ist eine »Seuch«, der »kein Mensch auff diser Welt ledig noch vberhaben.«[756] Nach der Taufe, die den Menschen dieser Sünde »auß wirckung des H. Creutzverdiensts Christi« entledige,[757] nage der Teufel an Leib und Leben des Menschen. Die Unruhe, die lutherische Leichenpredigten im Horizont von Hebr 13,14 und Hiob 14,1 auf das Wesen des Menschen deuten, bezieht Jakob Feucht in seiner Predigt auf die Anfechtungen des Teufels: Er ergreife Besitz über den Leib des Menschen,

---

750 Gerog Pistorius: *Klaghauß* 1663, S. 23.
751 Jakob Feucht: Postilla Catholica Evangeliorum des Sanctis totius Anni. [...] Der Erste Theil des andern Tomi begreifft alle Evangelien vom Apostel Andrea an/ biß auff den Pfingstmontag. Köln 1580, S. 243.
752 Ebd., S. 247.
753 Ebd.
754 Ebd., S. 248.
755 Ebd.
756 Ebd.
757 Ebd.

machet jhne taub/ toll vnd vnsinnig/ also/ daß der Mensch thun vnd reden muß was der Teufel wil/ weder tag noch nacht hat er kein ruhe/ laufft hin vnd her/ schreyet/ wütet vnd tobet [...].[758]

In einem ganz anderen Kontext geht die Leichenpredigt auf die Äbtissin des Benediktinerinnenklosters in Kühbach auf die »Widerwärtigkeiten« ein,[759] welche der Verstorbenen in ihrem Leben begegneten. Im Horizont des alten Topos, der Christus nach Off 5,5 als den Löwen Judas bezeichnet,[760] und in der Verbindung zur Brautmetaphorik, die in der Liebe zu Christus gemäß den Bildwelten des Hohenliedes, des Psalters (Ps 45)[761] und der eschatologischen Texte des Neuen Testamentes (Mt 25,1–13; Off 19,7.9; 21,2.9) eine Liebesbeziehung zwischen Gott und Seele vor Augen stellt,[762] sei die Verstorbene eine Löwin gewesen, habe sie doch mit dem »Löw Jesus Christus [...] das Läger in dem Schlaff=Kämmerl deß andechtigen Hertzens« gehabt.[763] Dieses Bild der Löwin durchzieht die Ausführungen des Leichenpredigers Dominikus Renner zu Leben und Sterben der Verstorbenen.

Obwolen gleich bey Anschreittung der Regierung sie sahe/ so wol vil zeitlich: als Geistliche Gebäu/ durch Schwedische Kriegs=Flammen/ in Rauch auffgangen/ durch Martialischen Waffen=Gewalt zu Boden ligen/ hat sie doch jhr Hertz nicht fallen lassen. Mitten vnder der Verwürrung: vnnd Verirrungen ware jhr Genüt auffs beste versamblet. Da die zerrissene/ zerschlissene Bauvälligkeiten das Haupt naigeten/ stunde sie großmütig auffrecht.[764]

Die Äbtissin hat sich also auch während der Zerstörung des Klosters durch schwedische Truppen im Dreißigjährigen Krieg stets in »denen Löwen ange-

---

758 Ebd., S. 249.
759 Dominikus Renner: LP auf Catharina Kümpfler 1686, S. 13.
760 Zur Symbolik des Löwen vgl. Physiologus. Griechisch/Deutsch. Übers. u. hrsg. v. Otto Schönberger. Stuttgart 2001 (Reclams Universal-Bibliothek 18124), S. 4–6; Die Bedeutungsweite des symbolischen Gehaltes verzeichnen auch Filippo Picinelli: Mundus Symbolicus, In Emblematum Universitate Formatus, Explicatus, Et Tam Sacris, quam profanis Eruditionibus ac Sententiis illustratus [...]. Bd. 1. Köln 1687, S. 392–404 und Jacob Masen: Speculum Imaginum Veritatis Occultae, Exhibens Symbola, Hieroglyphica, Emblemata, Aenigmata [...]. Köln 1650, im Index Rerum unter dem Lemma Leo.
761 Vgl. zur lutherischen Verwendung des Motivs etwa Philipp Nicolais bedeutendes Morgensternlied Wie schön leuchtet der Morgenstern. Es vereint sowohl Ps 45 als auch Sprache und Bildgehalt des Hohenliedes Salomos. In: FrewdenSpiegel deß ewigen Lebens., Das ist: Gründtliche Beschreibung deß herrlichen Wesens im ewigen Leben/ sampt allen desselbigen Eygenschafften vund Zuständen [...]. Frankfurt am Main 1599, S. 409.
762 Vgl. zur Entwicklung des Braut-Bräutigamsmotiv v. a. auch in der mittelalterlichen Mystik Friedrich Ohly: Hohelied-Studien. Grundzüge einer Geschichte der Hoheliedauslegung des Abendlandes bis um 1200. Wiesbaden 1958 (Schriften der Wissenschaftlichen Gesellschaft an der Johann-Wolfgang-Goethe-Universität 1). Zur Christusbeziehung als Liebesbeziehung im Kirchenlied siehe Lukas Lorbeer: Die Sterbe- und Ewigkeitslieder 2002, S. 398–411.
763 Dominikus Renner: LP auf Catharina Kümpfler 1686, S. 9.
764 Ebd., S. 11.

naturte[n]« Tugenden erwiesen.[765] Die Verwüstung des Klostergebäudes stellt Renner in den Horizont des Bildes vom Leib als baufälligem Haus der Seele: Wie das steinerne Gebäude zerbrach, die Äbtissin aber in ihrem Amt standhaft blieb, so konnten auch die Anfechtungen des Lebens nur Leib und »Haupt« der Braut Christi zum Sinken bringen, die Seele aber blieb aufrecht: Nicht auf der »Löwenhaut« als äußerer Hülle sei die Standhaftigkeit, sondern im Herzen.[766] Die Begriffe, mit denen der Leichenprediger das Verhalten der Verstorbenen in »mannigfaltigen schwären Zufällen« bezeichnet,[767] kreisen dann auch um Bedeutungen wie stark, tapfer, kühn, ritterlich und »herzhafftig«.[768] Renner greift erneut auf ein Symbol zurück, um diese standhafte Seele zu veranschaulichen: auf das des Lebensschiffes im Meeressturm.[769] Jedoch deutet er dieses nicht in seiner christlichen Tradition, sondern ganz im Sinne der *fortitudo*. »Vivite fortes fortiaque adversis opponite pectora rebus« sagt der Prediger mit Horaz[770] und paraphrasiert einen Vers des Dichters:

> Wann sich zeigen auff allen Strassen/
>   Schwäre Fäll vnd Bitterkeit:
> Nur das Hertz nit fallen lassen/
>   Sie verrauschen mit der Zeit.[771]

In den aufsteigenden Wellen des ungestümen Meeres habe sich die Verstorbene stets an den Mastbaum, mithin die Tapferkeit ihres Herzens, gehalten.[772] Wohl kommt Renner mit Sir 51,6 (›[liberasti me] a pressura flammae quae circumdedit me et in medio ignis non sum aestuatus‹) auf das Vertrauen der Äbtissin zu dem barmherzigen Gott und seinem Handeln zu sprechen, habe ihr Herz doch in großer Bedrängnis »ohne zaghaffte Anmerckung [...] zu Gott gebrunnen.«[773] Doch binden die Worte der Predigt das Gottvertrauen erneut an die Tapferkeit: »Es hatte der Himmel mit trüben schaurenden Wolcken seinen Zorn antrohen/ die Früchten der Felder zu Boden schlagen« oder »andere vngestümme Sturm=Wind allerley Unheyl zusammen jagen« können,[774] das feste Herz der Verstorbenen hätte nicht umgeblasen, noch »aus de[n] Schrancken der Starck-

---

765 Ebd.
766 Ebd., S. 12.
767 Ebd., S. 12 f.
768 Ebd.
769 Vgl. ebd., S. 13.
770 Vgl. ebd. Vgl. Quintus Horatius Flaccus: Sermones II, 2. In: Ders.: Sermones, Epistulae. Lateinisch/Deutsch. Übers. v. Gerd Herrmann, hrsg. v. Gerhard Fink. Düsseldorf 2000 (Sammlung Tusculum o. Nr.), S. 80–87, hier S. 86.
771 Dominikus Renner: LP auf Catharina Kümpfler 1686, S. 13.
772 Vgl. ebd.
773 Ebd.
774 Ebd.

mütigkeit« gehoben werden können.[775] Auch in äußerlichen Anfechtungen und »bittersten Schwachheiten«[776] konnte das inbrünstige Gemüt der Äbtissin nicht abgekühlt werden.[777] Renner charakterisiert Anfechtungen als ein Unheil, das die angefochtene Catharina kraft ihrer wesenhaften, innewohnenden Tugenden überwunden hat. Darin differiert schon der semantische Horizont, in dem die Bilder der Anfechtung vor Augen gestellt werden, von dem der lutherischen Leichenpredigten: Elend,[778] Unglück,[779] Unheil,[780] Missgunst[781] und Verunglimpfung[782] charakterisieren die katholische Sicht der Anfechtung, der zufolge die *tentatio* besonders das ethische Leben bedränge. Die Fähigkeit aufkommende Affekte der *tentatio* kontrollieren und sogar ausschalten zu können, wird dann auch in dem Angefochtenen selbst verortet. Während also lutherische Leichenpredigten im Glauben selbst die Bedingung der Möglichkeit des Angefochtenseins erkennen und zum Bestehen in der *tentatio* allein auf das göttliche Wort und den daraus resultierenden Glauben verweisen, rückt bei Renner das tugendhafte, Unheil besiegende Herz in den Mittelpunkt – und damit nicht ein von Gott gnadenhaft gegebenes Mittel der Überwindung der *tentatio*.[783]

Ähnlich wie dies in den aufgezeigten lutherischen Leichenpredigten der Fall ist, erkennt auch der Benediktiner Renner in den Anfechtungen eine Bewährungsprobe, die Gott zugelassen hat.[784] An das Bestehen dieser Probe knüpft der Prediger sodann das Bild des durch die *tenatio* gestärkten Menschen:

> Wann man den Schrauffen [Schrauben] auff der Lauten wohl anziechet/ hat die Saitten erst einen starcken vnd lieblichen Thon: Wann der Blaßbalg getretten wird/ kommet er zu neuen Kräfften: wann die Kräuter zerriben werden/ geben sie einen stärckern Geruch von sich.[785]

Aus der Anfechtung also wächst die *virtus*, welcher lobend zu gedenken auch Ziel der katholischen Leichenpredigten ist. In ihrer engern Verbidung zum *genus demonstrativum*[786] erweist sich die römisch-katholische Totenliturgie und damit die Leichenpredigt auch von dem Anliegen bestimmt, auf das Geschick der verstorbenen Seele im Jenseits mit fürbittenden Handlungen Einfluss zu neh-

---

775 Ebd.
776 Ebd., S. 22.
777 Vgl. ebd., S. 22 f.
778 Vgl. Gerog Pistorius: *Klaghauß* 1663, S. 22.
779 Vgl. Dominikus Renner: LP auf Catharina Kümpfler 1686, S. 12 f.
780 Vgl. ebd., S. 13.
781 Vgl. Gerog Pistorius: *Klaghauß* 1663, S. 23.
782 Vgl. ebd.
783 Vgl. dazu auch Johann Anselm Steiger: *Oratio panegyrica* 1999, S. 118 f.
784 Vgl. Dominikus Renner: LP auf Catharina Kümpfler 1686, S. 25.
785 Ebd.
786 Siehe dazu weiter oben die Ausführungen in Kap. Trauer und *humanitas*.

men.[787] Daher lobt der katholsiche Prediger »heroische[s] Gemüt und Tugend« der Verstorbenen,[788] »denckwürdige Thaten/ herrliche Gebäu/ scheinbare Tugenden und Talenten«[789] oder die »Tapferkeit [...] vnd angearteten Heldenmuet«, die etwa der Karmelitermönch Andreas a Sancta Theresia hervorhebt.[790] Die Leichenpredigt ist zudem ein Medium, das angesichts der Ungewissheit über den Zustand der Seele nach dem Tod einen Nachweis über das recht geführte Leben des Verstorbenen zu geben versucht. Gewiss appellieren auch katholische Prediger an das Erbarmen und die Gnadenhilfen Gottes, doch hängt das Geschick der Seele entscheidend auch vom Menschen ab, mithin von einem gottergebenen Glauben, der eingebettet in Buße, Reue, Beichte und verdienstvolle Werke den Weg zum Himmel ebnen kann.[791] So summiert Dominikus Renner seine Ausführungen als »augenscheinliche Prob vnd Bewehrung«,[792] während Anton Ginther seine Gedanken in die rhetorische Frage münden lässt, ob nun nicht ein Jeder glaube, die Verstorbene habe »ein barmhertziges Urthel erhalten«.[793] Roman Müller wiederum schließt seine Leichenpredigt auf Johanna von Wolckenstein mit dem Bild der schmalen Himmelspforte und stellt dies sogleich in den Horizont einer verdienstlichen Nachfolge der Leiden der Verstorbenen. Diese nämlich habe die Gemeinde

wollen vnderweisen/ daß vil Weeg nach dem Himmel offen stehen/ aber die Creutz= Strassen habe den sichersten Paß; vnd also durch dises lang vnd braite Creutz/ zur nachfolg/ in die erwartende ewige Seeligkeit eingeladen.[794]

Die Frage nach der Ursache der Anfechtung beantwortet etwa die katholische Predigtsammlung *Leichpostill* des Würzburger Predigers Johann Hesselbach. Innere und äußere Leiden sind demnach »Plagen vnd Straffen Gottes«,[795] denn, so Hesselbach mit Mt 10,30 und den Androhungen des Fluches aus Dtn 28,35, »es fällt nicht ein Haar von vnserm Haupt ohne den Willen Gottes«.[796] Diese göttliche Strafe differenziert der Prediger sodann hinsichtlich ihrer Ursache und Wirkabsicht. Einerseits sei das Leid des Menschen Folge von Gottes Rache wegen der

787 Vgl. dazu etwa Norbert Bolin: ›Sterben ist mein Gewinn‹ (Phil 1,21). Ein Beitrag zur evangelischen Funeralkomposition der deutschen Sepulkralkultur des Barock. 1550–1750. Kassel 1989 (Kasseler Studien zur Sepulkralkultur 5), S. 50, passim.
788 Anton Ginther: LP auf Maria Elisabeth Theresia von Neuhaus (gest. 1691), S. 8.
789 Ignaz Ertl: LP auf Athanasius von Gars 1715, fol. A 2r.
790 Andreas a Sancta Theresia: LP auf Nikolaus Zrínyi 1664, S. 5.
791 Vgl. dazu etwa Berndt Hamm: Lazarus Spengler (1479–1534). Der Nürnberger Ratsschreiber im Spannungsfeld von Humanismus und Reformation, Politik und Glaube. Tübingen 2004 (Spätmittelalter und Reformation. Texte u. Untersuchungen. N.R. 25), S. 309.
792 Dominikus Renner: LP auf Catharina Kümpfler 1686, S. 25.
793 Anton Ginther: LP auf Maria Elisabeth Theresia von Neuhaus (gest. 1691), S. 13.
794 Roman Müller: LP auf Johanna von Wolckenstein 1657, S. 34.
795 Johann Hesselbach: *Leichpostill* 1628, S. 410.
796 Ebd.

Sünde,[797] andererseits sei es auch Mittel der »vätterliche[n] Züchtigung«, welche
»dem Menschen seiner Seelen Heyl vnd Seligkeit sehr nutz vnnd gut« sei.[798] Es
scheint eine recht positive Sicht der Anfechtung, die Hesselbach hier vor Augen
stellt: Die von Gott gesandte *tentatio* dient dem Seelenheil des Menschen. Doch
betont der Prediger in diesem Zusammenhang die Bedeutung des »allerhei-
ligste[n] Sacrament[s] deß Leibs vnnd Bluts vnsers Herren Christi«[799] sowie der
Taufe.[800] Das *TrostBuch Für die krancken vnd sterbenden* des zum Katholizismus
konvertierten Kaspar Ulenberg stellt eine zweifache Anfechtung vor Augen: In
ersterer drohe der Angefochtene »von der warheit auff lügen vnd Jrthumb« zu
geraten,[801] wogegen Ulenberg ganz im Sinne des römischen Katholizismus
empfiehlt, das zu glauben und an dem festzuhalten, »was die heilige Kirche
gleubet«.[802] Die zweite Anfechtung ziele dagegen darauf, dem Angefochtenen
»seine begangene sünde für die augen« zu rücken:[803]

> Wen das gewissen die last der sünde/ oder den zorn Gottes fület/ vnd darüber in ihm
> selbs mit trawrigkeit/ furcht/ vnd schrecken also getroffen/ vnd erschlagen wirt/ daß
> das hertz für weemut beynahe verdorret/ wie gras/ oder für angst zerfleusset/ wie
> wachs am fewer.[804]

In einem den lutherischen Leichenpredigten ähnlichen semantischen Rahmen
stellt der Autor das von der Sünde ausgelöste Leid im Menschen dar. Er erkennt
die Schwere der Anfechtung und weiß um die Trostbedürftigkeit des beladenen
Gewissens. Ulenberg rät, der Angefochtene solle die ihn bedrängende Sünde
»mit gebürlicher rewe für Gott vnd dem Priester entdecken«, denn »durch die
schlüssel der heiligen Kirchen« werde er »davon entbunden«.[805] Das Bußsakrament wird hier zum Pfeiler der Seelsorge. Dass auch im Luthertum die
Beichte eine wichtige Rolle spielt, »die beicht« also »durch die prediger dis teils
nicht abgethan« wurde,[806] konnte längst belegt werden.[807] Doch ist nicht der von
der Sünde Angefochtene das handelnde Subjekt: Der Mensch sei, so formuliert

---

797   Vgl. ebd.
798   Ebd., S. 411.
799   Ebd., S. 410.
800   Vgl. ebd., 410 f.
801   Kaspar Ulenberg: *TrostBuch* 1603, S. 341.
802   Ebd., S. 347. Die tiefe konfessionelle Differenz hinsichtlich eines unbedingten Kirchen-
      glaubens wird an späterer Stelle deutlich gemacht werden.
803   Ebd., S. 384.
804   Ebd., S. 525. Vgl. Ps 21,15 u. 101,5 (Vulg.).
805   Ebd., S. 385.
806   BSELK 97, 25 (Confessio Augustana 25).
807   Vgl. dazu etwa Emil Fischer: Zur Geschichte der evangelischen Beichte. Bd. 2: Niedergang
      und Neubelebung des Beichtinstituts in Wittenberg in den Anfängen der Reformation.
      Neudr. d. Ausg. Leipzig 1903. Aalen 1972 (Studien zur Geschichte der Theologie und der
      Kirche 9,4), S. 82 f.

es die *Confessio Augustana* nach Ps 19,13 und Jer 17,9 gar nicht in der Lage alle Sünden zu erkennen.[808] Weder der Zwang zur Beichte aus Sündenangst, noch die kirchenpolitische Ausweitung der Schlüsselgewalt auf den Freikauf von der »pein des fegfeuers« seien in der Heiligen Schrift belegt und damit »irthumb«.[809] Dagegen sei die

> ware rechte busse eigentlich nicht anders, denn reu und leid odder schrecken haben uber die sund und doch darneben gleuben an das Evangelium und Absolution, das die sunde vergeben und durch Christum gnad erworben sey, welcher glaub widderümb das hertz tröst und zu frieden macht.[810]

Wie die lutherischen und katholischen Leichenprediger den Angefochtenen Trost zusprechen, soll in einem späteren Kapitel ausführlich erörtert werden. An dieser Stelle muss der Hinweis genügen, dass die tägliche Umkehr zu Christus, die die lutherischen Leichenpredigten stets als Trost in der Anfechtung vor Augen stellen,[811] den Gläubigen aus der Gefangenschaft der Sünde, mithin aus der Gefangenschaft in sich selbst, heraus in die Arme und in das Angesicht Gottes treibt.[812] Auch das Trostbuch Ulenbergs hebt hervor, allein »auff die gnade vnd krafft des Allerhöchsten« zu vertrauen.[813] Daneben aber ist es notwendig, dass der Mensch in der Anfechtung seine Sünde erkennt und beichtet, denn, so mahnt Georg Pistorius, die *tenatio* sei »ein Sporn zur Buß/ vnd zur Abbüssung [der] Sünden«.[814] Die Anfechtung ist nützlich, da »sie die begangne Sünden abbüeßt« und »auch diegenige Sünd verhütet/ welche man sonsten hett begehen könden.«[815] So wird Gott jedoch nicht zuallererst als liebender Vater, der den in seinem Leben angefochtenen Menschen aus Gnade und ohne Anrechnung seiner Verdienste und Taten Heil und Vergebung schenkt, vor Augen

---

808 Vgl. BSELK 99, 17–22 (Confessio Augustana 25).
809 BSELK 281, 11.17 (Apologie der Confessio Augustana 11).
810 BSELK 67, 9f. (Confessio Augustana 12).
811 Vgl. etwa Joachim Hildebrand: LP auf Salentin Justus Nikolaus Sinold gen. Schütz 1681, fol. H 2v: »Last uns aber alle [...] wenn wir [...] wollen [...] bey Christo seyn/ unser gantzes Leben herdurch auff Gott warten/ auff Gott hoffen [...].« Ähnlich Gottfried Glück: LP auf Helena Susanna aus dem Winkel (gest. 1686), fol. D 2r: »Ein heiliges Verlangen/ das allein nach Gott gerichtet ist [...].« Auch die häufige Verwendung von Ps 73,25f. (›Wenn ich nur dich habe/ so frage ich nichts nach Himel vnd Erden. Wenn mir gleich Leib vnd Seele verschmacht/ So bistu doch Gott alle zeit meines hertzen Trost/ vnd mein Teil‹) als Leichtext lutherischer Leichenpredigten verdeutlicht diesen Umstand. Vgl. etwa Heinrich Ernst Fischhaupt: LP auf Anna Sophia von Münchhausen 1696; Georg Wolff Wenner: LP auf Anna Barbara Lips 1648; Balthasar Eder: LP auf Philipp Persius 1644; Abraham Calov: LP auf Dorothea Kunad 1655; Simon Struve: LP auf Johannes Schönermarck 1645; Zacharias Herrmann: LP auf Rosina Keil (gest. 1687).
812 Vgl. Alexander Bitzel: *Anfechtung und Trost* 2002, S. 100.
813 Kaspar Ulenberg: *TrostBuch* 1603, S. 350.
814 Georg Pistorius: *Klaghauß* 1663, S. 43.
815 Ebd.

gestellt. Die Betonung der Sünde in der Rede von der Anfechtung verbindet die Gerechtigkeit Gottes – welche die katholischen Leichenpredigten durchaus nicht leugnen – mit Bußübungen.[816] Gleichwohl erfassen die katholischen Leichenpredigten wie auch die lutherischen die Schwere der Anfechtung für das Dasein des Menschen.

Exkurs: Hiob und der verborgene Gott

Dass es in der und durch die *tentatio* zu Glaubenszweifeln kommen kann, die den Menschen in Furcht und Ungewissheit, ja sogar in Aufbegehren und Wut versetzen, wird besonders dann deutlich, wenn die Leichenprediger auf die Erfahrungen Hiobs eingehen. Die Prediger nutzen die Geschehnisse um den »lieben gedultigen«[817] Hiob, um dem Leid ihrer Adressaten innerhalb der bildlichen Sprache der Heiligen Schrift Ausdruck zu verleihen. Der lutherische Prediger Georg Rudolphi (1. H. 17. Jhd.) stellt das Wesen Hiobs oszillierend zwischen erhaben und erniedrigt vor Augen: Hiob war ein »fürnehmer/ reicher und mächtiger Fürst«,[818] der trotz seines hohen Standes und Ansehens stets an seiner Frömmigkeit und Gottesliebe festhielt. Aber »wie er ist der frömbste/ reichste und fürnehmste im Lande/ so wird er auch der elendeste im Lande«,[819] führt Rudolphi weiter aus und knüpft hier an den alttestamentlichen Gedanken an, dass gerade die großen Gottesmänner, von Gott in den Dienst der Heilsgeschichte gestellt, viel Leid erfahren müssen, an. So steht Hiob in gemeinsamer Leidenserfahrung mit Joseph in Ägypten, Mose, Amos oder Jeremia. Das Gericht Gottes, wie Rudolphi mit 1 Petr 4,17 zusammenfasst, nage besonders am Haus des Gerechten.[820] Der ebenfalls lutherische Prediger Balthasar Kupfer fasst die Geschehnisse um Hiob in seiner Leichenpredigt *Dulce Refrigerium Hiobs köstliche Labsal in Not und Tod* in folgenden Worten zusammen:

> Wie gehets aber diesem frommen Gottseeligen Manne? Antwort: So jämmerlich und erbärmlich: Finis unius mali est parasceve alterius: Wenn ein Unglück noch nicht recht vorbey ist/ so ist das ander schon vor der Thier: Auff einmahl kömmt er nicht allein umb alle seine Haab und Güter/ umb alle seine Kinder [...] sondern wird noch dazu an

---

816 Ähnlich formuliert es schon Oskar Pfister: Das Christentum und die Angst. Eine religionspsychologische, historische und religionshygienische Untersuchung. Zürich 1944, S. 235, 237 u. ö.

817 Georg Rudolphi: LP auf Anna Christina Loth (gest. 1668), fol. A 4v.

818 Ebd., fol. B 1r.

819 Ebd.

820 Vgl. ebd., fol. B 3v.

seinem Leibe von der Fußsolen biß auff die Scheitel geschlagen/ daß er da wie ein armer Wurm in der Aschen sitzen muß/ und sich mit einer Scherbe schaben.[821]

»Schwerer denn Sand am Meer« sei das Kreuz des »liebe[n] Hiob«,[822] wie Georg Rudolphi in der rhetorischen Verbindung der beliebten Sinnbilder aus Hiob 6,2 f.[823] und der Kreuzeslast aus Mt 16,24 sagt. Nachdem der Prediger seiner Gemeinde zunächst Hiob – als wehrloser und armseliger Wurm kaum noch ein Mensch (vgl. Ps 22,7)[824] – vor Augen stellte, verlässt er darauf folgend diese betrachtende Redesituation:

> Bey dem Creutz und Jammer=Stande des lieben Hiobs/ sollen wir uns erinnern unsers elenden und betrübten Zustandes/ und bedencken/ daß wir arme Menschen in dieser mühseligen/ verkehrten und bösen Welt nicht viele gute Tage haben [...].[825]

Die Geschehnisse um Hiob, der Verlust seiner Kinder (Hiob 1,18f.), eitrige Geschwüre »von der Fuß=Sohlen an biß auff seine Scheitel« (Hiob 2,7–9)[826] und die Anfechtungen und Anklagen des Teufels, der »wie ein brüllender Löwe« um ihn herum schleicht (1Petr 5,8), stellt der Prediger Rudolphi nicht allein erzählerisch vor Augen.[827] Indem er das Gesagte mit Hiob 5,7 (›Sondern der Mensch wird zu vnglück geborn/ wie die Vögel schweben empor zufliegen‹) und Hiob 7,1 (›Mvs nicht der Mensch jmer im Streit sein auff Erden/ vnd seine tage sind/ wie eines Taglöners‹) auf die Gemeinde und damit jeden einzelnen Glaubenden bezieht,[828] wechselt er von der betrachtenden Außenperspektive in eine Innenperspektive und bezieht seine Hörer oder Leser auf einer zutiefst persönlichen Ebene mit ein. In dieser Leidgemeinschaft mit den biblischen Figuren kann der Angefochtene Trost finden. Eine erdrückende Zurschaustellung von Gelehrsamkeit, die mit fehlender Situationsbezogenheit einhergehe, kann also für diesen Druck nicht behauptet werden.[829]

---

821 Balthasar Kupfer: LP auf Johannes Philipp Lüdeke 1670, fol. B 2r/v.

822 Georg Rudolphi: LP auf Anna Christina Loth (gest. 1668), fol. B 2r.

823 Vgl. etwa auch Johann Christoph Syring: LP auf Katharina Ehrengard von der Wense 1699, S. 7; Gottfried Bleyl: LP auf Johann Siegmund von Vogt und Sägewitz (gest. 1686), S. 18 oder Johann Schmauß: LP auf Maria Rosina von Waldeck 1687, S. 8.

824 Zu der christologischen Dimension dieses Bildes vgl. etwa das Passionslied *Jesus Christus Das Purpurrote BlutWürmlein* des bedeutenden Liederdichters Johann Heermann. Der Wurm aus Ps 22,7 wird von Heermann in den Horizont des »PurpurWürmlein« gestellt, dessen Blut die Sünde des Menschen vor Gott büßt und auch den »HertzensWurm« der Anfechtung zu überwinden vermag. Vgl. Johann Heermann: Devoti Musica Cordis. Hauszvnd Hertz-Musica. Das ist: Allerley geistliche Lieder/ aus den H. Kirchenlehrern vnd selbst eigener Andacht [...]. Leipzig 1630, S. 58–62.

825 Georg Rudolphi: LP auf Anna Christina Loth (gest. 1668), fol. B 2r/v.

826 Ebd., fol. B 1v.

827 Vgl. ebd., fol. B 1r–B 2r.

828 Vgl. ebd., fol. B 2v.

829 Vgl. Eberhard Winkler: Zur Motivation und Situationsbezogenheit der klassischen Lei-

Gottfried Bleyl, Verfasser der Leichenpredigt auf Johann Siegmund von Vogt und Sägewitz, betrachtet das Leid Hiobs und eines jeden Gläubigen ausgehend vom Leichtext Hiob 16,14f. (›Er hat mir eine Wunde über die andere gemacht; er ist an mich gelaufen wie ein Gewaltiger. Ich habe einen Sack um meine Haut genäht und habe mein Horn in den Staub gelegt‹): Die Worte der Schrift, so der Lutheraner, zeichnen das »schmertzlich=betrübte Hiobs=Hertz«, umgeben von »Tunckel und Finsternüß« und von den himmlischen Pfeilen der Anfechtung verwundet.[830] *Jammer* erfüllt das Herz und prangt als einziges Wort in der Mitte des sprachlichen Bildes. Das *lemma* »Sic vulneratur!« wird von den das Herz umschließenden Worten »Trauren/ Leiden/ Hertzens=Wunden/ Haben offt in Lebens=Stunden/ Gläubige mit Hiob funden« ergänzt.[831] Das Herz eines rechten Christen in Leid und Trübsal sei wie Hiobs Herz, von Finsternis bedrängt und von allerlei Pfeilen verletzt. Doch seien diese Wunden nicht die Seelenwunden der Sünde. Diese, so Bleyl weiter, seien nach dem Sündenfall an jedem Menschen zu finden, niemand sei unschuldig vor dem Herrn (vgl. Nah 1,3).[832] Das Sündenübel aber kommt nicht von Gott, es sei der Teufel, der das sündliche Fleisch reizt und der Seele schadet.[833] Hiob beklage auch nicht Wunden an seinem Leibe, selbst wenn diese großes Leid verursachen und sogar zum Tode führen können. Wenn er klagt, Gott habe ihm eine Wunde nach der anderen geschlagen, so seien darunter die beschwerlichen »Creutz=Wunden« zu verstehen,[834] denn diese lasse Gott nicht nur zu, er bewirke diese auch »effective« selbst.[835] Es sei das Los eines jeden Christen auf Erden, dass Gott ihn angreife wie »ein Gewaltiger«,[836]

> daß es auch bißweilen gantz finster umb uns wird/ und umb unser Hertz/ daß ein und anders wol manchmal ein Jammer=Liedlein anstimmen und sagen muß: Sic vulneratur! so kriegt es viel Wunden.[837]

---

chenpredigt. In: *Leichenpredigten als Quelle historischer Wissenschaften* 1 1975, S. 52–65, hier S. 58. Winkler sieht die fehlende Situationsbezogenheit und ein Übermaß an prahlender Gelehrsamkeit als Charakteristika der meisten lutherischen Leichenpredigten des Barock.

830 Gottfried Bleyl: LP auf Johann Siegmund von Vogt und Sägewitz (gest. 1686), S. 12.
831 Ebd.
832 Vgl. ebd., S. 13. Bleyl wendet sich im Folgenden gegen die römisch-katholische Auffassung, der zufolge Maria nicht in Sünde empfangen und geboren sei. Robert Bellarmin erkennt auch Johannes den Täufer und Jeremias als ohne Erbsünde empfangen. Vgl. Robert Bellarmin: Dispvtationvm De Controversiis Christianae Fidei Aduersus huius temporis Hæreticos, Tomos Quartus [...]. Venedig 1599, S. 244: De Amissione Gratiae Et Statv Pecatti, Lib. IV, XV: Virginem Mariam sine peccato originali cenceptam fuisse. Siehe dazu auch Anton Kurz: Mariologie oder Lehre der katholischen Kirche über Maria, die seligste Jungfrau. Regensburg 1881, S. 84f.
833 Vgl. Gottfried Bleyl: LP auf Johann Siegmund von Vogt und Sägewitz (gest. 1686), S. 13.
834 Ebd.
835 Ebd.
836 Ebd., S. 22.
837 Ebd.

Dem verletzten, angefochtenen Herz stellt der Prediger tröstend das Herz eines gottesfürchtigen, geduldigen und vertrauenden Christen gegenüber und führt seine Leichenpredigt in die *applicatio* und *exhortatio*: Wiewohl Hiob viel Schmerzen und Jammer erfahren und in Dunkelheit, mithin in der von ihm erfahrenen Verlassenheit und Einsamkeit (vgl. Hiob 19,7.30,20), auf den »Aschen=Hauffen« nieder sinken musste, sei sein Herz nicht ohne Glanz und Trost.[838] Mitten im Herz steht in erhabenen Lettern der Name *Jehova* mit der Unterschrift *Sic roboratur!* Die Verse »Doch Geduld und frommes Leben/ Ja Gott selbsten wil daneben/ Jn dem Jammer Tröstung geben« umgeben gleichsam als Schild das Herz.[839] So dunkel es von außen oft drängen mag, so hell ist das Herz rechter Christen von innen, wenn sie mit Hiob bedenken »Corde ad Deum tendere debemus«.[840]

Einsamkeit, Verlassenheit und Verlorenheit werden an vielen Stellen im Hiobbuch, wie auch in den Ausführungen der Leichenprediger zu den Anfechtungen des Lebens immer wieder angesprchen. Bleyl weist schon in seiner Zueignungsschrift an die Witwe des Verstorbenen auf die erlebte Verlassenheit des Menschen im Leid hin:

> Der Herr hat freylich wol Jhr Wunden über Wunden
> Gemacht; Er ist an Sie gelauffen mit Gewalt.
> Warumb Sie auch Jhr Leid/ mit Boy[841] und Flor[842] umbbunden/
> Und als verlassen sich angibet dergestalt.[843]

Am Begriff der göttlichen Gegenwart scheint der Leidende in der gegenwärtigen Erfahrung nicht festhalten zu können. Auch Hiob beklagt das Schweigen und damit die Abwesenheit Gottes: ›Sihe/ ob ich schon schrey vber freuel/ so werde ich doch nicht erhöret/ Jch ruffe/ vnd ist kein recht da‹ (Hiob 19,7).[844] In dem Moment der *tentatio*, in dem Hiob sich selbst fraglich wird, wird sein Gottesbegriff ebenso erschüttert und hinterfragt. »Doch auch das gröste Creutz« könne »nichts anders auß uns machen [...] als was wir vor sind/ nemlich/ Staub und Asche«, erinnert Gottfried Bleyl seine Adressaten.[845] Nicht Elend, Krankheit oder

---

838 Vgl. ebd., S. 27.
839 Ebd.
840 Ebd., S. 28.
841 Wollenes Gewebe. Vgl. Grimm: DWb, Bd. 2, Sp. 229.
842 Feiner Stoff. Vgl. Grimm: DWb, Bd. 3, Sp. 816.
843 Gottfried Bleyl: LP auf Johann Siegmund von Vogt und Sägewitz (gest. 1686), Zueignungsschrift, fol. A 2r.
844 Vgl. auch Hiob 30,20: ›Schrey ich zu dir/ so antwortestu mir nicht/ Trette ich erfur/ so achtestu nicht auff mich‹ und Ps 22,3: ›Mein Gott/ des tages ruffe ich/ So antwortestu nicht/ Vnd des nachts schweige ich auch nicht.‹
845 Gottfried Bleyl: LP auf Johann Siegmund von Vogt und Sägewitz (gest. 1686), S. 38 (Curriculum Vitae).

Anfechtung trenne den Menschen von Gott, sondern die Sünde.[846] Der zum ewigen Leben geschaffene Mensch ist durch die Sünde in Angst, Trübsal und den Tod gestürzt. Darum rief Gott Adam zu ›Wo bist Du?‹ (Gen 3,9): Zu weit war Adam von Gott gewichen, zu stark die Macht der Sünde, die Verstand und Willen des Menschen verfinstert. Adam war sich selbst verloren gegangen und von sich selbst entfremdet. Von diesem veränderten, von der Sünde verdunkelten Selbstverhältnis ist das Gottesverhältnis des Menschen unmittelbar betroffen. Hiob zweifelt an sich und seinem Verhalten, sein ganzes Leben kommt ihm seltsam veräußerlicht vor Augen (vgl. Hiobs Monolog in Kap. 29–31). In seinem Leid fühlt sich Hiob von Gott verlassen, denn sein von der Sünde getrübter Verstand kann die Gnade und Barmherzigkeit Gottes nicht mehr erkennen. Ähnlich formuliert es Kaspar Ulenberg in seinem *TrostBuch für die krancken vnd sterbenden*. Es entstehe

> grosse angst vnd not/ weil man allein den eifferigen/ strengen/ vnd zörnigen Richter im gesicht helt/ wie er auff dem Thron seiner gerechtigkeit sitzt; aber den milden/ gütigen/ barmhertzigen Vatter hat man aus den augen verloren.[847]

Der Angefochtene falle in tiefe Zweifel, wenn er »zu scharpff auff Gottes gerechtigkeit euget« und »ihm die barmhertzigkeit des Herren/ durch list der alten Schlangen/ aus den augen verrück[t]« sei.[848] In der *tentatio* verliert der Mensch den Boden des Glaubens: Das Wissen um Rechtfertigung und Vergebung entzieht sich dem Menschen und das wahre Sein des Menschen, der ohne Gott verloren ist, wird offenbar.

Dieses Verlorensein sei ein »schweres Seelen=Leiden«, wie der lutherische Prediger Zacharias Herrmann mit den Worten Hiob 13,26 (›Denn du schreibst mir Betrübnis an und willst über mich bringen die Sünden meiner Jugend‹) klagt.[849] »Kein Kraut noch Pflaster/ keine leibliche Artzney/ kein Balsam aus Gilead/ kein irrdischer und Menschlicher Trost« könne solche Anfechtungen mäßigen.[850]

> Etwa kommen uns auch Gedancken ein/ man sey von Gott gantz verlassen/ und Er sey unser Feind worden/ wie in dergleichen Anfechtung der Herr Christus selber zur zeit seines schweren Leidens gesteckt hat/ daher Er auch kläglich rieff: mein Gott/ mein Gott warumb hast du mich verlassen?[851]

Auch Christus habe also schwere Anfechtungen erleiden müssen und sich gar von seinem Gott verlassen gefühlt. Darauf verweist ebenfalls David Sieber,

---

846 Ebd., S. 39.
847 Kaspar Ulenberg: *TrostBuch* 1603, S. 528.
848 Ebd.
849 Zacharias Herrmann: LP auf Rosina Keil (gest. 1687), S. 16.
850 Ebd.
851 Ebd.

Prediger in Schwäbisch Hall: »In seiner Passion« sei Christus »der aller Verachtest und Unwerthest gewesen/ voller Schmertzen und Kranckheit.«[852] Wie ein elendes »Erden=Würmlein« am Boden liegend, verachtet und verspottet, habe Christus »geseufzet und geruffen/ Eli, Eli, lama asabthani.«[853] Auch Kaspar Ulenberg führt das Exempel Christi an, um die Schwere der Anfechtungen vor Augen zu stellen. Es sei demnach »kein wunder/ das wir arme menschen solche zufelle leiden«, sei doch »dem Herren Christo selbs desgleichen widerfahren«.[854] Auch er habe in der größten Not Hilfe und Trost Gottes nicht sehen können.[855]

Die Leichenprediger nutzen die biblischen Schilderungen der *tentatio*, um der Erfahrung der Verborgenheit Gottes die grundsätzliche Anwesenheit und Ansprechbarkeit des Herrn entgegenzustellen. Die Rede von der Verborgenheit Gottes ist also Teil der Rede von der Offenbarung Gottes, mithin von dem den Menschen zugewandten Handeln Gottes. Dass Hiob und auch Christus trotz der erfahrenen Gottesferne auf Gott als den personalen Fürsprecher des Angefochtenen vertrauen, zeigt der Modus der Anrede, in der die Leidenden klagen. Es ist diese Hinwendung zu Gott, die ganz mit Gott verbindet. Das mit Emblemen versehene Erbauungsbuch des katholischen Theologen und Seelsorgers Johann Giendder, *Der Geistliche Seelen=Artzt*, formuliert die Gleichzeitigkeit von Verborgenheit und Offenbarung folgendermaßen:

> Wann ein Vatter das Kind alleine in der Stuben weiß/ so wirfft er einen Mantel übers Gesicht/ und erschröckt das Kind/ daß es vermeint/ es seye ein Gespenst/ wird ihm so angst/ daß es alle Wänd und Bänck hinauf will: sobald sich aber der Vatter zu erkennen gibt/ und die Verhüllung wegthut/ so lacht das Kind und laufft ihm in seine Vätterliche Arm.[856]

Sei es nun als Prüfung, Erneuerung und Stärkung des Glaubens im Herzen des Menschen oder als göttlicher Bußruf: Der Angefochtene solle sich an die Worte des Propheten Jesaja halten und auf den hoffen und harren, ›der sein Antlitz verborgen hat‹ (Jes 8,17).[857] Auch als Verursacher von Kreuz und Trübsal bleibt Gott ansprechbar. Hiob klagt Gott sein Leid, er klagt gar Gott vor Gott an. Diese paradoxe Situation von Verlassenheit und Verbundenheit wird auch an dem Umstand deutlich, dass Hiob sich in der Einsamkeit des Leides zugleich vollkommen entblößt vor das Angesicht Gottes gestellt fühlt. Seine Hand dringt auf ihn ein, sein Auge überwacht ihn. ›Warumb thustu dich nicht von mir/ vnd lassest nicht abe/ bis ich meinen speichel schlinge‹, klagt der Notleidende (Hiob

---

852 David Sieber: LP auf Georg Friedrich Seufferheld 1687, S. 8.
853 Ebd.
854 Kaspar Ulenberg: *TrostBuch* 1603, S. 530f.
855 Vgl. ebd.
856 Ebd., S. 94f.
857 Ebd., S. 95.

7,19). Unter der bedrückenden Präsenz Gottes scheint es für Hiob kein lebenswertes Leben zu geben, die Beziehung zwischen Mensch und Gott ist problematisch geworden und einzig das Totenreich vermag ihn in Ruhe und Freiheit zu hüllen, was im 7. Kapitel des Hiobbuches in die explizite Bitte um den Tod gipfelt: ›Das meine Seele wündschet erhangen zu sein/ vnd meine gebeine den tod. Jch begere nicht mehr zu leben‹ (7,15 f.). Die Zueignungsschrift von Gottfried Bleyl nimmt ähnlich dem katholischen *Seelen=Artzt* diese Spannung auf, indem sie die erfahrene Gottverlassenheit der leidtragenden Witwe erfasst, sie der Sicherheit und Heil stiftenden Gegenwart Gottes gegenüberstellt und in dem Vertrauen auf Gott auflöst:

> Das weiset er [Hiob] im höchsten Finsternüß deß Hertzens/ und Kummer der Seelen; Jch weiß/ daß mein Erlöser lebet/ auß dem Vertrauen kam es/ daß er frey sagte: Ob mich gleich der Herr tödtet/ so will ich doch auf Jhn hoffen. Und eben da er sagt: Er hat mir eine Wunde geschlagen/ so gibt er zu verstehen sein Vertrauen zu Gott/ daß Ers gethan/ und also auch wieder helffen könne. Diß müssen auch wir weisen/und verträulich seyn; es muß heissen: Vertrau du deinem lieben Gott.[858]

Mit Herz und Augen solle sich der Mensch zu Gott wenden, er allein ist das Licht in der Finsternis und die »süsseste Tröstung« im »bittersten Betrüben«.[859] Die antithetische Spannung zwischen Dunkelheit und Licht, zwischen der bitteren Erfahrung der Abwesenheit Gottes und dem süßen Trost Gottes, ist ein weit verbreitetes zeitgenössisches Strukturmodell, das in vielen Leichenpredigten aufgenommen wird. Wie das Leben, ›wens köstlich gewesen […] Mühe vnd Erbeit‹ (Ps 90,10) ist und Gott denen, die er liebt, oft »bittern Coloqvinten« gibt,[860] kann allein der Zucker des Wortes Gottes die Bitterkeit der Angst und Schmerzen verflüchtigen. Balthasar Kupfer, lutherischer Prediger der Oberkirche in Frankfurt am Main, betitelt seine Leichenpredigt auf Johannes Philipp Lüdeke mit *Dulce Refrigerium*. Was diese süße Labsal Hiobs und aller Gläubigen sei, macht der Prediger im Rückgriff auf einen im Mittelalter sehr bedeutenden Traktat der wichtigsten zeitgenössischen Seelentheorien, dem *Liber de spiritu et anima*, deutlich.[861] Es ist die Gewissheit des künftigen Lebens, die das bittere, zeitliche Leiden durchsüßt:

---

858 Gottfried Bleyl: LP auf Johann Siegmund von Vogt und Sägewitz (gest. 1686), S. 30.
859 Ebd., S. 28.
860 Ebd., S. 30.
861 Dieses Buch galt lange als eine Schrift von Augustinus und erlangte so unangefochtene Autorität. Vgl. etwa Katharina Silke Philipowski: Die Gestalt des Unsichtbaren. Narrative Konzeptionen des Inneren in der höfischen Literatur. Berlin [u. a.] 2013 (Hermaea N. F., 131), S. 56. Möglicherweise stammt der Autor aus den Kreisen der Zisterzienser von Clairvaux. Dazu insgesamt Leo Norpoth: Der pseudo-augustinische Traktat De spiritu et anima. Köln [u. a.] 1971.

Ubi fulget, quod non capit locus: ubi sonat, quod non rapit tempus: ubi olet, quod non spargit ventus: ubi sapit, quod non minuit edacitas: ubi haeret, quod non divellit satietas: ubi videtur Deus sine intermissione, cognoscitur sine errore, amatur sine offensione, laudatur sine fatigatione.[862]

Daher solle der Mensch sich nicht mit seinem »zeitlichen Anliegen [...] lange beissen/ nagen/ plagen/ kräncken und peinigen«,[863] sondern Hiob folgen, der Augen und Herz zum Erlöser wendet. Kupfer lässt seine Ausführungen in den folgenden Zeilen gipfeln:

Denn wie ein Füncklein Feuer von dem grossen Meer verschlungen wird/ und ein Tröfflein Essig in einem Faß Wein bald verzehrt wird: Also wird aller Essig/ Wermuth/ Gall und Enzian unseres Creutzes verschlungen und verzehret/ wann wir uns an unsern Erlöser halten.[864]

In der Hinwendung zu Gott findet der Betrübte Tröstung. Der von Krankheit und Angst angefochtene judäische König Hiskia, so die Leichenpredigt über Jes 38,12–14 (›Er sauget mich dürre aus/ Du machsts mit mir ein ende/ den tag vor abend. Jch dacht/ Möcht ich bis morgen leben/ Aber er zubrach mir all mein gebeine/ wie ein Lewe/ Denn du machest es mit mir aus/ den tag vor abend. Jch winselt wie ein Kranch vnd Schwalbe/ vnd girret wie eine Taube/ Meine augen wolten mir brechen/ Herr ich leide not/ linder mirs‹) von Johann Andreas Lucius, habe »für großer Angst/ Schmertzen und Schwachheit« kein »deutlich Wort reden können«.[865] Doch habe er »aus andächtigen bußfertigen Hertzen«[866] allein zu Gott, dem wahren Vater und Erlöser, geseufzt:[867]

Denn Gott siehet das Hertz an/ nicht den Schall und Hall des Mundes/ nicht die Anzahl vieler Worte/ sondern die Andacht des Hertzens. [...] Das Seuffzen eines andächtigen Hertzens ist ein mächtiges Geschrey in den Ohren Gottes/ das hindurch dringet/ und den ganzen Himmel füllet.[868]

---

862 Balthasar Kupfer: LP auf Johannes Philipp Lüdeke 1670, fol. E 1r. Vgl. dazu den Text der Schrift *De spiritu et anima*: »Ibi enim fulget quod non capit locus. Ibi sonat quod non rapit tempus. Ibi olet quod non spargit flatus. Ibi sapit quod non minuit edacitas. Ibi haeret quod non divellit satietas. Ibi siquidem videtur Deus sine intermissione, cognoscitur sine errore, amatur sine offensione, laudatur sine fatigatione.« Ps.-Augustinus: De Spiritu et anima. In: Aurelius Augustinus: Opera Omnia. Bd. 6. Ed. Novissima, Emendata et Auctior, acc. Jacques Paul Migne. Paris 1865 (Patrologiae cursus completus. Series Latina 40), Sp. 779–823, hier Sp. 807.
863 Balthasar Kupfer: LP auf Johannes Philipp Lüdeke 1670, fol. D 3r.
864 Ebd., fol. D 3v.
865 Johann Andreas Lucius: LP auf Sophie Löbe (gest. 1664), fol. D 3r.
866 Ebd.
867 Vgl. ebd., fol. D 4v.
868 Ebd., fol. D 3v.

In der *tentatio* weiß Gott dem Angefochtenen zu helfen, er allein kennt den Menschen und sorgt um ihn (vgl. Mt 6,31 f.), mahnt Lucius seine Gemeinde.[869] Die Dunkelheit und erlebte Gottesferne der *tentatio* kann einzig im vertrauenden Glauben an Gott ertragen und überwunden werden. Ähnlich rät der Katholik Johann Giendder in der größten Angst den Anker, »das ist/ dein Hoffnung/ Zuflucht/ und Vertrauen in dem Grund der Fünff Wunden Jesu« zu werfen,[870] während der lutherische Prediger Balthasar Kupfer mahnt, ein jeder Christ müsse sich selbst, in seinem festen Glauben die »Wolthaten Christi appliciren«.[871] Wie der Mensch selbst essen müsse, um satt zu werden, müsse der Christ selbst glauben, um in der Anfechtung getröstet und gestärkt zu werden. Beide Prediger betonen also die Heilstat Jesu Christi. Kupfer jedoch hebt das *pro me* der Passion Christi hervor und wendet sich an dieser Stelle gegen die römisch-katholische Rede *de fide implicita*:[872] Der Glaube kann nur selbst ergriffen werden, er ist kein Gehorsam gegenüber der Autorität der Kirche.[873] Ein jeder solle das Wort Gottes in der Heiligen Schrift lesen und seinen Glauben vertreten können.[874] In diesem Sinne summiert Georg Rudolphi seine Leichenpredigt über Hiob 19,25–27 (›Aber ich weis das mein Erlöser lebet/ vnd er wird mich hernach aus der Erden auffwecken. Vnd werde darnach mit dieser meiner haut vmbgeben werden/ vnd werde in meinem fleisch Gott sehen. Den selben werde ich mir sehen/ vnd meine augen werden jn schawen/ vnd kein frembder‹) in der Erkenntnis, die »allerbeste Kunst/ nützlichste Wissenschafft/ und allerhöchste Weißheit«[875] die Hiob vor Augen stelle, sei »zu Gott ruffen und erhörlich beten«.[876]

Das Hiobbuch charakterisiert den Leidtragenden zunächst als das Ideal des schweigenden Dulders, dessen Selbstbeherrschung angesichts des ihm Widerfahrenen als Ausweis seiner Gottesfurcht gelten mag (vgl. Hiob 2,10). Dieses geduldige Schweigen lobt etwa der Franziskaner Marcellian Dalhover: Hiob sei das »Exempel/ und Spiegel aller resignierten/ und in den Göttlichen Willen überlassener Seelen«.[877] Die dem Abt des Klosters Kaisersheim, Judas Thaddaeus Mayr, gewidmete Leichenpredigt parallelisiert den Verstorbenen mit dieser

---

869 Vgl. ebd., fol. C 1v/C 2r.
870 Johann Giendder: *Seelen=Artzt* 1700, S. 94.
871 Balthasar Kupfer: LP auf Johannes Philipp Lüdeke 1670, fol. B 3v.
872 Ebd.
873 Vgl. ebd.
874 Vgl. ebd. Kupfer verwendet hier den Begriff »Köhlerglaube«. Vgl. dazu Grimm: DWb, Bd. 11, Sp. 1591.
875 Ebd., fol. E 4v.
876 Georg Rudolphi: LP auf Anna Christina Loth (gest. 1668), fol. D 1r.
877 Marcellian Dalhover: LP auf Judas Thaddaeus Mayr 1698, S. 27.

»Resignation« des biblischen Vorbildes, habe er doch seinen Willen im Leben wie im Tod »in den Göttlichen« gefügt.[878]

Hiob aber verharrt nicht im Schweigen. Die Geduld, die Angst und die Wut scheinen ihn zerreißen zu wollen: Hiob muss aufschreien. Dies betont der Jesuit Wolfgang Schallerer:

> Es fähret doch/ daß in die Enge bezwungene Fewer zuletzt auß/ vnd wann es auch einen gar kleinen Riß nit gefunden/ bohret es einen mit der Flammen/ wohin es kan/ vnd dringet sich mit völliger Hitze hindurch. Es übergiessen sich doch die lang geschwöllte Wasser=Ströhm/ vnd können sie nit in einer Geschwinde durchbrechen/ so überwallen sie in einem Stig ihre Dämm vnd Vorwerck/ biß sie sich auff das flache Land mit vnvermeydlichem Fürbruch außschütten.[879]

Der im Inneren eingeschlossene Schmerz muss, so Schallerer, durch »nothwendigen Außguß« verringert und das beladene Herz »vermittelst der Zungen vnd Rede« erleichtert werden.[880] So konnte auch Hiob nicht länger seinen Schmerz verbergen: ›Post haec aperuit Job os suum‹ (Hiob 3,1).[881] Niemand könne von heftigen »Gemüths=Schmertzen angefüllet« und dermassen »gequälet« still verharren, wie Schallerer mit dem römischen Dichter und stoischen Philosophen Seneca belegt.[882] »Nemo potest valde dolere et diu«[883] sagt dieser in seinen *Epistulae morales ad Lucilium*.[884] Ein von heftiger Trübsal bedrängtes Gemüt könne sich dieser »gespannten Hefftigkeit« nicht lange widersetzen.[885] »Hoc itaque solatium vasti Doloris est, quod necesse est, desinas illum sentire, si nimis senseris« führt der Jesuit erneut mit Senaca aus: der »Schmertzens Schwall« muss sich »wenigst durch den Mund ein Außang« suchen.[886]

Hiob klagt, seine Klage wandelt sich gar zur Anklage. Es sind Gottes Ungerechtigkeit (vgl. Hiob 21,7: ›Warumb leben denn die Gottlosen/ werden alt vnd nemen zu mit gütern‹), seine Willkür (vgl. Hiob 9,22: ›Das ist das eine/ das ich gesagt habe/ Er bringt vmb beide den Fromen vnd Gottlosen‹) und Grausamkeit (vgl. Hiob 24,12: ›Sie machen die Leute in der stad sufftzend/vnd die Seele der erschlagenen schreiend/vnd Gott stürtzet sie nicht‹), die Hiobs Klage zur Leidenschaft, in der er sich gar den Tod herbei wünscht (Hiob 3), steigern. Das Beklagen Hiobs, mithin das Anklagen Gottes, bleibt auch und gerade in der

---

878 Ebd.
879 Wolfgang Schallerer: LP auf Maria Anna von Bayern (gest. 1665), S. 1.
880 Ebd.
881 Vgl. ebd.
882 Ebd., S. 2.
883 Ebd.
884 Lucius Annaeus Seneca: Epistulae morales ad Lucilium. Bd. 2. Hrsg. u. übers. v. Rainer Nickel. Düsseldorf 2009 (Sammlung Tusculum o. Nr.), Ep. LXXVIII, 7.
885 Wolfgang Schallerer: LP auf Maria Anna von Bayern (gest. 1665), S. 2.
886 Ebd. Vgl. Lucius Annaeus Seneca: *Epistulae morales ad Lucilium*, Ep. LXXVIII, 10.

schärfsten Beschuldigung ein Glaubensakt und eine Grundform des Gebets. Es holt das Leid Hiobs in das gegenwärtige Sein vor Gott und hat in der Verwandlung von Verzweiflung in Vertrauen eine gar befreiende Wirkung. Wo sonst Worte fehlen, findet der Kläger im Aussprechen seines Leids zurück zur Sprache.[887] In der Hinwendung zu Gott stellt der Leidende nach anfänglicher Ausweglosigkeit eine Beziehung zu Gott her und bleibt damit seinem Gott verbunden.[888] Die Anrede an Gott führt den Kläger zurück zu sich selbst,[889] mithin ein Selbst in Verbindung zu Gott. Das Gebet erscheint dann als ein abzuschreitender Weg: Von anfänglicher Ergebenheit, über das Aufbegehren und Ringen mit quälenden Gedanken, findet der zu Gott Gewandte erneut zurück zu Devotion und innerer Ruhe. Eben diesen Weg schreiten auch die lutherischen und katholischen Leichenpredigten – wenn auch in unterschiedlicher Umsetzung – entlang: Die Trauer und Ausweglosigkeit, die hinterbliebene Ehepartner, Kinder oder Eltern erfahren müssen und die Anfechtungen des Lebens werden von den Predigern nicht geleugnet. Ihnen wird sogar ein breiter Raum innerhalb der Leichenpredigt eingeräumt, wenn in der *lamentatio* die Herzwunden der Trauernden und Angefochtenen in eindrücklichen Metaphern, Emblemen oder Gedichten vor Augen gestellt werden. Doch will die Leichenpredigt Trost spenden und die Angefochtenen (zurück) in die Beziehung zu Gott zu holen. In der *consolatio* erfährt der Mensch die tröstende Nähe Gottes, die ihn befähigt das Leid neu anzunehmen.

In einem umfassenden Monolog (Kap. 29–31), der den eigentlichen Höhepunkt der Auseinandersetzung Hiobs mit seinen Freunden und sich selbst darstellt, legt Hiob seine Sicht der Dinge dar. Langsam geht er seine Lebensgeschichte durch und prüft sein innerstes Gewissen. Den Gedanken an eine Strafe Gottes kann er nicht denken, ist er doch unschuldig. Doch folgert er daraus einen Anspruch auf gute Behandlung Gottes. Indem Gott Hiobs Klagen mit Schweigen übergeht, wird das Urteil über dessen falsche Selbstschau und der daraus resultierenden Erwartung auf Lohn gesprochen. Augustin Kromayer († 1638), Pfarrer in Erfurt,[890] weist in einer Leichenpredigt des Jahres 1636 auf den rechten Weg der Selbsterkenntnis:

Denn wollen wir/ lieben Christen/ beydes in aller Hand Trübsal vnd Wiederwertigkeit dieses Lebens/ vnd denn auch hernach mitten im Tod getrost auff Gott den Herrn

---

887   Vgl. Erich Zenger: Die Botschaft des Buches Hiob. In: Durchkreuztes Leben. Besinnung auf Hiob. Hrsg. v. dems. u. Rupert Böswald. Freiburg 1976, S. 11–57, hier S. 26.

888   Vgl. Manfred Oeming: »Ihr habt nicht recht von mir geredet wie mein Knecht Hiob« (Hi 42,7). Gottes Schlußwort als Schlüssel zur Interpretation des Hiobbuchs und als kritische Anfrage an die moderne Theologie. In: Evangelische Theologie 60 (2000), S. 95–108, hier S. 114.

889   Vgl. Erich Zenger: *Botschaft* 1976, S. 26.

890   Vgl. DBA I 712,404.

hoffen/ vnd vns [...] gewiß vertrösten/ so müssen wir auch [...] täglich vnsere Wege für dem Herrn straffen [verantworten].[891]

Das sündliche und gebrechliche Leben zu erkennen, so Kromayer weiter,

können die Heuchler nicht thun/ sondern vielmehr das Wiederspiel; Denn wie sie jhre Sünde vnd Unwürdigkeit nicht recht erkennen/ also fliehen sie auch für Gott/ so weit sie nur können [...].[892]

Fromme Gläubige aber wissen um ihr unstetes Dasein und bleiben in dieser Erkenntnis ganz mit Christus, »durch den kommen sie zu Gott/ bestehen für Gott/ vnd bleiben ewig bei Gott [...]«.[893] Die christliche Innenschau also liegt gerade im Erkennen dieser Beziehung. Es ist ein unerschütterliches Gottvertrauen, ein Vertrauen auf Gott als den, der allen Schrecknissen und Bedrängnissen »zum Trotz das Ganze durchwaltet« und den Menschen seinen Lebensweg gehen lässt. Es ist das Vertrauen auf die lebenspendende und -erhaltene Nähe Gottes.[894] Diese Gewissheit ist es, die Hiob eine neue Gotteserkenntnis öffnet. Die Dialoge mit Frau und Freunden und sein langer Monolog führen ihn nicht aus der Dunkelheit der Gottesferne hinaus. Gottes Antwort aus dem Sturm besteht aus einer Flut von Gegenfragen (Hiob 38,1–40,2), die den klagenden und fragenden Hiob zum Gefragten machen. Zermalmend wie eine Mühle wird Hiob mit seiner Ohnmacht, Endlichkeit und Schwachheit konfrontiert. Auch hier wird das Rätsel des Leidens nicht gelöst. Doch wird Hiob, der von dem falschen Gedanken, der Mensch könne das Tun Gottes begreifen, ausgeht,[895] von dieser in sich selbst verschlossenen Anthropozentrik befreit und sein Blick auf die ihm zwar zugänglichen, jedoch nicht durchschaubaren Erscheinungen der Natur und Tierwelt gelenkt.[896] Die Gottesreden sind keine Antwort auf Hiobs Fragen. Der bereits weiter oben zitierte Passus des lutherischen Predigers Kromayer über die Entfernung der Heuchler von Gott soll in diesem Zusammenhang nochmals genauer betrachtet werden. Von großer Bedeutung scheint hier das Leitwort *erkennen*. Weit über den kognitiven Vorgang hinausgehend beinhaltet

---

891 Augustin Kromayer: LP auf Johann Ilgen 1637, fol C 1v/C 2r.

892 Ebd., fol. C 2r.

893 Ebd. Vgl. Joh 14; Eph 3; 1Thess 4.

894 Erich Zenger: Eigenart und Bedeutung der Weisheit Israels. In: Ders. [u.a.]: Einleitung in das Alte Testament. Siebte, durchges. u. erw. Auflage. Mit einem Grundriss der Geschichte Israels von Christian Frevel. Stuttgart 2008 (Kohlhammer-Studienbücher Theologie 1,1), S. 329–334, hier S. 330.

895 Vgl. Rolf Rendtorff: Theologie des Alten Testaments. Ein kanonischer Entwurf. Bd.1: Kanonische Grundlegung. Neukirchen-Vluyn 1999, S. 330.

896 Vgl. Ludger Schwienhorst-Schönberger: Das Buch Ijob. In: Erich Zenger: *Einleitung in das Alte Testament* 2008, S. 335–347, hier S. 347. Schwienhorst-Schönberger spricht von einer Bewegung von der Anthropozentrik über die Kosmozentrik zur Theozentrik.

der Erkenntnisbegriff eine beziehungshafte Komponente.[897] Hiob unterstreicht in 19,26f. mehrmals, dass er Gott schauen wird und seine Augen ihn sehen werden. Das ist von großer Bedeutung, da er zuvor betont ihn nicht zu spüren (23,8f.) oder seiner nicht gewahr zu werden (9,11). Erst die Vorstellung von Gott als Erlöser, die sich in Hiob 19,25–27 offenbart, ist Ausdruck einer neuen Gottesbeziehung. Hiob stellt die Macht Gottes nicht in Frage, sondern sie wird Teil der vertrauenden Beziehung zwischen dem zu Hilfe rufenden Menschen und dem erhörenden, mächtigen Erlöser. Am Ende des Buches schaut Hiob den Herrn (42,5) und er bekennt: ›Jch erkenne/ das du alles vermagst‹ (42,2). Es ist die Erkenntnis Gottes, in der der Mensch sich selbst erkennt und den rechten Weg findet. Daher summiert der Lutheraner Georg Rudolphi seine Gedanken zur *tentatio* mit Verweis auf Joh 17,3 (›Das ist aber das ewige Leben/ Das sie dich/ das du alleine warer Gott bist/ vnd den du gesand hast/ Jhesum Christ/ erkennen‹): »Wer Jesum Christum recht erkennt/ hat all seine Zeit wol angewendt«.[898]

D.   Der Tod und der Tote

1.   Der Tod als der Sünde Sold (Röm 6,23)

Die Ausführungen der lutherischen und katholischen Leichenprediger zum Dasein des Menschen in dieser Welt zeigen anschaulich, wie nah Leben und Tod beieinander liegen. In der Rede über die Wanderschaft des Christen, der Reise durch »das finstere Todes=Thal«,[899] verbinden sich Leben und Tod dergestalt, dass das Leben des Menschen bereits bei der Geburt an den Tod verlohren ist. »Ja freylich« habe Gott den Menschen »nach seinem Bild erschaffen in Gerechtigkeit vnd Heiligkeit«, wie der lutherische Prediger Polycarp Leyser in der Exegese von Gen 1,27 und Gen 2,7 erinnert:[900] »Das war das Geistliche Leben/ vnd solte endlich in das ewige Leben versetzt werden.«[901]

> So bald aber der Mensch durch Anreizung vnd Verführung des Satans in die Sünde gerathen/ hat er das Leben verlohren/ nach dem Außspruch Gottes/ Genes. 2. Welches

---

897 Dazu und für das Folgende siehe Ilse Müllner: Erkenntnis im Gespräch. Zur Bedeutung der (verbalen) Begegnung im Ijobbuch. In: Auf den Spuren der schriftgelehrten Weisen. FS J. Marböck. Hrsg. v. Irmtraud Fischer [u. a.]. Berlin 2003 (Zeitschrift für die alttestamentliche Wissenschaft/Beihefte 331), S. 167–180, hier S. 179.

898 Georg Rudolphi: LP auf Anna Christina Loth (gest. 1668), fol. E 4v.

899 Johann Schmauß: LP auf Maria Rosina von Waldeck 1687, S. 23.

900 Polycarp Leyser: LP auf Anna Bernoul (gest. 1632), fol. A 4r.

901 Ebd.

Tags du wirst essen von dem Baum des [sic] Erkentnis gutes vnd böses/ wirst du des Todes sterben.[902]

Unter diesem Tod sei nicht allein der zeitliche und leibliche, sondern auch der geistliche und ewige Tod zu verstehen.[903] Es ist die Sünde, die den Menschen von dem Leben mit und aus Gott heraus in den Tod stürzt (vgl. Eph 2,1.4,18): Blind und zum Bösen geneigt reißen sich Herz und Verstand des Sünders von der Quelle aller Seligkeit, Gnade und Gerechtigkeit los; der sündige Mensch »ist lebendig todt«.[904] Wo aber das geistliche Leben verloren ist, so Leyser weiter, habe der »zeitliche Tod Macht vber den Menschen«:[905] Der Mensch fällt also von einem »Todt in den andern«.[906]

Wenn Paulus in Röm 5,12 sagt, dass durch einen Menschen die Sünde und durch die Sünde der Tod in die Welt und über den Menschen kam, dann wird deutlich, wie die Sünde von dem Menschen Besitz ergreift. Nicht mehr Gott ist in ihm, sondern die Macht der Sünde, die sich gerade in den menschlichen Erfahrungen von Leid, Verlust, Krankheit, Gottesferne und letztlich dem Tod selbst manifestiert. Der Leipziger Superintendent Leyser bringt dies an anderer Stelle prägnant zum Ausdruck: »Wir sind alle so blind/ daß wir den Teufel vnd Todt in Rachen lauffen/ vnd vns selbst ins Verderben stürtzen.«[907]

Dass allen Menschen nach dem »Sündenfall gesetzet ist/ einmal zu sterben«[908] (Hebr 9,27) ist in vielen Leichenpredigten überkonfessionell ein Grundgedanke theologischer Ausführungen zu Tod und Sterben, begründet sich doch darin die Notwendigkeit einer – freilich konfessionell geprägten – tröstenden, zur rechten *ars moriendi* anleitenden Predigt, worauf später einzugehen sein wird.[909] Der Bamberger Jesuit Philipp Kisel drückt diesen Gedanken mit Gen 3,19 aus und sagt, der Tod sei

dje vnvermeidentliche Straff/ welche der allergerechteste Gott wider Adam vnd dessen gantze posterität/ da er im Paradeyß von seinem Eheweib der Eva/ vnd der listig=betrüglichen Schlangen betrogen/ sich in die Sünd stürtzte/ auß seinem Göttlichen Mund ergehen lassen [...].[910]

Diese »erschröckliche« Strafe, die Gott schon in Gen 2,17 androhte, habe dann auch Paulus mit seinen Worten an die Hebräer dem »gantzen Welt=Kreiß [...] außgeblasen vnd verkündiget«: ›Statutum est hominibus semel mori; post hoc

---

902 Ebd.
903 Vgl. ebd.
904 Ebd., fol. A 4v.
905 Ebd., fol. A 4r.
906 Ebd.
907 Polycarp Leyser: LP auf Peter Kuch 1633, fol. E 2v.
908 Ebd., fol. E 2r.
909 Vgl. Kap. III.B.2.7.
910 Philipp Kisel: LP auf Philipp Valentin Voit von Rieneck 1672, fol. A 2r.

autem judicium«.[911] Nicht allein in der Heiligen Schrift, sondern auch in der »experientz vnd Erfahrnuß« werde dieser »vnhintertreibliche Schluß« offenbar.[912] Es sei nichts unumstößlicher, als dass alle Menschen der Macht und Gewalt des Todes unterworfen seien.[913] Die am 29. Oktober 1691 gehaltene Leichenpredigt des Katholiken Anton Ginther nutzt die Metaphorik des Nebels der trüben Herbstzeit, um die Allgemeinheit des Todes vor Augen zu stellen. Was sei das Leben schon anderes als ein flüchtiger Nebel, fragt der Prediger zu Beginn seiner Ausführungen.[914] Der Prediger verweist auf die Worte des Jakobus: ›vapor est ad modicum parens‹ (Jak 4,14). Das Leben ist ein Dampf oder Nebel, der nicht ewig währt.[915] Ginther erkennt in dem Nebel den Tod als Strafe im Sinne von Hebr 9,27 und verbindet diesen Gedanken mit dem biblischen Bild des Körpers als Lehmhütte (vgl. etwa Gen 2,7; Hiob 4,19 oder 1 Kor 5,1):

> Dise grosse und allerschwäriste Schuld der Natur komt nimmer=mehr von unserm auß Laim [Lehm] gemachten Hauß/ verstehe/ von dem sterblichen Cörpel/ hinweg/ biß gleichwol ein jeder/ nach dem Göttlichen Willen und Anordnung/ solche entrichtet: Statutum est hominibus semel mori, et post hoc judicium.[916]

Der Tod lauert demnach so lange vor der irdischen Hütte, bis der Mensch mit dem Sterben seine Schuld an die Natur bezahlt. Dass diese Schuld ein jeder Mensch auf Erden bezahlen müsse, macht Ginther mit dem Motiv des *Ubi-sunt* deutlich. In der Bibel zunächst auf die Endlichkeit menschlicher Weisheit angewendet (vgl. etwa Jes 33,18 oder 1 Kor 1,20), wird der Topos in Leichenpredigten überkonfessionell verwendet, um an die unabänderliche Vergänglichkeit des Menschen zu erinnern.[917] Was ist noch zu sehen von den vielen »Römische[n] Statthalter[n] Christi Jesu auf Erden«, von den »großmächtisten Kaysern« und »durchleuchtigsten Monarchen« fragt der Prediger.[918] »Nichts: Vapor ad modicum parens« lautet die Antwort.[919] Mit Baruch fragt Ginther ›Ubi sunt Principes gentium‹ (Bar 3,16) und antwortet sogleich: ›Exterminati sunt et ad inferos descenderunt et alii loco eorum exsurrexerunt‹ (Bar 3,19).[920]

---

911 Ebd.
912 Ebd., fol. A 2r/v.
913 Ebd., fol. A 2v.
914 Vgl. Anton Ginther: LP auf Maria Elisabeth Theresia von Neuhaus (gest. 1691), S. 1.
915 Vgl. ebd.
916 Ebd., S. 2.
917 Vgl. dazu etwa Pamela Kalning: Ubi-sunt-Topik im ›Ritterspiegel‹ des Johannes Rothe zwischen lateinischen Quellen und literarischer Gestaltung. In: Dichtung und Didaxe. Lehrhaftes Sprechen in der deutschen Literatur des Mittelalters. Hrsg. v. Henrike Lähnemann u. Sandra Linden. Berlin 2009, S. 427–438, hier S. 432. Ferdinand van Ingen: *Vanitas* 1966, S. 73, passim.
918 Anton Ginther: LP auf Maria Elisabeth Theresia von Neuhaus (gest. 1691), S. 2.
919 Ebd.
920 Ebd.

Wo seind alle Ritter und Edle/ Vornehme/ und Gemeine/ Reiche und Arme/ in Summa alle Menschen von Anbegin der Welt bis auf gegenwärtige Zeit gerechnet? Was ist von so vilen Millionen der Creaturen noch dermahlen zu erhalten? Nichts: Vapor ad modicum parens.[921]

Auch der Prediger des Barnabitenordens Florentius Schilling geht in seiner Leichenpredigtsammlung *Catholisch Todten=Gerüst* auf den mächtigen, mit Sichel, Sense und Pfeil bewaffneten Tod ein.[922] »Mit diesen Jnstrumenten und Waffen« erreiche der Tod »alle/ und verschonet keine[n].«[923]

Will er [der Tod] Herculem und Plinium verzehren/ gebraucht er das Feuer. Will er Pharaonem und seine Kriegs=Heer erträncken/ nimmt er das Wasser. Gelustet ihn Core, Dathan und Abiron zuverschlücken/ eröffnet der die Erden [...]. Geliebt ihn Socratem und Augustum zu tödten/ gibt er ihnen den Gifft. Unterstehet er sich den Demopolum und Licinam zuverwerffen/ nimmt er die Stein. Mag er Abner und Julium Caesarem erstechen/ zuckt er den Dolch und Degen.[924]

Durch die Waffen des Todes hätten alle »biß auf den heutigen« Tag gelebten Päpste und Kaiser, Philosophen und Rhetoren, Poeten, Musiker und Künstler, Juristen, Historiker und Wissenschaftler »die Schuld der Natur« bezahlen müssen.[925] Ähnlich weist der Lutheraner Heinrich Wiedeburg auf die »Exempel vnnd die Erfahrung«, die klar bezeugen, dass das Leben ein Ende haben muss und belegt dies mit zahlreichen Bibelstellen, die besonders von einem unverhofften und plötzlichen Tod berichten, etwa von Nabal (vgl. 1Sam 25,37f.), Abner (vgl. 2Sam 3,27) oder den Kindern Hiobs (vgl. Hiob 1,18f.).[926] Den Topos des *Ubi-sunt* auf Hebr 13,14 beziehend, sagt der lutherische Prediger Caspar Heunisch, dass eine Stadt, »welche nimmermehr aufhöret oder vergehet/ sondern ewig bleibet und währet«,[927] die durch kein Feuer, Wasser, Erbeben oder Feind zerstört werden könne, in dieser Welt nicht zu finden sei.[928] Heunisch weist auf die »grosse Stadt Babel«, auf Ninive und Jerusalem – sie alle »sind vielfältig eingenommen/ verheeret« und »zerstöret« worden.[929] Die Heilige Schrift berichte von einstürzenden Häusern (vgl. Hiob 1,19), der vertilgenden Kraft der Sintflut (vgl. Gen 7) oder alles verzehrenden Feuersbrünsten (vgl. 2Petr 3,7) und belege eindrücklich das Vergehen der Welt (vgl. 1Joh 2,17; 1Kor 7,31).[930] Der

---

921 Ebd., S. 2f.
922 Vgl. Florentins Schilling: *Todten=Gerüst* 1676, S. 41.
923 Ebd.
924 Ebd.
925 Ebd., S. 42.
926 Heinrich Wiedeburg: LP auf Margareta Heil (gest. 1630), fol. B 3v/4r.
927 Caspar Heunisch: LP auf Valentin Daniel Körnacher (gest. 1683), S. 10.
928 Vgl. ebd.
929 Ebd.
930 Vgl. ebd., S. 10f.

lutherische Prediger nimmt schließlich die unumstößliche Endlichkeit des
Menschen in den Blick:

> Es wohne einer auch in dieser grossen Welt=Stadt wo er wolle/ und so lang er wolle/
> solls auch hundert und mehr Jahr seyn/ so wird er doch die alte Herberg einmal
> quittiren müssen. […] Alles Fleisch verschleist wie ein Kleid/ denn es ist der alte Bund/
> du must sterben/ im 14. Cap. Sirachs. Darum hie keine bleibende Statt![931]

»Quis est homo, qui vivet, et non videbit mortem«, fragt der Franziskaner
Melchior Breitter mit Ps 88,49 (Vulg.).[932] Seine Leichenpredigt, die Hebr 9,27 als
Thema schon auf dem Titelblatt nennt, lehrt mit Bezug auf Hebr 13,14, dass das
Grab gewiss die letzte Wohnung des Menschen sein müsse (vgl. Hiob 30,23).[933]
»Die erste vrsach« also, »warumb […] alle sterben müssen/ ist/ daß Gott der
Herr in seinen Worten warhafftig bleib«:[934] Die Strafe des Todes, die Gott in Gen
2,17 den ersten Eltern androhte, wurde mit der Übertretung des Gebotes real
und blieb als festes Urteil in der Welt bestehen. Viele Prediger weisen daher auf
die Todesverfallenheit des Menschen nach Hebr 9,27; Röm 5,12 (›Derhalben/ wie
durch einen menschen die Sünde ist komen in die Welt/ vnd der Tod durch die
sünde/ vnd ist also der Tod zu allen Menschen durch gedrungen/ die weil sie alle
gesündiget haben‹) sowie Röm 6,23 (›Denn der Tod ist der Sünden sold‹). Es
»muß gestorben seyn« resümiert etwa der Lutheraner Michael Hetzenrath[935] und
ähnlich formuliert der Benediktiner Roman Müller, dass alles, was geboren wird
auch sterben müsse.[936]

Der lutherische Prediger Zacharias Herrmann beginnt seine Leichenpredigt
mit der Todesverfallenheit des Menschen: »Sterben/ ist eine gantz gemeine
Sache«, mahnt der Lissaer Prediger mit Verweis auf einen *locus classicus* der
Theologie des Todes Röm 5,12.[937] »Kein Geschlechte/ kein Volck/ kein Stand/
kein Alter ist davon befreyet« und »auch das Edelste/ das Beste/ das Schönste
und Lieblichste« sei nicht vom Tod verschont.[938] Die gleichmacherische Tätigkeit
des Todes, die Herrmann in der Wiederholung der gleichen rhetorischen Konstruktion abbildet, erinnert an spätmittelalterliche und frühneuzeitliche Totentanzdarstellungen:[939] In einer Folge von durch Verse erläuterten Einzelbil-

---

931 Ebd., S. 11. Vgl. Sir 14,18.
932 Melchior Breitter: LP auf Anna Neusesser 1608, S. 14.
933 Vgl. ebd.
934 Ebd., S. 18.
935 Michael Hetzenraht: LP auf Christine Wilhelmi 1623, S. 12.
936 Vgl. Roman Müller: LP auf Johann von Platz 1666, S. 1.
937 Zacharias Herrmann: LP auf Anna Maria Dominik (gest. 1686), S. 3.
938 Ebd.
939 Zum Totentanz siehe etwa Tanz der Toten – Todestanz. Der monumentale Totentanz im
     deutschsprachigen Raum. Hrsg. vom Zentralinstitut und Museum für Sepulkralkultur.
     Dettelbach 1998; Hellmut Rosenfeld: Der mittelalterliche Totentanz. Entstehung – Ent-
     wicklung – Bedeutung. Münster [u. a.] 1954 (Archiv für Kulturgeschichte/Beihefte 3).

dern erscheinen nacheinander die vom Tod zum Tanz gezwungenen Menschen unterschiedlicher Stände. Das Grundmotiv dieser Werkgattung betont die Gleichheit aller vor dem Tod, die gängige Bildformulare für eine Ständehierarchie, etwa Ober- oder Unterordnung, Überhöhung oder Erniedrigung, außer Kraft setzt.[940] Die nebengeordnete Reihung und stete Wiederholung des tanzenden Paares vergegenwärtigt die Gewissheit des Todes:»So wol der Keyser/ als der allerärmste Beteler/ so wol der Bapst/ als das allerärmste Dorffpfäfflein« müsse dem Tod gehorchen, erkennt der Katholik Melchior Breitter.[941] Auch die lutherische Leichenpredigt Johann Leonhard Ritters greift das Motiv des Totentanzes auf und schließt die Gedanken zu den alles vernichtenden Waffen des Todes mit den Worten ab:»Wir müssen wol all an des Todtes reig/ Doch sind die fall nicht einerley«.[942]

Der Tod, so die Prediger beider Konfessionen, ist eine Strafe »auß Gottes vnfehlbaren Wort«.[943] Dass jeder Mensch auf Erden sterben müsse, ist mit dem »Göttlichen Rath« beschlossen.[944] Das Urteil des Todes, so formuliert es Georg Pistorius, sei mit »außdrucklichen Worten außgesprochen worden«:[945] ›Pulvis es et in pulverem reverteris‹ (Gen 3,19) sagte Gott zu Adam »vnd durch den Adam zu allen Menschen«.[946] Der Königsberger Pfarrer Johann Quandt bemerkt, dass Gott den Menschen schuf, »daß er nicht hätte sterben dörffen/ sondern ewiglich leben können; so/ daß Seel und Leib beständig bey einander hätten bleiben mögen.«[947]

Allein/ da der erste Mensch sich verleiten ließ und in die Sünde fiel/ ward diese Einrichtung geändert/ und ist das unauflößliche Band der Seelen und des Leibes zertrennlich/ mit einem Wort/ der Mensch sterblich geworden.[948]

Was Quandt hier im Anschluss an Weish 2,23 f. (›Denn Gott hat den Menschen geschaffen/ zum ewigen Leben/ vnd hat jn gemacht zum Bilde/ das er gleich sein sol/ wie er ist. Aber durchs Teufels neid/ ist der Tod in die Welt kommen‹) und Röm 5,12 ausführt, wird von vielen Predigern in ihre Theologie des Todes ein-

---

940 Eine Hierarchie ist allein in der Reihenfolge des Auftritts zu erkennen, zuerst der Papst zum Schluss der Bürger, die Jungfrau, das Kind.

941 Melchior Breitter: LP auf Anna Neusesser 1608, S. 14.

942 Johann Leonhard Ritter: LP auf Anna Dorothea Stäntzkhi 1630, fol. B 4v. Ritter paraphrasiert hier einen Vers der sechsten Eloge des spätantiken Dichters Maximian: »Omnibus est eadem leti via, non tamen unus est vitae cunctis exitiique modus.« Vgl. dazu Wolfgang Christian Schneider: Die elegischen Verse von Maximian. Eine letzte Widerrede gegen die neue christliche Zeit. Stuttgart 2003 (Palingenesia 79), S. 193.

943 Roman Müller: LP auf Johann von Platz 1666, S. 1.

944 Gerog Pistorius: *Klaghauß* 1663, S. 167.

945 Ebd.

946 Ebd.

947 Johann Quandt: LP auf Reinhold Heinrich von Kohlen 1698, S. 8.

948 Ebd.

bezogen. Niemand kann sich dem Gesetz aus Hebr 9,27 entziehen. Schon die Geburt unterzeichne dieses göttliche Statut, wie der katholische Prediger Roman Müller ausführt. Der Benediktiner bezeichnet das Leben als »Schuld=Buch«, welches aus so vielen Blättern bestehe, wie das Leben des Menschen lang ist.[949] Auf dem Titelblatt prangen mottoartig die Worte Tertullians: »Publica totius generis humani sententia mortem naturae debitum pronuntiamus. Hoc stipulata Dei vox est. Hoc spondet omne, quod nascitur«.[950] Gleich mit dem Leben nehme das »Schuld=Buch« seinen Anfang und ende mit dem Tod als letzter Strafe.[951] Der Tod sei ein »allgemeines statutum, decret, vnnd Gesatz [...] darnach sich die gantze Welt regulieren, dirigieren, vnd richten muß«, mahnt Melchior Breitter in seiner katholischen Leichenpredigt.[952] Narcissus Rauner, der 1689 den *Abdanckungs Sermon* auf Adolf Zobel hält, vergleicht das weltliche Gesetz von Geburt und Tod mit einem »Theatro oder Schau=Platz«,[953]

> auf welchen/ unter den agirenden und spilenden Personen/ einer auf= der ander abtritt; einer sich praesentirt/ der ander verbirget; einer sich hervor thut/ der ander verlieret.[954]

Auf der Schaubühne der Welt offenbare sich, wie nichtig und flüchtig das menschliche Leben ist: Kein Stillstand, sondern stete Bewegung bestimme das Spiel des Lebens, dessen Sinn erst dann richtig verstanden werden kann, wenn der Tod mitgedacht wird. Das Kommen und Gehen des Menschen, wie es der Sermon Rauners beschreibt, stellt den Menschen in die Verantwortung, die der Römerbrief mit den Worten ›Der Tod ist der Sünden sold‹ (Röm 6,23) formuliert. Weil das erste Menschenpaar in Sünde fiel, zerbrach die Harmonie mit Gott, ihr Ungehorsam machte sie sterblich. Mit der Vertreibung aus dem Paradies und der Ausgrenzung von der »bestendige[n] Gesundheit«,[955] die der Baum des Lebens im Paradies gestiftet hätte, war das göttliche Urteil der Sterblichkeit und Entfremdung gefällt. Umgeben und bedroht von der Macht des Todes, muss der Mensch nun durch die Unbeständigkeit des Lebens pilgern (vgl. Hebr 13,14).

---

949 Roman Müller: LP auf Johann von Platz 1666, S. 1.
950 Ebd. Vgl. Quintus Septimius Florens Tertullianus: De Anima. Hrsg. v. Jan Hendrik Waszink. Leiden 2010 (Vigiliae Christianae 100), S. 67, 50, 2.
951 Roman Müller: LP auf Johann von Platz 1666, S. 1.
952 Melchior Breitter: LP auf Anna Neusesser 1608, S. 14.
953 Narcissus Rauner: Abdanckungs Sermon. In: Johann Baptist Renz: LP auf Adolf Zobel (gest. 1689), S. 34–41, hier S. 34.
954 Ebd.
955 Modestinus Wedmann: LP auf Anna von der Sachsen (gest. 1607), fol. B 2r.

2. Die Sinnbilder der Todesverfallenheit des Menschen

2.1. ›Ejn Mensch ist in seinem Leben wie Gras‹ (Ps 103,15)

Die Prediger beider Konfessionen zeigen in den erfahrbaren Phänomenen des Lebens und besonders auch der Natur eine biblische Signatur auf, in der die Natur zum Erfahrungsraum des Glaubens wird. Besser noch formuliert es die katholische Leichenpredigt von Marcellian Dalhover: »Schatten/ Traum/ Aschen entwirffet den Menschen nutzlicher/ als alle Wissenschafft deß grossen Philosophi.«[956] Wenn die Leichenprediger das Buch der Bibel auf das »Buch der Natur«[957] hin lesen, verbinden sie nicht allein die Heilige Schrift mit den Predigtworten und der den Menschen umgebenden Natur, sondern spiegeln auch die schönen oder leidvollen Impressionen des Lebens: Der ganze Mensch und sein Leben in dieser Welt werden mit allen Sinnen wahrnehmbar zum Inhalt der Leichenpredigt.

Der lutherische Prediger Johann Leonhard Ritter hebt in seiner Leichenpredigt auf die im Säuglingsalter verstorbene Anna Dorothea Stäntzkhi hervor, dass »njemand vnter der Sonnen«, sei er auch noch »so weiß vnd verständig/ so gelehrt vnd geschickt«, den Menschen besser beschreiben könne als der, der ihn »erschaffen vnd gemacht hat«:[958] Gott »weiß am besten/ was in dem Menschen ist« (vgl. Joh 2,25).[959] Wenn sich Gott durch »hymel und erden sampt allen creaturen« dem Menschen »gantz und gar« zuwendet, wie es schon Luther formulierte,[960] dann wird die gesamte Schöpfung zur sichtbaren und hörbaren Anrede an den Menschen.[961] Für Ritter kann es daher auch nur Gott selbst sein, der das Wesen des Menschen in den Schöpfungswerken aufzeigen kann:

> Darumb kan er auch am besten vnser Leben beschreiben/ welches er dann auch thut im abgelesenen Sprüchlein/ vnd stellet vns dasselbe für in einem schönen Gemählt/ lustigen Bild vnnd artigen Gleichnuß vnd spricht: Der Mensch ist in seinem Leben wie Graß/ er blühet wie ein Blume auff dem Felde.[962]

---

956 Marcellian Dalhover: LP auf Judas Thaddaeus Mayr 1698, S. 2.
957 Zum Topos »Buch der Natur« siehe etwa Hans Blumenberg: Die Lesbarkeit der Welt. Frankfurt am Main 1981; Jürgen Hübner: Ist das Buch der Natur eine Zeitschrift? Assoziationen zu einer Methapher. In: Metapher und Wirklichkeit. Die Logik der Bildhaftigkeit im Reden von Gott, Mensch und Natur. Dietrich Ritschl zum 70. Geburtstag. Hrsg. v. Reinhold Bernhardt u. Ulrike Link-Wieczorek. Göttingen 1999, S. 298–310.
958 Johann Leonhard Ritter: LP auf Anna Dorothea Stäntzkhi 1630, fol. A 4v.
959 Ebd.
960 WA 26,505,38–40 (Vom Abendmahl Christi 1528).
961 Vgl. dazu Oswald Bayer: Schöpfung als Anrede. Zu einer Hermeneutik der Schöpfung. Zweite, erw. Aufl. Tübingen 1990.
962 Johann Leonhard Ritter: LP auf Anna Dorothea Stäntzkhi 1630, fol. A 4v.

Der Leichtext Ritters, Ps 103,15 f., rede jedoch nicht von dem Menschen, wie er anfänglich von Gott geschaffen wurde, sondern beziehe sich auf »Jammer vnd Elend/ darein der Mensch nach dem Sündenfall gerathen«.[963] Da dieses Gleichnis, so Ritter weiter, in der Heiligen Schrift oft gebraucht wird (vgl. Ps 90,5; Jes 40,6 f.; Jak 1,10; 1 Petr 1,24; Sir 14,19), besteht »kein zweiffel/ es muß nichts geringes vnd schlechtes/ sondern etwas wichtigs vnd sonderlichs zu bedeuten haben.«[964] Der lutherische Prediger nennt sechs Gründe dafür, weshalb die Blumen mit dem Menschen verglichen werden. Zunächst seien sowohl »das Gras vnnd die Blumen« als auch der Mensch von Gott erschaffen, was der Prediger mit dem Schöpfungsbericht belegt. Als zweiten Grund nennt Ritter die Fortpflanzung: Gott habe Gras und Blumen erschaffen, »daß es sich forthin jmmer selbst besammen sol/ ein jegliches nach seiner arth/ wie Gen. 1. v. 11. stehet«.[965] Ebenso habe Gott in Gen 1,28 angeordnet, dass der Mensch von seinen Eltern gezeugt und geboren werde.[966] Die Blumen seien drittens von Gott »auffs zierlichst/ anmutigst/ lieblichst vnnd herzlichst gezieret vnd angestrichen«[967] und ebenso sei der erste Mensch mit »edlen vnnd herrlichen Gaben« zu Gottes Ebenbild erschaffen gewesen.[968] Auch wenn die Sünde das Ebenbild »jämmerlich« verdarb, kann der Mensch durch das »Rosinfarben[e] thewr[e] Blut« Jesu Christi und der Kraft des Heiligen Geistes im wahren Glauben wachsen und die »Früchte des Geistes« tragen (vgl. Gal 5,22).[969] Viertens haben die Menschen ebenso wie die Blumen »vnterschiedliche Farben«.[970] Einige wachsen in die Höhe, haben mehr »Gaben« und »bessere Qualiteten«, andere sind arm oder »vnedel«.[971] Weiter könne der Mensch mit den Blumen verglichen werden in der Eitelkeit und Unbeständigkeit ihres Daseins.[972] Die sechste Gemeinsamkeit erkennt Ritter in dem Frühlingserwachen der Natur. Ebenso wie die Blumen wird der Mensch auferstehen: »Jhr werdets sehen/ vnd ewer Hertz wird sich frewen/ vnd ewer Gebeine sollen grünen wie Graß.«[973] Die im Mai des Jahres 1630 gehaltene Leichenpredigt Ritters nutzt das frühlingshafte Erwachen und Wachsen der Natur und inszeniert Gräser, Kräuter und Blumen als »stumme Praeceptores vnd Lehrmaister«.[974]

---

963 Ebd.
964 Ebd., fol. B 1r.
965 Ebd., fol. B 1v.
966 Vgl. ebd.
967 Ebd., fol. B 2r.
968 Ebd., fol. B 2v.
969 Ebd., fol. B 2v/3r.
970 Ebd., fol. B 3r.
971 Ebd., fol. B 3r/v.
972 Vgl. ebd., fol. B 3v.
973 Ebd., fol. D 1r.
974 Ebd., fol. A 3r.

Also sollen wir die Blümlein anschauen/ vnnd vns zur Erkendtnuß Gottes dienen lassen/ darbey solls aber nicht verbleiben/ sondern noch eine feine vnd schöne nutzliche Erinnerung geben vns die Blümlein auch in diesem/ daß sie vns zu vnser selbst aignen Erkendtnuß bringen/ sintemal sie vns für die Augen stellen die Eytelkeit/ nichtigkeit vnd vnbestendigkeit vnsers gegenwertigen müheseligen zeitlichen Lebens [...].[975]

Wie Pflanzen durch manch kräftigen Wind (vgl. Ps 103,15f.), starken Regen, Mehltau und andere Krankheiten eingehen oder von Menschen abgerissen und mit Füssen getreten werden, sei auch der Mensch unbeständig, hinfällig und schwach.[976]

»O grausamer und unbarmhertziger Tod«, klagt der katholische Theologe Anton Ginther, »solst dann/ O un=menschlicher Tyrann! auch der schönsten und unschuldigsten Blümlein nicht verschonen?«[977] Doch der Tod verschont keinen: Nicht die »Sonnen=wend der Römischen Päbsten« und »Königs=Cron der Monarchen«, noch die »Rosen der Cardinalen« und »Tullipanen der Bischoffen«.[978] Auch verschont er nicht den »Ritter=Sporn deß hohen Adels« und den »Ehren=Preis der Ehrwürdigen Prieserschafft«, noch die »Lilien der rainen Jungfrauen«.[979] Und er verschont nicht das »Vergiß mein nit der Armen und Betrangten«.[980] Dem Tod sei alles Fleisch wie Heu, schließt der Prediger mit Jes 40,6: ›omnis caro faenum et omnis gloria eius quasi flos agri‹.[981]

Es ist besonders die Rose, die von den Predigern als Sinnbild des Menschen genutzt wird.[982] Georg Pistorius etwa nutzt »bey einer Jungfrawen Begräbnuß« das Bild einer schönen Rose, um mit Hiob 14,2 (›quasi flos egreditur et conteritur‹) das Aufblühen und Verwelken der menschlichen Natur sichtbar zu machen.[983] Zunächst verbindet der Prediger mit dem Kirchenvater Ambrosius den Sündenfall der ersten Menschen mit der zwar herrlich blühenden, aber mit Dornen umgebenen Rose. Erst der Sündenfall brachte der zarten Blume die stechenden Dornen:[984] »Surrexerat ante floribus immixta terrenis sine spinis

---

975 Ebd., fol. A 3v/4r.
976 Vgl. ebd., fol. B 3v/4r.
977 Anton Ginther: LP auf Maria Elisabeth Theresia von Neuhaus (gest. 1691), S. 3.
978 Ebd.
979 Ebd.
980 Ebd.
981 Vgl. ebd.
982 Es kann hier nicht auf alle Aspekte des Symbols der Rose eingegangen werden. Einen Überblick verschaffen etwa Margot Schmidt/Silke Egbers: Art. Rose. In: Marienlexikon 5 (1993), S. 548–552.
983 Georg Pistorius: *Klaghauß* 1663, S. 21.
984 Vgl. ebd., S. 22.

rosa et pulcerrimus flos sine ulla fraude uernabat, postea spina saepsit gratiam floris [...].«[985]

Im Horizont von Gen 3,18 (›Dorn vnd Disteln sol er dir tragen/ vnd solt das Kraut auff dem felde essen‹) ist die Rose das überkonfessionell genutzte Sinnbild für den Menschen nach dem Fall. Ehre, Würde und Reichtum des Lebens sind ebenso vergänglich und nichtig, wie der menschliche Körper selbst. Dass dieser Vergleich auch über die Gattungsgrenze der Leichenpredigt hinaus weit Verbreitung fand, zeigt etwa der Blick in die von Andreas Gryphius, einem der bedeutendsten Lyriker und Dramatiker des Barock, verfassten Märtyrertragödie *Catharina von Georgien*.[986] Im ersten Kapitel heisst es:

> O Blumen welchen wir in Warheit zu vergleichen!
> Die schleust den Knopff kaum auff/ die steht in voller Pracht
> Beperl't mit frischem Taw. Die wirfft die welcke Tracht
> Der bleichen Blätter weg. Die edlen Rosen leben
> So kurtze Zeit/ vnd sind mit Dornen doch vmbgeben.
> Alsbald die Sonn' entsteht/ schmückt sie der Gärte Zelt;
> Vnd wird in nichts verkehrt so bald die Sonne felt.
> So küssen wir den Tag benetzt mit eignen Thränen.
> Vnd schwinden/ wenn wir vns erst recht zu leben sehnen.
> Schau wie die Röth' erblast/ so fahren wir davon
> So fleucht die Lust der Welt/ so bricht der güldne Thron.
> Nichts bleibt vns in der Faust als die nichts werthen Aeste/
> Die Stachel/ dises Creutz/ die Angst/ die Seelen Peste/
> Die kummervolle Sorg' vnd überhäufftes Leid/
> Vnd das Gedächtnüß nur verschwundner Libligkeit.
> So/ wie die Rose ligt/ must auch mein Zepter brechen/
> Die Dornen fühl ich noch die vnauffhörlich stechen.[987]

Verwendung in unterschiedlichsten Deutungen fand das Bild der Rose auch in Trauergedichten. Ein Epicedium auf die 1658 verstorbene Veronika Sommer etwa greift das Bild der stechenden Dornen der Rose auf und verbindet die vorangegangene Auslegung des Leichtextes Ps 4,8 f. (›Du erfrewest mein hertz/ Ob jene gleich viel Wein vnd Korn haben. Jch lige vnd schlaffe gantz mit frieden/

---

985 Ambrosius von Mailand: *Exaemeron* 3, cap. 11, 48, Z. 3–5.
986 Für eine ausführliche Erörterung der Funktion des Bildes bei Gryphius siehe Gerhard Fricke: Die Bildlichkeit in der Dichtung des Andreas Gryphius. Materialien und Studien zum Formproblem des deutschen Literaturbarock. Unveränd. reprograf. Nachdr. d. Ausg. Berlin 1933. Darmstadt 1967 (Arbeiten zur Geistesgeschichte der germanischen und römischen Völker 17), S. 220–223 und Dietrich Walter Jöns: Das »Sinnen-Bild«. Studien zur allegorischen Bildlichkeit bei Andreas Gryphius. Stuttgart 1966 (Germanistische Abhandlungen 13), S. 109–131.
987 Andreas Gryphius: Catharina von Georgien. Oder Bewehrete Beständigkeit. TrauerSpiel. In: Ders.: Freuden vnd Trauer=Spiele auch Oden vnd Sonette sampt Herr Peter Squentz Schimpff=Spiel. Breslau 1658, hier S. 10 f.

Denn allein du Herr hilffst mir/ das ich sicher wone‹) im Horizont des Gegensatzes von Leid und Trost, von irdischem Hier und himmlischem Dort in einer *inventio a nomine* mit der im Sommer reich blühenden Rose:

> Kämpffer die den Preiß erhalten/
> Lassen Glück und Unglück walten/
>   sind bedacht auff ihre Pflicht;
> Ob schon offtermals vor Schmertzen/
> kein Hertz scheinet in dem Hertzen/
>   Leben sie der Zuversicht:
> Daß auff hartes Dörner=stechen
> folge lieblich Rosen=brechen.[988]

Die Rede von der Rose als Bild des Menschen, so legt es das Epicedium nahe, bewegt sich in einem ambivalenten Deutungshorizont: Einerseits wird in ihr das eitle und leidvolle irdische Dasein deutlich, andererseits aber wird in ihr auch die christliche Auferstehungshoffnung greifbar, wenn die Freuden des ewigen Lebens vor Augen gestellt werden. In dieser Ambivalenz zwischen irdisch-vergänglich und himmlisch-ewig entfaltet das Epicedium die *consolatio*.

Der Anblick einer mit den »Dörner[n] der Sterbligkeit« umgeben Rose ist, so die Leichenpredigt von Pistorius mit Röm 5,12, eine Mahnung, den Sündenfall der ersten Eltern und die daraus folgende Todesverfallenheit und elende Natur des Menschen zu bedenken.[989] Pistorius parallelisiert die Dornen der Rose also nicht allein mit der Endlichkeit des Menschen, sondern erkennt in diesen auch die »Dörner deß Ellendts«,[990] mithin die menschliche Existenz unter den Anfechtungen der Welt. Nochmals lässt er Ambrosius sprechen: »Spina saepsit gratiam floris tamquam humanae speculum praeferens uitae, quae suauitatem perfunctionis suae finitimis curarum stimulis saepe conpungat.«[991] Was der katholische Prediger mit den Kirchenlehrern Ambrosius und auch Basilius dem Großen[992] zur Sprache bringt, betrachtet dagegen der lutherische Prediger Zacharias Herrmann – ganz im Sinne des Prinzips *sola scriptura* – unter dem biblischen *locus classicus* der Rede von der dornengesäumten Rose: ›Wie eine Rose vnter den Dörnen/ So ist mein Freundin vnter den Töchtern‹ (Hld 2,2). Dieses Motiv nutzt Herrmann, um die irdische Existenz der gläubigen Seele aufzeigen: Christliche Tugenden und gute Werke bringen die Seele zum Blühen und Duften, doch ist diese christliche Rose mit vielen »Creutz=Dornen umb-

---

988 Christian Windruff: Epicedium. In: Christoph Preunel: LP auf Veronika Sommer (gest. 1658), fol. J 1r–J 2r, hier fol. J 1r.
989 Georg Pistorius: *Klaghauß* 1663, S. 22.
990 Ebd.
991 Ambrosius von Mailand: *Exaemeron* 3, cap. 11, 48, Z. 4–7.
992 Georg Pistorius: *Klaghauß* 1663, S. 22. Vgl. Basilius Caesariensis: *De Paradiso, Sermo*, hier S. 125.

geben«.[993] Dass Herrmann damit ganz im Sinne der zeitgenössischen lutherischen Auslegungstradition argumentiert, beweist etwa Johann Gerhards Predigt über Hld 2,2, in der dieser den Glaubenden als Rose oder Lilie unter den Dornen vor Augen stellt:[994]

> Wenn eine Lilien vnter den Dornen wächset/ vnd der Wind auff sie wehet/ so wird sie von den Dornen geritzet vnd verletzet: Also sind die Gleubigen ebensowol als die heiligen Apostel in dieser Welt Creutz/ Trübsal vnd Verfolgung vnterworfffen/ nach dem Ausspruch Christi Matth. 16. Wil mir jemand nachfolgen/ der verleugne sich selbst/ vnd nehme sein Creutz auff sich vnd folge mir nach.[995]

Das Dasein des Menschen in dieser Welt deutet Gerhard in der Verbindung des Motives der Lilie unter den Dornen mit dem Kreuz Christi aus Mt 16,24: Die *imitatio* Christi bringt es mit sich, dass der Glaubende das Kreuz Christi und also Trübsal und Leid auf sich nehmen muss. Eine Leichenpredigt des Superintendenten Heinrich Georg Neuss geht ebenfalls auf die *tentationes* der irdischen Existenz ein. Im Zuge seiner Auslegung von Hld 2,1 (›Jch bin ein Blumen zu Saron/ vnd ein Rose im tal‹), bezieht er die Rede von der Rose auf die christliche Seele, die »allerley Wind und Wetter unterworffen« und »mancherley Ungewitter deß Leydens« ausgesetzt sei.[996] Ergänzt wird diese Einsicht durch den Hinweis auf die Zerbrechlichkeit der Rose: Die blühende Schönheit dieser Blume währe nicht ewig, schnell verwelke und verwese sie.[997] Ebenso sei das Leben des Menschen kurz und vergänglich, wie es die tägliche »Erfahrung lehret« und die Heilige Schrift beweist, wie Neuss mit Ps 90,5f. und Ps 103,15 ausführt.[998]

Das in den Leichenpredigten der lutherischen Prediger oft verwendete Kirchenlied *Freu dich sehr, o meine Seele*[999] erfasst auch das Bild der Rose unter den Dornen. Die dritte Strophe verbindet die Pilgerschaft des Christen, wie sie das wandernde Gottesvolk in Hebr 11 vorbildet, und die vielen biblischen Bilder des Glaubenden als Fremdling in dieser Welt (etwa Ps 39,13; Eph 2,19 oder Hebr 11,13) und stellt die Existenz des Menschen in den Horizont der unruhigen und gefährlichen Lebensreise nach Hebr 13,14:

> Dann gleich wie die Rosen stehen
> Vnter Dornen spitzig gar,

---

993 Zacharias Herrmann: LP auf Rosina Keil (gest. 1687), S. 8.
994 Vgl. Johann Gerhard: Postilla Salomonaea, Das ist/ Erklärung etlicher Sprüche aus dem Hohenlied Salomonis auff die Sontägliche vnd vornembste FestEvangelia durchs gantze Jahr gerichtet [...]. Bd. 2. Jena 1631, S. 219.
995 Ebd., S. 220.
996 Heinrich Georg Neuss: LP auf Susanne Magdalena Martini (gest. 1699), S. 4.
997 Vgl. ebd., S. 5.
998 Ebd.
999 Etwa Johann Baptist Renz: LP auf Adolf Zobel (gest. 1689), S. 7; Martin Geier: LP auf Rachel von Rechenberg (gest. 1677), S. 34. Vgl. dazu den Exkurs Intermedialität.

Also auch die Christen gehen
In lauter Angst vnd gefahr.[1000]

Die Todesverfallenheit des Menschen wird von den Predigern beider Konfessionen in Bildern aus dem Naturreich sinnfällig zur Sprache gebracht. Verdorrte Blumen (vgl. Hiob 14,2; Ps 103,15), die kurze Lebensdauer des Grases wie es Ps 90,5 f. formuliert, die Rose unter den Dornen aus Hld 2,1 f. oder die Lilien der Bergpredigt (Mt 6,28) machen deutlich, wie kurz und zerbrechlich das menschliche Leben ist. ›Ejn Mensch ist in seinem Leben wie Gras/ Er blüet wie eine Blume auff dem felde. Wenn der Wind darüber gehet/ so ist sie nimer da‹ (Ps 103,15 f.): Mit diesem Wind ist der Tod angesprochen, der »Menschen Meher«, der »hinter diese liebe/ schöne/ wolriechende/ fruchtbare Blume« schleicht und sie »mit seiner Sensen auff die Seiten« legt.[1001] Kein Mensch könne dem Tod entgehen, mahnt der katholische Leichenprediger Marcellian Dalhover und verarbeitet die sprichwörtliche Einsicht,[1002] dass gegen den Tod kein Kraut gewachsen ist (vgl. Weish 16,12):

> Weder aurum Vitae, weder Tinctura auri, weder Lac perlarum, weder Elixir Vitae, weder primum Ens Cedri, weder Sulphur augureli, weder arcanum Sanguinis humani, weder primum Ens Milissiae: kein Simplex, kein Decoctum, kein Syrup […] vnd Pflaster kan auch beständig dem Todt Trutz bieten.[1003]

2.2. Die Allgegenwart des Todes

Die Sinnbilder der Natur machen die bedrohliche Nähe des Todes deutlich. Der Mensch ist schon im Leben stets vom Tod umgeben. *Mors certa, hora incerta* – die Antithese von Gewissheit und Ungewissheit, die das bekannte Sprichwort aufstellt, wird auch in den Leichenpredigten immer wieder greifbar. Dabei ist es nicht allein die Ungewissheit der Todesstunde, die von den Predigern innerhalb des *memento mori* herausgestellt wird, sondern auch das Unwissen über die Todesumstände, mithin über das Wie und Wo des Todeszeitpunktes. Der Tod bediene sich vielerlei Waffen, weiß der katholische Prediger Florentius Schilling: Sichel, Sense, Pfeil und Bogen, Feuer, Gift und Messer seien nur einige der »Jnstrumenten/ durch welche« letztlich jeder »Mensch erlegt wird«.[1004] Der Franziskaner Marcellian Dalhover beginnt seine Predigt mit der Einsicht, dass

---

1000 Vgl. Albert Fischer: Das deutsche evangelische Kirchenlied des 17. Jahrhunderts. Bd. 1. Vollendet u. hrsg. v. Wilhelm Tümpel. Reprograf. Nachdr. der Ausg. Gütersloh 1904. Hildesheim 1964, Nr. 573.
1001 Johann Hofer: LP auf Magdalena Vilitz (gest. 1645), S. 5.
1002 Vgl. Proverbia sententiaeque Latinitatis medii aevi. Bd. 1. Hrsg. v. Hans Walther. Göttingen 1963, S. 46.
1003 Marcellian Dalhover: LP auf Judas Thaddaeus Mayr 1698, S. 5.
1004 Florentius Schilling: *Todten=Gerüst* 1676, S. 41.

der Mensch nach Hebr 9,27 sterben müsse. »Sage mir: quid est homo«, fragt er die anwesende Gemeinde.[1005]

> Jch überhebe dich der Antwort/ vnd sage: der Mensch seye ein vernünfftiges Geschöpffe mortal, vnd sterblich. Homo, vnd mortalis seynd Synonima, vnnd in Latein gleicher Deutung.[1006]

Um die vom Tod umringte Existenz des Menschen zu verdeutlichen, greift Dalhover auf ein Sinnbild des niederländischen Gelehrten und Erzdiakons Antoine de Bourgogne († 1657) und dessen Emblembuch *Mvndi Lapis Lydivs* zurück:[1007] Die *pictura* zeigt einen jungen Ritter und ihm gegenüber eine junge Dame, die beide standesgemäß gut gekleidet sind. In ihren Händen halten sie einen Apfel, aus dem Staub auf den Boden herunter rieselt. Über dem Bild steht: *Vanitas Elegans forma*, darunter ist *Veritas Pulchra domus cineris* zu lesen. Die Erklärung des Emblems, auf die sich der Leichenprediger Dalhover bezieht, parallelisiert den im Bild gezeigten Apfel mit dem *Pomus Gomorrhaeus*.[1008] Den biblischen Erzählungen vom Untergang Sodom und Gomorras zufolge, ist diese sündhafte Gegend von Gott durch einen Regen aus Schwefel und Feuer zerstört worden (vgl. Gen 19,24 f.; Dtn 29,22). Der römische Historiker Tacitus berichtet in seinen *Historiae* von dieser Gegend, dass selbst das Erdreich ganz versengt sei und alle Fruchtbarkeit verloren hätte. Alles, was dort wachse, sei ungenießbar und zerfalle gar zu Asche:

> Terramque ipsam specie torridam vim frugiferam perdidisse. nam cuncta sponte edita aut manu sata, sive herba tenus aut flore seu solidam in speciem adolevere, atra et inania velut in cinerem vanescunt.[1009]

So sei auch der Apfel, der seinen Namen von eben dieser kargen Landschaft erhielt, zwar äußerlich schön und fest, enthält aber kein Fruchtfleisch, sondern nur Staub und Asche.[1010] Das Emblem von Antoine de Bourgogne erkennt in dem Apfel aus Gomorra das Sinnbild für Schönheit, Jugend und Stärke des Menschen, die nur flüchtiger Staub sind. Der scheinbar schöne Leib des Menschen ist doch letztlich ein Haus aus Asche, das durch Krankheit, Alter und schließlich den Tod zerfällt: »Pulvis es et in pulverem reverteris« (Gen 3,19).[1011]

1005 Marcellian Dalhover: LP auf Judas Thaddaeus Mayr 1698, S. 1.

1006 Ebd., S. 1 f.

1007 Vgl. Antoine de Bourgogne: Mvndi Lapis Lydivs siue Vanitas per Veritatem falso accusata et conuicta [...]. Antwerpen 1639, S. 20.

1008 Vgl. Marcellian Dalhover: LP auf Judas Thaddaeus Mayr 1698, S. 2; Antoine de Bourgogne: *Mvndi Lapis Lydivs* 1639, S. 21 f.

1009 Publius Cornelius Tacitus: Historiae Liber Qvintvs, 7. In: Ders.: Historien/Historiae. Lateinisch/Deutsch. Hrsg. v. Joseph Borst unter Mitarbeit v. Helmut Hross u. Helmut Borst. München 2002 (Sammlung Tusculum o. Nr.), S. 520.

1010 Vgl. Antoine de Bourgogne: *Mvndi Lapis Lydivs* 1639, S. 21.

1011 Ebd., S. 22.

»Sage mir«, fährt Dalhover fort, »quid est vita?«[1012] Abermals antwortet der
Franziskaner selbst: »Vnser Leben seye ein falsch=eingebildetes Lange«.[1013] Die
Heilige Schrift beweise dies, denn nach Gen 47,11 seien die Tage des Menschen
›parvi et mali‹ und auch Hiob wisse um die Kürze seines Lebens, wenn er klagt
›spiritus meus adtenuabitur dies mei breviabuntur et solum mihi superest se-
pulchrum‹ (Hiob 17,1).[1014] Schließlich fragt der Prediger ein letztes Mal »quid est
vita« und antwortet:[1015]

> Jch widerholle/ vnd sage: es seye ein vnunterbrochenes Ita. Dises Wörtel stammet her
> von dem Verbo Ito, itas, itare: vnd haist offtermahl lauffen. Als imperative, vnd Ge-
> bottsweiß/ will/ Ita, sovil sagen: als gehe/ lauffe/ lauffe/ vnd mache einem anderen
> Platze![1016]

Die Unruhe des Lebens wird von Dalhover in den Horizont der Rede über einen
ständigen Wechsel von Kommen und Gehen gestellt. So habe der Kurfürst von
Bayern, Ferdinand Maria, dem Kurfürsten Maximilian Emanuel Platz machen
müssen, Ferdinand III. hinterließ Leopold I. die Macht des römischen Kaisers
und Papst Alexander VIII. wich für Innozenz XII. vom päpstlichen Stuhl.[1017] Das
irdische Gesetz von Geburt und Tod stellt der *Abdanckungs Sermon* auf Adolf
Zobel, wie bereits weiter oben ausgeführt, in der Metapher des Theaters vor
Augen:[1018] Viele Menschen betreten die Bühne des Lebens und doch ist ihr
Auftritt irgendwann vorüber.[1019]

Um die Gleichzeitigkeit von Gewissheit des Todes und Ungewissheit der
Todesstunde auszudeuten, bedienen sich lutherische und katholische Prediger
häufig der Spannung zwischen heute und morgen. Der Regensburger Franziskaner Melchior Breitter etwa amplifiziert den Bibelvers ›brevem languorem
praecidit medicus sic et rex hodie est et cras morietur‹ (Sir 10,12):

> Also geht es dann zu/ heut Reich/ morgen ein arme Leicht: heut blüen wir wie die Rosen
> rott/ morgen seynd wir kranck vnd todt/ heut seynd wir starck/ morgen aber im Sarch/
> heut sitzen wir auff dem Thron/ morgen müssen wir auff vnd daruon. Jn Summa es geht
> wie man sagt: Alter hin/ Junger her/ heut diser/ Morgen der.[1020]

1012 Marcellian Dalhover: LP auf Judas Thaddaeus Mayr 1698, S. 2.
1013 Ebd.
1014 Vgl. ebd.
1015 Ebd., S. 3.
1016 Ebd.
1017 Vgl. ebd.
1018 Vgl. Narcissus Rauner: Abdanckungs Sermon. In: Johann Baptist Renz: LP auf Adolf
     Zobel (gest. 1689), S. 34.
1019 Vgl. ebd.
1020 Melchior Breitter: LP auf Anna Neusesser 1608, S. 13.

Die Bilder, die der Franziskaner hier vor Augen stellt, greift der lutherische
Prediger Johann Leonhard Ritter mit dem bekannten Sterbelied *Ich hab mein
Sach Gott heimgestellt* von Johannes Leon auf[1021] und zitiert die sechste Strophe:

> Heut sind wir frisch/ gesund vnd starck/
>   Morgen todt vnd ligen im Sarck.
> Heut blühen wir wie die Rößlein roth/
>   Bald Kranck vnd Todt/
> Jst allenthalben jammer vnd Noth.[1022]

Ritter nutzt dieses Lied, um seine Leichenpredigt in den abschließenden *Vsvs* zu
leiten:[1023] Im Sinne des *memento mori* aus Ps 90,12 (›Lere vns bedencken/ das wir
sterben müssen/ Auff das wir klug werden‹) solle der Mensch sich selbst erkennen. Dazu hält ihm die Heilige Schrift einen Spiegel vor Augen: Nicht allein
der Psalter (vgl. 90,5 f.; 103,14 f.), sondern auch das Hiobbuch (vgl. Hiob 14,2)
und der Prophet Jesaja (vgl. Jes 40,6 f.) vergleichen den Menschen mit der Blu-
men- und Pflanzenwelt und berichten über die *vanitas* des menschlichen Lebens.[1024]

Die Mahnung *memento mori* ist über die frühneuzeitlichen Leichenpredigten
hinaus auch elementarer Bestandteil von Trauergedichten. Sigmund von Birken
etwa greift diesen Topos auf und sendet den Angehörigen des 1671 verstorbenen
Jacob Gräßl folgende Zeilen:

> Gras! dein Name, ümgekehrt,
>   mich auch lehrt,
>   predigt mir von Sarg und Grabe.
> Ach ja! du bist heute grün,
>   morgen hin,
> an dir ich mein Fürbild habe:
>   Mich auch, denkt der Tod, der Fraß,
> mit der Sense abzuhauen.
> Gräber wir, als Schober [Heuhaufen], schauen.
> Da ligt dan das Gras im Gras.[1025]

Im Horizont der göttlichen Verkündigung im »Buch der Natur« verarbeitet
Birken in einer *inventio a nomine* die Mahnung Sirachs (›Gedenke an jn/ wie er
gestorben/ so mustu auch sterben/ Gestern wars an mir/ heute ists an dir‹, Sir

---

1021 In fast allen Gesangbüchern wird fälschlich D. Johannes Pappus als Autor dieses Liedes
     genannt. Vgl. dazu Lukas Lorbeer: *Die Sterbe- und Ewigkeitslieder* 2002, S. 322 f. mit
     Anm. 210. Siehe auch Wackernagel Bd. 4, bes. S. 520.
1022 Johann Leonhard Ritter: LP auf Anna Dorothea Stäntzkhi 1630, fol. C 2r.
1023 Vgl. ebd., fol. C 1v.
1024 Vgl. ebd., fol. C 1v/2r.
1025 Sigmund von Birken: *Auf Herrn Jacob Gräßels Absterben*, Str. 7.

38,23) bezogen auf die Grasmetaphorik der Heiligen Schrift: Heute blüht der Mensch, doch morgen schon zerfällt sein Leib in ein Häufchen verdorrtes Gras.
Als Ruhestätte der Toten sind besonders auch die Grabinschriften der Frühen Neuzeit ein Spiegel der Allgegenwart und Gewissheit des Todes. An den Vorbeikommenden gerichtete Formeln, wie *Hodie mihi, cras tibi* oder ähnlich auch *Quod tu es, ego fui; quod nunc sum, et tu eris*, erinnern an die Sterblichkeit und sind zugleich eine Mahnung zur rechten Lebensführung und Einübung in die *ars moriendi*.[1026] Die Umschrift der figürlichen Grabplatte des 1535 verstorbenen Benediktiners und Pfarrers von Spitz in Niederösterreich, Viktor Lauser, formuliert die Spannung von heute und morgen in eindrücklichen, gar gräulichen Versen:

> Cur caro letaris   que vermibus/ esca pararis
> Vile cadauer eris   videas quid nunc opereris
> Vile/ cadauer eris   igitur super hoc/ mediteris.[1027]

Der Mensch, so die Mahnung der Inschrift, wird morgen das werden, was der Leichnam schon heute ist. Die Grabplatte nutzt das Bild der den Leib zersetzenden Würmer[1028] nicht allein für die Artikulation des *memento mori*, sondern macht in der Verwesung die *vanitas* des menschlichen Lebens sichtbar. Eine ähnliche Vorstellung provozierend, sagt der Dominikaner Matthias Sittard in seiner Leichenpredigt auf Kaiser Ferdinand I., der Mensch sei »doch nichts als madenseck vnd würmässe«.[1029] Auch der Katholik Melchior Breitter mahnt die Adressaten seiner Leichenpredigt, die Vergänglichkeit ihres Lebens und ihres Leibes stets zu bedenken. Mit einer *exclamatio* rüttelt er die Gemeindemitglieder wach: »O du sterblicher/ ellender/ armseliger vnd gebrechlicher Mensch«[1030] und erinnert daran, dass Glückseligkeit, Stärke und Gesundheit durch die »Sünd vnserer ersten Eltern« zum Tod »verspilt« seien.[1031]
Die »Armseligkeit« des Menschen, so die katholische Leichenpredigt von Melchior Breitter, werde am trefflichsten von der klugen Frau aus Thekoa vor Augen gestellt, wenn sie sagt: »Omnes morimur et sicut aque dilabimur super

---

1026 Für weitere Beispiele von Grabinschriften und auch Totentänzen siehe Andreas Zajic: »Zu ewiger gedächtnis aufgericht«. Grabdenkmäler als Quelle für Memoria und Repräsentation von Adel und Bürgertum im Spätmittelalter und in der Frühen Neuzeit. Das Beispiel Niederösterreichs. Wien 2004 (Mitteilungen des Instituts für Österreichische Geschichtsforschung 45), bes. S. 304f.
1027 Die Inschriften des Politischen Bezirks Krems. Ges. u. bearb. v. Andreas. Wien 2008 Zajic (Die Deutschen Inschriften 72. Bd., Wiener Reihe 3. Bd., Teil 3), Kat. Nr. 181. Online unter hw.oeaw.ac.at/inschriften/noe-3/teil2/noe-3-obj181.xml (zuletzt aufgerufen am 17. 08. 2018).
1028 Vgl. Sir 10,13: ›Vnd wenn der Mensch tot ist/ so fressen jn Schlangen vnd Würme.‹
1029 Matthias Sittard: LP auf Kaiser Ferdinand I. (gest. 1565), fol. D 2r.
1030 Melchior Breitter: LP auf Anna Neusesser 1608, S. 21.
1031 Ebd.

terram, quae non reuertentur.«[1032] »Wol zu Hertzen führen« solle sich der Mensch diese Worte, mahnt der Prediger:[1033] »Sie sagt nit/ wir werden sterben/ sondern/ mir sterben schon albereit dahin/ anzeygend/ daß mir vil mehr todt/ als lebendig seyen.«[1034] Die Rede über das tägliche Sterben, das jeden Tag das Leben ein Stück mehr dem Tod preisgibt, ist schon in der antik-paganen Tradition ein bekannter Topos, wie Breitter selbst mit einem Zitat Senecas beweist:

> Quotidie morimur, quotidie enim demitur aliqua pars vitae, et nunc quoque cum crescimus, vita decrescit, hunc ipsum, quem agimus diem, cum morte diuidimus.[1035]

Ähnlich stellt die lutherische Leichenpredigt von Samuel Schelwig (1643–1715)[1036] heraus, der verstorbene Danziger Arzt Otto Dietrich Vögeding habe gewiss den »Titul eines weisen Mannes« verdient, denn trotz »vielfältiger Wissenschaft und grosser Erfahrung«, »Auffrichtigkeit im wahren Glauben« sowie hohen Ansehens, hielt er sich an den »Außspruche Salomons: Der Weise stirbt/ so wol als der Narr« (vgl. Koh 2,16).[1037] Keine Wissenschaft oder Kunst könne vom Tode retten, allein in der Erkenntnis »Jch sterbe täglich« liege die größte Weisheit (vgl. 1Kor 15,31).[1038]

In dem Wissen, dass der »Menschen Meher« jeden Tag in das irdische Dasein treten könne,[1039] mahnen auch Totentänze, die Macht des Todes über das Leben zu bedenken. Der Pariser Holzschnitttotentanz *Danse macabre* des Druckers Guyot Marchant von 1485 etwa überschreibt das Blatt mit Papst und Kaiser mit den Worten: *Vado mori, mors certa quidem, nil certius illa. Hora fit incerta, vel mora. Vado mori.*[1040] Daneben findet sich das *Vado mori* auch auf Grabdenkmälern. So ist auf dem 1630 gesetzten Epitaph der Familie von Elkerhausen genannt Klüppel in der ehemaligen Franziskanerkirche der Stadt Limburg zu lesen: *Vado Mori Miserere Mei Rex Ivclyte Iesu/ Omnia Dimittens Debita Vado Mori.*[1041] Dass auch Trauergedichte den Vers des ersten Korintherbriefes nutzen und dieser gar einen Haupttopos der *consolatio* ist, zeigt ein Blick in die *Teutsche Rede-bind- und Dicht-Kunst* Sigmund von Birkens. Nach *lamentatio* und *laudatio* solle ein Epicedium dem Adressaten Trost spenden, indem es an die

---

1032 Ebd., S. 14. Vgl. 2Kön 14,14.

1033 Ebd.

1034 Ebd., S. 14f.

1035 Ebd., S. 15. Vgl. Lucius Annaeus Seneca: *Epistulae morales ad Lucilium*, Ep. XXIV, 20.

1036 Vgl. DBA I 1096,168–176; II 1138,402–406; III 791,440.

1037 Samuel Schelwig: LP auf Otto Dietrich Vögeding (gest. 1700), S. 3f.

1038 Ebd., S. 4.

1039 Johann Hofer: LP auf Magdalena Vilitz (gest. 1645), S. 5.

1040 Zum *Danse macabre* siehe Der tanzende Tod. Mittelalterliche Totentänze. Hrsg., eingeleit. u. übers. v. Gert Kaiser. Frankfurt am Main 1982, S. 76.

1041 Karl Hermann May: Der Deutschordensritter Georg Wilhelm Klüppel von Elkerhausen und die von ihm gestifteten Epitaphe. In: Land und Leute im Oberlahnkreis 2 (1926), Nrn. 5 bis 8.

Mühseligkeit des Lebens erinnert: »Man muß anführen/ daß diß Leben ein täglicher Tod sei/ da man nur immer sündigen/ leiden und streiten muß«.[1042] Dass die Rede über das tägliche Sterben überdies im Sinne der beständigen Umkehr zu Gott[1043] und Übung der Frömmigkeit[1044] verstanden werden kann und damit nicht allein innerhalb des *memento mori*, sondern auch in den Mahnungen zur rechten *ars vivendi* fruchtbar gemacht wird, soll zu einem späteren Zeitpunkt erörtert werden.[1045] Doch zeigt sich auch darin, wie nah Leben und Tod in den lutherischen und katholischen Leichenpredigten gedacht werden, wenn sie den Menschen als »mors et vita« vor Augen stellen.[1046]

Die vielen Sinnbilder der *vanitas* und des vom Sterben durchzogenen Lebens, die von den Leichenpredigten beider Konfessionen genutzt werden, betrachten den Tod häufig als Person, der dem Menschen in seinem Leben gegenübertritt oder ihn plötzlich niederringt. Diese Personifizierung wird dann, ähnlich wie auch in den Totentänzen, zu einem kräftigen *memento mori*. In diesem Sinne zitiert der lutherische Pfarrer Medestinus Wedmann zunächst Seneca, um an die Kürze des menschlichen Lebens zu erinnern: »Punctum est quod vivimus, et puncto minus [...].«[1047] In jedem Augenblick des Lebens, so Wedmann weiter, könne plötzlich der Tod kommen.[1048] Der Tod lauere überall, oder, wie ein bekannter Reim es formuliert: »Ja es heist: Jch gehe aus oder ein/ so stehet der Tod vnd wartet mein.«[1049]

3. Der Tod als Person

Der Superintendent und Theologieprofessor Georg Mylius († 1607)[1050] stellt den Tod als lebendigen und überaus umtriebigen Gefährten des Menschen vor Augen:

1042 Sigmund von Birken: Teutsche Rede-bind-und Dicht-Kunst/ oder Kurze Anweisung zur Teutschen Poesy [...]. Nürnberg 1679, S. 228.

1043 Vgl. etwa Martin Luther in seinem *Sermon von dem heyligen hochwirdigen Sacrament der Tauffe*, WA 2,728,27–29: »Alßo ist eyns Christen menschens leben nit anders, dan eyn anheben, seliglich zu sterben von der Tauff an biß ynß grab [...].«

1044 So formuliert es etwa Georg Pistorius: *Klaghauß* 1663, S. 169: Das Urteil des Todes ermahne den Menschen »fromm« zu leben.

1045 Siehe weiter unten Kap. III.B.

1046 WA 17/1,340,9 f.

1047 Modestinus Wedmann: LP auf Anna von der Sachsen (gest. 1607), fol. B 2v. Vgl.: Lucius Annaeus Seneca: *Epistulae morales ad Lucilium*, Ep. XLIX, 3.

1048 Vgl. Modestinus Wedmann: LP auf Anna von der Sachsen (gest. 1607), fol. B 2v.

1049 Ebd.

1050 Vgl. DBA I 402,25; 880,235–256.

> Vnd dem Menschen der Todt ohne vnterlas so nahe ist/ das der dem Menschen gleich
> vberall auff dem rücken nachschleichet/ vnd sich so gar nicht von jm scheiden lesset/
> das jhn der Mensch eben an allen orten als einen stetigen geferten vmb vnd bey/ neben
> vnnd hinder/ vber vnnd vnder sich haben vnd leiden mus.[1051]

Die Gestalt des Todes verfolgt den Menschen von dem Tag seiner Geburt an. Die omnipräsente Bedrohung drückt Mylius mit Hilfe des Begriffs »Schleichen« aus: Für den Menschen nicht hörbar ist der Tod doch überall. Wenn die Zeit der Sterbestunde nahe ist, so die katholische Leichenpredigt Melchior Breitters, kommt der Tod und »beist/ frißt vnd verzehrt mit seinem weiten maul/ vnd scharpffen spitzigen Zäenen/ alles wz da lebt vnd schwebt auff Erden.«[1052] Ähnlich erkennt auch ein Trauergedicht Sigmund von Birkens in dem Tod den »wilde[n] Menschen Fraß«,[1053] der alle Schönheit, Ehre oder Tugend verzehrt und vernichtet. Die Leichenpredigt auf den ungarischen Grafen und Heerführer Nikolaus Zrínyi,[1054] der 1664 auf der Jagd von einem Wildschwein getötet wurde,[1055] bettet die *meditiatio mortis* dem Todesumstand gemäß in die biblischen Texte, die den Tod als Schnitter (vgl. Jer 9,21), Jäger (vgl. Ps 10,3 Vulg.) oder apokalyptischen Reiter (vgl. Off 6,7 f.) beschreiben.[1056]

> Wann eben diser Serin vnder dem edelsten Blumenwerck [...] ein Tugendfarbe Blumen
> gewesen [...] so ist der vnbeschaidene Todt ein gähling=daher fliegende Jmbe
> [plötzlich daher fliegende Biene] so auff dise Blumen gesessen; Ubi est Mors stimulus
> (Aculeus) tuus? O Todt/ wo ist dein Stachel? warumb hast du jhn eingestossen in die
> vornembste Blumen/ vnd den Safft deß Lebens heraus gesogen [...].[1057]

Der Karmelitermönch spricht hier direkt den Tod an, der, wie eine Biene ihren Nektar sammelt, den Lebenssaft des Menschen aussaugt. Der Stachel des Todes, wie ihn 1 Kor 15,55 beschreibt, nutzt auch der lutherische Zacharias Herrmann. Jedoch führt dieser mit 2 Tim 1,10 folgendes aus:

> Dahero [...] wenn die letzte und höchste Noth des Todes einbricht/ können sie [die
> Kreuzträger] dennoch solcher Erlösung die durch Christum geschehen ist/ sich freudig

---

1051 Georg Mylius: Etliche christliche/ tröstliche vnnd in Gottes Wort wol gegründte Leich
    Predigten. Bey vnterschiedlichen Leichen vnd Begrebnüssen/ auch zu vnterschiedtlichen
    zeiten vnd orten gehalten [...]. Jena 1599, S. 152r.
1052 Melchior Breitter: LP auf Anna Neusesser 1608, S. 13.
1053 Sigmund von Birken: Auf Frauen Veronicen Marien von Pühel gebornen von Benkendorf,
    Absterben. In: Ders.: *Todten-Andenken* Teil 1, Gedicht 200, Str. 3, Z. 18.
1054 Andreas a Sancta Theresia: LP auf Nikolaus Zrínyi 1664.
1055 Hierzu ausführlicher Wilhelm Kühlmann: Der Jägertod des Türkenhelden. Zu einer
    Münchener Gedenkpredigt und zu den frühen deutschen Memorialschriften auf Nikolaus
    Zrínyi (gest. 1664). In: Militia et Litterae. Die beiden Nikolaus Zrínyi und Europa. Hrsg. v.
    dems. [u.a.]. Tübingen 2009 (Frühe Neuzeit. Studien und Dokumente zur deutschen
    Literatur und Kultur im europäischen Kontext 141), S. 198–224.
1056 Vgl. ebd., S. 203.
1057 Andreas a Sancta Theresia: LP auf Nikolaus Zrínyi 1664, S. 28 f.

trösten/ und sagen: Wir haben uns für dem ewigen Tode nicht zu fürchten/ denn Christus hat dem Tode die Macht genommen [...].[1058]

Die katholische Leichenpredigt nutzt den Stachel des Todes nicht im biblischen Sinne der Überwindung des Todes und appliziert diesen Umstand in der *consolatio*, sondern macht den Vers in der *lamentatio* fruchtbar, indem sie die Macht des Todes anklagt und verurteilt. Mit dem darauf folgenden Auftritt des Todes als Schnitter bleibt Pater Andreas in dem metaphorischen Horizont der biblischen Naturallegorese. »Wann halt der Todt die Sichel ansetzet«, bleibe weder Unkraut, noch die schönste Blume verschont, mahnt der Prediger und stellt die gleichmacherische Kraft der »blinde[n] Sichel« des Todes vor Augen.[1059] Dieses Motiv begegnet auch in mittelalterlichen und frühneuzeitlichen Totentänzen und ist überdies in Emblembüchern eine beliebte bildliche Darstellung des *memento mori*: Der mit Sense bewaffnete Knochenmann verschont keinen. Der Groß-Basler Totentanz etwa,[1060] der an der Friedhofsmauer des Dominikanerklosters angebracht war und von Matthäus Merian abgezeichnet und zusammen mit den Reimen auf Kupferplatten übertragen wurde,[1061] gibt das Bild des Sensenmannes in den folgenden Versen zu bedenken:

Als was da lebt gleich wie das Kraut
Mit seiner Sensen niderhawt/
Niemandt so groß vnd herrlich wahr
Den er nit faßte bey dem Harr.[1062]

Das Emblembuch *Emblemata Ethico Politica* von Jakob Bornitz († 1625)[1063] zeigt auf dem Titelkupfer den mit Sense bewaffneten Tod als Knochenmann. Das Motiv wird von den Worten *Mors lilia sentibus aequat* gerahmt:[1064] Wie der Tod mit seiner Sense eine reine und schöne Lilie abschneidet, so wird jeder Mensch ungeachtet seiner Tugenden oder Reichtümer sterben müssen.

»O du grimmiger/ du vnersettlicher/ du mißgünstiger/ vnbarmhertziger vnd vnfreundlicher Todt« klagt der Katholik Melchior Breitter, »warumb hast du vns

---

1058 Zacharias Herrmann: LP auf Anna Maria Dominik (gest. 1686), S. 15f.

1059 Andreas a Sancta Theresia: LP auf Nikolaus Zrínyi 1664, S. 29.

1060 Siehe dazu und zu den Totentänzen allgemein Uli Wunderlich: Der Tanz in den Tod. Totentänze vom Mittelalter bis zur Gegenwart. Freiburg im Brsg. 2001; *Tanz der Toten* 1998.

1061 Matthäus Merian: Todten-Tantz/ Wie derselbe in der Weitberühmten Statt Basel als ein Spiegel Menschlicher beschaffenheit gantz Künstlich mit Lebendigen Farben gemahlet/ nicht ohne nutzliche Verwunderung zusehen ist. Basel 1621.

1062 Ebd., o. pag. (Text zum Sündenfall).

1063 Zu Bornitz vgl. grundlegend Michael Stolleis: Jakob Bornitz, ca. 1560–1625. In: Ders.: Pecunia nervus rerum. Zur Staatsfinanzierung in der frühen Neuzeit. Frankfurt am Main 1983, S. 129–154.

1064 Jakob Bornitz: Emblemata Ethico Politica Ingenua atque erudita interpretatione nunc primum illustrata Per M. Nicolaum Meerfeldt. Mainz 1669, Titelkupfer.

dise safftreiche Blumen so bald abgerissen?«[1065] Im Garten der irdischen Welt gebe es, so Breitter, viel Unkraut, Disteln und verdorrte Blumen, doch habe der Tod die blühende Anna Neusesser aus dem Leben gerissen.[1066] Die Verstorbene sei nun auch, wie der Prediger mit Jes 40,7f. klagt, eine welke, verdorrte Blume:

> Dise Blum ligt jetzund alda vor vnsern Augen [...] schwelch [welk] vnd matt/ der Todt hat sie mit seiner krummen Sichel abgeschnitten/ vnnd von vns genommen.[1067]

Der Tod als Verfolger erscheint in den Leichenpredigten häufig in einem sprachlichen Horizont, der eine Konfrontation zwischen Jäger und Gejagtem beschreibt. Die Leichenpredigt auf den Heerführer Nikolaus Zrínyi kann dieses Motiv einerseits in einer *inventio a professione*, andererseits aber auch in der Betrachtung des zum Tode führenden Jagdunfalls ausarbeiten:

> Wann der Nachstellende Todt in dem Wald diser Welt ein Wildschütz oder gefährlicher Jäger ist/ der allzeit mit dem Pfeil vnd Bogen versehen herumb geht [...] damit er einen schiesse in der Tunckle: so sage ich/ das Serin [...] von dem Todt gejagt/ vnnd erjagt sey worden [...] daß er hat könen sagen: Praeoccupaverunt me laquei mortis.[1068]

Mit dem Vers aus Ps 17,6 (Vulg.) kommt der Karmelitermönch auf die Stricke und Schlingen des Todes zu sprechen (vgl. auch 2Sam 22,6). Besonders im Psalter sind es diese heimtückischen Waffen, mit denen das klagende, angefochtene Ich von seinen Feinden eingenommen wird, so dass es klagt: ›quia frustra absconderunt mihi insidias retis sui sine causa foderunt animae meae‹ (Ps 34,7 Vulg.) oder ›absconderunt superbi laqueum mihi et funibus extenderunt rete iuxta semitam offendiculum posuerunt mihi semper‹ (Ps 139,6 Vulg.).

Der mit Pfeil und Bogen bewaffnete und den Menschen verfolgende Jäger ist in vielen Leichenpredigten eine beliebte Umsetzung der Personifikation des Todes. Viele »tausent Pfeil« habe er »vnter die Menschen abgeschossen« und dennoch, so der Prior Michael a Sanctis Angelis, habe er »biß auff den heütigen Tag Pfeil genug«.[1069] Der Karmeliter stellt den Tod als blutrünstig und unersättlich dar: Der dem Menschen feindselige Jäger wasche seine Hand in dem Blut des Menschen, ja er tränke sich gar darin und sei niemals, »von Anfang der Welt biß dato [...] ersättigt«.[1070] Auch die Leichenpredigt auf die 1628 verstorbene Magdalene von Bayern stellt die Bedrohung des menschlichen Lebens durch die Gestalt des Todes innerhalb der Rede über die stillschweigende Allgegenwart des Jägers dar:

1065 Melchior Breitter: LP auf Anna Neusesser 1608, S. 10.
1066 Vgl. ebd.
1067 Ebd.
1068 Andreas a Sancta Theresia: LP auf Nikolaus Zrínyi 1664, S. 30.
1069 Michael a Sanctis Angelis: LP auf Maria Anna von Bayern (gest. 1665), S. 3.
1070 Ebd.

Nach dem dann nun der Blutgirige Todt diser dapfferen Fürstin Jahr vnd Tag gleichsam
auf dem Fuß nachgeschlichen/ vnd sie doch nicht angreiffen dörffte/ hat er Jhr endtlich
[...] den Kampff angebotten.[1071]

Als die Lebenszeit der Fürstin abgelaufen schien, blieb der Tod zunächst »zag-
hafft«,[1072] kam dann aber plötzlich näher und griff schließlich am Abend an.[1073]
Es sind gerade dieses vorsichtige Anschleichen des Todes, mithin die Gewissheit
seiner Gegenwart, und die Ungewissheit darüber, wann er angreifen und den
Mensch mit seinen Pfeilen treffen werde, die den Tod als grimmiges und
schreckliches Gegenüber des Menschen vor Augen stellen. Auch Joachim Hildebrand, der Lüneburger Superintendent, weiß um die Angst eines jeden
Menschen vor dem Tod:

Alle Welt/ und von Natur ein jeder Mensch in der Welt erzittert ob dem Tode/ und träget
vor dem Tode einen natürlichen Eckel und Abscheu. Manchen grauet/ wenn er nur den
Tod nennen höret. Alles/ was ein Mensch hat/ lässet er für sein Leben. Job.2,4. und
brauchet ein jeder gern alle ersinnliche Mittel/ sich wider den Tod zu schützen und
beym Leben zu erhalten.[1074]

Im Angesicht des Todes sei der Sterbende ganz »jämmerlich« und voll des
Seufzens und Weinens, berichtet auch Zacharias Herrmann.[1075] Dass die Angst
vor dem Tod nicht allein die Seele quält, sondern auch den Leib des Menschen
überfällt, zeigt die Leichenpredigt auf Sophie Löbe. Durch die »Todes=Noth [...]
wie auch durch große Angst und Schmertzen« sei die dem Tode ausgelieferte
Sterbende »gantz ausgetrocknet und krafftlos worden/ daß sie in Wahrheit sagen
können: Er säuget mich dürre aus.«[1076] Und selbst Jesus habe das Grauen und
Zittern vor dem Tod erfahren müssen, wie der lutherische Leichenprediger Johann Quandt erinnert: Der Jüngling zu Nain rührte den Herrn zu »innerliche[r]
Empfindlichkeit« (vgl. Lk 7,11-13) und »uber dem Tode Lazari seines guten
Freundes/ ward der Herr gleichfals durch eine innerliche Empfindlichkeit ge-
rühret« und betrübt (vgl. Joh 11,33).[1077]

1071 Anon.: LP auf Magdalene von Bayern (gest. 1628), S. 19f.
1072 Ebd., S. 20.
1073 Vgl. ebd.
1074 Joachim Hildebrand: LP auf Salentin Justus Nikolaus Sinold gen. Schütz 1681, fol. C 1r/v.
1075 Zacharias Herrmann: LP auf Rosina Keil (gest. 1687), S. 19.
1076 Johann Andreas Lucius: LP auf Sophie Löbe (gest. 1664), fol. C 2r. Lucius legt in seiner
     Leichenpredigt die Worte Hiskias (Jes 38,12-14) aus: ›Er seuget mich dürre aus/ Du
     machsts mit mir ein ende/ den tag vor abend. Jch dacht/ Möcht ich bis morgen leben/ Aber
     er zubrach mir all mein gebeine/ wie ein Lewe! Denn du machest es mit mir aus/ den tag
     vor abend. Jch winsele wie ein Kranch vnd Schwalbe/ vnd girret wie eine Taube/ Meine
     augen wolten mir brechen/ Herr ich leide not/ linder mirs.‹
1077 Johann Quandt: LP auf Reinhold Heinrich von Kohlen 1698, S. 9.

Nicht minder war bey dem Herrn ein Schrecken/ eine hefftige Empfindlichkeit ge-
funden/ da Er seinen eigenen Todt vor Augen sahe. Er fieng an zu trauren/ zu zittern
und zu zagen; Er gab solches auch mit Worten zu erkennen: Meine Seele ist betrübt/ biß
an den Todt/ sprach Er [...].[1078]

Angesichts des grausamen, blutrünstigen und tückischen Todes ist für die lu-
therischen und katholischen Prediger die Angst und Furcht der Menschen vor
dem ihnen nachstellenden Sensenmann nicht nur verständlich und natürlich.
Darüber hinaus wird mit der Rede über den Tod als Person innerhalb des *memento mori* auch ein Schreckensmoment bewusst hervorgerufen, das dem
Menschen in der Gestalt des Todes sichtbar gegenüber steht. Der Anblick des
Todes ist und bleibt schrecklich. Doch es ist gerade der Tod selbst, der dem
Menschen zu einem Spiegel seiner selbst wird. Dies formuliert ähnlich der To-
tentanz aus Basel:

Secht hie der Spiegel aller Welt
    Der vns darumb wird fürgestelt/
Daß wir Anfang Mittel vnd End
    Betrachten fleissig vnd behend.[1079]

4.   Der Tote als Sprecher

Eine ähnliche Wirkung dürfte auch die Vergegenwärtigung des Toten in der
Leichenpredigt haben. Der Verstorbene ist dann nicht allein der eigentliche
Anlass der Predigt, sondern wird zum Gegenstand der Predigt selbst, ja sogar
zum stummen Prediger. Indem der Tote nicht nur der Gemeinde vor Augen liegt,
sondern in den Predigtworten hörbar in Erscheinung tritt, scheint er den Lebenden plötzlich wieder ganz nah. Matthias Sittard nutzt die »ehrliche ver-
samlung bey der fürgestelten hailigen Leich«, um an das letzte Ende des Menschen zu erinnern, denn dazu ermahne »die gegenwertige Leich selbs/ wiewol
stilschweigend vnd on rede«.[1080] Der Tod, der heimtückische Dieb des Lebens,
wird von Sittard als ›Stumm-Macher‹ vor Augen gestellt,[1081] der nicht allein die
Gemeinde angesichts der Trauer verstummen lässt, sondern auch den Toten in
Schweigen hüllt. Darin verknüpft der Prediger Tod und Sterben mit der
Sprachlosigkeit, denkt also die Fähigkeit zu sprechen im Horizont von Leben
und Lebendigkeit.[1082] Dies jedoch ändert sich im Verlauf der Predigt und es

---

1078 Ebd. Vgl. Mt 26,38.
1079 Matthäus Merian: *Todten-Tantz* 1621, o. pag. (Text zum Sündenfall).
1080 Matthias Sittard: LP auf Kaiser Ferdinand I. (gest. 1565), fol. C 1r.
1081 Claudia Benthien: ›*Stumm-Macher*‹ 2003.
1082 Vgl. ebd., S. 230.

entsteht eine paradoxe Redesituation: Sittard lässt den Toten in einen das Schweigen sprengenden Dialog mit der Gemeinde treten. Nicht der Prediger, sondern der verstorbene Kaiser spricht und mahnt »Hodie mihi cras tibi«.[1083] Der Tote wird zum stummen, aber zugleich beredten Prediger, der allerdings nicht aus der Vergangenheit, sondern im Kirchenraum der Gegenwart mit »stillschweigender zungen« zu der Trauergemeinde spricht.[1084] Das rhetorische Stilmittel der Aposiopese wird hier für die *ars moriendi* fruchtbar gemacht. Sittard lässt die Grenzen zwischen stumm und beredt, zwischen Jenseits und Diesseits, besonders aber zwischen absent und präsent verschwimmen:[1085]

Was ich dir nun sag (mein frommer Christ) dasselb predigt widerumb mir vnd dir die gegenwertige todte Leich/ mit stillschweigender zungen. Sie ist wol ein stummer Prediger/ der kain wort redt/ das dir in die ohren klingt/ vnnd dennoch mit nichts reden gewaltiger vnd krefftiger redt/ weder tausent geschwätzige Redner vnd Züngler.[1086]

Der Tote, der eo ipso die Vergänglichkeit des menschlichen Lebens verkörpert, mahnt innerhalb der Gegenüberstellung seines ehemals schönen, reichen und mächtigen Lebens als Herrscher und seines nun vor Augen liegenden verwesenden Leichnams zum *memento mori*.[1087]

Jetzt bin ich ein schmeckendes aß worden/ da für jederman ein abschewens vnd grausen bekhumpt [...]. Schaw meinen abgezerten/ außgedürreten vnd verweßlichen leib.[1088]

Innerhalb der Auslegung des Verses Hebr 13,14, den Sittard seiner Leichenpredigt zugrunde legt,[1089] verbindet der Prediger die Rede von der Todesverfallenheit nach Hebr 9,27 mit dem Motiv der unsteten Pilgerschaft des irdischen Lebens. Die Vergegenwärtigung des Toten, besonders aber des toten Körpers, führt in diesem Vorgehen zu einer stärkeren Erregung aller Sinne und unterstreicht damit die Intention der Leichenpredigt: »Gedenk ans ende. Rüste dich zur raise«, warnt der verstorbene Kaiser.[1090] In der lebendigen Mahnung an die Hinterbliebenen wird der Tote zu einem Spiegel, der das Wesen der Welt und des Menschen zeigt:

1083 Matthias Sittard: LP auf Kaiser Ferdinand I. (gest. 1565), fol. C 2r.
1084 Ebd.
1085 Vgl. Claudia Benthien: *Barockes Schweigen* 2006, S. 128.
1086 Matthias Sittard: LP auf Kaiser Ferdinand I. (gest. 1565), fol. C 2r.
1087 Vgl. ebd., fol. C 2v.
1088 Ebd., fol. C 2v/C 3r.
1089 Vgl. ebd., fol. C 1r.
1090 Ebd., fol. C 3r.

> Sehet vnd betrachtet an mir einen Spiegel der Eytelkeit dieser Welt/ vnd was doch der Mensch seye. Sehet doch! vnd nehmet es zu Hertzen/ was vnd wer ich bin [...]: Homo natus de muliere brevi vivens tempore repletur multis miserijs.[1091]

Zweimal fordert der Verstorbene die Anwesenden geradezu verzweifelt auf, in ihm das Spiegelbild ihrer selbst zu erkennen. Und mehr noch: Über das bloße Ansehen hinaus solle der Betrachtende das Betrachtete in sich aufnehmen, es in sich und vom Herzen her im Leben wirken lassen. Leib und Seele des Menschen werden dann zum Ort der *meditatio mortis* und damit zum Ort der Praktizierung rechter *ars moriendi*. Eine ähnliche Wirkung lässt sich aus zeitgenössischen Grabinschriften herauslesen: »Sum speculum vite, Johannes Gmainer« formuliert etwa diejenige des Pfarrers Johann Gmainer in Straubing.[1092] Der Adressat kann dieser Mahnung nicht entgehen, weiß er sich doch direkt angesprochen. Auch die bereits erwähnte Grabinschrift des Benediktiners Viktor Lauser mahnt am Ende »igitur super hoc mediteris«.[1093]

Dass der Tote nicht allein die Predigtworte an die Gemeinde richtet, sondern auch mit den Hinterbliebenen in einen Dialog tritt, zeigt sich häufig in den Epicedien. Neben dem mahnenden Bild der Sterblichkeit ist der Tote dann der *consolator*, der seine im diesseitigen leidvollen Leben zurückgelassenen Angehörigen aus der ihm bereits zuteil gewordenen Ruhe und Sicherheit der himmlischen Wohnung tröstet. *Sehnliches Letzen* etwa überschreibt ein unbekannter Freund seinen Veronika Sommer und ihren Hinterbliebenen gewidmeten Dialog zwischen der Verstorbenen und »Jhre[m] liebsten Ehe= Schatz«.[1094] Auf die fragende Klage des Witwers »Ach Mutter/ Was mach Jch? soll ich allein dahinden [...] im Elend mich befinden«, gibt die Verstorbene die Antwort:[1095]

> Was hilffts? Die Zeit ist da/ mein Stund ist ausgelossen/
> Die Reihe kömt an mich/ und hat mich jetzt betroffen/
>   Das Seuffzen ist umb sonst/ ümbsonst der Thränen=bach/
>   Durch kläglich=Thun wird nicht geholfen dieser Sach![1096]

Die Verstorbene mahnt die Allgegenwart und Unausweichlichkeit des Endes zu erinnern, angesichts derer die Hinterbliebenen letztlich Trost finden können. Die Klage des Witwers über das irdische Elend, in dem er zurückgelassen wurde, nimmt auch das *Valet=Gespräch*, welches anlässlich des Todes von Anna

---

1091 Philipp Kisel: LP auf Philipp Valentin Voit von Rieneck 1672, fol. C 2r. Vgl. Hiob 14,1.
1092 Vgl. dazu Andreas Zajic: *Grabdenkmäler* 2004, S. 305.
1093 *Die Inschriften des Politischen Bezirks Krems*, Kat. Nr. 181.
1094 Anon.: Sehnliches Letzen. In: Christoph Preunel: LP auf Veronika Sommer (gest. 1658), fol. K 2r–3r, hier fol. K 2r.
1095 Ebd.
1096 Ebd.

Christina Loth 1668 verfasst wurde, auf. Die Verstorbene selbst spricht die Trostworte, die sich aus der Betrachtung des Jammertals der Welt im Gegenüber zum Freudensaal des Himmels herausbilden:

> Was kränckstu dich/ mein Hertz/ umb mein betrübtes Scheiden/
> So mir doch nützlich ist/ weil ich zur Himmels=Freuden/
>   Dadurch gelanget bin/ es ist ja nichts als Qval/
>   Auff dieser irdnen Welt/ auff diesem Jammerthal.[1097]

Ähnlich mahnt die verstorbene Pfarrersfrau Christine Wilhelmi auf die *lamentatio* ihres Mannes: »Quid vita est? mors est«.[1098] Die Worte der Toten machen deutlich, wie die spannungsreiche Rede vom Leben als »Todes=Thal«,[1099] die sowohl das elende und sterbliche irdische Dasein, als auch die alles ergreifende Macht des Todes einbezieht, in den Trostgedanken aufgelöst und in Zuspruch und Stärkung gewandelt werden kann.

1097 Hieronymus Jacob Nitner: Valet=Gespräche. In: Georg Rudolphi: LP auf Anna Christina Loth (gest. 1668), fol. H 3v–4v, hier fol. H 3v.
1098 Johann Jacob Kornzweig: Lementatio Relicti Vidui. In: Michael Hetzenraht: LP auf Christine Wilhelmi 1623, S. 27 f. hier S. 27.
1099 Johann Schmauß: LP auf Maria Rosina von Waldeck 1687, S. 23.

III. »... Himmlische Burgerschafft« – Trost in den Leichenpredigten

In der folgenden Betrachtung der lutherischen und katholischen Leichenpredigten sollen die facettenreichen Trostgründe heraus gestellt werden, die von den Predigern hinsichtlich der Trauer um den Verstorbenen sowie der Erfahrung der leidvollen irdischen Welt geltend gemacht werden. Es wird deutlich werden, dass die *consolatio*-Topik überkonfessionelle Inhalte aufweist, die schon in Antike und Mittelalter gebräuchlich und auch über die Gattungsgrenze der Leichenpredigt fest im Denken des Zeitalters verankert waren.[1100] Andererseits jedoch finden sich unter den aus philosophischen und christlichen Erwägungen entsprungenen Motiven der *consolatio* auch konfessionell differente, mithin zugespitzte oder hervorgehobene Verwendungen und Zielsetzungen.

A. Trost in der Trauer und im Angesicht des Todes

1. Die Linderung des Traueraffektes

1.1. Überlegungen zum rechten Zeitpunkt des Trostes

Bevor der katholische Prediger Marcellian Dalhover seine Leichenpredigt auf den Bischof von Freising und Regensburg, Albrecht Sigmund, beginnt, äußert er zunächst allgemeine Gedanken über die rechte *consolatio* im Angesicht des Todes. »Ich hab Ordre vnd Befelch zu reden/ die Betrübte zu trösten: vnd weiß nicht wie?«[1101] Für den Prediger stellt sich die Frage, ob seine Worte das Gemüt

---

1100 Zu den Inhalten der Trostargumentation sowie den antiken und mittelalterlichen Vorläufern siehe etwa Maria Fürstenwald: Zur Theorie und Funktion der Barockabdankung. In: *Leichenpredigten als Quelle historischer Wissenschaften* 1 1975, S. 372–389; Rudolf Kassel: *Konsolationsliteratur* 1958; Horst-Theodor Johann: *Trauer und Trost* 1968; Ernst Robert Curtius: Europäische Literatur und lateinisches Mittelalter. Bern 1948, bes. Kap. 5.
1101 Marcellian Dalhover: LP auf Albrecht Sigmund 1685, S. 3.

der Trauernden – und dazu zählt er auch sich selbst[1102] – überhaupt erreichen: »Dolori, cum recens est, occurrendum non est, spricht Seneca, ne illum solatia irritent, et accedant.«[1103] Dalhover greift hier Gedanken der Stoa auf, die sich mit dem rechten Zeitpunkt der *consolatio* beschäftigen.[1104] Die von dem Franziskaner zitierte Trostschrift Senecas, *Ad Helviam Matrem De Consolatione*, etwa verpflichtet sich der stoischen Lehre, wonach eine verfrühte Trostbemühung der stark affektiv aufgeladenen Seele womöglich schaden könne:

> Nam in morbis quoque nihil est perniciosius quam immatura medicina. Exspectabam itaque dum ipse uires suas frangeret et, ad sustinenda remedia mora mitigatus, tangi se ac tractari pateretur.[1105]

Der Schmerz müsse also erst etwas nachlassen, bevor er gelindert werden kann. Eine zu frühe *consolatio* würde den Schmerz nicht mäßigen, sondern die Wunden aufreißen,[1106] was Dalhover ebenfalls zu bedenken gibt: »Ich bin zu sprechen verbunden/ wird aber darmit ewere bereits tieff gerissene Hertzens=Wunden nur grösser reissen.«[1107] Ähnlich zweifelt auch der lutherische Prediger Jacob Hahn, ob der Druck seiner Leichenpredigt die Herzwunde der Hinterbliebenen »mehr eröffne/ als verbinde.«[1108]

Ein weiterer Gedanke, der schon innerhalb der »schweigenden Artikulation der Trauer« beschrieben wurde,[1109] richtet sich auf den *consolator* selbst, der zunächst gar nicht in der Lage zu sein scheint, die richtigen Worte zu finden. Die Trauer raube auch dem Tröstenden die Worte,[1110] gibt Seneca zu bedenken und entschuldigt damit seine zunächst abwartende Haltung: »Saepe iam, mater optime, impetum cepi consolandi te, saepe continui.«[1111] Auch Dalhover ist vom Schmerz ergriffen und scheinbar sprachlos. Wie der zum Propheten berufene Jeremia im Angesicht der ihm gestellten Aufgabe nur stammeln kann (vgl. Jer

---

1102 Vgl. ebd.: »O Ursach meines/ vnd aller Schmertzens [...].«
1103 Ebd. Vgl. Lucius Annaeus Seneca: Ad Helviam Matrem De Consolatione I,1. In: Ders.: *Philosophische Schriften:* »Dolori tuo, dum recens saeuiret, sciebam occurrendum non esse, ne illum ipsa solacia irritarent et accenderent [...].«
1104 Für weitere Belege siehe Ulrike Schaeben: Trauer im humanistischen Dialog. Das Trostgespräch des Giannozzo Manetti und seine Quellen. München [u. a.] 2002 (Beiträge zur Altertumskunde 181), S. 47–49 und Peter von Moos: *Consolatio* Bd. 3, T 14–26.
1105 Lucius Annaeus Seneca: Ad Helviam Matrem De Consolatione I,2.
1106 Vgl. ebd.
1107 Marcellian Dalhover: LP auf Albert Sigismund 1685, S. 3.
1108 Jacob Hahn: LP auf Anna Dorothea von Borstel (gest. 1680), fol. A 2v.
1109 Siehe weiter oben zur Sprache der Trauer.
1110 Lucius Annaeus Seneca: Ad Helviam Matrem De Consolatione I,3: »Omnis autem magnitudo doloris modum excedentis necesse est dilectum uerborum eripiat, cum saepe uocem quoque ipsam intercludat.«
1111 Ebd.

1,6), klagt auch der Prediger über seine »betrübtiste Zung«: »A, a, a Domine Deus: ecce nescio loqui!«[1112]

1.2. *remedium temporis* oder »die Zeit heilt alle Wunden«

Die Rede vom rechten Zeitpunkt der *consolatio*, in der auch die anfangs von der Trauer ergriffene Zunge des *consolator* mitgedacht wird, öffnet den Weg in ein Trostargument, das unter dem Topos *remedium temporis* die Heilung durch Zeit vor Augen stellt.[1113] Der stoischen These folgend, ist die Dauer des Schmerzes schon ein Mittel gegen denselben, wie es etwa Seneca in seiner Trostschrift für Marcia erwähnt: »Illud ipsum naturale remedium temporis, quod maximas quoque aerumnas componit, in te una uim suam perdidit.«[1114]

Bereits bei den antiken Dichtern Sophokles und Euripides zeigt sich das Wissen über die heilende Wirkung der Zeit.[1115] Besonders den Dramen Euripides' ist es wohl zu verdanken, dass der Topos *remedium temporis* in den Horizont der Rede von dem heilenden Tun eines Arztes oder Heilmittels gestellt wurde.[1116] Es ist wahrscheinlich, dass sich dieser Gedanke in der Zeit der älteren Stoa verbreitete und zur Grundlage des konsolatorischen Motivs der Heilung durch Zeit wurde.[1117] In ihren philosophischen Gedanken zum Traueraffekt nutzen etwa auch Cicero und Seneca das Argument der Zeitwirkung.[1118] Da der Trauerschmerz mit der Zeit nachlasse, sehen sich beide *consolatores* in ihrer These bestätigt, dass die Trauer keinen natürlichen Ursprung haben könne. »Ipsa remissio luctus cum est consecuta intellectumque est nihil profici maerendo, nonne res declarat fuisse totum illud voluntarium«, fragt Cicero in seinen *Tusculanae disputationes*.[1119] Etwas, das in der Natur begründet liegt und nicht bloß der Vorstellung des Menschen entspringt, könne nicht mit der Zeit an Ausprägung verlieren.[1120] Auf diese Einsicht folgt in der antiken *consolatio* dann

---

1112 Marcellian Dalhover: LP auf Albert Sigismund 1685, S. 3.

1113 Zu diesem Motiv siehe Horst-Theodor Johann: *Trauer und Trost* 1968, S. 50–54 und für die Verbreitung in Antike und Mittelalter Peter von Moos: *Consolatio* Bd. 3, T 1061–T 1068.

1114 Lucius Annaeus Seneca: Ad Marciam de consolatione I,6. In: Ders.: Philosophische Schriften. Lateinisch/Deutsch. Bd. 1: Dialoge I–VI. Hrsg. v. Manfred Rosenbach. Darmstadt 1969, S. 318.

1115 Vgl. Horst-Theodor Johann: *Trauer und Trost* 1968, S. 50.

1116 Vgl. ebd.

1117 Vgl. Ulrike Schaeben: *Trauer im humanistischen Dialog* 2002, S. 81.

1118 Vgl. ebd., S. 82.

1119 Marcus Tullius Cicero: Tusculanae disputationes. Lateinisch/Deutsch. Hrsg. v. Olof Gigon. Düsseldorf 1998 (Sammlung Tusculum o. Nr.), III, 64.

1120 Vgl. auch Lucius Annaeus Seneca: *Ad Marciam de consolatione* VIII,1: »Deinde quod naturale est non decrescit mora. Dolorem dies longa consumit: licet contumacissimum, cotidie insurgentem et contra remedia efferuescentem, tamen illum efficacissimum mitigandae ferociae tempus eneruat.«

häufig die paränetische Folgerung, dass der Trauerschmerz aus eigener Kraft heraus überwunden werden müsse.[1121] Die Leichenpredigten des Barockzeitalters applizieren den Topos *remedium temporis* in ganz unterschiedlichen Trostgründen. Schon in der Rede über das rechte Maß der Trauer wird deutlich, wie sehr der Trauerschmerz der in der Kirche Versammelten das Leben, mithin das am Leben-Bleiben, in Frage stellt. Doch verbirgt sich hinter der Mahnung zum rechten Maß des Trauerns, wie es etwa in 1Thess 4,13 oder Sir 38,16–24 erinnert wird, dass die Hinterbliebenen aus dem Schatten des Todes heraus und ins Leben zurückfinden müssen. In den Gedanken über das Wesen der Trauer, wie sie bereits ausführlich dargestellt wurden,[1122] erkennen die Prediger beider Konfessionen zunächst die Trauer als ein der Natur des Menschen inhärentes Verhalten an. Während jedoch lutherische Prediger darin vor allem ein Zeichen der Liebe erkennen,[1123] denken katholische Prediger die Trauer im Horizont der Rede über die schwache Natur des Menschen infolge des Sündenfalles.[1124] Daraus folgern die katholischen Leichenpredigten die Mahnung, dem Affekt der Trauer die Vernunft vorzuziehen und »verständig« zu urteilen.[1125] Dies erinnert an die antike *consolatio*: Seneca etwa zieht aus dem Wissen um den nicht natürlichen Trauerschmerz die Erkenntnis, dass der Trauernde selbst dank seiner Vernunft die Intensität und Dauer des Schmerzes beeinflussen könne.[1126] Gewiss wissen auch katholische Prediger um die Zeitwirkung in der Trauer, wie es etwa Marcellian Dalhover deutlich macht. Auch sie nehmen die Heftigkeit des Trauerschmerzes ernst. Doch stellen sie den Topos *remedium temporis* in den Horizont der Rede über die *ratio*, die letztlich angesichts des gottgefälligen und tugendhaften Lebens des Verstorbenen keinen Grund für die Trauer finden könne.

»Jch verlange nicht/ daß sie ihren Todten nicht beweine wessen ich und andere uns nicht einmahl enthalten können«, lautet dagegen das Zugeständnis des Lutheraners Caspar Hermann Sandhagen.[1127] Der Verfasser der Trostschrift

---

1121 Vgl. Ulrike Schaeben: *Trauer im humanistischen Dialog* 2002, S. 82 f.

1122 Siehe oben Kap. II.A.

1123 Etwa Heinrich Ernst Fischhaupt: LP auf Anna Sophia von Münchhausen (gest. 1696), fol. B 2v: »[...] und müßte ein steinhartes Hertze seyn/ dem dieser Todes-Fall nicht Thränen auß den Augen pressen und zum Trauren verursachen solte.« Oder Polycarp Leyser, demzufolge ein betrübtes Herz nicht allein natürlich, sondern auch mit Röm 12,15 »billich vnd Christlich« sei. LP auf Regina Schröter (gest. 1630), fol. A 4v.

1124 Florentius Schilling: *Todten=Gerüst* 1676, S. 116: »weilen wir mit Menschlicher Schwachheit umbfangen«; Anon.: LP auf Magdalene von Bayern (gest. 1628), S. 3: »Wolan aber [...] wir wöllen vns auff den heutigen Tag selbst vberwinden/ vnnd mehr die rechte Vernunfft zum frolocken/ als die schwache Natur zum trawen anhören.«

1125 Johann Lorenz Helbig: *Traurige Gedancken* 1704, S. 482.

1126 Vgl. Ulrike Schaeben: *Trauer im humanistischen Dialog* 2002, S. 82 f.

1127 Caspar Hermann Sandhagen: Trostschrift. In: Joachim Hildebrand: LP auf Salentin Justus Nikolaus Sinold gen. Schütz 1681, fol. K 2r.

an die Witwe des verstorbenen Salentin Justus Nikolaus Sinold gen. Schütz ist sich bewusst, dass die Trauer nicht lediglich durch eine Reihe von Trostgründen überdeckt werden kann, »weil es uns/ wenn Trübsal da ist/ nicht dünckt Freude«.[1128] Sandhagen verbindet Hebr 12,11 (›Alle Züchtigung aber/ wenn sie da ist/ dünckt sie vns nicht freude/ sondern trawrigkeit sein. Aber darnach wird sie geben eine friedsame Frucht der gerechtigkeit/ denen/ die da durch geübt sind‹) und Koh 3,1–8: ›Ejn jglichs hat seine zeit/ Vnd alles fürnemen vnter dem Himel hat seine stund. Geborn werden/ Sterben [...] Lachen/ Klagen /Tantzen [...].‹ Der Prediger weiß, dass die Trauer nicht wie eine Erkrankung geheilt werden könne: Trauern und Trost empfangen ist ein Prozess, der Zeit benötigt. Die »Hertzens=Wunde« könne »so leichtlich nicht verbunden [...] werden«,[1129] sondern wie eine Verletzung müsse der Trauerschmerz von innen heraus im Ergreifen des heilsstiftenden Wortes Gottes verheilen.

Ein Trostmotiv, das häufig in die Gedanken über die heilende Wirkung der Zeit einfließt, hat sich bereits Cicero in seinen *Tusculanen* zu eigen gemacht: Die Erkenntnis, dass Trauern nichts zu ändern vermag.[1130] Diese schon in der Ilias verwendete Mahnung[1131] wurde über Lyrik, Tragödie und sepukral-epigraphische Literatur in die *consolatio* der Antike überliefert und auch im Mittelalter reich verarbeitet.[1132] Die lutherische Leichenpredigtsammlung *Schola Mortis* von Johann Heermann aus dem Jahr 1628 bettet den Topos *nihil proficitur maerendo* in die Exegese von 2Sam 12,15–23 ein, der Erzählung um die zum Tode führende Krankheit von Davids Sohn.[1133] »Ejn wunderseltzam thun war es mit dem Kö-

---

1128 Ebd.
1129 Heinrich Ernst Fischhaupt: LP auf Anna Sophia von Münchhausen (gest. 1696), fol. B 1v.
1130 Vgl. Marcus Tullius Cicero: *Tusculanae disputationes* III, 64. Ähnlich auch Lucius Annaeus Seneca: *Ad Polybium de Consolatione* II,1.
1131 Homer: Ilias 24,522f. In: Homer: Ilias. Hrsg. v. Martin L. West. Vol. 2: Rhapsodias XIII–XXIV et indicem nominvm continens. München 2000 (Bibliotheca scriptorum Graecorum et Romanorum Teubneriana o. Nr.), S. 357.
1132 Vgl. Ulrike Schaeben: *Trauer im humanistischen Dialog* 2002, S. 87, dort auch weitere Belege. Zum Topos *nihil proficitur maerendo* siehe auch Peter von Moos: *Consolatio* Bd. 3, T 573–T 592 und Horst-Theodor Johann: *Trauer und Trost* 1968, S. 56–63.
1133 ›Vnd der Herr schlug das Kind/ das Vrias weib Dauid geborn hatte/ das es tod kranck ward. Vnd Dauid ersuchte Gott vmb das Kneblin/ vnd fastet/ vnd gieng hin ein vnd lag vber nacht auff der erden. Da stunden auff die Eltesten seins Hauses vnd wolten jn auffrichten von der erden/ Er wolt aber nicht/ vnd ass auch nicht mit jnen. Am siebenden tage aber starb das Kind/ Vnd die knechte Dauid furchten sich jm anzusagen/ das das Kind tod were/ Denn sie gedachten/ Sihe/ Da das Kind noch lebendig war/ redten wir mit jm/ vnd er gehorcht vnser stimme nicht/ Wie viel mehr wird er jm wehthun! so wir sagen das Kind ist tod. Da aber Dauid sahe/ das seine Knechte leise redten/ vnd mercket/ das das Kind tod were/ sprach er zu seinen Knechten/ Jst das Kind tod? Sie sprachen/ Ja. Da stund Dauid auff von der erden/ vnd wussch sich vnd salbet sich/ vnd thet andere Kleider an/ vnd gieng in das Haus des Herrn/ vnd betet an/ Vnd da er wider heim kam/ hies er jm Brot aufftragen/ vnd ass. Da sprachen seine Knechte zu jm/ Was ist das fur ein ding/ das du thust?

niglichen Propheten David«,[1134] erklärt Heermann, da er sich angesichts der schweren Krankheit Absaloms nicht trösten ließ, aber seine Trauer nach dem Tod des Kindes plötzlich verschwunden schien.[1135]

> Hierüber verwunderten sich seine Hofeleute höchlich. Er aber sprach: Vmb das Kind fastet ich/ vnd weinet/ da es lebte/ vnd hoffte/ ich wolte es loß bitten. Nun es aber todt ist/ was sol ich fasten? Jch kans doch nicht wieder holen. Jch werde wohl zu jhm fahren/ es kömpt aber nicht wieder zu mir.[1136]

Die Geschehnisse um David erfüllen hier nicht allein eine Vorbildfunktion zum rechten Maß in der Trauer. Heermann legt die Verse »ins Hertz« der Hinterbliebenen und wünscht, diese würden »in König Davids Fußstapffen treten«.[1137] Nicht die *ratio* will der Prediger erreichen, es ist vielmehr das Herz, das die in der Predigt ausgearbeiteten Trostgründe auf sich selbst applizieren soll.[1138]

Der zum Katholizismus konvertierte Johann Hesselbach veröffentlicht in seiner *Leichpostill* eine Predigt, die ebenfalls die Erzählung um Absalom auslegt.[1139] Hesselbach deutet das Beten, Fasten und Darniederliegen Davids weniger als Ausdruck der Trauer. Vielmehr erkennt er darin »Bußwercke für seine Sünde«:[1140] Nicht »daß er jhme das Kindtlein wolle widerumb gesundt werden lassen« sei der Grund für Davids Anrufung Gottes, sondern damit es »seiner Seelen Heyl vnd Seligkeit also nutz vnd gut sey.«[1141] Daher kann Hesselbach seine Gedanken mit der Mahnung schließen, David habe sich damit getröstet, dass er das Kind »nicht widerumb holen könne.«[1142] Die Sinnlosigkeit der Trauer verbindet Hesselbach also mit Sündenstrafe und rechter Buße, denn, so der Prediger, das Kind sei »von Gott seiner deß Davids Sünde wegen geschlagen« worden.[1143] Auch der katholische Prediger schließt nach dieser mahnenden Bußpredigt mit den Trostgründen, die sich angesichts der vorgeschlagenen

---

> Da das Kind lebt/ fastestu vnd weinetest/ Nu es aber gestorben ist/ stehestu auff vnd issest? Er sprach/ Vmb das Kind fastet ich vnd weinet da es lebt/ Denn ich gedacht/ Wer weis/ ob mir der Herr gnedig wird/ das das Kind lebendig bleibe. Nu es aber tod ist/ was sol ich fasten? Kan ich jn auch widerumb holen? Jch werde wol zu jm fahren/ Es kompt aber nicht wider zu mir.‹

1134 Johann Heermann: *Schola Mortis* 1628, S. 257.
1135 Vgl. ebd.
1136 Ebd., S. 257f.
1137 Ebd., S. 258.
1138 Die Trostgründe, die Heermann anführt, sind: Grata Cubatio (S. 259), Jucunda Dormitatio (S. 263), Pacis participatio (S. 267), Praesentissima Opitulatio (S. 271) und Secura Habitatio (S. 275). Siehe dazu die folgenden Kapitel.
1139 Vgl. ebd., S. 408.
1140 Ebd., S. 412.
1141 Ebd.
1142 Ebd., S. 414.
1143 Ebd.

Verwendung der Predigt zum Tod eines Kindes besonders auf die Sicherheit im Himmlischen Jerusalem und das einstige Wiedersehen beziehen.[1144]

Den Ausblick in das zukünftige Leben öffnet ein Epicedium, das an den Witwer von Anna Christina Loth gerichtet ist und die Unabänderlichkeit des Todes vor Augen stellt:

> Mein Herr Schwager lieber Mann/
>> Laßet fahren euer Klagen/
> Weil man das nicht ändern kan:
>> Thut euch doch nicht also plagen/
> Gönnet ihr die Ruh und Freud
>> Und die große Herrlichkeit.[1145]

»Was hilfft viel Trauren«, fragt auch eine Trostschrift, die der Leichenpredigt auf Catharina Ehrengard von der Wense beigegeben ist. Die folgende Antwort rückt den Grundgedanken der Rede von Tod und Sterben in den Blick: Allen Menschen ist nach dem »Sündenfall gesetzet [...] einmal zu sterben« (Hebr 9,27).[1146] Besonders eindrücklich und die Phantasie der Adressaten im Hier und Jetzt der Leichenpredigt einfangend wird der Topos *nihil proficitur maerendo* vermittelt, wenn der Verstorbene selbst daran erinnert, dass er nicht wieder kommen wird. Schon seit der antiken Trostliteratur und Sepulkralkultur finden sich in Dichtung, Lyrik und Funeralschriften an die Lebenden gerichtete tröstende und mahnende Worte des Verstorbenen.[1147] In seiner 1682 veröffentlichten Sammlung *Teutsche[r] Gedichte* versammelt Daniel Georg Morhof (1639–1691) auch Trostgedichte, die er zu »Leichbestattungen« verfasste.[1148] Darunter findet sich unter dem Titel *Gewinn des Todes* ein Gedicht zum Ableben des Generalmajors Hans Rantzau.[1149] Der Tote wird von Morhof nicht allein in das Gedicht eingebunden, sondern wird in der *Rede des Seeligverstorbenen* selbst zum Sprecher der ganzen Trostschrift. Wie der Titel schon vermuten lässt, ist die Rede in Phil 1,21 (›Denn Christus ist mein Leben/ vnd sterben ist mein Gewin‹) eingebettet, einem überaus beliebten Vers in den Funeralschriften des Barock. Die Mahnung, nicht unnütz zu trauern, wird hier mit Blick auf das Hineinsterben in das wahre Leben verarbeitet:

1144 Vgl. ebd., S. 15. Dies scheinen überkonfessionell genutzte Trostmotive zu sein, die aus der Exegese von 2Sam 12,15–23 gezogen werden. Zu den Trostgründen siehe die folgenden Kapitel.

1145 Johann Christoph Herrfurch: Epicedium. In: Georg Rudolphi: LP auf Anna Christina Loth (gest. 1668), fol. H 1r–2r, hier fol. H 2v.

1146 Polycarp Leyser: LP auf Peter Kuch 1633, fol. E 2r.

1147 Vgl. dazu etwa Ferdinand van Ingen: *Vanitas* 1966, S. 277.

1148 Daniel Georg Morhof: Teutsche Gedichte. Kiel 1682, S. 177–304. Vgl. zu Morhof den Artikel von Franz Günter Sieveke. In: Killy/Kühlmann 8 (2010), S. 326–328.

1149 Ebd., S. 217–221.

Ich lasse mich nach mich dahinden/
Und mein Verlust ist mein Gewinn.
Ich kann mich im Verlieren finden/
Bin mehr/ als ich gewesen bin.[1150]

1.3.   Weinen und Reden als Linderung des Traueraffektes

Besonders in den Ausführungen der Prediger zu den Geschehnissen um und in Hiob wird deutlich, dass der durch Trauer erfüllte Mensch sein Leid nicht in der Einsamkeit ertragen kann. Wie ein Feuer lodert der Affekt im Inneren des Menschen, sagt der Jesuit Wolfgang Schallerer.[1151] Selbst der Versuch, die Gefühle in die Enge zu treiben und zu unterbinden, sei letztlich zum Scheitern verurteilt: Die Feuershitze »bohret [...] mit der Flammen« und dringe durch den gesamten Menschen hindurch.[1152] Der Mensch müsse sein mit Trauerschmerz beladenes Herz »vermittelst der Zungen« erleichtern.[1153] Dieser Gedanke kann als logische Konsequenz aus den oben aufgezeigten Überlegungen Marcellian Dalhovers zum rechten Zeitpunkt der *consolatio* gesehen werden: Erst wenn der anfängliche große Schmerz über den Verlust abgemildert wurde, kann der Trost Platz im Herzen finden. Darin wird der klassische Aufbau der Funeralschriften offenbar: Indem die *laudatio* den Trauerschmerz erregt, mithin dem Schmerz Wege der Veräußerlichung öffnet, und die *lamentatio* diesem »Schmertzens Schwall«[1154] eine Sprache verleiht, wird das trauernde Herz für die abschließende *consolatio* geöffnet.

Die lutherische *consolatio* rät zunächst, nicht in sich selbst zu verharren, sondern das Gespräch mit Gott und seinen Mitmenschen zu suchen. Auch hier ist es besonders der Psalter, der für die Verbalisierung der Trauer einen großen Schatz an Bildern und sprachlichen Formen bietet. Im Psalter werden menschliche Erfahrungen der Verzweiflung und Not sowie des Hoffens und Ausharrens anschaulich und lebendig zur Sprache gebracht.[1155] Schon für Luther war der Psalter daher das beste Gebetbuch für Christen:

> Bjlich solt ain yeder Christ, so beten vnd andechtig sein will, jm den Psallter lassen sein taeglich Betbueechlin sein [...]. Dann es ist ja die warhait, das alles, was ain andechtig hertz, mag zu beten wuenschen, da findet Er seine Psalmen, vnd wort zu, so eben vnd so

---

1150 Ebd., S. 218.
1151 Vgl. Wolfgang Schallerer: LP auf Maria Anna von Bayern (gest. 1665), S. 1.
1152 Ebd.
1153 Ebd.
1154 Wolfgang Schallerer: LP auf Maria Anna von Bayern (gest. 1665), S. 2. Vgl. Lucius Annaeus Seneca: *Epistulae morales ad Lucilium*, Ep. LXXVIII, 10.
1155 Vgl. Günther Metzger: *Gelebter Glaube* 1964, S. 54.

lieblich, das kain mensch ja alle menschen, nit muegen so gute weise, wort, vnd andacht erdengken.[1156]

Auch in den lutherischen Leichenpredigten werden die Psalmen oft verwendet und bieten den Adressaten die Möglichkeit, in die Sprache der biblischen Gebete ›einzusteigen‹ und den darin geäußerten Trost anzunehmen. Wider die Trauer »sollen Wir uns in der Zeit rüsten«, mahnt Jacob Hahn.[1157] Der Stendaler Prediger empfiehlt »die Waffen des Glaubens und Gebäts«,[1158] um die Trauer überwinden zu können. Der Oberhofprediger Johann Andreas Lucius erinnert seine Trauergemeinde in diesem Zusammenhang daran, dass vor Gott »nicht die Anzahl vieler Worte/ sondern die Andacht des Hertzens« zähle.[1159] In der Exegese der Predigtperikope Jes 38,12–14 stellt der Prediger den klagenden Hiskia vor Augen, der vor Not und Schmerzen nur noch ächzte, heulte und seufzte.[1160] Doch ist dieses »Seuffzen eines andächtigen Hertzens [...] ein mächtiges Geschrey in den Ohren Gottes/ das hindurch dringet/ und den ganzen Himmel füllet.«[1161] Lucius schließt seine Gedanken mit einem Lied, das in kaum einem zeitgenössischen Gesangbuch fehlte, *Ein Würmlein bin ich, arm und klein* von Bartholomäus Frölich, dessen sechste Strophe der Prediger zitiert:[1162]

> Und wenn ich nicht mehr reden kan/
> So nimm den letzten Seuffzer an/
> Durch Jesum Christum/ Amen.[1163]

Lucius verbindet in seiner Leichenpredigt verschiedene Wege der *consolatio*, mithin innere und äußere Mittel des Trostes, wie sie die seelsorgliche Ratgeberliteratur, besonders auch innerhalb der Melancholie-Therapie, vor Augen stellt.[1164] Simon Musäus' *Melancholischer Teufel* von 1569 etwa empfiehlt gegen

---

1156 WA DB 10/II,155,1–9 (Vorrede zur Neuburger Psalterausgabe 1545). Vgl. auch die Schrift *Eine einfältige Weise zu beten für einen guten Freund* von 1535, die den täglichen Umgang mit dem Psalter empfiehlt. WA 38,358–375.
1157 Jacob Hahn: LP auf Anna Dorothea von Borstel (gest. 1680), fol. D 4r.
1158 Ebd.
1159 Johann Andreas Lucius: LP auf Sophie Löbe 1664, fol. D 3v.
1160 Vgl. ebd., fol. D 3r.
1161 Ebd., fol. D 3v.
1162 Vgl. Lukas Lorbeer: *Sterbe- und Ewigkeitslieder* 2012, S. 294.
1163 Johann Andreas Lucius: LP auf Sophie Löbe 1664, fol. D 3v.
1164 Vgl. hierzu und zum Folgenden die Arbeiten von Johann Anselm Steiger: Melancholie, Diätetik und Trost. Konzepte der Melancholie-Therapie im 16. und 17. Jahrhundert. Heidelberg 1996 und Medizinische Theologie. Christus medicus und theologia medicinalis bei Martin Luther und im Luthertum der Barockzeit. Mit Edition dreier Quellentexte. Leiden 2005 (Studies in the history of Christian traditions 121). Außerdem Ernst Koch: Die höchste Gabe der Christenheit. Der Umgang mit Schwermut in der geistlich-seelsorgerischen Literatur des Luthertums im 16. und 17. Jahrhundert. In: Krisenbewußtsein und Krisenbewältigung in der frühen Neuzeit – Crisis in early modern Europe. Festschrift für

die den ganzen Menschen ein seiner leib-seelischen Einheit einnehmende Melancholie diese zwei Arten der von Gott gestifteten »krefftige[n] mittel«.[1165] Zu den äußeren Mitteln zählt Musäus im Horizont von Prv 16,24 (›Die rede des Freundlichen sind honig seim/ Trösten die seele vnd erfrischen die gebeine‹) und 12,25 (›Sorge im hertzen/ krencket/ Aber ein freundlich wort erfrewet‹) sowie der antiken *Consolatio ad Apollonium* Plutarchs die Gesellschaft anderer Menschen und empfiehlt das Gespräch mit Freunden zu suchen.[1166] Hinzu kommt die in der Heiligen Schrift angeführte erquickende Wirkung eines mäßigen Weingenusses (etwa Ps 104,15 oder Sir 31,32–36).[1167] Zuletzt nennt Musäus die Musik als ein die Traurigkeit vertreibendes Mittel.[1168] Schon David konnte mit seiner Harfenmusik den betrübten Saul trösten: ›Wenn nu der geist Gottes vber Saul kam/ So nam Dauid die Harffen/ vnd spielet mit seiner hand/ so erquickt sich Saul/ vnd ward besser mit jm/ vnd der böse Geist weich von jm‹ (1 Sam 16,23).[1169] Indem die Leichenpredigt Lucius' die heterogenen Medien der *consolatio* vereint, werden seine Mahnungen und Tröstungen verschiedenen Sinnen und besonders auch dem Herzen zugänglich gemacht. Wenn die lutherischen Leichenprediger überdies zu Gebet und Gespräch mahnen, werden Trostmittel appliziert, die in der zeitgenössischen Seelsorge weit verbreitet sind. Simon Musäus zählt neben dem Gebrauch der Sakramente die »fleissige vbung« des göttlichen Wortes in Schriftlektüre, Gesang, Gebet und Predigt zu den »Geistlichen Mitteln/ wider den Melancholischen Teufel«.[1170] Der in der Bibel verheißene göttliche Trost muss im Glauben ergriffen und mit aller Hoffnung ersehnt werden.[1171] Wenn jedoch die Zuflucht in das Gespräch mit Gott nicht tröstlich genug ist, dann solle der Mensch das Gespräch mit anderen suchen.[1172] Das Aussprechen der Trauer stellt auch der Superintendent Lucas Osiander (1534–1604)[1173] in seiner *Predig/*

Hans-Christoph Rublack. Hrsg. v. Monika Hagenmaier u. Sabine Holtz. Frankfurt am Main [u. a.] 1992, S. 231–243.

1165 Simon Musäus: *Wider den Melancholischen Teuffel* 1569, fol. C 5v.
1166 Ebd., fol. C 5v–C 6v. Vgl. Plutarch: Consolatio ad Apollonium 102B. In: Plutarch: Moralia. Vol. 2. With an Engl. transl. by Frank Cole Babbitt. London 1956, S. 108.
1167 Vgl. Simon Musäus: *Wider den Melancholischen Teuffel* 1569, fol. C 6v.
1168 Vgl. ebd., fol. C 7r. Vgl. zur »Trösterin Musik« auch Peter von Moos: *Consolatio* Bd. 3, T 1023f.
1169 Vgl. Simon Musäus: *Wider den Melancholischen Teuffel* 1569, fol. C 7r.
1170 Ebd., fol. D 3r.
1171 Vgl. schon Philipp Melanchthon: »Muss zu der verheissung kommen/ der glaube/ die anruffung/ vnd hoffnung der hülff vnd erlösung.« In: Ders. (Verf.) u. Veit Dietrich (Übers.): Ein Trostschrift fuer alle betrübten hertzen/ in diesen kümmerlichen zeyten/ im latein von Herr Philippus Melanthon gestellet/ Vnd yetzund erstlich in Deutscher sprach gedruckt. [Magdeburg] 1547, fol. B 3r.
1172 Vgl. dazu auch Johann Anselm Steiger: *Melancholie* 1996, S. 65, Ernst Koch: *Die höchste Gabe* 1992, S. 236.
1173 Zu Osiander vgl. Hermann Ehmer: Art. Osiander, Lucas d. Ä.. In: Biographisch-Bibliographisches Kirchenlexikon 6 (1993), Sp. 1299–1304.

*Wie die Christen in diser Welt/ mit gutem gewissen/ Frölich sein/ vnd schwer-
mütigkeit von sich treiben mögen vnd sollen* vor Augen:

> Jm fahl sich aber ein Christ nicht selbst wider auffrichten vnd trösten köndte/ so solle er
> sein anligen vnd betrübnus einem frommen Christen vnd vertrawten freund [...]
> klagen/ so wirdt jhm sein hertz vil weiter vnd sein beschwerdt vil ringer werden [...]
> dann wann er sich mit seinen gedancken lang zeit beisset vnd frisset.[1174]

Hierin zeigt sich die Bedeutung der durch die Reformation wiedergewonnenen
Lehre vom Priestertum aller Gläubigen, die allen Christen geradezu als Pflicht
auferlegt, von Trauer und Leid angefochtene Mitchristen in ein tröstliches Gespräch einzubinden.[1175] Die Voraussetzung für eine konsolatorische Wirkung
des Trostgespräches – und darin stimmen die Leichenprediger mit der lutherischen Dogmatik überein – ist allein das göttliche Wort.[1176] Die Schriftlektüre ist
daher, wie es etwa Aegidius Hunnius (1550–1603), einer der bedeutendsten
Theologieprofessoren der Wittenberger Leucorea Ende des 16. Jahrhunderts,[1177]
deutlich macht, die Bedingung der Möglichkeit eines tröstenden Gespräches.[1178]
Nur derjenige, der die biblischen Verheißungen im Herzen hat, kann dem
Nächsten ein *consolator* sein.[1179] Die Heilige Schrift ist nach Röm 15,4 (›Was aber
vor hin geschrieben ist/ das ist vns zur Lere geschrieben/ Auff das wir durch
gedult vnd trost der Schrifft hoffnung haben‹) die einzige Quelle einer wirksa-
men *consolatio*. Die Mahnung des Kolosserbriefes, ›Lasset das wort Christi vnter
euch reichlich wonen/ in aller weisheit. Leret vnd vermanet euch selbs/ mit
Psalmen vnd Lobsengen/ vnd geistlichen Liedern/ vnd singet dem Herrn in
ewrem hertzen‹ (Kol 3,16), spiegelt die biblische Grundlage der *consolatio* unter
Mitchristen,[1180] der auch die Leichenpredigten des 17. Jahrhunderts Rechnung
tragen. Wenn die lutherischen Prediger gemeinsam mit ihrer Gemeinde »etwas
heilsames/ nutzliches und erbauliches aus Gottes heiligem Wort mit einander

---

1174 Lucas Osiander: Ein Predig/ Wie die Christen in diser Welt/ mit gutem gewissen/ Frölich
   sein/ vnd schwermütigkeit von sich treiben mögen vnd sollen. Tübingen 1584, fol. C 1v.
1175 Vgl. Johann Anselm Steiger: *Melancholie* 1996, S. 56 und passim; Alexander Bitzel: *Anfechtung und Trost* 2002, S. 112–115.
1176 Vgl. ebd., S. 113. Dort auch weitere Belege lutherischer Theologen.
1177 Siehe zur Universität Wittenberg etwa Walter Friedensburg: Geschichte der Universität
   Wittenberg. Halle 1917.
1178 Vgl. Alexander Bitzel: *Anfechtung und Trost* 2002, S. 113 f.
1179 Ähnlich äußern sich auch Sigismund Scherertz, vgl. Alexander Bitzel: *Anfechtung und
   Trost* 2002, S. 114 und Johann Gerhard, vgl. Johann Anselm Steiger: Johann Gerhard
   (1582–1637). Studien zu Theologie und Frömmigkeit des Kirchenvaters der lutherischen
   Orthodoxie. Stuttgart-Bad Cannstatt 1997 (Doctrina et pietas. Abt. I, Bd. 1), S. 138.
1180 Vgl. dazu auch Dieter Wölfel: Salomon Lentz 1584–1647. Ein Beitrag zur Geschichte des
   orthodoxen Luthertums im Dreißigjährigen Krieg. Neustadt a. d. Aisch 1991 (Einzelarbeiten aus der Kirchengeschichte Bayerns 65), S. 226.

[...] vernehmen« wollen,[1181] dann steigen sie mit den Trauernden ein in das Gespräch mit Gott und in ein Gespräch untereinander. Allein darin schon sei dem Trauernden »mehr dann halb geholffen«, weiß auch Lucas Osiander.[1182] Und Heinrich Ernst Fischhaupt beginnt seine Leichenpredigt mit den Worten:

> Jch bin aber auß einer andern Meynung jetzo in gegenwertiger Trauer=Versammlung auffgetreten/ nemlich die Leyd=tragende mit guten Trost zu versehen/ und sie damit in ihrer hertzensBekümmerniß zu laben und zu erquicken. Und solchen Trost wollen wir hervorsuchen auß dem rechten Trost=Buche göttlicher Heil. Schrifft [...].[1183]

Auch die katholischen Leichenpredigten geben dem Trauerschmerz Raum zur Artikulation. Zeitgenössische katholische Rhetoriken gliedern die Leichenpredigt in drei Teile, die dem antiken Aufbau der Trauerrede entsprechen: Nach der Klage (*lamentatio*) im Exordium stützt sie sich grundlegend auf das Lob des Verstorbenen in der *confirmatio*, während der abschließende *epilogus* die Trauer auflöst und den Hinterbliebenen Trost spendet.[1184] In diesem homiletischen Vorgehen wird der Trauer besonders auch innerhalb der *laudatio* Sprache verliehen. Es sind die großen Verdienste des Verstorbenen, die doch »viel weiter/ grösser/ braiter vnd herrlicher« sind, als dass sie »wirdigklich außgedruckt« werden könnten,[1185] in denen sich die Trauer der Hinterbliebenen manifestiert. Hierin wird nicht nur die Affinität katholischer Trauerreden zur antiken Lobrede deutlich, sondern auch die Funktion der Leichenpredigt im Kontext der Sorge um das Jenseitsergehen des Verstorbenen.[1186] Die römische-katholische Lehre vom Fegefeuer, wie sie das Konzil von Trient für verbindlich erklärt,[1187] rückt auch den Toten in den Mittelpunkt von Beerdigung und Leichenpredigt, denn für dessen Seele muss um Vergebung der Sünden gebetet werden. Die Leichenpredigt ist in diesem Lehrgebäude auch eine Predigt für den Verstorbenen. Wenn der Prediger das tugendhafte und christliche Wesen des Toten beklagt und

---

1181 David Sieber: LP auf Georg Friedrich Seufferheld 1687, S. 5.
1182 Lucas Osiander: *Ein Predig* 1584, fol. C 2r.
1183 Heinrich Ernst Fischhaupt: LP auf Anna Sophia von Münchhausen (gest. 1696), fol. B 2v.
1184 Vgl. etwa Carolus Paiot: *Tyrocinium Eloquentiae* 1672, S. 369–371; Otto Aicher: *Iter Oratorium* 1675, S. 272f. Darin sieht Ralf Georg Bogner die Regel der katholischen Leichenrede der Zeit. Vgl. Ralf Georg Bogner: Kommentar zum Trauersermon des Franz Peikhart. In: Predigten der Barockzeit. Texte und Kommentar. Hrsg. von Werner Welzig. Wien 1995 (Österreichische Akademie der Wissenschaften, Phil.-hist. Klasse, Sitzungsberichte 626), S. 642–645, hier S. 644.
1185 Matthias Sittard: LP auf Kaiser Ferdinand I. (gest. 1565), fol. B 4v/r.
1186 Vgl. Mechthild Habermann: Leichenpredigten des 17. Jahrhunderts im konfessionellen Kontext. In: Konfession und Sprache in der Frühen Neuzeit. Interdisziplinäre Perspektiven. Hrsg. von Jürgen Macha [u. a.]. Münster [u. a.] 2012 (Studien und Texte zum Mittelalter und zur frühen Neuzeit 18), S. 63–84, hier S. 71. Ähnlich auch Johann Anselm Steiger: *Oratio panegyrica* 1999, S. 110, 130.
1187 Vgl. Tridentinum, Sessio VI, Kanones über die Rechtfertigung, Kan. 30. In: Denzinger, Nr. 1580.

lobt, dient dieses Vorgehen dem Beweis über das gottgefällig geführte Leben, das letztlich entscheidend für das Seelenheil des Verstorbenen ist. Darin aber wird auch der Trost der Hinterbliebenen formuliert.

In diesem Wechselspiel von *laudatio* und *lamentatio* wird dann auch deutlich, warum die katholischen Prediger das Vergießen von Tränen nicht nur zulassen, sondern es geradezu als Recht und Pflicht der Trauernden fordern. Die Tränen der Trauer pendeln zwischen der Klage über den Verlust und dem Lob des Verstorbenen und sind im Horizont der Heilsunsicherheit ein Werk für den Toten und dessen postmortales Geschick.[1188] Der Prediger des Jesuitenordens Wolfgang Schallerer hält bei dem *Grab=Gedächtnuß*,[1189] der Gedenkfeierlichkeit am Jahrestag des Todes der Kurfürstin von Bayern, Anna Maria, eine *Lob= Red*,[1190] die zunächst auf den quälend langen Zeitraum zwischen dem Tod der Verstorbenen und dem Trauergottesdienst im Folgejahr eingeht. Der Jahrtag sei die Gelegenheit, »den lang eingeschloßnen Schmertzen durch nothwendigen Außguß zu ringeren«[1191] und das Herz durch Weinen von den angeschwollenen Fluten der Trauer zu befreien.[1192] Mit Sir 22,10 (›super mortuum plora defecit enim lux eius‹) fundiert der Prediger das Gesagte biblisch und führt weiter aus: »Weine über den Todten/ auch mit offentlichem Verguß der Zäher/ vnd beygefügten Seuffzeren/ vnd klagender Stimm [...].«[1193] Die Heranziehung der Heiligen Schrift legitimiert die Linderung der Trauer durch Weinen und Klagen und ist überdies die Grundlage für das wiederkehrende Vergießen der Tränen an den Jahrtagen. Für die Lebenden sind Tränen ein Mittel des Ausdrucks zugleich der Überwindung des Trauerschmerzes, wie Schallerer mit Sir 38,16 (›fili in mortuum produc lacrimas et quasi dira passus incipe plorare et secundum iudicium contine corpus illius et non despicias sepulturam illius‹) erklärt:

> Fange je bitterer an zu weinen/ je grösseren Schmertzen du/ auß langwirigem Leyden von gebundener Zungen verursacht/ außgestanden: Wirff [...] deinen gantzen Sinn vnd Verstandt/ so fassen kan den erlidtenen Verlurst/ gleich als ein Trawer=Decken/ vnd Baar=Thuch mit Klag=Gedancken vnnd offentlichen Bezeigungen gesticket/ auff den Todt=Verblichnen.[1194]

Schallerer greift dann auf den Trostbrief des Paulinus von Nola an Pammachius zurück, den schon Cornelius a Lapide in seinem Kommentar zum Sirachbuch in ganz ähnlichem Zusammenhang zitierte.[1195] »Sanct Paulinus«, so Schallerer,

---

1188 Vgl. auch Ute Mennecke-Haustein: *Luthers Trostbriefe* 1989, S. 104.
1189 Wolfgang Schallerer: LP auf Maria Anna von Bayern (gest. 1665), Titelblatt.
1190 Ebd.
1191 Ebd., S. 1.
1192 Vgl. ebd.
1193 Ebd., S. 2.
1194 Ebd., S. 3.
1195 Vgl. Kap. II.A.2.

räume ein, »daß wir/ gleichsamb zu Außdämpffung deß Schmertzens/ die Zäher können verlängeren.«[1196] Während der jesuitische Exeget diese Worte des Paulinus von Nola dahingehend deutet, dass in der Trauer ein rechtes Maß einzuhalten sei, ist es für Schallerer gerade die heftige, lang andauernde Traueräußerung durch Weinen und Klagen, die er mit dem Brief an Pammachius legitimieren möchte. Das Vergießen von Tränen hat eine befreiende Wirkung, die das von Trauer erfasste Herz erleichtert und für die *consolatio* öffnet.[1197] Daher kann die Erregung von Tränen der Trauer im Sinne des *donum lacrimarum* auch als Aufgabe der Leichenpredigt angesehen werden.[1198]

Was die Tränen der Trauer für den Toten bedeuten, zeigt etwa eine Predigt, die Martin Eisengrein 1564 in einer Predigtsammlung veröffentlicht.[1199] Das an den Kardinal Otto Truchseß von Waldburg gerichtete Vorwort macht deutlich, wie sehr Begräbniszeremonien und Leichenpredigten in ihren festgelegten Handlungsmustern Teil der konfessionellen Identität sind. Eisengrein beklagt »die grosse vneinigkeyt vnd verwürrung«, die »in der kirchen Gottes/ von ettlichen vnrüwgen Gaystern ist angericht worden.«[1200] Es sei noch nicht lange her, dass die Christen in ganz Deutschland und den umliegenden Landen »ein hertz vnd ein[e] seel« waren.[1201] Jetzt aber herrsche große Verwirrung sowohl hinsichtlich der Glaubensfragen,[1202] als auch hinsichtlich des Gottesdienstes und der »Caeremonien«:[1203]

> Jst man nit von den alten/ gutten/ löblichen Kirchen gebreüchen/ mutwillger weyß/ an vilen orten abgewychen? Seind nit vil Gottselige/ nutzliche Caeremonien be den leütten in höchste verachtung kommen?[1204]

Die Reformatoren bewirkten in ihrer Kritik an der katholischen Lehre und ihrer Umsetzung in der kirchlichen Praxis auch eine Neuakzentuierung in der Theologie von Sterben und Tod.[1205] Der »frömmigkeitsgeschichtliche Neuanfang«[1206] setzt besonders mit Martin Luthers *Sermon von der bereytung zum*

1196 Wolfgang Schallerer: LP auf Maria Anna von Bayern (gest. 1665), S. 3.
1197 Vgl. dazu Peter von Moos: *Consolatio* Bd. 1, C 148 mit weiteren Belegen.
1198 Vgl. ebd.
1199 Martin Eisengrein: Sechsz Christlicher Leichpredigen. Wie man die Verstorbne glaubigen klagen/ Auch Christlich vnd ehrlich zü der Erden bestatten solle. Vnd Ob den Verstorbnen mit Betten/ Vigilien/ Seelmessen/ vnnd andern Caeremonien [...] geholfen seye. Es wirdt auch [...] Vom Fegfevr [...] ein Bericht gegeben. Ingolstadt 1564.
1200 Ebd., fol. A 3r.
1201 Ebd., fol. A 2v. Vgl. Apg 4,32.
1202 Vgl. ebd., fol. A 3r.
1203 Ebd., fol. A 3v.
1204 Ebd.
1205 Vgl. hierzu und zum Folgenden Norbert Bolin: ›Sterben ist mein Gewinn‹ 1989, S. 47–82.
1206 Rudolf Lenz: Art. Leichenpredigt. In: Theologische Realenzyklopädie 20 (1990), S. 665–669, hier S. 666.

sterben aus dem Jahr 1519 ein.[1207] Zur umfangreichen Literatur der *ars moriendi* gehörig und an die spätmittelalterliche Tradition anknüpfend, möchte diese Schrift den Sterbenden dazu rüsten, »geystlich« und »leyplich oder eußerlich« Abschied von dieser Welt zu nehmen.[1208]

> Du must den todt/ nit yn yhm selbs/ noch yn dir odder deyner natur/ noch yn denen/ die durch gottis zorn getodtet seyn/ die der todt vbir wunden hatt/ ansehen/ odder betrachten/ du bist anders vorloren/ vnd wirst mit yhn vbir wunden Sondern deyn augen/ deyns hertzen gedancken/ vnnd alle deyne syn gewaltiglich keren von dem selben bild/ vnd den todt/ starck vnd emsig ansehen/ nur yn denen/ die yn gottis gnaden gestorben/ vnd den todt vbir wunden haben/ furnemlich yn Christo/ darnach/ yn allen seynen heyligen. Sich yn dißen bilden/ wirt dir der todt nit schrecklich noch grewlich/ ia vorachtet vnd getoedtet vnd ym leben erwurget/ vnd vbir wunden.[1209]

Luther akzentuiert den Tod als Mahnung an die Lebenden, den Blick über das menschliche Sterben hinaus auf Christus und dessen Tod und Auferstehung zu richten. In dieser Umdeutung von Tod und Sterben praktiziert die Leichen-predigt Seelsorge und evangelische Verkündigung an die Lebenden. Da im Au-genblick des Todes das Schicksal des Menschen bereits von Gott entschieden ist,[1210] verwirft Luther die »Bepstlichen Grewel/ als Vigilien/ Seelmessen/ Be-gengnis/ Fegfewr vnd alles ander Gauckelwerck«, das »fur die Todten getrieben« wird.[1211] Nicht Zeremonien, menschliches Wollen oder Zutun entscheiden über die Seligkeit, sondern allein das Sterben im Vertrauen auf den Erlöser.[1212] So kommt der Totenfeier und mit ihr auch der Leichenpredigt eine neue Funktion zu: Während die *cura pro mortuis* der patristischen und mittelalterlichen Lei-chenreden den Toten und besonders dessen Seelenheil im Mittelpunkt der Be-gräbnisfeierlichkeiten sahen, ist die lutherische Leichenpredigt Gottesdienst und dient dem Lobpreis Gottes, der Belehrung, Tröstung und Stärkung im Glauben.[1213] Die Verkündigung des Evangeliums und der christlichen Aufer-stehungshoffnung in Gestalt von *doctrina* und *consolatio* sollte den Lebenden ein bewegendes *memento mori* sein.[1214] Die Leichenrede hat sich zur Leichenpredigt

---

1207 Abgedruckt in WA 2,685–697.

1208 Ebd., 685,10,13.

1209 Ebd., 689,3–11.

1210 Vgl. ebd., 690,16 f.: »du must doch gott lassenn/ gott seyn/ das er wisse mehr von dir wan du selbs.«

1211 WA 35,478,26–28 (Vorrede zu der Sammlung der Begräbnislieder 1542).

1212 Vgl. Lukas Lorbeer: *Sterbe- und Ewigkeitslieder* 2012, S. 598.

1213 Vgl. Rudolf Lenz: *De mortuis* 1990, S. 9; Sibylle Rusterholz: *Rostra Sarg und Predigtstuhl* 1974, S. 35 u. 38; Eberhard Winkler: *Die Leichenpredigt* 1967, S. 30 f.

1214 Vgl. Friedhelm Jürgensmeier: *Die Leichenpredigt* 1975, S. 132; Irene Dingel: »Recht glauben, christlich leben und seliglich streben«. Leichenpredigt als evangelische Ver-kündigung im 16. Jahrhundert. In: *Leichenpredigten als Quelle historischer Wissenschaf-ten* 4 2004, S. 9–36, hier S. 26.

gewandelt, die wie jede andere Predigt – allerdings in einem Moment, der durch den Tod eines Menschen gegeben ist – eine Gelegenheit ist, das Wort Gottes zu verkünden.[1215] Dient das gottesdienstliche Handeln dem Verstorbenen und dessen Seelenheil, ist der Ritus in der heiligen Sprache – »nemlich in der Lateynischen«, wie Eisengrein bemerkt[1216] – von entscheidender Bedeutung. Das Gebetsgeschehen zu Gott verwirklicht sich dann durch rituelle Handlungen, die eingebettet sind in symbolische Elemente wie Weihwasser, Weihrauch, Kreuzzeichen und auch Kerzen.[1217] Das Vorwort Eisengreins geht auf den katholischen Ritus ein und stellt fest, dass die »Besingknussen [...] nit allein ein eüsserlich Spectakel vnd blosse Caeremonien« seien, »sonder ein werck das in Göttlicher hailiger schrifft gegründet/ vnd den verstorbnen glaubigen zum höchsten notwendig vnd nutzlich seye«.[1218] Die lutherische Begräbnisliturgie rückt dagegen die Auferstehungshoffnung in den Mittelpunkt. Wenn das rituelle Handeln ein tröstliches und stärkendes Verkündigungsgeschehen in Richtung der Lebenden ist, muss diese Verkündigung in der für die Adressaten verständigen Volkssprache erfolgen.[1219] Zeichenhaft-rituelle Handlungen und Elemente werden dann obsolet, was Martin Eisengrein ebenso beklagt: Es seien »öde Kirchen«, die weniger Gotteshäusern als eher Trinkstuben glichen:[1220]

> Dann da singt man kein Mettin mehr/ kein Vesper/ kein recht Ampt/ kein Vigil/ kein Placebo. Man Reücht nit/ man hat kein gweicht Wasser/ kein gweicht Saltz/ kein gweichte Kertzen/ kein gweiche Palmen. Man firmet nicht/ man Beichtet nicht/ man Opffert nit/ man Orgelt nit/ man versihet nymandts mit dem H. Sacrament der letsten ölung.[1221]

Durch die Abhandlung »allerlay strittige[r] materien« möchte Eisengrein den Lästerungen »des laydigen Sathans vnd seiner diener« entgegentreten und die Lehren der katholische Kirche für »reyn erklären«.[1222] Unter den Betrachtungen des Predigers, die sich etwa der rechten Trauer oder der Fürbitte für die armen Seelen im Fegefeuer widmen, findet sich auch eine Predigt mit dem Titel *Warumb man so stet für die Abgestorbnen bette/ Erste/ Sybene/ Dreissigste/ Jartäg halte/ vnd was solche bedeütten.*[1223] Die regelmäßigen Gedenkfeiern, das lange

---

1215 Vgl. Sibylle Rusterholz: *Rostra Sarg und Predigtstuhl* 1974, S. 35; Eberhard Winkler: *Die Leichenpredigt* 1967, S. 30.
1216 Martin Eisengrein: *Sechsz Christlicher Leichpredigen* 1564, fol. A 3r.
1217 Vgl. dazu auch Jürgen Bärsch: *Ordo Exsequiarum* 2014.
1218 Martin Eisengrein: *Sechsz Christlicher Leichpredigen* 1564, fol. B 4r.
1219 Jürgen Bärsch: *Ordo Exsequiarum* 2014, S. 322.
1220 Martin Eisengrein: *Sechsz Christlicher Leichpredigen* 1564, fol. A 3v.
1221 Ebd., fol. A 4r.
1222 Ebd., fol. B 3r.
1223 Ebd., fol. V 2r.

Trauern und die Tränen für den Toten, die etwa Wolfgang Schallerers Predigt zum Jahrtag des Todes der Kurfürstin einfordert,[1224] richten sich Eisengrein zufolge allein auf das Jenseitsergehen des Toten:

> Dieweil wir auff diser welt nit aigentlich vnd gründlich wissen [...] wie es ein gstalt mit den verstorbnen in jhener welt habe/ so ist es vil besser wir thun jme mit betten zuvil/ als das wir jm zu wenig thun/ vnd sie es mit jrem grossen schaden müssen büssen.[1225]

Wenn das Konzil von Trient in dem Dekret über die Rechtfertigung festhält, »nullus scire valeat certitudine fidei, cui non potest subesse falsum, se gratiam dei esse consecutum«,[1226] wird dem Menschen eine Mitverwirklichung seines Heils zugesprochen, die aber nie zu einer persönlichen Heilsgewissheit führen kann.[1227] Die Tränen der Trauer sind in dieser dogmatischen Position »erquickung vnd menschlich[e] hilff« für die Versorbenen.[1228] Ohne Frage wird in den katholischen Leichenpredigten auch zu Gebeten als Trost in der Trauer gemahnt. Georg Pistorius etwa rät, »sich der Fürbitt gewißer Heiligen Gottes [...] [zu] befehlen«.[1229] Die Mahnung »Bettet jhme/ vnd vns zu Hülff vnd Trost ein Andächtiges Vater vnser/ vnd Ave Maria«,[1230] die in dieser oder ähnlicher Form nahezu jede der von Pistorius veröffentlichten Musterpredigten abschließt,[1231] stellt Gott und Maria als *consolatores* vor Augen. Die Zuflucht zu »Gott dem Himmlischen Artzet«,[1232] die der Katholik an anderer Stelle zu nehmen rät, ist auch ein den lutherischen Leichenpredigern bekanntes Trostmittel.[1233] Zuflucht finde der Trauernde aber auch – und hierin zeigt sich eine tiefe konfessionelle Differenz – in der Anrufung der Heiligen und besonders auch Mariä. Während die lutherische Theologie scharfe Kritik an einer biblisch nicht fundierten, übermäßigen Marienfrömmigkeit übt, die Gefahr laufe, Maria eine Erlöserinnenrolle zuzumessen, die doch schriftgemäß nur Christus zukomme (vgl. 1 Tim 2,5),[1234] bleibt Maria als »Helferin der Armen und Schwachen« in der katholi-

---

1224 Wolfgang Schallerer: LP auf Maria Anna von Bayern (gest. 1665), S. 1 u. passim.

1225 Martin Eisengrein: *Sechsz Christlicher Leichpredigen* 1564, fol. Y 3r.

1226 Tridentinum, Sessio VI, Dekret über die Rechtfertigung, Kap. 9. In: Denzinger, Nr. 1534.

1227 Vgl. dazu auch Stephanus Pfürtner: *Luther und Thomas* 1961, hier S. 34f.

1228 Martin Eisengrein: *Sechsz Christlicher Leichpredigen* 1564, fol. B 1v.

1229 Georg Pistorius: *Klaghauß* 1663, S. 57.

1230 Ebd., S. 215.

1231 Vgl. ebd., etwa S. 4, 7, 95, 121, 223 u. 311.

1232 Ebd., S. 44.

1233 Vgl. weiter oben die Ausführungen zu inneren und äußeren Mitteln des Trostes im Luthertum.

1234 Zu Luthers Kritik an der katholischen Marienfrömmigkeit und zu der lutherischen Mariologie siehe Johann Anselm Steiger: Fünf Zentralthemen der Theologie Luthers und seiner Erben. Communicatio – Imago – Figura – Maria – Exempla. Leiden [u. a.] 2002 (Studies in the History of Christian thought 104), S. 219–249. Relevante Forschungsarbeiten zur lutherischen Mariologie verzeichnet S. 219, Anm. 1. Außerdem Christoph

schen Tradition stets präsent.[1235] Gerade auch in der katholischen Betrachtung der Passion Christi ist Maria unter dem Kreuz eine wichtige Bezugsperson für den Glaubenden.[1236] Die intensive Anteilnahme an dem Leiden ihres Sohnes macht die *mater dolorosa* nicht nur zum tröstlichen Vorbild. Mehr noch ist die den Trauerschmerz willig ertragende Mutter durch ihre Tugendhaftigkeit qualifiziert, als Mittlerin zwischen Gott und den Menschen zu fungieren.[1237] Zusammen mit der Leichenpredigt dienen Fürbitten und Gebete also nicht nur der verstorbenen Seele, sondern sind auch für die Hinterbliebenen Medien der Trauerlinderung. Durch sie wird der tröstliche »Affekt der Hoffnung« erweckt, wie es noch 1784 in der Predigtlehre des Katholiken Johann Joseph Adam Roppelt (1747–1794) Bestätigung findet.[1238] Roppelt zählt zu den konsolatorischen Aufgaben einer Leichenpredigt das Aufzeigen der Hoffnung auf Heilserlangung.[1239] Eine Leichenpredigt von Dominikus Renner nimmt diese Intention in der Rede über die Zuflucht bei Maria auf und erklärt mit Bernhard von Clairvaux, dass durch den Willen Gottes »Maria der Canal seye/ durch welchen alle himmlische Gnaden in vns fliessen«.[1240] Niemand könne daher das ewige Heil genießen, als durch die »heyl finderin Maria«.[1241] Aber auch andere Heilige werden in der Anfechtung der Trauer angerufen, wie die Leichenpredigt auf den Bischof Albert Sigmund lobend erwähnt:

> Weiter so hat Sein Durchleucht nach Maria, auff best Catholisch/ absonderlich den heiligen Sebastianum, den heiligen Joseph, Barbaram, den heiligen Franciscum Seraph, den heiligen Ignatium de Lojola, den heiligen Franciscum Xaverium, den heiligen Antonium von Padua, Petrum de Alcantara, wie nit weniger die H. Prosper, vnd Felix, verehret; selbige [...] vmb Jhro Durchleuchtigkeit bey Gott Gnade/ Stärcke vnd Krafft zu erwerben [...] demüthig vnd hertzlich angeschryen.[1242]

Burger: Marias Lied in Luthers Deutung. Der Kommentar zum Magnifikat (Lk 1,46b–55) aus den Jahren 1520/21. Tübingen 2007 (Spätmittelalter und Reformation. Neue Reihe 34).

1235 Josef Imbach: Marienverehrung zwischen Glaube und Aberglaube. Düsseldorf 2008, S. 3.

1236 Dies ist ein wichtiger Grund der lutherischen Kritik: Nicht Maria habe die Sündenvergebung erworben, sondern allein Christus, der daher im Mittelpunkt der Passionsbetrachtung stehen sollte. Vgl. WA 28,402,19–22 (Wochenpredigten über Joh. 16–20 1528/29). Siehe auch Johann Anselm Steiger: *Fünf Zentralthemen* 2002, S. 223f.

1237 Vgl. Elke Bayer: Art. Schmerzensmutter III. Mittelhochdeutsche Literatur. In: Marienlexikon. Bd. 6. Hrsg. v. Remigius Bäumer u. Leo Scheffczyk. St. Ottilien 1994, S. 29–31, hier S. 29; Josef Imbach: *Marienverehrung* 2008, S. 15.

1238 Johann Joseph Adam Roppelt: Anleitung zur praktischen geistlichen Beredsamkeit zum Gebrauche der Lehrlinge bey den öffentlichen Vorlesungen. Bamberg 1784, S. 143. Zu Roppelt siehe DBA I 1053,300–302.

1239 Ebd.

1240 Dominikus Renner: LP auf Stephan Malgarita 1676, S. 21. Vgl. Bernhard von Clairvaux: Sermo In Nativitate Beatae Mariae 7. In: Ders.: Opera. Bd. 5, 2. Hrsg. v. Jean Leclercq [u.a.]. Rom 1968, S. 279, Z. 8.

1241 Dominikus Renner: LP auf Stephan Malgarita 1676, S. 22.

1242 Marcellian Dalhover: LP auf Albrecht Sigmund 1685, S. 24.

2. Trost und Paränese angesichts des Todes

2.1. ›Der Herr hats gegeben/ der Herr hats genomen‹ (Hiob 1,21)

Ein Trostmotiv, das sich sowohl auf die Trauer, als auch auf die Furcht vor dem Tod bezieht, geht vom dem biblischen Gedanken aus, wonach Gott entsprechend Hiob 1,21 alleiniger Eigentümer des Lebens ist. Besonders in Leichenpredigten für früh verstorbene Kinder ist dieser Gedanke ein kräftiges Trostargument, welches die katholische Predigtsammlung *Klaghauß* etwa auf die Trauer der liebenden Eltern appliziert: Kinder seien »Hertz vnd Seel« der Eltern, »aber Gott liebte sie auch«, ist er doch »auff mehrere Weiß [...] Vatter« der Kinder.[1243] Pistorius weiß, dass der Tod eines Kindes schmerzlich und »leidentlich« ist,[1244] verweist aber auf den von Hieronymus verfassten Nekrolog *Ad Paulam de morte Blaesillae:*[1245] »Raptus est vnicus Filius, sed tolerabile, quia sustulit ille, qui dederat«.[1246] Das Leben sei allein in Gottes Händen: Er gibt Leben und er nimmt Leben, wenn er die Kinder »zeitlich zu sich« holt.[1247] Zur Stützung dieses Argumentes zieht der Katholik einen weiteren altkirchlichen Autor hinzu und erinnert mit Chrysostomos, dass Gott mit dem Tod eines Kindes von den Eltern das abfordere, »was er jhnen auffzubehalten in depositum« anvertraute.[1248] Weil also die Kinder gleichsam geliehen sind, sollen die Eltern bei deren Tod nicht verzweifeln oder gar aufbegehren, sondern sich Gott zuwenden und seinen Ratschluss annehmen.[1249] Selbst Hiob, der »durch einen vnuersehenen Einfall eines Hauß[es] auff einmal aller seiner lieben Kinderen beraubt« wurde (vgl. Hiob 1,18f.),[1250] sprach mit »gantz standhafftigem Gemüth vnd grosser Geduld«: ›Dominus dedit Dominus abstulit‹ (Hiob 1,21).[1251] Den Ratschluss Gottes willig anzunehmen rät auch das *TrostBuch* Kaspar Ulenbergs:

> Denen dingen/ die dir zu hoch sind/ frage nicht nach/ vnd was dir zugewalt ist/ das wollestu nicht durchforschen/ sonder was dir Gott gebotten hat/ dem gedencke stats

---

1243 Georg Pistorius: *Klaghauß* 1663, S. 6.

1244 Ebd., S. 7.

1245 Vgl. dazu Barbara Feichtinger: Konsolationstopik und »Sitz im Leben«. Hieronymus' ep. 39 ad Paulam de obitu Blesillae im Spannungsfeld zwischen christlicher Genusadaption und Lesermanipulation. In: Jahrbuch für Antike und Christentum 38 (1995), S. 75–90.

1246 Georg Pistorius: *Klaghauß* 1663, S. 6. Vgl. Hieronymus: Ad Paulam de morte Blaesillae 2. In: Ders.: Epistulae. Pars I. Hrsg. v. Isidor Hildberg. Wien 1910 (Corpus Scriptorum Ecclesiasticorum Latinorum 54), S. 297, Z. 13–15.

1247 Georg Pistorius: *Klaghauß* 1663, S. 6.

1248 Ebd., S. 7. Vgl. Johannes Chrysostomos: Homiliae in epistulam primam ad Thimotheum, cap. II. Homil. IX, 24. In: Ders.: Opera omnia quae exstant. Bd. 11. Paris 1862 (Migne Patrologiae cursus completus. Series Graeca 62), Sp. 546.

1249 Vgl. Georg Pistorius: *Klaghauß* 1663, S. 7.

1250 Ebd., S. 3.

1251 Ebd.

nach. Nun hat vns Gott nicht gebotten/ das wir außforschen/ was er in seinem geheimen rath handle; sonder das wir jhm dienen/ vnd sein gebott halten sollen.[1252]

Dem Willen Gottes, sei er noch so schmerzlich und unergründlich, solle sich der
Trauernde also »ergeben«.[1253] Ulenberg mahnt dazu, weniger die drohende
Verdammnis zu fürchten, als vielmehr auf die Seligkeit des Verstorbenen zu
hoffen.[1254]

Das Vertrauen auf die leitende Hand Gottes betonen auch lutherische Leichenpredigten. »Wie unglükseelig« würde es mit dem Menschen »auß« sein,
würde dieser nicht von Gott geleitet, erkennt etwa Johannes Heinrich Epplinus.[1255] Daher mahnt der Lutheraner, sich dem Willen des Herren geduldig zu
fügen, stellt dies aber in den Horizont des Vertrauens an Christus, »der dem Tod
die Macht genommen/ und das Leben/ und ein unvergängliches Wesen ans Licht
gebracht« hat (vgl. 2Tim 1,10).[1256] Wie sich Paulus in seinem Brief an Timotheus
ganz der Gewissheit anvertraut, dass sein Heil allein bei Christus liegt, ›der sich
selbs gegeben hat fur alle/ zur Erlösung‹ (1Tim 2,6), könne der von Trauer und
Tod angefochtene Christ des verheißenen Heils gewiss sein.[1257] Vor diesem
Hintergrund wird dann auch der in Hiob 1,21 formulierte Gedanke, dass alles
Leben in der Hand Gottes ist, tröstlich appliziert:

> Doch sollen wir das Deo gratias nicht allzeit so lang sparen/ biß wir völlige Errettung
> vnd Erlösung erlangen/ sondern auch mit vnter dem Creutz vnsern Lobgesang hören
> lassen/ denn der Herr ist freundlich/ vnd tröstet vns in Nöthen/ vnd verheisset seine
> Erlösung. Das thut Hiob/ in seinem grossen Haußcreutz saget er: Der Herr hats ge-
> geben/ der Herr hats genommen/ des Herrn Name sey gelobet/ Hiob am I.[1258]

Kinder kämen zwar von ihren Eltern, bemerkt der Lutheraner Johann Quandt,
doch sind sie von Gott gebildet und durch seinen Segen gezeugt, »so daß Gott
daher das Ober=Recht über die Kinder gebühret.«[1259] In der Gewissheit des
künftigen Lebens, auf die Quandt mit Mk 10,14 (›Da es aber Jhesus sahe/ ward er
vnwillig/ vnd sprach zu jnen/ Lasst die Kindlin zu mir komen/ vnd weret jnen
nicht/ Denn solcher ist das reich Gottes‹) zu sprechen kommt, können trauernde
Eltern ihre Kinder sorglos in die Hand des Vaters zurückgeben:[1260] »Darumb
gläube/ daß denen/ die Gott lieben/ alle Ding zum besten dienen/ Röm.8/ 28.«[1261]

1252 Kaspar Ulenberg: TrostBuch 1603, S. 529f.
1253 Michael a Sanctis Angelis: LP auf Maria Anna von Bayern (gest. 1665), S. 19.
1254 Vgl. Kaspar Ulenberg: TrostBuch 1603, S. 530.
1255 Johannes Heinrich Epplinus: LP auf Johann Marcellus Westerfeld 1678, S. 21.
1256 Ebd., S. 9.
1257 Vgl. ebd., S. 11.
1258 Polycarp Leyser: LP auf Regina Schröter (gest. 1630), fol. C 3r.
1259 Johann Quandt: LP auf Reinhold Heinrich von Kohlen 1698, S. 4f.
1260 Vgl. ebd.
1261 Johann Andreas Lucius: LP auf Sophie Löbe (gest. 1664), fol. B 4v.

Der Vers des Hiobbuches ›Der Herr hats gegeben/ der Herr hats genomen‹ (Hiob 1,21) wird überkonfessionell als Trost in der Trauer appliziert. Jedoch werden konfessionelle Differenzen deutlich, die sich besonders in der Auslegung und Verwendung des Verses innerhalb der Leichenpredigten und Trostbücher niederschlagen. Die katholischen und lutherischen Prediger stellen zunächst Gott als den Herrn über das Leben vor Augen: Er ist es, der über Kommen und Gehen des Menschen entscheidet. In beiden Konfessionen wird der Tod als Teil des erlösenden Handeln Gottes am Menschen erfahrbar.[1262] Als »theologische[m] Schnittpunkt von Rechtfertigungslehre und Eschatologie«[1263] kommt jedoch dem Gewissheitsbegriff eine entscheidende Bedeutung zu: Der katholische Glaubenssatz, demzufolge der Mensch in Heilsfragen zu keiner Gewissheit kommen könne,[1264] führt in der tröstlichen Anwendung von Hiob 1,21 zu der Mahnung, den Ratschluss Gottes willig anzunehmen. Dem würde auch ein lutherischer Leichenprediger zustimmen. Jedoch gründet der ›katholische Gehorsam‹ in der Ungewissheit über den Zustand nach dem Tod und damit in der daraus folgenden Notwendigkeit menschlicher und kirchlicher Vergewisserungsstrategien. Der Jesuit Georg Scherer, ein gewandter und rhetorisch geschickter Kontroversprediger, kommt in seiner Leichenpredigt auf den Freiherrn Hans Preiner auf diesen Zusammenhang zu sprechen:

> Es sey weit von vns daß wir in vnser sterbstund vns in jemand andern rhümen wolten dann in dem Creutz Jhesu Christi/ in welchem stehet vnser Heil/ Leben vnd Aufferstehung/ daneben aber seind die Mittel nicht außzuschlagen dadurch einer disen Faden an sich zeucht/ vnd sich deß Leidens Christi habhafft machet/ was hülffe es/ wann ich vil vom Leiden vnd verdiensten Christi pladern wolte/ vnd daneben verachten die Mittel dadurch einer solches Leiden vnnd verdienst an sich bringt vnd jhm nutz machet. [...] Es werden aber darumb nicht alle Selig/ dann nicht alle können diselbig kunst solchen Todt jhnen nit zu appliciern vnd zueignen/ durch ordentliche mittel.[1265]

1262 Vgl. etwa ebd.: »Darumb gläube/ daß denen/ die Gott lieben/ alle Ding zum besten dienen/ Röm.8/ 28« oder der Katholik Johann Lorenz Helbig, der trauernde Eltern daran erinnert, dass Gott die gute Seele der Kinder bewahrt, bevor diese durch die Bosheit der Welt aus dem Stand der Unschuld zu Sündern verkehrt werden. Vgl. Johann Lorenz Helbig: *Traurige Gedancken* 1704, S. 488.

1263 Michael Basse: Certitudo Spei. Thomas von Aquins Begründung der Hoffnungsgewißheit und ihre Rezeption bis zum Konzil von Trient als ein Beitrag zur Verhältnisbestimmung von Eschatologie und Rechtfertigungslehre. Göttingen 1993 (Forschungen zur systematischen und ökumenischen Theologie 69), S. 186.

1264 Vgl. dazu das Dekret über die Rechtfertigung des Konzils von Trient, Kap. 9. In: Denzinger, Nr. 1533, 1534. Vgl. auch die Konones über die Rechtfertigung, Kan. 13–15. In: Ebd., Nr. 1563–1565.

1265 Georg Scherer: Leichpredig bey der Christlichen Begrebnuß Des Wollgebornen Herrn/ Herrn Hansen Preinners Freiherrn [...]. In: Ders.: Ander Theil/ Begreifft neben einem außführlichen vnd der zeit hochnützlichen Catechismo ein vnd sibentzig Predigen von vnterschidlichen materien [...]. Kloster Bruck 1600, fol. 368r–372r, hier fol. 371r/v.

Scherer zufolge geht es also um die rechte *applicatio* des Verdienstes Christi. Der Jesuit warnt vor falscher Sicherheit des Glaubenden und knüpft die Erlösung an Bedingungen: Nur der Gebrauch der rechten Mittel kann zu einer Vergewisserung führen. Doch wird deutlich, dass längst nicht alle selig werden können. Die Vergewisserung bleibt also bruchstückhaft und daher umso mehr an die kirchliche Heilsverwaltung gebunden. Zu den Mitteln, sich das Verdienst Christi zuzueignen, zählt auch die Leichenpredigt, wenn sie den rechten Lebenswandel des Verstorbenen vor Augen führt und damit einen Beweis für sein (mögliches) »barmhertziges Urthel« liefert.[1266] Die der tröstlichen Auslegung von Hiob 1,21 folgende Rede vom Fügen in das gottgewollte Lebensgeschick wird dann in die Darstellung der »grosse[n] Verrichtungen« des Verstorbenen eingefügt.[1267] Für diesen Nachweis über das fromme Leben – und damit über den guten Tod – des Nikolaus Zrínyi, kommt etwa Andreas a Sancta Theresia näher auf die »Serenisch[e] Tugend vnd Tapferkeit« zu sprechen.[1268] Ähnlich beschreibt auch eine Leichenpredigt von Ernst Bidermann die »gleichständigkeit deß Gemüts« und die Resignation »in all[e] Anordnungen Gottes« sowie den Gebrauch der »heylmachenden« Sakramente als »die guldene Schlüssel zu der Porten deß Paradeiß«.[1269] Und Nikolaus Staudacher schließt seine Ausführungen zum Leben der Verstorbenen mit den Worten: »Weilen Jhr Tugend=sames Leben uns sichere Hoffnung macht/ daß Sie allbereit in den ewigen Freuden sich befinde.«[1270] Das willige Annehmen des gottgewollten Zustandes ist dann schon ein Verdienst, das neben der Erlösungstat Christi für die Erlangung der Seligkeit unerlässlich ist.

Das katholische Brauchtum, den Glauben des Sterbenden mit einer Reihe von Fragen zu prüfen und damit die Sterbebereitschaft festzustellen, nehmen auch die Leichenpredigten in ihren Berichten über die Sterbestunde auf. Die sogenannten »Anselmischen Fragen«[1271] erscheinen neben der *ars moriendi*-Literatur auch in den Ritualien, den liturgischen Büchern für Amtshandlungen des katholischen Priesters, und sind darin seit dem 14. Jahrhundert bis mindestens in das 17. Jahrhundert hinein zu finden.[1272] Dieser offizielle Charakter sichert dem Fragenformular lange Zeit eine feste Rolle in der Sterbeliturgie.[1273] In den

---

1266   Anton Ginther: LP auf Maria Elisabeth Theresia von Neuhaus (gest. 1691), S. 13.
1267   Andreas a Sancta Theresia: LP auf Nikolaus Zrínyi 1664, S. 10.
1268   Ebd., S. 11. Das dies von großer Bedeutung ist, liegt in der Tatsache, dass Zrínyi unvorbereitet und ohne den Empfang der »H. Sacramenten« bei einem Unfall starb. Vgl. ebd., S. 3.
1269   Ernst Bidermann: LP auf Ferdinand Karl Erzherzog von Österreich (gest. 1662), fol. G 2r.
1270   Nikolaus Staudacher: LP auf Elisabeth Amalia Magdalena 1710, S. 49.
1271   Die Autorschaft durch den Hl. Anselm von Canterbury ist zweifelhaft. Vgl. dazu Placidus Berger: Religiöses Brauchtum im Umkreis der Sterbeliturgie in Deutschland. Münster 1966 (Forschungen zur Volkskunde 41), S. 82.
1272   Vgl. ebd.
1273   Vgl. Claudia Resch: Trost im Angesicht des Todes. Frühe reformatorische Anleitungen zur

meisten Formeln bezieht sich die erste Frage auf den rechten Glauben des Sterbenden. Diese Frage darf in ihrer Position gleich zu Beginn als wichtigster Teil der Reihe angesehen werden.[1274] Das Paderborner Rituale von 1687 etwa formuliert die Eingangsfrage folgendermaßen:

> Mein Freund und Bruder (Freundinne und Schwester) glaubt jhr festiglich alle Puncten und Artickel des Glaubens/ und ins gemein alles was die Catholsiche Apostolische Römische Kirch befilcht zu glauben? Respondeat. Ja Herr/ also helff mir Gott.[1275]

Auffällig ist der ekklesiologische Schwerpunkt der Frage. Nicht der individuelle Glaube wird hier erfragt, sondern der Konsens mit dem Glauben der Kirche. Dass dies nicht allein in der Seelsorge am Sterbebett von großer Bedeutung ist, zeigt das Trostbuch Kaspar Ulenbergs, das in jeglicher *tentatio* des Glaubens empfiehlt, sich auf das zu verlassen, »was die heilige Kirche gleubet«, schließlich sei darin »die Seule vnd Grundfeste der warheit« zu finden.[1276]

Die Frage nach dem Glauben der Kirche ist in lutherischen Leichenpredigten, besonders auch im Blick auf die tröstliche Auslegung von Hiob 1,21, nicht zu finden. Die Zuversicht des einzelnen Glaubenden gründet allein auf der göttlichen Verheißung. Nicht fremde Vergewisserungsstrategien können den Glaubenden in Trauer oder Furcht trösten, sondern die seelsorgliche *applicatio* der Rechtfertigungslehre. Trost kann der Leidende demnach einzig in den von ihm persönlich angeeigneten Glaubenswahrheiten finden, mithin in der um Christi willen verheißenen Barmherzigkeit und der Gewissheit des künftigen Lebens. Das Wissen, dass Kraft der göttlichen Gnade der Tod in sein Gegenteil verkehrt wurde, führt dann auch in der Auslegung von Hiob 1,21 zu der Erkenntnis Gottes als des liebenden Vaters und zu den Mahnungen zum Gotteslob. Auch wenn der göttliche Wille vom Menschen oft als unergründlich und zornig empfunden wird, ist es ein guter Wille: Die Lehre vom Heilshandeln Gottes *sub contrario* wird dann tröstlich erfahrbar, wenn Gottes Handeln als eben dieser überlegene

---

    Seelsorge an Kranken und Sterbenden. Tübingen [u. a.] 2006 (Pietas liturgica 15), S. 31. Für einen Überblick der lateischen und deutschen Textfassungen siehe etwa Placidus Berger: *Religiöses Brauchtum* 1966, S. 83–107 und Balthasar Fischer: Ars moriendi. Der Anselm von Canterbury zugeschriebene Dialog mit einem Sterbenden. Ein untergegangenes Element der Sterbeliturgie und der Sterbebücher des Mittelalters. In: Im Angesicht des Todes. Ein interdisziplinäres Kompendium. Hrsg. v. Hansjakob Becker [u. a.]. Bd. 2. St. Ottilien 1987 (Pietas liturgica 4), S. 1363–1370.

1274 Vgl. Placidus Berger: *Religiöses Brauchtum* 1966, S. 86.

1275 Agenda Dioecesis Paderbornensis Rituali Romano accommodata Per [...] Dominum Hermannum Wernerum Episcopum Paderbornesem, S. R. I. Principem Comitem Pyrmontanum & Cath. Ecclesiae Hild. Praepositum. In gratiam Pastorum suae Dioecesis recens evulgata. Neuhaus 1687, S. 35.

1276 Kaspar Ulenberg: *TrostBuch* 1603, S. 347.

und gnädige Wille erkannt werden kann.[1277] Die Glaubenssicherheit müsse der Mensch selbst ergreifen, wie es etwa Balthasar Kupfer mahnt.[1278] Die evangelische Botschaft gründet, so die lutherischen Theologen, allein auf dem Wort Gottes,[1279] weswegen das sich Versenken in das göttliche Wort durch Schriftlektüre, Gebet oder Predigt als unbedingt notwendig erachtet wird.[1280]

2.2.   Der Tod als Ausgang aus dem Jammertal des Lebens

Aus dem produktiven Umgang der frühneuzeitlichen Theologen mit der Spannung zwischen dem rastlosen Dasein des Menschen und der Hoffnung auf die bleibende Stadt, wie es der Vers des Hebräerbriefes (Hebr 13,14) vor Augen stellt, ergibt sich ein weiteres Trostargument im Angesicht des Todes: Der Tod ein Freund, der den Menschen – freilich nur den glaubenden Menschen – aus der Not des Lebens befreit. Der Anblick des Todes bleibt, wie Johann Rist (1607–1667)[1281] es in seinem Lied *So wündsch' ich mir zu guter letzt* formuliert, »greulich« und erschreckend.[1282] Doch kann sich in dem Moment, in dem der Schrecken vor dem mächtigen Tod erst einmal überwunden ist, das hässliche Bild in einen tröstlichen Anblick wandeln:

> O vielbegehrter lieber Todt
>   Du bist zwar greulich anzusehen/
> Mir aber nicht/ weil du in Noth

1277 Zu Gottes Heilshandeln *sub contrario* in den Trostbriefen Luthers siehe Ute Mennecke-Haustein: *Luthers Trostbriefe* 1989, S. 257 f.

1278 Balthasar Kupfer: LP auf Johannes Philipp Lüdeke 1670, fol. B 3v.

1279 Das Prinzip *sola scriptura* wird überdies auch in der Verwendung und rhetorischen Verarbeitung von Schriftzitaten deutlich. Die lutherischen Leichenpredigten des Barock sind von Schriftbelegen durchdrungen, die häufig geradezu mit den Worten des Predigers verschwimmen: Es ist das Wort Gottes, das zur rhetorischen amplificatio der Lehren dient. Die hier untersuchten katholischen Leichenpredigten verarbeiten weit mehr Traditionszitate und Historien. Die Leichenpredigt auf Nikolaus Zrínyi von Andreas a Sancta Theresia etwa führt in einem kurzen Abschnitt Belege von Cyprian, Plinius, Seneca, Ambrosius und Ovid an. Vgl. Andreas a Sancta Theresia: LP auf Nikolaus Zrínyi 1664, S.10f. Nicht allein die Heilige Schrift ist die Autorität für dogmatische Beweise und das kirchliche Leben. Daneben spricht die römisch-katholische Lehre auch der Tradition und der Auslegung der Kirche eine Funktion als Offenbarungsquellen zu. Vgl. dazu das Dekret über die Annahme der heiligen Bücher und der Überlieferungen des Konzils von Trient. In: Denzinger, Nr. 1501 sowie das Dekret über die Vulgata-Ausgabe der Bibel und die Auslegungsweise der Heiligen Schrift. In: Ebd., Nr. 1507.

1280 Vgl. dazu etwa Simon Musäus: *Wider den Melancholischen Teuffel* 1569, fol. D 3r.

1281 Zu Rist vgl. etwa Eberhard Mannack/Johann Anselm Steiger: Art. Rist, Johann. In: Killy/Kühlmann 9 (2010), S. 668–670.

1282 Johann Rist: So wündsch' ich mir zu guter letzt. In: Johann Rist u. Johann Schop: Himmlische Lieder (1641/42). Kritisch hrsg. u. kommentiert v. Johann Anselm Steiger. Kritische Ed. des Notentextes v. Konrad Küster. Mit einer Einf. v. Inge Mager. Berlin 2012, S. 450f.

> Mich länger nicht wirst lassen stehen/
> Ich weis/ die Reichen fürchten dich/
> Die Könige der Welt erschrecken/
> Ich nicht also du tröstest mich/
> Weil du mich friedlich wilt bedecken.[1283]

Der katholische Prediger Georg Pistorius nutzt diesen tröstlichen Gedanken und bettet ihn in den biblischen Vers 1Joh 5,19 (›scimus quoniam ex Deo sumus et mundus totus in maligno positus est‹) ein: Die boshafte Welt, so Pistorius, sei der »Kindlen nit werth«.[1284]

> Wann ein trewer Vatter oder Mutter wahr nimbt/ daß jhr Kind vnder böse vnd ge-fährliche Gesellschafft gerathen/ lauffen sie zu/ zopffen [greifen] das Kind/ nemmens hinweg/ vnd führens heimb: Also mag Gott nit sehen/ daß die Kinder/ welche er hertzlich lieb hat/ in der Gottlosen Welt vnder den Bösen vmbgehen sollen.[1285]

Sieht also Gott ein Kind der Gefahr ausgesetzt, in große Laster zu geraten oder der boshaften Gesellschaft anheim zu fallen und dadurch den ewigen Tod zu sterben, nimmt er es zu sich.[1286] Ganz ähnlich rät der Katholik Johann Lorenz Helbig von der Trauer abzulassen, sei der Tote doch von diesem »vnseeligen/ trübseeligen/ müheseeligen/ armseeligen/ unglückseeligen/ gefährlichen vnd beschwerlichen zu dem ewigen glückseeligen Leben« gelangt.[1287] Der Tod sei das Ende von der Mühe und Arbeit, die in Ps 89,10 (Vulg.) beklagt wird, und führe aus der falschen, verlockenden Gesellschaft zum Vater.[1288] Im Horizont der Rede von der *militia Christiana* (vgl. Hiob 7,1)[1289] ist es Helbig zufolge Gott, der den Menschen aus dem Streit wider Teufel, böse Welt und eigenes Fleisch erlöst.[1290] Der Tod erscheint hier als Teil des göttlichen Erlösungshandelns, in dem die Liebe Gottes zu dem Menschen offenbar wird. Andererseits ist der Tod nach Hebr 9,27 das dem menschlichen Leben von Beginn an gesetzte Ende und damit »die Anlangung an das Gestatt der Sicherheit« und die »Vollziehung der Pil-gerfahrt«.[1291] Pistorius appliziert den tröstlichen Gedanken vom Tod als Freund des Menschen mit Bezug auf die biblischen Bilder vom Leben als Schifffahrt (vgl. Hiob 9,26; Sir 33,2; Sir 43,26) und Pilgerreise (etwa Gen 47,9; Ps 38,13 Vulg., Hebr 13,14).

Die Erkenntnis der Liebe Gottes, die letztlich die Grundlage für das tröstliche

---

1283 Ebd., Str. 6, Z. 1–4.
1284 Georg Pistorius: *Klaghauß* 1663, S. 5.
1285 Ebd.
1286 Vgl. ebd., S. 6.
1287 Johann Lorenz Helbig: *Traurige Gedancken* 1704, S. 483.
1288 Vgl. ebd.
1289 Vgl. dazu Kap. II.B.3.2.
1290 Vgl. ebd.
1291 Georg Pistorius: *Klaghauß* 1663, S. 8.

Bild des Todes als Freund ist, machen auch lutherische Leichenprediger in ihren Ausführungen fruchtbar. Martin Geier etwa hält der Trauer über den Verlust und der Angst vor dem Tod die Freude der Kinder Gottes entgegen: »Freude über angehend[e] freiheit von sünden und allem übel/ freude über ankunfft zum himmlischen wandel/ und anschauung Gottes.«[1292] Auch hier werden Trauer und Angst angesichts des Todes in Freude und Dankbarkeit umgewandelt. Ähnlich erkennt Johann Heermann in dem Tod das Ende von »Kummer vnd Jammer«, Sorge, Trübsal, »Schmertz vnd Kranckheit«.[1293] Der Tod ist daher eine »Wolthat/ die den gleubigen Kindern Gottes« widerfahre.[1294] »Da erkennet man denn allererst recht/ das kein anderer Hertzentröster [...] zu finden sey/ denn allein Jesus Christus«: Der Lutheraner Paul Jenisch (1558–1647)[1295] kommt in der Vorrede zu seinem 1595 veröffentlichten *Seelenschatz* auf die Gewissheit zu sprechen, die hinter der Rede vom Tod als Freund steht.[1296] Allein Christus nehme dem Tod die Macht.[1297] Der Trost besteht also in Christi Tod, der den zweiten, ewigen Tod (vgl. Off 20,6.20,14) überwunden hat. Jenisch zitiert an dieser Stelle Luther:

> Denn wie könte er jn lieblicher machen/ weder also/ da er jhm zeiget weggenonmen/ alle seine Krafft vnnd scheußliche gestalt: Vnnd inn dem Todt/ Leben vnnd Freude dargestellet? [...] Diser schreckliche Todt (welchen Schrifft den andern Todt heisset) ist nun hinweg genommen/ den Glaubigen/ durch Christum/ vnnd in seinem Leben verschlungen: Vnnd dafür gelassen ein klein Tödtlin/ ja einen Zucker tod: Da ein Christ stirbet nach dem Fleisch/ das ist/ auß allem Jammer/ Trawrigkeit/ vnnd Anfechtung/ zu allen ewigen Freude kommet.[1298]

Obgleich der Tod dem Menschen bitter erscheint und in Schrecken versetzt, kann er dem Gläubigen nicht schaden, ist er doch durch Christi Tod machtlos und mit Zucker überzogen. Sigmund von Birken lässt in seinem Gedicht *Sterbund Schwangesang, aus Herrn Gadebusch Lateinischem* das lyrische Ich zu einer Erkenntnis kommen, die als ein Kernpunkt lutherischer Frömmigkeit angesehen werden kann:

> Was ist, Leben hier auf Erden?
> Jst es nit ein stäter Todt?

1292 Martin Geier: LP auf Rachel von Rechenberg (gest. 1677), S. 5. Vgl. Phil 3,20.
1293 Johann Heermann: *Schola Mortis* 1628, S. 260.
1294 Ebd., S. 258.
1295 Vgl. DBA I 604,287–288; 1430,165.
1296 Paul Jenisch: *Seelenschatz* 1595, Vorrede, fol.)( )(7v.
1297 Vgl. ebd.
1298 Ebd., S. 483 f. Vgl. WA 22,100,37–101,13 (Kaspar Crucigers Sommerpostille 1544).

der nur kan getödet werden
durch die süsse Sterbens=Noth.[1299]

In der Gewissheit des von Christus überwundenen zweiten Todes ist die Sterbestunde der süße Ausgang aus dem Leben, das letztlich ein immerwährendes Sterben ist: Der Tod ist des Sterbens Tod. Die lutherischen Leichenprediger applizieren diese Gewissheit in der tröstlichen Lehre, dass alle den Menschen beschwerenden Widerwärtigkeiten, Trübsale und Anfechtungen des Lebens nur bis zum »Feyer=Abend«, dem »Sterb=Stündlein«, währen.[1300] Diejenigen, so etwa Georg Rudolphi mit Off 14,13 und Sir 40,1–3, die mit gläubigen Herzen sterben, finden Ruhe von der Arbeit und Mühe des Lebens.[1301]

Dass der Tod den Gläubigen aus dem »Sturmwind«[1302] des Lebens befreit und der Eingang in Freude und Sicherheit ist, applizieren auch katholische Leichenprediger. In dem »Creutz Jesu Christi« stehe »heil/ leben vnnd aufferstehung« des Menschen, erinnert etwa Matthias Tympe (1566–1616).[1303] Daher sei der Tag des Todes »glückseeliger vnd besser zuschätzen«, folgert Georg Pistorius, ist er doch Ende allen Elends und Beginn der Ruhe.[1304] Auch die katholische seelsorgliche Ratgeberliteratur erinnert an den Tod als Ausgang aus dem Jammertal. Johann Giendder etwa entwickelt diesen Gedanken innerhalb der Rede vom Leben als Schifffahrt:

> Ein Schiffmann/ der lang von widerwärtigen Sturmwind und mißgünstiger fortuna hin und her geworffen/ gesegelt/ freuet sich/ wann er einmal das Land und Gestad sihet/ wo er kan aussteigen.[1305]

In der Sterbestunde habe die Schifffahrt auf dem unruhigen Meer des Lebens ein Ende. Der Tod sei die »Ernd Zeit«, so Giendder weiter, »haben wir viel angebauet/ werden wir auch viel einscheiden [ernten]«.[1306] Auf den Zusammenhang zwischen rechter Lebensführung, die Giendder in den Bildern des Dienens und

---

1299 Sigmund von Birken: Sterb- und Schwangesang, aus Herrn Gadebusch Lateinischem. In: Ders.: *Todten-Andenken* Teil 1, Gedicht 2, Z. 97–100.
1300 Georg Rudolphi: LP auf Anna Christina Loth (gest. 1668), fol. B 3r.
1301 Vgl. ebd.
1302 Johann Giendder: *Seelen=Artzt* 1700, S. 235.
1303 Matthäus Tympe: Catholische Leichpredigen/ darinnen außfürlich von der kürtze vnd armseligkeit vnsers lebens/ von vnsern vier letzten Dingen/ von dem grossen Gnadenmittel der letzten Oelung/ vom Fegfewr/ vom Gebett für die verstorbnen/ von aufferstehung der Todten/ von vnserer Pilgerfart auff Erden/ vom geistlichen Creutz/ von der Buß/ vnd andern schönen materien [...] gehandelt wirt. An jetzo von newem mit sonderlichem fleiß gebessert/ vnd mit newen Leich= vnd Bußpredigen vermehret [...]. Münster 1609, S. 11. Zu Tympe vgl. Guillaume van Gemert: Art. Tympius, Matthaeus. In: Killy/Kühlmann 11 (2011), S. 652f.
1304 Georg Pistorius: *Klaghauß* 1663, S. 8.
1305 Johann Giendder: *Seelen=Artzt* 1700, S. 235.
1306 Ebd.

Kämpfens (vgl. 2Tim 4,7) zur Sprache bringt,[1307] und dem Tod als Lohn, kommt auch die Leichenpredigt auf die 1691 verstorbene Maria Elisabeth Theresia von Neuhaus zu sprechen. Die Verstorbene sei, so der Prediger Anton Ginther, ein »embsiges und sorgfältiges Jmmlein«, eine fleißige Biene, die »auß den al-ler=bittersten Tods=Kräutlen auch das süsseste Hönig der Andacht und Geduld formiert« habe.[1308] Das Oxymoron des *dulce amarum* der Sterbestunde, das sich aus der Spannung zwischen irdischem Hier und himmlischem Dort ergibt, wird von Ginther in die Ausführungen zum guten, gottgefälligen Lebenswandel ein-gebunden. Ist es in lutherischen Leichenpredigten die Erwartung der Süße, mithin der Ruhe und Sicherheit der himmlischen Heimat, die das zeitliche, bittere Leben bis hin zum Todesmoment versüßt, ist es für den katholischen Theologen die Standhaftigkeit und Geduld der Verstorbenen, die den Schrecken im Angesicht des Todes in Freude wandelt. Es ist schließlich die »Resignation« unter den Willen Gottes,[1309] mit der sich Maria Elisabeth Theresia die Glorie des Himmels verdient habe. Deutlicher wird dieser Gedanke, wenn Ginther die Haltung der Verstorbenen unter einem Motto zur Sprache bringt:

> Ex amaritudine dulcedo.
> Auß sauren Kräut= und Blümelein/
> Trag mir das süsse Hönig ein.[1310]

Das Emblembuch *Emblemas morales*, das der spanische Kleriker Sebastián de Covarrubias y Orozco (1539–1613) 1610 mit einer katechetischen und didakti-schen Intention im Sinne der Gegenreformation veröffentlicht,[1311] enthält ein Emblem mit der *inscriptio* »Ex Amarutvdine Dvlcedo«.[1312] Die *pictura* zeigt einen auf einem Altar positionierten Totenkopf, aus dem Bienen herausfliegen. Die *subscriptio* mahnt zum *memento mori*: Wenn auch der Tod bitter ist, so wird sich diese Bitterkeit in eine süße Wabe wandeln, da die Todesbetrachtung den Gläubigen auf den rechten Weg zur Glorie weist. Das *memento mori* ist, dem Emblem zufolge, die Vorbereitung auf die Belohnung im himmlischen Jerusa-lem. Der Kommentar des Autors vertieft die in dem Emblem aufgezeigte Lehre innerhalb des Konzeptes der *theologia medicinalis*: Wie ein vom Arzt verord-netes Mittel häufig bitter schmecke, aber für die Gesundheit unabdingbar ist, so

---

1307 Vgl. ebd., S. 235f.

1308 Anton Ginther: LP auf Maria Elisabeth Theresia von Neuhaus (gest. 1691), S. 9.

1309 Ebd., S. 8.

1310 Ebd.

1311 Vgl. zu Covarrubias und seinen *Emblemas morales* Juan de Dios Hernández Miñano: Sebastián de Covarrubias en sus Emblemas Morales. In: Literatura emblemática hispá-nica. Actas del I Simposio Internacional. Hrsg. v. Sagrario López Poza. A Coruña 1996, S. 515–532.

1312 Hierzu und zum Folgenden Sebastián de Covarrubias y Orozco: Emblemas morales [...]. Madrid 1610, Centuria I, Emblema 7.

sei die Todesbetrachtung die Präventivmedizin der Seele. Covarrubias bezieht sich in seinem Kommentar auf die Simsongeschichte des Richterbuches: Simson hat einen Löwen getötet und findet wenig später Honigwaben in dem Aas des Tieres. Darauf gibt er bei seinem Hochzeitsmahl den Philistern ein Rätsel auf: ›De comedente exivit cibus, et de forti est egressa dulcedo‹ (Ri 14,14). Der Totenkopf der *pictura* symbolisiert also den starken Menschenfresser, den Tod, der in der Betrachtung der zukünftigen Glorie wohlschmeckenden Honig hervorbringen kann. Ginther nutzt die didaktische Funktion des Emblems, um darin Maria Elisabeth Theresia als Vorbild christlicher Tugenden zu loben. Es ist die Verstorbene selbst, die das Bittere der Sterbestunde dank ihres Fleißes und ihrer Resignation in den göttlichen Willen in süßen Honig verwandelt. Der Lebenswandel der Freiin wird von dem Prediger in dem Motiv des süßen Todes tröstlich vor Augen gestellt: Angesichts der Ungewissheit über das postmortale Geschick ist es notwendig, die Hinterbliebenen des gütigen Urteils Gottes zu vergewissern.

Gewiss ist das Sich-Ergeben in den Willen Gottes auch in der lutherischen Frömmigkeit ein fester Topos. Als alleiniger Herr über Leben und Tod bestimme Gott die Zeitspanne, die ein Mensch leben könne, was schon in den Ausführungen zur Verwendung von Hiob 1,21 herausgestellt werden konnte.[1313] Simon Struve formuliert diesen Gedanken folgendermaßen:

> Wie er [der Verstorbene] nun alle wege seinen Willen in Gottes Willen gehorsamblich gestellet/ so hat er auch/ nach dem er an allen Vmbständen vermercket/ daß die Zeit seines Lebens verlauffen/ vnd er das von Gott gesetzte Ziel numehr erreichet/ sich gäntzlich Gottes gnädigen Willen vntergeben [...].[1314]

Es ist die Gewissheit der Gnade, der Beständigkeit (vgl. Jes 54,10) und der beschützenden Liebe (vgl. Ps 9,10 f.; Jes 41,10) Gottes im Leben und im Sterben,[1315] die den Gläubigen auf den Willen des Herrn vertrauen lassen. Der Pfarrer Caspar Heunisch versichert seine Adressaten in der Exegese von Hebr 13,14 des verheißenen Heils:

> Aber also dencken die Kinder Gottes nicht: Sie trauen gewiß auf das zukünfftige/ auf die zukünfftige Stadt/ daran zweifeln sie im geringsten nicht. Denn sie sind dessen aus Gottes Wort versichert.[1316]

Die Betonung des Katholiken Ginthers, die verstorbene Maria Elisabeth Theresia habe sich »mit einer völligen Resignation« Gott ergeben,[1317] ist letztlich die

---

1313 Weiter oben Kap. III.A.2.1.
1314 Simon Struve: LP auf Johannes Schönermarck 1645, fol. F 3r.
1315 Vgl. ebd., fol. E 2r.
1316 Caspar Heunisch: LP auf Valentin Daniel Körnacher (gest. 1683), S. 18.
1317 Anton Ginther: LP auf Maria Elisabeth Theresia von Neuhaus (gest. 1691), S. 8 und ähnlich S. 9.

tröstliche Applikation der Ungewissheit über das Seelenheil. Diese Ungewissheit, so formuliert es das katholische Trostbuch Kaspar Ulenbergs, steht in der
Spannung zwischen dem hoffenden Vertrauen auf die Seligkeit einerseits und
dem Grauen vor der Verdammnis andererseits.[1318] Während der Lutheraner
Caspar Heunisch die Frage, »Wer weiß/ was zukünfftig ist?«,[1319] damit beantwortet, dass Gott die zukünftige Stadt erbaut, Christus diese durch sein Verdienst dem Gläubigen erworben und der Heilige Geist »solche [im] Hertzen
versigelt« habe,[1320] kann es für Ulenberg nur eine »mittelban« zwischen Gewissheit und Ungewissheit geben.[1321] Das Sich-Fügen in den Willen Gottes
entspringt daher nicht der Gewissheit bezüglich der Gnade Gottes, sondern der
Spannung zwischen ersehnter himmlischer Seligkeit und befürchteter Verdammnis. Das tugendhafte und christliche Leben des Toten ist dann entscheidend für das Seelenheil. In dieser Spannung ist die römisch-katholische Lehre
von der vorübergehenden Läuterung der Seele im Fegefeuer wichtiger Teil der
trostspendenden Leichenpredigt: In der Überzeugung, dass die Beziehung
zwischen den Lebenden und den Toten keinesfalls mit dem Tod ende, sind die
Hinterbliebenen in der Pflicht, den verstorbenen Seelen zu helfen, wie es etwa
Jakob Feucht in seiner Leichenpredigtsammlung fordert.[1322] Martin Eisengrein,
ein bedeutender Theologe der Gegenreformation in Bayern,[1323] führt diese Lehre
noch weiter aus: Für jene, die nach dem Partikulargericht bereits im Himmel
sind, seien die Gebete und Almosen nicht umsonst, sondern »danck sagun-
gen«.[1324] Genauso wenig vergebens seien die Gebete der Hinterbliebenen, wenn
der Verstorbene bereits in der ewigen Verdammnis ist. Dann, so Eisengrein, sind
die Gebete »tröstungen der lebendigen«.[1325] Für diejenigen aber, die im Fegefeuer ihre lässlichen Sündenstrafen abbüßen, seien die Hilfen der Lebenden eine
Möglichkeit, die Zeit der Läuterung verkürzen zu können.[1326] Die katholische
Leichenpredigt ist dieser Auffassung gemäß ein Dienst am Toten, der seelsor-
gerlich-tröstlich dahingehend angebracht wird, dass es in der Verantwortung
der Lebenden liegt, dem Toten zu helfen. Die Leichenpredigt erweist sich dann

---

1318 Vgl. Kaspar Ulenberg: *TrostBuch* 1603, S. 530.
1319 Caspar Heunisch: LP auf Valentin Daniel Körnacher (gest. 1683), S. 17.
1320 Ebd., S. 18.
1321 Kaspar Ulenberg: *TrostBuch* 1603, S. 530.
1322 Jakob Feucht: Vierzehen Catholische Leichpredigen/ zum theil/ vber der Besingnuß/
weyland des Hochwirdigen in Gott [...] Herrn Friderichs, Bischoffs zu Wirtzburg [...]
Zum theil/ in S. Martins Pfarkyrchen daselbsten/ gehalten. In welchen/ Gründtlich vnd
außführlich/ vom Fegfewr/ wort/ ort/ peen/ erlösung [...] gehandlet wirdt. Köln 1574, S. 8f.
1323 Vgl. dazu etwa DBA I 274,382–395; II 320,225–233; III 209,37–39.
1324 Martin Eisengrein: *Sechsz Christlicher Leichpredigen* 1564, fol. Y 3r.
1325 Ebd.
1326 Vgl. ebd., fol. Y 3r/v. Vgl. auch Jakob Feucht: *Vierzehen Catholische Leichpredigen* 1574,
S. 9f. und 12f.

als Versuch, der Ohnmacht und Furcht im Angesicht des Todes entgegenzutreten.

2.3. Der Tod als Schlaf

Ein weiteres Trostargument, das den Tod als Ende des irdischen Labyrinths geradezu freudig erwarten lässt,[1327] formuliert der Lutheraner Christoph Preunel (1. H. 17. Jhd.) in der Exegese des Leichtextes Ps 4,8f. (›Du erfrewest mein hertz/ Ob jene gleich viel Wein vnd Korn haben. Jch lige vnd schlaffe gantz mit frieden/ Denn allein du Herr hilffst mir/ das ich sicher wone‹):

> Bey solcher heilsamen Betrachtung bringet uns der Tod keinen Verlust/ er treffe uns wo/ wann/ und wie er immer wolle an/ sondern er ist uns ein grosser Gewinn/ daß wir [...] sagen können [...] Wir kommen in unser Schlaff Kämmerlein/ schliessen die Thür zu/ biß alles Unglück vorüber ist/ Esa. 26. Und ruhen von aller unser Arbeit/ Apoc. 14.[1328]

Die Bezeichnung des Todes als Schlaf oder als Bruder des Schlafes ist schon der heidnischen Antike ein bekannter Topos, der sich – freilich kombiniert mit der christlichen Gewissheit der Auferstehung des Fleisches am Jüngsten Tag – durch Patristik und Mittelalter hindurch bis in die Barockzeit großer Beliebtheit erfreut.[1329] Der Todesschlaf ist ein »süsser/ lieblicher/ ruhlicher/ friedlicher Schlaff«,[1330] nach welchem der durch Krankheit, Arbeit und Kreuz ermattete Mensch »viel kräfftiger als er iemals zuvor gewesen« erwachen werde.[1331] Im Alten und Neuen Testament finden sich zahlreiche Belege für den Topos des Todes als Schlaf,[1332] auf die Johann Heermann in seiner *Schola Mortis* zu sprechen kommt:

> Zu Mose sprach er: Du wirst schlaffen mit deinen Vätern. Von dem verstorbenen Landjunckern zu Bethanien sagt Jesus/ Lazarus vnser Freund schlefft. [...] Dieses ist vber die massen tröstlich.[1333]

In Erwartung der Auferstehung sprechen neben den von Heermann geannten Bibelstellen Dtn 31,16 und Joh 11,11 viele weitere vom Schlaf der Toten, etwa 2Sam 7,12; 1Kön 2,10; Jes 57,2; Mt 9,24 und 1Thess 4,13.[1334] Christi Tod hat den

---

1327 Vgl. Christoph Preunel: LP auf Veronika Sommer (gest. 1658), fol. B 1r.
1328 Ebd., fol. B 1v. Vgl. Jes 26,20; Off 14,13.
1329 Vgl. Peter von Moos: *Consolatio* Bd. 4 (Index), »Todesschlaf«.
1330 Christoph Preunel: LP auf Veronika Sommer (gest. 1658), fol. C 3r.
1331 Ebd., fol. D 4r/v.
1332 Vgl. Johann Heermann: *Schola Mortis* 1628, S. 263.
1333 Ebd.
1334 Weiter Dan 12,2; Apg 13,36; 1Kor 11,30.15,20.

Tod der Christen zu einem ruhigen Schlaf gewandelt.[1335] Daher ist es den lutherischen Leichenpredigern ein wichtiges Anliegen, den Blick von dem eigenen Tod hin auf Christi Passion und Auferstehung zu wenden: Allein durch die »Krafft des Herrn« sei der Todesschlaf ein Schlaf der Erholung und ein Schlaf des Lebens.[1336] In Christus kommen »alle Heils=Mittel« zusammen, so der Superintendent Adam Herold, »welcher als der Baum des Lebens durch sein Verdienst alle unsere Wunden heilet/ und alle Schäden von Grund aus curiret.«[1337] Der Schlaf des Todes wird nicht allein verstanden als die Ruhe vor der rastlosen, argen Welt; er ist vielmehr belebend und kräftigend, ein süßer Schlaf, denn er führt den Menschen zu Gott als dem Herrn des Lebens. Die Exegese von Joh 11,11 bettet Adam Herold in den Horizont der Rede von Christus als Arzt,[1338] wie es der Leichtext Ex 15,26 nahelegt:

> Er schläfft/ nemlich wie ein Schlaffender ausruhet und neue Kräffte durch den Schlaff erlanget/ also war auch der Todt Lazari als ein Schlaff ihm nicht schädlich/ sondern gereichete zur völligen Genesung/ indem Christus hingieng ihn auffzuwecken und also nicht allein das Leben/ sondern auch völlige Gesundheit Jhm wieder zuschencken.[1339]

In der *applicatio* auf den verstorbenen Arzt Johannes Altwein wird die tröstliche Intention des Predigers deutlich: Auch der Verstorbene habe sich im Leben und im Sterben stets damit »erquicket«, dass er ein »Freund Christi« sei, »denn dieser Titul macht/ daß sein Todt vor keinen Todt des Verderbens/ sondern vor einen süssen Schlaf zu achten ist.«[1340] Dies solle den Hinterbliebenen zu einem »kräfftigen Trost« dienen,[1341] wie Herold in einer Reihe von rhetorischen Fragen eindringlich mahnt:

> Kan man Gott unrecht sprechen/ daß er seine Freunde zu sich holet und zur Ruhe bringet? ists nicht ein Zeichen seiner Liebe gegen sie/ daß Er ihnen die völlige Gesundheit wiederfahren lässet? [...] ja dürffen wir uns über denjenigen Medicum betrüben/ der von dem höchsten Artzte die völlige Genesung erlanget.[1342]

Herold appliziert das Motiv des Todesschlafes ganz im Sinne der schon von Luther formulierten Funktion der Leichenpredigt:[1343] Wie jede andere Predigt ist

---

1335 Vgl. schon Luther: Christi Tod habe »alle andere tod gefressen habe, das sie nicht tod, sondern nur ein schlaff heissen gegen diesem, welcher der einige schwereste und grewlichste tod gewesen ist.« WA 36,242,21–23.

1336 Adam Herold: LP auf Johannes Altwein (gest. 1698), S. 5.

1337 Ebd., S. 26.

1338 Siehe dazu etwa Johann Anselm Steiger: *Medizinische Theologie* 2005.

1339 Adam Herold: LP auf Johannes Altwein (gest. 1698), S. 5.

1340 Ebd., S. 6.

1341 Ebd., S. 7.

1342 Ebd., S. 8.

1343 »Das wir Gottes wort predigen/ Dar jnn Gott gepreiset/ vnd die leute gebessert werden [...].« WA 36, 237,17 f.

die Leichenpredigt ein Medium der Verkündigung des Evangeliums und dient dem Lobpreis Gottes und der Stärkung im Glauben.[1344]

Johann Heermann stellt fest, dass der Todesschlaf nur den Leib »vberfelt«, während die Seele in »Abrahams Schoß« getragen und getröstet wird (vgl. Lk 16,22).[1345] Ein Schlaf der Seele wird von den meisten lutherischen Theologen abgelehnt, worin sie mit den zeitgenössischen Loci-Dogmatiken übereinstimmen.[1346] Dass nur der Leib schläft, sieht Heermann in den Träumen begründet, die während des irdischen Schlafes die Seele in »jnnerliche operation vnd Wirckung« versetzen.[1347] Anders aber als bei dem »natürlichen Schlaff«,[1348] bei dem sich oft vor lauter Träumen, Kummer und Sorgen kaum Ruhe finden lasse,[1349] sei der Schlaf des Todes in dem »Schlaff Kämmerlein« von aller Bekümmernis und Unruhe befreit.[1350]

Auch Georg Pistorius kann im Einklang mit der Heiligen Schrift und den Lehren der heiligen Väter vom Tod als Schlaf sprechen.[1351] Nachdem der Prediger die klassischen biblischen Belege des Todesschlafes 1 Thess 4,13; Dan 12,2 und Joh 11,11, die auch in lutherischen Leichenpredigten häufig für diesen Topos herangezogen werden, angeführt hat, berichtet er, dass der Schlaf des Todes schon den Heiden bekannt gewesen sei und verweist auf die Worte von Kyros d. Ä., die Cicero in *De senectute* überliefert: »Iam vero videtis nihil esse morti tam simile quam somnum.«[1352] Auch Vergil kenne die Ähnlichkeit von Schlaf und Tod, wenn er beide als Blutsfreunde oder Brüder bezeichne.[1353] Daher, so Pistorius weiter, werden »die Gottsäcker [...] Ruhe=Rast= vnd Schlaffkämmeren genennt«, in denen der Leib schlafe und auf den »letsten Pusaunen Schall« und die Auferstehung aller Toten warte.[1354] In den nun folgenden Ausführungen

---

1344 Zu diesem Zusammenhang vgl. Rudolf Lenz: *De mortuis* 1990, S. 9; Sibylle Rusterholz: *Rostra Sarg und Predigtstuhl* 1974, S. 35, 38; Eberhard Winkler: *Die Leichenpredigt* 1967, S. 30 f.

1345 Johann Heermann: *Schola Mortis* 1628, S. 264.

1346 So formuliert etwa Johann Gerhard in seinen Loci Theologici: »Ex quibus omnibus manifeste colligitur, animas piorum a corpore separatas non opprimi quodam somno perpetuo, sed beatas apud Deum vivere, frui conspectu Dei et suavissimo consortio Chrsiti [...].« In: Johann Gerhard: *Loci Theologici,* Tom. 8., S. 237.

1347 Johann Heermann: *Schola Mortis* 1628, S. 264.

1348 Christoph Preunel: LP auf Veronika Sommer (gest. 1658), fol. C 3r.

1349 Vgl. ebd., fol. C 3r/v.

1350 Ebd., fol. C 3v.

1351 Vgl. Georg Pistorius: *Klaghauß* 1663, S. 26.

1352 Ebd., S. 27. Vgl. Marcus Tullius Cicero: Cato Maior De senectute. Cato der Ältere. Über das Alter. Lateinisch/Deutsch. Hrsg. v. Max Faltner. München 1963 (Tusculum-Bücherei o. Nr.), 22, 81.

1353 Vgl. Georg Pistorius: *Klaghauß* 1663, S. 27. Vgl. Publius Vergilius Maro: Aeneis 6, 282. In: Ders.: *Opera*. Vol. I, S. 315. Auf diese Stelle weist auch die Leichenpredigt auf Magdalene von Bayern. Vgl. Anon.: LP auf Magdalene von Bayern (gest. 1628), S. 4.

1354 Georg Pistorius: *Klaghauß* 1663, S. 27. Vgl. Mt 24,31; 1 Kor 15,52.

bezieht sich Pistorius auf eine Predigt, die der Pastor und Kanonikus in Münstereifel, Hubert Lomessen (1. H. 17. Jhd.),[1355] in seiner *Postilla* veröffentlicht.[1356] In der Auslegung von Mt 9,24 (›dicebat recedite non est enim mortua puella sed dormit et deridebant eum‹) führt Lomessen verschiedene Gründe dafür an, weswegen die Heilige Schrift den Tod der Christen und das »hinscheiden von diesem Jammerthal« mit einem »süssen/ sanfften Schlaff« vergleicht.[1357] Der erste Grund sei die Hoffnung auf Auferstehung. Auch ein schlafender Mensch wisse, dass sein Schlaf nicht ewig währt, wie David sagt (Ps 40,9 Vulg.): ›Nunquid qui dormit non adiciet ut resurgat?‹[1358] Ebenso werde der Fromme nicht ewig im Staub der Erden liegen, sondern »bey der allgemeinen Aufferstehung widerumb wacker vnd lebendig werden« (vgl. 1Thess 4,16):[1359]

> Dan gleich wie Christus [...] gestorben/ begraben/ widerumb lebendig worden vnd aufferstanden ist/ also wir seine glaubige Kinder vnd Glieder müssen/ sollen/ vnd werden sterben/ begraben/ widerumb lebendig werden vnd aufferstehen [...].[1360]

Der zweite Grund, den Pistorius mit Hubert Lomessen für den Vergleich von Schlaf und Tod nennt, ist die wachende Seele.[1361] Gleich wie die Seele des Schlafenden »lebt vnd wachet«, ist die Seele des Verstorbenen nicht tot, was Pistorius mit Weish 5,16 (›iusti autem in perpetuum vivent‹), Koh 12,7 (›et revertatur pulvis in terram suam unde erat et spiritus redeat ad Deum qui dedit illum‹), Mt 10,28 (›et nolite timere eos qui occidunt corpus animam autem non possunt occidere‹) und Weish 3,1 (›iustorum autem animae in manu Dei sunt et non tanget illos tormentum mortis‹) belegt.[1362] Ähnlich wie der Lutheraner Johann Heermann den Todesschlaf auf den Leib begrenzt, erkennen auch die Katholiken Lomessen und Pistorius, dass der Leib zunächst in der Schlafkammer ruht, während die Seele bei Gott vor aller Qual geschützt ist.

Das dritte Argument Hubert Lomessens, das Pistorius aufgreift, ist auch in lutherischen Leichenpredigten ein beliebter Gedanke des Todesschlafes: Wie ein Schlafender am Morgen erholt, frisch und kraftvoll erwacht, werden auch »die abgestorbene vnd begrabene Christglaubige viel anders/ besser/ sattlicher/ herrlicher herfür kommen nach der Aufferstehung [...].«[1363] Pistorius weist auf

---

1355　Vgl. DBA I 780,9.
1356　Hubert Lomessen: Außerlesene Lehrreiche Postilla Oder Außlegung der Dominical/ auch Fest vnd feyertäglicher Euangelien durchs gantze Jahr vnd etlicher Epistolen [...]. Aber durch [...] Hvbertvm à Caster [...] zusammen gebracht [...]. Sommer Theil. Köln 1661.
1357　Ebd., S. 456.
1358　Vgl. ebd.
1359　Ebd.
1360　Ebd.
1361　Vgl. Georg Pistorius: *Klaghauß* 1663, S. 28. Vgl. Hubert Lomessen: *Postilla* 1661, S. 456.
1362　Vgl. Georg Pistorius: *Klaghauß* 1663, S. 29.
1363　Hubert Lomessen: *Postilla* 1661, S. 456. Vgl. Georg Pistorius: *Klaghauß* 1663, S. 29.

die paulinische Konzeption des Auferstehungsleibes (vgl. 1Kor 15,35–49),[1364] in der die Andersartigkeit der leiblichen Verfasstheit nach der Auferstehung innerhalb der Samenkorn-Metaphorik vor Augen gestellt wird. Auch der Gedanke, dass der Mensch im Schlaf des Todes von allen Sorgen und Mühen des Lebens erlöst ist, wird überkonfessionell verwendet. »Dann gleichwie ein Schlaffender von aller eusserlichen Arbeit/ Sorgen vnd Kümmernussen ruhet: also ruhen die Gerechten«,[1365] sagt Georg Pistorius mit Ps 4,9 (›in pace simul requiescam et dormiam‹) und Off 14,12 (›et audivi vocem de caelo dicentem scribe beati mortui qui in Domino moriuntur amodo iam dicit Spiritus ut requiescant a laboribus suis opera enim illorum sequuntur illos‹).[1366] Die katholischen Prediger erkennen in dem Todesschlaf also ebenfalls nicht eine bloße Erholung, sondern auch eine Stärkung des Menschen. Die Leichenpredigt auf die 1628 verstorbene Magdalene von Bayern stellt das Motiv des Todesschlafes in den Horizont von Koh 5,11 (›dulcis est somnus operanti‹) und artikuliert so eine laudatio:[1367]

> Gleich wie derhalben dem täglichen Schlaff/ damit er lieblich vnnd süß seye/ die Arbeit vorher gehen muß/ also vnd vil mehr […] muß auch dem jenigen Schlaff/ so der Todt genennt wirdt/ soll er anderst sanfft vnd süß seyn/ nothwendigklich vorher gehen die Arbeit vnnd Vbung der Tugend; vnnd je embsiger dise ist/ je ein besserer vnnd sänffterer Schlaff volget darauff.[1368]

2.4. Der eschatologische Trost

2.4.1. Die christliche Auferstehungshoffnung

In der Rede der katholischen und lutherischen Leichenprediger über den Tod als Schlaf wird ein weiteres Trostargument deutlich, das schon Paulus in 1Thess 4,14 (›Denn so wir gleuben/ das Jhesus gestorben vnd aufferstanden ist/ Also wird Gott auch/ die da entschlaffen sind durch Jhesum/ mit jm füren‹) im Angesicht des Todes zur Anwendung bringt: Tod und Auferstehung Christi knüpft der Apostel an Tod und Auferstehung des Menschen, worin die Schlaf-Metaphorik ihre eigentliche tröstliche *applicatio* findet. Was Paulus hier und an anderen Stellen der Heiligen Schrift (etwa 1Kor 15,12.21) lehrt, amplifiziert der Katholik

---

1364 Vgl. ebd.

1365 Ebd., S. 30. Vgl. Hubert Lomessen: *Postilla* 1661, S. 457.

1366 Vgl. Georg Pistorius: *Klaghauß* 1663, S. 29. Hubert Lomessen nennt noch einen fünften Grund für die biblische Schlaf-Metaphorik: Wie ein schlafender Mensch leicht durch Ansprache geweckt werden könne, werde der verstorbene Gläubige leicht von Christus erweckt werden. (Vgl. 1Kor 15,52). Vgl. Hubert Lomessen: *Postilla* 1661, S. 457.

1367 Vgl. Anon.: LP auf Magdalene von Bayern (gest. 1628), S. 5.

1368 Ebd.

Georg Pistorius mit dem Auferstehungsgleichnis der Natur von Marcus Minucius Felix:[1369]

> Sieh doch nur, wie, uns zum Trost, die gesamte Natur auf die künftige Auferstehung hinweist! Die Sonne sinkt unter und geht von neuem wieder auf, die Sterne verschwinden und kehren wieder, die Blumen vergehen und erwachen neu zum Leben, das Gebüsch verliert seine Blätter und treibt junges Laub hervor, und nur wenn der Same stirbt, keimt frisches Grün.[1370]

Für den menschlichen Leib gelte also das gleiche wie für den Baum im Winter: Scheinbar gestorben, hält er seine Zier und Lebenskraft nur verborgen, um im Frühling der Auferstehung wieder aufzuleben und zu grünen.[1371] Damit haben sich, so Pistorius weiter, auch die Heilige Martha (vgl. Joh 11,24) und der geplagte Hiob (vgl. Hiob 19,25) getröstet.[1372]

Als durch die Sünde der Tod über den Menschen kam (vgl. Röm 5,12), wurde das von Gott geschaffene »unauflößliche Band der Seelen und des Leibes zertrennlich«, sagt der Königsberger Pfarrer Johann Quandt.[1373] Der Mensch ist also durch die Sünde sterblich geworden.[1374] Die Betrachtungen des Leibes als Haus der Seele, wie sie sich in katholischen und lutherischen Leichenpredigen aufzeigen lassen,[1375] finden besonders auch in der *consolatio* Niederschlag. Nach 2Kor 5 ist die Aussicht auf das Abstreifen der die Seele umgebenden irdischen, baufälligen Hütte, die in der Schlafkammer des Grabes nach den Beschwerungen des Lebens innere und äußere Ruhe findet, ein Grund zur Freude und Sehnsucht. Überdies ist damit die Verheißung des Auferstehungsleibes als einer neuen und dauerhaften Behausung der Seele verbunden (vgl. 2Kor 5,1). Solche Aussicht lässt den Wunsch wachsen, die Seele möge das irdische Haus verlassen und in das andere Leben eintreten, wo sie die Auferstehung des Leibes erwartet. Der lutherische Prediger Christian Engel drückt diese hoffende Sehnsucht in der Kleidmetaphorik aus: Wie eine Klette am Kleid habe Catharina von Krosick

---

1369 Vgl. Georg Pistorius: *Klaghauß* 1663, S. 28. Für weitere Belege heidnischer und christlicher Autoren vgl. Elke Ahlborn: Naturvorgänge als Auferstehungsgleichnis bei Seneca, Tertullian und Minucius Felix. In: Wiener Studien 103 (1990), S. 123–137.

1370 Marcus Minucius Felix: Octavius. Lateinisch/Deutsch. Hrsg., übers. u. eingel. v. Bernhard Kytzler. München 1965, 34, 11: »Vide adeo, quam in solacium nostri resurrectionem futuram omnis natura meditetur. sol demergit et nascitur, astra labuntur et redeunt, flores occidunt et revivescunt, post senium arbusta frondescunt, semina nonnisi corrupta revirescunt«.

1371 Vgl. ebd.: »Ita corpus in saeculo, ut arbores in hiberno: occultant virorem ariditate mentita.« Vgl. Georg Pistorius: *Klaghauß* 1663, S. 28.

1372 Vgl. ebd.

1373 Johann Quandt: LP auf Reinhold Heinrich von Kohlen 1698, S. 8.

1374 Vgl. ebd.

1375 Vgl. Kap. II.C.2.

schon im Leben in Glauben und Liebe an Christus gehangen[1376] und auf dem Sterbebett wünschte sie »abzuscheiden vnd bey Christo zu sein« (vgl. Phil 1,23).[1377] Nach dem Tod sei ihre Seele von den Heiligen Engeln in den Schoß Abrahams getragen (vgl. Lk 16,22) und das »sterbliche Kleyd jhres verblichenen Leichnambß« in den »Kleyderwagen« des Sarges gelegt worden.[1378] Am Jüngsten Tag dann werde ihrer Seele ein neues, klares und glänzendes Kleid »angeleget« werden.[1379]

»In dem zeitlichen Tod« scheiden »Leib und Seel von einander«, sagt der Lutheraner Balthasar Eder (1. H. 17. Jhd.).[1380] Die Seele, so der Prediger weiter, fahre »an jhren gehörigen orth«,[1381] den eine Leichenpredigt von Adam Herold explizit als den Ort der Seligkeit, mithin der Nähe und Gemeinschaft mit Gott charakterisiert.[1382] Für die lutherischen Prediger ist die Seligkeit des Verstorbenen also schon tröstliche Gegenwart, in der die endzeitliche Auferstehung und Wiedervereinigung mit dem Leib nur als letzter Schritt der Vollendung des ewigen Lebens Erwähnung findet.[1383] Adam Herold erinnert seine Gemeinde daran, dass – während die Seele bereits in Gottes Hand ist – der verlassene Leib zu Erde werden müsse.[1384] Hier wird nicht allein der Schöpfungsvorgang vergegenwärtigt (Gen 2,7), sondern auch der Sündenfall und die daraus folgende Strafe Gottes (Gen 3,19): ›Denn du bist Erden/ vnd solt zu Erden werden.‹ Die Vorstellungen vom Tod als Schlaf umfassen auch die Verwandlung des Körpers, die er durchlaufen muss, um am Jüngsten Tag mit jenem neuen Leib aufzuerstehen, von dem Paulus spricht (vgl. 1Kor 15,35–49). Der Lutheraner Herold beschreibt diese Vorbereitung des Leibes für die Auferstehung mit folgenden Worten:

> Der Leib muß [...] zur Erde werden/ aber nach der coementation und putrefaction wird er schön verkläret und chrystallisiert wieder hervor kommen/ und ist also in der That mit jhm besser worden/ weil Er durch den himmlischen Artzt das unvergängliche Leben [...] erlanget hat.[1385]

Herold knüpft den Prozess der Verwesung an die Verwandlung des Leibes. Dies erinnert an das biblische Bild des Samenkorns: Erst der Tod, mithin das Begrabenwerden, ist die Voraussetzung dafür, dass das Samenkorn zur Ähre

---

1376 Vgl. Christian Engel: LP auf Catharina von Krosick 1662, fol. A 3r.
1377 Ebd.
1378 Ebd., fol. A 3r/v.
1379 Ebd., fol. A 3v.
1380 Balthasar Eder: LP auf Philipp Persius 1644, fol. A 2v.
1381 Ebd.
1382 Adam Herold: LP auf Johannes Altwein (gest. 1698), S. 35.
1383 Vgl. dazu auch Lukas Lorbeer: *Sterbe- und Ewigkeitslieder* 2012, S. 491.
1384 Vgl. Adam Herold: LP auf Johannes Altwein (gest. 1698), S. 35.
1385 Ebd.

wachsen und Frucht bringen kann (vgl. Joh 12,24; 1 Kor 15,36). Diese Vorstellung wird auf das Einsenken des Leibes in die Schlafkammer und seine Auferstehung angewendet, wenn der Zerfall des Körpers einer Verwandlung des Leibes – nach der paulinischen Verheißung (vgl. 1 Kor 15,42–44) in sein genaues Gegenteil – vorausgeht. Martin Geier, Oberhofprediger in Dresden, verwendet dieses Bild sowohl mahnend als auch tröstend: »Christen sehen nicht auf das sichtbare«, mithin auf den gebrechlichen, faulenden und unnützen Leib im Grab, der wie ein »unansehnlich saamenkorn in die erde geworffen wird«, sondern »sie sehen auf das unsichtbare/ auf die bevorstehende erndte« (vgl. Ps 126,5).[1386] Die Ernte ist für den lutherischen Prediger das in 2 Kor 5,1 beschriebene ewige, von Gott erbaute Haus im Himmel.[1387]

Eine andere Sichtweise des begrabenen Leibes rückt weniger seine Verwesung in den Vordergrund, als vielmehr seine Bewahrung durch Gott. Auch hier wird die besonders tröstliche Ansicht appliziert, dass wie die Seele schon allen Gefahren entronnen ist, auch der Leib in seiner Ruhekammer der Erde geschützt ist:

> Ja Gott selber ist vber dir/ der bewahret dir alle deine Gebeine/ daß der nicht eines zerbrochen werde/ vnd wird dir geben nicht das Land/ da du auffliegest/ sondern das Land der Lebendigen/ da du für jhm wandeln wirst ewiglich.[1388]

Im Gegensatz zu dem irdischen Leben bleibt der Leib in der Erde völlig unversehrt. Es ist die feste Überzeugung, dass der Leib am Jüngsten Tag hervorkommt und vollständig sein wird, die der Trauergemeinde tröstlich vor Augen gestellt wird.

Dass die Auferstehung der Toten ein wesentlicher Trostgrund für Trauernde und Sterbende ist, zeigt auch die Ausgestaltung dieser christlichen Grundhoffnung innerhalb der allegorischen Entzifferung der Naturvorgänge: »Der beste Trost wider das Schrecken« des Todes, so die lutherische Leichenpredigt auf den jung verstorbenen Reinhold Heinrich von Kohlen, »ist die Hoffnung/ es werde das getrennete Band des Leibes und der Seelen wiederumb zusammen geknüpffet« und der Mensch »wiederumb lebendig werden.«[1389] Diesen Trost finde der von Trauer und Tod Angefochtene in dem Reich der Gnaden, mithin in der Heiligen Schrift, die von den tröstlichen Verheißungen Gottes und der Gewissheit des künftigen Lebens berichtet.[1390] Daneben sei auch das Reich der

---

1386 Martin Geier: LP auf Rachel von Rechenberg (gest. 1677), S. 30.
1387 Vgl. ebd.
1388 Johann Heermann: *Schola Mortis* 1628, S. 261.
1389 Johann Quand: LP auf Reinhold Heinrich von Kohlen 1698, S. 10.
1390 Vgl. ebd.

Natur eine Quelle des Trostes, denn »alle Geschöpffe« seien »ein Bild des Lebens« nach dem Tod:[1391]

> Der Tag/ so auf die Nacht/ das Vorjahr/ so auf den vergangenen Winter folget/ und andere Veränderungen mehr/ reden von dem Leben so nach dem Tode zu gewarten/ und geben einen Trost wider das Schrecken des Todes.[1392]

Das Tag-Nacht-Gleichnis nutzt auch die jesuitische Leichenpredigt auf Magdalene von Bayern. Der Prediger bettet den abzuschreitenden Weg von mühseligem Leben, Tod und Auferstehung in die Verse Off 2,26–28 (›Qui vicerit et qui custodierit usque in finem opera mea dabo illi stellam matutinam‹) und parallelisiert das Aufgehen des Morgensternes mit dem Leben nach dem Tod:[1393]

> Einmal hat Magdalena gesagter massen vberwunden vnd obsiget/ so hat sie derhalben empfangen den Morgenstern/ das ist [...] die sichtbarliche Gegenwart Christi Iesu [...].[1394]

Der Jesuit tröstet seine Adressaten damit, dass die »sighaffte Seel«[1395] der Verstorbenen bereits den Morgenstern empfangen habe, welcher in der Offenbarung des Johannes auf Christus bezogen wird (vgl. auch Off 22,16). Weiter versteht der Prediger unter dem Morgenstern »die klare Anschawung Gottes«:[1396]

> Dieweil gleich wie nach der finstern Nacht der schöne Morgenstern/ vnd nach disem die liebe Sonnen auffgehet/ vnd den hellen Tag mit sich bringt/ also nach außgestandnen vnd vberwundnen Trübsalen diser Welt das lumen gloriae, der seligste Anblick deß Göttlichen Angesicht in der vnschuldigen Seel auffgeht [...].[1397]

Während also die Dunkelheit als Metapher für das mühevolle Leben einerseits und den Tod andererseits verwendet wird, wird mit dem Tageslicht, das von Morgenstern und Sonne ausstrahlt, das Erwachen nach dem Todesschlaf verbunden. »Vollkomner Tag« sei es allerdings erst, wenn die »selige Seel/ vnnd der nun mehr ligende Leib« am Tag der Auferstehung wieder zusammen kommen und gemeinsam »glorificirt vnd geseligt werden«.[1398] Auch in diesen Ausführungen wird die Auffassung deutlich, derzufolge die Seele bereits nach dem Tod des Leibes an dem Ort der Freude und Sicherheit in Gottes Gegenwart weilt.

Wie der katholische Prediger Georg Pistorius mit dem Apologeten Marcus

---

1391 Ebd.
1392 Ebd.
1393 Vgl. Anon.: LP auf Magdalene von Bayern (gest. 1628), S. 22.
1394 Ebd.
1395 Ebd.
1396 Ebd.
1397 Ebd.
1398 Ebd., S. 23.

Minucius Felix die Auferstehung in dem Wechsel der Jahreszeiten aufzeigt, führt auch der Lutheraner Johann Leonhard Ritter seine Gemeinde im Mai des Jahres 1630 in die Natur. Die Leichenpredigt weist auf das frühlingshafte Erwachen und Wachsen:[1399] Ebenso wie die Blumen nach dem dunklen Winter im Frühjahr aufblühen, wird der Mensch nach dem Schlaf des Todes auferstehen.[1400]

Die christliche Auferstehungshoffnung ist für die katholischen und lutherischen Prediger ein zentraler Trostgedanke. Konfessionsübergreifend erinnern sie die Trauernden und vom Sterben Geängstigten, dass der Tod des Christen nicht das Ende des Lebens ist. Zwar ist er, so der Katholik Johann Lorenz Helbig, der Ausgang aus »dem gegenwärtigen Leben«, aber sogleich »ist er ein Eingang« in ein neues, besseres Leben.[1401] Und mehr noch: Der Tod ist der Weg zum Leben, wie es ein von Helbig zitiertes Epigramm von John Owen († 1622)[1402] verdeutlicht: »Ducet ad aeternam te mors brevis ut via vitam, Ut mors interitus non fit, at introitus.«[1403] Ganz ähnlich beschreibt eine lutherische Leichenpredigt das Bild des Todes als Durchgang zum Leben mit den folgenden Worten:

> Wenns Gott mit dir aus und ein Ende macht/ so tröste dich dessen/ daß ers nicht gantz und gar mit dir ausmache. Nicht macht Er ein Ende deines Leibes/ denn der soll am Jüngsten Tag wieder aufferwecket werden; nicht deiner Seelen/ denn der Geist kömmt wieder/ zu Gott [...]. Nicht ganz und gar deines Lebens/ denn wer an Christum gläubet/ der stirbet nicht/ sondern lebet ewiglich/ Joh. 5/ 24. Cap. 11/ 25.26.[1404]

Mit Ps 16,11 (›Du thust mir kund den weg zum Leben/ Fur dir ist Freude die fülle/ vnd lieblich wesen zu deiner Rechten ewiglich‹) erinnert der Prediger Lucius die Gemeinde daran, dass der Mensch erst durch den Tod hindurch zu wahrem Leben und wahrer Freude kommen könne.[1405] Luther formuliert schon 1519 in seinem *Sermon von der bereytung zum sterben*, dass die Geburt in das diesseitige Leben dem Tod als Geburt in das jenseitige Leben gleiche.[1406] Der Tag des Todes ist in dieser Terminologie, die sich eng an Joh 16,21 (›Ejn Weib wenn sie gebirt/ so hat sie trawrigkeit/ Denn jre stunde ist komen. Wenn sie aber das Kind geboren hat/ dencket sie nicht mehr an die angst/ vmb der freude willen/ das der Mensch zur welt geboren ist‹) und Mt 7,14 (›Vnd die Pforte ist enge/ vnd der weg

---

1399   Vgl. Johann Leonhard Ritter: LP auf Anna Dorothea Stäntzkhi 1630, fol. A 3r.
1400   Vgl. ebd., fol. D 1r.
1401   Johann Lorenz Helbig: *Traurige Gedancken* 1704, S. 20.
1402   Zu Owen vgl. DBA I 840,253–280.
1403   Johann Lorenz Helbig: *Traurige Gedancken* 1704, S. 20. Vgl. John Owen: Epigrammata Lib. III, 77. Ed. postrema et correctissima et posthumis quibusdam adaucta. Basel 1780, S. 84.
1404   Johann Andreas Lucius: LP auf Sophie Löbe (gest. 1664), fol. D 1r.
1405   Vgl. ebd.
1406   Vgl. WA 2,685,22–26: »Und hie hebt an die enge pforte, der schmale steyg zum leben, des muß sich eyn yglicher froelich erwegen, dann er ist woll fast enge, er ist aber nit langk, und geht hie zu, gleych wie ein kind auß der cleynen wonung seyner mutter leyb mit gefar und engsten geboren wirt yn dißenn weyten hymell und erden, das ist auff diße welt.«

ist schmalh/ der zum Leben füret/ Vnd wenig ist jr/ die jn finden‹) anlehnt, nicht der Tag des Abschieds, sondern eben gerade das Gegenteil, der Tag der Ankunft.[1407] Wie eine Geburt schmerzhaft und beängstigend sein kann, ist der Gang des Todes ebenfalls kein leichter, was die Prediger gewiss nicht leugnen. Doch ist dieser schmale Weg bezwungen, wird dem Gläubigen das zuteil, was in Off 21,4 verheißen wird: ›Vnd Gott wird abwisschen alle threnen von jren augen/ vnd der Tod wird nicht mehr sein/ noch leid/ noch geschrey / noch schmertzen wird mehr sein/ Denn das erste ist vergangen.‹ Diesen biblischen Vers nutzen die Leichenprediger transkonfessionell, um im Angesicht des Todes Trost zu spenden.[1408] Eine konfessionelle Besonderheit findet sich in vielen katholischen Leichenpredigten: Neben den Schilderungen der himmlischen Freuden,[1409] nennen die Prediger auch die ewige Hölle als Aufenthaltsort der »Gottlosen«.[1410] In die tröstliche Rede über die christliche Auferstehungshoffnung fließen also in katholischen Leichenpredigten auch Gedanken über die Qualen und Schmerzen der Hölle ein, die den Lebenden ein *memento mori* sein und zu steter Sterbebereitung anreizen wollen. Gewiss wäre es eine Fehleinschätzung, anzunehmen, dass im Luthertum umfassende Darstellungen der Hölle oder des Jüngsten Gerichtes in Folge der Reformation gänzlich verschwunden seien. Die Thematik wird auch im Luthertum breit traktiert, was etwa Johann Matthäus Meyfarts (1590–1642)[1411] Buch *Von Dem Hellischen Sodoma* beweist.[1412] Doch zeigt sich, dass innerhalb der *consolatio* lutherischer Leichenpredigten die Gewissheit des Glaubenden, dereinst im Endgericht bestehen zu können, stärker betont wird.

Wie schrecklich der ewige Tod ist, stellt der Franziskaner Melchior Breitter in der Umkehrung des eigentlich tröstlichen Verses aus der Offenbarung des Johannes dar:

> Dann leider [...] vil/ ja der meiste theyl sterben/ bey denen nicht anfangt das Leben/ sonder der ewige Todt/ nit auffhören Trawrigkeiten/ vnd Schmertzen/ sonder in alle

---

1407 Vgl. Ebd., 685,30–686,2: »Darumb heyst der lieben heyligen sterben eyn new gepurt, und yhre fest nennet man zu latein Natale, eyn tag yhrer gepurt.« Vgl. dazu auch Philipp Nicolai: *FrewdenSpiegel* 1599, S. 286–290, in dem dieses Bild breit amplifiziert wird.

1408 So etwa die Katholiken Roman Müller: LP auf Johanna von Wolckenstein 1657, S. 28 oder Georg Pistorius: *Klaghauß* 1663, S. 30. Für Belege lutherischer Leichenpredigten siehe Balthasar Eder: LP auf Philipp Persius 1644, fol. C 4v oder Johann Christoph Syring: LP auf Katharina Ehrengard von der Wense 1699, S. 2.

1409 Vgl. Melchior Breitter: LP auf Maria von Bayern (gest. 1608), S. 8–10.

1410 Ebd.

1411 Vgl. Wilhelm Kühlmann: Art. Meyfart, Johann Matthäus. In: Killy/Kühlmann 8 (2010), S. 217–220.

1412 Johann Matthäus Meyfart: Von Dem Hellischen Sodoma/ Auff Historische Weise/ ohn alle Streitsachen/ Aus den inbrünstigsten vnd andächtigsten Contemplationen, So wol Alter als Newer/ doch gelehrter Vätter vnd Männer beschrieben [...]. 2. Buch. Coburg 1630.

Ewigkeit sich erstrecken/ da Gott der Herr nit hinweg nimbt die Zähern von jhren Augen/ sondern allererst recht mit ewiger Bitterkeit sie erfüllet [...].[1413]

Auch Georg Pistorius mahnt, dass nur ein frommes, gottseliges und tugendsames Leben den Eintritt in die ewige Seligkeit ermögliche.[1414] Daher rät er, sich zum guten Tod rechtzeitig zu bereiten, denn »an dem Todt hangt der Stand deß anderen Lebens«.[1415] Neben dem Glauben, mithin dem »Catholische[n]/ Apostolische[n]/ Römische[n]/ vnnd allein seligmachende[n] Glaub[en]«, wie die katholischen Prediger in interkonfessioneller Abgrenzung betonen,[1416] sind es auch gute Werke, die für die Erlangung des ewigen Heils unverzichtbar sind: Das, was der Mensch »zu seiner SeelenHeyl selbsten/ noch bey Lebzeiten verrichten/ vnd ins Werck setzen kan«, solle er möglichst »zeitlich« thun, mahnt Pistorius.[1417]

Bemerkenswert ist die in den katholischen Leichenpredigten enthaltene Spannung, die sich aus der Zuversicht der Prediger, der Verstorbene habe die Seligkeit erlangt, und der Ungewissheit über das postmortale Geschick ergibt. Das wohlgeführte Leben der Verstorbenen, das immer auch Thema der katholischen Leichenpredigt ist,[1418] wird zwar lobend vor Augen gestellt und mag als Beweis dafür dienen, dass der Verstorbene ein barmherziges Urteil erhalten habe.[1419] Doch können die Hinterbliebenen nicht sicher sein, ob sich der Verstorbene nicht doch im Fegefeuer befindet.[1420] Daher mahnen die Predigten dazu, den armen Seelen im Fegefeuer durch Seelenmessen und Fürbitten zu Hilfe zu kommen, worin sich letztlich auch ein tröstliches Moment ausmachen lässt.[1421]

Während lutherische Leichenprediger den doppelten Ausgang des Gerichtes gewiss nicht leugnen,[1422] ist es ihnen mehr darum zu tun, dem Menschen Trost zuzusprechen. Die Auferstehung und der Ausgang des Gerichtes zur ewigen

---

1413 Melchior Breitter: LP auf Maria von Bayern (gest. 1608), S. 12.
1414 Vgl. Georg Pistorius: *Klaghauß* 1663, S. 203.
1415 Ebd.
1416 Melchior Breitter: LP auf Maria von Bayern (gest. 1608), S. 28. Vgl. auch Anon.: LP auf Magdalene von Bayern (gest. 1628), S. 10.
1417 Georg Pistorius: *Klaghauß* 1663, S. 43f.
1418 Dies mag auch an dem Fehlen der vom Predigtteil losgelösten *personalia* liegen, was dazu führt, dass das Leben der Verstorbenen zentraler Bestandteil der Predigt selbst wird.
1419 Vgl. Melchior Breitter: LP auf Anna Neusesser 1608, S. 20.
1420 Vgl. Georg Pistorius: *Klaghauß* 1663, S. 255.
1421 Vgl. ebd., S. 268.
1422 Etwa Heinrich Wiedeburg: LP auf Margareta Heil (gest. 1630), fol. C 3v oder Martin Geier: LP auf Rachel von Rechenberg (gest. 1677), S. 25.

Seligkeit erklären sie zur heilsgewissen Tatsache, ohne auf eine Ermahnung zu einem christlichen Lebenswandel ganz zu verzichten:[1423]

> So bleiben wir nun nicht im Tod/ sondern sind des ewigen Lebens/ auch dem Leibe nach versichert/ wegen der gewiß erfolgenden Aufferstehung. Ob nun wohl dieser Artickel sehr schwer vnd für menschlichen Augen fast vngläublich scheinet/ alldieweil des Menschen Cörper vermodert/ zu Staub vnnd Aschen werden muß/ jedoch so muß ein ChristenMensch gläuben auff Hoffnung [...].[1424]

2.4.2. Das Wohlergehen der Verstorbenen bei Gott

Die Aussage, dass der verstorbene Christenmensch durch seinen Glauben geborgen und sicher bei Gott und also selig ist, findet sich in den Leichenpredigten überkonfessionell als Haupttrostgrund in der Trauer und im Angesicht des Todes.[1425] Auch wenn katholische Theologen die Ungewissheit darüber, ob die verstorbene Seele noch im Fegefeuer ausharren muss, in ihre Argumentation einbeziehen, ist auch für sie das Bild der in Gottes Hand ruhenden Seele zutiefst tröstlich. Auch die Auffassung, dass die Seele des Verstorbenen nach dem irdischen Tod im Himmel der Auferstehung des Fleisches und des Jüngsten Gerichtes harrt, ist in den Leichenpredigten transkonfessionell verbreitet. Erst nach dem Gericht wird die Seele mit dem Auferstehungsleib versehen, doch ist sie schon vorher in einem Status des Friedens und der Glückseligkeit. Ist die Seele dem unmittelbar postmortalen Status nach bereits im Himmel, wird sie auch nach dem Jüngsten Gericht dort weilen.[1426] Darin sind sich römisch-ka-

---

1423 Etwa Gottfried Bleyl: LP auf Johann Siegmund von Vogt und Sägewitz (gest. 1686), S. 28; Georg Wolff Wenner: LP auf Anna Barbara Lips 1648, S. 26f.

1424 Augustin Kromayer: LP auf Johann Ilgen 1637, fol. B 4v.

1425 Diese Einsicht gehört als fester Topos zur lutherischen und katholischen Dogmatik und ist Teil der Eschatologie. Dazu etwa Philipp Schäfer: Eschatologie. Trient und Gegenreformation. Freiburg [u. a.] 1984 (Handbuch der Dogmengeschichte IV, 7c, 2), S. 3. Darüber hinaus zählt sie zu den zentralen Argumenten in Trostschriften wie auch der geistlichen Lyrik. Vgl. etwa Hans-Henrik Krummacher: »De quatuor novissimis«. Über ein traditionelles theologisches Thema bei Andreas Gryphius. In: Ders.: Lyra. Studien zur Theorie und Geschichte der Lyrik vom 16. bis zum 19. Jahrhundert. Berlin [u. a.] 2013, S. 439–499, hier S. 452f. Krummacher weist auch darauf hin, dass die Eschatologie in der Frühen Neuzeit transkonfessionell von großem Interesse war, ebd., S. 445–451. Siehe auch Rudolf Mohr: Der unverhoffte Tod. Theologie- und kulturgeschichtliche Untersuchungen zu außergewöhnlichen Todesfällen in Leichenpredigten. Marburg 1982 (Marburger Personalschriften-Forschungen 5), S. 43–52.

1426 Die Thematik des Jüngsten Gerichts kann an dieser Stelle nicht behandelt werden. Siehe einleitend und exemplarisch Erhard Kunz: Protestantische Eschatologie. Von der Reformation bis zur Aufklärung. Freiburg [u. a.] 1980 (Handbuch der Dogmengeschichte IV, 7c, 1), S. 3–41 (zu den Reformatoren); S. 42–67 (zur lutherisch-orthodoxen sowie zur reformierten Eschatologie). Zur römisch-katholischen Eschatologie in der Frühen Neuzeit überblicksartig etwa Philipp Schäfer: Eschatologie 1984. Einleitend auch Gerhard Sauter: Art. Eschatologie. IV. Dogmengeschichtlich. In: Religion in Geschichte und Gegenwart 2 (⁴1999), Sp. 1561–1567.

tholische und lutherische Leichenprediger zunächst einig.[1427] Dass in katholischen Leichenpredigten überdies eine bleibende Ungewissheit darüber besteht,
ob die zum Heil bestimmte Seele nicht erst im Fegefeuer die im Leben begangenen Sünden abbüßen müsse, wird von den Predigern erwähnt, jedoch zugleich
tröstlich im Sinne der Aufforderung der Hinterbliebenen zur Fürbitte appliziert.[1428]

Das postmortale Sein im Himmel ist schon vor der Vereinigung der Seele mit
dem Auferstehungsleib ein Zustand des Friedens und der Gegenwart Gottes. Das
Erbauungsbuch *FrewdenSpiegel deß ewigen Lebens*, das der lutherische Pastor
und Kirchenlieddichter Philipp Nicolai (1556–1608)[1429] 1599 zur Tröstung der
von einer verheerenden Pestepidemie erschütterten Christen und Hinterbliebenen der Toten in Unna veröffentlichte,[1430] stellt den Tod der Gläubigen als den
Beginn der Freude und Glückseligkeit vor Augen:

> Dje vierdte Wolthat Gottes […] ist eygentlich anders nit/ denn die Vollendung der
> allerheylsamsten Widergeburt/ da Gott seine Außerwehlte Kinder von allem Vbel Leibs
> vnd der Seelen errettet/ vnd zu letzt/ wenn das Sterbstündtlein kompt/ sie von diesem
> Jammerthal absondert/ nimpt jre Seelen durch den zeitlichen Tode von der Welt zu sich
> in das Paradeiß der ewigen Frewde/ vnd lässet jre Leiber mitlerweil sanfft vnter der
> Erden ruhen vnd schlaffen/ biß hin zum jüngsten Tag.[1431]

Ganz ähnlich kann auch das Trostbuch des katholischen Theologen Kaspar
Ulenberg die vom Tode Geängstigten damit trösten, dass der Tod nach Phil 1,21
ein »gros vorteil thun« werde, »weil er ein durchgang ist aus dem jamerthal zu
der frewde Gottes/ aus der finsternis zum waren licht/ aus dem tod zum ewigen
Leben.«[1432] Auch für Ulenberg ist der Moment des Todes schon der Eingang in
die himmlische Sphäre: Der Seelsorger ermuntert den Angefochtenen dazu, in
»diesem kurtzen leiden« des Sterbens standhaft zu bleiben,[1433] folgt darauf doch
die Freude und Herrlichkeit bei Gott dem Vater.[1434]

Es ist besonders die Kontrastierung von jetzigem Leid und postmortaler
Glückseligkeit, die von den Leichenpredigern rhetorisch ausgearbeitet wird, um
den Adressaten Trost zuzusprechen. So sagt Georg Pistorius in seiner katholischen Leichenpredigtsammlung, dass der Tod »ein End deß Ellends: ein Ruhe

---

1427 Vgl. dazu etwa auch Alexander Bitzel: *Anfechtung und Trost* 2002, S. 223.
1428 Vgl. dazu ausführlich das folgende Kapitel.
1429 Vgl. Friedhelm Brusniak. Art. Nicolai, Philipp. In: Religion in Geschichte und Gegenwart 6
     (⁴2003), Sp. 292.
1430 Zum *FrewdenSpiegel* vgl. einleitend die Beiträge in »Die Pest, der Tod, das Leben – Philipp
     Nicolai – Spuren der Zeit.« Beiträge zum Philipp-Nicolai-Jahr 1997. Unna 1997.
1431 Philipp Nicolai: *FrewdenSpiegel* 1599, S. 275f.
1432 Kaspar Ulenberg: *TrostBuch* 1603, S. 868.
1433 Ebd.
1434 Vgl. ebd. u. S. 868.

von aller Arbeit« und eine »Entrinnung aller Gefahren« sei[1435] und die Seele bei Gott von keiner Qual berührt werden könne (vgl. Weish 3,1).[1436] Auch Johann Lorenz Helbig stellt die Freude der Seele nach dem Tod in einer antithetischen Gegenüberstellung vor Augen. Es gebe Ursachen genug, von der Trauer und Angst abzulassen, da der Verstorbene

> von diesen unseeligen/ trübseeligen/ müheseeligen/ armseeligen/ unglückseeligen/ gefährlichen und beschwerlichen zu dem ewigen glückseeligen Leben/ von dieser schnöden Welt zu dem Himmel/ von der Mühe vnd Arbeit zu ewiger Ruhe/ von den falschen Menschen zu dem treuen Gott/ vnd von der That der Trübsal zu den himmlischen Freuden gelanget ist.[1437]

2.4.3. Das ewige Leben

Der entscheidende Unterschied zwischen dem postmortalen Zustand und dem ewigen Leben ist den lutherischen und katholischen Theologen zufolge, dass die nach dem Tod von ihren in den Schlafkammern des Grabes harrenden Leibern getrennten Seelen in der Ewigkeit über verklärte Auferstehungsleiber verfügen werden. In die himmlische Ewigkeit gehen alle Menschen ein, die im Gericht für gerecht befunden werden. Ist die Seele schon nach dem irdischen Tod dem Partikulargericht folgend im Himmel, so wird sie diesen Stand auch – mit dem Leib vereinigt – nach dem Jüngsten Gericht einnehmen. Umgekehrt wird die Seele, die nach dem Tod an den Ort der Qual hinabfährt, dort auch nach dem Richterspruch verweilen. Die katholische Dogmatik kennt jedoch noch einen dritten Stand nach dem Partikulargericht: das Fegefeuer.[1438] Allein das Jüngste Gericht habe, so Jakob Feucht in einer die Existenz des Fegefeuers untermauernden Leichenpredigt, einen doppelten Ausgang.[1439] Feucht und andere katholische Prediger[1440] also glauben wie die lutherischen[1441] Theologen an einen

---

1435 Georg Pistorius: *Klaghauß* 1663, S. 8.
1436 Vgl. ebd., S. 29.
1437 Johann Lorenz Helbig: *Traurige Gedancken* 1704, S. 483.
1438 Vgl. etwa Jakob Feucht: *Vierzehen Catholische Leichpredigen* 1574, S. 9.
1439 Ebd., S. 28f.
1440 Etwa ebd., S. 252, passim; Johann Lorenz Helbig: *Traurige Gedancken* 1704, bes. S. 681–709.
1441 Etwa Martin Geier: LP auf Rachel von Rechenberg (gest. 1677), S. 25. Der Prediger differenziert »unendliche höllen=qvaal« und ewige »herrligkeit«. Das Trostbuch von Johann Spangenberg lässt dagegen die Heilige Schrift selbst sprechen. Mit Joh 5,24 (›Warlich/ warlich/ sage ich euch/ Wer mein Wort höret/ vnd gleubet Dem/ der mich gesand hat/ der hat das ewige Leben/ Vnd kompt nicht in das Gerichte/ Sondern er ist vom Tode zum Leben hin durch gedrungen‹) und Joh 8,51 (›Warlich/ warlich/ Jch sage euch/ So jemand mein Wort wird halten/ der wird den Tod nicht sehen ewiglich‹) werden die zwei möglichen Ausgänge des Gerichtes jedoch sogleich für den Glaubenden zu allein einem gewissen Ausgang. Vgl. Johann Spangenberg: Ein new Trost büchlin/ Mit einer Christlichen vnterrichtung/ Wie sich ein Mensch bereiten sol/ zu einem seligen sterben/ jnn Fragstücke verfasset […]. Wittenberg 1544, fol. B 7v u. B 8r.

doppelten Ausgang des Gerichtes am Jüngsten Tag, wenn dann auch die Seelen aus dem Fegefeuer – dank Fürbitte und Bußwerken der Hinterbliebenen[1442] – gereinigt auf der rechten Seite stehen werden.[1443]

Die eindeutige Alternative der lutherischen Dogmatik, für die es nur zwei Orte für die verstorbene Seele – Himmel oder Hölle – geben kann[1444] und die einen postmortalen Zwischenzustand als nicht schriftgemäß bestreitet,[1445] findet sich auch in den untersuchten Leichenpredigten. Martin Geier etwa nennt diese zwei Stände, in welche die Seelen nach dem Tod gelangen können, doch kann er ganz im Sinne der lutherischen Rechtfertigungslehre und ihren Gründsätzen *sola fide* und *solus Christus* ausführen,[1446] dass der Mensch »die unendliche höllen=qvaal« zwar verdient hätte, aber der Glaubende durch das Heilswirken Jesu Christi erlöst und befreit worden ist.[1447] Geier betont daher die Gewissheit der himmlischen Herrlichkeit, die »ein geschenck oder gabe Gottes« ist (vgl. Röm 6,23 und 11,6).[1448] Nach der »Hitze und Dürre« der beschwerlichen Lebensreise kommt der Christ nicht, so der Lutheraner Johann Andreas Lucius diese Gewissheit applizierend, »ins Fegfeuer/ das die Papisten fürchten« und ebenso wenig »in das höllische Feuer/ welches mit dem Blut Christi denen Gläubigen ausgelöschet ist«.[1449] Für die lutherischen Leichenpredigten ist das Leid des Menschen auf das irdische Dasein beschränkt, eine postmortale Läuterung kann es nicht geben. Auch die Qualen der Verdammnis – die sie durchaus nicht leugnen – können den Glaubenden nicht ängstigen, kann er sich doch der himmlischen Freude sicher sein. »Demnach tröste dich«, erinnert Lucius, »deines Herrn Jesu/ der umb unsert willen alle sein Blut gelassen«.[1450] Der Christ kann des Heils gewiss sein, denn »der Herr Jesus« habe »für dich und umb deinet willen gelitten.«[1451] Lucius appliziert die in der lutherischen Dogmatik des Barock verbreitete Auffassung, dass allein der Glaube über den Eintritt in die Seligkeit entscheidet.[1452] Dass sich der Christ »durch den Glauben an Jesum«[1453]

1442 So Georg Pistorius: *Klaghauß* 1663, S. 252.
1443 Vgl. ebd., S. 29.
1444 Siehe etwa Leonhard Hütter: *Compendium*, Locus XXIX, 7.
1445 Etwa Ebd., Locus XXXIII, 8.
1446 Dass allein der Glaube darüber entscheidet, wohin der Mensch nach dem Tod kommt, ist ein fester Topos in der lutherischen zeitgenössischen Dogmatik. Vgl. etwa Johann Gerhard: *Loci Theologici*, Tom. 8, 110–112.
1447 Martin Geier: LP auf Rachel von Rechenberg (gest. 1677), S. 25.
1448 Ebd., S. 34.
1449 Johann Andreas Lucius: LP auf Sophie Löbe (gest. 1664), fol. C 3v.
1450 Ebd., fol. C 2v.
1451 Ebd.
1452 Vgl. dazu etwa Gerhard: *Loci Theologici* Tom. 9, 70f. und Hütter: *Compendium*, Locus XXXII, 5.
1453 Adam Herold: LP auf Johannes Altwein (gest. 1698), S. 11.

nicht vor Tod und Gericht grauen lassen müsse,[1454] wird von den Leichenpredigern stets als Trost und Stärkung des Glaubenden vor Augen gestellt. Ohne den
Glauben kann kein Mensch Erbe des ewigen Lebens sein, was jedoch nicht
bedeutet, dass ein christlicher Lebenswandel, Buße und gute Werke ignoriert
werden. »Wahre Gottseligkeit/ Christliche Tugenden/ und gutt[e] Werck[e]« des
Verstorbenen, die etwa Zacharias Herrmann lobend und zur *imitiatio* anregend
präsentiert,[1455] entspringen jedoch dem Glauben an die dem Menschen in
Christus zugesprochene Rechtfertigung.[1456] Das lutherische Prinzip *sola fide* ist
dagegen für Jakob Feucht ein »erdicht [...] zettergeschrey«.[1457] Dem katholischen Prediger ist es darum zu tun, seinen Adressaten die Notwendigkeit guter
Werke aufzuzeigen. Diese seien nicht allein im Leben bedeutend, sondern gerade
auch für die Verstorbenen, die möglicherweise im Fegefeuer eine zeitliche Strafe
abbüßen, von großer Wichtigkeit.[1458] Das ewige Leben erreichen Feucht zufolge
nur diejenigen, die Werke der Barmherzigkeit und Nächstenliebe tun.[1459] Neben
den Werken werde im Jüngsten Gericht auch der rechte Glaube beurteilt. Dieser
kann Feucht zufolge allein der »seligmachend[e] Catholisch[e] glaub[e]«
sein.[1460] Dass an dem Glauben der »Seel Seligkeit stehet«,[1461] dass also der Glaube
zur Erlangung der ewigen Seligkeit unabdingbar ist, ist ein die lutherischen und
katholischen Leichenpredigten verbindender Topos. Doch wird dieses »Funda-
ment aller Tugenden«[1462] von den katholischen Predigern häufig genauer als die
katholische Glaube bestimmt, der im letzten Gericht entscheidend sein wird.[1463]

Die Rede von der Auferstehung, die ihre christologische Grundlegung in der
Auferstehung des Erstlings Jesus erfährt (vgl. besonders Hiob 19,25f.), ist für den
Umgang mit Tod und Sterben und weit darüber hinaus für das Dasein des

---

1454 Vgl. Martin Geier: LP auf Rachel von Rechenberg (gest. 1677), S. 5.
1455 Zacharias Herrmann: LP auf Rosina Keil (gest. 1687), S. 8.
1456 Dass Glaube und gute Taten zusammengehören, verstand schon Luther. Vgl. dazu etwa die
Schrift *Von der Freiheit eines Christenmenschen*, bes. WA 7,35,25–36,2. Ähnlich auch in der
Kirchen Postilla 1546, S. 75r. Dass die dem Glauben entsprungenen guten Taten im Gericht
beachtet werden, mahnt etwa Daniel Cramer: Apocalypsis, Oder Offenbarung S. Johannis/
Sampt einer richtigen Erklerung/ so wol wegen Historischer erfüllung aller vnd jeden
hierin enthaltenen Geheimnussen/ wie auch Lehrn/ Besserungen/ Trost und Warnungen.
[...]. Alten Stettin 1618, fol. 83v.
1457 Jakob Feucht: *Vierzehen Catholische Leichpredigen* 1574, S. 4 (marginal).
1458 Vgl. ebd., S. 9.
1459 Vgl. ebd., S. 2f.
1460 Ebd., S. 14.
1461 Melchior Breitter: LP auf Maria von Bayern (gest. 1608), S. 28.
1462 Ebd.
1463 Vgl. neben Feucht: *Vierzehen Catholische Leichpredigen* 1574, S. 14 auch Hubert Lomessen: Newe außerlesene Lehrreiche Postilla Oder Außlegung der Dominical/ auch Fest
vnd Feyrtäglicher Evangelien durchs gantze Jahr/ vnnd etlicher Epistelen [...]. Nunmehr
aber durch [...] Hvbertvm à Caster [...] zusammen gebracht [...]. Winter Theil. Köln
1624, S. 550.

Christenmenschen im Hier und Jetzt von zentraler Bedeutung. In den untersuchten Leichenpredigten ist es diese christliche Grundhoffnung nach 1Thess 4,13f., die den von Trauer und Tod Angefochtenen Trost spendet und in welcher der Mensch auf der von *tentationes* umringten Lebensreise Kraft und Stärkung findet. Ist schon die Aussage über die nach dem irdischen Tod in Gottes Hand ruhende Seele zutiefst tröstlich, betonen die Leichenprediger überkonfessionell, dass erst die Vereinigung der Seele mit dem Auferstehungsleib (vgl. 1Kor 15,44) die Freude und Glückseligkeit des ewigen Lebens vollenden werde.[1464]

Hubert Lomessen thematisiert die Hoffnung auf Auferstehung in einer Predigt, die mit Mt 9,24 (›dicebat recedite non est enim mortua puella sed dormit et deridebant eum‹) den irdischen Tod mit einem Schlaf vergleicht:

> Dann gleich wie ein schlaffender Mensch leichtlich [...] kan erwecket werden/ mit anruffen oder stossen/ also die abgestorbene begrabene Christen werden bey der allgemeinen Aufferstehung mit noch viel geringer Mühe vnd Arbeit viel leichtlicher von Christo vnserm Herren erweckt werden/ vnd das mit einem Wort/ mit einer Posaunen [...].[1465]

Das Signal zur Auferstehung gebe nach 1Kor 15,52 die apokalyptische Posaune oder nach 1Thess 4,16 die Stimme des Erzengels. Der in dem Grab schlafende Leib werde dann »viel anders/ besser/ stattlicher/ herrlicher herfür kommen«.[1466] Lomessen betont besonders den Empfang des verklärten Leibes bei der Auferstehung der Toten. Die Leiber, »sonderlich der Frommen«,[1467] werden mit herrlichen Stücken geziert sein, die Lomessen zufolge die »Belohnung ihres Gottseligen Christlichen Lebens« sind.[1468] Fünf Zierden des Auferstehungsleibes hebt der katholische Prediger heraus: Zunächst nennt er mit Jes 40,31 »Geschwindigkeit/ Schnelligkeit/ Geradigkeit«.[1469] Zweitens sei der Auferstehungsleib so zart, dass er, wie der Sonnenschein das Glas, alles zu durchdringen vermag.[1470]

> Zum dritten werden der seeligen Leiber an jenem tag der Aufferstehung gezieret seyn mit einer wunderbarlichen Unleidlichkeit dann sie aller Pein/ Leydens/ Schmertzens/ Wehethums/ Betrübnuß frey/ loß ledig vnd sicher seyn werden/ kein Hunger/ Kummer noch Durst/ Hutz noch Kälte/ Kranckheit noch Widerwärtigkeit bey ihnen mehr stat haben wird.[1471]

1464 Vgl. dazu auch Alexander Bitzel: *Anfechtung und Trost* 2002, S. 223–231.
1465 Hubert Lomessen: *Postilla. Sommer Theil* 1661, S. 457.
1466 Ebd.
1467 Ebd.
1468 Ebd.
1469 Ebd.
1470 Vgl. ebd.
1471 Ebd.

Die vollkommene Glückseligkeit im Jenseits drückt Lomessen an dieser Stelle im Horizont von Off 21,4, einem *locus classicus* der Rede von Auferstehung und ewigen Leben, aus. Dieser Vers wird in lutherischen und katholischen Leichenpredigten überaus häufig genutzt, um die Freuden des ewigen Lebens im Kontrast zu den irdischen Plagen und Anfechtungen aufzuzeigen. Georg Pistorius[1472] und der Benediktiner Roman Müller[1473] nutzen den Vers ebenso wie die lutherischen Prediger Balthasar Eder[1474] und der Verfasser zahlreicher Leichenpredigten Polycarp Leyser.[1475] Auch die vierte Zier des Auferstehungsleibes, die Unsterblichkeit, entwickelt Lomessen aus Off 21,4: Die Auferstanden werden ewig leben, denn der Tod hat keine Gewalt und Macht über sie.[1476] Mit Paulus nennt Lomessen diese Zierde »incorruptibilitas«, eine »Vnverwesentlichkeit/ Vnverderblichkeit vnd Vnvergänglichkeit« (vgl. 1Kor 15,42).[1477] Schließlich sei mit Mt 13,43 und Phil 3,21 die Klarheit ein Merkmal des Auferstehungsleibes.[1478]

Auch die lutherischen Leichenpredigten betonen die Leiblichkeit der Seligen, in der die himmlischen Freuden sinnlich erfahrbar werden. Der bekannte schlesische Pfarrer und Liederdichter Johann Heermann etwa bewegt sich in einem ähnlichen biblischen Horizont wie Hubert Lomessen. Der Lutheraner greift das Einkleiden in die eigene Haut nach Hiob 19,26 (›Vnd werde darnach mit dieser meiner haut vmbgeben werden/ vnd werde in meinem fleisch Gott sehen‹) auf, um den körperlichen Vorgang der Auferstehung zu veranschaulichen und darüber hinaus die personale Identität und Kontinuität des Menschen hervorzuheben.[1479] Dass dieser Vorgang ein Handeln Gottes darstellt, macht Heermann mit Mt 13,43 und Phil 3,20f. deutlich: »Der Herr« werde den Menschen »den schönen Rock vnd Schmuck vnaußsprechlicher Klarheit/ stettwerender Gesundheit vnd Vnsterbligkeit« anlegen.[1480]

Auf ein entscheidendes Merkmal des ewigen Lebens gehen besonders lutherischen Leichenprediger ein, wenn sie mit 1Kor 13,12 die Existenz des Seligen im Angesicht Gottes beschreiben. Gerade in der Auslegung von den auch als Leichtext[1481] beliebten Versen Hiob 19,25–27 wird die Bedeutung des gemein-

---

1472 Vgl. Georg Pistorius: *Klaghauß* 1663, S. 30.
1473 Vgl. Roman Müller: LP auf Johanna von Wolckenstein 1657, S. 28.
1474 Vgl. Balthasar Eder: LP auf Philipp Persius 1644, fol. C 4v.
1475 Vgl. Polycarp Leyser: LP auf Catharina Behr (gest. 1632), fol. C 1r.
1476 Vgl. Hubert Lomessen: *Postilla. Sommer Theil* 1661, S. 457.
1477 Ebd.
1478 Vgl. ebd.
1479 Vgl. Johann Heermann: *Schola Mortis* 1628, S. 265.
1480 Ebd.
1481 Etwa Georg Rudolphi: LP auf Anna Christina Loth (gest. 1668) oder Balthasar Kupfer: LP auf Johannes Philipp Lüdeke 1670.

samen Lebens mit dem Erlöser deutlich.[1482] ›Kein Fremder‹ schaut Gott von Angesicht zu Angesicht, sondern das eigene Fleisch, das lediglich alle irdische Schwachheit abgelegt hat (vgl. 1Kor 15). In diesem Kontext betrachten die lutherischen Leichenpredigten das Auferstehungsgeschehen auf einer persönlichen und individuellen Ebene, in der die Verheißung der realen und leiblichen Gottesnähe zum Ausdruck gebracht wird.[1483]

> Glückselig werdet jhr seyn in dem zukünfftigen ewigen Leben/ denn da werdet jhr Gott schawen von Angesicht zu Angesicht [...] vnd Gott wird abwischen alle thränen von ewren Augen [...] vnnd werdet leben in einer solchen Frewde/ die kein Aug gesehen/ kein Ohr gehöret/ vnd in keines Menschen Hertz nie kommen ist.[1484]

Balthasar Eder ist sich der in 1Kor 2,9 erwähnten unaussprechlichen, nicht vorstellbaren Herrlichkeit des ewigen Lebens bewusst. Für den Lutheraner ist es das Motiv der Gemeinschaft mit Gott, in dem dieser Wert erst greifbar wird. Das Geflecht aus Schriftbelegen (1Kor 2,9.13,12; Off 21,4) unterstreicht die tröstliche Gewissheit des ewigen Lebens und schürt das freudige Verlangen nach der zukünftigen Heimat. Von dieser Hoffnung berichtet Balthasar Kupfer in seiner Leichenpredigt auf Johannes Philipp Lüdeke, sie habe den Verstorbenen in schweren, mühseligen Zeiten gestärkt und getröstet: »Weil sein Erlöser lebet/ werde Er auch leben/ denselben werde Er Jhm sehen/ und seine Augen würden Jhn schauen.«[1485] Das künftige ewige »Freuden=Leben«[1486] beschreibt auch Kupfer innerhalb der Rede von der *beata visio a facie ad faciem*. Diese Thematik entsprechend Hiob 19,27 und 1Kor 13,12 ist sowohl fester Bestandteil dogmatischer Abhandlungen zur Eschatologie[1487] und zeitgenössischer Erbauungsliteratur,[1488] als auch in Kommentaren zum Hiobbuch.[1489]

Besonders eindrücklich wird das ewige real-leibliche Dasein im Himmel von Leichenpredigten beschrieben, die Hebr 13,14 auslegen. Die Sehnsucht nach der bleibenden Stadt, die von den Predigern mit ihren Ausführungen geweckt wird, kann dem Gläubigen Hoffnung und Trost im Leben und im Angesicht des Todes stiften. Der Dominikaner Matthias Sittard etwa weiß, dass wahrer Trost allein in der Hoffnung auf das zukünftige Leben zu finden ist, denn, wenn »wir die hoffnung nicht hetten/ so weren wir die aller ellendisten Menschen auff

---

1482 Zur Bedeutung dieser Verse in lutherischen Gesangbüchern siehe Lukas Lorbeer: *Sterbe- und Ewigkeitslieder* 2012, S. 515–521.
1483 Vgl. ebd., S. 520.
1484 Balthasar Eder: LP auf Philipp Persius 1644, fol. C 4r/v.
1485 Balthasar Kupfer: LP auf Johannes Philipp Lüdeke 1670, fol. B 1v.
1486 Vgl. ebd.
1487 Vgl. etwa Leonhard Hütter: *Compendium*, Locus XXXIV, 3.
1488 So etwa in Philipp Nicolai: *FrewdenSpiegel* 1599, S. 76–72, passim.
1489 Vgl. Sebastian Schmidt: In Librum Ijobi Commentarivs [...]. Straßburg 1670, S. 815. Siehe dazu den Exkurs Hiob und der verborgene Gott.

erden«.[1490] Worauf sich diese Hoffnung und Sehnsucht richtet, stellt der Prediger mit Adjektiven vor Augen, welche die Imagination der Adressaten anregen: Himmlisch, herrlich und schön sei die ewige Stadt.[1491] Gewiss sei das irdische Leben und besonders auch der Tod »ein bitters kreutlein«, aber das »was hernach folget [...] versüsset« alle »bitterkait«.[1492]

Beständigkeit und Sicherheit als Gegenbilder zu der irdischen und sterblichen Existenz als Pilger sind stets wiederkehrende überkonfessionelle Motive der Rede von der bleibenden Stadt. Ein Ort der »bleibung« nennt es der lutherische Prediger Johann Jacob Müller, in dem der »Wandersmann« zum »Himmels=Bürger« und durch nichts beunruhigt in Geborgenheit leben wird.[1493] Es sei eine große Gnade, wenn Gott die »zerbrechliche Hütten aufkündet« und dem Menschen »die einig bleibende Stätt [...] nicht allein mit Worten verspricht/ sondern allbereit würklich zu besitzen einraumen und beständig lassen will«.[1494] Müller stellt in diesem Satz die ewige und feste Behausung im Himmel der zerbrechlichen irdischen Welt gegenüber und erinnert an die tröstliche Gewissheit des ewigen Lebens.

Friedrich Schickhart, lutherischer Pfarrer in Eningen, beschreibt die Glückseligkeit in der zukünftigen Stadt im Gegenüber zum Leben des Menschen in irdischen Städten:

> Es mangelt ihr [der bleibenden Stadt] auch nichts an andern Bequemligkeiten/ indem sie gesunden Lufft hat/ welches daher zu schliessen/ daß keine Kranckheit oder Schmertzen/ kein Leid noch Geschrey/ ja auch der Tod selber nicht mehr drinnen seyn wird/ Offenb. Joh. cap. 21. v. 4. der Tod wird verschlungen seyn (nicht nur 1000. Jahr) sondern ewiglich/ Esa. cap. 25. v. 8. So wird in solcher Stadt sich auch keine Unsicherheit ereignen/ dann derselben Jnnwohner werden wohnen in Häusern deß Fridens/ in sichern Wohnungen/ in stoltzer Ruhe/ Esaiä cap. 32. v. 18 daraus sie kein Feind/ auch der Teuffel selbsten mehr treiben kan; am allerwenigsten wirds an Freud und Ergötzligkeit gebrechen/ weil nach Esaiä deß Propheten Aussag/ die Auserwählte wird ergreiffen Freude und Wonne/ cap. 35. v. 10. und sie sich werden freuen mit unaussprechlichen und herrlichen Freuden/ 1. Petri 1. v. 8.[1495]

In der homiletischen Umsetzung des lutherischen *scriptura sacra sui ipsius interpres* verbindet Schickhart zahlreiche Belege des Alten und Neuen Testamentes zu einem reichen, der Vorstellung zugänglichen Bild des kommenden Lebens. Auch er betont die Gegenwart und »Herrligkeit Gottes«,[1496] welche die

---

1490 Matthias Sittard: LP auf Kaiser Ferdinand I. 1565, fol. C 4r/v. Vgl. 1Kor 15,19.
1491 Vgl. ebd., fol. C 4r.
1492 Ebd.
1493 Johann Jacob Müller: LP auf Felix Wilhelm von Breitschwerdt 1680, S. 23.
1494 Ebd., S. 23f.
1495 Friedrich Schickhart: LP auf Felix Wilhelm von Breitschwerdt (gest. 1680), S. 29.
1496 Ebd.

himmlische Stadt erleuchten. Ebenfalls wird die Abwesenheit von Krankheit, Leid und Schmerz, wie sie viele Prediger überkonfessionell herausstellen,[1497] erwähnt. Darüber hinaus – und auch dies ist ein die Konfessionen überwölbendes Motiv – betont Schickhart die affektive Wertung des ewigen Lebens: Freude, Wonne und Jubel wird der Mensch empfinden.[1498] Und mehr noch: Lutherische und katholische Theologen heben hervor, dass alles Leid des irdischen Daseins verwandelt wird im Verschlungen-Sein des Todes (vgl. Jes 25,8).[1499]

Einen Aspekt, den die Prediger in der Auslegung von Hebr 13,14 betonen, kann zudem als ein weiteres Trostargument in Leben und Sterben gelten. Der katholische Prediger Sittard drückt dieses folgendermaßen aus:

> Da haben wir die lieben Patriarchen/ Propheten/ Khünigen/ alle lieben Engel Gottes/ die lieben Apostel/ vnnd eine grosse zal der Märterer/ die das Evangelium vnd den Glauben Christi/ mit jrem Blut bezeugt haben/ Vnd einen großen hauffen Freunde/ Eltern/ Brüdern/ Schwestern/ bekandten vnd Glaubensgenossen/ die auff vns [...] mit grossem verlangen warten/ das jre zal erfüllet/ vnnd jr frewd gemehret werde.[1500]

Die eschatologische Gemeinschaft, die Sittard hier tröstlich erwähnt, ist nicht allein eine Gemeinschaft von Familie und Freunden. Das himmlische Leben ist geprägt von einer Gemeinschaft aller im Glauben Verstorbenen, der sowohl biblische Gestalten als auch Heilige, Herrscher und Engel teilhaftig werden.

2.4.4. Das freudige Wiedersehen der fromm Verstorbenen

Dem Motiv, wonach alle im Glauben Verstorbene sich dereinst wiedersehen werden, der Tod also eine Versammlung zu den Vätern ist (vgl. Ri 2,10; 2Chr 34,28), kommt in der barocken *ars moriendi* eine entscheidende Bedeutung zu. Die Gewissheit der freudenreichen Gemeinschaft »mit allen außerwehlten Patriarchen/ Propheten/ Aposteln vnd andern triumphierenden Christen«[1501] ist ein tröstliches Argument im Angesicht von Tod und Trauer. In diesem Motiv

---

1497 Etwa auch Modestinus Wedmann: LP auf Anna von der Sachsen (gest. 1607), fol. C 2r; Georg Pistorius: *Klaghauß* 1663, S. 30; Roman Müller: LP auf Johanna von Wolckenstein 1657, S. 28; Balthasar Eder: LP auf Philipp Persius 1644, fol. C 4v oder Polycarp Leyser: LP auf Catharina Behr (gest. 1632), fol. C 1r.

1498 Vgl. Friedrich Schickhart: LP auf Felix Wilhelm von Breitschwerdt (gest. 1680), S. 29. Ähnlich auch Balthasar Kupfer: LP auf Johannes Philipp Lüdeke 1670, fol. B 1v; Balthasar Eder: LP auf Philipp Persius 1644, fol. C 4r/v.

1499 Vgl. Friedrich Schickhart: LP auf Felix Wilhelm von Breitschwerdt (gest. 1680), S. 29 und Hubert Lomessen: *Postilla. Sommer Theil* 1661, S. 457. Zur zentralen Bedeutung des Verschlungen-Sein des Todes für die Theologie Martin Luthers vgl. etwa Gerhard Ebeling: Des Todes Tod. Luthers Theologie der Konfrontation mit dem Tode. In: Zeitschrift für Theologie und Kirche 84 (1987), S. 162–194.

1500 Matthias Sittard: LP auf Kaiser Ferdinand I. (gest. 1565), fol. C 4v/5r.

1501 Philipp Nicolai: *FrewdenSpiegel* 1599, S. 362.

wird die Auferstehung der Toten als zentrale christliche Hoffnung auf die per-
sönlich-individuelle Ebene der Beziehung von Hinterbliebenen und Verstorbenen gebracht und damit für den einzelnen Menschen auch schon im Leben
hoffnungsspendend vor Augen gestellt. Die Leichenpredigt des lutherischen
Pastors Sebastian Friedrich Brunnemann endet mit der Erinnerung an die
künftige Wiedervereinigung:

> Ja/ trösten sollen Sie sich endlich damit/ daß Sie die Wollseligste dermaleins im ewigen
> Leben wieder sehen/ und nebst Jhr/ wann Sie im Glauben bewährt erfunden/ an den
> himmlischen Tröstungen sich unaufhörlich ergötzen werden.[1502]

Angesichts der Hoffnung auf ein eschatologisches Wiedersehen verliert die
schmerzhafte Trennung sich liebender Angehöriger durch den irdischen Tod
den Charakter der Endgültigkeit. Was der Tod trennt,[1503] wird wieder zusam-
menfinden und – und dies ist besonders tröstlich – in Ewigkeit zusammen sein:
Die Macht des Todes Familien und Freunde zu trennen, ist im ewigen Leben
dauerhaft überwunden. »Ohne trauren und weinen« sei kein Abschied aus dieser
Welt, weiß Christoph Preunel, doch solle sich der Christ freuen und trösten in
dem Wissen der »selige[n] Zukunfft Christi/ da wir uns wieder werden einander
anschauen/ und uns freuen in ewiger Glori und Herrligkeit«.[1504] Dass auch in der
geistlichen Lyrik der Topos des Wiedersehens im Eschaton weit verbreitet war,
beweisen etwa die Epicedien. Ein Trauergedicht auf die 1668 verstorbene
Christina Loth tröstet den Witwer mit der Aussicht auf ein Wiedersehen:
»Tröstet euch daß ihr werd sie/ Dort im Leben wieder schauen«.[1505]

Der Katholik Johann Lorenz Helbig veröffentlicht in seiner Predigtsammlung
des Jahres 1704 eine Leichenpredigt, die das Motiv des künftigen Wiedersehens
in der »grosse[n] Glori der Seeligkeit« zum Hauptpunkt der Trostargumentation
macht.[1506] Wenn auch die Trauer über den Tod eines geliebten Menschen groß ist
– die Freude über eine »freudige Zusammenkunfft« im Himmel werde noch viel
größer sein.[1507] Helbig erinnert seine Adressaten an ein Ereignis aus dem Leben
Christi, als dieser im Tempel verlorenging (vgl. Lk 2,41–52). Die Eltern Jesu
waren verzweifelt, sie waren voller »Angst und Bekümmernuß«, als sie ihr Kind
verloren hatten, sagt der Prediger.[1508] Doch fanden sie ihn nach drei Tagen des
Suchens im Salomonischen Tempel, »nicht ohne grosse Freud und Frolo-

---

1502 Sebastian Friedrich Brunnemann: LP auf Anna Sybilla von Eickstät (gest. 1699), S. 38.
1503 Siehe dazu auch die Ausführungen zur Sprache der Trauer.
1504 Christoph Preunel: LP auf Veronika Sommer (gest. 1658), fol. E 1r.
1505 Johann Christoph Herrfurch: Epicedium. In: Georg Rudolphi: LP auf Christina Loth (gest.
1668), fol. H 3r.
1506 Johann Lorenz Helbig: *Traurige Gedancken* 1704, S. 484–486.
1507 Ebd., S. 484.
1508 Ebd., S. 485.

cken.«[1509] So verlören auch Hinterbliebene den Verstorbenen durch den Tod, »aber wie wohl wird es ihnen gefallen/ was grossen Trost und Freud werden sie haben«, wenn sie den Verstorbenen in dem »Tempel Gottes in dem himmlischen Jerusalem« unter den dort versammelten Engeln und »glorificirten Menschen/ finden und antreffen werden.«[1510] Helbig mahnt die Hinterbliebenen nicht in Verzweiflung zu fallen, wenn sie meinen, der Verstorbene »seye todt/ und von den wilden Würmern gefressen«.[1511] Im ewigen Leben werden sich alle wiedersehen und schon jetzt sei der Verstorbene nicht zu betrauern, hat ihn doch der Tod zu »grossen Vortheil also erhöhet«.[1512]

Die tröstliche Aussicht auf das einstige Wiedersehen wird von den Predigern überkonfessionell genutzt, um das Verlangen der Hinterbliebenen nach der himmlischen Heimat zu stärken (vgl. Phil 1,23) und diesen Wunsch paränetisch fruchtbar zu machen: Ein Wiedersehen nämlich ist nur dann möglich, wenn auch die Hinterbliebenen ein im Glauben beständiges, christlich-sittsames Leben führen und sich im Sinne der *ars moriendi* schon im Leben zum Tod bereit machen. Daher wünscht Syring seiner Trauergemeinde eine »selige Nachfarth«.[1513] Da der Mensch auf sein Ende letztlich aber keinen Einfluss haben kann, wendet sich die lutherische Leichenpredigt von Sebastian Friedrich Brunnemann mit der Bitte an Gott, er möge allen »zur rechten Zeit/ eine selige Nachfolge zum ewigen Leben« geben.[1514] Mahnt die lutherische Leichenpredigt also dazu, allein bei Gott Gewissheit und Hilfe zu suchen, rät etwa Matthias Sittard neben der Beständigkeit im Glauben auch zu Gehorsam, Geduld, Reue, Sündenbekenntnis, Gebet, Verleugnung des eigenen Willens und Weltverachtung.[1515] Ist es in den lutherischen Leichenpredigten das Verlangen nach der himmlischen Heimat, das zu Festigkeit im Glauben und steter Umkehr zu Gott führt – die Gewissheit des Künftigen also die rechte Sterbekunst lehrt – mahnen katholische Leichenpredigten zur *ars moriendi*, um darin die Schönheit und Glückseligkeit des ewigen Lebens zu entfalten.[1516]

Diese Mahnungen zeigen, dass die Rede von der bleibenden Stadt ein überkonfessioneller Trostgrund angesichts von Trauer und Tod ist. Die Aussicht auf das kommende Dasein kann den Christenmenschen jedoch schon mitten im Leben stärken und widerstandsfähig machen. Auch wenn die Mahnungen

---

1509 Ebd.
1510 Ebd.
1511 Ebd.
1512 Ebd.
1513 Ebd.
1514 Sebastian Friedrich Brunnemann: LP auf Anna Sybilla von Eickstädt (gest. 1699), S. 52.
1515 Vgl. Matthias Sittard: LP auf Kaiser Ferdinand I. (gest. 1565), fol. D 1r.
1516 Zu der Frage, wie der Mensch dem ewigen Leben teilhaftig werden kann, siehe bes. Kap. III.B.2.7.

konfessionsdifferent appliziert werden, so richten sie sich doch an die Lebenden, die in dem Jammertal der Welt gefangen die »ewige Frewd vnd Seeligkeit« zu erlangen hoffen.[1517] So schließt die Leichenpredigt des Lutheraners Sebastian Friedrich Brunnemann mit einem Valet der Verstorbenen, die ihrem Mann, ihrer Familie und allen Anwesenden aus der Ruhekammer des Sarges zuruft:

> Gesegn Euch Gott der Herre/
> Jhr Vielgeliebten mein/
> Trauret nicht allzusehre
> Uber den Abschied mein/
> Beständig bleibt im Glauben/
> Wir werdn in kurtzer Zeit
> Einander wieder schauen/
> Dort in der Ewigkeit. Amen![1518]

Exkurs: Intermedialität – Geistliches Lied, Trauerlyrik und Druckgraphik in den barocken Leichenpredigten[1519]

Christoph Knolls Lied *Herzlich tut mich verlangen nach einem sel'gen End*, das in vielen lutherischen Leichenpredigten des 17. Jahrhunderts erwähnt wird,[1520]

1517 Georg Pistorius: *Klaghauß* 1663, S. 4.

1518 Sebastian Friedrich Brunnemann: LP auf Anna Sybilla von Eickstädt (gest. 1699), S. 38. Dies ist die neunte Strophe von *Herzlich tut mich verlangen nach einem sel'gen End*. Siehe dazu den folgenden Exkurs.

1519 Der Exkurs kann nur überblicksartig und einführend einige Aspekte der Intermedialität in Leichenpredigten ansprechen und zukünftige Forschungen anregen. Weiterführendes findet sich in den Anmerkungen. Dass diverse Textgattungen zur Erforschung inter- und transkonfessioneller Prozesse dienlich sein können, zeigt etwa Johann Anselm Steiger: *Interkonfessionalität im Schwank* 2014; Ders.: Der Orgelprospekt im Kloster Lüne als Zeugnis barock-lutherischer Bild- und Musiktheologie. Zur Intermedialität von Wort, Bild und Musik im 17. Jahrhundert. Regensburg 2015. Zur geistlichen Intermedialität siehe auch Ders.: Ikonographie und Meditation des Hohenliedes in der Barockzeit zwischen Konfessionalität und Transkonfessionalität. Die Göttliche Liebesflamme (1651) Johann Michael Dilherrs und Georg Philipp Harsdörffers sowie das Bildprogramm an der Patronatsempore in Steinhagen (Vorpommern). Leipzig 2016 (Theologie – Kultur – Hermeneutik 19).

1520 Etwa Gottfried Glück: LP auf Helena Susanna aus dem Winkel (gest. 1686), fol. N 1r und N 2v; Sebastian Friedrich Brunnemann: LP auf Anna Sybilla von Eickstät (gest. 1699), S. 38; Christian Engel: LP auf Katharina von Krosik 1662, fol. D 4r. Vgl auch Johann Heermanns Zyklus von Leichenpredigten über dieses Lied: Güldene Sterbekunst. Gezeiget in zwölff Predigten/ Aus dem anmutigen schönen Sterbe=Gesänglein: hertzlich thut mich verlangen/ nach einem seligen End [...]. Breslau 1628. Dazu auch Patrice Veit: Kirchenlieder und lutherisches »Privatleben«. Die Leichenpredigten als Fallstudie. In: Religion und Religiosität im Zeitalter des Barock. Hrsg. v. Dieter Breuer. Bd. 2. Wiesbaden 1995, S. 593–602, hier bes. S. 601 f.

artikuliert die Sehnsucht nach der himmlischen Heimat. Schon die erste Strophe enthält den Wunsch zu sterben, mithin den Wunsch dem Jammertal der Welt entkommen zu können:

> Herzlich tut mich verlangen
> nach einem selgen End,
> weil ich hier bin umfangen
> mit Trübsal und Elend.
> Ich hab Lust abzuscheiden
> von dieser argen Welt,
> sehn mich nach ewgen Freuden:
> O Jesu, komm nur bald.[1521]

Der lutherische Theologe und Schulinspektor in Wettin, Gottfried Glück (2. H. 17. Jhd.),[1522] verwendet diese Strophe in einer Leichenpredigt mit dem Titel *Eine himmlisch-gesinnete Seele* und führt aus, dass ein Christ, »wenn in dieser Welt die finstern Wetter des Elends sich zusammen ziehen« stets »Zuflucht bey Gott« suchen solle (vgl. Ps 73,26).[1523] Schon im Leben ist das Verlangen nach der himmlischen Heimat in der Gegenwart Gottes so mächtig, dass es dem Glaubenden auf der von *tentationes* umringten Pilgerreise stärken kann. Und im Angesicht des schrecklichen Todes ist es die »unzweiffentlich[e]« Gewissheit des sehnsüchtig erwarteten ewigen Lebens,[1524] die dem Sterbenden die enge Pforte des Todes durchschreiten lässt (vgl. Mt 7,14). Um seine Ausführungen von der *explicatio* in die *applicatio* zu führen, bedient sich Glück der ersten Strophe von *Herzlich tut mich verlangen nach einem sel'gen End*. Ein Liedzitat als Verknüpfung von Predigtteilen eignet sich einerseits durch seine Reim- und Versform, andererseits aber besonders durch die dem Adressaten vertrauten Formulierungen des Liedes.[1525] Dass einzelne Strophen und auch Verse eines Liedes je nach Funktion aus einem Liedtext herausgegriffen werden können, zeigen etwa die Leichenpredigten der Lutheraner Christian Engel und Sebastian Friedrich Brunnemann. Beide Prediger nutzen die fünfte Strophe des Liedes von Knoll am Ende der eigentlichen Predigten und damit vor den Personalteilen.[1526] An dieser Stelle wollen die Prediger ein kräftiges Trostargument an ihre Adressaten richten, das sowohl die schon erfahrene Ruhe des Verstorbenen, als auch den tröstlichen und mahnenden Appell zur Standhaftigkeit der Hinterbliebenen vereint. Brunnemann und Engel legen die Liedstrophe in den Mund

---

1521 Wackernagel Bd. 5, Nr. 560.
1522 Vgl. DBA I 398,59.
1523 Gottfried Glück: LP auf Helena Susanna aus dem Winkel (gest. 1686), fol. M 2r.
1524 Ebd., fol. M 2v.
1525 Vgl. dazu auch Lukas Lorbeer: *Sterbe- und Ewigkeitslieder* 2012, S. 617.
1526 Sebastian Friedrich Brunnemann: LP auf Anna Sybilla von Eickstät (gest. 1699), S. 38;
      Christian Engel: LP auf Katharina von Krosik 1662, fol. D 4r.

des Verstorbenen,[1527] um in dem Kontext der persönlichen Beziehung die
Sehnsucht nach der himmlischen Heimat hervorzurufen und so zu Geduld und
Beständigkeit zu animieren.

Das Repertoire der Lieder, die in lutherischen Leichenpredigten verwendet
werden, ist erstaunlich groß.[1528] Auffällig ist, dass besonders Lieder genutzt
werden, die in den Gesangbüchern des 17. Jahrhunderts in den Rubriken über
Tod und Sterben, Begräbnis und Auferstehung ebenfalls häufig belegt sind:[1529]
Freu dich sehr, o meine Seele,[1530] *Ich hab mein Sach Gott heimgestellt,*[1531] *Wenn
mein Stündlein vorhanden ist,*[1532] *Nun lasst uns den Leib begraben*[1533] oder *Ach
wie elend ist unser Zeit.*[1534]

Das Begräbnislied *Freu dich sehr, o meine Seele* fügt sich besonders in die
Funktion der lutherischen Leichenpredigt: Es sind aus dem Mund des Verstorbenen an die Angehörigen gerichtete Worte, welche die Freude der schon bei
Gott ruhenden Seele artikulieren. In dem Lied werden nicht allein die Hinterbliebenen getröstet: Auch wird die Seele des Glaubenden aufgefordert, den Weg
des Lebens und schließlich den schmalen Pfad des Todes freudig zu gehen, kann
sie doch der künftigen Ruhe und Sicherheit gewiss sein. In dieser Vereinigung
von tröstlicher Zuwendung des Verstorbenen und Anrede an die Seelen der
Hinterbliebenen entfalten sich *memento mori* und *ars moriendi*. Die Leichenpredigt auf die 1699 verstorbene Anna Sybilla von Eickstät bettet die erste
Strophe des Liedes in den Personalteil, näherhin den Bericht über die letzte

---

1527　Sebastian Friedrich Brunnemann: LP auf Anna Sybilla von Eickstät (gest. 1699), S. 38:
　　　»Darum so rufft die Wollseligste noch zum Valet [...] auß Jhrer Grufft und Ruhe=Cammer
　　　gleichsam zu [...]«; Christian Engel: LP auf Katharina von Krosik 1662, fol. D 4r: »Drumb
　　　sollen sich die hochbetrübten leydtragenden wohl zufrieden geben [...] gestalt denn die
　　　wohlselig=verstorbene [...] Jungfraw jhnen sampt vnd sonders zu guter letzte anitzo
　　　gleichsamb aus jhrem Sarge valediciret vnd spricht [...]«.
1528　Zu dieser Einsicht kommt auch Lukas Lorbeer: *Sterbe- und Ewigkeitslieder* 2012, S. 619.
1529　Zu diesem Zusammenhang siehe ebd. Zu den häufigsten Liedern der Gesangbücher ebd.,
　　　S. 164–166.
1530　Etwa Martin Geier: LP auf Rachel von Rechenberg (gest. 1677), S. 34; Sebastian Friedrich
　　　Brunnemann: LP auf Anna Sybilla von Eickstät (gest. 1699), S. 50; Johann Baptist Renz: LP
　　　auf Adolf Zobel (gest. 1689), S. 7. Vgl. dazu Albert Fischer u. Wilhelm Tümpel: *Das
　　　deutsche evangelische Kirchenlied* 1904, Nr. 573.
1531　So etwa in Johann Andreas Lucius: LP auf Andreas Ganzland (gest. 1663), fol. F 2v;
　　　Zacharias Herrmann: LP auf Anna Maria Dominik (gest. 1686), S. 3; Sebastian Friedrich
　　　Brunnemann: LP auf Anna Sybilla von Eickstät (gest. 1699), S. 46. Vgl. Wackernagel Bd. 4,
　　　Nr. 712.
1532　Gottfried Bleyl: LP auf Johann Siegmund von Vogt und Sägewitz (gest. 1686), S. 16;
　　　Heinrich Heckenberg: LP auf Apolonia Eggeling 1634, fol. A 4r. Vgl. Wackernagel Bd. 3,
　　　Nr. 14.
1533　David Sieber: LP auf Georg Friedrich Seufferhled 1687, S. 14; Heinrich Heckenberg: LP auf
　　　Apolonia Eggeling 1634, fol. F 1v. Vgl. Wackernagel Bd. 3, Nr. 395f.
1534　Georg Rudolphi: LP auf Anna Christina Loth (gest. 1668), fol. A 3v/A 4r; Martin Geier: LP
　　　auf Rachel von Rechenberg (gest. 1677), S. 34. Vgl. auch Wackernagel Bd. 4, Nr. 260.

Stunde. »Dabey Sie denn einen so Christ=freudigen Geist und Muth spühren und sehen ließ«, »den Tod unerschrocken ansahe/ und mit freudigem Geiste seufftzete«:[1535]

> Freu dich sehr/ o meine Seele/
>   Vergiß aller Noth und Quaal/
> Weil dich nun Christus dein Herre/
>   Rufft aus diesem Jammerthal;
> Aus Trübsal/ Angst/ Noth und Leyd/
> Solt du fahren in die Freud/
> Die kein Ohr jemahls gehöret/
> Und in Ewigkeit doch währet.[1536]

Hoffnung und Vertrauen auf Gott – so mahnt die Leichenpredigt in den zitierten Worten – überdauern Not und Leid des Lebens und des Todes. Diese Aussage spiegelt der Prediger in der paulinischen Glaubensgewissheit (Röm 8,38 f.):[1537] ›Denn ich bin gewis/ Das weder Tod noch Leben/ weder Engel noch Fürstenthum/ noch gewalt/ weder gegenwertiges noch zukünfftiges/ weder hohes noch tieffes noch keine andere Creatur/ mag vns scheiden von der liebe Gottes/ die in Christo Jhesu ist vnserm Herrn.‹

Das Vertrauen des Christen, Gott werde ihn in den Bekümmernissen des Lebens bewahren, schließlich vom Tode erretten und in unvorstellbare Freude führen, kommt auch in *Ich hab mein Sach Gott heimgestellt* von Johannes Leon zur Geltung. Johann Andreas Lucius nutzt dieses Lied, um seinen Hörern die vertrauensvolle Gottergebenheit des Verstorbenen der Nachahmung anzuempfehlen.[1538] Der Prediger ist sich bewusst, dass der Tod jedem Menschen bitter und schrecklich erscheint. Die Einsicht aber, dass »der allein weise Gott nach seinem unerforschlichen/ iedoch allzeit guten und seligen Willen« den Menschen durch den zeitlichen Tod hinweg nimmt,[1539] führe zur Ergebung in diesen göttlichen Willen.[1540] »Es sey aber nicht so leicht zu sterben/ als wie man wol dencken möchte«,[1541] erkennt auch eine Leichenpredigt von Sebastian Friedrich Brunnemann. In der Hoffnung, »die von Hertzen verlangte Gesundheit und

---

1535 Sebastian Friedrich Brunnemann: LP auf Anna Sybilla von Eickstät (gest. 1699), S. 50.
1536 Ebd.
1537 Ebd., S. 51.
1538 Vgl. Johann Andreas Lucius: LP auf Andreas Ganzland (gest. 1663), fol. F 2v.
1539 Ebd.
1540 Dass Sterben und Tod auch dem glaubenden Menschen furchtbar erscheinen, artikuliert auch Christoph Knolls *Herzlich tut mich verlangen nach einem sel'gen End* (Str. 3, 1–4):
    Wenngleich süß ist das Leben,
    der Tod sehr bitter mir,
    will ich mich doch ergeben,
    zu sterben willig dir.
1541 Sebastian Friedrich Brunnemann: LP auf Anna Sybilla von Eickstät (gest. 1699), S. 47.

Restitution« der Verstorbenen erhalten zu können, habe man viele Kuren und
»Artzeney=Mittel« angewendet.[1542] Die Erkenntnis, dass »für'n Tod kein Kraut
gewachsen ist«,[1543] mithin das Wissen um die Todesverfallenheit des Menschen
ensprechend Röm 6,23, habe die verstorbene Anna Sybilla von Eickstät zum
Anlass genommen, Gott anzuflehen, »daß Er Sie nur balde auflösen und in sein
ewiges Freuden=Reich« führen möchte.[1544] Die Prediger mahnen mit *Ich hab
mein Sach Gott heimgestellt* zur Sterbebetrachtung und Sterbebereitung. Darin
erinnern sie an den guten, den Glaubenden bewahrenden Willen Gottes, der
letztlich in der Auferstehung des Menschen seinen Höhepunkt findet.

Mitten wir im Leben sind mit dem Todt umfangen – mit diesem Lied Martin
Luthers fasst Johann Leonhard Ritter seine Gedanken zur Todesverfallenheit des
Menschen zusammen.[1545] Schon in vorreformatorischen Zeiten war die lateini-
sche Antiphon *Media vita in morte sumus* ein bekannter Klagegesang und Ge-
dächtnislied für Verstorbene.[1546] Die Bearbeitung Martin Luthers erscheint
erstmals 1524 in dem *Erfurter Enchiridion* und kann als Abriss seines *Sermon
von der bereytung zum sterben* (1519) verstanden werden.[1547] Die Anfechtungen
von Tod, Hölle und Sünde sind sowohl in dem Sterbesermon als auch in dem
Lied strukturbildend. Den Anfechtungen des Glaubens, die den Christen im
ganzen Leben begegnen und gerade im Anblick des Todes Zweifel in der
Heilsfrage streuen, stellt etwa Johann Leonhard Ritter mit dem Lied Luthers den
einzigen »glaubens trost« gegenüber:[1548] Christus, den Luther als Helfer, Befreier
und Zuflucht in allen Nöten beschreibt.[1549] Ritter nimmt das Lied an einer Stelle
der Leichenpredigt auf, die von den Gedanken über das Leid des Menschen zum
Trost überleitet: Der Gesang lenkt den Blick des von Tod, Hölle und Sünde
angefochtenen Menschen auf den Sühnetod Jesu und damit auf das Geschehen,
das allein das Heil des Menschen bewirkt.[1550] Die Stellvertretung Jesu erwirkt
dem Menschen das eschatologische Wohl, das ihm letztlich auch den Tod zum

---

1542 Ebd., S. 46.
1543 Christoph Knoll: *Herzlich tut mich verlangen nach einem sel'gen End* (Str. 4, 3).
1544 Sebastian Friedrich Brunnemann: LP auf Anna Sybilla von Eickstät (gest. 1699), S. 47.
1545 Johann Leonhard Ritter: LP auf Anna Dorothea Stäntzkhi 1630, fol. B 4v.
1546 Vgl. dazu etwa Hansjakob Becker [u. a.] (Hrsg.): Geistliches Wunderhorn. Große deutsche
     Kirchenlieder. München 2009, S. 85f.
1547 Der Sermon ist abgedruckt in WA 2,685–697. Vgl. Wackernagel Bd. 3, Nr. 12; Heinz
     Grasmück: »Schaubühne des Todes«. Zur Bildlichkeit des protestantischen Kirchenliedes
     im 16. und 17. Jahrhundert. Der Choral als Kontrafaktur des Todes und die Figur des Todes
     als »Totes Bild«. In: Johann Sebastian Bachs Kantaten zum Thema Tod und Sterben und
     ihr literarisches Umfeld. Hrsg. v. Renate Steiger. Wiesbaden 2000 (Wolfenbütteler For-
     schungen 90), S. 45–73.
1548 Martin Luther: *Mitten wir im Leben sind mit dem Todt umfangen*, Str. 3, 12.
1549 Ebd., Str. 1, 3: »der hulffe thu«; Str. 2, 4: »frey und ledig machen«; Str. 3, 3: »Wo soln wir
     den flihen hyn«.
1550 Vgl. Lukas Lorbeer: *Sterbe- und Ewigkeitslieder* 2012, S. 364.

Freund und Gewinn (vgl. Phil 1,21) macht. Dies, so Ritter in seiner Leichenpredigt, ist der »Haupttrost«.[1551] Nicht die Schreckensbilder von Sünde, Tod und
Hölle, die im Leben und im Tod stets versuchen den Menschen zu bedrohen,
solle der Christ betrachten, sondern allein »das hymelisch bild Christum«.[1552]
Luther und die lutherischen Leichenprediger des Barock verdrängen Sünde, Tod
und Hölle nicht, sie geben diesen Bildern in Christus eine andere Gestalt, wenn
sie den angefochtenen Glaubenden dazu ermahnen, »den tod yn dem leben, die
sund yn der gnadenn« und »die hell ym hymell an[zu]sehen«.[1553] Diese Umkehrung, dieses andere Sprechen über den Tod, hat Luther im Horizont des St.
Gallener Hymnus *Media vita in morte sumus* folgendermaßen formuliert:

> Sic charitas est signum, quod vivi et ex morte. Maxima et gloriosa promissio et trost,
> quod nos adhuc in stinckendem und unflätigem leib leben, quod in eo gebrechlichem,
> elenden gfes inveniri debet vita eterna et nulla tod, quod vivamus etiam media in
> morte. Verte lied: Mitten im tod in vita. Secundum externum ansehen contrarium, sed
> secundum fidem, quod ex morte et quanquam circumdati morte, tamen est vita.[1554]

Die Wende – von der Erfahrung, mitten im Leben vom Tod umgeben zu sein, zur
Verheißung im Tod das Leben zu finden – kann als grundlegendes Motiv der
lutherischen Leichenpredigten gesehen werden. Dazu bedienen sich die Prediger
auch der Texte zeitgenössischer Lieder, die in ihren den Adressaten bekannten
Wortlauten zusammen mit den Worten der Predigt zur Imagination innerer
Bilder anregen. Das Einsenken in die Leichenpredigt, dass durch das Hören
eines sinnlich eingängigen Liedverses begünstigt wird, führt zu einer bewuss-
teren Aufnahme der didaktischen und mahnenden Inhalte der Predigt und also
zur rechten Einübung in die *ars moriendi*, die in der Ausrichtung auf das
himmlische Jerusalem einen wichtigen Topos findet. Überdies sind sich die
zeitgenössischen Theologen der Angst und Trauer vertreibenden Kraft der
Musik bewusst.[1555] Der Gesang dient, so etwa der Superintendent Simon Musäus
in seinem seelsorglichen Werk *Wider den Melancholischen Teuffel*, wie Schriftlektüre und Predigt der Übung des göttlichen Wortes und damit dem Ergreifen
von Hoffnung und Gewissheit, von denen das Evangelium spricht.[1556] Die Verwendung von Liedversen kann daher auch als Versuch angesehen werden, die
Sprachlosigkeit angesichts von Trauer und Tod zu überwinden. Darin wird ein
wichtiger Punkt der lutherischen Seelsorge deutlich: Die Hochschätzung von
Gesang und Musik als Tröster und Lebensbegleiter offenbart, dass selbst in der

---

1551 Johann Leonhard Ritter: LP auf Anna Dorothea Stäntzkhi 1630, fol. C 4v.
1552 WA 2,690,17f.
1553 Ebd., 688,35f.
1554 WA 41,624,16–22 (Predigt am 2. Sonntag nach Trinitatis 1536).
1555 Vgl. dazu schon Martin Luther, WA BR 5,639,12–17 (Brief an Ludwig Senfl 1530).
1556 Vgl. Simon Musäus: *Wider den Melancholischen Teuffel* 1569, fol. D 3r. Für weitere Belege
     siehe Ernst Koch: *Die höchste Gabe*, S. 237, Anm. 41.

Sehnsucht nach dem himmlischen Jerusalem das zeitliche Leben ernst genommen, ja sogar klar bejaht wird.[1557] Die Schönheit und Freuden der irdischen Welt sollen als Gaben Gottes mit »gutem Gewissen«[1558] gebraucht werden. Das Frühlingserwachen der Natur kann der Glaubende ebenso wie Gesang oder Dichtung mit anderen Augen sehen – als Gaben der Liebe und Fürsorge Gottes.[1559] Daher erhält das deutsche geistliche Lied im Zuge der Reformation über den Gottesdienst hinaus eine bedeutende Stellung im Leben des Christen.[1560] Wichtige Ereignisse im Leben werden mit Liedern verbunden, selbst auf dem Sterbebett hält man das Gesangbuch in den Händen und sucht Trost im Singen.[1561] Es verwundert daher kaum, dass viele lutherische Leichenprediger bekannte Liedtexte als Medium der (konfessionellen) Identitätsbildung und als katechetisches Medium der Evangeliumsverkündung nutzen.[1562]

»Hymni Lutheri [...] animos plures quam scripta et declamationes occiderunt«[1563] – die hohe Bedeutung der Musik erkannten auch katholische Theologen, wie etwa der viel zitierte Satz des Jesuiten Adam Contzen (1571–1635)[1564] beweist.[1565] Eine Leichenpredigt des Benediktiners Roman Müller, die Prv 25,12

1557 Vgl. dazu Gerhard Ebeling: *Luthers Seelsorge* 1997, S. 467.

1558 WA BR 7,66,18–24 (Brief an Fürst Joachim von Anhalt 1534): »Denn Freude und guter Mut (in Ehren und Züchten) ist die beste Erzenei eins jungen Menschen, ja aller Menschen. Jch, der ich mein Leben mit Trauren und Saursehen habe zubracht, suche itzund und nehme Freude an, wo ich kann. Jst doch itzt, Gott Lob, so viel Erkenntnis, daß wir mit gutem Gewissen können fröhlich sein und mit Danksagung seiner Gaben brauchen, dazu er sie geschaffen und Wohlgefallen dran hat.«

1559 Vgl. Gerhard Ebeling: *Luthers Seelsorge* 1997, S. 467.

1560 Zu dieser Entwicklung siehe Irmgard Scheitler: Kirchengesang und Konfession. Die konfessionssymbolische Bedeutung des Kirchenlieds von der Reformation bis zur Aufklärung. In: *Liturgisches Handeln als soziale Praxis* 2014, S. 335–361, S. 336 u. 351.

1561 Vgl. die Ausführungen in Lukas Lorbeer: *Sterbe- und Ewigkeitslieder* 2012, S. 583–596.

1562 Zu dem Zusammenhang von Musik und Katechese siehe Irmgard Scheitler: *Kirchengesang* 2014, passim.

1563 Adam Contzen: Politicorum libri decem [...]. Mainz 1620, Lib. II, c. XIX, §2.

1564 Vgl. Dieter Breuer: Art. Contzen, Adam. In: Killy/Kühlmann 2 (2008), S. 476–478.

1565 Dass eine Beschäftigung mit Gesangbüchern der Frühen Neuzeit besonders in interkonfessioneller Perspektive lohnend ist, beweisen die Übernahmen und Umdichtungen, die lutherische und katholische Liederdichter vornahmen. Das *New Gesangbüchlin Geystlicher Lieder* von Michael Vehe etwa enthält zahlreiche lutherische Lieder, ebenso stellte Johann Leisentrit sein Gesangbuch für alle Bekenntnisse zusammen. Nicht das Liedgut also unterschied sich in den Konfessionen, sondern seine Verwendung in Liturgie und Gottesdienst. Vgl. Michael Vehe: New Gesangbüchlin Geystlicher Lieder [...]. Leipzig 1537; Johann Leisentrit: Geistliche Lieder [...]. Bautzen 1567. Zu den katholischen Gesangbüchern nach der Reformation siehe Joseph Kehrein: Katholische Kirchenlieder, Hymnen, Psalmen. Aus den ältesten deutschen gedruckten Gesang- und Gebetbüchern. 3 Bde. Würzburg 1859–1876; Wolfgang Suppan: Deutsches Liedleben zwischen Renaissance und Barock. Die Schichtung des deutschen Liedgutes in der zweiten Hälfte des 16. Jahrhunderts. Tutzing 1973 (Mainzer Studien zur Musikwissenschaft 4), bes. S. 52.

(›inauris aurea et margaritum fulgens‹) als Titel trägt, nutzt Verse des Kirchweih-Hymnus *Urbs beata Jerusalem:*[1566]

Portae nitent margaritis
adytis patentibus
Et virtute meritorum
illuc introducitur
Omnis, qui ob Christi nomen
hic in mundo premitur.[1567]

Müller geht zunächst auf die Verstorbene ein, die er dem Titel der Predigt folgend als »Perle« bezeichnet. Die der Predigt zugrundeliegende Bibelstelle Sir 24,24 (›ego mater pulchrae dilectionis et timoris et agnitionis et sanctae spei‹) verbindet der Benediktiner mit dem Bild der Perle:[1568]

Ego Mater pulchrae dilectionis, etc. Da ligt beschlossen die edle Perl=Mutter; fürwahr ein Mutter von schöner Lieb/ Gottes Forcht/ Erkanntnuß/ vnd seeliger Hoffnung.[1569]

Wie eine Perle, wenn sie berührt wird, ihre Schale schließt, habe auch die Verstorbene ihre »Tugendt=Werck« stets durch Demut verschlossen.[1570] Doch gebe es keinen blühenden Blumengarten, der so fest verschlossen sein kann, dass nicht der edle Geruch ausströme.[1571] Daher, so Müller weiter, sei es Pflicht der Leichenpredigt, »Tugent zu ehren/ vnd Rhumb zu preysen.«[1572] Der Prediger geht darauf den Predigttext entlang und bezieht ihn versweise auf die Verstorbene. Die Rede der Weisheit in Sir 24,24, ›Ich bin die Mutter der schönen Liebe‹, die besonders in der Marienverehrung Verwendung und im 16. Jahrhundert Einzug in die Lauretanische Litanei fand,[1573] habe die Verstorbene als »Folg=Bildnuß«

1566 Roman Müller: LP auf Johanna von Wolkenstein 1657, S. 28. Zu der interkonfessionellen Bedeutung des Hymnus und seiner Melodie vgl. Helmut Lauterwasser: Anmerkungen zur Melodie des Hymnus Urbs beata Jerusalem und deren Weiterleben im deutschen Kirchenlied. In: Kirchenmusikalisches Jahrbuch 88 (2004), S. 7–11.
1567 Monvmenta monodica medii aevi. Bd. 1: Hymnen (1). Die mittelalterlichen Hymnenmelodien des Abendlandes. Hrsg. von Bruno Stäblein. Kassel [u. a.] 1956, Register.
1568 Vgl. zur Bedeutung der Perle als Bild des Menschen weiter oben Kap. II.C.
1569 Roman Müller: LP auf Johanna von Wolkenstein 1657, S. 7.
1570 Ebd., S. 7 f. Müller bezieht sich hier auf Plinius Secundus d. Ä.: Naturalis historiae libri XXXVII, liber IX. Zoologie: Wassertiere. Lateinisch/Deutsch. Hrsg. u. übers. v. Roderich König in Zusammenarb. mit Joachim Hopp u. Wolfgang Glöckner. München 1979, S. 84/110: »Concha ipsa, cum manum vidit, conprimit sese operitque opes suas, gnara propter illas se peti [...].«
1571 Roman Müller: LP auf Johanna von Wolkenstein 1657, S. 10.
1572 Ebd., S. 11.
1573 Vgl. Elfriede Grabner: Mater Gratiarum. Marianische Kultbilder in der Volksfrömmigkeit des Ostalpenraumes. Wien [u. a.] 2002, S. 42. Dort auch Hinweise zur Umsetzung des Sirachzitates in der religiösen Kunst.

vor Augen gehabt, um der Mutter Gottes »nachzubärden«.[1574] Die Schönheit der
Johanna von Wolkenstein beschreibt der Prediger mit folgenden Worten:

> Wer hat ainmahl die liebe Fraw Aebbtissin gesehen/ der nit zugleich von Hertzen
> gesagt/ es scheine zum Gesicht herauß mit vermängter Gnaden=Farb/ adelichs Geblüt/
> Ehr vnd Zucht/ Lieb vnd Huld/ Sanfft: vnd Demuth/ Frommkeit vnd wahre
> Vnschuld?[1575]

In diesem Vorgehen, das die Verstorbene und ihr Leben lobend in die Auslegung
des Sirachzitates einfügt, appliziert Müller die Ehrentitel[1576] »Mater Timoris«,[1577]
»Mater Agnitionis«[1578] und »Mater sanctae Spei«[1579] in seiner an eine *oratio
panegyrica* erinnernden Leichenpredigt auf die verstorbene Äbtissin. Ähnlich
wie die lutherischen Leichenprediger[1580] bezeichnet der Benediktiner die Hoffnung des Glaubenden mit Hebr 6,19 als ›anchora tuta ac firma‹.[1581] Auch für den
katholischen Prediger ist die christliche Hoffnung der einzige Trost auf der
stürmischen Schifffahrt des Lebens und angesichts der »Todts=Gefahr«.[1582]
Erneut verflicht Müller Titel und Thema der Leichenpredigt: Die Schale einer
Perle sei zwar außen rau und unpoliert, aber die Perle selbst glatt und schön
anzusehen.[1583] Ebenso erscheine dem Menschen Leid und Arbeit sauer und mit
rauer Rinde umgeben, doch mache die Hoffnung daraus ein »süeß Holtz«.[1584]
Daher, so Müller, nenne man die Hoffnung auch ein »Wisch= oder Schweiß-
tüechl«.[1585] Im Horizont von Off 21,4 ist es für den Benediktiner die Hoffnung,
die alle »Zäher vnnd Schweißtropffen abwischet«.[1586] Dies sei die tröstliche Erinnerung an das, was dem Kreuzträger in Off 21 und dem Kirchengesang *Urbs
beata Jerusalem* verheißen wird.[1587] Die himmlischen Tore seien von lauter
Perlen umgeben, denn dort, wo Freude und Sicherheit sind, werde kein Schmerz
Zugang finden (›neque luctus neque clamor neque dolor erit ultra‹).[1588] Alle
Tränen werden von Gott und seinen Engeln abgewischt (›absterget omnem
lacrimam ab oculis eorum‹), in Perlen verwandelt und zu ewiger Zierde an die

---

1574 Roman Müller: LP auf Johanna von Wolkenstein 1657, S. 12.
1575 Ebd., S. 11.
1576 Vgl. ebd., S. 26.
1577 Ebd., S. 16.
1578 Ebd., S. 22.
1579 Ebd., S. 26.
1580 Etwa Augustin Kromayer: LP auf Johann Ilgen 1637, fol. A 3r.
1581 Roman Müller: LP auf Johanna von Wolkenstein 1657, S. 26.
1582 Ebd.
1583 Vgl., ebd., S. 27f.
1584 Ebd., S. 28.
1585 Ebd.
1586 Ebd.
1587 Vgl. ebd.
1588 Vgl. ebd.

Himmelspforte geheftet.[1589] Roman Müller nutzt den Hymnus *Urbs beata Jerusalem* als Medium des Trostes, der Stärkung des Glaubens im Leben und der Hoffnung im Angesicht des Todes. Auch hier erscheint der Tod als Ende des Leides und als Ruhepunkt für die Seele, was Müller zudem mit einem alten Lied Teresas von Ávila formuliert:

> Jch leb vnd leb doch in mir nicht/
> Weil sich so hoch mein Hoffnung richt/
> Daß ich stirb/ vnd doch stirbe nit.[1590]

Innerhalb dieses Trostes dient die *laudatio* als wichtiges Motiv, denn die Übung der Tugenden Liebe, Furcht, Erkenntnis und Hoffnung sei von »vnschätzbarem Werth«,[1591] um in das himmlische Jerusalem eingehen zu können.[1592] Der verdienstliche Charakter des geduldigen Leidens wird auch am Ende der Leichenpredigt betont: Die Verstorbene selbst mahnt die Trauergemeinde, dass »vil Weeg nach dem Himmel offen stehen«, »die Creutz=Strass[e]« jedoch der »sicherst[e] Paß« sei.[1593]

In einem ähnlichen Horizont nutzt Dominikus Renner einen in der katholischen Kirche »gebräuchlichen [...] Gesang«.[1594] In der *laudatio* hebt der Prediger Standhaftigkeit, Stärke und Tapferkeit der Verstorbenen hervor:

> Fortem virili pectore
> Laudemus omnes foemian,
> Quae sanctitatis gloria
> Ubique fulget inclyta.[1595]

Der von Kardinal Silvio Antoniano stammende Hymnus ist Teil des sogenannten *Commune Sanctorum*, das Lesungen, Gesänge und Gebete für bestimmte Typen von Heiligen bereitstellt, für deren Feste keine eigenen Proprien geschaffen wurden,[1596] und gehört zu dem *Commune pro nec virgine nec martyre*.[1597] Es ist

---

1589 Vgl. ebd.
1590 Ebd., S. 30. Zu dem Lied, das Teresa von Ávila in großer seelischer Not gesungen haben soll, vgl. etwa Quirinus a Sanctissima Trinitate: Teutsch vorgestelte Spanische Heldin/ Das ist: Siegreiches Leben/ Heldenmässige Thaten/ Englische Tugenden/ seltzame Erscheinungen/ Verzuckung= und Offenbarungen/ kostbahrer Todt [...] und durch fruchtende Außbreittung ihres Ordens reichgeschmuckte Ehren=Cron Der Seraphischen Jungfrauen/ und grossen Ertz=Mutter Theresiä von Jesu [...]. München 1714, S. 88.
1591 Roman Müller: LP auf Johanna von Wolkenstein 1657, S. 28.
1592 Vgl. ebd.
1593 Ebd., S. 34. Vgl. den Text des Hymnus, der die offene Pforte des himmlischen Jerusalems mit den Verdiensten in Verbindung bringt.
1594 Dominikus Renner: LP auf Catharina Kümpfler 1686, S. 12.
1595 Ebd. Renner nutzt nur die ersten beiden Verse.
1596 Vgl. Philipp Harnoncourt: Art. Commune Sanctorum. In: Lexikon für Theologie und Kirche 2 (³1994), Sp. 1278.
1597 Vgl. Wackernagel Bd. 1, Nr. 587.

ein Lob auf eine Streiterin Christi, die auf den Kreuzwegen des Lebens durch Abkehrung von der Welt und Hinwendung zu Gott die Krone des Himmels erworben hat.[1598] Auch in heftigen Anfechtungen, die den Leib martern, bleibt die Streiterin im Herzen stets standhaft. Die Leichenpredigt Renners fügt die Verstorbene in dieses Bild einer streitenden Christin:

> Daß nemblich auch dem blöden Frauen=Zimmer gehöre das Lob zue/ der Ritterlichen Künheit/ vnd stecke offt vnder einem weiblichen Mantò, oder Leib=Stuck die Tugend der Mannlichen Hertzhafftigkeit.[1599]

Nicht zuvörderst tröstlich wird der Hymnus von dem katholischen Prediger genutzt. Mehr noch stützt er mit ihm die Ausführungen in seiner panegyrischen Trauerpredigt und nutzt den Hymnus, um das Leben der Verstorbenen in die Predigt einarbeiten zu können.

Die wesentlichen Aussagen und Trostmotive, die in der Rede über Leben, Sterben und Tod von den barocken Leichenpredigern fruchtbar gemacht werden, finden sich in ähnlicher Form auch in den Epicedien, die häufig in Anhängen zu den Leichenpredigtdrucken oder auch als Einzeldruck erschienen.[1600] Die bis ins 17. Jahrhundert oftmals in späthumanistischem Neulatein verfassten Trauergedichte, mitunter in Form von Epitaphien[1601] oder optisch argumentierenden Figurengedichten,[1602] müssen in dem Horizont gemeinsamer Quellen und Motive mit der vorangehenden Leichenpredigt und den weiteren Gattungen der Funeralliteratur[1603] betrachtet werden.[1604] Die Poetikliteratur des Barock fordert für das Begräbnisgedicht ein dreiteiliges Schema, bestehend aus Lob,

---

1598 Vgl. etwa Catholische Tag=Zeiten. Winter=Theil. Wien 1690, S. 561.

1599 Dominikus Renner: LP auf Catharina Kümpfler 1686, S. 12.

1600 Vgl. zu den Epicedien grundlegend Hans-Henrik Krummacher: *Das barocke Epicedium* 1974, hier S. 105.

1601 Etwa in Friedrich Weise: LP auf Johann Rittmeyer (gest. 1698), fol. Q 1v.

1602 Vgl. Christoph Söldner: Figurengedicht. In: Georg Rudolphi: LP auf Anna Christia Loth (gest. 1668), fol. J 3v. Siehe zu dieser Kopplung von Wort und Form Gottfried Willems: Anschaulichkeit. Zu Theorie und Geschichte der Wort-Bild-Beziehungen und des literarischen Darstellungsstils. Tübingen 1989 (Studien zur deutschen Literatur 103); Dietmar Peil: Zur »angewandten Emblematik. Dilherr, Arndt, Francisci, Scriver. Heidelberg 1978 (Euphorion. Zeitschrift für Literaturgeschichte 11); Seraina Plotke: Gereimte Bilder. Visuelle Poesie im 17. Jahrhundert. München 2009.

1603 Dazu gehören neben Leichenpredigten und Epicedien auch Nachrufe, Gedenkreden, Leichabdankungen, Epitaphien und die Epigraphik der Castra Doloris. Für diese Textsorten, die anlässlich eines Todesfalles für die Öffentlichkeit verfasst wurden, schlägt Ralf Georg Bogner den Begriff Nachruf vor. Vgl. Ralf Georg Bogner: Der Autor im Nachruf. Formen und Funktionen der literarischen Memorialkultur von der Reformation bis zum Vormärz. Tübingen 2006 (Studien und Texte zur Sozialgeschichte der Literatur 111), hier S. 24.

1604 Vgl. dazu auch Thomas Haye: Diskussionsbericht zum Arbeitsbereich Epicedium/Epitaphium. In: *Leichenpredigten als Quelle historischer Wissenschaften* 4 2004, S. 269–272, S. 269.

Trauerklage und Trost.[1605] Diese Teile finden ihren Ursprung in den Lehren über die zum *genus demonstrativum* gehörenden Leichenrede der antiken Rhetoriken und in der römischen Epicediendichtung.[1606] Das Spektrum der *consolatio*, wie sie Leichenpredigten und Epicedien aufweisen, speist sich aus antiken, überwiegend stoischen Trostgründen, die durch christliche Motive ergänzt werden.[1607] In den bisherigen Ausführungen wurde häufig auf die Trauergedichte in ihrer Beziehung zu den Leichenpredigten hingewiesen. Im Folgenden soll daher der Versuch unternommen werden, die wichtigsten Topoi der *consolatio* innerhalb der Epicedien zusammenfassend und überblicksartig aufzuzeigen.

Die Dreiteilung in *laudatio, lamentatio* und *consolatio* erwirkt einen Affektbogen, der von der anfänglichen Erregung der Trauer durch die ersten beiden Teile des Epicediums in die Stillung dieses Affektes durch die abschließende *consolatio* führt.[1608] Ein nach diesen Lehren gebautes typisches Epicedium findet sich im Anhang der 1687 gedruckten Gedenkausgabe zum Tod Georg Friedrich Seufferhelds. Zunächst werden in den ersten Versen die Trauernden und der erlittene Verlust angesprochen: »Was für ein Unfall ist in dir/ o Hall! [Schwäbisch Hall] geschehen? Daß ihrer itzt so viel gantz traurig einher gehen«.[1609] Sodann folgt die *laudatio* des verstorbenen Ratsherrn, in der die ehemals vortrefflichen Tugenden und Sitten Seufferhelds dem nun leblosen und der Verwesung anheimfallenden Körper entgegengesetzt werden:

> Herr Seufferheld/ das Haupt/ der Glieder groß Vertrauen/
> Jst nun ein bleiche Leich/ auf Erden nicht zu schauen/
>   Die wohlberedte Zung/ der hocherhabne Sinn
>   Jst jetzund schon erkalt/ gefallen gar dahin.[1610]

1605 Etwa Sigmund von Birken: *Teutsche Rede-bind- und Dicht-Kunst* 1679, S. 226: »Jn den LeichGedichten oder Epicediis, ist hauptsächlich dreyerlei zu beobachten/ des Verstorbenen Lob/ die Klage/ und der Trost für die Hinterbliebenen.« Dazu auch Hans-Henrik Krummacher: *Das barocke Epicedium* 1974, S. 96.

1606 Vgl. ebd., S. 104. Siehe weiter die Arbeiten von Johannes Bauer: *Die Trostreden* 1892; José Esteve-Forriol: *Trauer- und Trostgedichte* 1962; Horst-Theodor Johann: *Trauer und Trost* 1968; Joachim Soffel: *Die Regeln Menanders* 1974 oder Rudolf Kassel: *Konsolationsliteratur* 1958.

1607 Siehe dazu die in dieser Arbeit vorgestellten Trostmotive in Kap. III. Die wichtige Rhetorik von Gerhard Johannes Vossius *Commentariorvm Rhetoricorvm, Sive Oratoriarvm Institvtionvm* von 1630 etwa versammelt die antiken und christlichen Motive. Vgl. Gerhard Johannes Vossius: Commentariorvm Rhetoricorvm, Sive Oratoriarvm Institvtionvm Libri sex. Teil 1. Leiden 1630, S. 394–401.

1608 Vgl. dazu ausführlich Hans-Henrik Krummacher: *Das barocke Epicedium* 1974, hier S. 134; Jan Drees: Die soziale Funktion der Gelegenheitsdichtung. Studien zur deutschsprachigen Gelegenheitsdichtung in Stockholm zwischen 1613 und 1719. Stockholm 1986 (Kungl. Vitterhets Historie och Antikvits Akademiens handlingar o. Nr.), bes. S. 339–356.

1609 G. Mack: Epicedium. In: David Sieber: LP auf Georg Friedrich Seufferheld 1687, S. 41.
1610 Ebd.

Das Epicedium verbindet den Lobteil mit der Bekundung des Verlustes (*iacturae demonstratio*): In der metaphorischen Rede von der Stadt als Haus, führe der Fall der »Haupt=Säule« zu einem Zerfall des ganzen Hauses.[1611] Das Dahinscheiden Seufferhelds sei daher für die ganze Stadt ein großes Unglück.[1612] Der darauf folgende Klageteil wird zunächst durch die Billigung der Trauer eingeleitet:[1613]

> Wie sollen dann nicht die in Hertzens=Trauren stehen/
> So sein Hülfreiche Hand anitzo nicht mehr sehen/
> Den/ so sie hoch geehrt/ als Jhre Cron und Zier/
> Um dessen Tod sie sich bekümmern für und für?[1614]

Die abschließende *consolatio*, gattungstypisch durch die adversative Konjunktion »doch« eingeleitet,[1615] versammelt dann typische und traditionelle Trostgründe: Die Vergeblichkeit der Trauer, die den Toten nicht zum Leben erwecken vermag,[1616] und die allgemeine Sterblichkeit des Menschen.[1617] Schließlich konfrontiert das Epicedium die Trauernden mit dem seligen Zustand, in dem die Seele des Verstorbenen schon jetzt ist.[1618] Dabei wird der in der Rede von der Glückseligkeit nach dem Tod oft verwendete Vers aus der Offenbarung des Johannes (Off 21,4) auf die Lebenden bezogen, was die tiefe Sehnsucht nach der himmlischen Heimat und die Gewissheit des Kommenden unterstreicht und den Traueraffekt auffängt:

> Drum stellet etwas ein das sehnliche Verlangen
> Nach Eurem Hertzens=Freund/ und wischet von den Wangen
> Die Threnen/ und bedenckt/ sein Nam leb in der Zeit/
> Und seine Seele schweb in der Unsterblichkeit.[1619]

1611 Ebd.

1612 Vgl. ebd. Zu der Bedeutung von »Unfall« als Unglück siehe DWb, Bd. 24, Sp. 524.

1613 Dass dies ein traditioneller Topos ist wurde bereits in Kap. Trauer und humanitas aufgezeigt. Vgl. für Belege der römischen Dichtung José Esteve-Forriol: *Trauer- und Trostgedichte* 1962, S. 126–128.

1614 G. Mack: Epicedium. In: David Sieber: LP auf Georg Friedrich Seufferheld 1687, S. 41.

1615 Häufig wird der Trostteil auch durch »aber« eingeleitet.

1616 Vgl. G. Mack: Epicedium. In: David Sieber: LP auf Georg Friedrich Seufferheld 1687, S. 41: »Doch hilft viel Trauren nicht/ wann einmal ist geendet Der Faden unsrer Tag; dann wird nicht mehr gewendet«. Vgl. Jes 38,12; Hiob 7,6. Auch dies ist ein antiker Topos, vgl. José Esteve-Forriol: *Trauer- und Trostgedichte* 1962, S. 150.

1617 Vgl. G. Mack: Epicedium. In: David Sieber: LP auf Georg Friedrich Seufferheld 1687, S. 41: »Was schon beschlossen ist/ wir müssen all hinab/ nach allgemeinen Schluß/ und füllen unser Grab.« Zu diesem Motiv in der römischen Dichtung vgl. José Esteve-Forriol: *Trauer- und Trostgedichte* 1962, S. 150. Zu den christlichen Quellen siehe Peter von Moos: *Consolatio* Bd. 3, T 526–562.

1618 Zu dem Motiv des Todes als Weg in ein besseres Leben siehe José Esteve-Forriol: *Trauer- und Trostgedichte* 1962, S. 149.

1619 Ebd.

Auch Friedrich Sybaeus Müller kondoliert den Hinterbliebenen des Ratsherrn Seufferheld mit einem Trauergedicht.[1620] Dieses Epicedium enthält ebenfalls *laudatio, lamentatio* und *consolatio,* doch vertauscht Müller die Teile und gibt ihnen dadurch eine andere Bedeutung innerhalb der Funktion von Affekterregung und -stillung: Zunächst wendet sich Müller an die Trauernden der Stadt Schwäbisch Hall und billigt deren Klage angesichts des schweren Unglücks mit einer *iacturae demonstratio:*

> Wer solte nun anitzt/ du höchst betrübtes Hall/
> Nicht auch im Hertzen tieff verwundet syn mit dir?
> Wann Todes Pfeil und Stich so hoch beklagten Fall
> Und lauter Klag und Ach! zuschicken dir und mir.[1621]

Nun folgt jedoch nicht wie zu erwarten wäre die *laudatio,* sondern die Klage über den unersättlichen Tod, der furchtlos und frech Vater und Ehemann der Familie Seufferheld hinweg gerissen habe.[1622] Erst dann schließt sich eine lediglich einzeilige *laudatio* an, wenn Müller den Ratsherrn als »höchte[s] Haupt der Statt« bezeichnet.[1623] Indem der Verfasser den kurzen Lobteil zwischen die längere *lamentatio* und abschließende *consolatio* stellt, wird der Traueraffekt schon vor dem Trostteil abgefangen und damit Raum für die eigentliche tröstliche Botschaft geschaffen. Mit der Mahnung zur rechten, christlichen Trauer »nach der Schrifft« leitet Müller in die Darlegung der Trostgründe über.[1624] Neben der allgemeinen Sterblichkeit,[1625] die den Adressaten zum *memento mori* und zur Einübung rechter *ars moriendi* mahnt,[1626] betont das Epicedium den hinter dem Tod stehenden göttlichen Willen.[1627] Dass dieser Wille allzeit gut ist, betont ein weiteres Epicedium, das dem Leichenpredigtdruck Seufferhelds beigegeben ist:

> Doch/ wir könnens ändern nicht; müssen demnach halten still/
> Weil doch alles was geschicht/ ist deß Allerhöchsetn Will.
> Darum/ Sternen=Kaiser/ dir/ wir befehlen alle Sachen/
> Du wirst mit dem Edlen Rath helffen Statt und Land bewachen.[1628]

1620 Friedrich Sybaeus Müller: Epicedium. In: David Sieber: LP auf Georg Friedrich Seufferheld 1687, S. 46f.
1621 Ebd., S. 46.
1622 Vgl. ebd., S. 47.
1623 Ebd.
1624 Ebd.
1625 Vgl. ebd.: »Wie uns deß Todes=Hand/ bald heut/ bald morgen trifft«.
1626 Vgl. ebd.: »Gedenckt auch wohl daran und nehmet offt zu Hertzen«.
1627 Vgl. ebd.: »Gedenckt selbst Gottes Will [...]«. Zu dem Topos, dass der Tod von Gott bestimmt sei, siehe auch Peter von Moos: *Consolatio* Bd. 3, T 651–676. Dort Hinweise zu antiken und christlichen Quellen.
1628 Epicedium der Kollegen Seufferhelds. In: David Sieber: LP auf Georg Friedrich Seufferheld 1687, S. 48f., hier S. 49.

Weitere bedeutende Trostmotive, die sich sowohl in den Leichenpredigten als auch in den Epicedien finden, verarbeitet Gottlieb Spitzel in seinem Trauergedicht für Adolf Zobel:

> Wol Euch/ Herr Zobel/ wol! Jhr seyd hindurch gedrungen/
> Nichts hat der Tod an Euch als nur die Noth verschlungen;
> Jhr habt gar recht gathan/ daß Jhr die Sterblichkeit
> Bey Zeiten abgelegt/ weil Jhr vil böse Zeit/
> Und vil Bekümmernus laß't hinter Eurem Rüken/
> Die wir je mehr und mehr als einen Sturm erbliken;
> Ob mancher schon vermeint wir sässen in der Ruh'
> So tring't doch hier und da/ das Unglück auf uns zu.[1629]

Mehreres wird an diesen Versen sichtbar: Deutlich tritt der Tod als Wechsel hervor: Er ist ein Tor, mithin der Ausgang aus dem rastlosen und mühevollen Leben und sogleich der Eingang in die Seligkeit und Ruhe.[1630] Das Los der Sterblichkeit wird der Ewigkeit und Unsterblichkeit im himmlischen Vaterland entgegengesetzt: Das Sterben-Müssen ist an das irdische Leben und den Leib gebunden und wird im Tod »abgelegt«.

Das Trostmotiv, wonach die Seele des Glaubenden bereits nach dem Tod bei Gott bewahrt werde, findet sich in vielen Trauergedichten. So sagt Johann Baptist Renz in einem Epicedium, dass die Seele des Verstorbenen »zu Gott gelanget« sei,[1631] und ein Trauergedicht von Johann Wolfgang Deurer erinnert daran, dass allein »der schlechste theil im Grab« aufgehoben werde, während die Seele schon bei Gott lebt.[1632] Der Tod jage nur den Leib »in die Flucht«, die Seele könne von ihm nicht berührt werden:[1633]

> Der [Geist] itzo schon dem Himmel zu wird eilen/
> Und wart der Zeit/ die künfftig an soll gehen/
> Wo Seel und Leib sich ewig wieder sehn.[1634]

1629 Gottlieb Spitzel: Epicedium. In: Johann Baptist Renz: LP auf Adolf Zobel (gest. 1689), S. 49f., hier S. 49.

1630 Dies wird in der folgenden Strophe weiter ausgeführt: »Jhr seid dahin gekommen [...] Da nichts als Fride wohn't; da Freyheit wird gegeben [...].« Ebd., S. 49f. Zu diesem Motiv in der römischen Dichtung siehe José Esteve-Forriol: *Trauer- und Trostgedichte* 1962, S. 152. Peter von Moos: *Consolatio* Bd. 3, T 730–815 verzeichnet neben antiken auch christliche Quellen.

1631 Johann Baptist Renz: Epicedium. In: Ders.: LP auf Adolf Zobel (gest. 1689), S. 52f., hier S. 52.

1632 Johann Wolfgang Deurer: Epicedium. In: David Sieber: LP auf Georg Friedrich Seufferheld 1687, S. 47.

1633 Isaac Starck: Epicedium: In: Martin Geier: LP auf Rachel von Rechenberg (gest. 1677), fol. D 2v/E 1r, hier fol. E 1r.

1634 Ebd.

Ist die Seele gleich nach dem irdischen Tod in Gottes Händen, harrt der Leib in seinem Grab der Auferstehung. In der himmlischen Ewigkeit werden die Seelen über verklärte Auferstehungsleiber verfügen und dann wird die Freude und Seligkeit des ewigen Lebens vollständig erfüllt werden.

Dass die Hinterbliebenen den Verlust des Verstorbenen als schmerzliche Trennung erfahren, die schließlich auch zu Verzweiflung angesichts des Zurückbleibens in dem Jammertal der Welt führt, ist den Verfassern der Epicedien bewusst. Die *lamentatio* eines Trauergedichtes auf Susanna Magdalena Martini formuliert die trennende Macht des Todes folgendermaßen:

> Wiewohl es schmerzlich kränkt/ und bringt unsäglich Leiden/
> Wenn Herz mit Herzen muß sich lezzen [verabschieden]/ und abscheiden/
> Wenn eines fället hin in finstern Todes=Thal
> Das ander uber bleibt in Seufzen Angst und Quaal.[1635]

Das Trostmotiv, das diesen dem Tod eigenen Charakter der Endgültigkeit in hoffnungsvolle Sehnsucht zu verwandeln vermag, folgt in den nächsten Versen:

> Doch hat Gott diesen Trost auf solches Creuz gedrukket:
> Daß jenes [Herz] nur voran sey seelig hingeschikket/
> Diß [Herz] aber folgen werd' hie nach zu seiner Zeit
> Denn werden beide sich erfreuen in Ewigkeit.[1636]

Der Verfasser nutzt die Hoffnung auf Auferstehung, um den Hinterbliebenen in ihrem Verlustschmerz Trost zu spenden. Nicht allein auf die Verstorbene bezieht sich der Trost der Rede vom himmlischen Jerusalem. Auch für die Hinterbliebenen in ihrem verlassenen Zurückbleiben in der Welt ist diese christliche Hoffnung trostspendend und ermutigend zugleich. Das Motiv des Wiedersehens am Jüngsten Tag nimmt die persönliche Beziehung zwischen Verstorbenen und Hinterbliebenen besonders ernst, wenn der Tote die hoffnungsvollen Worte selbst an die Hinterbliebenen richtet:

> Gott trennt dort nicht/ wie hier/ die eingesetzten Glieder;
> Drumb umbsonst/ daß ihr euch Tag und Nacht betrübt/
> Sie selber rufft euch zu: ihr habt/ was ihr geliebt/
> An mir genug beweint/ wir sehn einander wieder.[1637]

Auch die katholischen Leichenpredigten enthalten Beigaben verschiedener Trauerlyrik. Da der katholische Leichenpredigtdruck sich an dem Vorbild des

---

1635 Jeremias Schütze: Epicedium. In: Georg Heinrich Neuss: LP auf Susanna Magdalena Martini (gest. 1699), fol. E 3v/4r, hier fol. E 3v.
1636 Ebd.
1637 M. Johann Otto: Trauergedicht. In: Georg Rudolphi: LP auf Christina Loth (gest. 1668), fol. J 3r. Weitere Belege ließen zahlreich zusammenstellen, vgl. etwa die Epicedien in Georg Rudolphi: LP auf Christina Loth (gest. 1668).

höfischen Gedenkwerkes orientiert,[1638] finden sich in ihm auch häufiger die arguten Gattungen lateinischer *poesis artificiosa*[1639] wie Chronosticha, Inscriptiones oder Emblemata, die durch Epicedien ergänzt werden können.[1640] Auch die weiteren Gedichtgattungen, die sich Totengedenken, Trauer oder Klage widmen, etwa Epitaph und Elegie, lassen sich als Beigabe zum katholischen Leichenpredigtdruck ausmachen.[1641] Der Leichenpredigtdruck, der 1672 zum Tod des Fürstbischofs Philipp Valentin erscheint, endet mit einem Epitaph.[1642] Bereits in der Antike sind Grabmäler mit prosaischen oder versifizierten Inschriften ausgestattet,[1643] die bald in festen Motiven und sprachlichen Formen literarisiert werden. Neben den Todesumständen, der Bestattung und der Rede vom Entkommen des Verstorbenen aus dem Jammertal der Welt, steht besonders die *laudatio* des Verstorbenen im Mittelpunkt des Epitaphs. Die griechische Tradition findet dann Eingang in die römische und von dort in spätantike und mittelalterliche Literatur, die schließlich die Inhalte der Vorbilder mit spezifisch christlichen Motiven ergänzt. Von den Humanisten seit dem 14. Jahrhundert verstärkt rezipiert, wird die enge Funktion des Epitaphs als Grabinschrift aufgelockert und literarisiert. In traditioneller Form beginnt das Epitaph auf

---

1638 Vgl.: Franz M. Eybl: *Art. Leichenpredigt* 2001, hier Sp. 143. Siehe allgemein Olaf Alexander Schumann: Funeralia und Leichenpredigten. Triumph-Lied aller Seeligen. In: Erdengötter. Fürst und Hofstaat in der Frühen Neuzeit im Spiegel von Marburger Bibliotheks- und Archivbeständen. Ein Katalog. Hrsg. v. Jörg Jochen Berns [u. a.]. Marburg 1997 (Schriften der Universitätsbibliothek Marburg 77), S. 348–370.

1639 Musterbespiele liefert etwa Paschasius: Poesis Artificiosa Cum Sibi praefixa perfacili manuductione ad Parnassum, tam veterum, quam recentiorum Poetarum authoritate studiose elaborata [...]. Würzburg 1668. Vgl. zu der Gattung auch Jutta Grub: Mons Resplendens. »Poesis artificiosa« in einer Kölner Gratulationsschrift des 18. Jahrhunderts. Heidelberg 1992 (Euphorion Beihefte 26).

1640 Daneben kann der Leichenpredigtdruck Porträts des Verstorbenen oder Darstellungen des Wappens und Beschreibungen des *Castrum doloris* enthalten. Vgl. dazu Franz M. Eybl: *Art. Leichenpredigt* 2001, Sp. 143. Siehe auch den Katalogteil von Birgit Boge und Ralf Georg Bogner, der verschiedene Beigaben auflistet. In: Birgit Boge/Ralf Georg Bogner: *Oratio Funebris* 1999, S. 355–469.

1641 Vgl. dazu Christian v. Zimmermann: »Mit allen seinen Saiten schlaff geweint«? Zur poetischen Funktion der dichterischen Denkmäler auf den Tod Maria Theresias. In: Birgit Boge/Ralf Georg Bogner: *Oratio Funebris* 1999, S. 275–315.

1642 Vgl. zusammenfassend zu dieser Form der Trauerlyrik José Esteve-Forriol: *Trauer- und Trostgedichte* 1962, Rudolf Kassel: *Konsolationsliteratur* 1958. Außerdem die Studien von Wulf Segebrecht: Steh, Leser, still! Prolegomena zu einer situationsbezogenen Poetik der Lyrik, entwickelt am Beispiel von poetischen Grabschriften und Grabschriftenvorschlägen in Leichencarmina des 17. und 18. Jahrhunderts. In: Deutsche Vierteljahrsschrift für Literaturwissenschaft und Geistesgeschichte 52 (1978), S. 430–468 sowie Poetische Grabschriften des 17. Jahrhunderts als literarische Zeugnisse des barocken Lebensgefühls. In: Literatur für Leser (1981), S. 1–17.

1643 Zu dem Folgenden vgl. Ralf Georg Bogner: *Der Autor im Nachruf* 2006, S. 66f.

Philipp Valentin mit der Aufforderung an den Vorübergehenden zum Innehalten:[1644]

> Sta viator,
> Et mirare rerum humanorum non plus ultra.
> Hic, quem cernis, loculus est locus sacri cineris
>   Philippi Valentini
> Principis Imperij, Episcopi Bambergensis, etc.[1645]

Der Aufruf rückt den Leser an den konkreten Ort des Grabes und leitet die folgende charakterisierende *laudatio* der zu erinnernden Person ein. Wie die vorangestellte Leichenpredigt konzentriert sich das Epitaph auf die Amtszeit des Fürstbischofs und lobt Sorgfalt und Eifer, die der Verstorbene gegenüber dem Stift Bamberg und dem Vaterland zeigte:[1646]

> Annis 18, mensibus undecim, diebus viginti duobus
>   Clemnetia, providentia, justitia
> Patriam sic Pater rexit.[1647]

Die Grabschrift entwickelt das Lob entlang der Taten des Verstorbenen. Nicht allein als »Vere Patriae Pater« sei Valentin zu rühmen.[1648] Auch die Fürsorge, mit welcher sich der Verstorbene besonders um die Bedürftigen seines Stiftes sorgte, wird in dem Epitaph lobend und erinnerungswürdig hervorgehoben: »Vere dives Pater Pauperum!«[1649] Schließlich habe der Verstorbene die Kirche bereichert: »Vere Pater suae Ecclesiae.«[1650] Die abschließenden Verse verbinden die Gedanken über den Verstorbenen mit einer unterweisenden Lehre für den Leser: Indem die unvergänglichen Tugenden des Fürstbischofs hervorgehoben werden, entwickelt das Epitaph eine Aufforderung zur rechten Lebensführung im Sinne der *imitatio* und kann andererseits einer Erinnerung der Vergänglichkeit im *memento mori* dienlich sein. Schließlich seien es allein die in dem Epitaph lobend erwähnten charakterlichen Eigenschaften, die nach dem Tod in der Erinnerung beständig bleiben: »I nunc viator et quod tibi restat plus ultra Ad hujus columnas Herculis dirige.«[1651] Die Säulen des Herakles, die bereits im frühen 5. Jahrhundert Metapher für einen von keinem Menschen zu überwindenden Endpunkt waren,[1652] sind hier das Symbol der Vergänglichkeit menschlichen

---

1644 Wulf Segebrecht: *Steh, Leser* 1978, S. 435 f.
1645 Philipp Kisel: LP auf Philip Valentin Voit von Rieneck 1672, fol. F 1v/2r.
1646 Vgl. ebd., fol. B 4r.
1647 Ebd., fol. F 2r.
1648 Ebd.
1649 Ebd.
1650 Ebd.
1651 Ebd.
1652 Vgl. zu den Säulen des Herakles Heinz-Günther Nesselrath: Die Säulen des Herakles – eine mythische Landmarke und ihre Bedeutung in der Klassischen Antike. In: Jahrbuch der

Lebens: Der Tod ist das Ende des irdischen Daseins. Einzig die Tugenden sind unvergänglich.

Auch das Epicedium in Form eines Epitaphs, das zu Ehren eines verstorbenen Prälaten des Klosters der Augustiner-Chorherren in Passau gedruckt wurde, beginnt mit der Ansprache an den Vorübergehenden: »Heus viator!«[1653] Nachdem die wichtigsten Lebensstationen des Prälaten Erwähnung finden, wird zunächst seine Leitung des Stiftes lobend gerühmt: Er sei ein »Praelatus amabilis – Pater affabilis« und stets bedacht und umsichtig gewesen.[1654] Die Begriffe »sapientia«, »prudentia« und »virtus« beziehen sich auf die Funktion des Verstorbenen als Prälat des Stiftes, lassen sich aber auch auf seine persönliche Wesensart beziehen.[1655] Auffällig bei diesem Epitaph ist die klagende Stimmung, die sich durch alle Zeilen hindurchzieht. So finden sich viele Interjektionen wie »eheu«, proh« und »heu«, die immer wieder auf den Verlust eingehen, der dem Stift widerfahren ist. Nur kurz erinnert das Epitaph den Leser an die auch ihm umgebende Allgegenwart des Todes: Niemand könne dem Tod entkommen – ob stark oder schwach, der Tod verschone keinen.[1656]

Diesem Epitaph ist ein Leichengedicht vorangestellt, das ebenfalls von dem Ordensbruder des Verstorbenen, Wolfgang Joseph Gruber (2. H. 18. Jhd.), verfasst wurde. Anders jedoch als die rhetorisch geschickt formulierte und an die Öffentlichkeit adressierte Grabschrift, muten diese Zeilen intimer und vertrauter an. Zunächst beklagt der Verfasser auch hier den Verlust: »Du suchest toller Tod auf unsern großen Mann Den Pfeil zu schießen ab? gemach! und hör mich an.«[1657] Der personifizierte Tod wird direkt angesprochen und in seinem Tun, dem Gebrauch der Todespfeile, unterbrochen. Der Verfasser öffnet sein Gedicht also mit einer Begegnung mit dem Tod, in der das Noch-Nicht des Abschieds suggeriert wird. Unaussprechlich wäre die Trauer, müsste das Stift auf den Prälaten verzichten.[1658] Dann aber holt der Verfasser die Adressaten in die

---

Akademie der Wissenschaften zu Göttingen 2008 (2009), S. 226–232, hier S. 230. Der Überlieferung nach bezeichneten die Säulen des Herakles die zwei die Straße von Gibraltar rahmenden Felsberge, die von Herakles mit der Inschrift »Non plus ultra« versehen wurden, um das Ende der bekannten Welt zu markieren.

1653 Wolfgang Joseph Gruber: Epicedium. In: Ders.: Das In hävtige Thränenströme kläglich gestvrzte Stift Nikola, als weiland der hochwürdige und gnädige Herr Herr Severin [...] verschieden [...]. Zu einem dankbaren Grabmaale seines gnädigen Herrn und Vaters in einem Leichengedichte vorgestellet [...]. Passau 1785, fol.)(1r–)(2r, hier fol.)(1r.
1654 Ebd.
1655 Ebd.
1656 Vgl. ebd.
1657 Wolfgang Joseph Gruber: Leichengedicht. In: Ders.: *Thränenströme* 1785, S. 3–12, hier S. 3.
1658 Ebd.: »Dein Trennen ist zu hart, kein Denken kanns erreichen.«

traurige Gegenwart und erkennt, dass alles Bitten vergebens sei, »weil schon den Severin des Todes Mordpfeil trift.«[1659]

> Was seh ich leider doch, mein Oberhaupt erblasset,
> Sein süsser Mund, daraus ich reichen Trost gefasset,
> Will zu so vielem Leid die Ruhe schon begrüssen
> Sein vormals nasses Aug will sich schon trocken schliessen.[1660]

In diesem kurzen Teil, der in der Klage über den Tod zugleich ein wichtiges Trostmotiv – die Ruhe und Sicherheit nach der Pilgerschaft durch die Welt – formuliert, wird auch die persönliche Bedeutung des Verlustes für den Verfasser deutlich. Immer wieder wendet sich der Verlassene sehnsüchtig an den Verstorbenen.[1661] Der Verlust des Prälaten und Mitbruders, der in enger Beziehung zu dem Verfasser des Gedichtes gestanden haben muss, führt gar zu einem Selbstverlust: »Nun bin ich aus mir selbst; weil mir mein Haupt entfallen«.[1662] Diese Verlusterfahrung nennt Wolfgang Joseph Gruber als Grund für das Verfassen des »Ehrenreim[s]«.[1663]

Die klugen Sinne des Verstorbenen, die das Stift nun zutiefst vermisst, sollen nicht wie der verwesliche Leib von der Erde verdeckt und also vergessen werden.[1664] In den folgenden Versen folgt eine gattungstypische *laudatio*, die sich besonders aus der Überlegung speist, dass ein so hohes und bedeutendes Amt eines Stiftprälaten nur von einem fleißigen, treuen und umsichtigen Mann geführt werden könne.[1665] Daran schließt sich eine Schilderung der Ämterlaufbahn des Verstorbenen: »Nach seiner Dechantey trat Er die Pfarre an« und »weil Er Sich gemacht hier und in allen Orten, Ruhm, Ehr und große Lieb, ist Er auch Probst geworden«.[1666] Deutlich betont das Gedicht die Liebe, mit welcher sich der Verstorbene seiner Arbeit und seinen Mitbrüdern zuwandte.[1667] Auch auf den Glauben des Verstorbenen kommt das Leichengedicht zu sprechen. Hervorgehoben wird seine Geduld in der schweren, zum Tode führenden letzten Krankheit,[1668] das Lesen der »heiligen Messe« und seine Liebe zu Maria.[1669] In der Schilderung der Religiosität wird zugleich eine *ars moriendi* gelehrt, die sich

---

1659 Ebd.
1660 Ebd., S. 3f. Vgl. Off 21,4.
1661 Vgl. ebd., S. 3: »O theuerster Probst«; S.11: »Mein Severin ist Todt.«
1662 Ebd., S. 4.
1663 Ebd.
1664 Vgl. ebd.
1665 Vgl. ebd., S. 4f.
1666 Ebd., S. 5.
1667 Ebd., S. 6f.: »Durch Lieb allein« führte der Verstorbene das Stift und »weil er die Liebe selbst« war, band er jeden Mitmenschen in Freundschaft an sich: »Weil liebende Gewalt kann alle Fessel brechen.«
1668 Vgl. ebd., S. 7f.
1669 Vgl. ebd., S. 8.

ausgehend von der persönlichen Frömmigkeit des Verstorbenen an die Adressaten des Gedichtes wendet:

> Was nützt die ganze Welt wenn einer ab muß drücken
> Und weis doch nicht, wem er die Seele zu soll schicken,
> Die auf den Lippen sitzt? weil er von Herzen nicht
> Darum gesorget hat, nach eines Christen Pflicht.[1670]

»Das Sterbbett« wird »zu einer Kanzel«:[1671] Deutlich mahnen diese Worte, dass der Christ schon im Leben den Tod bedenken und sich lebend zum Sterben rüsten müsse. Dies kann als ein überkonfessionell verwendeter Topos der zum rechten Sterben und also zum rechten Leben mahnenden Leichenpredigten und Trauerdichtungen gesehen werden. Ebenso ließe sich auch das Folgende in einem lutherischen Umfeld finden:

> Was große Furcht und Angst muß solchen Menschen quälen?
> Wer Gott in Herzen hat, der kann sich ihm empfehlen,
> Wenn es aufs Scheiden geht, er weiß wohin er soll,
> Und wenn er endlich stirbt, so ist ihm ewig wohl.[1672]

Der katholische Verfasser betont, dass einzig der feste Glaube im Herzen Angst und Furcht überwinden könne. Und mehr noch ist es der Glaube, der entscheidend ist für die ewige Seligkeit. Dieser Unterrichtung folgt erneut ein Klageteil, in dem Gruber seinen Gefühlen Ausdruck verleiht: »Mein Severin ist Todt. Ach weh!«[1673] Die intim anmutende *lamentatio* gründet auf Begriffen, aus denen die enge Verbindung zwischen Klagendem und Beklagtem hervorgeht: »mei[n] Herz«, »mein Hort«, »mein Vater, meine Lieb, mein Freund«.[1674] Gattungstypisch endet das Klagegedicht mit der *consolatio*, die auch hier durch die adversative Konjunktion »doch« eingeleitet wird.[1675] Ein Trostmotiv, das der Verfasser fruchtbar macht, ist zunächst das starke, den Tod überdauernde Band der Liebe. Dadurch bleibe er mit seinem Mitbruder stets vereint.[1676] Auch das Bild des sicheren und erholsamen Todessschlafes stellt Gruber tröstlich vor Augen.[1677] Schließlich spricht der Katholik vom Jüngsten Tag: »Und Er vor Gottes Thron im Purpurfarben Orden, Sein Schmerzbett ist Jhm schon zu einem Thabor worden.«[1678] Seit frühchristlicher Zeit, erstmals belegt bei Origenes, wird

---

1670 Ebd., S. 9f.
1671 Ebd., S. 10.
1672 Ebd.
1673 Ebd., S. 11.
1674 Ebd.
1675 Ebd.
1676 Vgl. ebd.
1677 Vgl. ebd. Siehe dazu Kap. III.A.2.3.
1678 Ebd., S. 12.

der Ort der Verklärung des Herrn (vgl. Mt 17,1–9; Mk 9,2–10; Lk 9,28–36) mit dem Berg Tabor identifiziert.[1679] Für Gruber besteht also kein Zweifel daran, dass der Verstorbene Prälat am Jüngsten Tag ebenso klar und hell leuchten und verklärt werde, wie Christus auf dem Tabor.

Ein großer Teil der gedruckten lutherischen und katholischen Leichenpredigten ist mit typographischen und ikonographischen Bestandteilen ausgestattet. Diese Elemente stehen in verbalen, graphischen und situativen Funktionszusammenhängen und müssen daher in der Einheit der Leichenpredigt und ihrer jeweiligen *officia* betrachtet werden.[1680] Die typographische Gestaltung der Leichenpredigten ähnelt der anderer Buchdruckerzeugnisse, aber die ikonographischen Elemente wie Vignetten und Ornamente machen das Druckwerk Leichenpredigt äußerst bedeutsam.[1681] Die von Künstlern entworfenen Randleisten aus Knotenwerk, Mauresken oder Rollwerk[1682] werden dabei nicht für den einzelnen Druckauftrag angefertigt, sondern nicht selten über einen längeren Zeitraum hinweg benutzt.[1683] Während die frühen Leichenpredigten des 16. Jahrhunderts kaum eine Verbindung zwischen Vignetten und Inhalt der Predigt aufweisen, nehmen ab 1600 symbolische und allegorische Illustrationen zu und treten zusammen mit den Texten der Predigten in mediale Interaktionen. Auch kleinere bildliche Darstellungen sind in den Leichenpredigtdrucken aufzufinden.[1684] Es sind besonders aus christlichem Gedankengut erwachsene Todes- und *vanitas*-Symbole, die das gedruckte Wort verdeutlichen sollen. Sehr häufig findet sich der Totenschädel mit verschiedenen Attributen wie Krone

---

1679 Vgl. dazu Julia Müller-Clemm: Art. Tabor. In: Religion in Geschichte und Gegenwart 8 (⁴2005), Sp. 3.

1680 Siehe dazu Wolfgang Harms: Diskussionsbericht zum Arbeitsbereich Emblematik – Ikonographie – Heraldik. In: *Leichenpredigten als Quelle historischer Wissenschaften* 2 1979, S. 36–41, hier S. 36f.

1681 Vgl. Christa Pieske: Die druckgraphische Ausgestaltung von Leichenpredigten. Typologie und Ikonographie. In: *Leichenpredigten als Quelle historischer Wissenschaften* 2 1979, S. 3–19, S. 3.

1682 Etwa die Titelblätter von Anon.: LP auf Magdalene von Bayern (gest. 1628); Georg Pistorius: *Klaghauß* 1663; Andreas a Sancta Theresia: LP auf Nikolaus Zrínyi 1664; Johann Leonhard Ritter: LP auf Anna Dorothea Stäntzkhi 1630; Johann Hofer: LP auf Magdalena Vilitz (gest. 1645); Balthasar Kupfer: LP auf Johannes Philipp Lüdeke 1670.

1683 Vgl. Christa Pieske: *Ausgestaltung* 1979, S. 5.

1684 Für das Folgende siehe auch Ingrid Höpel: Bildliche Darstellungen in Leichenpredigten. Probleme und Praxis einer computergestützten Auswertung und ihre Relevanz für künstlerische Forschung. In: Studien zur deutschsprachigen Leichenpredigt der frühen Neuzeit. Hrsg. v. Rudolf Lenz. Marburg 1981 (Marburger Personalschriften-Forschungen 4), S. 132–184; Hans-Enno Korn: Sinnbildlicher Schmuck in Leichenpredigten. In: *Leichenpredigten als Quelle historischer Wissenschaften* 2 1979, S. 30–35, Christa Pieske: *Ausgestaltung* 1979.

oder Beinknochen.[1685] Ein weiterer Typenkomplex ist die Darstellung von Särgen mit Bahrtüchern, Blätterkränzen oder Leuchter.[1686] Auf dem Titelblatt der Leichenpredigtsammlung von Johann Heermann ist ein auf einem Schädel ruhender Putto zu sehen, dem ein Skelett die geflügelte Sanduhr entgegenhält.[1687]

Besondere Bedeutung kommt dem Ort der Darstellung in den Drucken zu: Nahezu alle bildlichen Elemente finden sich zu Beginn eines neuen Teils des Druckes[1688] oder auf dem Titelblatt und laden den Leser ein, sich in einem ruhigen Moment in das Bild einzusenken und also Inhalte memorierend anzueignen. Es bleibt die Frage nach der sinnvollen Auslegung der typographischen und ikonographischen Beigaben. Neben drucktechnischen Gründen sind es besonders die finanziellen Möglichkeiten der Auftraggeber, die über die Verwendung von Bildern entscheiden. Bildliche Elemente müssen demnach nicht inhalts- oder personenbezogen sein. Besonders personengebunden jedoch sind Portraits und Abbildungen von Wappen oder auch Beschreibungen der Trauergerüste und deren Inschriften in Wort und Bild.[1689]

Alle Elemente der Leichenpredigt und damit auch ihre ikonographische Ausgestaltung müssen in ihrem kirchlichen Rahmen und besonders auch in ihrer Beziehung zu benachbarten Bereichen, wie der Grabmal-Ikonologie und literarischen Kontexten, betrachtet werden. Dann nämlich kann der These, die besagt, dass christliche Symbolik innerhalb der Bildlichkeit der Leichenpredigten schwindet, entgegengetreten werden.[1690] Überdies ergibt sich die Möglichkeit, die Kontexte aufzuschlüsseln, die mit der Tradition der Leichenpredigt in einem Austauschverhältnis stehen. Dazu eignen sich besonders die emblematischen Beigaben der Leichenpredigtdrucke. Auch wenn dreiteilige Embleme, wie sie in dem *Emblematum liber* des Alciatus (1492–1550) 1531 festgelegt wurden,[1691] seltener vorkommen und von den Bestandteilen *lemma*, *icon* und

---

1685 Michael a Sanctis Angelis: LP auf Maria Anna von Bayern (gest. 1665), Titelblatt; Marcellian Dalhover: LP auf Albrecht Sigmund 1685, Titelblatt.
1686 Etwa David Sieber: LP auf Georg Friedrich Seufferheld 1687, Titelblatt.
1687 Johann Heermann: *Schola Mortis* 1628, Titelblatt.
1688 Vgl. Jacob Hahn: LP auf Anna Dorothea von Borstel (gest. 1680), Ende der Zuschrift fol. A 4r; Heinrich Ernst Fischhaupt: LP auf Anna Sophia von Münchhausen (gest. 1696), Ende der Abdankungsrede fol. L 1v; Johann Babptist Renz: LP auf Adolf Zobel (gest. 1689), Ende der Predigt S. 21; Heinrich Georg Neuss: LP auf Susanna Magdalena Martini (gest. 1699), Beginn Predigt S. 3.
1689 Vgl. dazu Helen Watanabe-O'Kelly: Festival books for religious occasions. In: The German Book 1450–1750. Studies presented to David L. Paisey in his retirement. Hrsg. v. John L. Flood u. William A. Kelly. London 1995, S. 247–258. Außerdem Hans Körner: Heraldik in Leichenpredigten. In: *Leichenpredigten als Quelle historischer Wissenschaften* 2 1979, S. 20–29, hier S. 20. Ebenso Wolfgang Harms: *Diskussionsbericht* 1979, S. 40.
1690 Vgl. dazu ebd., S. 37.
1691 Andrea Alciati: Emblematum liber. Augsburg 1531.

epigramm häufig nur die beiden ersten Verwendung finden,[1692] fließen in der Emblematik unterschiedliche Traditionen und Quellen zusammen. Der katholischen Leichenpredigt des Jesuiten Nikolas Staudacher auf die Pfalzgräfin Elisabeth Amalia sind 25 teilweise emblematische Kupfertafeln beigebunden.[1693] Die Entwürfe stammen von dem Maler Franz Hagen und dem Zeichner Johann Jakob Poser und wurden von dem Augsburger Kupferstecher Georg Heinrich Schifflin umgesetzt.[1694] Die *picturae* der Embleme sind geschlossen in einem kreisrunden Rahmen und die gestochenen Epigramme in einem Rahmen aus blatt- und rankenförmigen Ornamenten. Dass die Emblemkupfer in keinem Sinnzusammenhang mit der Leichenpredigt stünden,[1695] ist nicht richtig: Die panegyrische Leichenpredigt Staudachers, die den Tugenden und großen Nachruhm der Fürstin und mit ihr verwandten Herrscherhäuser mit Worten Ausdruck verleiht, findet ihre Versinnbildlichung in den ebenfalls panegyrischen Emblemen. Gemeinsam sollen der »Kunst=reiche Pensel« und die »Sinn=reiche Feder« die Verstorbene lebendig vor Augen stellen, wie es Staudacher selbst formuliert.[1696]

Die 18. Tafel (Abb. 1) zeigt ein von Wellen bedrohtes, prächtiges Schiff auf dem Meer, im fernen Hintergrund ist eine Stadt zu sehen. Der Wind bläht die mächtigen Segel auf und treibt das Schiff unaufhörlich voran. Umgeben wird die Szenerie von Tieren: Meeresungeheuer,[1697] Hunde, die in der Bibel teils als ausgestoßen und unrein dargestellt werden[1698] und Drachen, besonders auch der siebenköpfige Drache aus Off 12,3, bedrängen das Schiff. Der Vers ›Quasi in procella navis‹ (Sir 33,2) schwebt als Motto über dem Schiff, darunter steht »Fortis Inter Persecutiones Hostium«. Die *subscriptio* »Tollunt, non mergunt« verbindet die Worte der Heiligen Schrift mit den auf die Verstorbene bezogenen Deutungen: In Verfolgung und auch unter Feinden war Elisabeth Amalia stets standhaft, segelte auf dem Schiff der löblichen Tugend sicher durch alle Bedrohungen. Der Kommentar parallelisiert die Verstorbene mit der sagenhaft schnellen Argo, die in der lateinischen Dichtung als erstes Schiff überhaupt beschrieben wird, und mit der Jason und die Argonauten das Goldene Vlies

---

1692 Vgl. Christa Pieske: *Ausgestaltung* 1979, S. 11 f., Hans-Enno Korn: *Sinnbildlicher Schmuck* 1979, S. 30.

1693 Nikolaus Staudacher: LP auf Elisabeth Amalia Magdalena 1710.

1694 Vgl. Die Jesuiten in Passau. Schule und Bibliothek 1612–1773. 375 Jahre Gymnasium Leopoldinum und Staatliche Bibliothek Passau. Passau 1987, S. 344. Zu den Emblemen siehe auch Corpus librorum emblematum. Primary literature. The Jesuit Series Part Five. Ed. by Peter M. Daly a. G. Richard Dimler. Toronto [u. a.] 2007, S. 182f.

1695 Vgl. ebd.

1696 Nikolaus Staudacher: LP auf Elisabeth Amalia Magdalena 1710, S. 2.

1697 Vgl. Ps 104,25: ›Das Meer das so gros vnd weit ist/ da wimmelts on zal/ Beide gros vnd kleine Thier.‹

1698 Vgl. Ps 22,17.59,7; Off 22,15.

Abb. 1: Nikolaus Staudacher: Unsterblicher Tugend=Schatz Durch Gute Handelschafft erworben Von der [...] Chur=Fürstin [...] Elisabetha Amalia Magdalena [...]. Augsburg 1710, Tafel Nr. 18.

holen wollten.[1699] Auch die den Emblemen folgende Leichenpredigt Staudachers geht auf Bedrohungen ein, die Elisabeth Amalia erdulden musste:

> Als hätte einer auß Prophetischem geist vor Jahren zu diser Durchleuchtigesten Frauen dergleichen gesprochen: […] Euer Durchleucht werden zwar zur Chur=Fürstlichen Würde erhoben/ neuer Land und Leuth Habhaft werden; aber ebn dises erworbene Chur=Fürstenthumb wird mit Feur und Schwerdt auf das Eusserste verderbet/ und Seine Durchleucht […] zu fliehen gezwungen werden. Was Antwort wurde erfolget seyn? Keine andere/ als diese: Es geschehe/ wie Gott will.[1700]

Während die Leichenpredigt die Kurfürstin lobt, weil sie – und darin parallelisiert der Prediger die Verstorbene mit dem angefochtenen Hiob – auch im Leid stets mit Gott vereinigt blieb[1701] und ihr Herz »in Gottes Willen gantz« ergab,[1702] bewegt sich das dazugehörige Emblem besonders um die Tugend der *fortitudo:* Es ist die große Duldsamkeit der Verstorbenen angesichts verschiedener Schicksalsschläge, die zu loben Leichenpredigt und Kupfertafeln bemüht sind. Die *subscriptio* der hier besprochenen Tafel macht dies noch deutlicher. Die Wasserwogen und Wellen, die über das Lebensschiff der Verstorbenen einbrechen, bringen es nicht zum Untergang: Das Schiff erhebt sich auf den Wellenbergen in die Höhe. Dieses gedankliche Bild findet sich auch in den Psalmauslegungen des Jesuiten Thomas le Blanc (1598–1669).[1703] Die sechs Folianten dürften Staudacher bekannt gewesen sein, gelten sie doch als Ergänzung zu den Arbeiten des bedeutenden Exegeten Cornelius a Lapide.[1704] Die Ausführungen zu Ps 76,6f. (Vulg.) überschreibt le Blanc mit »Motiva ad fortiter ferendam tribulationem«.[1705] In der Verbindung von Trübsal, Anfechtung und Sündenerkenntnis, die er mit Ps 41,8 (Vulg.) als Flut und überschäumende Wellen be-

---

1699 Vgl. zur Argo Titus Heydenreich: *Tadel und Lob* 1970, S. 23 f. und zum Argonautenmythos Paul Dräger: Argo pasimelousa. Der Argonautenmythos in der griechischen und römischen Literatur. Stuttgart 1993.

1700 Nikolaus Staudacher: LP auf Elisabeth Amalia Magdalena 1710, S. 21. Im Winter 1688/89 rückten die Heere Ludwigs XIV. in der Pfalz ein und begannen das Land zu zerstören, der Kurfürst zog sich nach Neuburg an der Donau zurück. Nach dem Tod des Kurfürsten Philipp Wilhelm 1690 drohte das Land in den Wirrungen des Pfälzischen Erbfolgekrieges zu versinken. Vgl. dazu Franz Wachter: Philipp Wilhelm, Pfalzgraf am Rhein. In: Allgemeine Deutsche Biographie 26 (1888), S. 27–31; Ludwig Häusser: Geschichte der rheinischen Pfalz nach ihren politischen, kirchlichen und literarischen Verhältnissen. Bd. 2. Heidelberg 1924.

1701 Vgl. Nikolaus Staudacher: LP auf Elisabeth Amalia Magdalena 1710, S. 20 f.

1702 Ebd., S. 23.

1703 Vgl. DBA 42,340–350.

1704 Vgl. Paul Segneri: Verteidigung der religiösen Orden vor dem weltlichen Gerichte. In: Neue theologische Zeitschrift 11/2 (1838), S. 304–355, hier. S. 317 (Anm. 31).

1705 Thomas le Blanc: Psalmorum Davidicorum Analysis, In Qva Aperte Cernitur Singulis in Psalmis ordinem esse admirabilem. […] In Quo Non tantùm sensus Literales, sed omnes etiam Mystici exponuntur […] Tomus Quartus. Lyon 1673, Sp. 803.

zeichnet, nennt er die Arche Noah als Symbol der ruhigen und besonnenen christlichen Seele, die trotz heftiger Bedrohungen nicht untergeht, sondern gar in die Höhe aufsteigt.[1706]

Ob die Wellenberge des Sinnbildes auch eine interkonfessionell-polemische Bezugnahme sind – schließlich wurde die Kurfürstin lutherisch erzogen und nahm erst nach ihrer Heirat mit Philipp Wilhelm von der Pfalz das katholische Glaubensbekenntnis an – mag durch die Worte der Leichenpredigt erhellt werden. Diese bezeichnen die Geburt der Verstorbenen als Eintritt »in die Finstere deß Lutherischen Evangelij«.[1707] Schnell sei die Begierde der jungen Frau entflammt, »die rechte Glaubens=Warheit zu erkennen« und der »falschen Evangelij Lehr« zu entfliehen.[1708] Das neue Glaubensbekenntnis nimmt die 18jährige Elisabeth öffentlich und feierlich in der Andreaskirche zu Düsseldorf an, was Staudacher als großes Glück bezeichnet.[1709] Das Sinnbild der Lebensschifffahrt nennt die Wellenberge in Anspielung auf die verschiedenen Weltzeitalter, wie sie in Ovids Metamorphosen beschrieben werden, »eiserne Zeiten«.[1710] In der Beziehung von Sinnbild und Leichenpredigt erscheint das Luthertum als jämmerliches und verdorbenes Übel, das jedoch von Elisabeth besiegt wurde: Allein die *fortitudo* im wahren, mithin katholischen Glauben, sichert der Kurfürstin das Ankommen im himmlischen Vaterland. Auch hier wird die zunächst überkonfessionelle Bedeutung des Glaubens konfessionell markiert.

Das Sinnbild des Lebensschiffes findet sich auch in den von Andreas Gryphius 1660 zum Tod der Mariane von Popschitz verwendeten Emblemata. Neben der Leichabdankung verfaßte Gryphius die Gedenkschrift *Letztes Ehren-Gedächtnüß*,[1711] in welcher er erstmals als Autor bzw. Inventor von zwölf Emblemen erscheint.[1712] Das Bildprogramm besteht aus der Sargdekoration und den

---

1706 Vgl. ebd., Sp. 805.

1707 Nikolaus Staudacher: LP auf Elisabeth Amalia Magdalena 1710, S. 9.

1708 Ebd.

1709 Ebd.

1710 Vgl. Publius Ovidius Naso: Metamorphosen, Liber I, 89–150. In: Ders.: Metamorphosen. Lateinisch/Deutsch. Hrsg. u. übers. v. Niklas Holzberg. Berlin [u. a.] 2017 (Sammlung Tusculum o. Nr.), S. 42–46.

1711 Der Gesamtdruck besteht aus Leichenpredigt, gehalten vom Glogauer Pastor Sigmund Pirscher, Personalia, Abkündigung, Epicedien, Leichabdankung und Schlußgedicht sowie dem *Ehren-Gedächtnüß*.

1712 Dazu und zum Bildprogramm sehr ausführlich Michael Schilling: Andreas Gryphius als Emblematiker. Das Bildprogramm im Letzten Ehren-Gedächtnüß Der ... Maianen von Popschitz (1660). In: Daphnis 22 (1993), S. 711–721, dort auch weitere Literatur. Zu den Leichabdankungen Gryphii sowie sämtlichen Beigaben (Epicedien, Viten der Verstorbenen, Trost- und Trauergedichte) siehe Andreas Gryphius: *Dissertationes funebres*, bes. S. 393–396. Dort auch Edition der Leichabdankung (S. 51–93) und der Gedenkschrift (S. 343–370).

Emblemen des Leichtuches. Ist eine Abdankung in der Regel eine Trauerrede profanen Inhaltes, können die Leichabdankungen des Syndicus der Glogauer Stände aufgrund ihrer außerordentlichen Kunstfertigkeit gewiss als Zeugnisse barocker Trauer- und Trostkultur angesehen werden.

Ein Emblem aus der Sargdekoration (Abb. 2) bildet unter dem *lemma* »Vario Non Mersa Tumultu«, das die Erklärung mit »Geschmissen nicht verletzt« wiedergibt, ein Schiff im Meeressturm ab.[1713] Die beigefügte vierzeilige *subscriptio* allegorisiert das in der *pictura* gezeigte Moment auf die Seereise des Lebens:

Abb. 2: Andreas Gryphius: Letztes Ehren=Gedächtnüß Der […] Maianen von Popschitz […]. Steinau/Oder [1660], Emblem Nr. 4.

1713 Andreas Gryphius: *Dissertationes funebres*, S. 351.

Bestürmt doch nicht versenckt. Der Wellen rasend dringen
Der Himmel schneller Blitz/ der rauen Donnerschlag
Die Klippe dreut umbsonst/ nichts ist das schaden mag
Jch eile nach dem Port so gut als Schiff zu bringen.[1714]

Die Ichaussage der fünfzehnjährigen Mariane verstärkt das Thema der Braut-
schaft Christi,[1715] das sich durch alle Teile der Gedenkschrift zieht und in der
Leichabdankung unter dem Titel *Magnetische Verbindung Des Herrn Jesu/ und
der in Jhn verliebten Seelen* ausgearbeitet wird. Die *consolatio*, die in der *subscriptio* bereits anklingt, wird von dem Prosakommentar vertieft: Gryphius
deutet den Namen Mariane etymologisierend auf das Motiv der Seefahrt und
unterstreicht darin den persönlichen Bezug seiner Embleme. »Sehr wol hat ge-
redet/ welcher dieses Leben einer Schifffahrt [...] verglichen«, stellt Gryphius
fest,[1716] da der Leib des Menschen Seele und Gewissen als Fracht durch die Wellen
irdischer »Widerwärtigkeiten« trage.[1717] In den Anfechtungen des Lebens
komme es dem Menschen vor, als sei Gott, »der wahre Nordstern«, hinter
dunklen Wolken verborgen.[1718] Nach einem von Gryphius zitiertem Gedicht des
Johannes Plavius, in dem das Motiv weiter vertieft wird,[1719] folgt die Anwendung
des allgemeinen Sinnbildes auf die Verstorbene und ihre Familie. Mariane sei der
Gefahr der Seereise entkommen, ihre »Seele in dem Port der Herrligkeit« und ihr
Leib »in das Ufer des Grabes« eingelaufen.[1720] Die das Bild umgebenden Figuren
der Gerechtigkeit (links) und Beständigkeit (rechts) gelten dabei als »Richt-
schnur des Lebens«.[1721] Diese Tugenden werden in der Bezugnahme auf die
Verstorbene sowohl im Dienst der *memoria* als auch der didaktischen Unter-
weisung fruchtbar gemacht, die exemplarisch die rechte christliche Lebensführung demonstriert.[1722] Darüber hinaus entwickelt Gryphius in dieser Verschränkung den Trost für die Hinterbliebenen, die sich der empfangenen Ruhe
und Sicherheit ihres Kindes gewiss sein dürfen.

Die Tatsache, dass Gryphius die Verstorbene als Lebende aus dem Sarg zu

---

1714 Ebd., S. 350.
1715 Dazu auch ausführlich Friedrich-Wilhelm Wentzlaff-Eggebert: Der triumphierende und
     der besiegte Tod in der Wort- und Bildkunst des Barock. Berlin [u. a.] 1975, S. 122–145
     (Die von Andreas Gryphius bei der Trauerfeier für Mariane von Popschitz verwendeten
     Emblemata), dort auch eine Faksimile-Ausgabe der Gedenkschrift (Tafel 22–66).
1716 Andreas Gryphius: *Dissertationes funebres*, S. 350.
1717 Ebd.
1718 Ebd.
1719 Vgl. Danziger Barockdichtung. Hrsg. v. Heinz Kindermann. Leipzig 1939 (Deutsche Li-
     teratur. Sammlung literarischer Kunst- und Kulturdenkmäler in Entwicklungsreihen.
     Reihe Barock. Ergänzungsband), S. 108, Z. 1–19, 23–25.
1720 Andreas Gryphius: *Dissertationes funebres*, S. 350.
1721 Ebd., S. 352.
1722 Vgl. Michael Schilling: *Andreas Gryphius* 1993, S. 715.

ihrer Familie sprechen lässt, zeigt die konsolatorische Funktion des Emblems, die in der Gewissheit des künftigen Lebens zugespitzt wird. Gryphius kann zudem in der rhetorischen Verwendung des Namens der Verstorbenen ein Emblem schaffen, das nicht in der Allgemeinheit des Trostes gefangen bleibt, sondern auf die ganz persönliche Situation der Familie von Popschitz eingeht. Das katholische Emblem auf Elisabeth Amalia erfüllt dagegen im Horizont der Leichenpredigt Staudachers eine panegyrische Funktion, die den Tugendkatalog der verstorbenen Kurfürstin versinnbildlicht. Beide Embleme erheben die verstorbenen Frauen zum Vorbild für die Nachwelt, allerdings schöpft der Jesuit diese Funktion aus einer interkonfessionellen Abgrenzung vom lutherischen Glauben. Staudacher nutzt das Motiv der Lebensschifffahrt als Grundstein der *laudatio*, während es bei Gryphius im Sinne der christlichen Auferstehungshoffnung in seiner tröstlichen Anwendung umgesetzt wird.

Ein Motiv, das in der zeitgenössischen Emblematik weit verbreitet ist und sich ebenfalls in den Gedenkwerken Staudachers und Gryphii findet, ist das des zur Sonne emporfliegenden Adlers.[1723] Schon der *Physiologus* schreibt dem Adler als einzigem Tier die Fähigkeit zu, in das Sonnenlicht fliegen zu können ohne zu erblinden.[1724] Gryphius nennt den Anlass für die Entstehung seines Sinnbildes (Abb. 3) und schafft damit erneut den individuellen Bezug zu der Verstorbenen und den Hinterbliebenen: »Zu dem Sinnenbild hat anlaß gegeben der Adler/ welcher in dem Mütterlichen Wappen des Hoch=Adelichen und Weltbekanten Geschlechts Derer von Poser zu finden.«[1725] Unter dem Motto »Splendidiora Sequor« (»Ein grösser Licht ergetzt«) zeigt das Emblem einen Adler über einer brennenden Kerze, der Mond und Fledermäuse hinter sich lassend der aufgehenden Sonne zufliegt. Wie in dem zuvor aufgezeigten Emblem nutzt Gryphius die Antithese von Licht und Finsternis, in der er die *pictura* deutet. »Irdischgesinnete Seelen« erfreuen sich an den »flüchtigen Eitelkeiten dieser Erden«, die »Kinder des Lichts« dagegen eilen zur »Sonnen der Gerechtigkeit« (gemäß Mal 3,20), die Gryphius in Jesus erkennt.[1726] Die *subscriptio*, die erneut von Mariane selbst gesprochen wird, parallelisiert den in der *pictura* gezeigten Adler mit der Seele des verstorbenen Mädchens: »Jch seh ein grösser Licht das ewig stralt auffgehen!«[1727] Die zentralen Bedeutungen des Emblems, die Orientierung an Gott und die Verachtung der irdischen Eitelkeiten, werden durch die das Sinnbild flankierenden allegorischen Figuren vertieft: Gegenüber der Sonne, auf der

1723 Vgl. dazu auch Hermann Heinrich Frey: Therobiblia. Biblisch Thier- Vogel- und Fischbuch (Leipzig 1595). Mit Vorwort u. Registern hrsg. v. Heimo Reinitzer. Graz 1978 (Naturalis historia Bibliae. Schriften zur bibl. Naturkunde d. 16.–18. Jh. Bd. 1), bes. S. 108r.
1724 *Physiologus*, S. 13.
1725 Andreas Gryphius: *Dissertationes funebres*, S. 354.
1726 Ebd.
1727 Ebd., S. 352.

linken Seite, blüht die Lilie in der Hand der Keuschheit nur bei Tageslicht auf. Ihr gegenüber wendet die »Vorsichtigkeit« ihren Blick von dem Spiegel in ihrer Hand zur Sonne, denn sie »trachtet nit das vergängliche gegenwertige/ sondern das stetswehrende künfftige zu suchen.«[1728]

Abb. 3: Andreas Gryphius: Letztes Ehren=Gedächtnüß Der [...] Maianen von Popschitz [...]. Steinau/Oder [1660], Emblem Nr. 5.

Auch Nikolaus Staudacher verwendet das Motiv des in das Sonnenlicht fliegenden Adlers (Abb. 4). Die *pictura* zeigt eine Landschaft, über der dunkle Wolken bedrohlich tief am Himmel hängen. Ein großer Adler steigt zu der durch die Wolken hindurchbrechenden Sonne empor. Der Bibelvers Phil 3,20 (›nostra autem conversatio in caelis est‹) prangt als Schriftband über dem *lemma* »Pia In Divos Coelites.« Ein zweites Schriftband unter der *pictura* zeigt die Worte »Gaudemus Superis.« Die *subscriptio* ist in einem Altarstipes gestochen und erinnert an die Frömmigkeit der stets himmlisch gesinnten Kurfürstin. Nicht in

---

1728 Ebd., S. 354.

Abb. 4: Nikolaus Staudacher: Unsterblicher Tugend=Schatz Durch Gute Handelschafft erworben Von der [...] Chur=Fürstin [...] Elisabetha Amalia Magdalena [...]. Augsburg 1710, Tafel Nr. 10.

der irdischen Welt sei sie verhaftet gewesen, sondern wie der Adler im Himmel hinauf steigt, habe auch sie mit festem Blick stets das Himmlische angestrebt. Auch Staudachers Emblem spielt mit der Spannung von Licht und Dunkelheit: Auf der linken Seite des Sinnbildes – der Seite, auf der die Sonne durch die dunklen Wolken strahlt – findet sich ein Himmelsglobus, der auf einem Altar positioniert ist. Dieser Globus verkörpert das Himmlische und Immerwährende im Kontrast zu dem dunklen Vergänglich-Irdischen auf der rechten Seite der *pictura*, von dem sich der Adler in seinem Aufstieg abwendet. Darüber hinaus mag der Globus im Horizont des panegyrischen Bildprogramms auch die universelle, weltumspannende *pietas* der Verstorbenen repräsentieren, die über den Tod hinaus beständig sein wird. Auch das jesuitische Emblem mahnt zum *contemptus mundi* und kann darin die Verstorbene als Vorbild idealisieren. In dem Sinnbild Gryphii allerdings wird das tröstliche Moment in den Vordergrund gerückt, wenn die Verstorbene selbst berichtet, das helle Licht bereits zu sehen und also in der göttlichen Gegenwart selig zu sein. Auch betont der Kommentar des Syndicus, dass der Mensch nicht allein fähig sei, wie »hochfliegende Adler nach der Sonnen der Gerechtigkeit« zu eilen.[1729] Es sei »der Herr Jesus«, durch welchen die Gläubigen »mehr und mehr zu wahrer Vollkommenheit gelangen/ und das vergängliche und wandelbare Licht weltlicher Ehren/ Freuden und Gütter« geringschätzen lernen.[1730] Hinter dem Lob des Mädchens steht also das Lob Gottes. Staudacher dagegen rückt die persönliche Eigenschaft der Kurfürstin in den Mittelpunkt. Die *pietas* bleibt an die Verstorbene und ihre Handlungen gebunden, worin sich der postmortale Ruhm eigentlich erst begründet.

Der – wenn auch kurze und überblicksartige – Exkurs zeigt, wie Kirchenlied, Trauerlyrik und Ikonographie die überkonfessionellen Inhalte der barocken Leichenpredigten vertiefen und vermitteln können. Wie die Leichenpredigt selbst, stehen die unterschiedlichen Medien in enger Verbindung zu den Traditionen der Funeralliteratur, werden jedoch teilweise konfessionsspezifisch adaptiert und zugespitzt. Deutlich wird die multimediale Bedeutung der Rede von Leid und Trost, die in der intermedialen Ausgestaltung der lutherischen und katholischen Leichenpredigten greifbar wird.

1729 Andreas Gryphius: *Dissertationes funebres*, S. 354.
1730 Ebd.

B.   Trost in den Anfechtungen des Lebens

Ziel der folgenden Ausführungen ist es, aufzuzeigen, wie lutherische und katholische Leichenprediger des Barockzeitalters auf die vielfältigen leidvollen Erfahrungen ihrer Gemeindemitglieder eingehen. Die tröstlichen Äußerungen dokumentieren die große Bedeutung der Seelsorge, die sich im besonderen Maße demjenigen Christen zuwendet, der, von Krankheiten, Widrigkeiten aller Art und religiösen Anfechtungen geplagt, durch das Jammertal des Lebens hin zum Freudensaal des Himmels pilgern muss.

1.   Die Ursache für das Leid des Christenmenschen

Wie bereits in einem vorherigen Abschnitt ausgeführt wurde,[1731] sehen die Prediger überkonfessionell im Sündenfall die Hauptursache von Not und Leid. Die zunächst enge Beziehung zu Gott dem Schöpfer in der friedlichen Sicherheit und Beständigkeit des Paradieses zerfiel durch den Sündenfall und der Vertreibung aus dem Paradies in eine Distanz, die allen Menschen in ihrer sterblichen und leidvollen irdischen Existenz erfahrbar wird (vgl. Gen 2,16f. u. 3,11).[1732] Andreas Heinrich Bucholz, Theologieprofessor und Koadjutor der Kirchen zu Braunschweig, kommt in der Auslegung des Leichtextes Ps 68,20 (›Gott legt vns eine Last auff/ Aber er hilfft vns auch‹) auf den Zusammenhang von Sünde und irdischem Leid zu sprechen. Entsprechend Jer 30,11 (›Denn ich bin bey dir/ spricht der Herr/ das ich dir helffe/ Denn ich wils mit allen Heiden ein ende machen/ dahin ich dich zerstrewet habe/ Aber mit dir wil ichs nicht ein ende machen/ Züchtigen aber wil ich dich/ mit masse/ das du dich nicht vnschüldig haltest‹) dienen die *tentationes* dazu, dem Gläubigen »zur Erkäntniß zu bringen«.[1733] Gott lege die Last der Anfechtung auf, um den Menschen die ihnen anhaftende Erbsünde bewusst zu machen und sie vor weiteren Sünden zu bewahren.[1734] Die Leichenpredigt auf Sophie Löbe kommt ebenfalls auf diesen sündenabstrafenden Charakter der irdischen Anfechtungen zu sprechen und führt mit Jes 59,12 (›Denn vnser Vbertrettung für Dir ist zu viel/ vnd vnser sunde antworten wider vns. Denn vnser vbertrettung sind bey vns/ vnd wir fülen vnser sunde‹) aus, dass die Strafen Gottes zu »Angst und Hertzeleid« führen, da der

---

1731 Dazu Kap. II.B. und II.C.

1732 Vgl. etwa Polycarp Leyser: LP auf Johann Ilgen 1633, fol. A 4v/B 1r; Georg Pistorius: *Klaghauß* 1663, S. 9, 56; Abraham Calov: LP auf Dorothea Kunad 1655, fol. A 2v.

1733 Andreas Heinrich Bucholtz: LP auf Arend Möller 1663, fol. B 4r. Zu dem Nutzen des Leidens als Selbsterkenntnis siehe auch Ute Mennecke-Haustein: *Luthers Trostbriefe* 1989, S. 82f.

1734 Vgl. Andreas Heinrich Bucholtz: LP auf Arend Möller 1663, fol. B 4r.

Glaubende durch sie die Schwere seiner Sünden fühle.[1735] Dem Menschen würden Trübsal und Jammer zugeschickt, so der Lutheraner Zacharias Herrmann, damit er, wie in Jer 30,11 und Klgl 1,14 (›Meine schwere Sünde sind durch seine straffe erwachet/ vnd mit hauffen mir auff den Hals komen/ das mir alle meine Krafft vergehet/ Der Herr hat mich also zugericht/ das ich nicht auffkomen kan‹) beschrieben, zur Erkenntnis seiner Sünden gebracht werde:[1736] »Denn alsdann/ zur Zeit der Trübsal nemblich/ fahen wir an zu fühlen unsre Sünden/ die wir vorhin so gering geachtet haben.«[1737]

Auch der Prediger des Benediktinerordens Roman Müller kommt auf die Ursache der Anfechtungen zu sprechen und bettet diese in die Rede über die rechte Furcht der Gläubigen ein. Die Verstorbene spiegelt der Prediger in den Worten der Weisheit in Sir 24,24 (›ego mater pulchrae dilectionis et timoris et agnitionis et sanctae spei‹).[1738] Eine »Mater Timoris« sei diese, da sie die rechte und nützliche Furcht lehre:[1739] Diese »förchtet« zwar die »Straff/ erkennt aber auch die Vrsach/ vnd meidet die Sünd«.[1740] Eine »Schulruth[e]« also ist die Anfechtung, die Furcht und Entsetzen verursacht, aber sogleich zu »Besserung vnd rechte[m] Gang« leitet.[1741] Auch diese katholische Leichenpredigt stellt – freilich von der *laudatio* auf die Verstorbene ausgehend – die *tentationes* des irdischen Lebens als Folge der Ursünde vor Augen und erkennt den vor weiteren Sünden bewahrenden Charakter des von Gott auferlegten Leids.

Die den Christen auf seiner Pilgerreise plagenden Anfechtungen finden ihre Ursache also – und dies ist ein überkonfessionell verbreitetes Motiv – in der Sünde, der »Haupt=Kranckheit« des Menschen.[1742] Gott straft, so formuliert es der Superintendent Adam Herold, die am Menschen haftende Sünde, denn »Sünden=Übel und Straff=Übel sind als Nadel und Zwirn verbunden/ da das erste das andere nach sich ziehet.«[1743] Innerhalb des Konzeptes der *theologia medicinalis* entwickelt Herold seine Gedanken zum »herrlichen und vortrefflichen Nutzen« der göttlichen Pädagogik durch *tentationes*. Demnach sei es notwendig, die Sünden-Krankheit »von Grund aus« aufzudecken, um sie schließlich »auch von Grund aus« kurieren zu können.[1744] Die »Artzney unsers himmlischen Artzts« entdecke alle »Mängel und Kranckheiten«, indem sie die

---

1735 Johann Andreas Lucius: LP auf Sophie Löbe (gest. 1664), fol. A 2r.
1736 Vgl. Zacharias Herrmann: LP auf Anna Maria Dominik (gest. 1686), S. 10.
1737 Ebd.
1738 Vgl. Roman Müller: LP auf Johanna von Wolkenstein 1657. Dazu ausführlich der Exkurs Intermedialität.
1739 Vgl. ebd., S. 17.
1740 Ebd., S. 18.
1741 Ebd.
1742 Adam Herold: LP auf Johannes Altwein (gest. 1698), S. 23.
1743 Ebd., S. 24.
1744 Ebd., S. 23.

Art des Übels und dessen Ursache anzeigt, nämlich »alles Ubel der Seelen und folglich des Leibes und unsers Lebens/ dem der Mensch umb der Sünden willen unterworffen ist«.[1745] Der nach dem Sündenfall in Unwissenheit und Blindheit (vgl. Eph 4,18) gefangene Mensch bedarf einer solchen Arznei der göttlichen Sündenstrafe, um zu Erneuerung und »innerliche[r] Gesundheit« zu gelangen,[1746] ganz so, wie es Paulus in Röm 8,13 zur Sprache bringt: ›Denn wo jr nach dem Fleisch lebet/ so werdet jr sterben müssen. Wo jr aber durch den Geist des fleisches Geschefffte tödtet/ so werdet jr leben.‹[1747]

»Woher kömpt denn diese grosse vnnd vielfältige Mühe vnd Arbeit des Menschlichen Lebens«, fragt Heinrich Wiedenburg.[1748] Hat Gott den Menschen nicht zu ewigen Leben geschaffen und »jhn gemacht zum Bilde/ daß er gleich seyn soll/ Wie Er ist?«[1749] Warum also beklagen David und Mose[1750] in Ps 90,8–12 den Zorn Gottes?[1751]

> Die Sünde/ die Sünde ist alles Vnglücks vnd vnheils ein Vrsprung/ die Erbliche vnnd die Wirckliche/ die angeborne vnd die begangene [...]; dieselbe wissentliche vnnd vnwissentliche Sünde/ die machens/ daß er liebe Gott/ der trewe Liebhaber des Lebens/ so grosse vnnd tödliche Keule vnd Pfeile zürnet.[1752]

Wenn der Mensch seine Sünden vergisst oder diese nicht sehen will, dann müsse Gott diese ins Licht rücken und also dem Menschen bewusst machen.[1753] Auch dieser Leichenpredigt zufolge führen Anfechtungen zu rechter Erkenntnis und stehen im Dienst des Glaubens: Der Akt der Selbsterkenntnis dient letztlich der Erkenntnis Gottes, seiner Gerechtigkeit, Güte und Barmherzigkeit.[1754] Darum sind »Noth vnd Jammer« des irdischen Lebens eine »tägliche vnd augenscheinliche Bußpredigt«[1755] und nützen der Erneuerung des Glaubens.

1745 Ebd.
1746 Ebd., S. 24.
1747 Vgl. ebd., S. 25.
1748 Heinrich Wiedeburg: LP auf Margaretha Heil (gest. 1630), fol. F 1r.
1749 Ebd.
1750 Psalm 90 des David zugeschriebenen Psalters trägt die Überschrift: ›Ein Gebet Mose/ des mans Gottes.‹
1751 Das ist der Leichtext Wiedenburgs: ›Denn vnser Missethat stellestu fur dich/ Vnser vnerkandte Sünde ins liecht fur deinem Angesichte. Darumb faren alle vnser Tage da hin durch deinen zorn/ Wir bringen vnser Jare zu/ wie ein Geschwetz. Vnser Leben wehret siebenzig Jar/ wens hoch kompt so sinds achtzig jar/ Vnd wens köstlich gewesen ist/ so ists Mühe vnd Erbeit gewesen/ Denn es feret schnell da hin/ als flögen wir dauon. Wer gleubts aber/ das du so seer zörnest? Vnd wer furcht sich fur solchem deinem Grim? Lere vns bedencken/ das wir sterben müssen/ Auff das wir klug werden.‹
1752 Heinrich Wiedenburg: LP auf Margaretha Heil (gest. 1630), fol. F 1v.
1753 Vgl. ebd.
1754 Vgl. ebd., fol. F 2r.
1755 Ebd.

2. Paränesen und Tröstungen

2.1. Anfechtungen als Ruten der Liebe und Güte Gottes

Die dem Menschen widerfahrenen Anfechtungen sind – und darin sind sich die Prediger der lutherischen und katholischen Konfession einig – eine von Gott gesandte Abstrafung ihrer angeborenen und begangenen Sünden. Angesichts des Ausmaßes der Sünden sind Anfechtungen nur eine geringe Strafe,[1756] weswegen der Mensch nicht gegen das gottgewollte Leid rebellieren,[1757] sondern darin zu rechter Erkenntnis und Buße finden solle.[1758] Dies formuliert etwa Kaspar Ulenberg in seinem katholischen *TrostBuch* des Jahres 1603: Wenn Gott dem Menschen durch Anfechtungen seine Sünden vor Augen stellt, dann deswegen,»das sie dem Herren dancken sollen/ der ihnen bey der gnadenzeit erkentnis ihrer sünde/ vnd zeit zur bus [ge]geben hat.«[1759] Weiter solle sich der Mensch in den Anfechtungen »demütigen [...] vnter die gewaltige hand Gottes«.[1760] Besonders aber reizen die göttlichen Strafen den Menschen zu Buße und Besserung sowie zur unaufhörlichen Bitte um Sündenvergebung an, wie es Ps 31 (Vulg.) beschreibt.[1761] Auch Georg Pistorius interpretiert irdische Anfechtungen als Mittel göttlicher Pädagogik, die zu einer Intensivierung von Frömmigkeit und Glauben führen. Der Mensch werde durch sein Leid »mehrer vnd mehrer mit Gott vereinigt«[1762] und solle in Anfechtungen die Gelegenheit erkennen, Glaube, Hoffnung, Liebe und Geduld zu üben.[1763] Dass das dem Menschen widerfahrene Leid zu Gott treibt, erkennt auch der Benediktiner Roman Müller:

> Wo mag aber oder kan das fromme Kind hin/ wann Vatter vnnd Mutter mit Ruthen trohet? Es besinnet sich nit lang/ sondern laufft dem Vattern selb in die Straich[1764]/ der Mutter in die Schoß/ vnnd erlanget newe Gnad.[1765]

Müller erinnert seine Adressaten daran, dass Gott sowohl die Quelle der Anfechtungen, als auch von Trost und Hilfe ist. Ähnlich sagt Georg Pistorius in

---

1756 Dies formuliert etwa Kaspar Ulenberg in seinem *TrostBuch* 1603, S. 398 oder der Lutheraner Polycarp Leyser: LP auf Johann Ilgen 1633, fol. B 2v.
1757 Dass die Leichenprediger in diesem Zusammenhang besonders auch zu Geduld mahnen, wird in einem späteren Kapitel besprochen.
1758 Vgl. dazu auch Alexander Bitzel: *Anfechtung und Trost* 2002, S. 79, passim.
1759 Kaspar Ulenberg: *TrostBuch* 1603, S. 397.
1760 Ebd., S. 398.
1761 Vgl. ebd.
1762 Georg Pistorius: *Klaghauß* 1663, S. 42.
1763 Vgl. ebd., S. 57.
1764 Vgl. zu »Straich« Grimm: DWb, Bd. 19, Sp. 1156: »Der hieb mit einem Züchtigungsinstrument wie Geiszel, Rute, Stock o. ä., besonders auch im Sinne der Prügelstrafe als Mittel der Erziehung oder als entehrende obrigkeitliche Masznahme.«
1765 Roman Müller: LP auf Johanna von Wolkenstein 1657, S. 18.

einer Leichenpredigt, die Jes 38,1 (›in diebus illis aegrotavit Ezechias usque ad mortem et introivit ad eum Isaias filius Amos propheta et dixit ei haec dicit Dominus dispone domui tuae quia morieris tu et non vives‹) auslegt, dass der Mensch nicht von »vngefehr/ sondern mit gutem Wissen/ Willen vnd Verhängnuß Gottes« in Anfechtungen gerate.[1766] Diese Anfechtungen sollen den Menschen zur Besserung und also in die ewige Freude und Seligkeit weisen.[1767] Der Zorn Gottes über die Sünde zeige letztlich die Güte Gottes: Sein Wille mag dem Menschen grausam erscheinen, doch bleibt dieser Wille auch in den stärksten *tentationes* ein guter Wille. Der Katholik Roman Müller parallelisiert die gnädige Rute Gottes mit der Erzählung über das goldene Zepter des persischen Königs im Buch Ester: Der König reichte Ester als Zeichen seiner Gnade das goldene Zepter, das Ester, »wie wol vor Forcht vnd Schröcken gantz erbleichend«, küsste (vgl. Est 5,2).[1768] Ebenso solle der von Anfechtungen umringte Gläubige die Rute Gottes küssen und damit den göttlichen Zorn in »Sanfftmütigkeit« wenden.[1769]

Dass dem Christen nach 1 Tim 2,4 alles zum Besten dient und die irdische Not ein Zeichen der Güte und Liebe Gottes ist, stellt auch eine lutherische Leichenpredigt von Polycarp Leyser paränetisch vor Augen:

> Gott stellet sich auch bißweilen als ein Feind/ aber er hasset vns nicht aus Frevel/ denn Gott ist nicht ein Gott/ den Gottloß Wäsen gefeilt/ im 5. Psalm/ sondern er probiret die Seinigen/ oder züchtiget sie/ doch mit massen.[1770]

Die Arznei der Trübsal schmecke oft »streng und widerwärtig«,[1771] so der lutherische Oberhofprediger Martin Geier, doch bekomme sie dem Gläubigen »so wohl«, da dieser durch die göttliche Arznei in Glauben, Hoffnung und Geduld gestärkt werde.[1772]

Deutlich betonen die Leichenprediger beider Konfessionen, dass auch in der vom Angefochtenen gefühlten Einsamkeit Gott immer da ist, schließlich geschehe nichts ohne seinen Willen. In der Rede von der Allmacht Gottes liegt ein Trostargument begründet: Gott hat die alleinige Macht über den Menschen, die zwar in die *tentatio* führen, aber auch wiederum daraus befreien kann. In dieser tröstlichen Perspektive entsprechend Sir 11,14 (›Es kompt alles von Gott/ Glück vnd Vnglück/ Leben vnd Tod/ Armut vnd Reichthum‹) wird dann auch die Allgegenwart Gottes offenbar. Georg Pistorius etwa macht diesen Umstand an dem geplagten Hiob deutlich:

1766 Georg Pistorius: *Klaghauß* 1663, S. 42.
1767 Vgl. ebd., S. 45.
1768 Roman Müller: LP auf Johanna von Wolkenstein 1657, S. 19.
1769 Ebd.
1770 Polycarp Leyser: LP auf Johann Ilgen 1633, fol. B 2v. Vgl. Ps 5,5: ›Denn du bist nicht ein Gott/ dem Gottlos wesen gefelt/ Wer böse ist/ bleibet nicht fur dir.‹
1771 Martin Geier: LP auf Rachel von Rechenberg (gest. 1677), S. 24.
1772 Vgl. ebd., S. 31.

Der Sathan [hätte] den gedultigen Iob, neben anderen zugefügten Vblen/ auch mit einer abschewlichen Kranckheit vnd vergifften Blattern gern geschlagen [...] aber solches nit in das Werck setzen können/ biß daß er hierzu von Gott Verlaubnuß bekommen: welches wegen der Job sein Kranckheit vnd Ellend nit dem Sathan/ sondern Gott zugeschriben/ vnd gesagt: wie es dem Herren gefallen hat/ also ist geschehen: der Nam deß Herren sey gebenedeyet.[1773]

Gott bleibt also auch im größten Leid präsent und ansprechbar, worin sich ein weiteres Motiv findet, das den Angefochtenen Trost zu spenden vermag. Anfechtungen als Ruten Gottes sollen den Menschen ja gerade zu Gott treiben und Glauben und Frömmigkeit intensivieren. Der Lutheraner Christian Engel kann daher »Creutz vnd Wiederwärtigkeit« im Sinne von Ps 119,71 (›Es ist mir lieb/ das du mich gedemütiget hast/ Das ich deine Rechte lerne‹) als »wohl vnd gut=that Gottes« bezeichnen.[1774] Johann Andreas Lucius, sächsischer Oberhofprediger, erkennt ebenfalls, dass Leid und Trübsal entsprechend Sir 38,9f. (›Mein Kind/ wenn du kranck bist/ so verachte dis nicht/ sondern bitte den Herrn/ so wird er dich gesund machen. Las von der sünde/ vnd mache deine Hende vnstrefflich/ vnd reinige dein Hertz von aller missethat‹) zu »wahrer Buße« und gläubigen Gebeth« anreizen.[1775] Wenn das »Hertz zerbricht« und der Mensch zur »Erkäntnüß der Sünden« gelangt,[1776] so Lucius weiter, werden die »geistlichen Kranckheiten der Sünde/ es sey nun Jrrthumb des Gemüths/ oder Boßheit des Hertzens« geheilt.[1777] Anfechtungen also stärken den Glauben und weisen den Menschen zu Gott. Daher mahnt Lucius, dass der in Not Geratene seinem Gott vertrauen solle.[1778] Das Motiv der Anfechtungen als Maßnahmen göttlicher Pädagogik vertieft der Lutheraner in einem Geflecht aus Bibelstellen und in konfessioneller Abgrenzung: Nicht wie die »Papisten« die unnützen Heiligen solle der Angefochtene um Hilfe bitten (vgl. Hiob 13,4), sondern allein Gott und Christus.[1779] Mit Ps 6,2f. (›Ah Herr straffe mich nicht in deinem Zorn/ Vnd züchtige mich nicht in deinem grim. Herr sey mir gnedig/ denn ich bin schwach/ Heile mich Herr/ Denn meine gebeine sind erschrocken‹) und Jer 17,14 (›Heile du mich Herr/ so werde ich heil/ Hilff du mir/ so ist mir geholffen/ Denn du bist mein Rhum‹) solle sich der Mensch an den himmlischen Arzt wenden. Lucius zitiert darauf die vierte Strophe des Kirchenliedes *Nun Lasst uns Gott*

1773 Georg Pistorius: *Klaghauß* 1663, S. 42. Vgl. Hiob 1,21.
1774 Christian Engel: LP auf Catharina von Krosick 1662, fol. B 4v.
1775 Johann Andreas Lucius: LP auf Andreas Ganzland (gest. 1663), fol. C 2v.
1776 Ebd., fol. D 2r.
1777 Ebd., fol. D 3r.
1778 Vgl. ebd., fol. C 2v.
1779 Ebd., fol. C 3r.

dem Herren von Ludwig Helmbold (1532–1598),[1780] in dem das Motiv des *Christus medicus* ebenfalls Niederschlag findet:

> Ein Artzt ist uns gegeben/
> Der selber ist das Leben/
> Christus für uns gestorben/
> Hat uns das Heil erworben.[1781]

Lucius lenkt den Blick auf die Erlösungstat Christi als Trostquelle in Not und Leiden. Die rettende Wirkung des Leidens Christi knüpft der Dresdner Prediger an die der Anfechtung entsprungene Erkenntnis der eigenen Sünde, was für zeitgenössische Theologen wichtige Voraussetzung zur rechten Passionsbetrachtung ist.[1782] Dass Christus durch sein Leiden den Menschen von der ewigen Pein befreit hat, wird dabei nicht auf das noch kommende Jenseits projiziert, sondern bereits im Hier und Jetzt des irdischen Lebens tröstlich appliziert. Nicht um den Menschen zu ängstigen lege Gott Anfechtungen auf, sondern damit er zu Christus kommt, wie der Erlöser es in Mt 11,28 (›Kompt her zu mir/ alle die jr müheselig vnd beladen seid/ Jch wil euch erquicken‹) selbst dem elenden, müden und mit »leiblicher und geistlicher Trübsal« Beladenen zuruft.[1783] Die Leichenpredigt auf Anna Maria Dominik nutzt ebenfalls die *Christus medicus*-Topik, um die letztlich positive Deutung irdischer Anfechtungen tröstlich anzuwenden:

> Wer aber unter uns bedarff dieses Trostes nicht? [...] Darumb lasst uns zu Jesu kommen/ durch Busse/ Glauben/ Demuth und Gebeth/ daß wir erquicket werden.[1784]

Der Mensch wird entsprechend Ps 118,18 und Joh 16,33 von Gott hart angefasst und dennoch – oder gerade deshalb – muss er an der Liebe zu Gott festhalten. Um »die Stärcke deß Bands zwischen Gott und einer Seelen zu prüffen«, habe der Satan »kein bessere Prob« als die Anfechtung der Trübsal, sagt der katholische Leichenprediger Nikolaus Staudacher.[1785] Die verstorbene Kurfürstin Elisabeth

---

1780 Vgl. DBA I 508,260–276; II 557,48–51; III 376,222–227.

1781 Johann Andreas Lucius: LP auf Andreas Ganzland (gest. 1663), fol. C 3r. Vgl. Ludwig Helmbold: Geistliche Lieder/ den Gottseligen Christen zugericht/ auffs newe vber sehen/ vnd in Druck gegeben [...]. Mülhausen 1589 (¹1575), fol. F 4v–fol. F 5v: »Ein Dancklied/ nach essens/ vnd sunst/ fur allerley Wolthaten Gottes«, hier fol. F 5v. Zu diesem Kirchenlied siehe Wolfgang Herbst/Ilsabe Seibt: *Liederkunde* 2011, S. 27–34.

1782 Dazu weiter unten zur Passion Christi.

1783 Zacharias Herrmann: LP auf Anna Maria Dominik (gest. 1686), S. 6.

1784 Ebd., S. 7.

1785 Nikolaus Staudacher: LP auf Elisabeth Amalia Magdalena 1710, S. 20. Vgl. Hiob 1,9–11: ›Satan antwortet dem Herrn/ vnd sprach/ Meinstu / das Hiob vmb sonst Gott fürchtet? Hastu doch jn/ sein Haus vnd alles was er hat/ rings vmb her verwaret/ Du hast das werck seiner hende gesegenet/ vnd sein Gut hat sich ausgebreitet im Lande. Aber recke dein Hand aus/ vnd taste an alles was er hat/ Was gilts/ er wird dich ins angesicht segenen?‹

Amalia Magdalena wird in der Leichenpredigt als Vorbild gelobt, da sie in der festen Vereinigung mit Gott Leid und Trübsal angenommen und ertragen hat.[1786] Das Trostbuch des Katholiken Johann Giendder geht ebenfalls auf den glaubensstärkenden Charakter der Rute Gottes ein: »Gott schickt uns das Creuz nicht als ein Rost/ auf den er uns will rösten/ sondern als ein Trost/ mit dem er uns will trösten/ und zu seiner Lieb anreizen.«[1787] Auch für Giendder intensiviert die *tentatio* den Glauben an und das Vertrauen auf die erlösende Hand Gottes, was wiederum dazu führe, dass der Mensch das irdische Leid in »Trost und Freud« ertragen kann.[1788] Dass Gott der Herr über Leid und Freude, mithin über Anfechtung und Trost ist, stellt Giendder in einem Gleichnis vor Augen:

> Wann du in eine Angst und beengstigte Noth gerathest/ so mach es wie die Schiffleute auf dem Meer; sie lassen die stärckesten Wind sausen/ sie lassen die zornige Wellen brausen/ sie lassen die gespannte Segel zerreissen/ sie lassen den hohen dicken Mastbaum krachen/ und das grosse Steuer=Ruder zerschmettern/ lauffen nur geschwind/ und werffen einen Ancker in den Grund; alsdann seynnd sie getrost/ frölich und wolgemuth.[1789]

Ängste und Sorgen des Angefochtenen treiben ihn zu dem Grund der Hoffnung, entsprechend Ps 54,23 (›proice super Dominum caritatem tuam et ipse enutriet te non dabit in aeternum fluctuationem iusto‹) also zu Gott selbst.

Die Sicht der *tentatio* als einer dem Wachstum des Glaubens zuträglichen Notwendigkeit ist ein transkonfessionell verarbeiteter Topos. Wie die geistliche Auslegung des antiken Bildes der unter schwerer Last noch kräftiger wachsenden Palme vor Augen stellt,[1790] bewirken die vielen Anfechtungen des Lebens eine stete Stärkung und Festigung des Glaubens.[1791] Die lutherischen und katholischen Prediger interpretieren Anfechtungen überkonfessionell als Erziehung und Intensivierung der Frömmigkeit. Die Prediger beider Konfessionen halten den in Not geratenen Gläubigen Gottes Güte vor Augen, die letztlich – auch wenn es der Mensch in dem gegenwärtigen Kreuz nicht zu verstehen vermag – immer das Heil des Menschen sucht. Anfechtungen erachten die Prediger als wichtig für den Glauben, erinnern sie doch den Menschen an seine Sündhaftigkeit und weisen ihn aus falschen Sicherheiten irdischer *vanitas* heraus zu dem rechten Trost, der allein in Gott ist. Eine konfessionelle Differenz mag in der homiletischen Verwendung dieser Trostmotive liegen: Die katholi-

---

1786 Vgl. ebd., S. 20f.
1787 Johann Giendder: *Seelen=Artzt* 1700, S. 71.
1788 Ebd., S. 72.
1789 Ebd., S. 93.
1790 Dazu Kap. II.C.3.
1791 Dazu etwa Zacharias Herrmann: LP auf Anna Maria Dominik (gest. 1686), S. 22. Vgl. zu diesem Topos in der geistlichen Lyrik des frühneuzeitlichen Luthertums Johann Anselm Steiger: *Druckerei Gottes* 1998, bes. S. 275.

schen Prediger verflechten die Rede von der Anfechtung als Rute Gottes häufig mit der *laudatio* auf die verstorbene Person. Der falschen Sicherheit (*securitas*) irdischer und also vergänglicher Tröstungen wird dann auch die Unvergänglichkeit menschlicher Tugenden gegenübergestellt, mit denen der Mensch in den göttlichen Prüfungen und Strafen bestehen kann. Auch dadurch werden die Lebenden getröstet, jedoch aus einer Perspektive, die von dem Verstorbenen ausgeht. Die lutherischen Leichenpredigten dagegen applizieren die Trostmotive der Pädagogik Gottes in der *consolatio*, die sich dann auch auf die Lebenden und ihre Not im Hier und Jetzt bezieht.

2.2. Anfechtungen als Prüfungen des Glaubens

Gott belegt die Gläubigen mit Anfechtungen »nicht zu jhrem Schaden vnd Verderb«, sondern damit es »vielfältige Früchte tregt/ die mit aller Welt Wollust vnd Herrlichkeit nicht zuvergleichen« sind.[1792] Dass der Mensch sich durch das Kreuz als Sünder erkennt und dadurch »seine Seeligkeit mit Furcht vnd zittern warnehmen lernet« (vgl. Eph 6,5),[1793] wie es David in Ps 30,8 beschreibt, verstehen die katholischen und lutherischen Prediger auch als eine »rechte Glaubens Probe«.[1794] Der Pastor Heinrich Heckenberg (1. H. 17. Jhd.) formuliert dieses Motiv innerhalb der Rede über die zum Glauben notwendig dazugehörigen Anfechtungen:

> Sonsten wo kein Creutz/ keine Anfechutng vnd Wiederwärtigkeit verhanden ist/ da höret man das Wort Gottes nur oben hin/ es hafftet und fasset nicht es trifft auch nit das Hertz.[1795]

Mit Tob 12,13 (›Und weil du Gott lieb warst, so mußte es so sein: ohne Anfechtung solltest du nicht bleiben, auf daß du bewährt würdest‹) erkennt der lutherische Prediger in den Anfechtungen des irdischen Lebens eine Schulung und Bewährung des Glaubens.[1796] Gott möchte den Christen durch *tentationes* ein Zeugnis für die Authentizität ihres Glaubens geben,[1797] in dem offenbar werde, »ob einer einen wahren lebendigen Glauben« oder doch nur »Heuchelschein« lebe.[1798] Daher seien Leid und Trübsal ein »necessarium«, ein notwendiger und erhellender Teil der christlichen Existenz.[1799] Entsprechend Röm 8,18

1792 Heinrich Heckenberg: LP auf Apolonia Eggeling 1634, fol. E 2r.
1793 Ebd.
1794 Ebd., fol. E 2v.
1795 Ebd.
1796 Vgl. ebd.
1797 Vgl. Alexander Bitzel: *Trost und Anfechtung* 2002, S. 102.
1798 Heinrich Heckenberg: LP auf Apolonia Eggeling 1634, fol. E 2v.
1799 Ebd., fol. E 3v. Schon für Luther gehören Anfechtung und Glauben zwingend zusammen: »Unnd weistu odder erkennistu deine nodt nit, odder hast nit anfechtung, so solt du

(›Denn ich halte es dafur/ Das dieser zeit leiden der Herrligkeit nicht werd sey/ die an vns sol offenbaret werden‹), einem Text, von dem besonders lutherische Prediger in ihren Ausführungen zu Not und Anfechtung häufig ausgehen,[1800] ist der wahre Glaube nicht auf irdische Vorteile oder Bequemlichkeiten, sondern auf die kommende Herrlichkeit ausgerichtet. Anfechtungen durch »Creutz/ Trübsal/ Kranckheiten vnd Wiederwertigkeit«, so die Leichenpredigt von Heinrich Heckenberg, lege Gott dem Gläubigen auf, um sein »ewiges Heyl dadurch zubefodern.«[1801] Die Prüfung und Bewährung des Glaubens stellt der Lutheraner Gottfried Glück in einem überkonfessionell beliebten Sinnbild vor Augen:[1802] Ein von *tentationes* geplagtes Christenherz sei gleich einem Diamanten,

> auff welchen von allen Seiten mit grossen Hammern starck wird zugeschlagen/ der aber dennoch in geringsten nicht sich erweichen lässet/ sondern immerdar bleibet/ wie der vorhin ist.[1803]

Überschrieben ist das sprachliche Bild mit der *inscriptio* »semper idem«.[1804] Ein Christ sei »in diesem Elends= und Jammer=vollem Leben«[1805] ebenfalls mit den göttlichen Hämmern des Kreuzes (vgl. Ps 68,20), den teuflischen Hämmern der Anfechtung (vgl. 2Kor 12,7) und den weltlichen Hämmern der Lästerung und Verfolgung (vgl. Hiob 7,1; 2Kor 7,5) umgeben.[1806] Doch der rechte, gottergebene Christ bleibe stets beständig in Glauben, Geduld und Frömmigkeit (vgl. Hiob 27,5), da ihn nichts von der Liebe Gottes scheiden könne (vgl. Röm 8,38 f.).[1807]

Roman Müller verarbeitet das Sinnbild des Diamanten ebenfalls in seiner Leichenpredigt auf den Bischof von Chiemsee, Johann Christoph von Lichten-

---

wissern, das du am aller ublesten dran bist. Dan das ist die groste anfechtung, das du dich so vorstockt, hartmutig, unempfindlich erfindest, das dich kein anfechtung bewegt.« WA 6,236,17–20 (Von den guten Werken 1520). Vgl. dazu Alexander Bitzel: *Trost und Anfechtung* 2002, S. 100, Johann Anselm Steiger: *Druckerei Gottes* 1998, S. 274 f.

1800 So etwa Georg Rudolphi: LP auf Anna Christina Loth (gest. 1668), fol. B 4r; Heinrich Wiedenburg: LP auf Margaretha Heil (gest. 1630), fol. D 2v; Balthasar Kupfer: LP auf Johannes Philipp Lüdeke 1670, fol. D 3v; Zacharias Herrmann: LP auf Rosina Keil (gest. 1687), S. 20; Martin Geier: LP auf Rachel von Rechenberg (gest. 1677), S. 8; Gottfried Glück: LP auf Helena Susanna aus dem Winkel (gest. 1686), fol. C 2r oder Johann Schmauß: LP auf Maria Rosina von Waldeck 1687, S. 11.

1801 Heinrich Heckenberg: LP auf Apolonia Eggeling 1634, fol. E 4r.

1802 Zur Verwendung des Motivs in der Emblematik siehe Arthur Henkel/Albrecht Schöne: *Emblemata* 1967, Sp. 85–87; Albrecht Schöne: Emblematik und Drama im Zeitalter des Barock. München 1964, S. 217. Neben dem Diamanten ist auch der Felsen ein Sinnbild für Standhaftigkeit. Vgl. etwa Roman Müller: LP auf Johann Christoph von Lichtenstein (gest. 1643), fol. C 4v/D 1r.

1803 Gottfried Glück: LP auf Helena Susanna aus dem Winkel (gest. 1686), fol. C 1r.

1804 Ebd.

1805 Ebd., fol. C 2r.

1806 Vgl. ebd.

1807 Vgl. ebd.

stein. In einer *inventio a nomine* parallelisiert der Benediktiner den Verstorbenen mit der »vnvberwindtlichen Krafft« und dem funkelnden Glanz eines Diamanten und zieht aus diesem Vergleich die »Prob [...] der gewissen Election vnnd Wahl zur ewigen Seeligkeit«.[1808]

> Vnser edle Diemant ist endtlich durch vil Straich vnnd Schläg [...] auffgelöset worden: Jn beygesetzter Fürstl: Leich nichs als Pulver/ Satub vnd Aschen vberbliben. Nichts desto weniger ist die Krafft nit gewichen/ sonder hat bey gegenwertig=hochansehlicher Klag/ vnnd allgemainen Zulauff noch stärckere Würckung erzaiget.[1809]

Müller stellt das Bild des Diamanten in den Dienst einer lehrhaften Gedächtnispredigt, die den Verstorbenen als Exempel des guten, christlichen Lebens lobt. Diese *laudatio* nimmt Bezug auf die Sterbebereitung des Bischofs, in der sich dieser durch die Ausrichtung allein auf das Himmlisch-Ewige, den Sakramentsempfang und mit Gebeten, Almosen und Opfergaben zum Tod bereitete.[1810] Der Verstorbene wünschte nichts mehr »als in Staub vnd Aschen gäntzlich auffgelöst« zu werden, »dissolvi et esse cum Christo« (vgl. Phil 1,23).[1811] Auch in dieser katholischen Leichenpredigt ist der Diamant Sinnbild für die unüberwindbare Festigkeit von Glauben und Frömmigkeit, die selbst der Tod nicht zu zerbrechen vermag. Die Standhaftigkeit, mithin die Festigkeit des Diamanten, stehe der Gemeinde in der Asche des Verstorbenen »zu guter Lehr« vor Augen:[1812]

> Deß Diemants hoher Werth vnd Preyß/ nit allein vor allem Edelgestein/ sonder allem Schatz der Welt/ bestehet in seiner vnvberwindtlichen Stärcke [...]. Er weicht weder Fewr noch Flammen/ weder Stahel noch Eysen. Hammer vnd Amboß zerbrechen/ der Diemant bleibt/ Semper Adamas.[1813]

Auch große Hitze kann die Stärke des Diamanten nicht überwinden. In diesem sprachlichen Bild bewegt sich der Lutheraner Zacharias Herrmann, wenn er Anfechtungen als Prüfungen des Glaubens interpretiert: Ausgehend von 1 Petr 4,12 seien »Angst und Trübsal« gleich einem Feuer, »das da alles außtrocknet und verzehret.«[1814] Wie auf einem glühenden Rost werde der Fromme »geröstet und gebraten«, weswegen die geängstigte Seele in Ps 32,4 zu Gott klagt: ›Denn deine Hand war tag vnd nacht schweer auff mir/ Das mein Safft vertrockete/ wie es im sommer dürer wird.‹[1815] Herrmann erinnert seine Gemeinde daran, dass

---

1808 Roman Müller: LP auf Johann Christoph von Lichtenstein (gest. 1643), fol. D 1v.
1809 Ebd., fol. D 4v.
1810 Vgl. ebd., fol. D 2r.
1811 Ebd., fol. D 4v.
1812 Ebd.
1813 Ebd.
1814 Zacharias Herrmann: LP auf Anna Maria Dominix (gest. 1686), S. 9.
1815 Ebd.

ein solcher Zustand den Glauben der »in der Angst geröstete[n]« Seele auf die Probe stellt.[1816] In der Anfechtung zeige sich, ob der Gläubige wider Gott murrt und von ihm flieht, oder ob er »in aller Demuth […] Zuflucht« zu Gott nimmt, ihm seine Not klagt und also bei Gott Trost sucht.[1817] Die Bewährung des Glaubens im Sinne von Sir 2,5 (›Denn gleich wie das Gold durchs fewr/ Also werden die/ so Gott gefallen/ durchs fewr der trübsal bewert‹) führt die 1630 gehaltene Leichenpredigt auf Margaretha Heil als Trostgrund in der Anfechtung an:

> Sie werden dadurch versucht vnd bewehret/ wie Golt im Offen/ vnd nicht hingeworffen wie die Schlacken[1818] als die Gottlosen/ sondern mit frewden angenommen/ als ein köstliches bewehrtes Gold/ ja als ein volliges Opfer/ wie die Weißheit sagt.[1819]

Mit 1Petr 1,7 (›Auff das ewer Glaube rechtschaffen vnd viel köstlicher erfunden werde/ denn das vergengliche Gold das durchs fewer bewert wird Zu lobe/ preis vnd ehren/ wenn nu offenbaret wird Jhesus Christus‹) offenbaren Anfechtungen, was der Christ wirklich glaubt und hofft.[1820] Auf die endzeitliche Herrlichkeit nach Röm 8,18 nämlich solle der Glaubende blicken und dies schon »hier«, mitten im Leben.[1821] Der Christenmensch, der die ihm widerfahrenen Anfechtungen als eben solche Prüfungen in festem Glauben annehmen kann, werde so »ein schönes Gold« mit »güldenen Glauben/ vnd güldenen gottsehligen Leben« und »ein hartes dichtes Gold an Gedult im Leyden/ vnd frewdiger beständigkeit«.[1822] Mühseligkeit und Elend des Lebens werden dem Gläubigen dann kein Leid zufügen können, denn dem »Allmächtigen wird ja seyn Erbtheil vnd Eigenthumb müssen vnverlohren seyn.«[1823]

Auch das katholische Trostbuch Kaspar Ulenbergs mahnt, in der Anfechtung nicht vom rechten Glauben abzuweichen. »In der warheit«, mithin »im starcken vertrawen auff Gottes gnade« könne der Gläubige dem Teufel widerstehen.[1824] Je mehr der angefochtene Christ vom Glauben abweiche und furchtsamer werde,

---

1816 Ebd., S. 12.
1817 Ebd.
1818 Siehe Grimm: DWb, Bd. 15, Sp. 256: »Schlacke von steinkohlen, von kokes, unverbrennbare reste derselben, die im ofen oder herde zurückbleiben«.
1819 Heinrich Wiedenburg: LP auf Margaretha Heil (gest. 1630), fol. E 3v. Vgl. Weish 3,5f.: ›Sie werden ein wenig gesteupt/ Aber viel gut wird jnen widerfaren/ Denn Gott versucht sie/ vnd findet sie/ das sie sein werd sind. Er prüfet sie/ wie Gold im ofen/ vnd nimpt sie an/ wie ein völliges Opffer.‹ Ps 119,119: ›Du wirffst alle Gottlosen auff Erden weg/ wie schlacken/ Darumb liebe ich deine Zeugnisse.‹
1820 Vgl. Heinrich Wiedenburg: LP auf Margaretha Heil (gest. 1630), fol. E 3v.
1821 Vgl. ebd.
1822 Ebd.
1823 Ebd. Vgl. Joh 10,28: ›Vnd ich gebe jnen das ewige Leben/ vnd sie werden nimer mehr vmbkomen/ vnd niemand wird sie mir aus meiner Hand reissen.‹
1824 Kaspar Ulenberg: *TrostBuch* 1603, S. 343.

desto mehr dringe die Not auf ihn ein.[1825] Der rechte Glaube, der in der *tentatio* geprüft und angefochten wird, ist nach Ulenberg der Glaube der »heilige[n] algemeine[n] Kirche«:

> Nim deinen heiligen Apostolischen Glauben/ darauff du bist getaufft worden/ wie einen schild für dich; Ergreiff insonderheit den Artickel: Jch glaube eine heilige algemeine Kirche. Jn diesem einigen Artickel hastu alles [...].[1826]

Auch der katholische Prediger sieht in Anfechtungen eine Glaubensprobe, die dem Christen ein Zeugnis seines Glaubens gibt. Dieser Glaube jedoch wird in einer interkonfessionellen Abgrenzung als katholischer Glaube interpretiert. Außerdem fällt das ekklesiologische Moment des Trostmotives auf: Während die lutherische Leichenpredigt von Heinrich Heckenberg herausstellt, dass Anfechtungen diejenigen Gläubigen, die lediglich wegen irdischer Vorteile Glieder der Kirche sind, entlarvt und Not und Trübsal offenbaren, ob Glaube und Frömmigkeit des Einzelnen echt und also im Herzen verankert sind,[1827] betont Ulenberg, dass der Glaube der Kirche zum Bestehen in Anfechtungen von Nöten sei.

2.3.   »Jr leidet nicht alleine«[1828]

Eine Strategie des tröstlichen Zuspruches in den Anfechtungen des Lebens spiegelt das Leid des Menschen in dem Schicksal anderer – besonders biblischer – Leidensgenossen.[1829] Georg Rudolphi etwa stellt, wie viele katholische und lutherische Leichenprediger,[1830] die Leiden Hiobs vor Augen.[1831] Tröstlich sind diese Exempelgeschichten deswegen, da sie Anfechtungen als eine zum Menschen und zum Glauben zugehörige Bewährung und Schulung erscheinen lassen. Überdies veranschaulichen die biblischen Vorbilder Hiobs, Mariä[1832] oder Hiskias,[1833] wie der Mensch sich in seinen Anfechtungen verhalten soll. Ein

---

1825 Vgl. ebd.
1826 Ebd., S. 345.
1827 Vgl. Heinrich Heckenberg: LP auf Apolonia Eggeling 1634, fol. E 2v.
1828 WA BR 10,606,38f. (Brief an Sibylle Baumgärtner 1544).
1829 Vgl. dazu auch Ute Mennecke-Haustein: *Luthers Trostbriefe* 1989, S. 85–87; Alexander Bitzel: *Trost und Anfechtung* 2002, S. 91–93.
1830 Etwa Balthasar Kupfer: LP auf Johann Philipp Lüdeke 1670, fol. B 2r/v; Johann Christoph Syring: LP auf Katharina Ehrengard von der Wense 1699, S. 7; Gottfried Bleyl: LP auf Johann Siegmund von Vogt und Sägewitz (gest. 1686), S. 18; Johann Schmauß: LP auf Maria Rosina von Waldeck 1687, S. 8; Melchior Breitter: LP auf Anna Neusesser 1608, S. 24f.; Georg Pistorius: *Klaghauß* 1663, S. 42, passim.
1831 Georg Rudolphi: LP auf Anna Christina Loth (gest. 1668), fol. B 1v–2v.
1832 Vgl. Johann Jacob Müller: LP auf Felix Wilhelm Breitschwert 1680, S. 3f.
1833 Etwa Georg Pistorius: *Klaghauß* 1663, S. 41; Johann Andreas Lucius: LP auf Sophie Löbe (gest. 1664), fol. A 3r/v.

Beispiel rechter Geduld und Standhaftigkeit sieht die lutherische Leichenpredigt von Johann Christoph Syring in allen frommen und gläubigen Kindern Gottes, »die jemahls in der Welt gelebet haben«:[1834] »Ohne allem zweiffel« bezeugen sie, dass der Christenmensch viel Leid und Not unterworfen sein muss.[1835] Davids Klage in Ps 38,18 (›Denn ich bin zu leiden gemacht/ Vnd mein schmertzen ist jmer fur mir‹) und Hiobs Waagschalen-Gleichnis (vgl. Hiob 6,2f.: ›Wenn man meinen jamer wöge/ vnd mein Leiden zusamen in eine Wage legte. So würde es schwerer sein/ denn sand am meer‹) träfen auf alle Gläubigen in dieser Welt zu.[1836] In dieser Notgemeinschaft mit den biblischen Figuren betont Syring noch eine weitere Perspektive des Trostes:

> Hernach wil auch Gott durch solche Angst und Trübsal in uns erwecken ein Verlangen nach dem ewigen Leben und uns aufmuntern/ daß wir zu Jhm unsere Zuflucht nehmen und fleissig beten mögen.[1837]

Die Leidgemeinschaft aller frommen Gläubigen appliziert der lutherische Prediger im Horizont göttlicher Heilsversprechen. Darin liegt das Trostpotential biblischer Vorbilder in Not und Anfechtung: Das eigene Leid wird dann tragbar, wenn erkannt wird, dass auch andere Menschen von Gott Trost und Vergebung erfahren haben und nicht in ihrem Leid umgekommen sind.

Auch Georg Pistorius stellt seinen Adressaten ein tröstliches Exempel vor Augen. Der Prediger verarbeitet eine Begebenheit, von der in der Vita des Dominikaners Heinrich Seuse († 1366)[1838] berichtet wird. Eine Jungfrau habe nach getaner Beichte in einer Offenbarung einen großen, blühenden Rosenbaum gesehen:[1839]

> Auff disem Baum erschine das Kind Iesvs mit einem Krantz von rohten Rosen auff seinem Haubt: Henricus Suso aber saß vnder disem Rosenbaum: auff welchen Christus so vil Rosen herab geworffen/ daß er mit denselben vberdeckt gewesen.[1840]

Auf die Frage der Jungfrau, was die Rosen bedeuten, antwortete Christus, diese seien die vielen Anfechtungen, die Gott Seuse zuschicken werde.[1841] Doch der fromme Dominikaner werde Not und Kreuz »willig annemmen/ vnd geduldig leyden«.[1842] Pistorius zieht aus diesem Vorbild die Mahnung, ein jeder Christ

---

1834 Johann Christoph Syring: LP auf Katharina Ehrengard von der Wense 1699, S. 7.
1835 Ebd.
1836 Vgl. ebd.
1837 Ebd., S. 8.
1838 Zu Seuse vgl. Markus Enders. In: Killy/Kühlmann 10 (2011), S. 772–775.
1839 Vgl. Heinrich Seuse: Deutsche Schriften. Im Auftr. der Württemberg. Kommission für Landesgeschichte hrsg. v. Karl Bihlmeyer. Stuttgart 1907, Zweiter Teil, Kap. 34, S. 102.
1840 Georg Pistorius: *Klaghauß* 1663, S. 23.
1841 Vgl. ebd.
1842 Ebd.

solle sich »vnder den Rosen= oder Creutzbaum Christi« setzen und fest glauben, »daß alle desselben Dorn [...] lauter Rosen vnd grosse Belohnung bringen werden.«[1843] Auch für den katholischen Prediger ist das Exempel des Leidensgenossen eine Möglichkeit, seine Adressaten in der *tentatio* zu stärken. Und auch Pistorius verbindet die Mahnung Gott treu zu bleiben mit der Aussicht auf das himmlische Jerusalem.

Deutlich betonen die Prediger überkonfessionell, dass der Glaubende in Not und Anfechtung an Gott und seinen Verheißungen festhalten müsse. Entgegen dem Gefühl der Gottverlassenheit ist und bleibt Gott stets für den Angefochtenen präsent und ansprechbar.[1844] Auch wird in den Ausführungen der Prediger deutlich, dass in dem festen Glauben an Gott die Anfechtung nicht zur endlosen Qual wird, sondern sie als Züchtigung, Schulung und Bewährung den Glauben stärkt. Die barocken Leichenpredigten sind in der Verwendung biblischer und nachbiblischer *exempla* Medien, den von Trauer und Tod angefochtenen Gemeindemitgliedern aufzuzeigen, dass sie nicht allein sind. Die häufige Ansprache der Adressaten als fromme und gläubige Kinder Gottes rückt diese unter dem Topos *de communi hominum conditione*[1845] in die Gemeinschaft aller Vorfahren und Mitbrüder. Wirksam sind die Trostexempel, da sie für den Angefochtenen anschaulich und in der eigenen Erfahrung besonders greifbar sind. Das Wissen um die Existenz des Glaubenden als Pilger und Fremdling gilt in diesem Zusammenhang als Voraussetzung des von den Predigern applizierten Jenseitstrosts.

2.4.   Die Passion Christi

Die Spiegelung des menschlichen Daseins im Schicksal biblischer Vorbilder hebt allen voran das Leiden Christi heraus. Die Trostwirkung der Passionsbetrachtung gründet zunächst in der Gemeinsamkeit der Not: Mensch und Christus erleiden Angst und Schmerz und fügen sich in den oft unergründlichen Willen Gottes. Der Lutheraner Martin Geier appliziert den Trost für den Angefochtenen aus der Gemeinsamkeit des Leidens entsprechend Röm 8,17 (›Sind wir denn Kinder/ so sind wir auch Erben/ nemlich/ Gottes erben/ vnd miterben Christi/ So wir anders mit leiden/ Auff das wir auch mit zur Herrligkeit erhaben werden‹):

> So heisset deswegen mit Christo leiden/ wenn man eben/ wie Christus/ bei seinem gewissenhaften wandel und verhalten/ geschimpfet/ ausgelachet/ verfolget/ gedruckt und beschädiget wird [...] durch des satans fäustschläge/ (2. Corinth. 12, 7.) und seine

---

1843   Ebd.
1844   Vgl. dazu auch die Ausführungen im Exkurs Hiob.
1845   Vgl. dazu von Moos: *Consolatio* Bd. 3 1972, T 512–648; Rudolf Kassel: *Konsolationsliteratur* 1958, S. 67 f.; José Esteve-Forriol: *Trauer- und Trostgedichte* 1962, 150 f.

feurige pfeile/ (Ephes. 6, 16.) oder auch/ wenn Gott selbs zuweilen aus gewissen ursachen in einen grausamen sich verstellet/ (Job. 30, 21.).[1846]

Der Trost bezieht sich in diesem Passus auf die Tatsache, dass Christus die Anfechtungen selbst durchlitten hat. Mit Jes 53,8 (›Er ist aber aus der Angst vnd Gericht genomen/ Wer wil seines Lebens lenge aus reden? Denn er ist aus dem Lande der Lebendigen weggerissen/ da er vmb die Missethat meines Volcks geplagt war‹) betont der Schwäbisch Haller Prediger David Sieber, dass »alle fromme gläubige Christen/ mit ihrem Herrn und Heiland Christo« verglichen werden können:[1847] Wie Christus selbst Angst und Not erfahren müsste, müsse der Christ »in dieser Zeit und Welt« Kreuz und Elend erdulden.[1848] Der Jesuit Philipp Kisel lobt den Verstorbenen Fürstbischof Philipp Valentin, da dieser geduldig und »berhertzt« mit Christus »bittere Träncklein« der Not ausgetrunken und in dieser Gemeinschaft mit dem Heiland Trost und Stärke gefunden habe.[1849] Wenn die Prediger gelegentlich auch die unvergleichliche Schwere des Leidens Christi hervorheben,[1850] so betonen sie vielmehr die Gemeinschaft zwischen Mensch und Erlöser in den Anfechtungen. Für die Prediger ist das Erleiden von Not überkonfessionell ein Zeichen des wahren Glaubens. Gott legt dem Menschen Anfechtungen auf, um sie seinem Sohn entsprechend Röm 8,29 (›Denn welche er zuuor versehen hat/ die hat er auch verordnet/ das sie gleich sein solten dem Ebenbilde seines Sons/ Auff das derselbige der Erstgeborne sey vnter vielen Brüdern‹) und 1Petr 2,21 (›Denn dazu seid jr beruffen/ Sintemal auch Christus gelidden hat fur vns/ vnd vns ein Furbilde gelassen/ Das jr solt nachfolgen seinen fusstapffen‹) gleichförmig zu machen.[1851] Die Passionsbetrachtung, die Christi Leiden als Exempel versteht, hat daher auch eine mahnende Funktion: Der wahre Glaubende ist zur Kreuzesnachfolge gerufen (vgl. Mt 10,38), er trägt das von Gott auferlegte Kreuz in Geduld und Beharrlichkeit.

Dass Christus selbst Anfechtung und Not durchlitten hat ist eine Tatsache, die von den lutherischen und katholischen Predigern tröstlich appliziert wird. Vollständig tröstlich wird dieser Topos allerdings erst in seiner soteriologischen Anwendung: Durch seine Todesqual hat Christus den Menschen von dem ewigen Tod erlöst. Aus dem Leiden Jesu also rührt das Heil und aus der Passionsbetrachtung der Trost. Die Gemeinschaft mit dem leidenden Christus im irdischen Leben trägt zugleich die Verheißung in sich, dass der Angefochtene dereinst dem verklärten Leib des Herrn gleichgestaltet werde. Die lutherischen

---

1846 Martin Geier: LP auf Rachel von Rechenberg (gest. 1677), S. 10 f.
1847 David Sieber: LP auf Georg Friedrich Seufferheld 1687, S. 9.
1848 Ebd., S. 10.
1849 Philipp Kisel: LP auf Philipp Valentin Voit von Rieneck 1672, fol. D 2r/v.
1850 Etwa Jacob Hahn: LP auf Anna Dorothea von Borstel (gest. 1680), fol. G 2r oder Polycarp Leyser: LP auf Catharina Behr (gest. 1632), fol. A 3r.
1851 Vgl. David Sieber: LP auf Georg Friedrich Seufferheld 1687, S. 15.

Leichenprediger führen besonders Phil 3,21 (›Welcher vnsern nichtigen Leib
verkleren wird/ das er ehnlich werde seinem verklerten Leibe/ Nach der wir-
ckunge/ da er mit kan auch alle ding jm vnterthenig machen‹)[1852] und 2 Tim 2,11 f.
(›Das ist je gewislich war/ Sterben wir mit/ so werden wir mit leben/ Dulden wir/
so werden wir mit herrschen/ Verleugnen wir/ so wird er vns auch verleugnen‹)
an,[1853] um ihre Adressaten mit diesem Motiv zu trösten. Die Passionsbetrachtung
zielt dann auf die soteriologische Sicht des Leidens, mithin die Einsicht in das,
was Christus in seinem Leid für den Menschen bewirkte. Dazu gehört auch, dass
der Mensch seine Sünde, die ursächlich für das Leid des Gekreuzigten ist, erkennt.[1854] Menschliche Not ist in Anbetracht der Heilstat Christi nur ein geringes
Leiden. Die Passionsbetrachtung ist daher auch ein wichtiger Trostgrund, der
den Angefochtenen ins rechte Verhältnis zu seinem sündigen Selbst setzt und
denjenigen zu erkennen gibt, in dem das Heil des Menschen zu finden ist.

Die katholischen Prediger Georg Pistorius und Johann Lorenz Helbig legen
das Verhältnis von menschlichem Leid und soteriologischem Gewinn (vgl. Phil
1,21) in eine Waagschale: Die künftige Herrlichkeit (vgl. Röm 8,18) beschreibt
Helbig als »Lohn«:[1855] Derjenige Christ, der geduldig die beängstigenden und
verzehrenden Anfechtungen der irdischen Welt erträgt, werde dafür entsprechend der Größe seines Leides belohnt.[1856] Neben der tröstlichen Zuversicht,
dass gemäß Röm 8,18 irdisches Leid im Vergleich zur ewigen Seligkeit relativ
kurz und zeitlich begrenzt ist, bringt der katholische Theologe die Mahnung an,
dass großes Leid und rechtes Verhalten in der Anfechtung zu noch größerer
Belohnung führen. Ähnlich formuliert Pistorius, dass die Dornen der *tentatio*
»grosse Belohnung bringen werden.«[1857] Pistorius mahnt gewiss dazu, in dem
Kreuz Christi die Guttat zu erkennen, durch welche der Mensch erlöst und
gerechtfertigt wurde.[1858] Diese Erwählung zum ewigen Leben jedoch müsse sich
der Mensch durch »gute Werck« gewiss machen.[1859] Dazu zählt der Prediger auch
die Betrachtung der Passion Christi.[1860] Philipp Kisel betont in einer Leichen-

---

1852 Etwa Heinrich Wiedenburg: LP auf Margaretha Heil (gest. 1639), fol. A 4r; Martin Geier:
      LP auf Rachel von Rechenberg (gest. 1677), S. 16.
1853 Johann Christoph Syring: LP auf Katharina Ehrengard von der Wense 1699, S. 8; Martin
      Geier: LP auf Rachel von Rechenberg (gest. 1677), S. 16; Zacharias Herrmann: LP auf
      Rosina Keil (gest. 1687), S. 3.
1854 So etwa Andreas Heinrich Bucholtz: LP auf Arend Möller 1663, fol. B 4r; Johann Andreas
      Lucius: LP auf Sophie Löbe (gest. 1664), fol. A 2r oder Zacharias Herrmann: LP auf Anna
      Maria Dominik (gest. 1686), S. 10. Vgl. dazu auch Johann Anselm Steiger: *Christus pictor*
      2010, S. 101 f; 119–127.
1855 Johann Lorenz Helbig: *Traurige Gedancken* 1704, S. 571.
1856 Vgl. ebd.
1857 Georg Pistorius: *Klaghauß* 1663, S. 23.
1858 Vgl. ebd., S. 205.
1859 Ebd., S. 206.
1860 Vgl. ebd.

predigt, wie die Passionsbetrachtung zur *imitatio Christi* führen müsse: »mit vnd neben dem gecreutzigten Iesu« müsse der Angefochtene Leid ertragen und dabei des leidenden Gottessohnes »ingedenck seyn«.[1861] Passionsbetrachtung und menschliche Leiderfahrung bedingen sich in diesen Ausführungen gegenseitig. Besonders deutlich wird dies in der Leichenpredigt des Benediktiners Dominikus Renner, die er 1675 auf seinen Ordensbruder Stephan Malgarita hielt: Der Verstorbene sei ein wahrer christlicher Märtyrer gewesen, habe er sich doch trotz »sovil vnwahre[n] inzüchten/ vngegründete[n] Wohn/ vnbilliche Verfolgung«[1862] und »vngerechte[m] Ansinnen«[1863] nicht von »Christi Hertzen vnnd Schmertzen« abgewandt.[1864] In der Betrachtung des Leidens und Sterbens Christi habe der Angefochtene »die Augen auß Mitleyden zu de[m] gecreutzigten Heyland gewendet« und seine Hände mit »hitziger Zerknirschung vnd Auffopfferung seiner selbst« in die Höhe gestreckt.[1865]

> Endlich [...] hat er auß bitterem Mitleyden vnnd Begierd Christo nachzufolgen jhm selbst [...] disen hellen Backenstreich mit seiner Hand angemessen/ als wolte er andeuten [...] O Wang empfinde ein wenig äusserlich den grossen Schmertzen/ zu welchem das Hertz innerlich durch Betrachtung deß Leydens meines Seeligmachers Jesu bewöget wird.[1866]

Auch für den Benediktiner ist das stellvertretende Leiden Christi ein Trostmoment. Die Betrachtung des Leidens Christi führt zu dem Wunsch mit dem gemarterten Herrn gemeinsam zu leiden und die Passion leiblich nachzuempfinden: Es sei »die gröste Begierd vnd Frewd« gewesen, die Schmerzen Christi selbst zu empfinden.[1867] Das Mitleiden und Nachempfinden der Schmerzen Christi bezeichnet der Prediger als »Ruhm= vnd Wunderwürdigst[e] That« des Verstorbenen.[1868] Am Ende der Leichenpredigt zeigt sich, warum die *imitatio Christi* ein lobwürdiges christliches Verhalten ist: »In fine videtur cujus Toni«.[1869] Mit dem aus der Musiktheorie entlehnten Sprichwort wird die rechte – mithin katholische – Passionsbetrachtung als *ars vivendi* angesehen, die den Weg zur ewigen Seligkeit zu öffnen vermag. Am Ende des Lebens also wird sich

---

1861 Philipp Kisel: LP auf Philipp Valentin Voit von Rieneck 1672, fol. D 2r/v.
1862 Dominikus Renner: LP auf Stephan Malgarita 1676, S. 19. Zur Bedeutung von »Inzicht« als Beschuldigung siehe Grimm: DWb, Bd. 10, Sp. 2152. Zu »Wohn« [=Meinung] siehe ebd., Bd. 30, Sp. 1205.
1863 Dominikus Renner: LP auf Stephan Malgarita 1676, S. 19.
1864 Ebd.
1865 Ebd.
1866 Ebd., S. 20.
1867 Ebd.
1868 Ebd., S. 21.
1869 Ebd.

zeigen, ob ausreichend gute Werke vollbracht wurden: »Deß Menschen End ist der Zeiger; wie das Uhrwerck im Leben gericht/ also zeiget der Todt.«[1870]

Überkonfessionell wird das Leiden Christi in den Leichenpredigten einerseits als Exempel, andererseits als stellvertretende Sühne tröstlich appliziert. Zentrale Bedeutung im soteriologischen Verständnis von Christi Tod als Sühnetod kommt dem gemarterten Leib des Gekreuzigten selbst zu. Der Angefochtene flieht in die Wunden Jesu und findet in dieser körperlichen Nähe Schutz und Trost. Eine Leichenpredigt des Lutheraners Johann Andreas Lucius verarbeitet Hld 2,13 f.: ›Der Feigenbawm hat knoten gewonnen/ die Weinstöcke haben augen gewonnen/ vnd geben jren Ruch/ Stehe auff meine Freundin vnd kom/ meine schöne kom her. Meine Taube in den felslöchern/ in den steinritzen/ Zeige mir deine gestalt/ Las mich hören deine stim/ Denn deine stim ist süsse/ vnd deine gestalt lieblich‹.[1871] Das Motiv des Hohenliedes, welches bereits der mittelalterliche Mystiker Bernhard von Clairvaux in seinen *Sermones super Cantica* mit dem Bild der geöffneten Seitenwunde Christi (Joh 19,34: ›Sondern der Kriegsknechte einer öffenet seine Seite mit einem spehr/ Vnd als bald gieng Blut vnd Wasser her aus‹) verbindet,[1872] nutzt der Prediger in seinem Exordium zum Leichtext Jes 38,12–14:[1873] Die von *tentationes* umringte christliche Seele wird von Christus seine Taube genannt, da er, so Lucius, diese »mit seinem heiligen Blute« nicht allein »theuer erkaufft« habe, sondern auch »nehret/ pfleget und selig macht.«[1874] Lucius mahnt seine Adressaten, in den blutigen Wunden Jesu Trost zu suchen, denn diese habe »der Herr Jesus für dich und umb deinet willen gelitten.«[1875] Der lutherische Prediger spitzt das Bild der in den Wunden Jesu Schutz suchenden christlichen Taube rechtfertigungs- und sakramentstheologisch zu: Das Blutvergießen Jesu gebe dem Menschen Kraft und Leben.[1876] Das Blut Christi und damit die Errettung des Glaubenden durch den, der allein das göttliche Zornesgericht erlitt, müsse sich der Mensch in Taufe, Abendmahl sowie der Evangeliumsverkündung zueignen.[1877]

Die lutherische Leichenpredigt auf die 1686 verstorbene Helena Susanna aus

---

1870 Ebd.
1871 Johann Andreas Lucius: LP auf Sophie Löbe (gest. 1664), fol. A 4r/v.
1872 Bernhard von Clairvaux: Sermones super Cantica, sermo 61, cap. 2f. In: Ders.: Opera. Bd. 2. Hrsg. v. Jean Leclercq [u. a.] Rom 1958, S. 148f.
1873 ›Er seuget mich dürre aus/ Du machsts mit mir ein ende/ den tag vor abend. Jch dacht/ Möcht ich bis morgen leben/ Aber er zubrach mir all mein gebeine/ wie ein Lewe/ Denn du machest es mit mir aus/ den tag vor abend. Jch winselt wie ein Kranch vnd Schwalbe/ vnd girret wie eine Taube/ Meine augen wolten mir brechen/ Herr ich leide not/ linder mirs.‹ Vgl. Johann Andreas Lucius: LP auf Sophie Löbe (gest. 1664), fol. A 4r.
1874 Ebd., fol. A 4v.
1875 Ebd., fol. C 2v.
1876 Vgl. ebd.
1877 Vgl. ebd.

dem Winkel appliziert das Motiv des Hohenliedes in der Auslegung von Ps
73,25 f. (›Wenn ich nur dich habe/ so frage ich nichts nach Himel vnd Erden.
Wenn mir gleich Leib vnd Seele verschmacht/ So bistu doch Gott alle zeit meines
hertzen Trost/ vnd mein Teil‹):

> Du bist meines Hertzen Trost/ meines Hertzen Trotz/ oder Fels/ gleichwie ein Vögelein/
> wenn der Wind die Wolcken zusammen treibet/ es beginnet zu donnern und zu hageln/
> und will ein schrecklich Ungewitter kommen/ sein Nest und Ruh=Oertlein/ seine
> Fels= und Stein=Ritzen zu finden weiß/ da es sich verbirget/ biß das Wetter vorüber ist
> [...].[1878]

Wie der Vogel in den Felsklüften der Gefahr des Unwetters entrinnen kann, so
entfliehe der Glaubende Elend und Trübsal in der schützenden Seitenwunde
Jesu.[1879] Dass die Wunden nicht nur Schutz und Trost in Anfechtungen bieten,
sondern auch Leben erhalten, mithin wahres Leben ermöglichen, erinnert der
Prediger im Horizont von 2Kor 5,1:

> Muß ich gleich mein irdisches Hauß verändern/ ey so bin ich versichert/ daß mein Gott
> mir und allen Gläubigen erbauet habe ein Hauß nicht mit Händen gemacht/ das ewig ist
> im Himmel.[1880]

Auch in dieser Leichenpredigt wird in einer intertestamentlichen Auslegung der
Topos der Hohelied-Exegese auf die Heilswirkung des Todes Jesu zugespitzt: Die
Verbindung des Bildes des himmlischen Hauses mit den Wunden Jesu erinnert
an Ps 84,4 (›Denn der Vogel hat ein haus funden‹): Aus dem Leiden Jesu erwächst
das Heil, das Gottfried Glück in der paulinischen Verheißung der bleibenden
Behausung im Himmel erkennt.

Anton Ginther, katholischer Pfarrer der Biberbacher Heilig-Kreuz-Kirche,
parallelisiert die Verstorbene Freiin von Neuhaus mit dem vom »H. Geist selbsten beschribne[n] Däublein«:[1881] ›Oculi eius sicut columbae super rivulos
aquarum quae lacte sunt lotae et resident iuxta fluenta plenissima‹ (Hld 5,12).[1882]
Das Verhalten der Taube, die sich gern an frischem Quellwasser aufhält und bei
Gefahr in ihre Höhle zurückflieht, ließe sich auf die Passionsfrömmigkeit der
Verstorbenen beziehen:

> [Sie] wohnte gern an dem Gestatt deß Wassers/ und bey dem lebendigen Bronnen/
> welcher der Orthen mit 5. frischen Quellen der Ganden=vollen allerheiligsten Wunden
> fliesset; flohe auch nit so den Schatten der Sünden/ als auch die Nachstellung deß

1878 Gottfried Glück: LP auf Helena Susanna aus dem Winkel (gest. 1686), fol. M 1v.
1879 Vgl. ebd., fol. M 2r.
1880 Ebd.
1881 Anton Ginther: LP auf Maria Elisabetha Theresia von Neuhaus (gest. 1691), S. 5.
1882 Ebd.

höllischen Raub=Vogels/ allein begehrend in den Trost=reichen Fels=Löchern des Cecreutzigten zu wohnen [...].[1883]

Die Rede von den Wunden Jesu ist an die Errettung aus Anfechtungen der Sünde und des Teufels gebunden. Ginther betont die individuelle Beziehung der Freiin zu Christus in ihrer gelebten Frömmigkeit. Das Bild der Wunden ist geeignet, sich den Tod Jesu individuell tröstlich anzueignen und »deß Leidens Christi habhafft« zu werden.[1884] Georg Scherer etwa sieht in dieser Aneignung des Verdienstes Jesu eine wichtige Bedingung für die Erlösung des Glaubenden, betont jedoch, dass längst »nicht alle Selig« werden, »dann nicht alle können diselbig kunst solchen Todt jhnen nit zu applicirn vnd zueignen«.[1885] Ginther schließt seine Auslegung des Hohenliedverses mit der Erkenntnis, die Verstorbene habe aus der Betrachtung des Leidens Christ die »schönste[n] Tugenden« wie Sanftmut, Gehorsam und Demuth erhalten.[1886] Die Übung dieser Tugenden ist das rechte Mittel sich das Verdienst Jesu zuzueignen. In den Zusammenhang von rechter Tugend und Überwindung von Anfechtungen stellt die 1686 ge-druckte Leichenpredigt auf die Äbtissin von Kühbach die Betrachtung der Passion Christi: »In den Abgrund der Rosenfarben 5. Wunden Christi«[1887] habe sich die Verstorbene versenkt. Dadurch sei die Angefochtene zu neuen Kräften gelangt[1888] und »hat also disen starcken Streit« überwunden.[1889] Die Wunden Christi beschreibt der Katholik Philipp Kisel als »das sicherste Pfand eines seeligen Todts« und betont damit die soteriologische Sicht des Leidens Chris-ti.[1890] Fassbar wird dieser Trost jedoch erst in der Darstellung der von dem Gläubigen geübten Andachten, Gebete und Litaneien.[1891]

2.5. Die Übung des göttlichen Wortes in Gebet und Schriftlektüre

Bevor der Lutheraner Gottfried Glück seine Leichenpredigt in die *tractatio* des Leichtextes Ps 73,25 f. führt, erinnert er die Anwesenden daran, dass sie nicht von sich aus fähig seien, sich »zutrösten/ und auffzurichten«:[1892]

1883 Ebd., S. 5 f.
1884 Georg Scherer: LP auf Hans Preiner 1600, S. 371r.
1885 Ebd., S. 371v.
1886 Anton Ginther: LP auf Maria Elisabetha Theresia von Neuhaus (gest. 1691), S. 6.
1887 Ebd., S. 25 f.
1888 Vgl. ebd., S. 26.
1889 Ebd., S. 25.
1890 Philipp Kisel: LP auf Philipp Valentin Voit von Rieneck 1672, fol. D 1r.
1891 Vgl. ebd., fol. D 1v, wo Kisel auf diese Werke des Verstorbenen eingeht.
1892 Gottfried Glück: LP auf Helena Susanna aus dem Winkel (gest. 1686), fol. B 2r.

Erinnern wir uns zuföderst unsrer angebohrnen Schwachheit/ und Blödigkeit/ daß wir zu solchem hochwichtigen Wercke von uns selbst/ als von uns selbst nicht tüchtig sind/ daß wir aber tüchtig sind/ das ist von oben herab [...].[1893]

Trost sei nur im Ergreifen und Festhalten des göttlichen Wortes zu schöpfen.[1894] Dazu müsse der Angefochtene um »Krafft und Beystand« des Heiliges Geistes bitten »und solches wollen wir verrichten in einem andächtigen Vater Unser.«[1895] Wie der lutherische Prediger seine Leichenpredigt mit einem Gebet eröffnet, so schließt er selbige mit einem Gebet, welches er die Verstorbene selbst sprechen lässt.[1896] Erscheint das Vater Unser also als Ansprache an Gott, so ist die darauf folgende Predigt die Antwort des Angesprochenen. Die Rahmung der Predigt mit Gebeten unterstützt das von Glück Ausgeführte: Wahrer Trost sei nur mit der Hilfe Gottes zu finden. Das schriftlich fixierte *verbum Dei* ist die Heilige Schrift und diese ist, wie schon Luther das Prinzip biblischer Hermeneutik formuliert, »per sese certissima, facillima, apertissima, sui ipsius interpres, omnium omnia probans, iudicans et illuminans«.[1897] Dies jedoch entspricht keinem Auslegungsautomatismus, sondern verlangt eben das ›Einsteigen‹ in das Selbstgespräch der Texte. Das Wesen der Heiligen Schrift, die selbst das sagen kann, was sie zu sagen hat, und die sich damit selbst zu Gehör bringt, betrifft auch die Wirksamkeit der Texte in Bezug auf den Adressaten. Im Hören und Lesen der biblischen Texte nämlich erkennt dieser, dass er persönlich ange-sprochen ist und als Geschöpf Gottes in dem biblischen Raum agieren kann.[1898] Auch in der *Schola Mortis* von Johann Heermann wird eine Leichenpredigt von Gebeten gerahmt.[1899] Damit Gott die »Betrachtung seines Worts ohne Nutz nicht lassen« werde, ruft auch Heermann den Heiligen Geist um Beistand an.[1900] Erst das ›Einsteigen‹ in die biblischen Texte, mithin das Gespräch mit Gott mache es möglich, Trost zu empfangen und zu ergreifen.[1901] In diesem Sinne sagt Heinrich Heckenberg:

1893 Ebd.
1894 Vgl. ebd.
1895 Ebd.
1896 Vgl. ebd., fol. N 2v.
1897 WA 7,97,23f. (Assertio omnium articulorum per bullam Leonis X. novissimam damna-torum 1520).
1898 Vgl. dazu Oswald Bayer: Martin Luthers Theologie. Eine Vergegenwärtigung. Tübingen ³2007, bes. Kap. IV.
1899 Johann Heermann: *Schola Mortis* 1628, S. 255, LP Nr. 11.
1900 Ebd., S. 257.
1901 Vgl. ebd., S. 256. Vgl. auch Jer 29,13f.: ›Jr werdet mich suchen vnd finden/ Denn so jr mich von gantzem hertzen suchen werdet/ so wil ich mich von euch finden lassen/ spricht der Herr.‹

Das liebe Creutz ermuntert vnsere Hertzen zu fleissigen andechtigen Gehör vnd Nachdencken des Worts Gottes/ denn so spricht der Prophet Esaias am 28. v. 20. Anfechtung lehret auffs Wort mercken.[1902]

Im Einklang mit den dogmatischen Schriften der lutherischen Orthodoxie,[1903] erkennt Heckenberg in Anfechtungen Ermunterungen zum Gebet. Und mehr noch: Mit Sir 34,9 (›Ejn wolgeübter Man verstehet viel/ vnd ein wol erfarner kan von Weisheit reden‹) lehren Anfechtungen das Wort Gottes nicht nur zu hören, sondern es in das Herz zu fassen und daran haften zu bleiben.[1904] Erst »das liebe Creutz« lässt das göttliche Wort erkennen.

»Das Wort des Herrn [...] heile« alles, »es sey ein Ubel an Leib oder Seel/ auch der Tod selbst/ oder wie es Namen hat«:[1905] Die Leichenpredigt auf den Arzt Andreas Ganzland erinnert an die helfende und tröstende Kur des *verbum Dei.* »Absonderlich aber das heilige Evangelium«[1906] sei »die einige und wahre Panacea«.[1907] Der Verfasser der Leichenpredigt mahnt seine Gemeinde dazu, in Anfechtungen die tröstlichen und vertrauenswürdigen Verheißungen Gottes zu ergreifen. In einem Geflecht aus Bibelstellen des Alten und Neuen Testamentes, etwa Ps 119,50; Jer 15,16; Hebr 4,12; Joh 6,63 und Apg 13,26, appliziert Lucius die Rede von der Heiligen Schrift als Trostquelle.[1908] Die göttliche Kraft, die »Gott in sein Wort eingeleget hat«,[1909] vermag es entsprechend Röm 1,16 (›Denn ich scheme mich des Euangelij von Christo nicht/ Denn es ist eine Krafft Gottes/ die da selig machet/ alle/ die daran gleuben/ die Jüden furnemlich vnd auch die Griechen‹) allein zu »trösten/ selig und lebendig [zu] machen.«[1910] Dass die göttlichen Verheißungen aller Sorgen entheben, betont auch der ebenfalls lutherische Prediger Martin Geier: »Drum lieber mensch/ thue die augen auf! aber nicht auf das sichtbare/ sondern zu den unsichtbaren. Siehe auf Gottes verpre-

---

1902 Heinrich Heckenberg: LP auf Apolonia Eggeling 1634, fol. E 2r/v.
1903 Etwa Tilemann Heshusen: Examen Theologicum, complectens Praecipva Capita Doctrinae Christianae, Qvibus Interrogati sunt Pastores Ecclesiarum in Franconia & Thuringia, in visitatione An. 1569 In loco de Coena Domini adiectae sunt solutiones quarundam objectionum. Frankfurt am Main 1575, S. 227f. Heshusen bettet den Effekt der Gebetsintensivierung in den Horizont von Ps 119,71 (›Es ist mir lieb/ das du mich gedemütiget hast/ Das ich deine Rechte lerne‹); Röm 8,18 (›Denn ich halte es dafür/ Das dieser zeit leiden der Herrligkeit nicht werd sey/ die an vns sol offenbaret werden‹) und Joh 21,19 (›Das saget er aber zu deuten/ mit welchem Tode er Gott preisen würde. Da er aber das gesaget/ spricht er zu jm/ Folge mir nach‹). Weitere Exempel lutherischer Dogmatik verzeichnet Alexander Bitzel: *Anfechtung und Trost* 2002, S. 100–110.
1904 Vgl. Heinrich Heckenberg: LP auf Apolonia Eggeling 1634, fol. E 2v.
1905 Johann Andreas Lucius: LP auf Andreas Ganzland (gest. 1663), fol. 4v.
1906 Ebd.
1907 Ebd., fol. D 1v.
1908 Vgl. ebd., fol. C 4v/D 1r.
1909 Ebd., fol. D 1r.
1910 Ebd.

chung [...].«[1911] Um aber die göttlichen Zusagen als verbindlich annehmen und diese auf sich selbst applizieren zu können, solle der Glaubende das göttliche Wort »absonderlich überlegen«, rät Balthasar Kupfer.[1912] »Je mehr und genauer« der Angefochtene das Wort Gottes zu Herzen fasst, »je herrlicher Lehr und Trost« gebe es von sich:[1913]

> Denn wie der Zimmet [Zimt]/ Angelica/ oder ander Gewürtz mehr Krafft und Safft von sich giebet/ wenn man die wohl käuet/ als wenn man sie gantz verschlinget/ also ist es mit dem Wort Gottes [...].[1914]

Auch Kupfer also rät dazu, in die biblischen Texte ›einzusteigen‹, um sich entgegen der alltäglichen Erfahrung des Angefochtenseins auf das Wort Gottes verlassen und es im Glauben ergreifen zu können. Die »Süßigkeit« des »tröstlichen Wortes« vertreibe die »Bitterkeit« von Angst und Trübsal, wie Lucius unter Nutzung der *dulcedo*-Topik ausführt.[1915] Entsprechend Ps 19,11 (›Sie sind köstlicher denn Gold/ vnd viel feines goldes/ Sie sind süsser denn Honig vnd honigseim‹) und Ps 119,103 (›Dein Wort ist meinem Mund süsser/ Denn Honig‹) besitze das göttliche Wort die Kraft, das Herz des Glaubenden zu trösten.[1916]

Die tröstliche Wirkung der Verheißungen Gottes beschreibt auch Kaspar Ulenberg in seinem *TrostBuch Für die krancken vnd sterbenden:*

> Derwegen wen wir seine verheissung haben/ so mögen wir wol darauff bawen: Den er ist getrewe in allen seinen worten/ vnd heilig in allen seinen wercken/ wie derselbig Prophete David spricht.[1917]

Die Heilige Schrift berichte vielfältig von der Gnade Gottes und der Vergebung der Sünde.[1918] »Ein busfertig hertz« könne diese Barmherzigkeit und Liebe »aus den worten krefftig schmecken« und nachempfinden, was David in Ps 33,9 ausspricht: ›gustate et videte quoniam bonus Dominus beatus vir qui sperat in eo‹.[1919] Der katholische Seelsorger Johann Giendder rät daher, der Angefochtene solle das Gebet »vermehren/ wann sich Creutz vermehr: dann der Creutzkarren führet zu Gott«.[1920] Allein bei Gott und seinen Verheißungen sei Trost zu finden:

1911 Martin Geier: LP auf Rachel von Rechenberg (gest. 1677), S. 38.
1912 Balthasar Kupfer: LP auf Johannes Philipp Lüdeke 1670, fol. B 3r.
1913 Ebd.
1914 Ebd.
1915 Johann Andreas Lucius: LP auf Sophie Löbe (gest. 1664), fol. E 1v.
1916 Vgl. ebd.
1917 Kaspar Ulenberg: *TrostBuch* 1603, S. 389. Vgl. Ps 144,17 (Vulg.): ›sade iustus Dominus in omnibus viis suis et sanctus in omnibus operibus suis‹.
1918 Vgl. ebd.
1919 Ebd., S. 389f.
1920 Johann Giendder: *Seelen=Artzt* 1700, S. 168.

»Wann wir die Göttliche Consolation gern haben/ so müssen wir in unseren Trübseeligkeiten darum anhalten/ bitten/ beten und hoffen.«[1921]

Auch die katholischen Leichenpredigten artikulieren die Mahnung zur Übung des göttlichen Wortes im Gebet. So rät der Dominikaner und Hofprediger in Wien, Matthias Sittard, den irdischen Anfechtungen »mit andechtigem Gebet« entgegenzutreten.[1922] Wer Zuflucht im Gebet suche, der strauchele nicht, »wie auch Gott in seiner verhaissung vnd zusagung nit fälet/ sondern alles was er versprochen/ erfüllen wirdt.«[1923] Neben dem fleißigen Gebet zu Gott[1924] stellt Georg Pistorius die Anrufung der Heiligen und besonders auch Mariä als Trost und Zuflucht spendend vor Augen[1925] und auch die Leichenpredigt auf den Bischof von Freising Albert Sigmund versammelt eine Vielzahl von Heiligen, die der Glaubende in der *tentatio* um Trost bitten könne.[1926] In der Anrufung der Heiligen also kann sich der Glaubende der Liebe und Gnade Gottes versichern. So habe Albrecht Sigmund mit der demütigen Anrufung der Heiligen und Mariä bei Gott »Gnade/ Stärcke vnd Krafft« erworben.[1927]

Deutlich wird die interkonfessionelle Dimension der überkonfessionell angebrachten Mahnungen die Verheißungen Gottes in Gebet und Schriftlektüre zu ergreifen. Der lutherische Prediger Adam Herold fasst dies folgendermaßen zusammen:

> Was hilffts aber auch denenjenigen/ die Gott vor ihren Artzt erkennen und das Heyl in Jesu suchen/ da sie sich an diesem Artzt und Helffer nicht wollen begnügen lassen/ wie die Päbstler thun/ die ausser Christo bey Maria/ Antonio und so viel Heiligen ihre Zuflucht suchen/ da doch diese sie nicht kennen/ ihnen nicht helffen mögen/ weniger sie an ihre Hülffe gewiesen seyn [...].[1928]

Allein zu Gott solle sich der Angefochtene wenden, denn allein bei ihm sei Trost und ewige Seligkeit zu finden, rät der Generalsuperintendent Friedrich Weise (1649–1735).[1929] Dass also der in Not geratene Glaubende auf Heilige »verströstet« wird,[1930] lehnen die lutherischen Theologen ab. Das von den Predigern angebrachte Wissen um die Trostwirkung des göttlichen Wortes und die daraus folgenden Mahnungen »zum öfftern« die Texte der Heiligen Schrift zu gebrau-

---

1921 Ebd., S. 173.
1922 Matthias Sittard: LP auf Ferdinand I. (gest. 1665), fol. D 1r.
1923 Ebd.
1924 Vgl. Georg Pistorius: *Klaghauß* 1663, S. 44.
1925 Vgl. ebd., S. 57.
1926 Vgl. Marcellian Dalhover: LP auf Albrecht Sigmund 1685, S. 24.
1927 Ebd.
1928 Adam Herold: LP auf Johannes Altwein (gest. 1698), S. 37.
1929 Vgl. Friedrich Weise: LP auf Johann Rittmeyer (gest. 1698), fol. E 2v. Zu Weise vgl. DBA I 1344, 403–404; III 976,148.
1930 Christoph Preunel: LP auf Veronika Sommer (gest. 1658), fol. D 1v.

chen,[1931] formuliert Balthasar Kupfer in deutlich polemischen und abgrenzenden Worten:

> Ein jeder muß für sich selbst gläuben: Welches wieder die irrige Lehre der Papisten zu
> mercken/ die [...] die Einfältigen bereden: Es sey nicht noth daß der gemeine Mann die
> Bibel lese/ sondern gnung so er solches den Priestern befehle/ als die vor sie Re-
> chenschafft geben müssen/ wenn die Leyen durch eusserlichen Gehorsam sich an die
> Römische Kirche halten [...].[1932]

Das Insistieren darauf, dass allein die Heilige Schrift als das schriftlich fixierte
göttliche Wort wahren Trost spenden kann – was die lutherischen Leichenpredigten in der Verbindung intertextueller Schriftbelege sinnfällig zur Sprache
bringen, ist eine deutliche Absage an die Lehre der römisch-katholischen Kirche,
wonach die Heilige Schrift zum rechten Verständnis einer kirchlichen Auslegung
bedarf.[1933] Die lutherische Schriftlehre sieht die Heilige Schrift in Glaubens- und
Heilsfragen als vollständig und deutlich,[1934] wohingegen etwa Robert Bellarmin
gerade aufgrund ihrer Vieldeutigkeit allein dem kirchlichen Lehramt die Interpretation der Bibel zuspricht.[1935] Für die lutherischen Leichenprediger aber ist
die Schriftlektüre die Bedingung der Möglichkeit Trost und Hoffnung zu finden.
Auch die katholischen Prediger suchen Trost in der Heiligen Schrift und mahnen
ihre Adressaten dazu, in Anfechtungen auf das göttliche Wort zu vertrauen.

1931 Zacharias Herrmann: LP auf Anna Maria Dominik (gest. 1686), S. 8.

1932 Balthasar Kupfer: LP auf Johannes Philipp Lüdeke 1670, fol. B 3v.

1933 Vgl. dazu das Dekret über die Vulgata-Ausgabe der Bibel und die Auslegungsweise der
Heiligen Schrift des Konzils von Trient. In: Denzinger, Nr. 1507: »Praeterea ad coercenda
petulantia ingenia dcernit, ut nemo, suae prudentiae innixus, in rebus fidei et morum, ad
aedificationem doctrinae christianae pertinentium, sacram Scripturam ad suos sensus
contorquens, contra eum sensum, quem tenuit et tenet sancta mater Ecclesia [...].«

1934 Vgl. dazu etwa schon Martin Luther in WA 18,606,22–37 (De servo arbitrio 1525): »Hoc
sane fateor, esse multa loca in scripturis obscura et abstrusa, non ob maiestatem rerum,
sed ob ignorantiam vocabulorum et grammaticae, sed quae nihil impediant scientiam
omnium rerum in scripturis. Quid enim potest in scripturis augustius latere reliquum,
postquam fractis signaculis et voluto ab hostio sepulchri lapide, illud summum mysterium
proditum est, Christum filium Dei factum hominem, Esse Deum trinum et unum,
Christum pro nobis passum et regnaturum aeternaliter? Nonne haec etiam in biviis sunt
nota et cantata? Tolle Christum e scripturis, quid amplius in illis invenies? Res igitur in
scripturis contentae omnes sunt proditae, licet quaedam loca adhuc verbis incognitis
obscura sint. Stultum est vero et impium, scire, res scripturae esse omnes in luce positas
clarissima, et propter pauca verba obscura, res obscuras dictare, Si uno loco obscura sunt
verba, at alio sunt clara. Eadem vero res, manifestissime toti mundo declarata, dicitur in
scripturis tum verbis claris, tum adhuc latet verbis obscuris. Iam nihil refert, si res sit in
luce, an aliquod eius signum sit in tenebris, cum interim multa alia eiusdem signa sint in
luce.«

1935 Vgl. Robert Bellarmin: Controversiarum De Verbo Dei Liber Tertius De Interpretatione
Scripturae, Cap. III. In: Ders.: Opera Omnia. Ex ed. Veneta, pluribus tum add. tum corr.,
iterum ed. Justinus Fèvre. Tom. I. Frankfurt am Main 1965 (Unveränd. Nachdr. der Ausg.
Paris 1870), S. 174–176.

Dieses göttliche Wort wird dem Gläubigen jedoch vom Prediger zugesprochen. Die »Prediger der [...] Catholischen Kirch«, so formuliert es Johann Lorenz Helbig, sind Ansprechpartner in der Not und können dem Angefochtenen durch ihr Amt trösten.[1936]

2.6. Die Waffen des Glaubenden

In seiner 1699 gehaltenen Leichenpredigt auf Susanna Magdalena Martini legt der Superintendent Heinrich Georg Neuss im Exordium 2Tim 2,5 (›Vnd so jemand auch kempffet/ wird er doch nicht gekrönet/ er kempffe denn recht‹) aus und stellt fest, dass alle Gläubigen »rechtschaffene Streiter des Herrn Jesu Christi« sein müssen.[1937] Die Waffen, mit welchen der Glaubende wider Teufel, Welt und eigenes Fleisch (vgl. Mt 4,9; Eph 6,12; 1Joh 2,16; Off 12,9) streitet,[1938] beschreibt Neuss mit den Worten des Paulus in Eph 6,11–17.[1939] Der Glaube als der Schild und das Wort Gottes als »das Schwerdt des Geistes« wehren alle »feurigen Pfeile« der Anfechtungen ab.[1940] Der Helm des Streiters ist das »Heyl in Christo«, also der »Artikul von der Erlösung und Rechtfertigung des armen Sünders für Gott.«[1941] Umgürtet mit der Wahrheit und bepanzert mit der Gerechtigkeit könne der Glaubende tapfer und mutig durch das von *tentationes* bedrängte Lebenstal pilgern.[1942] Der Glaube und die Verheißungen Gottes sind letztlich die Hauptwaffen, die den Menschen zu Wahrheit, Gerechtigkeit und Unerschrockenheit führen.

Mit 2Tim 4,7 (›bonum certamen certavi‹) geht der katholische Seelsorger

---

1936 Johann Lorenz Helbig: *Traurige Gedancken* 1704, S. 456f. Dazu auch Kap. III.B.2.7.
1937 Vgl. Heinrich Georg Neuss: LP auf Susanna Magdalena Martini (gest. 1699), S. 8. Der Leichtext ist Ps 16,8f. (›Jch hab den Herrn allezeit fur augen/ Denn er ist mir zur Rechten/ Darumb werde ich wol bleiben. Darumb frewet sich mein Hertz/ vnd meine Ehre ist frölich/ Auch mein Fleisch wird sicher ligen‹).
1938 Vgl. ebd. S. 8f.
1939 ›Ziehet an den harnisch Gottes/ Das jr bestehen künd gegen die listigen anlauff des Teufels. Denn wir haben nicht mit Fleisch vnd Blut zu kempffen/ Sondern mit Fürsten vnd Gewaltigen/ nemlich/ mit den Herrn der Welt/ die in der finsternis dieser Welt herrschen/ mit den bösen Geistern vnter dem Himel. Vmb des willen/ so ergreiffet den Harnisch Gottes/ auff das jr/ wenn das böse stündlin kompt/ widerstand thun/ vnd alles wol ausrichten/ vnd das Feld behalten/ müget. So stehet nu/ vmbgürtet ewre Lenden mit Warheit/ vnd angezogen mit dem Krebs der gerechtigkeit/ vnd an Beinen gestiffelt/ als fertig zu treiben/ bekennen vnd alles thun was zum Euangelio gehört das Euangelium des Friedes/ da mit jr bereit seiet. Vor allen dingen aber/ ergreiffet den Schilt des glaubens/ mit welchem jr auslesschen künd alle fewrige Pfeile des Bösewichtes. Vnd nemet den Helm des heils/ Vnd das Schwert des geistes/ welches ist das wort Gottes.‹
1940 Heinrich Georg Neuss: LP auf Susanna Magdalena Martini (gest. 1699), S. 9.
1941 Ebd.
1942 Vgl. ebd.

Johann Giendder auf die Waffen des Glaubenden ein.[1943] Nicht fliehen oder erschrocken zurückweichen solle der rechtschaffene Christ, »sondern wie ein hertzhaffter Fechter« fröhlich und entschlossen »das Schwerdt führen«.[1944] Dazu müsse sich der Glaubende mit zwei Waffen rüsten: Auf der rechten Seite »mit einer rechtschaffenen »poenitentia, das ist/ Angelorum laetitia« und links »mit der steifen patienta«.[1945]

> Dahero will ich mich nichts scheuen/ und meinen Schild ergreifen/ Scutum Fidei, et gladium Spiritus, den Schild des Glaubens/ den Degen der H. Schrifft/ und damit will ich off- und defensive gehen.[1946]

Der katholische Theologe betont zunächst Buße und Geduld. Schon Bernhard von Clairvaux führt in seinen *Sermones super Cantica* aus, dass wahre Buße des reuenden Sünders die Engel erfreue.[1947] Auch im barocken Luthertum findet dieser Topos Verbreitung, doch wird etwa von Sigmund von Birken[1948] und Johann Conrad Dannhauer (1603–1666)[1949] mit Ps 56,9 (›Zele meine Flucht/ fasse meine Threnen in deinen Sack/ On zweiuel du zelest sie‹) betont, dass das Bußweinen von Gott im Menschen bewirkt werde. Giendder allerdings erkennt in Buße und Geduld ein Ergreifen der Waffen des Streiters und damit ein frommes Verhalten des Menschen selbst. Erst dann nennt der Katholik Glaube und Heilige Schrift als Schutzschilde in der Anfechtung. Gründet die lutherische Zuversicht und Hoffnung in der Anfechtung auf dem Glauben, der die Verheißungen Gottes ergreift, gründet sie der katholische Theologe auch auf das fromme Verhalten des Glaubenden.

2.6.1. Glaube, Hoffnung, Liebe (1Kor 13,13)

Entsprechend Hebr 6,19 bezeichnen die Leichenprediger überkonfessionell die Hoffnung des Glaubenden als Anker und damit einzigen Trost auf der stürmischen Schifffahrt des Lebens. In der Aussicht auf Ruhe und Sicherheit im himmlischen Jerusalem entsprechend Off 21,4, erinnert etwa der Benediktiner

---

1943 Johann Giendder: *Seelen=Artzt* 1700, S. 235.
1944 Ebd., S. 236.
1945 Ebd.
1946 Ebd.
1947 Vgl. Bernhard von Clairvaux: *Sermones super Cantica*, sermo 30, cap. 3.
1948 Vgl. Sigmund von Birken: Buß-Lied. In: Ders.: Werke und Korrespondenz. Hrsg. v. Klaus Garber. Bd. 7: Anhang zu Todes-Gedanken und Todten-Andenken. Emblemata, Erklärungen und Andachtlieder zu Johann Michael Dilherrs Emblematischer Hand- und Reisepostille. Hrsg. v. Johann Anselm Steiger. Teil 1: Texte. Berlin [u. a.] 2012 (Neudrucke deutscher Literaturwerke 67), Gedicht 3.
1949 Johann Conrad Dannhauer: Hagiologium Festale, oder Heilige Fest=Legenden/ das ist: Fest=Predigten gehalten im Münster zu Straßburg [...]. Straßburg 1672, S. 686f. Zu Dannhauer siehe Wilhelm Kühlmann. In: Killy/Kühlmann 2 (2008), 552f.

Roman Müller an die tröstliche Wirkung der christlichen Hoffnung.[1950] Augustin Kromayer, lutherischer Prediger in Erfurt, rät seinen Adressaten ebenfalls, in »Trübsal/ Noth vnd Wiederwertigkeit« die Hoffnung nicht fallenzulassen und beständig den Beistand des treuen und allmächtigen Gottes in glaubender Gewissheit zu ergreifen.[1951] Die Leichenpredigt auf den Erzherzog von Österreich Ferdinand Karl zeigt die tröstliche Wirkung der christlichen Tugenden im Bild des Lebensschiffes auf:

> O gewaltiges/ O sigreiches Schiff/ dessen außgespanter Segel gewesen ist/ die heilige begird bei Christo zuseyn. Dessen Mastbaum/ der veste Glauben; dessen Steurruder/ die nach dem Willen Gottes gerichtete meinung; dessen Ancker/ die Hoffnung; dessen Band vnd Seiler/ seine Liebe gewesen ist.[1952]

Mit den »Früchten« Glaube, Demut, Hoffnung und Liebe ausgestattet, habe der Verstorbene das »gesaltzene Meer dises Lebens durchschiffen« können.[1953] Ganz ähnlich beschreibt 1666 der Jesuit Wolfgang Schallerer die verstorbene Kurfürstin Maria Anna: Wie ein Schiff mitten im Meer der »so vnbeständigen Welt« habe diese mit dem Ruder »einer verwunderlichen Lieb« beständig und »löblich« allen Wellenbergen getrotzt.[1954] Weiter habe sie sich mit dem »Ruder der Heiligkeit« kräftig und mit Nachdruck der »Vollkommenheit« genähert.[1955] Diese Heiligkeit ist, Schallerer zufolge, die Sorge um die göttliche Gnade:[1956] Darauf nämlich, mithin auf das Bestehen im göttlichen Gericht, zielten die »tägliche[n] niemals vnderlaßne[n] Erforschungen deß Gewissens« und die Vorbereitungen zur Beichte.[1957] Mit den Segeln »deß heiligen Gebetts« sei Maria Anna dem »Port der Seeligkeit« entgegen gefahren.[1958] Auch die Leichenpredigt Schallerers betont die Trostwirkung des Gesprächs mit Gott. Die Passionsbetrachtung der Verstorbenen sei ihr »Mast = oder Segelbaum« gewesen.[1959] In fleißiger Andacht habe sie bei dem »wahren Zeichen der Erlösung Menschlichen Geschlechtes« Zuflucht gesucht,[1960] bemerkt der jesuitische Prediger. Ein weiteres Mittel, um das Lebensschiff sicher durch die Anfechtungen hindurch in den Hafen der Seligkeit zu manövrieren, sei der Glaube.[1961] Die Kurfürstin hielt stets an der »Catholische[n] Warheit« und der »allein seeligmachenden Kirchen«

1950　Vgl. Roman Müller: LP auf Johanna von Wolkenstein 1657, S. 26.
1951　Augustin Kromayer: LP auf Johann Ilgen 1637, fol. A 3r.
1952　Ernst Bidermann: LP auf Ferdinand Karl von Österreich (gest. 1662), fol. G 2v.
1953　Ebd.
1954　Wolfgang Schallerer: LP auf Maria Anna von Bayern (gest. 1665), S. 9.
1955　Ebd., S. 11.
1956　Vgl. ebd., S. 11f.
1957　Ebd., S. 12.
1958　Ebd., S. 17.
1959　Ebd., S. 18.
1960　Ebd.
1961　Vgl. ebd., S. 21.

fest.[1962] Es wird deutlich, dass die beschriebene Tugend und Frömmigkeit der Verstorbenen mit der Sorge um die Rechtfertigung verknüpft ist. Zwar betont der Prediger, dass Christi Heilstat die einzige »Erlösung Menschlichen Geschlechtes« sei,[1963] lobt aber andererseits das Bestreben der Kurfürstin, diese Gnade zu mehren.[1964]

Der lutherische Prediger Johannes Heinrich Epplinus mahnt seine Adressaten, dass sie in der Welt »beständig im Glauben«, »unbeweglich in der Hoffnung« und »unverändert in der Liebe« sein müssen.[1965] Der Glaube ist nach 1Joh 5,4 »der Sig/ der die Welt überwunden«,[1966] die Hoffnung entsprechend Röm 5,5 der Halt des Glaubenden und die Liebe das Band zu Gott, wie es 1Joh 4,16 formuliert.[1967] Für Epplinus sind diese »Stükke« unabdingbar, um von Gott in »dem geistliche[n] Krieg«[1968] des Lebens erhalten und schließlich zu den himmlischen Freuden erhoben zu werden.[1969] Ganz ähnlich formuliert Martin Geier, dass das Erleiden irdischer *tentationes* in Hoffnung und Geduld wahres christliches Leiden sei.[1970] Mit 1Petr 2,20 und 4,16 solle sich der Christ nicht schämen in seinem Leid oder gar an seiner Schwachheit verzweifeln.[1971] Anders als Wolfgang Schallerer betont der lutherische Prediger nicht das Streben der Verstorbenen, in »Vollkommenheit« ihrer *virtutes* Anfechtungen zu überwinden.[1972] Geier warnt gar davor, aus eigener Kraft Trübsal ertragen zu wollen:

> Christen gewöhnen sich ie und allwege dahin/ daß sie ihren eignen augen/ ohren/ mund und hånden nicht zu viel einräumen oder zutrauen/ sondern sie geben viel mehr auff ihres Gottes und Heilandes Jesu Christi reden genau achtung.[1973]

Allein auf die Verheißungen Gottes richte der Christ seine Hoffnung und Begierde.[1974] Martin Geier rät seinen Gemeindemitgliedern, nicht in ein Streben nach menschlicher Stärke zu verfallen. Schon Luther formuliert in seiner *KirchenPostilla*, dass ein solches Trachten nach der Aufbesserung der eigenen Schwäche Gott als den Schöpfer und Erhalter des Menschen außer Acht lasse.[1975]

1962 Ebd.
1963 Ebd., S. 18. Dies betont auch Kaspar Ulenberg: *TrostBuch* 1603 S. 350.
1964 Vgl. dazu auch die Kanones über die Rechtfertigung des Konzils von Trient, hier Kan. 32. In: Denzinger, Nr. 1582.
1965 Johannes Heinrich Epplinus: LP auf Johann Marcellus Westerfeld 1678, S. 24.
1966 Ebd., S. 25.
1967 Vgl. ebd.
1968 Ebd., S. 24.
1969 Vgl. ebd., S. 25.
1970 Vgl. Martin Geier: LP auf Rachel von Rechenberg (gest. 1677), S. 11.
1971 Vgl. ebd.
1972 Wolfgang Schallerer: LP auf Maria Anna von Bayern (gest. 1665), S. 11.
1973 Martin Geier: LP auf Rachel von Rechenberg (gest. 1677), S. 29.
1974 Vgl. ebd.
1975 Vgl. dazu WA 10/1,1,88,14–17 (Kirchenpostille 1522): »Das erst ist die Ehre gottis; da soll

Darum, so Luther, halten wahre Christen nichts auf sich selbst und fragen nicht »nach allem/ das da groß und hoch ist ynn der wellt«.[1976] Die Gefahr besteht Luther und dem barocken Leichenprediger Geier zufolge darin, dass der nach Ruhm und *virtus* strebende Mensch sich von Gott entfremdet. Loben katholische Prediger das Bestreben der Verstorbenen ihr Leid in den Anfechtungen durch Glaube, Hoffnung und Liebe überwinden zu können, ist es gerade die Schwachheit, die von dem Menschen weg und – in Glaube, Hoffnung und Liebe – zu Christus führt (vgl. 2Kor 12,9: ›Vnd er hat zu mir gesagt/ Las dir an meiner Gnade genügen/ Denn meine Krafft ist in den Schwachen mechtig. Darvmb wil ich mich am allerliebsten rhümen meiner schwacheit/ auff das die krafft Christi bey mir wone‹).

2.6.2. Geduld

Neben der paulinischen Trias des ersten Korintherbriefes ist es die Geduld des Angefochtenen, an die in den barocken Leichenpredigten überkonfessionell tröstlich erinnert wird. »Die Geduld führt mit recht den grossen Ehren=Na-men«,[1977] sagt etwa der Lutheraner Johannes Heinrich Epplinus in einer 1687 gedruckten Leichenpredigt: Siegerin sei die Geduld, denn »Patientia vincit omnia«.[1978] Mit Hebr 10,36 (›Gedult aber ist euch not/ auff das jr den willen Gottes thut/ vnd die Verheissung empfahet‹) macht der Prediger den Grundstein dieser Geduld deutlich:[1979] Geduldig »bey Gott vest bleiben«[1980] kann der Glau-bende in dem Wissen um die göttlichen Verheißungen. Gewiss darf der Mensch darauf vertrauen, dass es »ein gut End mit ihm« haben wird, auch wenn die gegenwärtige »jämmerlich[e]« Welt »lauter Widerspil« mit ihm treibt.[1981] Die Sentenz *Patientia vincit omnia* findet sich auch in dem *Seelen=Artzt* des ka-tholischen Seelsorgers Johann Giendder. Der christliche Streiter, bewaffnet »mit der steiffen patientia«, trage die »unfehlbare Victoria«.[1982] Auch Giendder kon-trastiert Anfechtung und Todesnot mit der darauf folgenden ewigen Ruhe: Die dunklen Momente des irdischen Lebens seien die entscheidenden Tage, an denen der Mensch »den Himmel kauffen« müsse.[1983] Anfechtungen sind, Giendder

---

man auch anheben, auff das gotte ynn allen dingen der rhum und die ehre geben werd, alß dem, der alle ding thutt, gibt unnd hatt, das niemand yhm selb etwas tzuschreybe oder sich eynigs dings annehm.«

1976 Ebd., 133,8.

1977 Johannes Heinrich Epplinus: LP auf Johann Marcellus Westerfeld 1687, S. 25.

1978 Ebd. Vgl. Proverbia sententiaeque Latinitatis medii ac recentioris aevi. Nova series. Aus dem Nachlaß von Hans Walther hrsg. v. Paul Gerhard Schmidt. Teil 9. Göttingen 1986 (Carmina medii aevi posterioris Latina 2, 9), Nr. 20833f., 39415b1.

1979 Vgl. Johannes Heinrich Epplinus: LP auf Johann Marcellus Westerfeld 1687, S. 25.

1980 Ebd., S. 28.

1981 Ebd.

1982 Johann Giendder: *Seelen=Artzt* 1700, S. 236.

1983 Ebd., S. 237.

zufolge, notwendige Vorbedingung der Ewigkeit. Auch der katholische Prediger stellt die Verheißungen Gottes als Quelle der Geduld vor Augen:

> Die Geduld gefällt Christo am besten; dann sie verlässt sich nicht auf Menschen Hülff/ sondern auf dessen Gnaden und Trost/ welcher wie er allmächtig/ also auch langmü-thig/ gnädig und freygebig ist/ welcher viel verspricht/ und mehr gibt/ als Er ver-sprochen hat.[1984]

Doch bekommt die Geduld des Glaubenden zugleich einen verdienstlichen Charakter, wenn gesagt wird, dass durch sie die Ewigkeit gewonnen werden kann:[1985] »Nun ist die Geduld [...] ein treffliches Mittel in dem Himmel zu kommen«.[1986] Ähnlich mahnt auch der Jesuit Johannes Bissel (1601–1682)[1987] in seiner Leichenpredigt auf den Herzog von Bayern, Johannes Franz Karl, zur Übung der Geduld.[1988] Der Verstorbene habe sich in der »Christ=Catholi-sche[n]« *ars vivendi* und Sterbebereitung »etlicher gewisse[r] Tugendten/ mit welchen ein jeder Christ löblich sich richtet«, geübt.[1989] Mit Sir 49,1 (›memoria Iosiae in conpositione odoris facti opus pigmentarii‹) bezeichnet der Jesuit den Herzog als ein gutes »Rauchwerck [...] vnd aufferbäwlich Exempel«,[1990] schließlich wandere dieser nun »im Vberfluß (der Tugendten vnd guten Wer-cken)« in sein Grab.[1991] In allen Krankheiten und Anfechtungen habe der Ver-storbene die »fürtreffliche Geduld [...] dermassen geübt«,[1992] dass er nie un-geduldig wurde und die Trauergemeinde daher »vngezweiffleter Hoffnung« sein könne, dass die Seele des Verstorbenen in den Himmel aufgenommen werde.[1993] Ob aber das Werk der Geduld gewiss die ewige Ruhe verdient hat, bleibt auch für den Jesuiten im Sinne der *dubitatio perpetua* unergründlich: Am Ende der Leichenpredigt ermuntert er seine Adressaten, der Seele des Verstorbenen mit Gebeten »zu hülff« zu eilen.[1994] Einen anderen Aspekt der christlichen Geduld hebt Kaspar Ulenberg in seinem *TrostBuch* hervor:

> Das sie [die Frommen] allen verdrus vnd schmertzen/ als eine wolverdiente straffe/ deste gedultiger leiden/ in erwegung/ sie alles/ was sie leiden/ vnd noch viel mehr/ mit denselbigen sünden wol verdienet haben.[1995]

1984 Ebd., S. 182.
1985 Vgl. ebd., S. 197: »Befleisse dich durch gedultiges Leyden die Ewigkeit zu gewinnen«.
1986 Ebd.
1987 Zu Bissel vgl. Franz Günter Sieveke. In: Killy/Kühlmann 1 (2008), S. 569 f.
1988 Vgl. Johannes Bissel: LP auf Johannes Franz Karl von Bayern 1640.
1989 Ebd., S. 38 f.
1990 Ebd., S. 40.
1991 Ebd., S. 38.
1992 Ebd., S. 40.
1993 Ebd., S. 62.
1994 Ebd.
1995 Kaspar Ulenberg: *TrostBuch* 1603, S. 398.

Ulenberg betont den Zusammenhang von Geduld und Strafe: Weil der Mensch die göttlichen Heimsuchungen verdient hat, müsse er in diesen auch geduldig ausharren. Der Autor erinnert seine Adressaten im Sinne einer Bußpredigt, dass sie »nicht auffhören/ vmb vergebung ihrer sünde immer bey Gott anzuhalten/ so lang sie in diesem leben sind.«[1996]

Auch wenn – und darin stimmen die lutherischen und katholischen Prediger überein – das alltägliche Leben oft gegen das Vertrauen auf Gottes Verheißungen spricht, kann der Glaubende in der Gewissheit, als Gast und Pilger auf der Erde zu sein, geduldig durch die irdischen Anfechtungen gehen. »Was ist mein Leiden gegen die zukünfftige Freude und Herrligkeit/ die darauff erfolgen wird«,[1997] fragt Zacharias Herrmann im Horizont von 2Kor 4,17f. (›Denn vnser Trübsal/ die zeitlich vnd leichte ist/ schaffet eine ewige vnd vber alle mas wichtige Herrligkeit/ vns/ die wir nicht sehen auff das sichtbare/ sondern auff das vnsichtbare. Denn was sichtbar ist/ das ist zeitlich/ Was aber vnsichtbar ist/ das ist ewig‹) und Röm 8,18. Diese biblischen Worte, die als Kernstellen des Trostes wider *tenationes* gelten können, machten die verstorbene Rosina Keil »zu einer geduldigen Liebhaberin Gottes.«[1998] Auch Martin Geier bezieht die Geduld des Glaubenden mit Röm 8,18 auf die Kürze des Leidens im Vergleich zur ewigen Ruhe und Sicherheit des himmlischen Jerusalems.[1999] Mit Sir 18,8 vergleicht Heinrich Heckenberg das irdische zeitliche Leiden mit einem Wassertropfen, der gegenüber den Wasserbergen des Meeres verschwindend gering ist.[2000] Ebenso gering sei das menschliche Leid im Vergleich zu den Freuden des ewigen Lebens.[2001] Eng verbunden mit dem Gedanken des den Glauben stärkenden Effekts der Anfechtungen, sind die folgenden Ausführungen des schlesischen Predigers Johann Heermann:

> Wirstu aber das zeitliche eher vnd mehr suchen/ als das Ewige/ so wirstu nicht allein mit der zeit das zeitliche/ sondern auch mit dem zeitlichen das ewige verlieren.[2002]

Geduldig solle der Glaubende auch in Not und Anfechtung Herz und Augen zu dem Himmlischen wenden.[2003] Das geduldige Ausharren in der Anfechtung ist für Heermann weniger Gelegenheit, sich in Tugend zu üben. Mehr noch kommt dem Glaubenden die Geduld deswegen zugute, da sie ihm Gnade und Verhei-

---

1996 Ebd.
1997 Zacharias Herrmann: LP auf Rosina Keil (gest. 1687), S. 20.
1998 Ebd., S. 20.
1999 Vgl. Martin Geier: LP auf Rachel von Rechenberg (gest. 1677), S. 20.
2000 Heinrich Heckenberg: LP auf Apolonia Eggeling 1634, fol. F 2r.
2001 Vgl. ebd.
2002 Johann Heermann: *Schola Mortis* 1628, S. 158.
2003 Vgl. ebd.

ßung Gottes erkennen lässt und ihn also in dem Verlangen nach der himmlischen Heimat zu Gott und seinem Wort treibt.[2004]

Der katholische Prediger Georg Pistorius bezieht sich in seinen Ausführungen zur Geduld im Leiden auf den spanischen Jesuiten Juan Eusebio Nieremberg und seine Schrift *De la diferencia entre lo temporal y lo eterno, y Crisol de Desengaños* (Madrid 1640):[2005] Darin berichtet der Madrilene über Christoph Caro S. J., den Gott selbst gemahnt habe, das rechte Verhältnis von Zeitlichem und Ewigem zu bedenken. Dazu solle Caro stets die Worte »O aeternum! O momentaneum! O longum! O breue!« im Herzen tragen.[2006] Pistorius nutzt diese Begebenheit, um seine Adressaten zu Geduld in den letztlich kurzen und endlichen Anfechtungen zu ermahnen. In Anbetracht der ewigen Freuden erscheint die Geduld auch in der katholischen Leichenpredigt als Trost im Leiden. Darüber hinaus bettet der Katholik einen Bußruf in diese tröstenden Ausführungen. Schon im mottoartigen Titel der Leichenpredigt wird diese zweifache *applicatio* von 2Kor 4,17f. deutlich:

> Wie so wol der Frommen Trübsal/ Creutz vnd Leyden vmb Christi willen/ als auch der Gottlosen Ehr/ Reichthumb/ vnd Wollust augenblicklich/ vnd auff disen Augenblick den Frommen die ewige Frewd/ den Gottlosen aber die ewige Pein vnd Qual folgt.[2007]

Neben der tröstlichen Erkenntnis, dass menschliches Leid im Vergleich mit der folgenden Freude nur kurz ist, mahnt Pistorius auch zu rechter *ars vivendi*. Nur einen Augenblick sei der Sünder erfreut und belustigt, die dadurch verdiente Höllenstrafe aber sei »jmmerwehrendt«.[2008] Daher solle sich der Mensch entscheiden, welchen Weg er gehen wird: Gemeinsam mit den Gottlosen in die ewige Pein oder mit den Heiligen in die ewige Freude.[2009] Auch Pistorius mahnt seine Adressaten, die unsichtbaren »jnnwendigen« Güter den sichtbaren weltlichen Gütern wie Reichtum, Ehre und Wollust vorzuziehen,[2010] und verknüpft

---

2004 Dass schon für Luther ein wichtiger Nutzen der Anfechtung darin besteht, dem Glaubenden die Wichtigkeit der *bona invisiblia* vor Augen zu führen, stellt Ute Mennecke-Haustein: *Luthers Trostbriefe* 1989, bes. S. 84f., heraus. Zu einer derart engen Verknüpfung von Glaube und Geduld in der geistlichen Lyrik des Barock siehe Johann Anselm Steiger: *Druckerei Gottes* 1998, hier S. 278.

2005 Zu Nieremberg und seinem Werk siehe einführend Fernando Miguel Gil: De la diferencia entre lo temporal y eterno. Crisol de desengaños con la memoria de la eternidad, postrimerías humanas y principales misterios divinos, de Juan Eusebio Nieremberg S. J.. Introducción. In: Juan Eusebio Nieremberg: De la diferencia entre lo temporal y eterno primera edición facsimilar en conmemoración al Bicentenario de la Revolución de Mayo. Instituto Bonaerense de Numismática y Antigüedades. Buenos Aires 2010.

2006 Georg Pistorius: *Klaghauß* 1663, S. 194.

2007 Ebd.

2008 Ebd.

2009 Vgl. ebd., S. 202.

2010 Ebd., S. 197.

diese Mahnung mit der christlichen Geduld, welche »auff das vnsichtbar/ das ewig ist« sieht.[2011]

Überkonfessionell wird die Geduld in den Leichenpredigten als Trostquelle in den irdischen *tentationes* vor Augen gestellt. Sie ist es, die die Hoffnung auf das Kommende ergreifen kann. Der katholische Seelsorger Johann Giendder drückt es folgendermaßen aus:

> Willstu aber noch mehr Trost haben/ so nimme eine Laiter/ und steig darauf mit den Jacobs=Engeln hinauf in den Himmel/ und betrachte künfftige Sachen/ wo nichts wird seyn als Freud und Lachen.[2012]

Die Aussicht auf die künftige Seligkeit lässt den Glaubenden alle Not und Anfechtung in Geduld ertragen. In den Bildwelten, die das Leben als Schifffahrt und Pilgerreise beschreiben, wird diese Bedeutung der Geduld von dem Katholiken nochmals herausgestellt:

> Die auf dem See fahren/ wären gern am Gestad; die im Kercker sitzen/ wären gern loß/ [...] die reisen/ wären gern zu Haus/ und die verständige Wandersleut seyn/ trachten nach dem Himmel. [...] Nun ist die Geduld der beste Segel und Wind auf dem Meer/ der beste Schlüssel zu der Thür [...] und ein treffliches Mittel in dem Himmel zu kommen [...].[2013]

Die Geduld des Glaubenden ist demzufolge wichtig, um die Rede von der bleibenden Stadt schon im Suchen derselben tröstlich ergreifen zu können.

2.7.   *Ars moriendi* oder die Suche nach dem himmlischen Jerusalem

Wenn Anfechtungen den Menschen lehren, einzig nach dem ewig Unsichtbarem zu trachten (vgl. 2Kor 4,18), dann stellt sich die Frage, wie der Glaubende dieses *bonum* letztlich teilhaftig werden kann. Die katholischen und lutherischen Leichenprediger diskutieren diese Frage ausgiebig und widmen sich der *ars moriendi*.[2014] »Das liebe Creutz [...] richtet einen Menschen dermassen ab/ daß

2011 Ebd., S. 202.
2012 Johann Giendder: *Seelen=Artzt* 1700, S. 72.
2013 Ebd., S. 197.
2014 Die Forschung hat sich intensiv mit der Kunst des Sterbens auseinandergesetzt. Etwa Franz Falk: Die deutschen Sterbebüchlein von der ältesten Zeit des Buchdruckes bis zum Jahre 1520. Mit 9 Facsimiles. Köln 1890 (Görres-Gesellschaft zur Pflege der Wissenschaft im Katholischen Deutschland 2 [1890]); Rainer Rudolf: Ars moriendi. Von der Kunst des heilsamen Lebens und Sterbens. Köln 1957 (Forschungen zur Volkskunde 39); Luise Klein: Die Bereitung zum Sterben. Studien zu den frühen Reformatorischen Sterbebüchern. Göttingen 1958; Hans-Martin Barth [u. a.] (Hrsg.): Ars moriendi. Erwägungen zur Kunst des Sterbens. Freiburg [u. a.] 1989 (Quaestiones disputatae 118); Austra Reinis: Reforming the art of dying. The ars moriendi in the German Reformation (1519–1528). Aldershot [u. a.] 2007; Claudia Resch: *Trost im Angesicht des Todes* 2006.

er des zeitlichen Lebens gleich satt vnd vberdrüssig wird«, sagt der Lutheraner Heinrich Heckenberg:[2015]

> Gott macht vns den Weg böse vnd sawer/ auff daß wir nicht in deme wir vns auff dem Wege erlustirten/ des Vaterlands gantz vnd gar vergessen möchten [...].[2016]

Indem der Glaubende des Zeitlichen überdrüssig wird, kann er sich entsprechend Phil 1,21.23 (›Denn Christus ist mein Leben/ vnd sterben ist mein Gewin. Denn es ligt mir beides hart an/ Jch habe lust abzuscheiden/ vnd bey Christo zu sein/ welchs auch viel besser were‹) sehnsüchtig der himmlischen Heimat anvertrauen. Die Worte Heckenbergs machen zudem deutlich, dass es Gott ist, der diese Sehnsucht und also das Streben nach der ewigen Seligkeit im Menschen bewirkt. Paul Jenisch, der dem Leser mit seinem *Seelenschatz* einen *Bericht aus Gottes wort/ Christenlich zu leben/ vnd seliglich zusterben* zur Hand gibt,[2017] erinnert ebenfalls, dass die Kunst zu Sterben

> nicht steht inn vnsern kräfften noch vermögen: sondern wirdt/ auff vnser demütig begern/ durch Gott die heilige Dreyfaltigkeit/ inn vns gewirckt vnd außgerichtet.[2018]

In der Auslegung von Ps 90,12 (›Lere vns bedencken/ das wir sterben müssen/ Auff das wir klug werden‹) bringt der Lutheraner Polycarp Leyser den Gedanken der von Gott gewirkten Sterbekunst zur *applicatio*. Die Kunst des guten Sterbens sei »an sich selbst nicht weitleufftig«:[2019] »Erstlich« solle sich der Mensch im wahren Glauben und »vertrawen an den Herrn« halten.[2020] Zweitens sei der Tod täglich zu betrachten und schließlich müsse der Glaubende um Gottes Hilfe bitten, »damit wir nicht in Sicherheit gerathen vnd schiffbruch an Glauben leiden.«[2021] Für Leyser besteht die *ars moriendi* also aus drei Hauptpunkten: Glauben und Vertrauen, *memento mori* und Gebet. Das Suchen der bleibenden Stadt bringt auch der Superintendent Johann Jakob Müller zur Sprache, wenn er die Zukunft der himmlischen Heimat näher bestimmt: Diese werde nicht »futura« genannt, insofern man sie irgendwann erst aufbauen müsste.[2022]

> Sondern zukünfftig heißt sie hier noch in diser Zeit und Welt/ ratione possessionis, weil man es jetzt noch nit/ aber dort gewiß und würcklich zugewarten/ indessen aber [...] im Glauben/ Hoffnung und hertzlichem Verlangen zusuchen und eifferig darnach zutrachten habe.[2023]

2015 Heinrich Heckenberg: LP auf Apolonia Eggeling 1634, fol. E 3r.
2016 Ebd., fol. E 3v.
2017 Paul Jenisch: *Seelenschatz* 1595, Titelblatt.
2018 Ebd., Vorrede, fol.)()(5r.
2019 Polycarp Leyser: LP auf Peter Kuch 1633, fol. E 2r.
2020 Ebd.
2021 Ebd.
2022 Johann Jacob Müller: LP auf Felix Wilhelm von Breitschwert 1680, S. 9.
2023 Ebd.

Der bleibenden Heimat also darf der Christ gewiss sein. Diese Gewissheit, die der Mensch im Glauben ergreifen muss, versetzt den Christen in den Zustand des Suchens.[2024] Das Suchen heißt für Johann Jakob Müller in »Glauben/ Hoffnung und hertzlichem Verlangen« eifrig nach der Zukunft zu trachten.[2025] Ähnlich also wie bei Polycarp Leyser sind Glauben und hoffendes Vertrauen auch für Müller Grundpfeiler der *ars moriendi*.

Um sich diese Grundpfeiler persönlich anzueignen, empfiehlt Friedrich Schickhart entsprechend Joh 5,39 (›Suchet in der Schrifft/ Denn jr meinet/ jr habt das ewige Leben drinnen/ Vnd sie ists/ die von mir zeuget‹) und Mt 7,7 f. (›Bjttet/ so wird euch gegeben/ suchet/ so werdet jr finden/ Klopffet an so wird euch auffgethan. Denn wer da bittet/ der empfehet/ Vnd wer da suchet/ der findet/ Vnd wer da anklopfft/ dem wird auffgethan‹) die Übung des göttlichen Wortes durch Gebet und Schriftlektüre.[2026] Das Evangelium habe verheißen, »das alle diejenigen/ welche Gottes Wort hören/ in feinen reinen Hertzen behalten/ an jhm in warem Glauben bestendig bleiben«, in die bleibende Stadt kommen, erinnert auch Modestinus Wedmann.[2027] Das göttliche Wort ist es, das den Glaubenden der bleibenden Stadt vergewissert und das zugleich den Weg dorthin weist.[2028]

Die katholische Leichenpredigt auf den 1565 verstorbenen Kaiser Ferdinand I. widmet sich der Frage nach dem rechten Suchen der himmlischen Heimat:

> Womit sollen wir sie suchen? Antwort: Mit dem Liecht des Christlichen Glaubens/ Hoffnung vnnd Liebe/ Mit gehorsam der Göttlichen Gebot/ mit gedult/ rewe vnnd bekantnuß der Sünden/ mit andechtigem Gebet/ verlaugnung des aignen willens/ verachtung der Welt/ vnd dergleichen.[2029]

Ähnlich wie für die lutherischen Prediger sind auch für den Katholiken Sittard Glaube, Hoffnung und Gebet entscheidend in der rechten *ars moriendi*. Daneben aber nennt er besonders menschliche Verhaltensregeln, die das Suchen der bleibenden Stadt ermöglichen. Georg Pistorius mahnt in seiner Leichenpredigtsammlung, dass »an dem Tod [...] der Stand deß anderen Lebens« hängt, und will daher erklären, »wie sich ein Christenmensch verhalten« und zum Tod bereiten solle.[2030] Dazu bedient er sich etwa des mit zahlreichen Ausgaben und

---

2024 Vgl. Caspar Heunisch: LP auf Valentin Daniel Körnacher (gest. 1683), S. 16: »Es spricht auch der Apostel nicht/ wir sollen sie suchen [...] sondern/ wir suchen sie/ spricht Er/ anzuzeigen/ daß dieses eine Eigenschafft und Werck aller glaubigen Kinder Gottes sey/ die nach der zukünfftigen bleibenden Stadt ein sehnliches Verlangen tragen.«
2025 Johann Jacob Müller: LP auf Felix Wilhelm von Breitschwert 1680, S. 9.
2026 Friedrich Schickhart: LP auf Felix Wilhelm von Breitschwert (gest. 1680), S. 26.
2027 Modestinus Wedmann: LP auf Anna von der Sachsen (gest. 1607), fol. C 3r.
2028 Vgl. auch Caspar Heunisch: LP auf Valentin Daniel Körnacher (gest. 1683), S. 18.
2029 Matthias Sittard: LP auf Ferdinand I. (gest. 1565), fol. D 1r.
2030 Georg Pistorius: *Klaghauß* 1663, S. 203.

Übersetzungen überaus erfolgreichen Sterbebüchleins *De arte bene moriendi*, das Robert Bellarmin 1620 veröffentlicht.[2031] Mit dem Jesuiten mahnt Pistorius zunächst zu einem frommen und tugendsamen Leben, denn »der/ welcher biß an das End wol vnd fromb lebt«, stirbt »auch wol«.[2032] Zweitens sei seliges Sterben nur dann möglich, wenn der Mensch »zuvor der gottlosen Welt/ vnd Sünden« völlig entsagt.[2033] Drittens müsse sich der Glaubende entsprechend 2Petr 1,10 (›quapropter fratres magis satagite ut per bona opera certam vestram vocationem et electionem faciatis haec enim facientes non peccabitis aliquando‹) die »erwählung zum ewigen Leben« durch gute Werke »gewiß machen.«[2034] Durch diese Werke, von denen Pistorius die Übung von Glaube, Hoffnung, Geduld und Demut nennt, könne sich der Mensch gar einen »Schatz« ansammeln.[2035] Weitere Vorbereitungen zum Tod seien das Gebet um ein seliges Ende und die Passionsbetrachtung.[2036] »Grossen Trost vnd Hoffnung zu einem seligen End« finde der Glaubende fünftens in Werken der Barmherzigkeit, wie Ps 40,1 (›beatus qui cogitat de paupere in die mala salvabit eum Dominus‹) und Tob 4,10f. (›praemium enim tibi bonum thesaurizas in die necessitatis quoniam elemosyna ab omni peccato et a morte liberat et non patietur animam ire in tenebras‹) zeigen.[2037] Derjenige nämlich, der sich in den Werken der Barmherzigkeit übe, habe viele Fürsprecher, deren Fürbitte gewiss erhört werde, führt Pistorius unter Bezugnahme auf Hieronymus und Chrysostomos aus.[2038] Danach rät der Katholik die Buße nicht aufzuschieben, »ist es doch vil besser vnd sicherer sich zeitlich [zu] bekehren/ vnd fromm [zu] leben«.[2039] Die in der Leichenpredigt beschriebene *ars moriendi*, die Pistorius besonders auf Lehren und Exempel verschiedener Autoritäten stützt,[2040] kreist um die Begriffe Buße, Werke, *contemptus mundi*, Gebet und Passionsbetrachtung. Johann Lorenz Helbig mahnt außerdem, dass allein Christus den rechten Weg zum Himmel wisse:[2041] Christus »redet zu uns aber durch seine Apostel und durch seine Apostolische Predi-

2031 Siehe dazu Emmerich Raitz von Frentz: Der heilige Kardinal Robert Bellarmin S. J.. Ein Vorkämpfer für Kirche und Papsttum (1542–1621). Freiburg im Breisgau 1930, bes. S. 225.
2032 Georg Pistorius: *Klaghauß* 1663, S. 204. Vgl. Robert Bellarmin: De arte bene moriendi I, 1. In: Ders.: Opera Omnia. Ex ed. Veneta, pluribus tum add. tum corr., iterum ed. Justinus Fèvre. Tom. 8. Frankfurt am Main 1965 (Unveränd. Nachdr. der Ausg. Paris 1873), S. 553.
2033 Georg Pistorius: *Klaghauß* 1663, S. 204. Vgl. Robert Bellarmin: *De arte bene moriendi* I, 2.
2034 Georg Pistorius: *Klaghauß* 1663, S. 206.
2035 Ebd.
2036 Vgl. ebd., S. 207.
2037 Ebd., S. 208.
2038 Vgl. ebd.
2039 Ebd., S. 215.
2040 Neben Augustinus, Chrysostomos, Bernhard, Hieronymus und Eusebios von Emesa nennt Pistorius etwa Caesar, Thomas von Aquin, Ignatius von Loyola, Bellarmin und Heinrich Seuse.
2041 Vgl. Johann Lorenz Helbig: *Traurige Gedancken* 1704, S. 456f.

ger«,[2042] weswegen für Helbig nur der »Prediger der wahren allein=seeligma-
chenden Catholischen Kirch« der Weggefährte des Pilgers sein kann.[2043] Helbig
mahnt dazu, fromm zu leben und dabei »ein Stock oder Spieß« zur Abwehr von
Feinden mit sich zu führen.[2044] Unter diesen Waffen versteht Helbig »die Tugenden und gute Werck«, mit welchen sich der Mensch vor den Anfechtungen
des Teufels schützen könne.[2045] Schließlich empfiehlt auch Helbig Beichte und
Eucharistie.[2046] Die katholischen Prediger sehen in Christi Leiden »Heil/ Leben
vnd Aufferstehung« des Gläubigen,[2047] zeigen sich aber davon überzeugt, dass
der Mensch sich dieses Verdienst durch die rechte *ars moriendi* erst erwerben
müsse. Auch wird die Bedeutung des kirchlichen Amtes eindringlich hervorgehoben: »Wo die Catholische Kirch ist/ da ist auch die vergebung der Sünd/ vnd
der Petrinisch Schlüssel der Absolution/ ausser diser Kirch ist kein Absolution«,
betont etwa Georg Scherer.[2048] Und Georg Pistorius hält fest, dass »die Catholischen Priester« und Beichtväter »den Sterbenden den Weg in [den] Himmel
weisen«.[2049]

Dass der Glaubende auf einen Gefährten und Wegbegleiter angewiesen ist, ist
ein überkonfessioneller Topos in der Rede von der *ars moriendi*. Der Lutheraner
Friedrich Schickhart ist jedoch sicher, dass es »keinen bessern und getreuern
Reise=Gefährten« geben könne, »als Christum Jesum den Sohn Gottes selbsten«
(vgl. Joh 14,6).[2050] Christus also stellt nicht allein seine im Glauben zu ergrei-
fenden Kleider des Heils und der Gerechtigkeit, wie Schickhart mit Jes 61,10
ausführt.[2051] Darüber hinaus ist der Sohn Gottes der Reisegefährte des Glaubenden und zugleich der Weg selbst, was der ebenfalls lutherische Leichenprediger Johann Schmauß mit den Worten des Ps 23,3 (›Er erquicket meine Seele/ er
füret mich auff rechter Strasse/ Vmb seines Namens willen‹) betont.[2052]

Während die katholischen Prediger in der Rede von der *ars moriendi* die
Wichtigkeit rechter Passionsmeditation, sakramentaler Beichte und Abendmahl
betonen, besteht für Modestinus Wedmann die wichtigste Ausrüstung des Reisenden aus Gottes Wort, dem Glauben an Christus und die »Sacrament Taffel des
Herrn«.[2053] Die gemeinsame Nennung von Wort und Sakrament, »die nicht ge-

---

2042 Ebd., S. 466.
2043 Ebd.
2044 Ebd.
2045 Ebd., S. 467.
2046 Vgl. ebd.
2047 Georg Scherer: LP auf Hans Preiner 1600, S. 371r/v.
2048 Ebd., S. 371v.
2049 Georg Pistorius: *Klaghauß* 1663, S. 43.
2050 Friedrich Schickhart: LP auf Felix Wilhelm von Breitschwert (gest. 1680), S. 37.
2051 Vgl. ebd., S. 36.
2052 Vgl. Johann Schmauß: LP auf Maria Rosina von Waldeck 1687, S. 4.
2053 Modestinus Wedmann: LP auf Anna von der Sachsen (gest. 1607), fol. C 3r.

sondert noch getrennet werden« können,[2054] darf als dezidiert lutherisch angesehen werden.[2055] Wedmann betont, dass »Sacraments Verechter [...] auch
Wortsverechter« seien, stellt aber mit dem augustinischen »Crede et manduc-
asti« den Vorrang des Glaubens heraus.[2056] Daneben nennt der Lutheraner Gebet
und »ein fewrbrennendes verlangen« nach der himmlischen Heimat als unerlässlich für den Reisenden.[2057]

Für die katholischen und lutherischen Prediger ist die Sehnsucht nach der
Heimat im Himmel ein zentrales Motiv der rechten *ars moriendi*. Auch die
Sicherheit, die der Mensch in irdischen Reichtümern zu finden scheint, entlarven die Prediger überkonfessionell als falsch und vom Weg in den Himmel
ablenkend. Konfessionelle Unterschiede werden besonders hinsichtlich der
Gewichtung von Glaube, Sakrament, Wort und schließlich der Bedeutung des
kirchlichen Amtes deutlich. Eine entscheidende Differenz ist zudem, dass die
katholischen Prediger ihren Adressaten Strategien der *applicatio* des Verdienstes Christi verdeutlichen, während die lutherischen Prediger der Gewissheit der Verheißungen schon im Leben vertrauen und aus dieser Gewissheit ihre
ars moriendi entwickeln. Daraus folgt auch eine konfessionell differente Entfaltung des Topos des *contemptus mundi*: Überkonfessionell mahnen die Prediger, nicht nach dem Sichtbaren zu trachten, sondern stets das Himmlisch-
Unsichtbare vor Augen und im Herzen zu haben. Doch resultiert diese Ab-
wendung von der irdischen Welt in lutherischen Leichenpredigten aus der Gewissheit, dereinst in die Seligkeit einzugehen, während katholische Prediger im
Horizont der bleibenden Ungewissheit über den Zustand nach dem Tod und in
der Furcht vor dem »Abgrund der Höllen«[2058] zur Weltverachtung mahnen und
darin erst die tröstlichen Bilder der bleibenden Stadt applizieren. Darüber
hinaus legen die katholischen Prediger ein großes Gewicht auf die Stunde des
Todes: Dann nämlich werde entschieden zwischen »Fewr/ vnd Wasser/ Himmel/
vnnd Höll/ Leben/ vnd Todt«.[2059] In diesem Zusammenhang finden sich dann
auch Ausführungen, welche Furcht, Schrecken und Zittern vorm göttlichen
Gericht in der Mahnung zur Sterbebereitung fruchtbar machen: Dort nämlich
müsse der Mensch Rechenschaft ablegen und diese »Rechnung« sei »so scharpff«,[2060] dass sich »nichts verbergen/ bemänteln vnd bedecken« lasse.[2061]

2054 Ebd.
2055 Vgl. zur parallelen Nennung von Wort und Sakrament etwa BSELK 58 (Confessio Augustana 5).
2056 Modestinus Wedmann: LP auf Anna von der Sachsen (gest. 1607), fol. C 3v.
2057 Ebd., fol. C 4v.
2058 Melchior Breitter: LP auf Maria von Bayern (gest. 1608), S. 24.
2059 Ebd., S. 23.
2060 Ebd., S. 25.
2061 Ebd., S. 26.

IV. Abschließendes

1. Das Thema ›Trauer, Leid und Trost‹ wird in verschiedenen barocken Medien intensiv besprochen. Die lutherischen und katholischen Leichenpredigten erweisen sich dabei in ihren multimedialen und intertextuellen Zusammenhängen als besonders geeignet, Phänomene der Interkonfessionalität zu erforschen und damit das Verständnis des religiösen und frömmigkeitlichen Profils der Frühen Neuzeit zu vertiefen.

2. Neben konfessionsübergreifenden Topoi finden sich konfessionelle Spezifika, die auch zu interkonfessioneller Polemik und also zur Schärfung der eigenen konfessionellen Identität genutzt wurden.

3. Die Trauer der angesprochenen Gemeindemitglieder wird überkonfessionell als menschliches Verhalten gebilligt. Die Prediger sehen eine enge Verwandtschaft zwischen Liebe und Trauer, die in einem direkten Verhältnis zueinander stehen.

4. Die lutherischen Leichenprediger begründen diese Proportionalität mit der von Gott so geschaffenen Natur des Menschen. Katholische Leichenprediger tendieren dazu, in diesem Kontext auf die Gefallenheit und die *fragilitas* des Menschen zu verweisen.

5. Die Leichenprediger beider Konfessionen parallelisieren die Trauer ihrer Adressaten mit biblischen *exempla* von Leiderfahrungen. In dieser Gemeinschaft kann der Trauernde Trost und Hoffnung sowie Modelle des Trauerausdrucks finden. Überdies wird durch den biblischen Bezugsrahmen die Trauererfahrung innerhalb christlicher Sprach- und Bildwelten gerechtfertigt.

6. Katholische Leichenprediger würdigen die Trauer häufig innerhalb der *laudatio*. Der Lebenswandel des Verstorbenen wird dann zum Anlass der Trauerklage. In diesem Vorgehen werden auch die Grundfunktionen der Funeralrhetorik verwirklicht: Die *laudatio* des Verstorbenen verleiht der Trauer Ausdruck und ist zugleich Ausgangspunkt für die *consolatio*, wenn

etwa das löbliche Leben des Verstorbenen Anlass gibt, die Trauer zu überwinden.

7. Lutherische Prediger gehen dagegen im Horizont von Kol 1,24 von einer Gleichzeitigkeit von Trauer und Trost aus. Der Traueraffekt ist Bedingung der Möglichkeit Trost zu erfahren.

8. Wiewohl die Trauer als Liebesregung von den lutherischen und katholischen Predigern gebilligt wird, erfüllt sich die rechte christliche Trauer entsprechend 1Thess 4,13 und Sir 38,16–24 im Maßhalten.

9. Während katholische Prediger innerhalb der Exegese dieser Verse besonders an die den Traueraffekt bewältigende Vernunft der Adressaten appellieren, wird der Mensch in lutherischen Predigten konsequenter in seiner Gesamtheit als körperliches und geistliches Wesen erfasst. Demnach kann der leibliche Mensch Trauer empfinden und zugleich als geistlicher Mensch Trost empfangen.

10. In katholischen Leichenpredigten findet sich häufig eine Spannung zwischen der Mahnung zum Maßhalten in der Trauer einerseits und intensiven Trauerklagen andererseits. Diese Spannung wird in der *laudatio* des Verstorbenen aufgelöst: Je größer die Ehren des Verstorbenen, desto schmerzreicher ist der Verlust. Trauergebärden sind nicht allein Wege der Artikulation der Trauer für die Lebenden, sondern dienen auch der *laudatio* und – in Anbetracht der Unsicherheit des Heils – der Erlösung der verstorbenen Seele.

11. Zur Vermittlung des von der Trauergemeinde empfundenen Schmerzes steht den Predigern eine Vielzahl von Möglichkeiten zur Verfügung. Zunächst ist die Thematisierung des Unaussprechlichen angesichts der Erfahrung mit Tod und Trauer eine rhetorische Strategie, in der das Verstummen schon Teil des Sprechens über die Trauer ist.

12. Die Spannung zwischen Verstummen und Sprechen-Müssen ist ein Topos, der medien- und konfessionsüberwölbend Verwendung findet. Dass etwa auch Epicedien das Motiv der Unsagbarkeit nutzen, weist auf die Verwandtschaft und Abhängigkeit zwischen den Gattungen der Casualschriften, der *consolatio*-Literatur und der literarischen Genera der Funeralrhetorik hin. Andererseits wird der wechselseitig-dynamische Einfluss von Rhetorik und Poetik innerhalb der Barockliteratur deutlich.

13. Sowohl die lutherischen als auch die katholischen Leichenprediger beschreiben die Verlusterfahrung als Schmerz, den sie innerhalb des metaphorischen Gebrauchs von Bildern des verletzten und verwundeten Körpers näher bestimmen. In dieser Sprachwelt wird Trauer als ein den ganzen Menschen ergreifender Schmerz aufgefasst, der sowohl die Seele als auch den Leib überwältigt.

14. Dem Körper des Trauernden kommt somit eine wichtige Funktion zu: Er ist
    der Ort der schmerzhaften Erfahrung und zugleich der Referenzraum für
    die Prediger, wenn sie die Trauer in Körperbildern ausdrücken. Eine solche
    Redeweise steht nicht allein im Dienst der *amplificatio*. Durch sie kann das
    Gesagte vom Adressaten auf den eigenen Leib bezogen und also nach-
    empfunden werden.

15. Neben der Sprache des Leibes nutzen die katholischen und lutherischen
    Leichenprediger auch die akustische Ebene des Klagens, Schreiens und
    Stöhnens sowie Beschreibungen von mimetischen und gestischen Hand-
    lungen.

16. Trauer und Tod sind überkonfessionell Ausgangspunkt der Leichenpre-
    digten. Darüber hinaus aber ist die Leichenpredigt ein Medium, das auf das
    Leben des Glaubenden im Hier und Jetzt bezogen ist. Auch die katholischen
    Leichenpredigten, die in der Sorge um das Jenseitsergehen des Verstorbe-
    nen stärker als die lutherischen Predigten auf den Toten Bezug nehmen,
    bleiben auf die christliche Existenz des Glaubenden bezogen.

17. Dass die barocken Leichenpredigten ihre frömmigkeitliche Bedeutung in-
    nerhalb einer Sphäre entwickeln, in der Leben und Tod eng miteinander
    verwoben sind, zeigt sich besonders dann, wenn die Prediger überkonfes-
    sionell das Leben des Menschen innerhalb der biblischen Reisemetaphorik
    entsprechend Hebr 13,14 beschreiben.

18. Mit Gen 47,9; Ps 38,13 (Vulg.) und 1Petr 2,11 stellen katholische Leichen-
    prediger die Welt als eitel, elend, böse und den Menschen mit irdischen
    Wolllüsten verführend dar. In diesen Ausführungen rücken die Prediger
    auch das Jüngste Gericht in das Bewusstsein ihrer Adressaten. Das christ-
    liche Leben wird dann vom Tod, mithin vom Urteilsspruch über ewige
    Seligkeit oder ewige Verdammnis her begriffen. Darin wird die grundle-
    gende Bedeutung guter Werke und rechter katholischer *ars vivendi* betont,
    die neben dem katholischen Glauben als unabdingbar zum Bestehen im
    göttlichen Gericht erachtet werden. Innerhalb dieser Mahnungen finden
    sich auch Aufforderungen zum *contemptus mundi*. Die in Hebr 13,14 be-
    schriebene Sehnsucht nach der himmlischen Heimat findet besonders in
    der Rede über den ungewissen Zustand nach dem Tod und die Verachtung
    der sichtbaren, irdischen Welt ihre *applicatio*.

19. Lutheraner gründen ihre Gedanken zur Pilgerschaft des Glaubenden auf
    ganz ähnlichen biblischen Belegen. Auch hier werden die Rastlosigkeit und
    Gefährlichkeit der irdisch-vergänglichen Welt vor Augen gestellt. Deutli-
    cher als die katholischen Prediger jedoch entwickeln die lutherischen Lei-
    chenprediger Ausführungen zur Unbeständigkeit des Lebens mit Mt 7,14
    und Apg 14,22 vor dem Horizont der Beständigkeit und Ruhe des himm-
    lischen Vaterlandes. Der Sehnsucht nach der zukünftigen Stadt kann sich

der lutherische Prediger in der Gewissheit, dereinst in die Seligkeit einzugehen, schon im Leben anvertrauen. Aus dieser vertrauenden Gewissheit
folgt dann die Einsicht in die Vergänglichkeit der irdischen Welt und ihrer
nur scheinbaren Schönheit und Reichtümer.

20. Ein weiteres Sinnbild der Wanderschaft des Christen findet sich in den
Bildwelten des Meeres und der Schifffahrt. Überkonfessionell wird das
Leben im Anschluß an antik-heidnische Topik mit einer unruhigen und
gefährlichen Seereise verglichen. Konfessionelle Zuspitzungen lassen sich
in der Umsetzung dieses Sinnbildes erkennen: Während katholische Leichenprediger die Schiffs- und Meeresmetaphorik besonders auf die letzte
Stunde des Menschen zuspitzen und zum Einüben der *ars moriendi* mahnen, betonen die lutherischen Prediger das verheißene Heil in der Sicherheit des Heimat- bzw. Zielhafens.

21. In lutherischen Leichenpredigten finden sich zuweilen interkonfessionell-
abgrenzende Bezugnahmen gegenüber der römisch-katholischen Lehre,
der zufolge zwischen dem an göttlichen Geboten orientierten christlichen
Lebenswandel und der Heilserlangung ein Bedingungszusammenhang
besteht. Der Glaubende kann im Erdulden von Angst und Trübsal die Seligkeit nicht verdienen oder durch Werke aus eigener Kraft erwerben. Das
Heilswirken Christi bedarf keines menschlichen Zutuns, allein das Vertrauen auf die um Christi willen verheißene Barmherzigkeit kann die
Rechtfertigungsgnade ergreifen. So darf der glaubende Mensch gewiss sein,
nach dem Jammertal in die Herrlichkeit erhoben zu werden, wie die lutherischen Prediger besonders mit 2Tim 2,12 und Röm 8,17 ausführen.

22. Derartige interkonfessionelle Bezugnahmen zeigen, dass Prozesse der Interkonfessionalität dynamisch zu denken sind: Die Konfrontation mit dem
konfessionell Fremden führt dazu, dass auch in Leichenpredigten die eigene
Position geschärft und intensiv besprochen wird.

23. Überkonfessionell sind die Prediger davon überzeugt, dass entsprechend Ps
34,20 besonders der Fromme in der Welt leiden muss. In katholischen
Leichenpredigten finden sich Tendenzen, diesen Vers auf den Todesfall hin
zu deuten: Im Bild der auf Wellenbergen emporsteigenden Arche Noah
etwa vereinen die katholischen Prediger *lamentatio* und *laudatio*. Darauf
aufbauend folgt dann der Trost für die Lebenden.

24. Mit Hiob 7,1 wird das Leben des Menschen in den Leichenpredigten beider
Konfessionen als geistlicher Streit und Kampf gedeutet. Die Feinde des
Christen erkennen die Prediger in dem Teufel, der Welt und dem eigenen
Fleisch. Überdies wird der Tod mit 1Kor 15,26 als letzter Feind des Menschen vor Augen gestellt. Gelegentlich finden sich in den Ausführungen zur
militia Christiana negative Bezugnahmen auf die jeweils andere Konfession. Der lutherische Prediger Polycarp Leyser etwa spricht von einer

kämpferischen Konfrontation des frommen Christen mit »Maul-Christen«, also denjenigen Glaubenden, die das Vertrauen in die Seligkeit auf äußere Werke etwa der Beichte und des Kirchgangs gründen, das Wort Gottes aber nicht im Glauben ins Herz fassen. Derartige Bezugnahmen, die auf die hohe Bedeutung des individuell ergriffenen Glaubens eingehen, finden sich häufig in lutherischen Leichenpredigten.

25. Überkonfessionell nutzen die Leichenprediger biblische Sinnbilder, welche die Nichtigkeit irdischer Güter und die Eitelkeit des Seins aufzeigen: In den Bildern des Vergehens und Verhauchens materiell flüchtiger Substanzen wie Luft, Dampf und Rauch entsprechend Hiob 7,7; Jak 4,14 und Ps 102,4, aber auch des Werdens, Vergehens und Fließens in der Natur, wie es etwa Ps 90,5.103,12–15; Jes 40,6–8 und Hiob 14,2 beschreiben, spiegeln die Prediger das Wesen der Welt. Zum Höhepunkt kommt der *vanitas*-Topos in der Erkenntnis, wonach das Leben entsprechend Ps 39,7 und 144,4 ein ›Nichts‹ ist.

26. In den oftmals aneinander gereihten und in sich gesteigerten Bildern der Vergänglichkeit wird der Gedanke der Nichtigkeit und Eitelkeit des Lebens sinnfällig. Alles, was der Prediger mit seinen Worten hör- und sichtbar macht, ist Ausdruck der Vergänglichkeit. Der *locus classicus* der Rede von der Unbeständigkeit der irdischen Welt, Koh 1,2, findet in dieser rhetorischen Strategie seine eigentliche Bedeutung: Das Leben ist in seiner Vergänglichkeit kaum greifbar.

27. Die transkonfessionelle Verwendung der *vanitas*-Motive wird zuweilen konfessionell different homiletisch umgesetzt: Die lutherischen Leichenprediger gründen die Erkenntnis der *vanitas* in den Worten der Heiligen Schrift, etwa Ps 73,25 f., um den Blick auf Gott und das Vertrauen auf das Unsichtbare zu lenken. Der Glaube an die wahren Güter der Gnade und Verheißung Gottes führt unaufgefordert zu einer Verachtung weltlicher Güter und Sicherheiten. Auch wenn die katholischen Prediger an das Vertrauen auf das Evangelium und die Zuversicht auf das, was kommen wird, erinnern, ist doch die Mahnung zur Absage an das Irdische grundlegendes Element der *vanitas*-Gedanken. Während katholische Leichenprediger also ihre Gemeindemitglieder zum *contemptus mundi* auffordern, folgt diese Haltung in der lutherischen Sicht aus dem rechten Glauben.

28. Die Topoi der Pilgerreise und Seefahrt ebenso wie die Sinnbilder des Lebens und *vanitas*-Motive sind nicht nur grundsätzlich konfessionell offen, sondern finden sich auch in unterschiedlichen Kontexten und Medien. Die Untersuchung konnte zeigen, dass sich etwa in Emblematik, Erbauungsliteratur, Trauerlyrik und geistlichem Lied ganz ähnliche Topoi beobachten lassen. Es ist deutlich zu sehen, wie Glaube und Frömmigkeit in die Kultur des späten 16. und 17. Jahrhunderts ausstrahlen und darin die (konfes-

sionelle) Formung und Verfestigung des Glaubens und deren multimediale Wirkung offenbar werden.

29. Als Medium des Trostes, der Erbauung und Unterrichtung sind die Leichenpredigten des Barockzeitalters im hohen Maße auf den Gläubigen und sein Dasein in der Welt bezogen.

30. Die lutherischen und katholischen Prediger beschreiben den Menschen häufig im Spiegel der Schöpfungsgeschichte. Konfessionsübergreifend wird im Sündenfall die Ursache für Mühe und Arbeit des Lebens, der irdischen Existenz als Pilger und der Sterblichkeit erkannt. Auch biblische Belege, die auf den Zustand des gefallenen Menschen eingehen, etwa Gen 8,21; Hiob 1,21.14,1 und Ps 49,13, finden sich in den Leichenpredigten beider Konfessionen.

31. Auffällig ist die in den Leichenpredigten lutherischer Provenienz hervorgehobene Bedeutung der Beziehung des Menschen zu Gott. Die Prediger gehen von der zunächst engen Beziehung zu Gott aus, die durch den Sündenfall in eine Entfremdung und Feindschaft entsprechend Gen 3,23 f. und 2Kor 5,19 zerfiel. Um aber den Adressaten aufzuzeigen, dass der Mensch stets auf Gott angewiesen bleibt, rekurrieren die Prediger auf das lutherische Taufverständnis: Die dem Menschen in der Taufe zugesprochene Gerechtigkeit ist fremde Gerechtigkeit und der Mensch unfähig aus sich heraus sündlos zu leben. Der Glaubende muss sich immer wieder der Heilszusage Gottes vergewissern lassen. Aus dieser bleibenden Unvollkommenheit (*simul iustus et peccator*) ergibt sich das Bild des Menschen in lutherischen Leichenpredigten, das vom Rechtfertigungsgeschehen her als Handeln Gottes am Menschen bestimmt wird.

32. Die irdische Existenz wird auch dann als unstetig und bedrängt beschrieben, wenn die katholischen und lutherischen Prediger mit Joh 16,21 auf Geburtsschmerzen als infralapsarische Phänomene eingehen. Die Prediger nutzen biblische Belege, die Trübsal und Leid des Menschen mit den Schmerzen einer Gebärenden vergleichen (etwa Ps 48,7 oder Jes 13,8.37,3).

33. Eine wichtige Voraussetzung für die verbreitete Praxis, die Rede über die Geburtsschmerzen auf das Sein des Menschen zu beziehen, liegt in der Deutung der Ursünde: Überkonfessionell herrscht Einigkeit darüber, dass die Sünde der ersten Eltern Leid über und in den Menschen brachte.

34. Konfessionelle Unterschiede zeigen sich in der *applicatio* dieser Erkenntnis: Katholische Leichenprediger neigen dazu, Joh 16,21 für die Mahnung fruchtbar zu machen, fromm zu leben und also durch Übung der Tugenden und den Gebrauch der Sakramente den rechten Lebensweg zu gehen.

35. Innerhalb solcher Mahnungen lassen sich Elemente der römisch-katholischen Gnadenlehre ausmachen. Gegenüber der lutherischen Lehre, wonach jeder Glaubende in tiefer Gewissheit daran festhalten kann, dass Gott ihm

die Sünden um Christi willen vergibt, betont die katholische Kirche, dass der Glaube keine Sicherheit bieten könne, ob jemand die Gnade Gottes erlangt hat. Daher wird dem Menschen ein Mitwirken an der Rechtfertigung eingeräumt: Der Gerechtfertigte kann die unverdienbare Gnade (*gratia prima*) durch gute Werke mehren (*gratia secunda*).

36. Gewiss betont auch die katholische Kirche den Vorrang der göttlichen Gnade vor allen menschlichen Werken. Dem Menschen wird in Bezug auf Gott aber ein auch nach dem Sündenfall zustimmender oder widersprechender freier Wille eingeräumt. Dagegen lehren die lutherischen Prediger, dass der Mensch nicht von sich aus Gott gefallen kann, sondern nur durch die Gnade und Wirkung des Heiligen Geistes.

37. Die lutherischen Leichenprediger betonen daher das Vertrauen, die Rechtfertigungsgnade *sola fide* zu erlangen und den Gedanken, dass *solus Christus* das Heil bewirkt. Diese Einsichten machen menschliche Bemühungen um den Erwerb des Heils unnötig.

38. Es wäre allerdings unangemessen, zu meinen, die lutherischen Theologen lehnten gute Werke generell ab. Werke sind insofern wichtig, als sie notwendige Folge des Glaubens sind. Der Glaube als Werk Gottes im Menschen allein rechtfertigt und macht selig. In dieser Gewissheit sind Werke nicht auf das eigene Heil gerichtet, sondern allein auf den Mitmenschen. Insofern Glaube und Werke eng miteinander verbunden sind, findet ein christlicher Lebenswandel im Jüngsten Gericht Beachtung.

39. Die Frage nach der Gestalt des Menschen wird von den Predigern überkonfessionell mit der Unterscheidung von Leib und Seele entsprechend dem Schöpfungsvorgang beantwortet. Der Leib, nach dem Sündenfall und der Strafe Gottes dem Tod und der Verwesung geweiht, ist diesem Verständnis zufolge das Gefäß der unsterblichen Seele. Amplifiziert wird diese Einsicht durch Bilder der baufälligen Hütte entsprechend Hiob 4,19 und 2Kor 5,1 und Vorstellungen des Leib-Kleides entsprechend Hiob 10,11; Röm 13,12 und Kol 3,9.

40. Die Rede vom Leib als Hülle der Seele wird im Horizont von 2Kor 5,1–4 zu einem Bild der christlichen Auferstehungshoffnung: Die Verheißung des sicheren und beständigen Hauses des Auferstehungsleibes schürt das Verlangen nach der himmlischen Heimat. Auch wenn der Leib als Höhle, Käfig oder Kerker der Seele bezeichnet wird, erscheint der Tod als eine Befreiung der Seele von den Fesseln des Leibes und damit von den Bedrängnissen des Lebens.

41. In der Rede über die Gefangenschaft des Menschen in der bedrohlichen Welt, wie es die Bilder vom Leib als Kerker der Seele vor Augen stellen, finden sich in lutherischen und katholischen Leichenpredigten Ausfüh-

rungen über das Wesen von Anfechtungen. Transkonfessionelle Einigkeit herrscht darüber, dass der Sündenfall die Ursache der *tentationes* ist.

42. In lutherischen Leichenpredigten wird in diesem Zusammenhang betont, dass es der Glaube selbst ist, der die Anfechtung erweckt und dass Gott durch *tentationes* seine Liebsten züchtigt und damit ihren Glauben stärkt. Ähnlich wissen auch katholische Prediger, dass der Glaubende aus der Anfechtung gestärkt hervorgeht. Deutlicher aber als die lutherischen Prediger knüpfen katholische Prediger ein Bestehen in der *tentatio* an die Tugend und Stärke des Menschen. Während lutherische Prediger das göttliche Wort und den daraus resultierenden Glauben als Hilfen in der Anfechtung betonen, so erscheint der Glaube – dessen Wichtigkeit in katholischen Leichenpredigten gewiss nicht geleugnet wird – besonders dann ein tröstlicher Glaube, wenn er eingebettet in Buße, Reue, Beichte und verdienstvolle Werke ist.

43. Das Bußsakrament ist wichtiger Pfeiler der katholischen Seelsorge: Die Betonung aber liegt eher auf dem Bekennen der Sünde, als auf dem Trost des Sünders. Einen solchen Schwerpunkt lehnen lutherische Theologen ab. Einerseits ist der Mensch entsprechend Ps 19,13 und Jer 17,9 gar nicht in der Lage, alle seine Sünden zu erkennen und andererseits sind der Zwang zur Buße aus Sündenangst sowie die Möglichkeit, sich von Strafen im Fegefeuer freikaufen zu können, nicht schriftgemäß.

44. Wenn katholische Leichenprediger daran erinnern, dass allein der Priester Kraft seiner Ordination von Sünden entbinden kann und also seelsorgliche Verantwortung hat, so steht dies im Gegensatz zu den Mahnungen lutherischer Prediger, wonach es christliche Pflicht der Glaubenden sei, untereinander seelsorglich zu trösten.

45. Der Schwere der Anfechtungen für das Dasein des Menschen wird auch innerhalb der bildreichen Sprache der Heiligen Schrift, etwa des Hiobbuches, Ausdruck verliehen.

46. Die Ausführungen zum Hiobbuch machen deutlich, dass Anfechtungen zu Glaubenszweifeln führen können, die den Menschen in Furcht und sogar Aufbegehren versetzen. Die Prediger betonen überkonfessionell, dass der von Sünde verdunkelte Verstand des Menschen die Gnade und Barmherzigkeit Gottes nicht mehr erkennen kann.

47. Die Lehre, die lutherische und katholische Prediger auf die Exegese des Hiobbuches gründen, zielt darauf ab, die grundsätzliche Anwesenheit und Ansprechbarkeit Gottes vor Augen zu stellen.

48. Die Rede über den tröstenden Beistand Gottes in der *tentatio* bietet zudem Raum für die Erkundung interkonfessioneller Phänomene: Überkonfessionell wird zunächst die Bedeutung der Heilstat Christi als Grund der Hoffnung herausgestellt. Der lutherische Prediger Balthasar Kupfer hebt

das *pro me* der Passion Christi hervor und wendet sich explizit gegen die römisch-katholische *fides implicita*. Der Lutheraner ist davon überzeugt, dass der Glaubende sich nicht durch die Kirche vertreten lassen kann. Voraussetzung, um die *fides* individuell ergreifen zu können, ist das Lesen der Heiligen Schrift.

49. Wie das Hiobbuch den Angefochtenen zunächst als schweigenden Dulder charakterisiert, ist dieses Sich-Fügen in den göttlichen Willen auch Teil der Paränese barocker Leichenpredigten.

50. Dass Hiob nicht in seinem Schweigen verharrt, sondern vor Gott klagt und ihn gar anklagt, nutzen die katholischen Prediger, um Traueräußerungen der Hinterbliebenen und *lamentatio* der Leichenpredigten rechtfertigen zu können. Dagegen entwickeln die lutherischen Leichenprediger den Gedanken, dass jeder Mensch im Glauben unvertretbar ist weiter und mahnen dazu, dem Exempel Hiob zu folgen, der sich Gott zugewandt hat und daher seinem Gott auch im größten Leid verbunden blieb.

51. In den Leichenpredigten lutherischer Provenienz finden sich in den Auslegungen des Hiobbuches auch Ausführungen, die an die Beschreibungen des Christen als *simul iustus et peccator* anknüpfen. Erst in der Erkenntnis Gottes kann der Mensch sich selbst, mithin sein sündiges Selbst in Verbindung zu dem, der alles durchwaltet, erkennen. Auch hier wird deutlich, dass der Mensch in der lutherischen Tradition nicht ohne Gott zu denken ist.

52. Dass das Leben des Menschen bereits bei der Geburt an den Tod verloren ist, wird konfessionsübergreifend mit den *loci classici* theologischer Ausführungen zur Todesverfallenheit des Menschen, etwa Röm 5,12.6,23 und Hebr 9,27, vor Augen gestellt.

53. Innerhalb der Ausführungen wird auch an die gleichmacherische Tätigkeit des Todes – etwa im Motiv des *Ubi-sunt* – erinnert. Dazu bedienen sich die Prediger beider Konfessionen einer ähnlichen rhetorischen Strategie: In der Aneinanderreihung und Wiederholung gleicher Satzkonstruktionen, die an spätmittelalterliche und frühneuzeitliche Totentanzdarstellungen erinnern, wird die Gewissheit des Todes vergegenwärtigt.

54. Es sind besonders Sinnbilder erfahrbarer Phänomene des alltäglichen Lebens und der Natur, mit denen die Leichenprediger an die unumstößliche Gewissheit des Todes erinnern. Die den Menschen umgebende Welt wird ein Erfahrungsraum des Glaubens, wenn das Buch der Bibel auf das »Buch der Natur« hin gelesen wird. Zudem wird in einem solchen Vorgehen deutlich, wie konkret der ganze Mensch und sein Leben in dieser Welt in der Heiligen Schrift gespiegelt werden können.

55. Von den Konfessionen gemeinsam verwendete Naturbilder beziehen sich auf die biblischen Vergleiche von Mensch und Blume entsprechend Ps

90,5.103,15 f.; Hiob 14,2; Jes 40,6 f.; Jak 1,10; 1 Petr 1,24 und Sir 14,19. Im Horizont von Gen 3,18 ist die Rose das überkonfessionell und medial weit verbreitete Sinnbild für den Menschen nach dem Fall. Das Bild der Rose scheint deswegen besonders geeignet, da es in einem ambivalenten Horizont zwischen irdisch-vergänglich und himmlisch-ewig steht: Einerseits wird in ihm das eitle und leidvolle irdische Dasein deutlich gemacht, andererseits weisen die Prediger mit dem Bild der Rose auf die christliche Auferstehungshoffnung.

56. In der Rede von der Rose als Bild des Menschen werden derweil konfessionelle Unterschiede hinsichtlich der *rhetorica sacra* deutlich: Berufen sich katholische Prediger besonders auf herausragende Gestalten des Christentums, etwa Ambrosius oder Basilius den Großen, betrachten lutherische Prediger das Bild der Rose – ganz im Sinne des Prinzips *sola scriptura* – unter dem biblischen *locus classicus* Hld 2,2. Die Heilige Schrift ist die *norma normans*. Aussagen der Kirchenväter, mit deren Schriften man sich auch nach lutherischem Verständnis auseinanderzusetzen hat, müssen unter Maßgabe der Heiligen Schrift geprüft werden.

57. Die Gewissheit des Todes wird besonders an der omnipräsenten Bedrohung durch die personifizierte Gestalt des Todes deutlich gemacht. Die konfessionsübergreifenden Rollen, in welchen der Tod dabei ›auftritt‹, etwa als Schnitter (vgl. Jer 9,21), Jäger (vgl. Ps 11,3) oder apokalyptische Reiter (vgl. Off 6,7 f.), beinhalten alle das dem Tod immanente Schreckensmoment.

58. In diesem Sinn kann auch die rhetorische Figur der *oratio ficta* verstanden werden: Wenn die Prediger tröstende oder mahnende Worte in den Mund des Toten legen, wird der Verstorbene selbst zum Medium des *memento mori*.

59. Ein aus den Vergänglichkeitsmotiven entwickelter Trostgrund, auf den schon die *consolatio* der Antike zurückgreift, findet sich in der Erkenntnis, dass Trauern nichts zu ändern vermag. Die katholischen und lutherischen Prediger betten den Topos *nihil proficitur maerendo* etwa in die Exegese von 2 Sam 12,15–23 ein. Neben der Vorbildfunktion zum rechten Maß in der Trauer, die das biblische Exempel überkonfessionell erfüllt, zeigen sich konfessionelle Spezifika in seiner *applicatio*: Der Lutheraner Johann Heermann etwa wünscht seinen Adressaten, dass sie den biblischen Trost im Glauben ergreifen und auf sich selbst applizieren können. Der katholische Prediger Johann Hesselbach macht die Erzählung vom Tod Absaloms in der Mahnung fruchtbar, dass Hinterbliebene Bußwerke für die möglicherweise im Fegefeuer harrende Seele des Verstorbenen tun müssen.

60. Besonders die lutherischen Leichenpredigten stehen in ihrer Trostargumentation in enger inhaltlicher Verbindung zur seelsorglichen Ratgeber-

literatur. Entsprechend der leib-seelischen Konstitution des Menschen verbinden sich in der lutherischen *consolatio* innere und äußere Mittel des Trostes. Mehr noch als die katholische ist die lutherische *consolatio* durch Multimedialität geprägt.

61. Dass der Mensch seinen Trauerschmerz zunächst artikulieren muss, um überhaupt Trost empfangen zu können, ist ein überkonfessionelles Motiv der *consolatio*. Die klassische Dreiteilung in der Funeralrhetorik findet in diesem Vorgehen ihre eigentliche Umsetzung: Nachdem die *laudatio* den Trauerschmerz erregt und die *lamentatio* diesem Schmerz Sprache verleiht, kann der Trauernde in innerer Ruhe den abschließenden Trost empfangen.

62. Auf diesem abzuschreitenden Weg bedienen sich die Prediger jedoch unterschiedlicher Mittel: Die lutherischen Leichenprediger raten, die Trauer innerhalb des Gesprächs mit Gott und den Mitmenschen zu verbalisieren. Grundlage dieses Trostes ist entsprechend Röm 15,4 allein das göttliche Wort in der Heiligen Schrift.

63. In der engen Verbindung zur antiken Lobrede sowie der Sorge um das Jenseitsergehen des Verstorbenen bietet die katholische Leichenpredigt besonders innerhalb der *laudatio* Raum zur Trauerartikulation. Dies wird auch dadurch möglich, dass vom Predigtteil losgelöste *personalia* häufig fehlen und die Predigt selbst Trauerklage, Tugendlob und Schilderung des Lebens des Verstorbenen vereint. Es muss jedoch betont werden, dass in der gegenseitigen Bedingtheit von *lamentatio* und *laudatio* der Trost für die Hinterbliebenen artikuliert wird, wenn die Leichenpredigt den Beweis über das gottgefällig geführte Leben – das letztlich auch entscheidend für das Seelenheil des Verstorbenen ist – zu geben versucht.

64. Während lutherische Prediger das Gespräch zur Trauerartikulation empfehlen, betonen katholische Prediger das Vergießen von Tränen als Möglichkeit Trauer zu äußern. Tränen sind demnach ein Mittel des Ausdrucks und zugleich der Überwindung des Trauerschmerzes. Auch in diesem Motiv werden die Klage über den Verlust und das Lob des Verstorbenen vereint. Im Horizont der Heilsunsicherheit können Tränen der Trauer, den katholischen Predigern zufolge, auch als ein Werk für den Toten angesehen werden.

65. Dass Begräbniszeremonien und Leichenpredigten in ihren festgelegten Handlungsmustern Teil der konfessionellen Identitäten sind und damit Raum für interkonfessionelle Phänomene bieten, wird etwa in der Predigtsammlung des Katholiken Martin Eisengrein deutlich. Darin beklagt dieser, dass die konfessionellen Spaltungen zu großer Verwirrung unter den Christen geführt haben, und verteidigt die Lehren der katholischen Kirche hinsichtlich grundsätzlicher Glaubensfragen, die er mit eng mit dem gottesdienstlichen Handeln verknüpft, gegenüber falschen Anschuldigungen.

66. Das in Hiob 1,21 formulierte Trostargument, wonach Gott der Herr über Leben und Tod ist, wird in den Leichenpredigten konfessionell divergent appliziert. Angesichts der Ungewissheit über den Zustand nach dem Tod und der daraus folgenden Notwendigkeit menschlicher und kirchlicher Vergewisserungsstrategien, mahnen katholische Prediger, den Ratschluss Gottes geduldig anzunehmen. Dagegen betonen lutherische Prediger, dass sich der Leidende in der Gewissheit der um Christi willen verheißenen Barmherzigkeit dem Willen Gottes fügen kann. Es wird deutlich, dass die Frage nach der Gewissheit eng mit Rechtfertigungslehre und Eschatologie verbunden ist und diese Verzahnung im Medium der Leichenpredigt zu unterschiedlichen Troststrategien führt.

67. Überkonfessionell stellen die Leichenprediger den Tod als Ausgang aus dem Elend und als Eingang in das wahre Leben vor Augen. Dabei herrscht auch Einigkeit darüber, dass die Seele des Frommen gleich nach dem Tod zu Gott kommt, während der Leib im Grab die Auferstehung erwartet. Der entscheidende Unterschied zwischen dem postmortalen Zustand und dem ewigen Leben ist den Theologen zufolge, dass die nach dem Tod von ihren Leibern getrennten Seelen in der Ewigkeit über verklärte Auferstehungsleiber verfügen werden.

68. In die tröstliche Rede über die christliche Auferstehungshoffnung fließen in katholischen Leichenpredigten auch Gedanken über die Qualen und Schmerzen der Hölle ein, die den Lebenden ein *memento mori* sein und sie zu steter Sterbebereitung anreizen wollen. Gewiss wäre es eine Fehleinschätzung, anzunehmen, dass im Luthertum Darstellungen der Hölle oder des Jüngsten Gerichtes in Folge der Reformation verschwunden seien. Doch rückt die lutherische Leichenpredigt die Gewissheit des Glaubenden, dereinst im Endgericht bestehen zu können und also selig zu werden, in den Vordergrund.

69. Die Ausführungen der katholischen Leichenprediger lassen eine Spannung erkennen, die sich aus der Zuversicht, der Verstorbene habe die Seligkeit erlangt, und der Ungewissheit über das postmortale Geschick (*dubitatio perpetua*) ergibt. In dieser konfessionellen Eigenheit ist der Verstorbene und sein Lebenswandel Knotenpunkt der *consolatio*: Da sich die Hinterbliebenen nicht sicher sein können, ob sich der Verstorbene nicht doch im Fegefeuer befindet, mahnen die Predigten dazu, den armen Seelen im Fegefeuer durch Seelenmessen und Fürbitten zu Hilfe zu kommen.

70. Der Behauptung, wonach katholische Leichenpredigten sich ausschließlich dem Jenseitsergehen des Verstorbenen widmen, kann jedoch entgegengetreten werden, wenn erkannt wird, dass sich in den Mahnungen zur Fürbitte ein konsolatorisches Moment findet. Die christliche Nächstenliebe wird

dann tröstlich appliziert, wenn Angehörige über den Tod hinaus zu gegenseitiger Verantwortung und Zuneigung ermahnt werden.

71. Zu den überkonfessionell anerkannten Glaubenssätzen zählt der sogenannte doppelte Ausgang des Gerichtes. Während die katholischen Prediger bis zum Jüngsten Gericht mit einem dritten möglichen Stand nach dem irdischen Tod – dem reinigenden Fegefeuer – rechnen, ist für die lutherischen Leichenprediger das Leid des Glaubenden auf das irdische Dasein beschränkt, eine postmortale Läuterung kann es daher nicht geben.

72. Die in der lutherischen Dogmatik des Barock verbreitete Auffassung, wonach der im Glauben Verstorbene dank Christi Heilstat den verdammlichen Richterspruch nicht zu fürchten hat, führt in katholischen Leichenpredigten teils zu negativer interkonfessioneller Bezugnahme. Dass im Jüngsten Gericht der Glaube beurteilt wird, ist für beide Konfessionen unstrittig. In katholischen Predigten findet sich aber häufig die Tendenz, den Glauben näher als katholischen Glauben zu bestimmen. Darüber hinaus halten sie an der Notwendigkeit guter Werke fest, ohne die niemand im Letzten Gericht bestehen kann.

73. In den untersuchten Leichenpredigten wird die christliche Grundhoffnung nach 1 Thess 4,13 f. nicht nur im Angesicht des Todes tröstlich vor Augen gestellt. Darüber hinaus findet der Glaubende in der Hoffnung auf Auferstehung Trost auf seiner von *tentationes* umringten Lebensreise.

74. Das Bild der bleibenden Stadt im Himmel umfasst auch das tröstliche Motiv, wonach alle im Glauben Verstorbene sich dereinst wiedersehen werden. Das dem Tod immanente Wesen der Endgültigkeit wird in dieser Sicht in tröstliche Hoffnung und Freude gewandelt.

75. Dass die frühneuzeitlichen Leichenprediger in hohem Maße seelsorglich auf ihre Gemeindemitglieder eingehen, wird in ihren Ausführungen zu den Anfechtungen des Glaubenden deutlich.

76. Transkonfessionelle Einigkeit herrscht in der Erkenntnis, dass die plagenden *tentationes* ihre Ursache in der Sünde des Menschen haben. Gott legt den Glaubenden demnach Anfechtungen auf, um ihnen ihre anhaftende Erbsünde bewusst zu machen und sie vor weiteren Sünden zu bewahren.

77. In dieser Sicht sind Anfechtungen ein Mittel der Pädagogik des den Menschen liebenden Gottes, führen sie doch zu einer Intensivierung von Frömmigkeit und Glauben und entlarven die falsche irdische *securitas*. Die Prediger beider Konfessionen stellen daher Gott selbst als Herr über Anfechtung und Trost zugleich vor Augen.

78. In katholischen Leichenpredigten wird die Rede von Anfechtungen als Zeichen der Gnade Gottes zuweilen homiletisch mit der *laudatio* auf den Verstorbenen verknüpft. Der falschen *securitas* irdischer Tröstungen stehen

dann die unvergänglichen menschlichen Tugenden gegenüber, aufgrund deren auch der Verstorbene die göttlichen Strafen erdulden konnte.

79. Die überkonfessionelle Deutung von Anfechtungen, wonach diese Prüfungen des Glaubens sind, bietet den Predigern Raum für interkonfessionelle Bezugnahmen. Der Lutheraner Heinrich Heckenberg etwa geht davon aus, dass Anfechtungen offenbaren, ob ein Mensch am wahren Glauben im Herzen oder lediglich am äußeren Schein festhält. Der katholische Seelsorger Kaspar Ulenberg erkennt in Anfechtungen ebenfalls eine Glaubensprobe. Diesen Glauben jedoch definiert Ulenberg als katholischen Glauben, näherhin als den Glauben der römischen Kirche. Diese Betonung des ekklesiologischen Moments ist lutherischer Kritik ausgesetzt, die gerade davon ausgeht, dass der Glaube nur im Herzen wirksam sein kann.

80. Eine Möglichkeit, Trost zu spenden und diesen sogleich paränetisch fruchtbar zu machen, findet sich in der Spiegelung des menschlichen Leids in dem Schicksal anderer – besonders biblischer – Vorbilder. Wirksam sind diese *exempla*, weil sie Anfechtungen als zum Glauben gehörig erscheinen lassen. Unter dem transkonfessionellen Topos *de communi hominum conditione* wird der Einzelne in die Gemeinschaft aller Vorfahren und Mitbrüder gerückt.

81. Die Betrachtung der Passion Christi ist den Leichenpredigern zufolge eine wichtige Trostquelle in *tentationes*. Zunächst resultiert die Trostwirkung aus der Gemeinsamkeit der Not, mithin der Tatsache, dass Christus selbst Anfechtungen durchlitten hat. Die Passionsbetrachtung, die Christi Leiden als Exempel versteht, hat überdies eine mahnende Funktion. Entsprechend Röm 8,29 und 1Petr 2,21 legt Gott den Glaubenden Anfechtungen auf, um sie seinem Sohn gleichförmig zu machen. Der Glaubende ist daher zur Kreuzesnachfolge gerufen (Mt 10,38) und soll das von Gott auferlegte Leid in Geduld ertragen – genau so, wie es Christus getan hat.

82. Vollständig wird der Topos der Leidgemeinschaft mit Christus erst in der soteriologischen Zuspitzung, wenn überkonfessionell betont wird, dass die Gemeinschaft mit dem leidenden Christus im irdischen Leben die Verheißung in sich trägt, dass der Angefochtene entsprechend Phil 3,21 und 2Tim 2,11 f. dereinst dem verklärten Leib des Herrn gleichgestaltet werden wird.

83. Für die lutherischen Leichenprediger führt die rechte Passionsbetrachtung zur Einsicht dessen, was Christus in seinem Leid für den Menschen bewirkte. Wichtige Voraussetzung für die Passionsbetrachtung ist daher die Erkenntnis der eigenen Sünde, die ursächlich für das Leid des Gekreuzigten ist. Die Passion ist Spiegel der Sündenerkenntnis und der Sündenvergebung zugleich.

84. Die katholischen Prediger Georg Pistorius und Johann Lorenz Helbig bestimmen das in Phil 1,21 beschriebene Verhältnis von menschlichem Leid

und soteriologischem Gewinn in einer direkten Proportionalität: Je größer Geduld und Standhaftigkeit in der Anfechtung, desto größer die folgende Belohnung. Pistorius und Helbig stellen die Passion Christi auch als die Tat heraus, durch welche der Mensch erlöst und gerechtfertigt wurde. Doch muss sich der Glaubende in der Passionsbetrachtung dieser Heilstat vergewissern.

85. Auffällig in katholischen Ausführungen zur Passion Christi ist auch die Bedeutung des Mitleidens (*compassio*). Häufig loben die Prediger die Verstorbenen, da diese in der Betrachtung des Leidens Christi den Wunsch verspürten, mit dem gemarterten Herrn gemeinsam zu leiden und also dessen Schmerzen leiblich nachzuempfinden. Das Mitleiden, das gar zur Verletzung des eigenen Körpers führen kann, wird dann als ein Werk verstanden, sich die stellvertretende Sühne tröstlich anzueignen.

86. Hohe Wichtigkeit in der soteriologisch motivierten Deutung des Leidens Christi kommt dem Leib des Gemarterten selbst zu. Überkonfessionell werden die Wunden Jesu als Zufluchtsorte des Angefochtenen vor Augen gestellt. Die Leichenpredigten lutherischer Provenienz verbinden Hld 2,13 f. mit dem Bild der geöffneten Seitenwunde (Joh 19,34), um die Rede von der in den Wunden Jesu Schutz suchenden christlichen Seele rechtfertigungs- und sakramentstheologisch zuzuspitzen. Das Leben und Trost spendende Blut Jesu kann sich der Glaubende im Gebrauch der *media salutis* zueignen. Für die katholischen Prediger ist das Fliehen in die Wunden Jesu überdies ein Mittel der rechten *applicatio* des Verdienstes Jesu.

87. Wenn katholische und lutherische Leichenprediger ihre Gemeindemitglieder zur Übung des göttlichen Wortes mahnen, lassen sich in diesen Ausführungen konfessionell bedingte Differenzen aufzeigen, die grundlegend für das Verständnis der barocken Frömmigkeit und Redekultur sind.

88. Für die lutherischen Theologen ist der Mensch nicht fähig, sich in Anfechtungen selbst aufzurichten. Trost kann nur das göttliche Wort spenden, weswegen der Glaubende in die Texte der Heiligen Schrift ›einsteigen‹ muss. Erst dann wird das *verbum Dei* zu einem lebendigen Erfahrungs- und Sprachraum des Angefochtenen.

89. Eine logische Konsequenz der lutherischen Schrifthermeneutik ist die Erkenntnis, dass Anfechtungen den Glaubenden zum Gebet und also zum Gespräch mit Gott ermuntern. Die Übung des göttlichen Wortes lässt den Glaubenden die tröstlichen und vertrauenswürdigen Verheißungen Gottes auf sich selbst applizieren.

90. Auch katholische Prediger ermahnen die Angefochtenen, das Gebet zu intensivieren. Neben dem Gebet zu Gott stellen sie auch die Anrufung der Heiligen und Mariä als Trost und Zuflucht spendend vor Augen. Der verheißenen Gnade Gottes soll sich der Glaubende mit Hilfe der Heiligen

versichern. Dies ist ein Element interkonfessioneller Polemik: Die lutherischen Leichenprediger betonen, dass sich der Angefochtene nicht wie bei
den »Papisten« und »Päbstlern« an die Heiligen wenden soll und sehen in
den katholischen Mahnungen »falsche Verheißungen«, da, so die lutherischen Prediger, kein Heiliger dem Angefochtenen helfen kann.

91. Überdies steht das Prinzip der lutherischen Hermeneutik, wonach alles,
    was für den Glauben und das Heil des Menschen dem Wortlaut der Heiligen
    Schrift klar entnommen werden kann, in deutlichem Gegensatz zu dem
    römisch-katholischen Schriftverständnis.

92. Während katholische Theologen ihre Adressaten daran erinnern, dass nur
    der Prediger durch sein kirchliches Lehramt die Heilige Schrift interpre-
    tieren und also dem Angefochtenen den Trost des göttlichen Wortes zu-
    sprechen kann, ist für lutherische Leichenprediger die individuelle
    Schriftlektüre Bedingung der Möglichkeit Trost und Hoffnung zu finden.

93. In der Rede von den Waffen des Glaubenden, die überkonfessionell als Trost
    in Anfechtungen appliziert wird, werden ebenfalls konfessionsspezifische
    Differenzen deutlich. Loben katholische Prediger das Bestreben der Ver-
    storbenen, ihr Leid durch Glaube, Hoffnung und Liebe überwinden zu
    können, ist es in lutherischen Leichenpredigten gerade die Schwachheit, die
    von dem Menschen weg und zu Christus führt. Die lutherischen Prediger
    warnen explizit davor, im Streben nach menschlicher Vollkommenheit Gott
    als den Schöpfer außer Acht zu lassen.

94. In diesem Sinne entwickeln sich auch die Ausführungen der Prediger zur
    christlichen Geduld: Betonen Lutheraner, dass der Mensch in der unbe-
    zweifelbaren Gewissheit des künftigen Lebens irdisches Leid geduldig er-
    tragen kann, wird die Geduld in katholischen Leichenpredigten gerade
    angesichts der Ungewissheit über den Zustand nach dem Tod gelobt. Das
    geduldige Ertragen von Anfechtungen kann als gutes Werk dem Glauben-
    den dabei helfen, die Hoffnung auf das Kommende zu steigern.

95. Überkonfessionell ist die Geduld ein Spiegel der künftigen Seligkeit, in dem
    die Freuden des himmlischen Jerusalems schon im Hier und Jetzt erfahren
    werden können.

96. In den Ausführungen der Prediger zur *ars moriendi*, die überkonfessionell
    wichtiges Anliegen der barocken Leichenpredigten ist, wird die konfes-
    sionelle Einbettung des menschlichen Phänomens ›Tod‹ deutlich.

97. Die lutherische *ars moriendi* gründet auf den Elementen Glaube, *memento
    mori*, Gebet und Schriftlektüre. Diese Elemente finden sich ebenfalls in der
    katholischen *ars moriendi* und werden besonders um die Komponenten
    Buße, Werke und *contemptus mundi* erweitert.

98. Interkonfessionelle Differenzen werden zudem hinsichtlich der biblischen
    bzw. kirchenhistorischen Fundierung der diesbezüglichen Ausführungen

deutlich: Katholische Prediger beziehen sich häufig auf Lehre und Exempel bedeutender Autoritäten und Kirchenmänner. Lutherische Leichenprediger nutzen hingegen stärker biblische Texte wie etwa Ps 90,12; Joh 5,39; Phil 1,21.23 und Mt 7,7f., um daran zu erinnern, dass allein das göttliche Wort den Glaubenden der zukünftigen Seligkeit vergewissert und zugleich den Weg dorthin weist.

99. Dass der christliche Pilger auf einen Reisegefährten angewiesen ist, ist ein überkonfessioneller Topos in der *ars moriendi*. Entsprechend Jes 61,10; Ps 23,3 und Joh 14,6 kann dieser Gefährte für Lutheraner allein Christus sein. Auch den katholischen Theologen zufolge weiß allein Christus den rechten Weg zum Himmel. Da dieser aber durch den Prediger spricht, der Christenmensch also nicht in direktem Kontakt mit Gott steht, ist der Glaubende auf den katholischen Prediger als Reisebegleiter angewiesen. Hierin wird zudem ein Motiv interkonfessionell-abgrenzender Polemik deutlich: Für die katholischen Theologen können es allein die katholische Kirche und der katholische Glaube sein, die dem Menschen den Weg zur Seligkeit weisen.

100. Die Beschäftigung mit frühneuzeitlichen Leichenpredigten sollte bleibendes Interesse künftiger Forschungen sein. Als historische Quellen können die Predigten für theologie-, geistes- und liturgiegeschichtliche Forschungen ebenso aufschlussreich sein, wie für die Erkundung kultur-, mentalitäts- und rhetorikgeschichtlicher Phänomene.

101. In der weiteren Erforschung der Leichenpredigten könnte verstärkt die Verwurzelung einzelner Predigten und Prediger in der konkreten Lebenswelt untersucht werden. Dann nämlich wird vermutlich noch deutlicher werden, dass (Leichen)Predigten, Erbauungstexte und seelsorgliche Traktate wesentliche Bestandteile theologisch-dogmatischer Arbeit waren.

102. Auch für die heutige Seelsorge kann der Blick auf den theologischen und poimenischen Wert der Rede von Leid und Trost in barocken Leichenpredigten lohnend sein.

103. Besondere Aufmerksamkeit sollte zudem der Rezeptionsforschung zukommen, um die Wirksamkeit von gehaltenen und gedruckten Leichenpredigten besser einschätzen und daraus neue Erkenntnisse ziehen zu können. Darüber hinaus könnten wissenschaftliche Editionen von Leichenpredigten neue Quellen erschließen, sie der Forschung zugänglich machen und dem Zuwachs an neuen Kenntnissen dienlich sein.

104. Aus inter- und transkonfessioneller Perspektive könnten verstärkt die medialen Repräsentationsformen interkonfessioneller Phänomene erforscht werden. Dass Glaube und Frömmigkeit eine multimediale kulturelle Wirkung haben, konnte die vorliegende Arbeit ansatzweise aufzeigen. Deutlich wurde, dass etwa auch Literatur, sakrale Kunst und geistliche

Musik konfessionelle und theologische Vorgaben transportieren und variieren können.

V. Verzeichnisse

A. Quellen- und Literaturverzeichnis

1. Quellen

Abraham a Sancta Clara: Mercurialis Oder Winter-Grün, Das ist: Anmuthige und Kurz-weil-volle Geschichte und Gedichte Worinnen Unterschiedliche sittliche Lehr-Puncten und Sehr reicher Vorrath Biblischer Concepten zu finden [...]. Nürnberg 1733.

Agenda Dioecesis Paderbornensis Rituali Romano accommodata Per [...] Dominum Hermannum Wernerum Episcopum Paderbornesem, S. R. I. Principem Comitem Pyrmontanum & Cath. Ecclesiae Hild. Praepositum. In gratiam Pastorum suae Dioecesis recens evulgata. Neuhaus 1687.

Aicher, Otto: Iter Oratorium, Quo Intra Septem Dies Tota Ars Rhetorica Absolvitur: Praeceptis, & Exemplis, instructum [...]. Salzburg 1675.

Alciati, Andrea: Emblematum liber. Augsburg 1531.

Ambrosius von Mailand: Opera Omnia. Tomus 1, Pars 1. Paris 1845 (Migne Patrologia Latina. Bd. 14).

Ders.: Opera. Pars prima. Hrsg. v. Karl Schenkel. Prag [u.a.] 1897 (Corpus Scriptorum Ecclesiasticorum Latinorum Bd 32/1).

Andreas a Sancta Theresia: Nidergelegte Christliche Tapferkeit. Das ist: Schuldige Klag-red/ oder Leich= vnnd Ehrn=Predig von dem Christ=ritterlichen Leben vnnd von dem vnvermuetlichen hochbetrüblichen doch seeligen Ableiben Weyland [...] Deß [...] Herrn Nicolai Grafen von Serin/ Der Rom: Kays. Mayt. geheimen Rath/ Cammerern/ Rittern deß guldenen Fluß/ Genr. Feld-Wachtmeistern [...]. München 1664.

Anon.: Leichpredig/ Von dem Leben vnd Ableiben/ der [...] Magdalenae, Pfaltzgrävin bey Rhein [...] Als dero Fürstlicher Leichnam in vnser lieben Frawen Kirchen der Societet Iesv zu Newburg besungen/ vnd [...] zur Erden bestättet worden/ Gehalten/ Von einem gemeldter Societet Priestern [...]. Neuburg an der Donau [1629].

Anon.: Sehnliches Letzen. In: Christoph Preunel: Exequiae Sommerianae, Das ist: Christliche LeichPredigt/ Bey der [...] BegräbnisVersammlung Der [...] Frauen Veronica Sommerin/ geborner Müllerin [...] Welche den 15. Junii dieses lauffenden 1658. Jahrs [...] selig verstorben/ und den 18. ejusdem [...] beygesetzet worden [...]. Jena [1658], fol. K 2r–3r.

Apparatus Funebris, Quo [...] Domini Bedae [...] Monasteri Wessofontani Abbatis [...] Perennaturae Devotionis Monumentum Moestissimi Filii Parentarunt [...]. Augsburg 1760.

Aurelius Augustinus: Opera Omnia. Bd. 5. Ed. Novissima, Emendata et Auctior, acc. Jacques Paul Migne. Paris 1865 (Patrologiae cursus completus. Series Latina 38).

Ders.: Opera Omnia. Bd. 6. Ed. Novissima, Emendata et Auctior, acc. Jacques Paul Migne. Paris 1865 (Patrologiae cursus completus. Series Latina 40).

Ders.: Opera. Enarrationes In Psalmos 101–150. Pars 3: Enarrationes In Psalmos 119–133. Hrsg. v. Franco Gori. Wien 2001 (Corpus Scriptorum Ecclesiasticorum Latinorum Bd. 95/3).

Basilius Caesariensis: Opera Omnia. Iam recens per Wolfgangum Musculum partim locis aliquot castigata, partim luculentis accessionibus aucta [...]. Secundus Tomus. Basel 1565.

Behm, Martin: Kirchen Calender/ Das ist Des Jahres vnd der zwölff Monaten Natürliche vnd Geistliche Erklerung/ Darauß ein frommer Christ lernen kan/ wie er Gottes Wercken fein nachdencken/ vnd sich in die Zeit recht schicken soll [...]. Auffs new vbersehen [...]. Wittenberg 1625.

Bellarini, Giovanni: Doctrina Sacri Concilii Tridentini et Catechismi Romani [...]. Lyon 1646.

Bellarmin, Robert: Dispvtationvm De Controversiis Christianae Fidei Aduersus huius temporis Hæreticos, Tomos Quartus [...]. Venedig 1599.

Ders.: Opera Omnia. Ex ed. Veneta, pluribus tum add. tum corr., iterum ed. Justinus Fèvre. Tom. I. Frankfurt am Main 1965 (Unveränd. Nachdr. der Ausg. Paris 1870).

Ders.: Opera Omnia. Ex ed. Veneta, pluribus tum add. tum corr., iterum ed. Justinus Fèvre. Tom. VIII.. Frankfurt am Main 1965 (Unveränd. Nachdr. der Ausg. Paris 1873).

Bernhard von Clairvaux: Opera. Bd. 2. Hrsg. v. Jean Leclercq [u. a.]. Rom 1958.

Ders.: Opera. Bd. 5, 2. Hrsg. v. Jean Leclercq [u. a.]. Rom 1968.

Biblia sacra iuxta vulgatam versionem adiuvantibus Bonifatius Fischer et al. rec. et brevi apparatu critico instruxit Robert Weber. Ed. 4 emendata quam paravit Roger Gryson et al. Stuttgart ^{4}1994.

Bidembach, Felix: Manuale Ministrorum Ecclesiae, Handbuch/ darinnen folgende sieben Stück begriffen: I. Evangelia vnd Episteln [...]. II. Passio Christi [...]. III. Fünffhundert zu Leichpredigten außerlesene Text [...]. IV. Hundert außerlesene Text zu Hochzeit-predigten. V. Bericht/ wie mit Krancken vnd Sterbenden zuhandeln. VI. Bedencken/ wie den Melancholicis zurahten. VII. Bericht/ wie mit den Maleficanten, so zum Tode verurtheilet/ zuhandeln. Für die jünge angehende Kirchendiener im Hertzogthumb Würtemberg zugerichtet [...]. Leipzig 1619 (^{1}1603).

Bidermann, Ernst: Ehren=Gebäu Oesterreichischer Helden=Tugenden/ Mit welchen weilandt der Durchleüchtigste Fürst/ vnnd Herr/ Herr Ferdinandvs Carolvs Ertzhert-zog zu Oesterreich/ etc. [...] in Lebenszeiten herrlich gezieret ware. Bey deroselben Ertzfürstlichen Traur=Gerüst/ vnnd Leichbegängnuß/ in nachfolgender Lobred vnd Sinn-Bildnussen vorgestelt [...]. Innsbruck [1663].

Birken, Sigmund von: Teutsche Rede-bind-und Dicht-Kunst/ oder Kurze Anweisung zur Teutschen Poesy [...]. Nürnberg 1679.

Ders.: Werke und Korrespondenz. Hrsg. v. Klaus Garber. Bd. 5: Todten-Andenken und Himmels-Gedanken oder Gottes- und Todes-Gedanken. Hrsg. v. Johann Anselm Steiger. Teil 1: Texte. Tübingen 2009 (Neudrucke deutscher Literaturwerke N. F. 59).

Ders.: Werke und Korrespondenz. Hrsg. v. Klaus Garber. Bd. 7: Anhang zu Todes-Gedanken und Todten-Andenken. Emblemata, Erklärungen und Andachtlieder zu Johann Michael Dilherrs Emblematischer Hand- und Reisepostille. Hrsg. v. Johann Anselm Steiger. Teil 1: Texte. Berlin [u. a.] 2012 (Neudrucke deutscher Literaturwerke 67).

Bissel, Johannes: Phoenix, Oder Fürstlicher Sonnenvogel; Das ist/ Christliche Leich= vnd EhrenPredig/ Von dem Gottseeligen Leben vnd Wandel; wie auch hochseeligistem Ableiben [...] Joannis Francisci Caroli, Pfalzgraffen bey Rhein/ Hertzogen in Obern vnd Nidern Bayrn etc. miltseeligister gedächtnuß. Gehalten in der Churfürstl. Hauptstatt München/ an dem H. Pfingstmontag dises lauffenden 1640. Jahrs/ in vnser lieben Frawen Pfarr= vnd StifftKirchen; den 3. Tag nach Jhr Durchl. Fürstlichen Erdbestattung: den 10 aber nach dero Christlichen Abscheyden. München 1640.

Bittelmaier, Johann Georg: Epicedium. In: Piceae Ferales semper virides, quas ad tumulum Theologi theophilesatu, numerisque; omnibus consummatissimi, [...] Joh. Marcelli Westerfeldii [...] postquam inter cunas et feretrum LXVIII annos numerasset [...]. Nördlingen [1678], fol. A 3v–4v.

Blanc, Thomas le: Psalmorum Davidicorum Analysis, In Qva Aperte Cernitur Singulis in Psalmis ordinem esse admirabilem. [...] In Quo Non tantùm sensus Literales, sed omnes etiam Mystici exponuntur [...] Tomus Quartus. Lyon 1673.

Bleyl, Gottfried: Cor Jobianum, Cruce et Luce repletum, Oder/ Das schmertzlich=betrübte und hertzlich=geliebte Hiobs=Hertz/ Auß den Worten deß lieben Hiobs/ c. 16. v. 14. et 15. / Das [...] Leichen=Begängnüß/ Deß [...] Herrens Hanns Sigmund von Vogten [...]. Nachdem selbiger [...] d. 12. Augusti Anno 1686. diese Welt [...] gesegnet/ Und darauf Den 9. Octobr. eben dieses Jahres/ im Diersdorffischen Zion gefeyret wurde [...]. Brieg [1686].

Boaistuau, Pierre (Verf.)/Rothmund, Lorenz (Übers.): Theatrvm Mvndi, Das ist/ Schauwplatz der Welt: Darinnen von ellend vnd arbeitseligkeit deß Menschen [...] gehandelt wirt. [...] Erstlich von H. Petern Boaysteau/ genannt Launay/ in Frantzösischer Sprach beschrieben. Nun aber auß gemelter sprach in vnser gemein Teutsch trewlich vbergesetzt vnd gebracht Durch Laurentium Rotmundum Sangallensem [...]. Basel 1607.

Bornitz, Jakob: Emblemata Ethico Politica Ingenua atque erudita interpretatione nunc primum illustrata Per M. Nicolaum Meerfeldt. Mainz 1669.

Böswetter, Petrus: Corona Zedwitziaca Zedwitzishe Ehrencron/ Oder Christliche Leichpredigt Aus der andern Epistel S. Pauli an Timotheum am 4. Cap. v. 7. 8. [...] Uber dem seligen Todt und Abschied Des weiland [...] Adam Erdmann von Zedwitz [...] Welcher den 25. Tag Aprilis des 1660. Jahrs [...] verschieden [...]. Jena 1660.

Bourgogne, Antoine de: Mvndi Lapis Lydivs siue Vanitas per Veritatem falso accusata et conuicta [...]. Antwerpen 1639.

Breitter, Melchior: Christliche vnd Catholische Leichtpredig/ Bey der hochkläglichen Besingnuß/ weyland der Durchleuchtigsten Fürstin/ vnd Frawen/ Frawen Mariae, Ertzhertzogin zu Oesterreich [...] Hertzogin in Obern vnd Nidern Bayrn [...] So den 29. Aprilis Gottseiglich im Herren entschlaffen [...]. Ingolstadt [1608].

Ders.: Christliche/ Catholische Leichtpredig Bey der Volckreichen Leicht vnd Begräbnuß/ weyland der Edlen vnd Tugentreichen Frawen/ Anna Neusesserin/ geborne Weilhamerin [...]. Geschehen in dem löblichen Gottshauß Fratrum Minorum Conuentualium S. Francisci zu Regenspurg den 28. May deß 1608. Jars [...]. Ingolstadt 1608.

Brunnemann, Sebastian Friedrich: Medicamentum Davidicum, Das ist/ Davids Recept/ wider die vielen Hertzens=Bekümmernissen/ Aus dem XCIV. Psalm/ vers. 19. [...] Bey [...] Leich=Bestattung Der [...] Frauen Anna Sybilla Gebohrne von Stallburg/ Des [...] Herrn Friderich Wilhelm von Eickstät [...] Von Hertzen lieb=gewesenes Ehe=Gemahl/ Welche den 12. Jan. 1699. [...] entschlaffen/ und den 8. Februar. drauf [...] beygesetzet worden [...]. Stettin [1699].

Bucholtz, Andreas Heinrich: Heilsame Last der Kinder Gottes/ Und erquickliche Befreihung von derselben. Jn dem Lehr= und Trostreichen Spruche des Königes und Propheten Davids Psalm LXIIX. v. 20, 21. [...] veranlasset/ und Bey ansehnlicher Volckreicher Leich=Bestattung Des [...] Arend Möllers [...] Am dritten Tage des Christ-Monats im Jahr MDCLXII. Jn der Kirchen zu St. Catharinen vorgetragen und erkläret [...]. Braunschweig 1663.

Calov, Abraham: Aeterna Petra Et Sors Fidelium, oder Christliche Leichpredigt Auß dem 73. Psalm v. 25. 26. [...] Bey Volckreichem Leichbegängnüs Der [...] Frauen Dorotheae/ Des [...] Herrn Andreae Kunadi [...] Ehlichen Haußfrauen/ Die am 16. Martij 1655. in ihrem 39. Jahr selig im Herren verschieden/ und am 20. selbigen Monaths alhier zur Erden bestetiget [...]. Wittenberg 1655.

Castrum Doloris [...] Domini Leonardi, [...] Monasterii Benedicto-Burani Abbatis [...]. Tegernsee 1758.

Catholische Tag=Zeiten. Winter=Theil. Wien 1690.

Cicero, Marcus Tullius: Cato Maior De senectute. Cato der Ältere. Über das Alter. Lateinisch/Deutsch. Hrsg. v. Max Faltner. München 1963 (Tusculum-Bücherei o. Nr.).

Ders.: Pro P. Svlla Oratio. Ed. with introduction and commentary by D. H. Berry. Cambridge 1996 (Cambridge Classical Texts And Commentaries 30).

Ders.: Tusculanae disputationes. Lateinisch/Deutsch. Hrsg. v. Olof Gigon. Düsseldorf 1998 (Sammlung Tusculum o. Nr.).

Contzen, Adam: Politicorum libri decem [...]. Mainz 1620.

Covarrubias y Orozco, Sebastián de: Emblemas morales [...]. Madrid 1610.

Cramer, Daniel: Apocalypsis, Oder Offenbarung S. Johannis/ Sampt einer richtigen Erklerung/ so wol wegen Historischer erfüllung aller vnd jeden hierin enthaltenen Geheimnussen/ wie auch Lehrn/ Besserungen/ Trost und Warnungen. [...]. Alten Stettin 1618.

Ders.: Emblemata Sacra. Hoc est, Decades Quinque Emblematum Ex Sacra Scriptura, De dulcissimo Nomine et Cruce Jesu Christi, figuris aeneis incisorum. Pars Prior [...]. Frankfurt am Main 1624.

Dalhover, Marcellian: Gelebt/ vnd gestorben. Wer? Wie? Wem? Erörteret bey einem Hoch=ansehlichsten Leich=Gepräng/ Deß [...] Herrn Albrecht Sigmunds/ Bischoffen Zu Freysing vnd Regenspurg/ Jn Ober: vnd Nideren Bayren/ auch der Oberen Pfaltz Hertzogen/ Pfaltz=Grafen bey Rhein/ vnd Land=Grafen zu Leuchtenberg [...]. München 1685.

Ders.: Todt Sigend/ Vnderligend/ Oder Letzte Ehren=Rede Bey einer Hertz=traurigen Volckreichen Leichbegängnuß/ Deß Hochwürdigen/ in Gott Herren Herren Judae

Thaddaei Abbten Deß H. Römischen Reichs Stiffts/ vnd Closters Kaysershaim [...]. Ingolstadt 1698.

Dannhauer, Johann Conrad: Hagiologium Festale, oder Heilige Fest=Legenden/ das ist: Fest=Predigten gehalten im Münster zu Straßburg [...]. Straßburg 1672.

Denzinger, Heinrich: Kompendium der Glaubensbekenntnisse und kirchlichen Lehrentscheidungen (Enchiridion symbolorum definitionum et declarationum de rebus fidei et morum). Verb., erw., ins Dt. übertr. u. unter Mitarb. v. Helmut Hoping hrsg. v. Peter Hünermann. Freiburg im Breisgau ³⁷1991 (zit. Denzinger).

Deurer, Johann Wolfgang: Epicedium. In: David Sieber: Er (Messias) ist nun frei von Angst und dem Gericht/ Wer ist/ der seine Lebens=Läng ausspricht? Oder Eine Christliche Leich=Predigt/ aus dem 53. Capitel Esaiae/ vers. 8. Bei [...] Leichbegängnus/ Deß weiland [...] Georg Friderich Seufferhelds/ ältern Hoch=verdienten Stättmeisters und Steuer=Herrns [...] Welcher Mittwochens den 13. Tag Octobris/ deß abgewichenen 1686. Jahrs [...] selig verschieden/ und Sonntags den 17. [...] bestattet worden. [...]. Schwäbisch Hall 1687, S. 47.

Die Bekenntnisschriften der Evangelisch-Lutherischen Kirche. Vollständige Neuedition. Hrsg. v. Irene Dingel. Göttingen 2014 (zit. BSELK).

Dürr, Tilemann: Christlicher Von Gott gesegneter Matronen Schmertzens=Ampts= Waffen zur Seligkeit: Das ist/ Eine Christliche Leich=Predigt/ Gehalten Bey [...] Begräbnüß Der [...] Frawen Oesterhelden Marien/ Gebohrner Mentzerin/ Des [...] Herrn Johannis Caspari Finckii, SS. Theol. Licent. Hochgräffl. Erpachischen Hoff-Predigern zu Fürstenaw/ und Pfarrern in Michelstatt [...] Haußfrawen/ Welche Am 28. Januarii Anno Christi 1665. [...] entschlaffen/ und dero Leichnamb am 30. Januarii [...] bestattet worden [...]. Darmstadt [1670].

Eder, Balthasar: Christliche Leich=Predigt Von der Christen Christlichen Seelen Artzney. Bey [...] Leichbegängnuß/ Deß [...] Herrn Philippi Persii von Lonstorff etc. [...] Welcher den 16. tag Januarij, Styl. nov, deß 1644. Jahrs [...] eingeschlaffen/ vnd hernach den 24. [...] in sein Ruhbettlein ist versetzt worden [...]. Altdorf 1644.

Eisengrein, Martin: Sechsz Christlicher Leichpredigen. Wje man die Verstorbne glaubigen klagen/ Auch Christlich vnd ehrlich zü der Erden bestatten solle. Vnd Ob den Verstorbnen mit Betten/ Vigilien/ Seelmessen/ vnnd andern Caeremonien [...] geholfen seye. Es wirdt auch [...] Vom Fegfevr [...] ein Bericht gegeben. Ingolstadt 1564.

Emblematische Gemüths=Vergnügung bey betrachtung 715 der curieusten und ergözlichsten Sinnbildern mit ihren zuständigen Teutsch= Lateinisch= Französ= und Italianischen beyschrifften. Augsburg 1693.

Engel, Christian: Christliche Leichpredigt Aus den Worten Ps. 116 v. 7. 8. 9. sey nun wieder zu frieden meine Seele etc. Bey Christlicher/ Adelicher vnd Hochansehnlicher Beerdigung Der [...] Catharinen von Krosick [...] Welche im Jahr 1660, dem 20 Tag Februarij [...] entschlaffen/ vnd folgends 1661. den 25. Tag Aprilis [...] in das New=erbawte Adeliche Meyendorffische Begräbnüß eingesencket worden [...]. Helmstedt 1662.

Epplinus, Johannes Heinrich: Der veste Assaph. Psalm. 73. v. 23. Bey Hochlaidiger Sepultur und Erden=Bestattung Deß [...] Johann. Marcelli Westerfeldts/ der H. Schrifft promovirten Licentiaten, und der Nördlingischen Kirchen [...] Superintendenten/ Welcher Sonntags Reminiscere [...] Anno 1678. [...] von diser Welt abgefordert [...] worden [...]. Nördlingen 1678.

Ertl, Ignaz: Wachtbares Hertzens=Aug/ Das ist: Schuldigste Lob= und Leich=Predig/ Welche Dem Weyland Hochwürdigen [...] Herrn Athanasio, Des Weit=berühmten löblichen Chor=Stiffts und Closters Gars/ Canonicorum Regularium Ord. S. Augustini Probsten [...] An dem dreissigsten dessen tödtlichen Hintritts/ als den 18ten Tag Junii des verwichenen 1698. Jahrs/ bey [...] Leich-Begängnus [...] vorgetragen [...]. O. O. 1715.

Feucht, Jakob: Postilla Catholica Evangeliorum des Sanctis totius Anni. [...] Der Erste Theil des andern Tomi begreifft alle Evangelien vom Apostel Andrea an/ biß auff den Pfingstmontag. Köln 1580.

Fischhaupt, Heinrich Ernst: Gottes Gütigkeit/ Und Der Gleubigen Vergnügligkeit/ Auß dem LXXIII. Psalm v. 23. 24. 25. 26. Als Die [...] Fr. Anna Sophia/ gebohrne von Grapendorff/ Des [...] Hn. Busso von Münchausen/ Hoch=Fürstl. Braunschw. Lüneb. Hochbestalten Geheimten Raths [...] Ehe=Gemahlin/ Am 14. Junii [...] des 1696. Jahrs [...] zu Apelern [...] entschlaffen/ und darauff am 14. Julii [...] beygesetzet wurde/ Jn einer Christlichen Leich=Predigt [...] vorgestellet [...]. Wolfenbüttel [1696].

Frey, Hermann Heinrich: Therobiblia. Biblisch Thier- Vogel- und Fischbuch (Leipzig 1595). Mit Vorwort u. Registern hrsg. v. Heimo Reinitzer. Graz 1978 (Naturalis historia Bibliae. Schriften zur bibl. Naturkunde d. 16.–18. Jh. Bd. 1).

Geier, Martin: Der allerkostbarsten Kreutz=Artznei 1. Verdrüßlicher Gebrauch; 2. Unschätzbarer Nutz/ 3. Vernünfftiger Patient. Aus den Worten Pauli (2. Corinth. IV, 17.18.) [...]. Bei [...] Leich=Bestattung Der [...] Frauen Rachel/ Freyin von Rechenberg/ gebornen von Werthern [...]/ Am 14. Febr. Anno 1677. in der Kreutz=Kirche zu Dreßden [...] fürgetragen. Dresden [1677].

Gerhard, Johann: Postilla Salomonaea, Das ist/ Erklärung etlicher Sprüche aus dem Hohenlied Salomonis auff die Sontägliche vnd vornembste FestEvangelia durchs gantze Jahr gerichtet [...]. Bd. 2. Jena 1631.

Ders.: Loci Theologici [...]. Hrsg. v. Eduard Preuß. 9 Bde. Berlin [u. a.] 1863–1875.

Ders.: Sämtliche Leichenpredigten nebst Johann Majors Leichenrede auf Gerhard. Kritisch hrsg. u. kommentiert v. Johann Anselm Steiger. In Verbindung mit Alexander Bitzel u. Ralf Georg Bogner. Stuttgart-Bad Cannstatt 2001 (Doctrina et pietas Abt. 1; 10).

Gerson, Johannes: Oeuvres complètes. Bd. 7,1: L'oeuvre francaise. Introduction, texte et notes par Mgr. Glorieux. Paris 1966.

Giendder, Johann: Der Geistliche Seelen=Artzt/ Versehen mit General=Artzney/ Wieder alle erdenckliche Melancholey/ Auf den jetzigen Welt=Stand gerichtet; Auß dem Grund Göttlicher H. Schrifft/ der Heiligen Vätter Lehr und Sententzen/ außerlesenen Sprichwörtern [...] Medicinalischen Haupt=Regeln [...] Durch nützlich Recipe Vorgeschrieben [...]. Mit vielen schönen Emblematischen Kupffern geziert [...]. Regensburg 1700 (¹1696).

Ginther, Anton: Leich=Predig/ Oder Letst=schuldigiste Ehren=Red Der Weyland [...] Mariae Elisabethae Theresiae Freyin von Neuhauß/ etc. Der Chur=Fürstl: Durchl: in Bayren [...] Welche den 26. Octobris Anno 1691. Jn dem Hoch=Gräfl: Schloß Wöllenburg [...] verschiden [...]. Augspurg [1691].

Glassius, Salomon: Selecta Scripturae Divinae Davidicae Davidischer Schrifft=Kern. oder Geistreiche und Heilsame Betrachtungen [...]. Nürnberg 1658.

Glück, Gottfried: Eine himmlisch=gesinnete Seele/ dergleichen Sich im Leben und Sterben wohl erwiesen Die [...] Frau Helena Susanna/ gebohrne von Bodenhausen/ verwitbete aus dem Winckel/ Bey dero [...] Leich=Bestattung/ am 12. Octobr. Anno 1686. Durch eine Trauer= oder Leichen=Predigt in der Kirche zu S. Nicolai allhier/ aus dem Spruch/ Ps. 73. v. 25/26 [...]. Halle [1686].

Graff, Caspar: Ode Jambica. In: Christoph Preunel: Exequiae Sommerianae, Das ist: Christliche LeichPredigt/ Bey der [...] BegräbnisVersammlung Der [...] Frauen Veronica Sommerin/ geborner Müllerin [...]/ Welche den 15. Junii dieses lauffenden 1658. Jahrs [...] selig verstorben/ und den 18. ejusdem [...] beygesetzet worden [...]. Jena [1658], fol. H 3r–4v.

Gregor der Große: Opera. Bd. 4/4. Hrsg. v. Dag Norberg. Turnhout 1982 (Corpus Christianorum Series Latina 140).

Gruber, Wolfgang Joseph: Das In hävtige Thränenströme kläglich gestvrzte Stift Nikola, als weiland der hochwürdige und gnädige Herr Herr Severin [...] verschieden [...]. Zu einem dankbaren Grabmaale seines gnädigen Herrn und Vaters in einem Leichengedichte vorgestellet [...]. Passau 1785.

Gryphius, Andreas: Teutsche Reim=Gedichte Darein enthalten I. Ein Fürsten=Mörderisches Trawer=Spiel/ genant. Leo Armenius. II. Zwey Bücher seiner Oden III. Drey Bücher der Sonneten Denen zum Schluß die Geistvolle Opitianische Gedancken von der Ewigkeit hinbey gesetzt seynn Alles auff die jetzt üb= vnd löbliche Teutsche Reim=Art verfasset. Frankfurt am Main 1650.

Ders.: Freuden vnd Trauer=Spiele auch Oden vnd Sonette sampt Herr Peter Squentz Schimpff=Spiel. Breslau 1657.

Ders.: Gesamtausgabe der deutschsprachigen Werke. Bd. 9: Dissertationes funebres oder Leichabdankungen. Hrsg. von Johann Anselm Steiger. Tübingen 2007 (Neudrucke deutscher Literaturwerke. N. F. 51).

Hahn, Jacob: Frommer Christen Hertzens=Angst/ Aus den 25. Ps v. 17. & 18. Bey der [...] Erd=Bestattung/ Der [...] Frauen Anna Dorothea von Borsteln/ geborne Schwartzkopff [...] Welche Anno 1680. den 27. Maji [...] entschlaffen/ und darauff den 29. Novemb. selbigen Jahres [...] beygesetzet / In einer Leich=Predigt zu betrachten fürgestellet [...]. Stendal [1680].

Heckenberg, Heinrich: Christliche vnd Einfältige Leichpredigt/ Vber den Spruch S. Pauli/ zun Römern am 8. v. 16. 17. vnd 18. [...] Gethan Bey der Begräbnus [...] Apoloniae Eggelings/ Begebenen Jungfern des Jungfrewlichen Closters Isenhagen/ Welche im Jahr Christi 1630. den 25. Decemb. [...] entschlaffen. Braunschweig 1634.

Heermann, Johann: Schola Mortis: Todes=Schule: Das ist: Ander Theil Christlicher LeichPredigten: Darinnen wir Sterbliche/ Selig zu sterben richtig vnterwiesen; wider Noth vnd Todt kräfftig getröstet; vnd für Sicherheit trewlich gewarnet werden. Leipzig, Breslau 1628.

Ders.: Güldene Sterbekunst. Gezeiget in zwölff Predigten/ Aus dem anmutigen schönen Sterbe=Gesänglein: hertzlich thut mich verlangen/ nach einem seligen End [...]. Breslau 1628.

Helbig, Johann Lorenz: Traurige Gedancken Zur Nutzlichen Zeit=Vertreibung. Oder: Hundert Discursen Von Den vier letzten Dingen des Menschens/ Welche Bey den Leich=Begängnussen als Predigten/ und zu Haus als Betrachtung=Materi dienen können. Dann Hundert Leich=Predigten [...]. Samt Einem Anhang Zwölff Leich=Predigten von dem Fegfeuer [...]. Nürnberg 1704.

Helmbold, Ludwig: Geistliche Lieder/ den Gottseligen Christen zugericht/ auffs newe vber sehen/ vnd in Druck gegeben [...]. Mülhausen 1589 ([1]1575).

Ders.: Devoti Musica Cordis. Hausz- vnd Hertz-Musica. Das ist: Allerley geistliche Lieder/ aus den H. Kirchenlehrern vnd selbst eigener Andacht [...]. Leipzig 1630.

Heraklit von Ephesus: Fragmente. Griechisch/Deutsch. Hrsg. v. Bruno Snell. München [10]1989 (Sammlung Tusculum o. Nr.).

Herold, Adam: Göttliche Anweisung Zur vollkommenen Artzney=Kunst und Universal=Medicin von einem glücklichen und gottseligen Medico, Nehmlich Dem [...] Hn. Johann Altwein [...] Welcher Den 4. Junii im Jahr Christi 1698. [...] entschlaffen und den 19. desselben Monaths [...] Mit Christlicher Leichen=Begängniß beehret worden/ Jn seinem erwehlten Leib= und Leichen=Spruche Aus Exodi XV. v. 26. uns recommendirt/ und in der Kirchen zu S. Nicolai erkläret [...]. Leipzig [1698].

Herrfurch, Johann Christoph: Epicedium. In: Georg Rudolphi: Christliche Leich=Predigt/ Bey dem Leich=Begängnüß Der [...] Anna Christina Lothin/ Des [...] Wilhelm Roman Lothen/ Des [...] Witzlebischen Closters Roßleben Pachts=Jnhabers/ Hertzgeliebten Ehelichen Hauß=Ehren/ Welche den [...] 26. Junii des 1668. Jahres [...] entschlaffen/ folgendes Sontages in der Closter=Kirche [...] beygesetzet/ und denn den 26. Julii [...] das Leich=Begängnüß [...] gehalten worden [...]. Weißenfels [1668], fol. H 1r–2r.

Herrmann, Zacharias: Die Jn der Angst geröstete/ aus der Angst erlösete/ und nach der Angst getröstete Creutz=Trägerin/ Aus den bekandten Worten des 25. Psalms/ Die Angst meines Hertzens ist groß etc. Bey Christlicher Leich=Begängnis Der [...] Frauen Anna Maria Dominikin/ geb: Hentschelin [...] Welche [...] am [...] 24. Febr: An. 1686. sanfft und selig verschieden/ und den 28. darauff [...] bestattet worden/ Jn einer kurtzen Leichen=Predigt [...] vorgestellet [...]. Lissa [1686].

Ders.: Die Vergnügt lebende/ gedultig Leidende/ und willig Sterbende Liebhaberin Gottes/ Aus den Worten des LXXIII. Psalms [...]. Zu rühmlichem und gesegnetem Andencken Der [...] Frauen Rosina Keilin/ gebohrner Profin [...] Welche [...] den 13. Junii des 1687sten Jahres ihr Leben [...] beschlossen/ und den 17. darauff [...] bestattet worden [...]. Lissa [1687].

Heshusen, Tilemann: Examen Theologicum, complectens Praecipva Capita Doctrinae Christianae, Qvibus Interrogati sunt Pastores Ecclesiarum in Franconia & Thuringia, in visitatione An. 1569 In loco de Coena Domini adiectae sunt solutiones quarundam objectionum. Frankfurt am Main 1575.

Hesselbach, Johann: Leichpostill Auff allerley Ständt vnnd Zufäll der Verstorbenen Personen gericht. Das ist: Außlegung vnd Erklärung etlicher Sprüch vnnd Historien H. Göttlicher Schrifft/ nach der alten Catholischen Römischen Kirchen vnd der H. Vätter Lehr vnd Meynung/ welche bey den Begräbnussen vnnd Besingnussen [...] von den Predigern sehr nutzlich können proponirt, vnd von dem Volck betrachtet werden [...]. Würzburg 1628.

Hetzenraht, Michael: Christliche Leichpredig Bey der begräbnus/ weyland der Ehrntugendsamen vnd gottseligen frawen Christinen/ des [...] herrn Johannis Wilhelmi, Pfarherrs zu Bachrach Ehelichen Hausfrawen/ welche den 2. Januarij Morgens zwischen 3. vnd 4. vhren [...] endschlaffen/ vnd hernach den 5. Januarij Christlich zur erden bestattet worden/ Anno 1621. Herborn 1623.

Heunisch, Caspar: Jrdische Pilgrimschafft und Himmlische Burgerschafft/ in einer Christlichen Leich=Predigt aus Hebr. 13. v. 14. Wir haben hie keine bleibende Statt/ etc. Bey Volckreicher Begräbniß Des [...] Herrn Valentin Daniel Körnachers/ in des H. Reichs Stadt Schweinfurt gewesenen ältern Burgermeisters/ Welcher den 6. Junii Anno 1683. [...] entschlaffen/ und darauff den 8. Ejusdem mit Christgewöhnlichen Ceremonien zur Erden bestattet worden [...]. Nürnberg [1683].

Hieronymus: Epistulae. Pars I. Hrsg. v. Isidor Hildberg. Wien 1910 (Corpus Scriptorum Ecclesiasticorum Latinorum 54).

Hildebrand, Joachim: Christliche Leich=Predigt/ Vom Leben und Tode/ Welches besser? Aus den Apostolischen Worten S. Pauli Phil. I. v. 20.21.22.23. Nach geschehener Beysetzung Des Wolgebornen Herrn Salentin Justi Nicolai Sinold genand Schütz/ Fürstl. Brauns. Lüneb. Hochbestalten geheimen Rahts/ Welcher den 27 Apr. An. 1681. [...] verschieden/ und darauff den 17 Maji dieses Jahrs zu Zell [...] beygesezt/ Des folgenden Tages/ als den 18 Maji [...] daselbst gehalten [...]. Lüneburg [1681].

Hofer, Johann: Rahels Grabmahl. Das ist: Erläuterter vnd erklärter Text auß dem 35. Cap. Gen. v. 16. biß 20. [...] Bey [...] Begräbniß Der [...] Magdalenen/ gebornen Gerickinn/ Des [...] Johannis Vilizii [...] getrewen HaußEhren vnd Ehegemahlin: Welche [...] diese Welt gesegnet den/12. Junij, darauff/ den 14. desselben [...] Anno 1645. [...] bestattet worden. Quedlinburg [1645].

Homer: Ilias. Hrsg. v. Martin L. West. Vol. 2: Rhapsodias XIII–XXIV et indicem nominvm continens. München 2000 (Bibliotheca scriptorum Graecorum et Romanorum Teubneriana o. Nr.).

Horatius Flaccus, Quintus: Sermones, Epistulae. Lateinisch/Deutsch. Übers. v. Gerd Herrmann, hrsg. v. Gerhard Fink. Düsseldorf 2000 (Sammlung Tusculum o. Nr.).

Hütter, Leonhard: Compendium locorum theologicorum ex Scripturis Sacris et Libro Concordiae. Lateinisch/Deutsch/Englisch. Kritisch hrsg., komment. u. mit einem Nachwort sowie einer Bibliographie sämtlicher Drucke des Compendium versehen v. Johann Anselm Steiger. 2 Bde. Stuttgart-Bad Cannstatt 2006 (Doctrina et pietas Abt. 3; 2).

Jenisch, Paul: Seelenschatz/ Das ist: Gründtlicher Bericht aus Gottes wort/ Christenlich zu leben/ vnd seliglich zusterben [...]. Jena 1595.

Johannes Chrysostomos: Opera omnia quae exstant. Bd. 11. Paris 1862 (Patrologiae cursus completus. Series Graeca 62).

Kisel, Philipp: Mors Preciosa, Köstlicher Todt Deß Hochwürdigsten Fürsten [...] Philippi Valentini Voit von Rieneck/ Deß Hohen Käys. Stiffts Bamberg Bischoffen/ deß Heiligen Römischen Reichs Fürsten[...] Welcher [...] den 3. Februarii 1672 [...] entschlaffen. In einer Trawer=Predig [...] vorgestellet [...]. Bamberg 1672.

Kornzweig, Johann Jacob: Lementatio Relicti Vidui. In: Michael Hetzenraht: Christliche Leichpredig Bey der begräbnus/ weyland der Ehrntugendsamen vnd gottseligen frawen Christinen/ des [...] herrn Johannis Wilhelmi, Pfarherrs zu Bachrach Ehelichen Hausfrawen/ welche den 2. Januarij Morgens zwischen 3. vnd 4. vhren [...] endschlaffen/ vnd hernach den 5. Januarij Christlich zur erden bestattet worden/ Anno 1621. Herborn 1623, S. 27f.

Kromayer, Augustin: Spes Hiobi, Das ist: Eine Christliche Leichpredigt vber die Wort Hiob am 13. cap. [...] Bey dem Begräbnis/ Des [...] Herrn Johann Ilgen, [...] Welcher den 16. Octobris [...] selig verstorben/ vnd den 18. hernach [...] bestattet worden/ Anno 1636. Erfurt 1637.

Kupfer, Balthasar: Dulce Refrigerium Hiobs köstlicher Labsal in Noth und Todt/ ex cap. XIX. v. 54. [...] Bey der Christlichen Leichbestattung Des [...] Herrn Johannis-Philippi Ludeci [...], Welcher den 24. Iulii Anno 1669. [...] in Franckfurt sanfft und seelig eingeschlaffen/ und den folgenden 1. Aug. in sein Ruhe=Kämmerlein ist beygesetzet worden [...]. Frankfurt an der Oder 1670.

Lacrymae Virtutum Heroicarum, Affvsae Tvmvlo Serenissimae Principis, Annae Catharinae Constantiae, [...] Principi Philippo Wilhelmo [...]. Quando Heroicas Divinae Mentis Exvvias, Colonia Agrippina Dusseldorpium, in PP. Societatis Iesu Templum, [...] Pompa Funebri moestus cum universa Patria Princeps Maritvs extulit [...]. Köln 1651.

Lactantius, Lucius Caelius Firmianus: Opera Omnia. Rec. Samuel Brandt et Georg von Laubmann. Pars I. Wien 1890 (Corpus Scriptorum ecclesiasticorum Latinorum 19).

Lanckisch, Michael von: Neupolierter Mahl=Schatz/ Das ist: Außführliche und Nüzliche Betrachtung des Mahlschazzes/ Welchen verlobte Personen einander vor= bey= oder nach dem Verlöbnüsse zu reichen pflegen [...] Mit sondern Fleisse Aus Gottes Worte/ alter und neuer Kirchen=Lehrer/ auch Politic: Philolog: und Philosophorum Schriften/ zugleich mit allerhand Historien/ Denk=Sprüchen/ Sinn=Bildern/ Reimen und nachdenklichen Reden und Lehren/ ausgearbeitet [...]. Bautzen, Dresden 1661.

Lapide, Cornelius a: Ecclesiasticvs Iesv Filii Sirach. Illvstratvs Accvrato Commentario [...]. Lyon 1633.

Lauginger, Christian: Epicedium. In: Johann Baptist Renz: Christliche Leichen=Predigt Uber Psalm. 86. v. 3, 4. Als der entseelte Leichnam Deß Weiland [...] Herren Adolph Zobels [...] Anno 1689. Mittwochs den 30. Martii in der Evangel. Pfarr=Kirchen zu St. Anna/ in seine Ruhe=Stätte/ eingesencket wurde [...]. Augsburg [1689], S. 57.

Leisentrit, Johann: Geistliche Lieder [...]. Bautzen 1567.

Leyser, Polycarp: Leichpredigt/ Aus den worten des 42. Pslams: Was betrübstu dich meine Seele/ vnd bist so vnruhig in mir? etc. Beym Begräbnis der [...] Frawen Reginen, Des [...] Herrn Johann-Friedrich Schröters/ Bürgers vnd Handelsmanns in Leipzig/ Ehelichen HaußFrawen. Welche den 24. Februar. Anno 1630. [...] entschlaffen/ vnd den 26. Februar. [...] bestattet worden [...]. [Leipzig 1630].

Ders.: Christliche Leichpredigt/ Aus dem 1. Capitel der Klaglieder des Propheten Jeremiae: Euch sage ich allen/ die ihr fürüber gehet/ schawet doch/ vnd sehet/ ob irgend ein Schmertzen etc. Beym Begräbnis der [...] Frawen Catharinen/ Des ... Herrn Johann Behrs [...] Ehlichen Haußfrawen. Welche den 11. Februarii Anno 1632. [...] entschlaffen/ vnd den 14. Febr. [...] bestattet worden. Leipzig [1632].

Ders.: Leichpredigt Aus den Worten S. Pauli in der ersten an die Corithier am 15. Capitel. [...] Beym Begrebnis der [...] Annen/ Des [...] Michael Bernouls/ Handelsmans in Leipzig seligen nachgelassenen Witwen. Welche den 3. Aprilis, Anno 1632. [...] entschlaffen/ vnd hernach den 5. ejusdem Christlich zur Erden bestattet worden. Leipzig [1632].

Ders.: Drey Leichpredigten Bey Christlicher Sepulturn vnd Begräbnissen Vaters/ Eydam vnd Tochter/ 1. Des [...] Herrn Johan Ilgens [...] Welcher den 8. Novembr. [...] entschlaffen/ vnd den 12. Nov. in der Pauliner Kirchen begraben worden. 2. Des [...] Herrn Peter Kuch [...] Welcher den 11. Sept. [...] gestorben/ vnd den 14. Sept. zur Ruhestatt [...] gebracht worden Und 3. Der [...] Frawen Helenen [...] Peter Kuchs Sel. ehelichen Haußfrawen/ vnd Herrn Johan Ilgens eheleiblichen Tochter [...] Welche den 14. Sept. [...] gesegnet/ vnd den 16. Sept. [...] bestattet worden/ Alle im Jahre 1632 gehalten [...]. Leipzig 1633.

Lomessen, Hubert: Newe außerlesene Lehrreiche Postilla Oder Außlegung der Dominical/ auch Fest vnd Feyrtäglicher Evangelien durchs gantze Jahr/ vnnd etlicher Epistelen [...]. Nunmehr aber durch [...] Hvbertvm à Caster [...] zusammen gebracht [...]. Winter Theil. Köln 1624.

Ders.: Außerlesene Lehrreiche Postilla Oder Außlegung der Dominical/ auch Fest vnd feyertäglicher Euangelien durchs gantze Jahr vnd etlicher Epistolen [...]. Aber durch [...] Hvbertvm à Caster [...] zusammen gebracht [...]. Sommer Theil. Köln 1661.

Lucius, Johann Andreas: Die unvergleichliche Medicin des himmlischen Artztes/ Christi Jesu/ Aus denen Worten des Buchs der Weißheit cap. 16. v. 12. [...] Bey [...] Leichbestattung Des [...] Andreae Ganzlandes [...] Welcher den 25. Octobr. des 1663sten Jahrs [...] zu Dreßden selig verschieden/ und darauff den 1. Novemb. [...] bestattet worden [...]. [Dresden 1663].

Ders.: Die girrende Taube Jesu/ Oder ängstliches Aechzen und Seuffzen einer gläubigen Seele in Noth und Tod/ Aus dem Gebeth des todkrancken Königes Hiskiae/ Esa. 38/ vers. 12. 13. 14. Er säuget mich dürre aus/etc. Bey [...] Begräbnüß Der [...] Sophien Löbin/ Gebohrner Trieblerin [...] Welche nach schweren Kindes=Nöthen den 12. Martii [...] eines todten Töchterleins genesen/ und 6. Stunden darauff [...] selig verschieden; den 17. Martii aber mit Christlichen Ceremonien zur Erden bestattet worden [...]. Dresden [1664].

Lüneburgisches Gesangbuch/ Darinn 2000. so wol alte als neue geistreiche Lieder/ Aus den besten Autoren gesamlet/ und mit vielen neuen wolgesetzten Melodeyen und Kupffern gezieret/ nebst angefügtem Gebetbüchlein [...]. Lüneburg 1686.

Luther, Martin: Kirchen Postilla das ist: Auslegung der Episteln vnd Euangelien/ an Sontagen vnd furnemesten Festen [...]. Auffs new corrigirt/ vnd gebessert. Wittenberg 1547.

Ders.: Werke. Kritische Gesamtausgabe. 73 Bde. Weimar 1883–2009 (zit. WA).

Ders.: Die Deutsche Bibel. 12 Bde. Weimar 1906–1961 (zit. WA DB).

Ders.: Tischreden. 6 Bde. Weimar 1912–1921 (zit. WA TR).

Ders.: Briefwechsel. 18 Bde. Weimar 1930–1985 (zit. WA BR).

Ders.: Die gantze Heilige Schrifft Deudsch. Wittenberg 1545. Letzte zu Luthers Lebzeiten erschienene Ausgabe. Hrsg. v. Hans Volz unter Mitarbeit von Heinz Blanke, Textredaktion Friedrich Kur. 2 Bde. München 1972.

Mack, G.: Epicedium. In: David Sieber: Er (Messias) ist nun frei von Angst und dem Gericht/ Wer ist/ der seine Lebens=Läng ausspricht? Oder Eine Christliche Leich=Predigt/ aus dem 53. Capitel Esaiae/ vers. 8. Bei [...] Leichbegängnus/ Deß weiland [...] Georg Friderich Seufferhelds/ ältern Hoch=verdienten Stättmeisters und Steuer=Herrns [...] Welcher Mittwochens den 13. Tag Octobris/ deß abgewichenen 1686. Jahrs [...] selig verschieden/ und Sonntags den 17. [...] bestattet worden. [...]. Schwäbisch Hall 1687, S. 41.

Manlius, Johannes: Locorvm Commvnivm Collectanea [...]. O. O. 1590.

Masen, Jacob: Speculum Imaginum Veritatis Occultae, Exhibens Symbola, Hieroglyphica, Emblemata, Aenigmata [...]. Köln 1650.

Meder, Petrus Wolfgang: Epicedium. In: Caspar Heunisch: Jrdische Pilgrimschafft und Himmlische Burgerschafft/ in einer Christlichen Leich=Predigt aus Hebr. 13. v. 14. Wir haben hie keine bleibende Statt/ etc. Bey Volckreicher Begräbniß Des [...] Herrn Valentin Daniel Körnachers/ in des H. Reichs Stadt Schweinfurt gewesenen ältern Burgermeisters/ Welcher den 6. Junii Anno 1683. [...] entschlaffen/ und darauff den 8. Ejusdem mit Christgewöhnlichen Ceremonien zur Erden bestattet worden [...]. Nürnberg [1683], S. 63.

Melanchthon, Philipp/Dietrich, Veit (Übers.): Ein Trostschrift fuer alle betrütbten hertzen/ in diesen kümmerlichen zeyten/ im latein von Herr Philippus Melanthon gestellet/ Vnd yetzund erstlich in Deutscher sprach gedruckt. [Magdeburg] 1547.

Merian, Matthäus: Todten-Tantz/ Wie derselbe in der Weitberühmten Statt Basel als ein Spiegel Menschlicher beschaffenheit gantz Künstlich mit Lebendigen Farben gemahlet/ nicht ohne nutzliche Verwunderung zusehen ist. Basel 1621.

Meyfart, Johann Matthäus: Von Dem Hellischen Sodoma/ Auff Historische Weise/ ohn alle Streitsachen/ Aus den inbrünstigsten vnd andächtigsten Contemplationen, So wol Alter als Newer/ doch gelehrter Vätter vnd Männer beschrieben [...]. 2. Buch. Coburg 1630.

Michael a Sanctis Angelis: Tugend=Controfeè oder Leich= vnnd Lob=Predig/ Vber das [...] Leben; Weyland/ der Durchläuchtigisten Fürstin vnd Frauen/ Frauen Maria Anna, In Ober= vnnd Nieder-Bayrn etc. auch der Obern Pfaltz Hertzogin/ Pfaltzgräffin bey Rhein/ Churfürstin/ Landgräffin zu Leichtenberg/ etc. Geborner Königl. Princessin zu Hungarn vnd Böheim/ Ertz=Hertzogin zu Oesterreich [...] Welche Jn der Churfürstl: Haubt= vnd Residentz=Stad Straubing [...] bey den PP. Carmelitis allda den 26. Octobr. vorgetragen. Salzburg [1665].

Minucius Felix, Marcus: Octavius. Lateinisch/Deutsch. Hrsg., übers. u. eingel. v. Bernhard Kytzler. München 1965.

Moller, Martin: Meditationes sanctorum Patrum (Teil I). Schöne/ Andechtige Gebet/ Tröstliche Sprüche/ Gottselige Gedancken/ Trewe Bußvermahnungen/ Hertzliche Dancksagungen/ vnd allerley nützliche vbungen des Glaubens. Aus den heyligen Altvätern [...]. Görlitz 1593 ([1]1584).

Morhof, Daniel Georg: Teutsche Gedichte. Kiel 1682.

Müller, Friedrich Sybaeus: Epicedium. In: David Sieber: Er (Messias) ist nun frei von Angst und dem Gericht/ Wer ist/ der seine Lebens=Läng ausspricht? Oder Eine Christliche Leich=Predigt/ aus dem 53. Capitel Esaiae/ vers. 8. Bei [...] Leichbegängnus/ Deß weiland [...] Georg Friderich Seufferhelds/ ältern Hoch=verdienten Stättmeisters und Steuer=Herrns [...] Welcher Mittwochens den 13. Tag Octobris/ deß abgewichenen 1686. Jahrs [...] selig verschieden/ und Sonntags den 17. [...] bestattet worden. [...]. Schwäbisch Hall 1687, S. 46f.

Müller, Johann Jacob: Christliche Leich=Predig in welcher (aus der Epistel an die Hebr. Cap. XIII. Vers. 14.) Daß wir kein bleibende Stätte hier haben/ sondern zusuchen das künfftig Erlaben: Schrifftmässig gelehrt und als [...] Felix Wilhelm Breitschwert von Eningen [...]/ Welcher den 3. Augusti, Anno 1680. [...] eingeschlaffen/ den folgenden 8ten diß zu seiner in der Kirchen zu St. Leonhard by dem Altar bereiteten Ruh=Kammer getragen [...] vorgetragen [...]. Stuttgart 1680.

Müller, Roman: Calculus Candidus. Leich= vnnd Lobpredig [...] Jn [...] beysetzung [...] Deß [...] Herrn Johann Christoff Grafen von LiechtenStein etc. Bischoffen zu Chiemsee [...] Gepredigt. Anno M.DC.XLIII. Decemb. 4. Salzburg [1643].

Ders.: Inavris Avrea Et Margaritvm Fvlgens. Proverb. 25. Oder Guldenes Ohren=Gehenck vnd glentzende Perlen Das ist: Hoch=betrawrende Leich: vnd Lob=Verfassung Jn hochansehlich=geführter Klag/ vnd Erdt=Bestättung der [...] Frawen Frawen Joannae, Gräfin von Wolckenstein/ etc. deß [...] Stiffts S. Ehrentraut allhie zu Saltzburg [...] würdigsten Aebbtissin [...]. Salzburg 1657.

Ders.: Urna Iudicii Gefäß rechten Urtheils/ Welches Bey [...] Leichbegängnuß Weiland deß Wolgebohrnen Herrn Herrn Johann Freyherrns von Platz [...] Durch Den Hochwürdigen in Gott/ auch Edl vnd Hochgelehrten Herrn Herrn Romanum, Abbten deß löblichen Stiffts vnd Closters Seon [...] Auffgestellt [...] worden. Salzburg 1666.

Musäus, Simon: Nützlicher Bericht/ vnnd Heilsammer Rath aus Gottes Wort/ wider den Melancholischen Teuffel [...]. [Nürnberg] 1569. Ediert in: Johann Anselm Steiger: Medizinische Theologie. Christus medicus und theologia medicinalis bei Martin Luther und im Luthertum der Barockzeit. Mit Edition dreier Quellentexte. Leiden [u. a.] 2005 (Studies in the history of Christian traditions 121), S. 212–256.

Mylius, Georg: Etliche christliche/ tröstliche vnnd in Gottes Wort wol gegründte Leich Predigten. Bey vnterschiedlichen Leichen vnd Begrebnüssen/ auch zu vnterschiedtlichen zeiten vnd orten gehalten [...]. Jena 1599.

Neuss, Heinrich Georg: Der rechte Kampf der Gläubigen/ Als Die [...] Susanna Magdalena Martinin [...] Den 8. Aprilis 1699. der Zeitlichkeit entnommen/ den 11. ejusd. [...] der Erden anvertrauet worden/ Den folgenden Weissen Sonntag [...] in einem Leich=Sermon vorgestellet [...]. Wernigerode [1699].

Nicolai, Philipp: FrewdenSpiegel deß ewigen Lebens, Das ist: Gründtliche Beschreibung deß herrlichen Wesens im ewigen Leben/ sampt allen desselbigen Eygenschafften vund Zuständen [...]. Frankfurt am Main 1599.

Nitner, Hieronymus Jacob: Valet=Gespräche. In: Georg Rudolphi: Christliche Leich=Predigt/ Bey dem Leich=Begängnüß Der [...] Anna Christina Lothin/ Des [...] Wilhelm Roman Lothen/ Des [...] Witzlebischen Closters Roßleben Pachts=Jnhabers/ Hertzgeliebten Ehelichen Hauß=Ehren/ Welche den [...] 26. Junii des 1668. Jahres [...] entschlaffen/ folgendes Sontages in der Closter=Kirche [...] beygesetzet/ und denn den 26. Julii [...] das Leich=Begängnüß [...] gehalten worden [...]. Weißenfels [1668], fol. H 3v–4v.

Opitz, Martin: Buch von der deutschen Poeterei. Abdr. der 1. Ausg. (1624). Halle 1876.

Osiander, Lucas: Ein Predig/ Wie die Christen in diser Welt/ mit gutem gewissen/ Frölich sein/ vnd schwermütigkeit von sich treiben mögen vnd sollen. Tübingen 1584.

Ovidius Naso, Publius: Metamorphosen. Lateinisch/Deutsch. Hrsg. u. übers. v. Niklas Holzberg. Berlin [u. a.] 2017 (Sammlung Tusculum o. Nr.).

Owen, John: Epigrammata. Ed. postrema et correctissima et posthumis quibusdam adaucta. Basel 1780.

Pacatus Drepanius, Latinus: In praise of later Roman emperor. The Panegyrici Latini. Introd., transl., and historical commentary. C. E. V. Nixon and Barbara Saylor Rodgers. With the Latin text of R. A. B. Mynors. Liverpool 1987.

Paiot, Carolus: Tyrocinium Eloquentiae, Sive Rhetorica Nova, Et Facilior [...]. Wien 1672.

Paschasius: Poesis Artificiosa Cum Sibi praefixa perfacili manuductione ad Parnassum, tam veterum, quam recentiorum Poetarum authoritate studiose elaborata [...]. Würzburg 1668.

Paulinus von Nola: Epistulae. Briefe. Übers. u. eingel. v. Matthias Skeb. 3 Bde. Freiburg im Breisgau [u. a.] 1998 (Fontes Christiani 25).

Physiologus. Griechisch/Deutsch. Übers. u. hrsg. v. Otto Schönberger. Stuttgart 2001 (Reclams Universal-Bibliothek 18124).

Piceae Ferales semper virides, quas ad tumulum Theologi theophilesatu, numerisque; omnibus consummatissimi, [...] Joh. Marcelli Westerfeldii [...] postquam inter cunas et feretrum LXVIII annos numerasset [...]. Nördlingen [1678].

Picinelli, Filippo: Mundus Symbolicus, In Emblematum Universitate Formatus, Explicatus, Et Tam Sacris, quam profanis Eruditionibus ac Sententiis illustratus [...]. Bd. 1. Köln 1687.

Pistorius, Georg: Allgemeines Klaghauß Oder/ Catholische Leichpredigen Bey Begräbnussen der Kinder/ Jüngling/ Jungfrawen/ Ehe: Männeren/ Weiberen/ Kindtbetheren/ Wittiben/ Alten/ Obrigkeiten/ KriegsOfficieren/ Presthafften/ Armen/ Bawren/ Ehehalten/ Handels: vnd Handwercksleuthen/ Reisenden/ Frembdling/ Taglöhnern/ Pfarrherrn/ vnd Fürstl. Personen. Auch Vil andere Discurs von Andenck: Ankündigungen/ Gedächtnuß/ Vorbereitungen/ vnd Underschid guten vnd bösen Todts/ vom Fegfewr/ etc. welche bey allen LeichConducten, vnd sonsten an Sonn: vnd Feyrtägen nutzlich zugebrauchen. Alles Auß Göttlicher Schrifft/ heiligen Vättern vnd Lehrern mit vilen Denckwürdigen Exempeln zur Lehr vnd Underweisung zusammen beschriben [...]. Dillingen 1663.

Plinius Secundus d. Ä.: Naturalis historiae libri XXXVII, liber VII. Anthropologie. Lateinisch/Deutsch. Hrsg. u. übers. v. Roderich König in Zusammenarb. mit Joachim Hopp u. Wolfgang Glöckner. München 1975.

Ders.: Naturalis historiae libri XXXVII, liber IX. Zoologie: Wassertiere. Lateinisch/Deutsch. Hrsg. u. übers. v. Roderich König in Zusammenarb. mit Joachim Hopp u. Wolfgang Glöckner. München 1979.

Plutarch: Moralia. Vol. 2. With an Engl. transl. by Frank Cole Babbitt. London 1956.

Preunel, Christoph: Exequiae Sommerianae, Das ist: Christliche LeichPredigt/ Bey der [...] BegräbnisVersammlung Der [...] Frauen Veronica Sommerin/ geborner Müllerin [...]/ Welche den 15. Junii dieses lauffenden 1658. Jahrs [...] selig verstorben/ und den 18. ejusdem [...] beygesetzet worden [...]. Jena [1658].

Quandt, Johann: Die wahre Beschaffenheit des Todes/ und die aus der Aufferstehung Christi herrührende Wohltaten/ Als Trost=Gründe wider den Tod/ Bey Vornehmen Leich=Begängniß Des [...] Jünglinges/ Reinhold Heinrich von Kohlen [...] In der Altstädtschen Pfarr=Kirchen/ Anno 1698. den 20. Aprilis, aus dem 20sten Versickel/ der 1sten Epistel an die Corinthier in dem 15den Capitel [...] fürgestellet [...]. Königsberg 1698.

Quirinus a Sanctissima Trinitate: Teutsch vorgestelte Spanische Heldin/ Das ist: Siegreiches Leben/ Heldenmässige Thaten/ Englische Tugenden/ seltzame Erscheinungen/ Verzuckung= und Offenbarungen/ kostbahrer Todt [...] und durch fruchtende Außbreittung ihres Ordens reichgeschmuckte Ehren=Cron Der Seraphischen Jungfrauen/ und grossen Ertz=Mutter Theresiä von Jesu [...]. München 1714.

Rauner, Narcissus: Abdanckungs Sermon. In: Johann Baptist Renz: Christliche Lei-chen=Predigt Uber Psalm. 86. v. 3, 4. Als der entseelte Leichnam Deß Weiland [...] Herren Adolph Zobels [...] Anno 1689. Mittwochs den 30. Martii in der Evangel. Pfarr=Kirchen zu St. Anna/ in seine Ruhe=Stätte/ eingesencket wurde [...]. Augsburg [1689], S. 34–41.

Renner, Dominikus: Aureola Oder Himmelisches Doctor=Crönl/ Mit welchem Jn einer Lob= vnnd Leich=Predig die Tugend wahrer Trew Deß [...] Herrn Stephani Malgarita, Der Heyl. Schrifft Licentiaten, in dem adelichen Stifft vnd weitberühmbten S. Benedicti Ordens Jungfrawen Closter Geisenfeld wolverordneten Beichtvatter/ Dechant vnd Pfarrer allda. Bey dessen Trawrklagenden Besingnuß den 9. Decemb. 1675. zu schul-digister Ehren-Gedächtnuß [...] vorgestellet [...]. München 1676.

Ders.: Klag=seufftzendes Ach! In Khiebach; Nach seiner Geist=Fruchtbaren Mutter der starcken vnd schönen Lieb/ Nemblich Der Hochwürdigen in Gott Wohl=Edlen Frauen/ Frauen Mariae Catharinae Deß Adelichen Stiffts vnd Hochlöblichen Jungfrau-en=Klosters Khiebach/ S. Benedicti Ordens/ würdigst= vnnd hochberühmbtisten Abbtissin [...]. München 1686.

Renz, Johann Baptist: Christliche Leichen=Predigt Uber Psalm. 86. v. 3, 4. Als der entseelte Leichnam Deß Weiland [...] Herren Adolph Zobels [...] Anno 1689. Mittwochs den 30. Martii in der Evangel. Pfarr=Kirchen zu St. Anna/ in seine Ruhe=Stätte/ einge-sencket wurde [...]. Augsburg [1689].

Ders.: Epicedium. In: Ders.: Christliche Leichen=Predigt Uber Psalm. 86. v. 3, 4. Als der entseelte Leichnam Deß Weiland [...] Herren Adolph Zobels [...] Anno 1689. Mitt-wochs den 30. Martii in der Evangel. Pfarr=Kirchen zu St. Anna/ in seine Ruhe=Stätte/ eingesencket wurde [...]. Augsburg [1689], S. 52f.

Rist, Johann/Schop, Johann: Himmlische Lieder (1641/42). Kritisch hrsg. u. kommentiert v. Johann Anselm Steiger. Kritische Ed. des Notentextes v. Konrad Küster. Mit einer Einf. v. Inge Mager. Berlin 2012.

Ders.: Neue himmlische Lieder (1651). Kritisch hrsg. u. kommentiert v. Johann Anselm Steiger. Musik v. Andreas Hammerschmidt, Michael Jacobi, Jacob Kortkamp, Petrus Meier, Hinrich Pape, Jacob Praetorius, Heinrich Scheidemann, Sigmund Theophil Staden. Kritische Ed. der Notentexte v. Konrad Küster. Berlin 2013.

Ritter, Johann Leonhard: Christlicher LeichSermon. Bey Begräbnuß Deß [...] Fräwleins/ Annae Dorotheae Herr Stäntzkhi [...] Deß [...] Herrn Wolff Michael Herr Stäntzkhi [...] hertzgeliebten Fräwlein Töchterleins. Welches den 27. Aprilis dieses 1630. Jahrs/ jhres Alters 15. Wochen vnd 6. Tag zu Regenspurg im Herrn seeliglich entschlaffen/ vnd den 1. May [...] daselbst Christlich zur Erden bestattet worden. Regensburg 1630.

Roppelt, Johann Joseph Adam: Anleitung zur praktischen geistlichen Beredsamkeit zum Gebrauche der Lehrlinge bey den öffentlichen Vorlesungen. Bamberg 1784.

Rudolphi, Georg: Christliche Leich=Predigt/ Bey dem Leich=Begängnüß Der [...] Anna Christina Lothin/ Des [...] Wilhelm Roman Lothen/ Des [...] Witzlebischen Closters Roßleben Pachts=Jnhabers/ Hertzgeliebten Ehelichen Hauß=Ehren/ Welche den [...] 26. Junii des 1668. Jahres [...] entschlaffen/ folgendes Sontages in der Closter=Kirche [...] beygesetzet/ und denn den 26. Julii [...] das Leich=Begängnüß [...] gehalten worden [...]. Weißenfels [1668].

Sandhagen, Caspar Hermann: Trostschrift. In: Joachim Hildebrand: Christliche Leich=Predigt/ Vom Leben und Tode/ Welches besser? Aus den Apostolischen Worten

S. Pauli Phil. I. v. 20.21.22.23. Nach geschehener Beysetzung Des Wolgebornen Herrn Salentin Justi Nicolai Sinold genand Schütz/ Fürstl. Brauns. Lüneb. Hochbestalten geheimen Rahts/ Welcher den 27 Apr. An. 1681. [...] verschieden/ und darauff den 17 Maji dieses Jahrs zu Zell [...] beygesezt/ Des folgenden Tages/ als den 18 Maji [...] daselbst gehalten [...]. Lüneburg [1681], fol. K 1r–2v.

Scaliger, Julius Caesar: Poetices libri septem. Sieben Bücher über die Dichtkunst. Hrsg., übers., eingel. u. erläut. v. Luc Deitz u. Gregor Vogt-Spira. Unter Mitwirk. v. Manfred Fuhrmann. Bd. 3: Buch 3, Kapitel 95–126. Stuttgart-Bad Cannstatt 1995.

Schallerer, Wolfgang: Sacrvm Celevsma Das ist: Geistlicher Schiffer= Vnd Ehren=Rueff/ Von Glückseeliger Abfahrt auß dieser Welt/ Der [...] Frawen Maria Anna Hertzogin in Obern= und Nidern Bayrn [...] Jn folgender Lob=Red außgesprochen/ Zu München [...] Jm Jahr M.DC.LXVI. Den 25. Tag Herbst=Monats. München [1666].

Schelwig, Samuel: Christliches Ehren=Gedächtnüß [...] Bey Volckreicher Leich=Begängnüß/ [...] Weyland [...] Herrn Ottoni Dieterico Voegedingio [...] Nach dem Selbiger/ im Jahr M.DCC. den 30. Aprilis, seine sterbliche Hütte abgelegt/ und darauff Den 12. Maji [...] der Erden anvertrauet ward [...] Durch eine über Ps. VI. 3. 4. [...] gehaltene [...] Predigt [...]. Danzig [1700].

Scherer, Georg: Leichpredig bey der Christlichen Begrebnuß Des Wollgebornen Herrn/ Herrn Hansen Preinners Freiherrn [...]. In: Ders.: Ander Theil/ Begreifft neben einem außführlichen vnd der zeit hochnützlichen Catechismo ein vnd sibentzig Predigen von vnterschidlichen materien [...]. Kloster Bruck 1600, S. 368r–372r.

Schickhart, Friedrich: Geistliche Reiß=Beschreibung. Das ist: Einfältige Erklärung der Apostolischen Wort/ Hebr. XIII. v. 14. Wir haben hier keine bleibende Statt/ sondern die Zukünfftige suchen wir. Bey dem [...] Ableiben Deß [...] Herrn Felix Wilhelm Bretischwerdten von Eningen etc. [...] Welcher den 3. Augusti, Anno 1680. [...] entschlaffen/ und folgenden Sonntag [...] zur Ruhe gebracht worden. Stuttgart [1680].

Schilling, Florentius: Catholisch Todten=Gerist. Daß ist/ Wolgegründte Ehrn=Gedächtnuß Hochadelicher Cavalliern/ Herrn/ vnd Frawen/ Deren Hochadeliches Herkommen Christlöbl. Thatten/ vnd seel. Todt in vnderschidlichen Leichtpredigten mit angenemmen Verfassungen der Welt zum Tugendt=Spiegel vorgestellet werden [...]. (Bd. 1). Wien 1668.

Ders: Todten=Gerüst/ Das ist: Wolgegründte Ehren=Gedächtnuß/ Hochadelicher Cavalliern/ Herren und Frauen/ Deren Hoch=Adeliches Herkommen/ Christlöbl. Thaten und seel. Tod in unterschidlichen Leich=Predigten mit angenehmen Verfassungen der Welt zum Tugend=Spiegel vorgestellet worden [...]. (Bd. 2). Sulzbach, Nürnberg 1676.

Schmauß, Johann: Wanderschafft Glaubiger Kinder Gottes/ nach dem Vorriß Pauli, Hebr. XIII, 14. Bey [...] Leich=Begängnüß der [...] Frauen Marien Rosinen von Waldeck/ einer gebornen Pachelblin von Gehag [...] als Dieselbe Freytags den 1sten Julii seeligst von dieser Welt abgeschieden/ und Montags den IV. Ejusdem dieses 1687sten Christ=Jahrs [...] begraben worden [...]. Hof 1687.

Schmidt, Sebastian: In Librum Ijobi Commentarivs [...]. Straßburg 1670.

Schütze, Jeremias: Epicedium. In: Georg Heinrich Reuss: Der rechte Kampf der Gläubigen/ Als Die [...] Susanna Magdalena Martinin [...] Den 8. Aprilis 1699. der Zeitlichkeit entnommen/ den 11. ejusd. [...] der Erden anvertrauet worden/ Den folgenden

Weissen Sonntag [...] in einem Leich=Sermon vorgestellet [...]. Wernigerode [1699], fol. E 3v/4r.

Seneca, Lucius Annaeus: Philosophische Schriften. Lateinisch/Deutsch. Bd. 1: Dialoge I–VI. Hrsg. v. Manfred Rosenbach. Darmstadt 1969.

Ders.: Philosophische Schriften. Lateinisch/Deutsch. Bd. 2: Dialoge VII–XII. Hrsg. v. Manfred Rosenbach. Darmstadt 1971.

Ders.: Epistulae morales ad Lucilium. Bd. 2. Hrsg. u. übers. v. Rainer Nickel. Düsseldorf 2009 (Sammlung Tusculum o. Nr.).

Seuse, Heinrich: Deutsche Schriften. Im Auftr. der Württemberg. Kommission für Landesgeschichte hrsg. v. Karl Bihlmeyer. Stuttgart 1907.

Sieber, David: Er (Messias) ist nun frei von Angst und dem Gericht/ Wer ist/ der seine Lebens=Läng ausspricht? Oder Eine Christliche Leich=Predigt/ aus dem 53. Capitel Esaiae/ vers. 8. Bei [...] Leichbegängnus/ Deß weiland [...] Georg Friderich Seufferhelds/ ältern Hoch=verdienten Stättmeisters und Steuer=Herrns [...] Welcher Mittwochens den 13. Tag Octobris/ deß abgewichenen 1686. Jahrs [...] selig verschieden/ und Sonntags den 17. [...] bestattet worden. [...]. Schwäbisch Hall 1687.

Sittard, Matthias: Ein Christliche/ Tröstliche Predigt/ vber vnd bey der [...] Leich/ des [...] Römischen Khaysers Ferdinandi [...] am IX. Sontag nach der allerhailigsten Dreyfaltigkait/ Das ist/ am XXX tag des Monats Julij [...] zu Wienn in der Burgkirchen gethan. [Wien 1565].

Sommer, Samuel: Epicedium. In: Christoph Preunel: Exequiae Sommerianae, Das ist: Christliche LeichPredigt/ Bey der [...] BegräbnisVersammlung Der [...] Frauen Veronica Sommerin/ geborner Müllerin [...]/ Welche den 15. Junii dieses lauffenden 1658. Jahrs [...] selig verstorben/ und den 18. ejusdem [...] beygesetzet worden [...]. Jena [1658], fol. K 3r/v.

Spangenberg, Johann: Ein new Trost büchlin/ Mit einer Christlichen vnterrichtung/ Wie sich ein Mensch bereiten sol/ zu einem seligen sterben/ jnn Fragstücke verfasset [...]. Wittenberg 1544.

Spener, Christian Maximilian: Trauer=Gedicht. In: Heinrich Georg Neuss: Der rechte Kampf der Gläubigen/ Als Die [...] Susanna Magdalena Martinin [...] Den 8. Aprilis 1699. der Zeitlichkeit entnommen/ den 11. ejusd. [...] der Erden anvertrauet worden/ Den folgenden Weissen Sonntag [...] in einem Leich-Sermon vorgestellet [...]. Wernigerode [1699], fol. E 2r.

Spitzel, Gottlieb: Epicedium. In: Johann Baptist Renz: Christliche Leichen=Predigt Uber Psalm. 86. v. 3, 4. Als der entseelte Leichnam Deß Weiland [...] Herren Adolph Zobels [...] Anno 1689. Mittwochs den 30. Martii in der Evangel. Pfarr=Kirchen zu St. Anna/ in seine Ruhe=Stätte/ eingesencket wurde [...]. Augsburg [1689], S. 49f.

Starck, Isaac: Epicedium: In: Martin Geier: Der allerkostbarsten Kreutz=Artznei 1. Verdrüßlicher Gebrauch; 2. Unschätzbarer Nutz/ 3. Vernünfftiger Patient. Aus den Worten Pauli (2. Corinth. IV, 17.18.) [...]. Bei [...] Leich=Bestattung Der [...] Frauen Rachel/ Freyin von Rechenberg/ gebornen von Werthern [...]/ Am 14. Febr. Anno 1677. in der Kreutz=Kirche zu Dreßden [...] fürgetragen. Dresden [1677], fol. D 2v/E 1r.

Staudacher, Nikolaus: Unsterblicher Tugend=Schatz Durch Gute Handelschafft erworben Von der [...] Chur=Fürstin [...] Elisabetha Amalia Magdalena Verwittibten Pfaltz=Gräfin bey Rhein/ und Chur=Fürstin/ in Bayrn [...] Bey drey=tägiger Leich=Begängnus Jn Einer Lob=Rede vorgestelt [...]. Augsburg 1710.

Steinmayr, Michael: Marianische Schatz=Cammer. Mit Zwölff guldenen Credentz=Schalen bereichet. Das ist: Zwölff Monatliche Abends=Predigen Von der Krafft/ Verdienst/ vnd Nutzbarkeit deß Allerheiligisten Rosen-Crantzes/ Vorgestellt durch Zwölff Päschi [...]. Fünffter Thail. München 1690.

Stöcker, Jakob: Spiegel Christlicher HaußZucht Jesus Sirachs des heiligen vnd weisen Lehrers/ Darinnen alle gottselige Bürger vnnd Hausgenossen Gottes/ in welchem Beruff/ Orden/ oder Stande die leben/ sich zu ersehen/ wie sie sich gegen Gott/ Gottes Wort/ Priestern/ Eltern/ Ehegemahl/ Kindern [...] vnd jederman verhalten sollen. Jn hundert vnd ein vnd siebentzig Predigten erkleret vnd ausgelegt/ in der Stadtkirchen zu Jehna [...]. Jena 1616.

Struve, Simon: Höchstes Gut einer gläubigen Seelen/ Das ist/ Christliche Leichpredigt/ auß dem 73. Psalm/ Bey dem Begräbniß des [...] Johannis Schonermarcks [...] Den 8. Tag des ChristMonats Anno 1644. [...] gehalten [...]. Goslar 1645.

Syring, Johann Christoph: Eine Christliche Leich=Predigt/ Aus denen Worten Joh. XVI, 33. Zum besondern Ehren=Gedächtnis Der [...] Frauen Catharinen Ehrengard von der Wense [...] Da dieselbe in Jhr Begräbnis/ in der Kirche zu Holdenstädt/ beygesetzet worden [...]. Hannover 1699.

Tacitus, Publius Cornelius: Historiae Liber Qvintvs, 7. In: Ders.: Historien/Historiae. Lateinisch/Deutsch. Hrsg. v. Joseph Borst unter Mitarbeit v. Helmut Hross u. Helmut Borst. München 2002 (Sammlung Tusculum o. Nr.).

Tertullianus, Quintus Septimius Florens: De Anima. Hrsg. v. Jan Hendrik Waszink. Leiden 2010 (Vigiliae Christianae 100).

Tympe, Matthäus: Catholische Leichpredigen/ darinnen außfürlich von der kürtze vnd armseligkeit vnsers lebens/ von vnsern vier letzten Dingen/ von dem grossen Gnadenmittel der letzten Oelung/ vom Fegfewr/ vom Gebett für die verstorbnen/ von aufferstehung der Todten/ von vnserer Pilgerfart auff Erden/ vom geistlichen Creutz/ von der Buß/ vnd andern schönen materien [...] gehandelt wirt. An jetzo von newem mit sonderlichem fleiß gebessert/ vnd mit newen Leich= vnd Bußpredigen vermehret [...]. Münster 1609.

Ulenberg, Kaspar: TrostBuch Für die krancken vnd sterbenden. Oder Bericht/ wie man die Krancken vnd sterbenden ermanen/ trösten [...] vnd ihnen zum seligen sterben behilfflich sein soll; mit vielen dazu dienlichen andechtigen Gebeten [...]. Köln 1603.

Vehe, Michael: New Gesangbüchlin Geystlicher Lieder [...]. Leipzig 1537.

Vergilius Maro, Publius: Opera. Vol. I. Apparatv Critico in Artivs Contracto Itervm Regensvit Otto Ribbeck. Reprograf. Nachdr. der Ausgabe Leipzig 1894. Hildesheim 1966.

Vossius, Gerhard Johannes: Commentariorvm Rhetoricorvm, Sive Oratoriarvm Institvtionvm Libri sex. Teil 1. Leiden 1630.

Wedmann, Modestinus: Eine Christliche Leichtpredigt. Vber die Wort zun Hebreern am 13. Cap. Wir haben hie keine bleibende Stadt/ Sondern die zukünfftige suchen wir. Der ewigen/ göttlichen/ allerheiligsten/ vnd vberhochgebenedeyeten Majestet zu Ehren/ vnd Himmels sehnenden Hertzen zu Trost. Ob der Sepultur, der [...] Frawen/ Anna Von Der Sachsen, Welche den 7. Octob. [...] itzt ablauffenden 1607. Jars/ von dieser Welt [...] abgefordert/ vnd den 9. desselbigen [...] in ihres seligen Junckern/ Sigismund Von Der Sachsen [...] Grab ist geleget worden. Erfurt [1607].

Weise, Friedrich: Christliche Leich=predigt von Den Gnaden=Lohne getreuer Knechte Gottes/ Welcher aus Den 37. und 38. verse des 12. Kap. des H. Evangel. Lucae als [...]

Herr Johan Rittmeier [...] den 2. Jun. 1698. [...] verschieden ware und den 13. Jun. darauff [...] zu seiner ruh=stete gebracht und begleitet wurde [...]. Helmstedt [1698].

Wenner, Georg Wolff: Sufficientia Assaphi Sufficientissima, Augen/ Ohrn vnd Hertzens Ersättigung/ Assaphs vnd aller glaubigen Christen. Das ist/ Christliche Leichpredigt/ Vber das Sprüchlein Psalmi 73. v. 25.26. Wenn ich nur dich hab Herr/ etc. Bey ansehlicher Leichbestattung [...] Annae Barbarae, Deß [...] Herrn Matthiae Alexandri Lipsen/ [...] Ehelichen Haußfrauen/ Welche Dienstags 7. Martij/ deß 1648. Jahrs [...] sanfft eingeschlaffen [...]. Ansbach 1648.

Wiedeburg, Heinrich: Christliche Leichpredigt. Bey Begräbniß der Erbaren [...] Frawen/ Margarethen Heilin/ Deß Weyland [...] Herrn Chiliani Stissers [...] nachgelassenen Wittiben. Welche den 13. Martij Anno 1630. in Wolffenbüttel [...] verstorben/ vnd folgenden 26. Ejusdem in die Heinrichstädtische Kirche [...] bestattet worden [...]. Halle [1630].

Windruff, Christian: Epicedium. In: Christoph Preunel: Exequiae Sommerianae, Das ist: Christliche LeichPredigt/ Bey der [...] BegräbnisVersammlung Der [...] Frauen Veronica Sommerin/ geborner Müllerin [...] Welche den 15. Junii dieses lauffenden 1658. Jahrs [...] selig verstorben/ und den 18. ejusdem [...] beygesetzet worden [...]. Jena [1658], fol. J 1r–J 2r.

Woyt, Wolfgang Laurentius: Emblematischer Parnassus: Worauf die Musen, ihre Blumen=Lese/ zu allerhand Freuden und Trauer=Kräntzen halten/ um/ den Lob=werthen Tugend=Chor/ durch angenehme Rosen; Hergegen/ Das ungezähmte Laster=Thun mit wildem Dorn= und Distel=Flor zu krönen [...]. Jn dreyen verschiedlichen Theilen verfaßten/ auf allerley Begebenheiten/ zweymal/ nemlich Geist= und Weltlich=applicirten [...] Sinn=Bildern [...] ausgefertigt. Erster Theil. Augsburg 1747 ([1]1727).

Ders.: Emblematischer Parnassus [...]. Zweyter Theil. Augsburg 1748 ([1]1728).

Xenophon: Erinnerungen an Sokrates. Griechisch/Deutsch. Übers. u. hrsg. v. Peter Jaerisch. Mit Literaturhinweisen v. Rainer Nickel. Düsseldorf [u.a.] 2003 (Tusculum Studienausgaben o. Nr.).

Zäh, Gottfried: Epicedium. In: Johann Baptist Renz: Christliche Leichen=Predigt Uber Psalm. 86. v. 3, 4. Als der entseelte Leichnam Deß Weiland [...] Herren Adolph Zobels [...] Anno 1689. Mittwochs den 30. Martii in der Evangel. Pfarr=Kirchen zu St. Anna/ in seine Ruhe=Stätte/ eingesencket wurde [...]. Augsburg [1689], S. 54f.

2.   Sekundärliteratur

Ahlborn, Elke: Naturvorgänge als Auferstehungsgleichnis bei Seneca, Tertullian und Minucius Felix. In: Wiener Studien 103 (1990), S. 123–137.

Aikin, Judith P.: Albertine Antonie Gräfin von Schwarzburg-Rudolstadt [...]. Eine Wöchnerin liest die Leichenpredigt ihres neugeborenen Kindes. In: Blätter der Gesellschaft für Buchkultur und Geschichte 16/17 (2013), S. 82–91.

Arneth, Martin: Durch Adams Fall ist ganz verderbt .... Studien zur Entstehung der alttestamentlichen Urgeschichte. Göttingen 2007 (Forschungen zur Religion und Literatur des Alten und Neuen Testaments 217).

Axmacher, Elke: Praxis Evangeliorum. Theologie und Frömmigkeit bei Martin Moller (1547–1606). Göttingen 1989 (Forschungen zur Kirchen- und Dogmengeschichte 43).

Baden-Württembergisches Pfarrerbuch. Hrsg. im Auftr. des Vereins für Kirchengeschichte in der Evangelischen Landeskirche in Baden u. des Vereins für Württembergische Kirchengeschichte. Bd. II/2: Die Kirchen- und Schuldiener. Bearb. v. Otto Haug. Stuttgart 1981.

Barner, Wilfried: Barockrhetorik. Untersuchungen zu ihren geschichtlichen Grundlagen. Tübingen 1970.

Bärsch, Jürgen: Ordo Exsequiarum und ›ehrliches Begräbnis‹. Eine vergleichende Analyse katholischer und protestantischer Begräbnisordnungen der frühen Neuzeit aus liturgiewissenschaftlicher Sicht. In: Liturgisches Handeln als soziale Praxis. Kirchliche Rituale in der Frühen Neuzeit. Hrsg. v. Jan Brademann u. Kristina Thies. Münster 2014 (Symbolische Kommunikation und gesellschaftliche Wertesysteme. Schriftenreihe des Sonderforschungsbereichs 496, Bd. 47), S. 307–322.

Barth, Hans-Martin [u. a.] (Hrsg.): Ars moriendi. Erwägungen zur Kunst des Sterbens. Freiburg [u. a.] 1989 (Quaestiones disputatae 118).

Basse, Michael: Certitudo Spei. Thomas von Aquins Begründung der Hoffnungsgewißheit und ihre Rezeption bis zum Konzil von Trient als ein Beitrag zur Verhältnisbestimmung von Eschatologie und Rechtfertigungslehre. Göttingen 1993 (Forschungen zur systematischen und ökumenischen Theologie 69).

Bauer, Johannes: Die Trostreden des Gregorius von Nyssa in ihrem Verhältnis zur antiken Rhetorik. Diss. Marburg 1892.

Bauer, Martin: Evangelische Theologen in und um Erfurt im 16. bis 18. Jahrhundert. Beiträge zur Personen- und Familiengeschichte Thüringens. Neustadt an der Aisch 1992 (Schriftenreihe der Stiftung Stoye 22).

Bayer, Elke: Art. Schmerzensmutter III. Mittelhochdeutsche Literatur. In: Marienlexikon. Bd. 6. Hrsg. v. Remigius Bäumer u. Leo Scheffczyk. St. Ottilien 1994.

Bayer, Oswald: Schöpfung als Anrede. Zu einer Hermeneutik der Schöpfung. Zweite, erw. Aufl. Tübingen 1990.

Ders.: Martin Luthers Theologie. Eine Vergegenwärtigung. Tübingen ³2007.

Becker, Hansjakob [u. a.] (Hrsg.): Geistliches Wunderhorn. Große deutsche Kirchenlieder. München 2009.

Benthien, Claudia: »Itzt nun die Zunge fault«. Der Tod als ›Stumm-Macher‹ in Andreas Gryphius' Lyrik und Trauerspielen. In: Memoria Silesiae. Leben und Tod, Kriegserlebnis und Friedenssehnsucht in der literarischen Kultur des Barock. Zum Gedenken an Marian Szyrocki (1928–1992). Hrsg. v. Mirosława Czarnecka [u. a.]. Wroclaw 2003 (Acta Universitatis Wratislaviensis 2504), S. 227–240.

Dies.: Barockes Schweigen. Rhetorik und Performativität des Sprachlosen im 17. Jahrhundert. München [u. a.] 2006.

Berger, Placidus: Religiöses Brauchtum im Umkreis der Sterbeliturgie in Deutschland. Münster 1966 (Forschungen zur Volkskunde 41).

Bibliographie der württembergischen Geschichte. Im Auftr. der Württembergischen Kommission für Landesgeschichte bearb. v. Wilhelm Heyd. Fortges. v. Theodor Schön. Bd. 3. Stuttgart 1907.

Bibliographie zur Leichenpredigten-Literatur der Forschungsstelle für Personalschriften Marburg. Online unter http://www.personalschriften.de/datenbanken/bibliographie. html (zuletzt aufgerufen am 17. 08. 2018).

Bitzel, Alexander: Anfechtung und Trost bei Sigismund Scherertz. Ein lutherischer Theologe im Dreißigjährigen Krieg. Göttingen 2002 (Studien zur Kirchengeschichte Niedersachsens 38).

Blanckmeister, Franz: Leichenreden-Lügenreden? In: Sachsenspiegel. Altes und Neues aus dem Sachsenlande 4 (1895), S. 82–83.

Blum, Elisabeth: Tod und Begräbnis in evangelischen Kirchenliedern aus dem 16. Jahrhundert. In: Studien zur Thematik des Todes im 16. Jahrhundert. Hrsg. v. Paul Richard Blum. Wolfenbüttel 1983 (Wolfenbütteler Forschungen 22), S. 97–110.

Blumenberg, Hans: Die Lesbarkeit der Welt. Frankfurt am Main 1981.

Boge, Birgit/Bogner, Ralf Georg: Katholische Leichenpredigten des 16. bis 18. Jahrhunderts. Einige vorläufige Thesen zur Geschichte von Produktion und Distribution einer Gattung der religiösen Gebrauchsliteratur der frühen Neuzeit: In: Oratio Funebris. Die Katholische Leichenpredigt der frühen Neuzeit. Zwölf Studien. Mit einem Katalog deutschsprachiger katholischer Leichenpredigten in Einzeldrucken 1576–1799 aus den Beständen der Stiftsbibliothek Klosterneuburg und der Universitätsbibliothek Eichstätt. Hrsg. v. dies. Amsterdam [u. a.] 1999 (Chloe 30), S. 317–340.

Dies.: Leichenpredigtforschung auf Abwegen? Zu den Gründen für die bisherige Ignoranz gegenüber einer Gattung frühneuzeitlicher katholischer Gebrauchsliteratur. In: Oratio Funebris. Die Katholische Leichenpredigt der frühen Neuzeit. Zwölf Studien. Mit einem Katalog deutschsprachiger katholischer Leichenpredigten in Einzeldrucken 1576–1799 aus den Beständen der Stiftsbibliothek Klosterneuburg und der Universitätsbibliothek Eichstätt. Hrsg. v. ders. u. Ralf Georg Bogner. Amsterdam [u. a.] 1999 (Chloe 30), S. 3–8.

Boge, Birgit: Nekrolog als Handlungsanleitung für weibliches Wohlverhalten. In: Oratio Funebris. Die Katholische Leichenpredigt der frühen Neuzeit. Zwölf Studien. Mit einem Katalog deutschsprachiger katholischer Leichenpredigten in Einzeldrucken 1576–1799 aus den Beständen der Stiftsbibliothek Klosterneuburg und der Universitätsbibliothek Eichstätt. Hrsg. v. ders. u. Ralf Georg Bogner. Amsterdam [u. a.] 1999 (Chloe 30), S. 131–169.

Bogner, Ralf Georg: Kommentar zum Trauersermon des Franz Peikhart. In: Predigten der Barockzeit. Texte und Kommentar. Hrsg. v. Werner Welzig. Wien 1995 (Österreichische Akademie der Wissenschaften, Phil.-hist. Klasse, Sitzungsberichte 626), S. 642–645.

Ders.: Der Autor im Nachruf. Formen und Funktionen der literarischen Memorialkultur von der Reformation bis zum Vormärz. Tübingen 2006 (Studien und Texte zur Sozialgeschichte der Literatur 111).

Bolin, Norbert: ›Sterben ist mein Gewinn‹ (Phil 1,21). Ein Beitrag zur evangelischen Funeralkomposition der deutschen Sepulkralkultur des Barock. 1550–1750. Kassel 1989 (Kasseler Studien zur Sepulkralkultur 5).

Brecht, Peter: Der Barockprediger Ignatius Ertl (1645–1713). Ein Beitrag zur Geschichte der süddeutschen Barockliteratur. Diss. München 1967.

Breuer, Dieter: Das Ärgernis der katholischen Literatur. Zur Geschichte einer Ausgrenzung. In: Europäische Barock-Rezeption. Bd. 1. Hrsg. v. Klaus Garber. Wiesbaden 1991, S. 455–463.

Ders.: Art. Contzen, Adam. In: Killy Literaturlexikon. Autoren und Werke des deutschsprachigen Kulturraumes. 2., vollst. überarb. Aufl. Hrsg. v. Wilhelm Kühlmann [u. a.]. Bd. 2. Berlin 2008, S. 476–478.

Brockmann, Thomas/Weiß, Dieter J.: »Konfessionsbildung« und »Konfessionalisierung« – Einleitung. In: Das Konfessionalisierungsparadigma – Leistungen, Probleme, Grenzen. Hrsg. v. dens. Münster 2013 (Bayreuther Historische Kolloquien 18), S. 1–22.

Brusniak, Friedhelm: Art. Nicolai, Philipp. In: Religion in Geschichte und Gegenwart 6 ([4]2003), Sp. 292.

Burger, Christoph: Art. Gerson, Johannes. In: Theologische Realenzyklopädie 12 (1984), S. 532–538.

Ders.: Marias Lied in Luthers Deutung. Der Kommentar zum Magnifikat (Lk 1,46–55) aus den Jahren 1520/21. Tübingen 2007 (Spätmittelalter und Reformation. Neue Reihe 34).

Casarotto, Philippine: Katholische Leichenpredigten auf die Habsburgerkaiser 1519–1792. Bestandsaufnahme und Gattungsmerkmale. In: Leichenpredigten als Quelle historischer Wissenschaften. Bd. 4. Hrsg. v. Rudolf Lenz. Stuttgart 2004, S. 459–476.

Corpus librorum emblematum. Primary literature. The Jesuit Series Part Five. Ed. by Peter M. Daly a. G. Richard Dimler. Toronto [u. a.] 2007.

Curtius, Ernst Robert: Europäische Literatur und lateinisches Mittelalter. Bern 1948.

Der tanzende Tod. Mittelalterliche Totentänze. Hrsg., eingeleit. u. übers. v. Gert Kaiser. Frankfurt am Main 1982.

Deutsches biographisches Archiv. Elektronsich zugänglich über das World Biographical Information System (zit. DBA).

Dickhaut, Eva-Maria (Hrsg.): Leichenpredigten als Medien der Erinnerungskultur im europäischen Kontext. Stuttgart 2014 (Leichenpredigten als Quelle historischer Wissenschaften. Bd. 5).

Die deutsche Literatur des Mittelalters. Verfasserlexikon. 2., völlig neu bearb. Aufl. Hrsg. v. Kurt Ruh [u. a.]. 14 Bde. Berlin [u. a.] 1978–2008 (zit. VL).

Die Inschriften des Politischen Bezirks Krems. Ges. u. bearb. v. Andreas Zajic. Wien 2008 (Die Deutschen Inschriften 72. Bd., Wiener Reihe 3. Bd., Teil 3). Online unter: hw.oeaw.ac.at/inschriften/noe-3/teil2/noe-3-obj181.xml (zuletzt aufgerufen am 17.08. 2018).

Die Jesuiten in Passau. Schule und Bibliothek 1612–1773. 375 Jahre Gymnasium Leopoldinum und Staatliche Bibliothek Passau. Passau 1987.

»Die Pest, der Tod, das Leben – Philipp Nicolai – Spuren der Zeit.« Beiträge zum Philipp-Nicolai-Jahr 1997. Unna 1997.

Dienstbeck, Stefan: Die Theologie der Stoa. Berlin 2015 (Theologische Bibliothek Töpelmann 173).

Dingel, Irene: »Recht glauben, christlich leben und seliglich streben«. Leichenpredigt als evangelische Verkündigung im 16. Jahrhundert. In: Leichenpredigten als Quelle historischer Wissenschaften. Bd. 4. Hrsg. v. Rudolf Lenz. Stuttgart 2004, S. 9–36.

Dies.: Spuren reformierter Konfessionalität in Leichenpredigten auf Angehörige des schlesischen Adels. In: Die Reformierten in Schlesien. Vom 16. Jahrhundert bis zur Altpreußischen Union von 1817. Hrsg. v. dies. u. Joachim Bahlcke. Göttingen [u. a.] 2016 (Veröffentlichungen des Instituts für Europäische Geschichte Mainz 106), S. 15–30.

Dios Hernández Miñano, Juan de: Sebastián de Covarrubias en sus Emblemas Morales. In: Literatura emblemática hispánica. Actas del I Simposio Internacional. Hrsg. v. Sagrario López Poza. A Coruña 1996, S. 515–532.

Döhner, Otto: Krankheitsbegriff, Gesundheitsverhalten und Einstellung zum Tod im 16. bis 18. Jahrhundert. Eine historisch-medizinsoziologische Untersuchung anhand von gedruckten Leichenpredigten. Frankfurt am Main [u. a.] 1986.

Domínguez, Fernando: Art. Cornelius a Lapide. In: Lexikon für Theologie und Kirche 2 (1994), Sp. 1313.

Dräger, Paul: Argo pasimelousa. Der Argonautenmythos in der griechischen und römischen Literatur. Stuttgart 1993.

Drees, Jan: Die soziale Funktion der Gelegenheitsdichtung. Studien zur deutschsprachigen Gelegenheitsdichtung in Stockholm zwischen 1613 und 1719. Stockholm 1986 (Kungl. Vitterhets Historie och Antikvitets Akademiens handlingar o. Nr.).

Dyck, Joachim: Ticht-Kunst. Deutsche Barockpoetik und rhetorische Tradition. Tübingen ³1991 (Rhetorik-Forschungen 2).

Ebeling, Gerhard: Lutherstudien. Bd. 2/I: Disputatio de homine. Text und Traditionshintergrund. Tübingen 1977.

Ders.: Des Todes Tod. Luthers Theologie der Konfrontation mit dem Tode. In: Zeitschrift für Theologie und Kirche 84 (1987), S. 162–194.

Ders.: Luthers Seelsorge. Theologie in der Vielfalt der Lebenssituationen an seinen Briefen dargestellt. Tübingen 1997.

Eckart, Wolfgang U.: Geschichte der Medizin. Fakten, Konzepte, Haltungen. Heidelberg ⁶2009 (Springer-Lehrbuch o. Nr.).

Ehmer, Herrmann: Art. Osiander, Lucas d. Ä.. In: Biographisch-Bibliographisches Kirchenlexikon 6 (1993), Sp. 1299–1304.

Ehrlich, Konrad: לבֶהֶ-Metaphern der Nichtigkeit. In: »Jedes Ding hat seine Zeit…«. Studien zur israelitischen und altorientalischen Weisheit. Diethelm Michel zum 65. Geburtstag. Hrsg. v. Anja A. Diesel [u. a.]. Berlin 1996 (Zeitschrift für die alttestamentliche Wissenschaft/Beihefte 241), S. 49–64.

Enders, Markus: Art. Seuse, Heinrich. In: Killy Literaturlexikon. Autoren und Werke des deutschsprachigen Kulturraumes. 2., vollst. überarb. Aufl. Hrsg. v. Wilhelm Kühlmann [u. a.]. Bd. 10. Berlin 2011, S. 772–775.

Esteve-Forriol, José: Die Trauer- und Trostgedichte in der römischen Literatur. Untersucht nach ihrer Topik und ihrem Motivschatz. Diss. München 1962.

Eybl, Franz: Predigt – Sammlung – Literaturprogramm. Zu Florentius Schillings Predigtsammlung »Amaradulcis« (1658). In: Gegenreformation und Literatur. Hrsg. v. Jean-Marie Valentin. Amsterdam 1979 (Daphnis 8, H. 3/4), S. 299–346.

Ders.: Gebrauchsfunktionen barocker Predigtliteratur. Studien zur katholischen Predigtsammlung am Beispiel lateinischer und deutscher Übersetzungen des Pierre de Besse. Wien 1982 (Wiener Arbeiten zur deutschen Literatur).

Ders.: Die gedruckte katholische Barockpredigt zwischen Folklore und Literatur. Eine Standortbestimmung. In: Les livres religieux et ses pratiques. Der Umgang mit dem religiösen Buch. Studien zur Geschichte des religiösen Buches in Deutschland und Frankreich in der frühen Neuzeit. Hrsg. v. Franz Erich Bödeker [u. a.]. Göttingen 1991 (Veröffentlichungen des Max-Planck-Instituts für Geschichte 101), S. 221–241.

Ders.: Abraham a Sancta Clara. Vom Prediger zum Schriftsteller. Tübingen 1992 (Frühe Neuzeit 6).

Ders.: Art. Leichenpredigt. In: Historisches Wörterbuch der Rhetorik 5 (2001), Sp. 124–145.

Ders.: Art. Abraham a Sancta Clara. In: Killy Literaturlexikon. Autoren und Werke des deutschsprachigen Kulturraumes. 2., vollst. überarb. Aufl. Hrsg. v. Wilhelm Kühlmann [u. a.]. Bd. 1. Berlin 2008, S. 10–14.

Falk, Franz: Die deutschen Sterbebüchlein von der ältesten Zeit des Buchdruckes bis zum Jahre 1520. Mit 9 Facsimiles. Köln 1890 (Görres-Gesellschaft zur Pflege der Wissenschaft im Katholischen Deutschland 2).

Feichtinger, Barbara: Konsolationstopik und »Sitz im Leben«. Hieronymus' ep. 39 ad Paulam de obitu Blesillae im Spannungsfeld zwischen christlicher Genusadaption und Lesermanipulation. In: Jahrbuch für Antike und Christentum 38 (1995), S. 75–90.

Fischer, Albert: Das deutsche evangelische Kirchenlied des 17. Jahrhunderts. Bd. 1. Vollendet u. hrsg. v. Wilhelm Tümpel. Reprograf. Nachdr. der Ausg. Gütersloh 1904. Hildesheim 1964.

Fischer, Alexander Achilles: Skepsis oder Furcht Gottes? Studien zur Komposition und Theologie des Buches Kohelet. Berlin 1997 (Zeitschrift für die alttestamentliche Wissenschaft/Beihefte 247).

Fischer, Balthasar: Ars moriendi. Der Anselm von Canterbury zugeschriebene Dialog mit einem Sterbenden. Ein untergegangenes Element der Sterbeliturgie und der Sterbebücher des Mittelalters. In: Im Angesicht des Todes. Ein interdisziplinäres Kompendium. Bd. 2. Hrsg. v. Hansjakob Becker [u. a.]. St. Ottilien 1987 (Pietas liturgica 4).

Fischer, Emil: Zur Geschichte der evangelischen Beichte. Bd. 2: Niedergang und Neubelebung des Beichtinstituts in Wittenberg in den Anfängen der Reformation. Neudr. d. Ausg. Leipzig 1903. Aalen 1972 (Studien zur Geschichte der Theologie und der Kirche 9, 4).

Fischer, Ludwig: Gebundene Rede. Dichtung und Rhetorik in der literarischen Theorie des Barock in Deutschland. Tübingen 1968 (Studien zur deutschen Literatur 10).

Freist, Dagmar/Weber, Matthias (Hrsg.): Religion und Erinnerung. München 2015 (Jahrbuch des Bundesinstituts für Kultur und Geschichte der Deutschen im östlichen Europa 23).

Fricke, Gerhard: Die Bildlichkeit in der Dichtung des Andreas Gryphius. Materialien und Studien zum Formproblem des deutschen Literaturbarock. Darmstadt 1967=1933 (Arbeiten zur Geistesgeschichte der germanischen und römischen Völker 17).

Friedensburg, Walter: Geschichte der Universität Wittenberg. Halle 1917.

Friedrich, Martin: Art. Sandhagen, Caspar Hermann. In: Biographisch-Bibliographisches Kirchenlexikon 16 (1999), Sp. 1388–1391.

Frühe Neuzeit in Deutschland 1520–1620. Literaturwissenschaftliches Verfasserlexikon. Hrsg. v. Wilhelm Kühlmann [u. a.]. 6 Bde. Berlin [u. a.] 2011–2017 (zit. VL16).

Fürstenwald, Maria: Andreas Gryphius ›Dissertationes funebres‹. Studien zur Didaktik der Leichabdankungen. Bonn 1967 (Abhandlungen zur Kunst-, Musik- und Literaturwissenschaft 46).

Dies.: Zur Theorie und Funktion der Barockabdankung. In: Leichenpredigten als Quelle historischer Wissenschaften. Bd. 1. Hrsg. v. Rudolf Lenz. Köln 1975 (Erstes Marburger Personalschriftensymposion. Forschungsschwerpunkt Leichenpredigten), S. 372–389.

Galeota, Gustavo: Art. Bellarmini, Roberto. In: Theologische Realenzyklopädie 5 (1980), S. 525–531.

Gallinat, Reinhold: Der »natürliche Mensch« nach Luther. In Lutherjahrbuch 42 (1975), S. 33–51.

Garber, Klaus: Art. Birken, Sigmund von. In: Killy Literaturlexikon. Autoren und Werke des deutschsprachigen Kulturraumes. 2., vollst. überarb. Aufl. Hrsg. v. Wilhelm Kühlmann [u. a.]. Bd. 1. Berlin 2008, S. 558–564.

Gemert, Guillaume van: Art. Tympius, Matthaeus. In: Killy Literaturlexikon. Autoren und Werke des deutschsprachigen Kulturraumes. 2., vollst. überarb. Aufl. Hrsg. v. Wilhelm Kühlmann [u. a.]. Bd. 11. Berlin 2011, S. 652f.

Gil, Fernando Miguel: De la diferencia entre lo temporal y eterno. Crisol de desengaños con la memoria de la eternidad, postrimerías humanas y principales misterios divinos, de Juan Eusebio Nieremberg S. J.. Introducción. In: Juan Eusebio Nieremberg: De la diferencia entre lo temporal y eterno primera edición facsimilar en conmemoración al Bicentenario de la Revolución de Mayo. Instituto Bonaerense de Numismática y Antigüedades. Buenos Aires 2010.

Grabner, Elfriede: Mater Gratiarum. Marianische Kultbilder in der Volksfrömmigkeit des Ostalpenraumes. Wien [u. a.] 2002.

Grasmück, Heinz: »Schaubühne des Todes«. Zur Bildlichkeit des protestantischen Kirchenliedes im 16. und 17. Jahrhundert. Der Choral als Kontrafaktur des Todes und die Figur des Todes als »Totes Bild«. In: Johann Sebastian Bachs Kantaten zum Thema Tod und Sterben und ihr literarisches Umfeld. Hrsg. v. Renate Steiger. Wiesbaden 2000 (Wolfenbütteler Forschungen 90), S. 45–73.

Greyerz, Kaspar von [u. a.] (Hrsg.): Interkonfessionalität – Transkonfessionalität – binnenkonfessionelle Pluralität. Neue Forschungen zur Konfessionalisierungsthese. Gütersloh 2003 (Schriften des Vereins für Reformationsgeschichte 201).

Grimm, Jacob u. Wilhelm: Deutsches Wörterbuch. 33 Bde. Leipzig 1854–1971 (zit. DWb).

Grub, Jutta: Mons Resplendens. »Poesis artificiosa« in einer Kölner Gratulationsschrift des 18. Jahrhunderts. Heidelberg 1992 (Euphorion Beihefte 26).

Haag, Norbert: Predigt und Gesellschaft. Die lutherische Orthodoxie in Ulm 1640–1740. Mainz 1992 (Veröffentlichungen des Instituts für Europäische Geschichte Mainz 145).

Habermann, Mechthild: Leichenpredigten des 17. Jahrhunderts im konfessionellen Kontext. In: Konfession und Sprache in der Frühen Neuzeit. Interdisziplinäre Perspektiven. Hrsg. v. Jürgen Macha [u. a.]. Münster [u. a.] 2012 (Studien und Texte zum Mittelalter und zur frühen Neuzeit 18), S. 63–84.

Hahn, Joachim: Zeitgeschehen im Spiegel der lutherischen Predigt nach dem Dreißigjährigen Krieg. Das Beispiel des kursächsischen Oberhofpredigers Martin Geier (1614–1680). Leipzig 2005 (Jahrbuch für deutsche Kirchengeschichte 9).

Hamm, Berndt: Lazarus Spengler (1479–1534). Der Nürnberger Ratsschreiber im Spannungsfeld von Humanismus und Reformation, Politik und Glaube. Tübingen 2004 (Spätmittelalter und Reformation. Texte u. Untersuchungen. N.R. 25).

Harms, Wolfgang: Homo viator in bivio. Studien zur Bildlichkeit des Weges. München 1970 (Medium aevum. Philologische Studien 21).

Ders: Diskussionsbericht zum Arbeitsbereich Emblematik – Ikonographie – Heraldik. In: Leichenpredigten als Quelle historischer Wissenschaften. Bd. 2. Hrsg. von Rudolf Lenz.

Marburg 1979 (Zweites Marburger Personalschriftensymposion. Forschungsschwerpunkt Leichenpredigten), S. 36–41.

Ders.: Art. Cramer, Daniel. In: Killy Literaturlexikon. Autoren und Werke des deutschsprachigen Kulturraumes. 2., vollst. überarb. Aufl. Hrsg. v. Wilhelm Kühlmann [u. a.]. Bd. 2. Berlin 2008, S. 496.

Harnoncourt, Philipp: Art. Commune Sanctorum. In: Lexikon für Theologie und Kirche 2 (³1994), Sp. 1278.

Häusser, Ludwig: Geschichte der rheinischen Pfalz nach ihren politischen, kirchlichen und literarischen Verhältnissen. Bd. 2. Heidelberg 1924.

Haye, Thomas: Diskussionsbericht zum Arbeitsbereich Epicedium/Epitaphium. In: Leichenpredigten als Quelle historischer Wissenschaften. Bd. 4. Hrsg. v. Rudolf Lenz. Stuttgart 2004, S. 269–272.

Hein, Markus/Junghans, Helmar (Hrsg.): Die Professoren und Dozenten der Theologischen Fakultät der Universität Leipzig von 1409 bis 2009. Leipzig 2009 (Beiträge zur Leipziger Universitäts- und Wissenschaftsgeschichte, Reihe A, Bd. 8).

Held, Klaus: Idee einer Phänomenologie der Hoffnung. In: Interdisziplinäre Perspektiven der Phänomenologie. Neue Felder der Kooperation: Cognitive Science, Neurowissenschaften, Psychologie, Soziologie, Politikwissenschaft und Religionswissenschaft. Hrsg. v. Dieter Lohmar u. Dirk Fonfara. Dordrecht 2006 (Phaenomenologica 177), S. 126–141.

Henkel, Arthur/Schöne, Albrecht (Hrsg.): Emblemata. Handbuch zur Sinnbildkunst des XVI. und XVII. Jahrhunderts. Stuttgart 1967.

Herbst, Wolfgang/Seibt, Ilsabe (Hrsg.): Liederkunde zum Evangelischen Gesangbuch. Heft 16. Göttingen 2011.

Herzog, Urs: Geistliche Wohlredenheit. Die katholische Barockpredigt. München 1991.

Heydenreich, Titus: Tadel und Lob der Seefahrt. Das Nachleben eines antiken Themas in den romanischen Literaturen. Heidelberg 1970 (Studien zum Fortwirken der Antike 5).

Hohenberger, Thomas: Lutherische Rechtfertigungslehre in den reformatorischen Flugschriften der Jahre 1521–1522. Tübingen 1996 (Spätmittelalter und Reformation. Texte u. Untersuchungen 6).

Holtz, Sabine: Theologie und Alltag. Lehre und Leben in den Predigten der Tübinger Theologen 1550–1750. Tübingen 1993 (Spätmittelalter und Reformation. Texte u. Untersuchungen 3).

Höpel, Ingrid: Bildliche Darstellungen in Leichenpredigten. Probleme und Praxis einer computergestützten Auswertung und ihre Relevanz für künstlerische Forschung. In: Studien zur deutschsprachigen Leichenpredigt der frühen Neuzeit. Hrsg. v. Rudolf Lenz. Marburg 1981 (Marburger Personalschriften-Forschungen 4), S. 132–184.

Hubensteiner, Benno: Vom Geist des Barock. Kultur und Frömmigkeit im alten Bayern. München 1967.

Hübner, Jürgen: Ist das Buch der Natur eine Zeitschrift? Assoziationen zu einer Metapher. In: Metapher und Wirklichkeit. Die Logik der Bildhaftigkeit im Reden von Gott, Mensch und Natur. Dietrich Ritschl zum 70. Geburtstag. Hrsg. v. Reinhold Bernhardt u. Ulrike Link-Wieczorek. Göttingen 1999, S. 298–310.

Imbach, Josef: Marienverehrung zwischen Glaube und Aberglaube. Düsseldorf 2008.

Ingen, Ferdinand van: Vanitas und Memento mori in der deutschen Barocklyrik. Groningen 1966.

Jentsch, Hugo: Art. Franck, Johann. In: Allgemeine Deutsche Biographie 7 (1877), S. 211f.

Joest, Wilfried: Ontologie der Person bei Luther. Göttingen 1967.

Johann, Horst-Theodor: Trauer und Trost. Eine quellen- und strukturanalytische Untersuchung der philosophischen Trostschriften über den Tod. München 1968 (Studia et testimonia antiqua 5).

Jöns, Dietrich Walter: Das »Sinnen-Bild«. Studien zur allegorischen Bildlichkeit bei Andreas Gryphius. Stuttgart 1966 (Germanistische Abhandlungen 13).

Jüngel, Eberhard: Zur Freiheit eines Christenmenschen (Exkurs »Innerer Mensch« S. 116–120). München 1978.

Ders.: Das Evangelium von der Rechtfertigung des Gottlosen als Zentrum des christlichen Glaubens. Eine theologische Studie in ökumenischer Absicht. Tübingen 1998.

Jürgensmeier, Friedhelm: Die Leichenpredigt in der katholischen Begräbnisfeier. In: Leichenpredigten als Quelle historischer Wissenschaften. Bd. 1. Hrsg. v. Rudolf Lenz. Köln 1975 (Erstes Marburger Personalschriftensymposion. Forschungsschwerpunkt Leichenpredigten), S. 122–141.

Kalning, Pamela: Ubi-sunt-Topik im ›Ritterspiegel‹ des Johannes Rothe zwischen lateinischen Quellen und literarischer Gestaltung. In: Dichtung und Didaxe. Lehrhaftes Sprechen in der deutschen Literatur des Mittelalters. Hrsg. v. Henrike Lähnemann u. Sandra Linden. Berlin 2009, S. 427–438.

Kassel, Rudolf: Untersuchungen zur griechischen und römischen Konsolationsliteratur. München 1958 (Zetemata 18).

Kastl, Maria: Heiligenlob als moralische Belehrung. In: Jahrbuch für Volkskunde N. F. 9 (1986), S. 167–174.

Dies.: Das Schriftwort in Leopoldspredigten des 17. und 18. Jahrhunderts. Untersuchungen zur Heiligenpredigt als lobender und beratschlagender Rede. Wien 1988 (Wiener Arbeiten zur deutschen Literatur 13).

Katalog der fürstlich Stolberg-Stolberg'schen Leichenpredigten-Sammlung. Bd. 1–4. Leipzig 1927–1935.

Katalog gedruckter deutschsprachiger katholischer Predigtsammlungen. 2 Bde. Hrsg. v. Werner Welzig. Wien 1984/87 (Österreichische Akademie der Wissenschaften, Phil.-hist. Klasse, Sitzungsberichte 430 u. 484).

Kaufmann, Thomas: Einleitung: Transkonfessionalität, Interkonfessionalität, binnenkonfessionelle Pluralität. Neue Forschungen zur Konfessionalisierungsthese. In: Interkonfessionalität – Transkonfessionalität – binnenkonfessionelle Pluralität. Neue Forschungen zur Konfessionalisierungsthese. Hrsg. von Kaspar von Greyerz [u. a.]. Gütersloh 2003 (Schriften des Vereins für Reformationsgeschichte 201), S. 9–15.

Kehrein, Joseph: Katholische Kirchenlieder, Hymnen, Psalmen. Aus den ältesten deutschen gedruckten Gesang- und Gebetbüchern. 3 Bde. Würzburg 1859–1876.

Killy Literaturlexikon. Autoren und Werke des deutschsprachigen Kulturraumes. 2., vollst. überarb. Aufl. Hrsg. v. Wilhelm Kühlmann [u. a.]. 12 Bde. u. ein Registerband. Berlin 2008–2012 (zit. Killy/Kühlmann).

Kindermann, Heinz (Hrsg.): Danziger Barockdichtung. Leipzig 1939 (Deutsche Literatur. Sammlung literarischer Kunst- und Kulturdenkmäler in Entwicklungsreihen. Reihe Barock. Ergänzungsband).

Klein, Luise: Die Bereitung zum Sterben. Studien zu den frühen Reformatorischen Sterbebüchern. Göttingen 1958.

Klueting, Harm: »Zweite Reformation« – Konfessionsbildung – Konfessionalisierung. Zwanzig Jahre Kontroversen und Ergebnisse nach zwanzig Jahren. In: Historische Zeitschrift 277 (2003), S. 309–341.

Knedlik, Manfred: Art. Dalhover, Marcellian. In: Biographisch-Bibliographisches Kirchenlexikon 20 (2002), Sp. 355–357.

Kobelt-Groch, Marion: Das eigene Kind zu Grabe getragen. Väter und Mütter als Mitgestalter von Leichenpredigten. In: Leichenpredigten als Medien der Erinnerungskultur im europäischen Kontext. Hrsg. v. Eva-Maria Dickhaut. Stuttgart 2014 (Leichenpredigten als Quelle historischer Wissenschaften. Bd. 5), S. 127–145.

Koch, Ernst: Die höchste Gabe der Christenheit. Der Umgang mit Schwermut in der geistlich-seelsorgerischen Literatur des Luthertums im 16. und 17. Jahrhundert. In: Krisenbewußtsein und Krisenbewältigung in der frühen Neuzeit – Crisis in early modern Europe. Festschrift für Hans-Christoph Rublack. Hrsg. v. Monika Hagenmaier u. Sabine Holtz. Frankfurt am Main [u. a.] 1992, S. 231–243.

Ders.: Art. Musäus, Simon. In: Frühe Neuzeit in Deutschland 1520–1620. Literaturwissenschaftliches Verfasserlexikon. Hrsg. v. Wilhelm Kühlmann [u. a.]. Bd. 4. Berlin [u. a.] 2015, Sp. 526–533.

Kolb, Robert: »[…] da jr nicht trawrig seid wie die anderen, die keine hoffnung haben«. Der Gebrauch der heiligen Schrift in Leichenpredigten der Wittenberger Reformation (1560–1600). In: Leichenpredigten als Medien der Erinnerungskultur im europäischen Kontext. Hrsg. v. Eva-Maria Dickhaut. Stuttgart 2014 (Leichenpredigten als Quelle historischer Wissenschaften. Bd. 5), S. 1–25.

Konersmann, Ralf: Der Schleier des Timanthes. Perspektiven der historischen Semantik. Frankfurt am Main 1994.

Korn, Hans-Enno: Sinnbildlicher Schmuck in Leichenpredigten. In: Leichenpredigten als Quelle historischer Wissenschaften. Bd. 2. Hrsg. von Rudolf Lenz. Marburg 1979 (Zweites Marburger Personalschriftensymposion. Forschungsschwerpunkt Leichenpredigten), S. 30–35.

Körner, Hans: Heraldik in Leichenpredigten. In: Leichenpredigten als Quelle historischer Wissenschaften. Bd. 2. Hrsg. von Rudolf Lenz. Marburg 1979 (Zweites Marburger Personalschriftensymposion. Forschungsschwerpunkt Leichenpredigten), S. 20–29.

Kraume, Herbert: Art. Gerson, Johannes. In: Die deutsche Literatur des Mittelalters. Verfasserlexikon. 2., völlig neu bearb. Aufl. Hrsg. v. Kurt Ruh [u. a.]. Bd. 2. Berlin [u. a.] 1980, Sp. 1266–1274.

Krummacher, Hans-Henrik: Das barocke Epicedium. Rhetorische Tradition und deutsche Gelegenheitsdichtung im 17. Jahrhundert. In: Jahrbuch der deutschen Schillergesellschaft 18 (1974), S. 89–147.

Ders.: »De quatuor novissimis«. Über ein traditionelles theologisches Thema bei Andreas Gryphius. In: Ders.: Lyra. Studien zur Theorie und Geschichte der Lyrik vom 16. bis zum 19. Jahrhundert. Berlin [u. a.] 2013, S. 439–499.

Kühlmann, Wilhelm: Art. Dannhauer, Johann Conrad. In: Killy Literaturlexikon. Autoren und Werke des deutschsprachigen Kulturraumes. 2., vollst. überarb. Aufl. Hrsg. v. dems. [u. a.]. Bd. 2. Berlin 2008, S. 552 f.

Ders.: Der Jägertod des Türkenhelden. Zu einer Münchener Gedenkpredigt und zu den frühen deutschen Memorialschriften auf Nikolaus Zrínyi (gest. 1664). In: Militia et Litterae. Die beiden Nikolaus Zrínyi und Europa. Hrsg. v. dems. [u. a.]. Tübingen 2009

(Frühe Neuzeit. Studien und Dokumente zur deutschen Literatur und Kultur im europäischen Kontext 141), S. 198–224.

Ders.: Art. Meyfart, Johann Matthäus. In: Killy Literaturlexikon. Autoren und Werke des deutschsprachigen Kulturraumes. 2., vollst. überarb. Aufl. Hrsg. v. dems. [u. a.]. Bd. 8. Berlin 2010, S. 217–220.

Kunz, Erhard: Protestantische Eschatologie. Von der Reformation bis zur Aufklärung. Freiburg [u. a.] 1980 (Handbuch der Dogmengeschichte IV, 7c, 1).

Kurz, Anton: Mariologie oder Lehre der katholischen Kirche über Maria, die seligste Jungfrau. Regensburg 1881.

Lauterwasser, Helmut: Anmerkungen zur Melodie des Hymnus Urbs beata Jerusalem und deren Weiterleben im deutschen Kirchenlied. In: Kirchenmusikalisches Jahrbuch 88 (2004), S. 7–11.

Lehmann, Sarah/Stützinger, Sarah: »Wir haben hier keine bleibende Stadt.« Leid und Trost in Leichenpredigten über den Hebräerbrief. In: Daphnis 45, H. 1/2 (2017), S. 156–200.

Leichenpredigten als Quelle historischer Wissenschaften. Hrsg. bis Bd. 4 v. Rudolf Lenz, ab Bd. 5 hrsg. v. Eva-Maria Dickhaut. Marburg [u. a.] 1975 ff.

Lenz, Rudolf: Gedruckte Leichenpredigten (1550–1750). I Historischer Abriß. II Quellenwert, Forschungsstand. III Grenzen der Quelle. In: Leichenpredigten als Quelle historischer Wissenschaften. Bd. 1. Hrsg. v. Rudolf Lenz. Köln 1975 (Erstes Marburger Personalschriftensymposion. Forschungsschwerpunkt Leichenpredigten), S. 36–51.

Ders: Leichenpredigten. Eine Bestandsaufnahme. Bibliographie und Ergebnisse einer Umfrage. Marburg 1980.

Ders.: De mortuis nil nisi bene? Leichenpredigten als multidisziplinäre Quelle unter besonderer Berücksichtigung der Historischen Familienforschung, der Bildungsgeschichte und der Literaturgeschichte. Marburg 1990 (Marburger Personalschriften-Forschungen 10).

Ders.: Art. Leichenpredigt. In: Theologische Realenzyklopädie 20 (1990), S. 665–669.

Liebhart, Wilhelm: Leichenpredigten aus schwäbisch-bayerischen Klöstern als historische Quelle. Beispiele aus den Klöstern und Stiften Augsburg/St. Ulrich und Afra, Indersdorf und Kühbach. In: Jahrbuch des Vereins für Augsburger Bistumsgeschichte 36 (2002), S. 303–339.

Lobrede. Katalog deutschsprachiger Heiligenpredigten in Einzeldrucken aus den Beständen der Stiftsbibliothek Klosterneuburg. Hrsg. v. Werner Welzig [u. a.]. Wien 1989 (Österreichische Akademie der Wissenschaften, Phil.-hist. Klasse, Sitzungsberichte 518).

Lohse, Eduard: Exegetische Studien zur Theologie des Neuen Testaments. Bd. 1: Die Einheit des Neuen Testaments. Göttingen 1976.

Loidl, Franz: Menschen im Barock. Abraham a Sancta Clara über das religiös-sittliche Leben in Oesterreich in der Zeit von 1670 bis 1710. Wien 1938.

Lorbeer, Lukas: Die Sterbe- und Ewigkeitslieder in deutschen lutherischen Gesangbüchern des 17. Jahrhunderts. Göttingen 2012 (Forschungen zur Kirchen- und Dogmengeschichte 104).

Loretz, Oswald: Qohelet und der alte Orient. Untersuchungen zu Stil und theologischer Thematik des Buches Qohelet. Freiburg 1964.

Lotz-Heumann, Ute: The Concept of »Confessionalization«: A Historiographical Paradigm in Dispute. In: Memoria y Civilización 4 (2001), S. 93–114.

Luther, Henning: Predigt als Handlung. Überlegungen zur Pragmatik des Predigens. In: Zeitschrift für Theologie und Kirche 80 (1983), S. 222–243.

Maché, Ulrich: Art. Bucholtz, Andreas Heinrich. In: Killy Literaturlexikon. Autoren und Werke des deutschsprachigen Kulturraumes. 2., vollst. überarb. Aufl. Hrsg. v. Wilhelm Kühlmann [u. a.]. Bd. 2. Berlin 2008, S. 261–263.

Mager, Inge: Art. Gerhard, Johann. In: Killy Literaturlexikon. Autoren und Werke des deutschsprachigen Kulturraumes. 2., vollst. überarb. Aufl. Hrsg. v. Wilhelm Kühlmann [u. a.]. Bd. 4. Berlin 2009, S. 175–177.

Maier-Kren, Gerda: Die bayerischen Barockprälaten und ihre Kirchen. In: Beiträge zur Geschichte des Bistums Regensburg 3 (1969), S. 123–324.

Mannack, Eberhard: Art. Gryphius, Andreas. In: Killy Literaturlexikon. Autoren und Werke des deutschsprachigen Kulturraumes. 2., vollst. überarb. Aufl. Hrsg. v. Wilhelm Kühlmann [u. a.]. Bd. 4. Berlin 2009, S. 483–490.

Ders./Steiger, Johann Anselm: Art. Rist, Johann. In: Killy Literaturlexikon. Autoren und Werke des deutschsprachigen Kulturraumes. 2., vollst. überarb. Aufl. Hrsg. v. Wilhelm Kühlmann [u. a.]. Bd. 9. Berlin 2010, S. 668–670.

Marburger Personalschriften-Forschungen. Hrsg. bis Bd. 50 v. Rudolf Lenz, ab Bd. 51 v. Eva-Maria Dickhaut. Marburg [u. a.] 1978 ff.

May, Karl Hermann: Der Deutschordensritter Georg Wilhelm Klüppel von Elkerhausen und die von ihm gestifteten Epitaphe. In: Land und Leute im Oberlahnkreis 2 (1926), S. 19–20, 21–22, 27–28, 32.

Mennecke-Haustein, Ute: Luthers Trostbriefe. Gütersloh 1989 (Quellen und Forschungen zur Reformationsgeschichte 56).

Metzger, Günther: Gelebter Glaube. Die Formierung reformatorischen Denkens in Luthers erster Psalmenvorlesung, dargestellt am Begriff des Affekts. Göttingen 1964 (Forschungen zur Kirchen- und Dogmengeschichte 14).

Michalski, Sergiusz: Die lutherisch-katholisch-reformierte Rivalität im Bereich der Bildenden Kunst im Gebiet von Danzig um 1600. In: Konfessionalisierung in Ostmitteleuropa. Wirkungen des religiösen Wandels im 16. und 17. Jahrhundert in Staat, Gesellschaft und Kultur. Hrsg. v. Joachim Bahlcke u. Arno Strohmeyer. Stuttgart 1999 (Forschungen zur Geschichte und Kultur des östlichen Mitteleuropa 7), S. 267–286.

Moeller, Bernd: Frömmigkeit in Deutschland um 1500. In: Archiv für Reformationsgeschichte 56 (1965), S. 5–31.

Mohr, Rudolf: Protestantische Theologie und Frömmigkeit im Angesicht des Todes während des Barockzeitalters. Hauptsächlich auf Grund hessischer Leichenpredigten. Marburg 1964.

Ders.: Der Tote und das Bild des Todes in den Leichenpredigten. In: Leichenpredigten als Quelle historischer Wissenschaften. Bd. 1. Hrsg. v. Rudolf Lenz. Köln 1975 (Erstes Marburger Personalschriftensymposion. Forschungsschwerpunkt Leichenpredigten), S. 82–121.

Ders.: Der unverhoffte Tod. Theologie- und kulturgeschichtliche Untersuchungen zu außergewöhnlichen Todesfällen in Leichenpredigten. Marburg 1982 (Marburger Personalschriften-Forschungen 5).

Monvmenta monodica medii aevi. Bd. 1: Hymnen (1). Die mittelalterlichen Hymnenmelodien des Abendlandes. Hrsg. v. Bruno Stäblein. Kassel [u. a.] 1956.

Moos, Peter von: Consolatio. Studien zur mittellateinischen Trostliteratur über den Tod und zum Problem der christlichen Trauer. 4 Bde. München 1971/72.

Moser-Rath, Elfriede: Predigtmärlein der Barockzeit. Exempel, Sage, Schwank und Fabel in geistlichen Quellen des oberdeutschen Raumes. Berlin 1964 (Fabula 5).

Dies.: Art. Ertl, Ignatius. In: Killy Literaturlexikon. Autoren und Werke des deutschsprachigen Kulturraumes. 2., vollst. überarb. Aufl. Hrsg. v. Wilhelm Kühlmann [u. a.]. Bd. 3. Berlin 2008, S. 321 f.

Dies.: Art. Helbig, Johann Lorenz. In: Killy Literaturlexikon. Autoren und Werke des deutschsprachigen Kulturraumes. 2., vollst. überarb. Aufl. Hrsg. v. Wilhelm Kühlmann [u. a.]. Bd. 5. Berlin 2009, S. 233 f.

Mühlen, Karl-Heinz zur: Art. Affekt. In: Theologische Realenzyklopädie 1 (1977), S. 598–612.

Müller, Hans Martin: Art. Homiletik. In: Theologische Realenzyklopädie 15 (1986), S. 526–565.

Müller-Clemm, Julia: Art. Tabor. In: Religion in Geschichte und Gegenwart 8 (⁴2005), Sp. 3.

Müllner, Ilse: Erkenntnis im Gespräch. Zur Bedeutung der (verbalen) Begegnung im Ijobbuch. In: Auf den Spuren der schriftgelehrten Weisen. FS J. Marböck. Hrsg. v. Irmtraud Fischer [u. a.]. Berlin 2003 (Zeitschrift für die alttestamentliche Wissenschaft/Beihefte 331), S. 167–180.

Nesselrath, Heinz-Günther: Die Säulen des Herakles – eine mythische Landmarke und ihre Bedeutung in der Klassischen Antike. In: Jahrbuch der Akademie der Wissenschaften zu Göttingen 2008 (2009), S. 226–232.

Neumayr, Maximilian: Die Schriftpredigt im Barock. Auf Grund der Theorie der katholischen Barockhomiletik. Paderborn 1938.

Newmark, Catherine: Passion – Affekt – Gefühl. Philosophische Theorien der Emotionen zwischen Aristoteles und Kant. Hamburg 2008 (Paradeigmata 29).

Norpoth, Leo: Der pseudo-augustinische Traktat De spiritu et anima. Köln [u. a.] 1971.

Nouvelle biographie universelle depuis les temps les plus reculés jusqu'à nos jours, avec les renseignements bibliographiques et l'indication des sources a consulter. Hrsg. v. Jean Chrétien Ferdinand Hoefer. 46 Bde. Paris 1855–1866.

Nüssel, Friederike: Allein aus Glauben. Zur Entwicklung der Rechtfertigungslehre in der konkordistischen und frühen nachkonkordistischen Theologie. Göttingen 2000 (Forschungen zur systematischen und ökumenischen Theologie 95).

Oeming, Manfred: »Ihr habt nicht recht von mir geredet wie mein Knecht Hiob« (Hi 42,7). Gottes Schlußwort als Schlüssel zur Interpretation des Hiobbuchs und als kritische Anfrage an die moderne Theologie. In: Evangelische Theologie 60 (2000), S. 95–108.

Ohly, Friedrich: Hohelied-Studien. Grundzüge einer Geschichte der Hoheliedauslegung des Abendlandes bis um 1200. Wiesbaden 1958 (Schriften der Wissenschaftlichen Gesellschaft an der Johann-Wolfgang-Goethe-Universität 1).

Oratio Funebris. Die Katholische Leichenpredigt der frühen Neuzeit. Zwölf Studien. Mit einem Katalog deutschsprachiger katholischer Leichenpredigten in Einzeldrucken 1576–1799 aus den Beständen der Stiftsbibliothek Klosterneuburg und der Universitätsbibliothek Eichstätt. Hrsg. v. Birgit Boge u. Ralf Georg Bogner. Amsterdam [u. a.] 1999 (Chloe 30).

Paulmann, Johannes [u. a.] (Hrsg.): Unversöhnte Verschiedenheit. Verfahren zur Bewältigung religiös-konfessioneller Differenz in der europäischen Neuzeit. Göttingen [u. a.] 2016 (Veröffentlichungen des Instituts für Europäische Geschichte Mainz. Abteilung für Universalgeschichte 108).

Peil, Dietmar: Zur »angewandten Emblematik«. Dilherr, Arndt, Francisci, Scriver. Heidelberg 1978 (Euphorion. Zeitschrift für Literaturgeschichte 11).

Pfarrerbuch der Kirchenprovinz Sachsen. Hrsg. vom Verein für Pfarrerinnen u. Pfarrer in der Evangelischen Kirche der Kirchenprovinz Sachsen e. V. in Zusammenarbeit mit dem Interdisziplinären Zentrum für Pietismusforschung der Martin-Luther-Universität Halle-Wittenberg in Verbindung mit den Franckeschen Stiftungen zu Halle (Saale) u. der Evangelischen Kirche der Kirchenprovinz Sachsen. Bd. 2: Biogramme Br–Fa. Leipzig 2004.

Pfister, Oskar: Das Christentum und die Angst. Eine religionspsychologische, historische und religionshygienische Untersuchung. Zürich 1944.

Pfleger, Luzian: Martin Eisengrein 1535–1578. Ein Lebensbild aus der Zeit der katholischen Restauration in Bayern. Freiburg 1908 (Erläuterungen u. Ergänzungen zu Janssens Geschichte d. Dtsch. Volkes; Bd. 6, H. 2 u. 3).

Pfürtner, Stephanus: Luther und Thomas im Gespräch. Unser Heil zwischen Gewissheit und Gefährdung. Heidelberg 1961 (Thomas im Gespräch 5).

Philipowski, Katharina Silke: Die Gestalt des Unsichtbaren. Narrative Konzeptionen des Inneren in der höfischen Literatur. Berlin [u. a.] 2013 (Hermaea N. F., 131).

Pichl, Robert: Art. Scherer, Georg. In: Killy Literaturlexikon. Autoren und Werke des deutschsprachigen Kulturraumes. 2., vollst. überarb. Aufl. Hrsg. v. Wilhelm Kühlmann [u. a.]. Bd. 10. Berlin 2011, 308 f.

Pieske, Christa: Die druckgraphische Ausgestaltung von Leichenpredigten. Typologie und Ikonographie. In: Leichenpredigten als Quelle historischer Wissenschaften. Bd. 2. Hrsg. v. Rudolf Lenz. Marburg 1979 (Zweites Marburger Personalschriftensymposion. Forschungsschwerpunkt Leichenpredigten), S. 3–19.

Plotke, Seraina: Gereimte Bilder. Visuelle Poesie im 17. Jahrhundert. München 2009.

Dies./Ziem, Alexander (Hrsg.): Sprache der Trauer. Verbalisierungen einer Emotion in historischer Perspektive. Heidelberg 2014 (Sprache – Literatur und Geschichte. Studien zur Linguistik/Germanistik 45).

Popelka, Liselotte: Castrum doloris oder »Trauriger Schauplatz«. Untersuchungen zu Entstehung und Wesen ephemerer Architektur. Wien 1994 (Veröffentlichungen der Kommission für Kunstgeschichte/Österreichische Akademie der Wissenschaften 2).

Dies.: Trauer-Prunk und Rede-Prunk. Der frühneuzeitliche Trauerapparat als rhetorische Leistung auf dem Weg zur virtuellen Realität. In: Oratio Funebris. Die Katholische Leichenpredigt der frühen Neuzeit. Zwölf Studien. Mit einem Katalog deutschsprachiger katholischer Leichenpredigten in Einzeldrucken 1576–1799 aus den Beständen der Stiftsbibliothek Klosterneuburg und der Universitätsbibliothek Eichstätt. Hrsg. v. Birgit Boge u. Ralf Georg Bogner. Amsterdam [u. a.] 1999 (Chloe 30), S. 9–80.

Posch, Waldemar: Biographische Notizen zu P. Don Florentius Schilling, dem Vorläufer von Abraham a Santa Clara. In: Beiträge zur Wiener Diözesangeschichte 28 (1987), S. 17–20.

Predigten der Barockzeit. Texte und Kommentar. Hrsg. v. Werner Welzig. Wien 1995 (Österreichische Akademie der Wissenschaften, Phil.-hist. Klasse, Sitzungsberichte 626).

Proverbia sententiaeque Latinitatis medii ac recentioris aevi. Nova series. Aus dem Nachlaß von Hans Walther hrsg. v. Paul Gerhard Schmidt. Teil 9. Göttingen 1986 (Carmina medii aevi posterioris Latina 2, 9).

Proverbia sententiaeque Latinitatis medii aevi. Bd. 1. Hrsg. v. Hans Walther. Göttingen 1963.

Rahner, Hugo: Symbole der Kirche. Die Ekklesiologie der Väter. Salzburg 1964.

Ders.: Griechische Mythen in christlicher Deutung. Freiburg im Breisgau 1992 (Herder-Spektrum 4152).

Raitz von Frentz, Emmerich: Der heilige Kardinal Robert Bellarmin S. J.. Ein Vorkämpfer für Kirche und Papsttum (1542–1621). Freiburg im Breisgau 1930.

Rauscher, Hubertus: Die Barockpredigten des Jesuitenpaters Wolfgang Rauscher in volkskundlicher Sicht. Diss. München 1973.

Reber, Elisabeth: Gefühle nach Maß. Untersuchungen zur Trauerartikulation in den neulateinischen Epicedien für Johannes Buxtorf den Jüngeren (1599–1664). In: Sprache der Trauer. Verbalisierungen einer Emotion in historischer Perspektive. Hrsg. v. Seraina Plotke u. Alexander Ziem. Heidelberg 2014 (Sprache – Literatur und Geschichte. Studien zur Linguistik/Germanistik 45), S. 207–244.

Reich, Wolfgang: Die deutschen gedruckten Leichenpredigten des 17. Jahrhunderts als musikalische Quelle. Leipzig 1962.

Reinhard, Wolfgang: Gegenreformation als Modernisierung? Prolegomena zu einer Theorie des konfessionellen Zeitalters. In: Archiv für Reformationsgeschichte 68 (1977), S. 226–252.

Reinis, Austra: Reforming the art of dying. The ars moriendi in the German Reformation (1519–1528). Aldershot [u. a.] 2007.

Rendtorff, Rolf: Theologie des Alten Testaments. Ein kanonischer Entwurf. Bd.1: Kanonische Grundlegung. Neukirchen-Vluyn 1999.

Resch, Claudia: Trost im Angesicht des Todes. Frühe reformatorische Anleitungen zur Seelsorge an Kranken und Sterbenden. Tübingen [u. a.] 2006 (Pietas liturgica 15).

Rose, Ulrich: Art. Neuss, Heinrich Georg. In: Biographisch-Bibliographisches Kirchenlexikon 6 (1993), Sp. 655.

Rosenfeld, Hellmut: Der mittelalterliche Totentanz. Entstehung – Entwicklung – Bedeutung. Münster [u. a.] 1954 (Archiv für Kulturgeschichte/Beihefte 3).

Roth, Fritz: Restlose Auswertungen von Leichenpredigten und Personalschriften für genealogische Zwecke. Bd. 1–10. Boppard 1959–1980.

Rudolf, Rainer: Ars moriendi. Von der Kunst des heilsamen Lebens und Sterbens. Köln 1957 (Forschungen zur Volkskunde 39).

Rusterholz, Sibylle: Rostra Sarg und Predigtstuhl. Studien zu Form und Funktion der Totenrede bei Andreas Gryphius. Bonn 1974 (Studien zur Germanistik, Anglistik und Komparatistik 16).

Sauter, Gerhard: Art. Eschatologie. IV. Dogmengeschichtlich. In: Religion in Geschichte und Gegenwart 2 (^{4}1999), Sp. 1561–1567.

Schaeben, Ulrike: Trauer im humanistischen Dialog. Das Trostgespräch des Giannozzo Manetti und seine Quellen. München [u. a.] 2002 (Beiträge zur Altertumskunde 181).

Schäfer, Philipp: Eschatologie. Trient und Gegenreformation. Freiburg [u. a.] 1984 (Handbuch der Dogmengeschichte IV, 7c, 2).

Scheitler, Irmgard: Art. Heermann, Johann. In: Killy Literaturlexikon. Autoren und Werke des deutschsprachigen Kulturraumes. 2., vollst. überarb. Aufl. Hrsg. v. Wilhelm Kühlmann [u. a.]. Bd. 5. Berlin 2009, S. 127–129.

Dies.: Kirchengesang und Konfession. Die konfessionssymbolische Bedeutung des Kirchenlieds von der Reformation bis zur Aufklärung. In: Liturgisches Handeln als soziale Praxis. Kirchliche Rituale in der Frühen Neuzeit. Hrsg. v. Jan Brademann u. Kristina Thies. Münster 2014 (Symbolische Kommunikation und gesellschaftliche Wertesysteme. Schriftenreihe des Sonderforschungsbereichs 496, 47), S. 335–361.

Dies.: Art. Ulenberg, Kaspar. In: Frühe Neuzeit in Deutschland 1520–1620. Literaturwissenschaftliches Verfasserlexikon. Hrsg. v. Wilhelm Kühlmann [u. a.]. Bd. 6. Berlin [u. a.] 2017, Sp. 359–369.

Schilling, Michael: Andreas Gryphius als Emblematiker. Das Bildprogramm im Letzten Ehren-Gedächtnüß Der... Maianen von Popschitz (1660). In: Daphnis 22 (1993), S. 711–721.

Schindling, Anton: Konfessionalisierung und Grenzen von Konfessionalisierbarkeit. In: Die Territorien des Reichs im Zeitalter der Reformation und Konfessionalisierung. Land und Konfession 1500–1650. Bd. 7. Bilanz – Forschungsperspektiven – Register. Hrsg. v. dems. u. Walter Ziegler. Münster 1997 (Katholisches Leben und Kirchenreform im Zeitalter der Glaubensspaltung 57), S. 9–44.

Schlotheuber, Eva: Die Autobiographie Karls IV. und die mittelalterlichen Vorstellungen vom Menschen am Scheideweg. In: Historische Zeitschrift 281 (2005), S. 561–591.

Schmidt, Heinrich R.: Sozialdisziplinierung? Ein Plädoyer für das Ende des Etatismus in der Konfessionalisierungsforschung. In: Historische Zeitschrift 265 (1997), S. 639–682.

Schmidt, Margot/Egbers, Silke: Art. Rose. In: Marienlexikon 5 (1993), S. 548–552.

Schneider, Wolfgang Christian: Die elegischen Verse von Maximian. Eine letzte Widerrede gegen die neue christliche Zeit. Stuttgart 2003 (Palingenesia 79).

Schneyer, Johann Baptist: Geschichte der katholischen Predigt. Freiburg 1969.

Schöne, Albrecht: Emblematik und Drama im Zeitalter des Barock. München 1964.

Schorn-Schütte, Luise: Konfessionalisierung als wissenschaftliches Paradigma? In: Perspectum. Ausgewählte Aufsätze zur Frühen Neuzeit und Historiographiegeschichte anlässlich ihres 65. Geburtstages. Hrsg. von ders. Berlin 2014 (Historische Zeitschrift/ Beihefte N. F. 61), S. 281–298.

Schreiner, Klaus: Gedruckte Kasualpredigten aus Ensdorf. In: Literarische Klosterkultur in der Oberpfalz. Hrsg. v. Manfred Knedlik u. Alfred Wolfsteiner. Kallmünz 1997, S. 173–188.

Ders.: Litterae mysticae. Symbolik und Pragmatik heiliger Buchstaben, Texte und Bücher in Kirche und Gesellschaft des Mittelalters. In: Pragmatische Dimensionen mittelalterlicher Schriftkultur. Hrsg. v. Christel Meier [u. a.]. München 2002 (Münstersche Mittelalter-Schriften 79), S. 277–337.

Schrott, Georg: Trauer- und Festdekorationen in den bayerischen Klöstern des 17. und 18. Jahrhunderts. Kunstgeschichtliche Hinweise aus der Personalschriftenforschung. In: Studien und Mitteilungen zur Geschichte des Benediktinerordens und seiner Zweige 109 (1998), S. 275–290.

Schumann, Olaf Alexander: Funeralia und Leichenpredigten. Triumph-Lied aller Seeligen. In: Erdengötter. Fürst und Hofstaat in der Frühen Neuzeit im Spiegel von Marburger Bibliotheks- und Archivbeständen. Ein Katalog. Hrsg. v. Jörg Jochen Berns [u. a.]. Marburg 1997 (Schriften der Universitätsbibliothek Marburg 77), S. 348–370.

Schwienhorst-Schönberger, Ludger: Das Buch Ijob. In: Erich Zenger: Einleitung in das Alte Testament. Siebte, durchges. u. erw. Auflage. Mit einem Grundriss der Geschichte Israels von Christian Frevel. Stuttgart 2008 (Kohlhammer-Studienbücher Theologie 1,1), S. 335–347.

Segebrecht, Wulf: Das Gelegenheitsgedicht. Ein Beitrag zur Geschichte und Poetik der deutschen Lyrik. Stuttgart 1977.

Ders.: Steh, Leser, still! Prolegomena zu einer situationsbezogenen Poetik der Lyrik, entwickelt am Beispiel von poetischen Grabschriften und Grabschriftenvorschlägen in Leichencarmina des 17. und 18. Jahrhunderts. In: Deutsche Vierteljahrsschrift für Literaturwissenschaft und Geistesgeschichte 52 (1978), S. 430–468.

Ders.: Poetische Grabschriften des 17. Jahrhunderts als literarische Zeugnisse des barocken Lebensgefühls. In: Literatur für Leser (1981), S. 1–17.

Segneri, Paul: Verteidigung der religiösen Orden vor dem weltlichen Gerichte. In: Neue theologische Zeitschrift 11/2 (1838), S. 304–355.

Seiderer, Ute (Hrsg.): Panta rhei. Der Fluß und seine Bilder. Ein kulturgeschichtliches Lesebuch. Leipzig 1999 (Reclams Universal-Bibliothek 1677).

Sieveke, Franz Günter: Art. Bisselius, Johannes. In: Killy Literaturlexikon. Autoren und Werke des deutschsprachigen Kulturraumes. 2., vollst. überarb. Aufl. Hrsg. v. Wilhelm Kühlmann [u. a.]. Bd. 1. Berlin 2008, S. 569 f.

Ders.: Art. Morhof, Daniel Georg. In: Killy Literaturlexikon. Autoren und Werke des deutschsprachigen Kulturraumes. 2., vollst. überarb. Aufl. Hrsg. v. Wilhelm Kühlmann [u. a.]. Bd. 8. Berlin 2010, S. 326–328.

Soffel, Joachim: Die Regeln Menanders für die Leichenrede in ihrer Tradition dargestellt, herausgegeben, übersetzt und kommentiert. Meisenheim/Glan 1974 (Beiträge zur klassischen Philologie 57).

Sommer, Wolfgang: Die lutherischen Hofprediger in Dresden. Grundzüge ihrer Geschichte und Verkündigung im Kurfürstentum Sachsen. Stuttgart 2006.

Sparn, Walter: Art. Hütter (Hutterus), Leonhard. In: Religion in Geschichte und Gegenwart 3 ([4]2000), Sp. 1967 f.

Spieker, Christian Wilhelm: Beschreibung und Geschichte der Marien- oder Oberkirche zu Frankfurt an der Oder. Ein Beitrag zur Kirchen- und Reformations-Geschichte der Mark Brandenburg. Mit 5 lithographirten Blättern. Frankfurt an der Oder 1835.

Springer, Klaus-Bernward: Art. Sittard, Matthias. In: Biographisch-Bibliographisches Kirchenlexikon 10 (1995), Sp. 573–575.

Steiger, Johann Anselm: Melancholie, Diätetik und Trost. Konzepte der Melancholie-Therapie im 16. und 17. Jahrhundert. Heidelberg 1996.

Ders.: Johann Gerhard (1582–1637). Studien zu Theologie und Frömmigkeit des Kirchenvaters der lutherischen Orthodoxie. Stuttgart-Bad Cannstatt 1997 (Doctrina et pietas. Abt. 1; 1).

Ders.: Der Mensch in der Druckerei Gottes und die imago dei. Zur Theologie des Dichters Simon Dach (1605–1659). In: Daphnis 27 (1998), S. 263–290.

Ders.: Oratio panegyrica versus homilia consolatoria. Ein exemplarischer Vergleich zwischen einer römisch-katholischen Trauerrede (Wolfgang Fuchs) und einer lutherischen Leichenpredigt (Johann Gerhard). In: Oratio Funebris. Die Katholische Leichenpredigt der frühen Neuzeit. Zwölf Studien. Mit einem Katalog deutschsprachiger katholischer Leichenpredigten in Einzeldrucken 1576–1799 aus den Beständen der Stiftsbibliothek Klosterneuburg und der Universitätsbibliothek Eichstätt. Hrsg. v. Birgit Boge u. Ralf Georg Bogner. Amsterdam [u. a.] 1999 (Chloe 30), S. 103–130.

Ders.: Fünf Zentralthemen der Theologie Luthers und seiner Erben. Communicatio – Imago – Figura – Maria – Exempla. Leiden [u. a.] 2002 (Studies in the History of Christian thought 104).

Ders. (Hrsg.): Gregor Strigenitz (1548–1603). Ein lutherischer Kirchenmann in der zweiten Hälfte des Reformations-Jahrhunderts. Eine Gedenkschrift zum 400. Todestag. Mit einem Faksimile der Leichenpredigt auf Strigenitz und einer Bibliographie seiner Druckschriften. Mit einem Geleitw. v. Hans Christian Knuth. Neuendettelsau 2003 (Testes et testimonia veritatis 2).

Ders.: Medizinische Theologie. Christus medicus und theologia medicinalis bei Martin Luther und im Luthertum der Barockzeit. Mit Edition dreier Quellentexte. Leiden 2005 (Studies in the history of Christian traditions 121).

Ders.: Christus pictor. Der Gekreuzigte auf Golgatha als Bilder schaffendes Bild. Zur Entzifferung der Kreuzigungserzählung bei Luther und im barocken Luthertum sowie deren medientheoretischen Implikationen. In: Golgatha in den Konfessionen und Medien der Frühen Neuzeit. Hrsg. v. dems. u. Ulrich Heinen. Berlin [u. a.] 2010 (Arbeiten zur Kirchengeschichte 113), S. 93–127.

Ders.: Interkonfessionalität im Schwank. Bemerkungen zu Johann Peter Hebels Kalendergeschichten. In: Ordentliche Unordnung. Metamorphosen des Schwanks vom Mittelalter bis zur Moderne. Festschrift für Michael Schilling. Hrsg. von Bernhard Jahn [u. a.]. Heidelberg 2014 (Euphorion 79), S. 251–264.

Ders.: Der Orgelprospekt im Kloster Lüne als Zeugnis barock-lutherischer Bild- und Musiktheologie. Zur Intermedialität von Wort, Bild und Musik im 17. Jahrhundert. Regensburg 2015.

Ders.: Ikonographie und Meditation des Hohenliedes in der Barockzeit zwischen Konfessionalität und Transkonfessionalität. Die Göttliche Liebesflamme (1651) Johann Michael Dilherrs und Georg Philipp Harsdörffers sowie das Bildprogramm an der Patronatsempore in Steinhagen (Vorpommern). Leipzig 2016 (Theologie – Kultur – Hermeneutik 19).

Steiger, Renate: Gnadengegenwart. Johann Sebastian Bach im Kontext lutherischer Orthodoxie und Frömmigkeit. Stuttgart-Bad Cannstatt 2002 (Doctrina et pietas Abt.1; 2).

Stolberg, Michael: Homo patiens. Krankheits- und Körpererfahrung in der Frühen Neuzeit. Köln 2003.

Stolleis, Michael: Jakob Bornitz, ca. 1560–1625. In: Ders.: Pecunia nervus rerum. Zur Staatsfinanzierung in der frühen Neuzeit. Frankfurt am Main 1983, S. 129–154.

Stolt, Birgit: »Laßt uns fröhlich springen!« Gefühlswelt und Gefühlsnavigierung in Luthers Reformationsarbeit. Eine kognitive Emotionalitätsanalyse auf philologischer Basis. Berlin 2012.

Suppan, Wolfgang: Deutsches Liedleben zwischen Renaissance und Barock. Die Schichtung des deutschen Liedgutes in der zweiten Hälfte des 16. Jahrhunderts. Tutzing 1973 (Mainzer Studien zur Musikwissenschaft 4).

Tanz der Toten – Todestanz. Der monumentale Totentanz im deutschsprachigen Raum. Hrsg. vom Zentralinstitut und Museum für Sepulkralkultur. Dettelbach 1998.

Tersch, Harald: Florentius Schillings »Totengerüst«. Zur Konstruktion der Biographie in der katholischen Leichenpredigt. In: Leichenpredigten als Quelle historischer Wissenschaften. Bd. 4. Hrsg. v. Rudolf Lenz. Stuttgart 2004, S. 303–346.

Theissing, Heinrich: Dürers Ritter, Tod und Teufel. Sinnbild und Bildsinn. Berlin 1978 (Gebr.-Mann-Studio-Reihe o. Nr.).

Till, Dietmar: Affirmation und Subversion. Zum Verhältnis von ›platonischen‹ und ›rhetorischen‹ Elementen in der frühneuzeitlichen Poetik. In: Zeitsprünge. Forschungen zur Frühen Neuzeit 4/3 (2000), S. 181–210.

Ders.: Poetik der Trauer. Zwei Spielarten des Epicediums um 1700. In: Sprache der Trauer. Verbalisierungen einer Emotion in historischer Perspektive. Hrsg. v. Seraina Plotke u. Alexander Ziem. Heidelberg 2014 (Sprache – Literatur und Geschichte. Studien zur Linguistik/Germanistik 45), S. 175–206.

Tille, Armin: Leipziger Leichenpredigten. In: Mitteilungen der Zentralstelle für deutsche Personen- und Familiengeschichte 2 (1906), S. 65–127.

Trauerreden des Barock. Hrsg. von Maria Fürstenwald. Wiesbaden 1973 (Beiträge zur Literatur des 15. bis 18. Jahrhunderts 4).

Veit, Patrice: Kirchenlieder und lutherisches »Privatleben«. Die Leichenpredigten als Fallstudie. In: Religion und Religiosität im Zeitalter des Barock. Hrsg. v. Dieter Breuer. Bd. 2. Wiesbaden 1995, S. 593–602.

Vollhardt, Friedrich (Hrsg.): Toleranzdiskurse in der Frühen Neuzeit. Berlin [u.a.] 2015 (Frühe Neuzeit 198).

Wachter, Franz: Art. Philipp Wilhelm, Pfalzgraf am Rhein. In: Allgemeine Deutsche Biographie 26 (1888), S. 27–31.

Wackernagel, Philipp: Das deutsche Kirchenlied von der ältesten Zeit bis zu Anfang des XVII. Jahrhunderts. 5 Bde. Leipzig 1864–1877 (zit. Wackernagel).

Wallmann, Johannes: Art. Calov, Abraham. In: Killy Literaturlexikon. Autoren und Werke des deutschsprachigen Kulturraumes. 2., vollst. überarb. Aufl. Hrsg. v. Wilhelm Kühlmann [u.a.]. Bd. 2. Berlin 2008, S. 335f.

Watanabe-O'Kelly, Helen: Festival books for religious occasions. In: The German Book 1450–1750. Studies presented to David L. Paisey in his retirement. Hrsg. v. John L. Flood u. William A. Kelly. London 1995, S. 247–258.

Welzig, Werner: Vom Nutzen der geistlichen Rede. Beobachtungen zu den Funktionshinweisen eines literarischen Genres. In: Internationales Archiv für Sozialgeschichte der deutschen Literatur 4 (1979), S. 1–23.

Ders.: Zur Amplifikation in der barocken Heiligenpredigt. In: Lobrede. Katalog deutschsprachiger Heiligenpredigten in Einzeldrucken aus den Beständen der Stiftsbibliothek Klosterneuburg. Hrsg. v. ders. [u.a.]. Wien 1989 (Österreichische Akademie der Wissenschaften, Phil.-hist. Klasse, Sitzungsberichte 518), S. 753–802.

Wentzlaff-Eggebert, Friedrich-Wilhelm: Der triumphierende und der besiegte Tod in der Wort- und Bildkunst des Barock. Berlin [u.a.] 1975.

Willems, Gottfried: Anschaulichkeit. Zu Theorie und Geschichte der Wort-Bild-Beziehungen und des literarischen Darstellungsstils. Tübingen 1989 (Studien zur deutschen
Literatur 103).

Winkler, Eberhard: Die Leichenpredigt im deutschen Luthertum bis Spener. Rostock,
Univ., Habil.-Schr. 1965.

Ders.: Zur Motivation und Situationsbezogenheit der klassischen Leichenpredigt. In:
Leichenpredigten als Quelle historischer Wissenschaften. Bd. 1. Hrsg. v. Rudolf Lenz.
Köln 1975 (Erstes Marburger Personalschriftensymposion. Forschungsschwerpunkt
Leichenpredigten), S. 52–65.

Wölfel, Dieter: Salomon Lentz 1584–1647. Ein Beitrag zur Geschichte des orthodoxen
Luthertums im Dreißigjährigen Krieg. Neustadt a. d. Aisch 1991 (Einzelarbeiten aus der
Kirchengeschichte Bayerns 65).

Wunderlich, Uli: Der Tanz in den Tod. Totentänze vom Mittelalter bis zur Gegenwart.
Freiburg im Breisgau 2001.

Zajic, Andreas: »Zu ewiger gedächtnis aufgericht«. Grabdenkmäler als Quelle für Memoria
und Repräsentation von Adel und Bürgertum im Spätmittelalter und in der Frühen
Neuzeit. Das Beispiel Niederösterreichs. Wien 2004 (Mitteilungen des Instituts für
Österreichische Geschichtsforschung 45).

Zeller, Winfried: Leichenpredigt und Erbauungsliteratur. In: Leichenpredigten als Quelle
historischer Wissenschaften. Bd. 1. Hrsg. v. Rudolf Lenz. Köln 1975 (Erstes Marburger
Personalschriftensymposion. Forschungsschwerpunkt Leichenpredigten), S. 66–81.

Zenger, Erich: Die Botschaft des Buches Hiob. In: Durchkreuztes Leben. Besinnung auf
Hiob. Hrsg. v. dems. u. Rupert Böswald. Freiburg 1976, S. 11–57.

Ders.: Eigenart und Bedeutung der Weisheit Israels. In: Einleitung in das Alte Testament.
Siebte, durchges. u. erw. Auflage. Mit einem Grundriss der Geschichte Israels von
Christian Frevel. Hrsg. v. dems. Stuttgart 2008 (Kohlhammer-Studienbücher Theologie
1,1), S. 329–334.

Zimmermann, Christian von: »Mit allen seinen Saiten schlaff geweint«? Zur poetischen
Funktion der dichterischen Denkmäler auf den Tod Maria Theresias. In: Oratio Funebris. Die Katholische Leichenpredigt der frühen Neuzeit. Zwölf Studien. Mit einem
Katalog deutschsprachiger katholischer Leichenpredigten in Einzeldrucken 1576–1799
aus den Beständen der Stiftsbibliothek Klosterneuburg und der Universitätsbibliothek
Eichstätt. Hrsg. v. Birgit Boge u. Ralf Georg Bogner. Amsterdam [u. a.] 1999 (Chloe 30),
S. 275–315.

Zingerle, Ignaz: Predigtliteratur des 17. Jahrhunderts. In: Zeitschrift für deutsche Philologie 24 (1892) 44–64 u. 318–341.

B.   Abbildungsverzeichnis

Personenregister

Anlaßstiftende Personen

Albrecht Sigmund, Bischof von Freising und Regensburg 35, 55, 171, 188, 247, 282

Altwein, Johannes 108f., 202, 207, 216, 259, 282

Anna Catharina Constanze, Prinzessin von Polen 59f.

Athanasius von Gars 35, 49, 54, 118, 127

Behr, Catharina 50, 77, 219, 222, 273

Bernoul, Anna 108, 142

Bischoff, Melchior 110

Borstel, Anna Dorothea von 45, 54, 120, 172, 179, 247, 273

Breitschwerdt, Felix Wilhelm von 65f., 88, 96, 114, 119, 221f.

Dominik, Anna Maria 121, 146, 163, 227, 259, 264f., 268, 274, 283

Eggeling, Apolonia 117, 227, 266f., 270, 280, 290, 293

Eickstät, Anna Sybilla von 103, 116–118, 121, 223, 225–229

Elisabeth Amalia Magdalena, Pfalzgräfin 192, 248, 250f., 254, 264

Ferdinand Karl, Erzherzog von Österreich 69, 192, 286

Ferdinand I., Kaiser 25, 49–51, 87, 96, 108, 112, 159, 166f., 182, 221f., 224, 282, 294

Friedrich III., Kurfürst von Sachsen 37

Ganzland, Andreas 82, 227f., 263f., 280

Gräßl, Jacob 111, 158

Heidenreich, Kaspar 32

Heil, Margaretha 38, 75, 89, 260, 267, 269, 274

Ilgen, Johann 86, 100, 102, 141, 145, 213, 233, 258, 261f., 286

Johann I., Kurfürst von Sachsen 37

Johannes Franz Karl, Herzog von Bayern 289

Keil, Rosina 80–82, 93, 117, 121, 129, 134, 154, 165, 217, 267, 274, 290

Kohlen, Reinhold Heinrich von 102, 147, 165, 190, 206, 208, 269

Körnacher, Valentin Daniel 64–66, 95, 104, 145, 199f., 294

Krosick, Catharina von 36, 38, 120, 206f., 263

Kuch, Peter 143, 177, 293

Kümpfler, Catharina 55, 112, 124–127, 234f.

Kunad, Dorothea 81, 103, 129, 258

Sonstige Personen

Bibelstellenregister

Altes Testament

Gen
1,11   150
1,27   142
1,28   150
2,7   108, 142, 144, 207
2,16f.   258
2,17   143, 156
2,23   46f.
3   65, 108, 111
3,1–14   83
3,6   82
3,9   134
3,11   258
3,16–19   123
3,18   152, 308
3,19   94, 109, 143, 147, 156, 207
3,23f.   98, 309
7   145
8,21   102, 304
19,24f.   156
21,15   31
23,2   29, 40
35,16–20   104
35,20   30
47,9   57, 60, 195, 301
47,11   157
50,1   29f., 40

Ex
15,26   202

Lev
26,13   114

Dtn
29,22   156
31,16   201

Ri
2,10   222
14,14   199

1Sam
16,23   180
25,37f.   145

2Sam
1,11   29
1,11f.   30
3,27   145
7,12   201
12,15–23   175, 177, 308
22,6   164

1Kön
2,10   201
19   92

2Kön
4,27   31
12,16   30
14,14   70, 160